Gustaf Dalman

Grammatik des Jüdisch-Palästinischen Aramäisch

Gustaf Dalman

Grammatik des Jüdisch-Palästinischen Aramäisch

ISBN/EAN: 9783742869753

Hergestellt in Europa, USA, Kanada, Australien, Japan

Cover: Foto ©Andreas Hilbeck / pixelio.de

Manufactured and distributed by brebook publishing software
(www.brebook.com)

Gustaf Dalman

Grammatik des Jüdisch-Palästinischen Aramäisch

GRAMMATIK

DES

JÜDISCH-PALÄSTINISCHEN

ARAMÄISCH

NACH DEN IDIOMEN DES PALÄSTINISCHEN TALMUD UND

MIDRASCH, DES ONKELOSTARGUM (COD. SOCINI 84)

UND DER JERUSALEMISCHEN TARGUME

ZUM PENTATEUCH

VON

GUSTAF DALMAN

Leipzig

J. C. HINRICHS'SCHE BUCHHANDLUNG

1894

Vorwort.

——··

Der grammatische Thatbestand der von den Juden Palästinas
gesprochenen aramäischen Idiome ist, mit alleiniger Ausnahme
des biblischen Aramäisch, bisher nicht genügend festgestellt
worden. Der etwa das vierte nachchristliche Jahrhundert
charakterisierende galiläische Dialekt des palästinischen Talmud
und Midrasch ist mit Ausnahme der dem Verbum des pal. Talmud geltenden Arbeit Schlesingers überhaupt noch nicht Gegenstand einer selbständigen Untersuchung gewesen, und von den in
den Targumen vertretenen aramäischen Idiomen konnte man aus
den bisher vorhandenen Grammatiken kein klares Bild gewinnen,
weil niemand versucht hatte, die sprachlich so verschieden ge-
färbten Targume gesondert zu behandeln. Der litterarkritischen
Forschung auf dem Gebiete der Evangelien, Apokryphen, Pseud-
epigraphen und der älteren rabbinischen Litteratur, sofern sie die
aramäische Sprache berührte, fehlte deshalb jede sichere Basis.

Dazu kam, dass die in sich widerspruchsvolle und durch den
Einfluss des Hebräischen getrübte Vokalisation der Targume in
Manuskripten und Druckausgaben, welche man bis vor kurzem
allein kannte, unmöglich bei der Aufstellung einer Formenlehre
zu Grunde gelegt werden konnte.

Von Südarabien her, wo die alte synagogale Sitte des Tar-
gumvortrags im Gottesdienst und damit zugleich das Interesse
an genauer Aussprache des Aramäischen erhalten blieb, wurde
der letztgenannten Schwierigkeit abgeholfen. Zwar ist die super-

lineare Vokalisation der von dort neuerlich nach Europa ge-
kommenen Targumhandschriften keineswegs als unmittelbare
Wiedergabe palästinischer Aussprache des Aramäischen anzu-
sehen. Vielmehr wird sie einer in Babylonien gelehrten schulmässigen Behandlung des Onkelostargums entstammen, der gegenüber der Konsonantentext der sog. jerusalemischen Targume
öfters eine ältere und urwüchsigere Form des Onkelostextes
repräsentiert. Trotzdem ist sie ein der Vokalisation des biblischen
Aramäisch gleichwertiges Hilfsmittel zur Feststellung einer mit
dem alten Gebrauch übereinstimmenden Aussprache des jüdischen
Aramäisch.

Diese Grammatik stellt nun einen Versuch dar, die nach-
biblischen aramäischen Idiome der Juden Palästina's, wenigstens
in bezug auf ihre Formen mit Hinzufügung nur wenigen syntak-
tischen Materials, nach den Quellen zu beschreiben. Der
galiläische Dialekt des palästinischen Talmud und Midrasch,
der, wie wir meinen, alte judäische Tradition wiedergebende
Dialekt des Onkelostargums und der aus beiden Idiomen zu-
sammengeflossene und ausserdem durch babylonische Zuthaten
bereicherte junge Mischdialekt der jerus. Targume sind nebeneinander dargestellt worden, wobei für den zu zweit genannten
Dialekt die ausgezeichnete, durch *Kautzsch* bekannt gewordene
Onkeloshandschrift Codex Socini 84 ausgenützt werden konnte.
Weshalb die Targume zu den Propheten und Hagiographen
von der Behandlung ausgeschlossen wurden, ist aus der dieser
Grammatik vorangeschickten Übersicht über die aramäische
Litteratur der Juden zu ersehen. Doch ist anzunehmen, dass
mit Ausnahme des syrischen Einschlags einiger Hagiographen-
targume keine dort vorkommenden sprachlichen Erscheinungen
in dieser Grammatik fehlen werden. Es bleibt anderen über-
lassen, im einzelnen Abweichung und Übereinstimmung nachzuweisen.

Die von mir mit möglichster Sorgfalt durchgeführte Mitteilung von Quellenbelegen sorgt hoffentlich dafür, dass aus der
ineinander geflochtenen Behandlung verschiedener Idiome keine

wirkliche Unklarheit entsteht, und macht den nach mir kommenden Arbeitern auf dem gleichen Gebiet die Fortarbeit und die Kritik leicht.

Eine während des Drucks zu vollziehende Umarbeitung des Werks ist die Veranlassung zu einzelnen Ungleichheiten gewesen. Ich bitte deshalb die am Schluss mitgeteilten Korrekturen zu Seite 21, 25, 35, 37, 72 f., 77, 80, 153, 162, 204 besonders zu beachten. Leider sind nicht wenig Vokale beim Druck ganz oder teilweise abgesprungen. Das Verzeichnis der Berichtigungen ist dadurch zu unliebsamem Umfang angeschwollen. Um derartigem Unglück so viel als möglich vorzubeugen, sind dort sowohl wie vorher schon in den Paradigmen Seite 150—155, 330—339 die den Konsonanten angegossenen sublinearen Vokale der Drugulinschen Officin angewandt worden, deren Abspringen nicht so leicht zu befürchten war.

Zu grossem Danke bin ich verpflichtet zuvörderst Herrn Professor Socin in Leipzig für die bereitwillige Überlassung seiner Handschrift, sodann dem Curatorium der Zunzstiftung in Berlin, dessen Munificenz den Druck dieser Grammatik ermöglichte, und Herrn I. I. Kahan in Leipzig, welcher mir bei der Korrektur wertvolle Dienste geleistet hat.

Snäcked in Dalsland (Schweden),
den 4. Oktober 1894.

Gustaf Dalman.

Inhaltsverzeichnis.

Einleitung.

Benützte Ausgaben.

Mischna: im Pal. Talmud, Venedig 1524, Ausg. v. Lowe, Cambridge 1883, Riva di Trento 1559, Mantua 1562.

Tosephta: Ausg. v. Zuckermandel, Pasewalk 1881 (wonach die Kapitelzählung), in Hilëkōt Alphasi, Sabbioneta 1554—1555.

Pal. Talmud: Ausg. Venedig 1524 (mein Exemplar dieser seltenen Ausgabe ist am Anfang und Schluss unvollständig). Zu Trakt. Berachoth: Ausg. v. Lehmann, Frankfurt a. M. 1875 (bezeichnet mit *L*) und Ausg. v. Frankel, Wien 1874 (bez. mit Ven.), zu Trakt. Nidda: Ausgabe Krotoschin 1866. Alle Citate mit Anführung des Traktats ohne weitere Hinzufügung sind **diesem** Talmud entnommen.

Babyl. Talmud: Ausg. Wien 1841—47, dazu Rabbinovicz, Dikdūķē Sōphĕrīm I—XV, München 1867—86, einige Traktate in Ausg. Pesaro 1511—19, Venedig 1522, Konstantinopel 1585. Durch Voransetzung eines *b.* sind die Citate kenntlich gemacht.

Midrasch rabba (zum Pentateuch): Ausg. Konstantinopel 1512 (ausgenommen Bereschith rabba Kap. 1—32, welche meinem Exemplar fehlen) — wonach die Texte —, Ausg. Venedig 1545 — wonach stets die Kapitelzählung und die Texte für Bereschith rabba 1—32.

Die Midraschim zu den 5 Megilloth: Ausg. Pesaro 1519 — wonach die Texte — Ausg. Wilna 1878 — wonach die Zahlen.

Midrasch Tehillim: Ausg. Konstantinopel 1512 und Saloniki 1515 (wonach die Texte), Ausg. v. Buber, Wilna 1891 (wonach die Zahlen).

Pesikta: Ausg. v. Buber, Lyck 1868.

Jalkut Schimoni: Ausg. Saloniki 1526, 1521.

Onkelostargum: O. ohne weitere Hinzufügung = Cod. Socini 84; O. Sab. = Ausg. v. Sabbioneta 1557 in dem Abdruck v. Berliner, Berlin 1884; O. Merx = *Merx,* Chrestomathia targumica, Berlin 1888.

Targum des Pseudojonathan (Jer. I.): Ausg. Venedig 1591.

Fragmententargum (Jer. II): Ausg. Venedig 1548, Venedig 1591; Jer. III (s. S. 22): Ausg. Venedig 1591.

Jerus. Prophetentargum (bezeichnet mit Jer.): *de Lagarde,* Prophetae chaldaice, Leipzig 1872.

Targume zu den Propheten und Hagiographen: Ausg. Venedig 1518; zu den Propheten allein: Cod. Reuchlini nach *de Lagarde,* Prophetae chaldaice; Targum Ester I und II nach Ausg. Venedig 1591, zu Targ. Ester II auch Ausg. v. Munk, Berlin 1876.

Der Raumersparnis wegen ist da, wo der Konsonantentext der jerus. Targume mit dem Konsonantentext des Onkelostargums (auch in bezug auf die Anwendung der Matres lectionis) übereinstimmt, den aus dem Onkelostargum entnommenen Worten nur einJer. I oderJer.II beigesetzt ohne nochmaligen Wiederabdruck des Wortes. כרסי O. Jer. I Gen. 19, 20 besagt also, dass Onkelos und Pseudojonathan an dieser Stelle denselben Konsonantentext haben. Die Vokale gelten nur für Onkelos, während die Vokale der Druckausgabe von Pseudojonathan völlig unberücksichtigt bleiben.

Einleitung.

I. Namen des jüdischen Aramäisch.

§ 1. A. *Allgemeine Bezeichnungen.*

1. „**Hebräisch**.“ *Josephus* und der Evangelist *Johannes* haben aramäische Worte als „hebräisch“ bezeichnet. Nach dem ersteren (Antt. III 10, 6) nennen die „Hebräer" ('Εβραῖοι) das Pfingstfest ἀσαρθά, nach dem letzteren (Joh. 5, 2) ist Βηθϑζαθά „hebräisch" ('Εβραϊστί). Hier wird hebräisch und aramäisch so wenig unterschieden, wie es *Philo* gethan haben wird, wenn er (De Vita Mos. II 7) die Sprache des Pentateuchs als die Sprache der Chaldäer (τὴν Χαλδαίων scil. γλῶτταν) bezeichnet.

2. „**Aramäisch**.“ Die im Danielbuche (2, 4—7, 28) angewandte Sprache wird vom Verfasser (2, 4) als אֲרָמִית bezeichnet (vgl. auch Ezr. 4, 7). Die Bezeichnung ist ebenfalls in Mischna und Talmud zu finden. Aramäische Sprüche gelten als לשון ארמית Sot. 24ᵇ, Tos. Sot. XIII 4—6, Sem. 8, b. Sanh. 11ᵃ, b. Sot. 33ᵃ, 48ᵇ, Schir R. VIII 9. ארמית waren im Tempel die Inschriften auf den Opfermarken nach Schek. V 3 und auf den Opferstöcken, Schek. VI 5.[1] לשון ארמי soll in Babylonien von den Juden nicht gesprochen werden, sondern hebräisch oder persisch, nach Rab Joseph, b. Bab. k. 83ᵃ. Später brauchen die Gaonen (um 1000) ארמי als Name des von den Juden gesprochenen Aramäischen im Unterschiede von der Sprache der babylonischen Christen (נצריים בבבל), welche nach einem Bezirk am oberen Euphrat, Namens סוּרְיָה, von denselben סוריאני genannt werde.[2] Auch *Nathan bar Jechiel* (um 1100) braucht im 'Arūk für das jüdische Aramäisch keine andere Bezeichnung als ארמי.

---

[1] Meg. 71ᵃ wird die aus dem Griechischen entstandene Sprache als ארמית bezeichnet, es ist aber רומית zu lesen (vgl. Est. R. IV 12).

[2] *Harkavy*, Těschūbōt ha-Gě-'ōnīm (1887) 6. 230, vgl. 184.

3. „Syrisch." Das Aramäische wird im Anschluss an die griechische Benennung der Aramäer [1] „syrisch" genannt 2 Makk. 15, 36, wo der Monatsname Adar auf die „syrische Sprache" (ἡ Συριακὴ φωνή) zurückgeführt wird, und von den LXX im Anhang zum Hiobbuche, als dessen Quelle ein aramäisches Targum (ἡ Συριακὴ βίβλος) bezeichnet wird, und Daniel 2, 4, wo sie ארמית mit Συριστί übersetzen. Das Aramäische des Alten Testaments heisst לשון סורסי Sot. 21ᶜ, Ber. R. 74 (wo סורסי für פרסי zu lesen), Jalk. Schim. I 130, II 286, 1060. לשון סורסי ist das Wort כום (von נכס „schlachten" abgeleitet) nach Mechilta zu Ex. 12, 4 (Ausg. Friedmann 4ᵃ), Pes. 32ᵃ, b. Pes. 61ᵃ. Jonathan aus Beth Gubrin nennt unter den vier empfehlenswerten Sprachen neben Griechisch, Römisch, Hebräisch das „Syrische" (סורסי) Meg. 71ᵇ, Sot. 21ᶜ, Est. R. IV 12 (wo fälschlich פרסי für סורסי). Juda I forderte nach b. Bab. k. 83ᵃ, b. Sot. 49ᵇ, dass man in Palästina nicht „syrisch" (סורסי)[2] spreche, sondern entweder hebräisch oder griechisch. Ein palästinisches Weib verstand nach Ned. 42ᵃ nicht סוריבטי (l. סוריסטין = συριστί). Das Wort עותר wird in einer Glosse als סוריסטון (l. סוריסטין) bezeichnet in einem Midrasch zu Debarim.[3] Auch Schem. R. 42 wird für לשון סדריטוון mit Brüll[4] לשון סוריסטין zu lesen sein. Hieronymus bezeichnet in Liber interpret. hebr. nom. die aramäischen Worte durchweg als „syrisch" (syrum). Wie wenig dabei an einen besonderen palästinischen Dialekt gedacht wird, ist daraus zu sehen, dass Hieronymus anderwärts (s. u. unter 4) dieselbe Sprache auch „chaldäisch" nennt. Überdies war für die Juden „Syrien" (ארץ סוריא) das zunächst an Palästina im Nordosten gränzende Land,[5] dessen Sprache zu reden die Palästinenser sich somit bewusst waren.

[1] S. Josephus, Antt. I 6, 4: Ἀραμαίους — — — οὓς Ἕλληνες Σύρους προςαγορεύουσιν.

[2] Wenn an derselben Stelle der Ausspruch eines Babyloniers mitgeteilt wird, der von לשון ארמי redet (s. o. unter 2), so soll nicht, wie Raschi meinte, Syrisch und Aramäisch unterschieden werden. In Babylonien war ארמי, in Palästina סורסי die geläufige Bezeichnung.

[3] S. Buber, Likḳūṭīm (Wien 1885) 10.

[4] Fremdsprachliche Redensarten — —- in den Talmuden und Midraschim (1869) 33.

[5] Zeugnisse aus Talmud und Midrasch sind gesammelt von Friedmann bei Luncz, Jerusalem II, hebr. Teil 97—104. — Nathan bar Jechiel erklärt im 'Arūk s. v. סרס das סורסי des Talmud für „die Sprache von Aram Zoba und der anderen Länder, die David unterwarf" (s. 2 Sam. 8, 5).

Arabischem Gebrauche[1] folgten später arabisch schreibende
Juden, wenn sie wie *Ibn Ganach* (gest. um 1050) alles jüdische
Aramäisch ohne Unterscheidung der Dialekte als „syrisch"
(سريانى) bezeichneten.[2]

4. „Chaldäisch." *Hieronymus* nennt das Aramäische des
Danielbuches in *Praefatio in Danielem* (vgl. zu Dan. 2, 4) „*Chal-
daicus sermo.*" In seiner *Praefatio in libr. Regn.* redet er von
der Sprache der Syrer und Chaldäer[3], und ist offenbar der
Meinung, dass Syrer und Babylonier dieselbe Sprache hatten,
welche dann ebensowohl als syrisch wie als chaldäisch bezeichnet
werden konnte. Bei den Juden ist eine entsprechende Benennung
des Aramäischen in älterer Zeit nicht üblich gewesen, obwohl
man später wahrscheinlich לשון כשדים Dan. 1, 4 von der aramäischen Sprache verstand.[4] Die LXX unterscheiden jedenfalls
noch das „Chaldäische" (διάλεκτος Χαλδαϊκή Dan. 1, 4, Χαλδαϊστί
Dan. 2, 26) vom „Aramäischen" (Συριστί Dan. 2, 4). Erst die Masora
zum Onkelostargum (Ausg. Berliner XIX, Ausg. Landauer 93)
nennt das biblische Aramäisch im Gegensatz zum targumischen
לישנא דכסדאי, in welchem Sinne auch *Saadja* denselben Namen (لغة
الكسدانيّن) braucht.[5]

5. „Gemeine Sprache." Das Aramäische heisst Sanh. 25[d],
Keth. 28[d], Jeb. 14[d] לשון הדיוט, b. Ber. 40[b] לשון חול, als die Sprache
des gewöhnlichen Gebrauchs im Unterschiede vom Hebräischen,
der „heiligen Sprache" (לשון הקדש) Sanh. 25[d], Sot. VII 4, b. Ber. 40[b],
aram. ליש קודשא Jer. I Gen. 11, 1 oder לישן בית קודשא Jer. I Gen.
31, 47; 45, 12, Jer. II Gen. 35, 18).[6] Ähnlich werden Sabb. 15[c]
„profane Schriftstücke" (שטרי הדיוטות) von den „Hagiographen"
(כתבי הקדש) unterschieden.

6. „Targum." Nur die Sprache der aramäischen Stücke des

---

[1] S. *Nöldeke* „Die Namen der aramäischen Nation und Sprache" ZDMG
XXV 121.

[2] *Bacher*, Die hehr.-neuhebr. und hebr.-aram. Sprachvergleichung des
Abulwalîd Merwân ibn Ganâḥ (1885) 30 f.

[3] „*Syrorum — — lingua et Chaldaeorum*", vgl. die Worte des Hieronymus
vom Hebräerevangelium (Adv. Pel. 3, 1) „*Chaldaico quidem Syroque sermone,
sed Hebraicis litteris scriptum.*"

[4] So scheint es nach b. Chull. 24[a], obwohl ein voller Beweis dieser Stelle
nicht zu entnehmen ist (gegen *Berliner*, Massorah zum Targum Onkelos XIX).

[5] *Harkavy*, Zikĕrön ha-Gā'ön Rab Săʿadjā 'el-Fajjūmī (1892) 151.

[6] Vgl. *Berliner*, Beiträge zur hebräischen Grammatik in Talmud und
Midrasch (1879) 5.

1*

Alten Testaments wird zuweilen kurzweg תרגום genannt, so Jad.
IV 5, Sopher. I 11, b. Meg. 8ᵇ, b. Sanh. 115ᵇ. Vgl. S. 8 Anm. 1.

§ 2. B. Specielle Bezeichnungen.

1. Palästinisch und Mesopotamisch. In beiden Tal-
muden wird gelegentlich auf Unterschiede in der Sprache der
Juden Palästinas und Mesopotamiens aufmerksam gemacht, s.
Ned. 39ᵈ, Sanh. 28ᵃ, b. Ned. 66ᵇ. Eine eigentliche Benennung dieser
Dialekte hat aber erst Saadja, der im Kommentar zu Sēpher
Jĕṣīrā ¹ die Sprache Palästinas (لغة الشام) und Mesopotamiens
(لغة العراق) und die Sprache des Targums (לגة אל תרגום) unterscheidet und dabei offenbar an aramäische Dialekte denkt. Das
Aramäische der Christen wird dagegen ausschliesslich gemeint sein
in der bei Barhebraeus üblichen Unterscheidung von drei syrischen
Dialekten. Er nennt im Chronicon ² den aramäischen Dialekt
(الارامانية) von Edessa, Charran und dem (östlich vom Euphrat
liegenden) äusseren Syrien, den palästinischen Dialekt (الفلسطينية)
von Damaskus, dem Libanon und dem übrigen inneren (d. h. westlich vom Euphrat liegenden) Syrien, und den chaldaeo-nabatäischen
Dialekt (الكلدانية النبطية) der Bergbewohner von Assyrien und
der Dörfler Mesopotamiens.

2. Jerusalemisch und Babylonisch. Nach dem spät
abgefassten Bemidbar R. 14 ist כסופא „Schande" ein „jerusale-
mischer Ausdruck" (לשון ירושלמי). Das lässt sich nur dadurch
erklären, dass dem Verfasser das Wort כסופא aus den sogenannten
jerusalemischen Targumen bekannt war, denen es allerdings im
Unterschied von den babylonischen eigen ist, während es doch
im babyl. Talmud sich findet. Die Sprache der jerusalemischen
Targume ist also gemeint. Ähnlich redet Salomo ben Isaak
(Raschi) zu b. Sot. 49ᵇ von der Sprache des jerusalemischen Talmud
(לשון תלמוד ירושלמי), von der er glaubt, dass sie das Syrische
(לינגא שורייא) der Weltvölker sei. So versteht er das סורסי des
Talmud, er wird also bei ארמי b. Sot. 49ᵇ an die Sprache des
babylonischen Talmud denken.

3. Judäisch und Galiläisch. Matthäus (26, 73) hat die
auf Petrus · bezüglichen Worte des älteren Erzählers: καὶ γάρ

---

¹ Mayer Lambert, Commentaire sur le Séfer Yesira — — par le Gaon
Saadya de Fayyoum (1891) 85, vgl. 13. 51.
² Nach Miniscalchi Erizzo, Evangeliarium Hierosolymitanum II p. XX,
vgl. Barhebraeus, Oeuvres Grammat. (Ausg. Martin) II 5.

Γαλιλαῖος εἶ (so Mark. 14, 70). bez. καὶ γάρ Γαλιλαῖός ἐστιν (so
Luk. 22, 59) mit: καὶ γάρ ἡ λαλιά σου δῆλόν σε ποιεῖ richtig auf
eine die Herkunft des Petrus verratende Behandlung der Landes-
sprache, also auf seinen, vom judäischen verschiedenen galiläischen
Dialekt gedeutet. Von der nachlässigen Redeweise der Galiläer
im Gegensatz zu der sorgfältigen Ausdrucksweise der Judäer
werden b. Erub. 53ᵇ Beispiele mitgeteilt. S. § 10, 1. Ber. R. 91
wird von einem Galiläer ein hebräisches Wort als „südländische
Sprache" (לשון דרומי) bezeichnet. Damit ist gemeint eine den
Gelehrten im südöstlichen Judäa, dem „Darom" (רבנן דרומיא
Ber. 5ᵇ)[1], eigene hebräische Ausdrucksweise. Über ihren aramäischen Dialekt wird damit nichts gesagt.

4. Volkssprache und Gelehrtensprache. Der babylonische Talmud unterscheidet Kidd. 70ᵃ das Aramäische des
Volks (אינשי) von dem der Lehrer (רבנן), sowie auch das
Hebräische der Bibel (לשון תורה) von dem der Gelehrten (לשון
חכמים).[2] b. Chull. 137ᵇ, b. Ab. z. 58ᵇ. Im palästinischen Talmud
ist wohl einmal die Rede von der verschiedenen Bedeutung eines
hebräischen Wortes in der Bibelsprache (לשון תורה) und in der
Ausdrucksweise des Volks (לשון בני אדם), Ned. 39ᶜ. Eine dialek-
tische Verschiedenheit in der Behandlung des Aramäischen wird
aber hier nicht erwähnt.

II. Die Litteratur des jüdischen Aramäisch.

§ 3. A. *Die judäischen Schriftdenkmäler.*

1. Die aramäischen Texte des Alten Testaments
(Jerem. 10, 11; Ezr. 4, 8—6, 18; Dan. 2, 4ᵇ—7, 28). Textausgabe:
S. Baer, Liber Danielis, Ezrae et Nehemiae (1882). Special-
grammatiken: *S. D. Luzzatto,* Elementi grammaticali del Caldeo
Biblico e del Dialetto Talmudico Babilonese (1865) u. *E. Kautzsch,*
Grammatik des Biblisch-Aramäischen (1884). Sonst s. *A. Merx.*
Grammatica Syriaca II (1870) 250 ff.; *Meinhold,* Beiträge zur
Erklärung des Buches Daniel I (1888) 23—27, *Driver,* Intro-

---

[1] Der „Darom" umfasst für die Galiläer hauptsächlich das alte Philister-
land. Lydda und Beth Gubrin (Eleutheropolis), sind die Hauptsitze der „süd-
ländischen" Lehrer, s. *Z. Frankel,* Měbō ha-Jěrüschalmī (1870) 6ᵃ.

[2] Vgl. auch Saadja's Unterscheidung der Sprache der Bibel (لغة المقرا)
von der Sprache der Mischna (لغة المشنה), Commentaire sur le Séfer Yesira
(Ausg. Lambert) 86.

duction to the Literature of the Old Testament (1891) 471—473,
A. A. Bevan, A short Commentary on the Book of Daniel (mit
sorgfältiger Erörterung der sprachlichen Erscheinungen), Cambridge 1892.

2. Das aramäische Hasmonäerbuch, ספר בית חשמונא׳
Hălākōt gĕdōlōt (Ausg. v. Hildesheimer 1888) 615, מגלת אנטיוכם
Jellinek, Bēt ha-Midrāsch VI 4, בני׀חשמונאי כתּاب Saadja in Sēpher
ha-Gālūj (*Harkavy*, Zikĕrōn ha-Gā'ōn Rab Sā'adjā 'el-Fajjūmī I
151, 163, 181 f., מגלת יוונית Baer, Sēder 'ăbōdat Jisrā'ēl (1868)
441. Aramäische Textausgaben: *H. Filipowski*, Sēpher mibchar
ha-pĕnīnīm ū-mĕgillat 'Antjōkōs (1851) nach einer Londoner
Handschrift, Nachdruck dieser Ausgabe von David Sluzki,
Warschau 1863, *J. Toprower* nach einer Leipziger Handschrift in
Kĕbōd ha-Lĕbānōn X (1874) 17—28, *A. Jellinek* in Bēt ha-Midrāsch
VI (1877) 4—8. Neuere Ausgaben der hebräischen Übersetzung
von *Filipowski*, a. a. O., *Jellinek*, Bēt ha-Midrāsch I (1853)
142—146, *Baer*, Sēder 'ăbōdat Jisrā'ēl 441—445. Eine arabische
Übersetzung s. *H. Hirschfeld*, Arabic Chrestomathy in Hebrew
Character (London 1892) 1—6. Für ältere Ausgaben vgl. *Zunz*,
Gottesdienstliche Vorträge ² 142, *Jellinek*, Bēt ha-Midrāsch VI,
p. VIII, *Schürer*, Geschichte des jüdischen Volkes I 123. Das
Hasmonäerbuch endigte ursprünglich (wie aus der arab. Übersetzung zu sehen) mit der Einsetzung des Lichterfestes (Ausg.
Jellinek V. 80). Aus den chronologischen Angaben des späteren
Zusatzes (V. 81—84) dürfen also keine Schlüsse auf die Ab-
fassungszeit der ganzen Schrift gezogen werden. Trotz des gleichlautenden Titels ist die Schrift nicht das von Origenes (nach
Eusebius, Hist. eccl. VI 25, 2) — wohl nach dem Hörensagen —
genannte Buch, dessen Titel Σαρβήθ Σαβαναιέλ durch ספר בית
חשמנאי (eigentlich Σφάρ βήθ 'Ασαμωνάϊs) zu erklären sein wird.[1]
Saadja irrte, wenn er die ihm bekannte aramäische Schrift für
ein Werk der Hasmonäer hielt, hatte aber Recht, wenn er sagt,
dass sie in der Sprache der Chaldäer ähnlich dem Buche Daniel
geschrieben sei.[2] Die Sprache des im achten oder neunten Jahrhundert entstandenen Werkes ist eine absichtliche Nachbildung

---

[1] Hieronymus sagt im *Prologus gal.* zu den Samuelsbüchern: „*Macha-
baeorum primum librum hebraicum reperi.*" Er kannte aber vielleicht nur die
Notiz des Origenes. Σφάρ kann hebräisch sein, vgl. *sephar* bei Hieron., ZAW
IV 58. — Einen anderen Erklärungsversuch bietet *S. Sachs* in Le titre du Livre
des Macchabées, Revue des Ét. Juiv. 1893, Avril—Juin, 161—166.

[2] *Harkavy*, Zikĕrōn ha-Gā'ōn Sā'adjā 151.

des biblischen Aramäisch. Als Beweis seien folgende Partikeln genannt: על דנה כל קבל דנה „deshalb" (V. 13 in Ausg. Jellinek), „darum" (13), עד דנא „bis dahin" (4), בתר דנא „nach diesem" (51), אדין „da" (18), באדין „da" (14), כען „jetzt" (22), הן „wenn" (25), להן „ausser" (77), די „denn" (25), מן די „als dass" (44), כדי „als" (13), בה שעתא „eben damals" (67), הלא „nicht wahr?" (32); לות „zu" (47), כנמא „so" (21), ausserdem die Verbformen הנפק „er liess hinausgehen" (23), הועל „er wurde hereingebracht" (18), היתיה „bringen" (31), להון „sie seien" (56), מהחצפא „beschleunigt" (36), כהלין „könnend" (54), יהודעון „sie zeigen an" (22), und das Nomen הדברוהי „seine Räte" (6). Der Verfasser fällt aus der Rolle mit dem targumischen דילמא „damit nicht" (41) und אלהן „ausser" (47), vollends mit dem öfters gebrauchten syrischen פרכא für „Götzenaltar", das die Peschita z. B. Lev. 26, 30 für das hebr. במה anwendet.

3. **Die aramäischen Worte bei Josephus und im · Neuen Testament.** S. *Kautzsch*, Grammatik des Bibl.-Aramäischen 7—12, 173 f. und *Neubauer*, The Dialects of Palestine in the Time of Christ in „Studia Biblica" (Oxford 1885) 39—74. Einige neutestamentliche Worte hielt *Franz Delitzsch* für galiläische Provinzialismen, Saat auf Hoffnung, Jahrg. 1874, 208 f., vgl. Luth. Zeitschrift, Jahrg. 1876, 404. 407. 409. 606. · Aber diese Annahme entbehrt des nötigen Anhalts an dem uns bekannten galiläischen Aramäisch. Möglicherweise wäre aber das Wort ταλιθά (Mark. 5, 41) „Mädchen" galiläisch, da es dem Onkelostargum fremd und dem späteren galiläischen Aramäisch eigentümlich ist.

4. **Die Fastenrolle,** מגלת תענית, ein Verzeichnis der Tage, an welchen nicht gefastet und auch nicht Totenklage abgehalten werden soll. Diese Schrift wäre nach b. Sabb. 13ᵇ noch vor der Zerstörung Jerusalems verfasst worden, sie erhielt aber nach den jüngsten darin erwähnten Gedenktagen erst in der Zeit Hadrians ihre gegenwärtige Gestalt. Ihre Bestimmungen waren nach Taan. II S um 200 noch rechtsgültig, wurden aber nach Ned. 40ᵈ, Meg. 69ᵈ, Taan. 66ᵃ schon fünfzig Jahre später nicht mehr anerkannt. In nachtalmudischer Zeit erhielt die Schrift einen hebräischen Kommentar. Fragmente der Fastenrolle finden sich Taan. II S, Taan. 66ᵃᵈ, Meg. 70ᶜ; b. Taan. 12ᵃ, 15ᵇ, 17ᵇ, 18ᵃᵇ, b. Meg. 5ᵇ, 6ᵃ, b. Men. 65ᵃ, b. R. h. S. 18ᵇ, 19ᵃ, b. Bab. b. 115ᵇ. Die vollständige Schrift mit Kommentar wurde zum ersten Mal gedruckt von *Samuel Latef* in Mantua 1513. Abdruck des aram.

Textes bei *Derenbourg*, Essai sur l'Histoire — de la Palestine I 442 ff., *Graetz*, Geschichte der Juden III ³ 600. Lesarten aus einem Codex Halberstamms teilt mit *Joel Müller* in Jüd. Monatsschr. XXIV 43 ff., 139 ff. Zu den Litteraturangaben bei *Schürer*, Geschichte des jüd. Volkes I 122 ist hinzuzufügen: *Weiss*, Dōr dōr wĕdōrĕschāw II 255—257.

Für die Sprache dieses wichtigen alten Denkmals des palästinischen Aramäisch sind charakteristisch die Partikeln די (für ד), להן „ausser", die Infinitive התענאה „fasten", היתאה „bringen", die Ittaphalformen איתוקם „wurde wieder aufgerichtet", איתותב „wurde wieder hergestellt", das Peīl אחידת „wurde eingenommen", das Perfekt תבנא „wir kehrten zurück", das Suffix in דיננא „unser Recht", das Adverb מן קדמת דנא „vor diesem", die Vokabel ערא „weichen". Alles weist auf eine dem biblischen Aramäisch nahestehende Sprachform.

5. Das Targum des Onkelos. Ein Targum zum Pentateuch (תרגום של תורה) wird Meg. 74ᵈ, b. Meg. 3ª, b. Ned. 37ᵇ, Ber. R. 36 auf die Gehilfen Ezra's zurückgeführt. Nach b. Meg. 3ª hätte es Onkelos (Aquila) in Palästina „gesagt", d. h. mündlich formuliert, aber dies war Missverständnis der von der griechischen Übersetzung des Aquila berichtenden Tradition (Meg. 71ᶜ). Dass der Wortlaut des aramäischen Pentateuchvortrags in der Synagoge schon im zweiten Jahrhundert als feststehend galt, folgt aus Meg. IV 10. Meg. 74ᵈ, b. Kidd. 49ª, Tos. Meg. IV 41. Es giebt Targummanuskripte Sabb. XVI 1, Tos. Sabb. XIII 2, Sabb. 15ᶜ, b. Sabb. 115ª, nach Meg. 74ᵈ auch zum Pentateuch.[1] Trotzdem sind nicht diese, sondern die lebendige Tradition der targumkundigen Gelehrten während der ganzen mit der Abfassung der Talmude schliessenden Zeit die eigentliche Autorität für die Feststellung des Wortlauts. So wird Ber. R. 79 erzählt, dass einige Gelehrte den Sinn gewisser Worte des Bibeltextes „vergessen" hatten. Sie suchen in ihrer Verlegenheit nicht nach Targummanuskripten, sondern gewinnen aus der Sprache des gemeinen Volks die erwünschte Auskunft. Die öffentliche Anerkennung eines schriftlich

---

[1] Jad. IV 5 wird nicht als Zeugnis für die Existenz geschriebener Targume verwandt werden dürfen, da nicht daran zu denken, dass die Mischna Targume, wenn mit Quadratschrift geschrieben, für ebenso heilig gehalten hätte wie die h. Schrift. Die Stelle sagt nur von den aramäischen Teilen der Bibel, dass auch sie, in Quadratschrift geschrieben, die Hände verunreinigen. Das sinnlose עברי שכתבו תרגום „Hebräisches, das mit Targum-Schrift geschrieben ist" muss mit dem folgenden תרגום כתב עברי gestrichen werden.

fixierten Targum und damit auch die abschliessende Feststellung seines Textes gehört erst der nachtalmudischen Zeit an und ist nicht vor dem fünften Jahrhundert anzusetzen. Durch diesen Umstand erklärt es sich, dass Hieronymus und Origenes nie jüdische Targume in die Hände bekommen haben. Der Gaon ' *Sar Schalom* (gest. 859) redet in einem Gutachten zum ersten Mal von dem ihm offenbar schriftlich vorliegenden Targum des Onkelos, welches das im (bab.) Talmud genannte sei,[1] und *Rab Natronaj* (gest. 869) sagt von diesem תרגום דרבנן, dass es durch keine Übersetzung des Pentateuchs in eine andere Sprache im Gottesdienst ersetzt werden dürfe.[2] Die Sprache dieses Targum ist vom aramäischen Dialekte sowohl des palästinischen als des babylonischen Talmud ebenso grammatikalisch wie lexikalisch deutlich unterschieden und steht dem biblischen Aramäisch näher als diesen. Die Einheitlichkeit und Selbständigkeit seiner sprachlichen Haltung bürgt am sichersten dafür, dass wir im Onkelostargum eine in Bezug auf das sprachliche Kolorit im wesentlichen richtige Überlieferung des ehedem in Judäa, dem alten Sitze palästinischer Schriftgelehrsamkeit, lebenden Aramäisch vor uns haben. Eine entstellende Einwirkung des babylonischen Dialekts, wie sie *Nöldeke*[3] annimmt, ist an sich wahrscheinlich genug, wenn auch nur auf dem lexikalischen Gebiet, lässt sich aber mit den bis jetzt vorhandenen Mitteln nicht sicher nachweisen. Nur ist zu bedenken, dass das Targum nicht gesprochenes Aramäisch enthält, sondern eine möglichst getreue aramäische Nachbildung des hebräischen Originals, vgl. *Geiger*, ZDMG XVIII 653—656.

Erster Druck, Bologna 1482. Neueste Textausgabe von *A. Berliner* nach Ausg. Sabbioneta 1557 (1884). Stücke aus Targum Onkelos nach Handschriften s. *J. Jahn*, Chald. Chrestomathie (1800), *A. Merx*, Chrestomathia Targumica (1888) (vgl. dazu *Landauer*, Studien zu Merx, Chrestom. Targum., Zeitschrift für Assyriologie 1888, 263—292) und *E. Kautzsch*, Mitteilung über eine alte Handschrift des Targum Onkelos (1893). Für die Textkritik ist sonst

---

[1] Sēpher Scha'ărē Tĕschūbā (1858) 29c: „Das Targum, von welchem die Weisen reden, ist das in unsern Händen befindliche; aber die übrigen Targume haben nicht dieselbe Heiligkeit wie dieses, und wir haben von den früheren Weisen gehört, dass Gott etwas Grosses an Onkelos dem Proselyten that, da das Targum durch ihn verfasst werden sollte."

[2] Sēder Rab 'Amrām Gā'ōn 29ᵃ.

[3] Die semitischen Sprachen (1887) 32, vgl. Die Alttestamentliche Literatur (1868) 257, Mandäische Grammatik (1875) XXVII.

zu benutzen: Die Massorah zum Targum Onkelos, herausgeg. von
A. Berliner, Leipzig 1877, von *S. Landauer*, Israelitische Letter-
bode VIII. IX, Patschegen (13tes Jahrh.), ediert von *N. Adler*
im Pentateuch, Wilna 1874, *Jesaja Berlin*, Sēpher mīnē targūmā,
herausgeg. von A. L. Sklower, Breslau 1831, *S. D. Luzzatto*,
'Ohēb gēr, Wien 1830, vgl. 'Oṣar neḥmād IV (1863) 156—175,
S. B. Schefftel, Bi'ūrē 'Onkēlos, herausgeg. von *J. Perles*, München
1888. Sonstige Literaturangaben für alle Targume s. *Schürer*,
Geschichte des jüdischen Volkes I 115—121, *Steinschneider*, Ency-
clop. Brit. 9 XXIII 62—65. Übersetzung von *Etheridge*, The Targum
of Onkelos and Jonathan ben Uzziel on the Pentateuch; with the
Fragments of Jerusalem Targum, London 1862—1865. Keine
Specialgrammatik existierte bisher. Die Grammatiken von *Fürst*
(1835), *Winer* (3. Aufl. 1882), *Petermann* (2. Aufl. 1872) behandeln
das Aramäische sämtlicher Targume und des Alten Testaments ohne
die unumgänglich nötige Scheidung der Dialekte. Einen Fortschritt
bekundet *A. Merx*, Grammatica Syriaca (1867, 1870), insofern der
vom „Chaldaismus" der Bibel gesonderte „Chaldaismus recentior"
der Targume nicht durch künstlich konstruierte Paradigmata,
sondern durch wirklich vorkommende Formen mit Quellenangabe
illustriert wird. Ältestes Specialwörterbuch (mit Mitteilung von
Lesarten) von *Elias Levita* (gest. 1549), Mētūrgēmān, Isny 1541,
s. dazu *Berliner*, Targum Onkelos II 185 f. und *Bacher*, ZDMG
XLIII (1889) 226—230. 269. Das „Chaldäische Wörterbuch über
die Targumim" (1868) von *Jakob Levy* enthält den Wortvorrat
sämtlicher Targume ziemlich vollständig, ist aber in sprachwissen-
schaftlicher Beziehung sehr ungenügend. Die Wörterbücher
von *Nathan bar Jechiel, Buxtorf, Jastrow* und *Kohut*, s. § 4, 1.

6. Das Targum des Jonathan. Wie das Thoratargum (s.o.)
als eine Institution der Zeit Ezra's galt, so waren nach b. Meg. 3ª die
letzten Propheten die Autoritäten, deren Zeugnis Jonathan ben Uzziel
folgte, als er das in Babylonien bekannte Targum zu den Propheten
„sagte", nicht niederschrieb.[1] Seine Abfassung wurde also nach
Palästina verlegt. Der Babylonier Joseph,[2] der zuweilen für einen
Redaktor dieses Targums gehalten worden ist,[3] war nach dem tal-

---

[1] Man wird gemeint haben, dass Jonathan die letzten Propheten, welche
man für Zeitgenossen Ezra's hielt, noch erlebte, vgl. Sēder ha-dōrōt, Ausg.
Wilna 1883, II 208.
[2] Über Rab Joseph s. *Bacher*, Die Agada der bab. Amoräer (1878) 101—107.
[3] S. z. B. *Schürer*, Geschichte der Juden I 117 und *Buhl*, Kanon und Text
des Alten Testamentes 178. Vorsichtiger drückt sich aus *König*, Alttest. Einl. 101.

mudischen Zeugnis nicht Verfasser eines Schrifttargums, sondern
hervorragender Kenner der Targumtradition, dessen Meinung über
die Übersetzung einzelner Stellen sowohl des Pentateuchs als der
Propheten deshalb gern gehört wurde. Da dies Targum nicht
wie das zum Pentateuch im Gottesdienst vorgetragen wurde, ist
anzunehmen, dass hier die Tradition weniger feststand als bei dem
Thoratargum. Diesem letzteren ist es in sprachlicher Beziehung
nachgebildet. Die endgiltige schriftliche Fixierung fällt ebenfalls
nicht vor das fünfte Jahrhundert. Ein höheres Alter des Prophetentargums gegenüber dem Thoratargum wird von *Cornill* [1]
behauptet, aber seine Meinung, dass bei den Propheten zuerst
das Bedürfnis einer Paraphrase habe eintreten müssen, ist nicht
zutreffend, da das gottesdienstliche Bedürfnis der Ausgangspunkt
der Targume war und dies zuerst ein Pentateuchtargum forderte.
Die „freiere Haltung" des Prophetentargums kann gegenüber
dem Charakter der griechischen Übersetzungen der Juden nicht
mit Cornill als Kennzeichen höheren Alters betrachtet werden.
Auch das Fehlen einer ausdrücklichen Polemik gegen das
Christentum weist nicht notwendig in vorchristliche Zeit, da die
ganze Litteratur von Talmud und Midrasch sehr wenig Derartiges
enthält und z. B. keine ausdrückliche Zurückweisung der christlichen Auffassung von Jes. 7, 14 und Jes. 53 aufweist, obwohl
hier wichtige Stützpunkte der kirchlichen Lehre liegen. Grade die
älteren Schriften wie die sogen. halachischen Midraschim Mechilta,
Siphra, Siphre und die Mischna sind an antichristlichen Stellen
fast ebenso arm wie die alten Targume. Mit Christen hatte man
in Palästina nur wenig, in Babylonien [2] fast keine geistige Be-
rührung. Bei einer Untersuchung des targumischen Dialekts muss
jedenfalls das Onkelostargum als Ausgangspunkt dienen.

Erster Druck des Targum des Jonathan in der ersten rabbinischen Bibel, Venedig 1518. *P. de Lagarde* hat 1872 dies Targum
nach dem sogen. Codex Reuchlinianus herausgegeben, s. dazu
Klostermann, Studien u. Kritiken (1873) 731—767, *Baer-Delitzsch*,
Liber Jeremiae (1890) p. VI; Bruchstücke aus südarabischen
Handschriften s. *Merx*, Chrestomathia Targumica. Die Varianten
des Codex Reuchlinianus und der ersten Druckausgabe teilt
C. H. Cornill mit in „Das Buch des Propheten Ezechiel" (1886)
110—136 und ZAW VII 177—202. S. auch *W. Bacher*, Kri-

---

[1] Einleitung in das Alte Testament [2] (1893) 508.
[2] Vgl. b. Pes. 56[a].

tische Untersuchungen zum Prophetentargum ZDMG XXVIII
1—72, XXIX, 157—161. 319 f.

7. Alte Sprüchwörter, Aussprüche und Schrift-
stücke. Hierher gehören die aramäischen Sprüche Hillels,
Pirke Aboth I 13, II 6, b. Sabb. 31ª, und des gleichzeitigen Ben
Hehe und Ben Bagbag, Pirke Aboth V 22, 23, der Ausspruch
von Jose ben Joezer Eduj. VIII 4, der aramäische Zusatz zu Sot.
IX 15; drei alte Weissagungsworte Sot. 24ᵇ, Tos. Sot. XIII 4—6,
b. Sot. 33ª, 48ᵇ, b. Sanh. 11ª, Schir R. VIII 9, vgl. *Derenbourg*,
Essai 74. 207 f.. *Graetz*, Geschichte IV 65, *Bacher*, Agada der
Tannaiten I 243, 376; drei Sendschreiben Gamaliels (des Zweiten)
Maas. sch. 56ᶜ, Sanh. 18ᵈ, Tos. Sanh. II 6, b. Sanh. 11ᵇ, vgl. *Deren-
bourg*, Essai 241 f., *Graetz*, Geschichte IV 71, *J. Müller*, Briefe
und Responsen in der vorgeonäischen jüd. Literatur (1886) 7
Not. 29; verschiedene Fragmente von Formularen für öffentliche
Urkunden: 1) der Ehekontrakt, פרן, *det.* פרנה oder פורנה (φερνή),
auch כתובה genannt, Keth. IV 7—12, Tos. Keth. IV 6—9, Keth.
29ᵇ, 31ᶜ, Jeb. 14ᵈ, vgl. das vollständige Formular bei *Maimonides*,
Mischnē Tōrā, Hilěkōt jibbūm IV, 2) die Ablehnung der
Schwagerehe, שטר חליצה, Tos. Jeb. XII 15, Mo. k. 82ª, Jeb. 13ª,
Sanh. 19ª, das vollständige Formular bei Maimonides, a. a. O..
Hǎlākōt gědōlōt (Ausg. v. Hildesheimer) 313 f., 3) die Ehever-
weigerung einer unmündig Verlobten, שטר מיאון, Tos. Jeb. XIII 1.
Mo. k. 82ª, Sanh. 19ª, b. Jeb. 107ᵇ, vgl. *Maimonides*, Mischnē
Tōrā, Hilěkōt gěrüschīn XI, 4) der Scheidebrief, גט אשה, Gitt.
I 5 oder nur גט, Gitt. IX 3, 6, Bab. b. X, 2, b. Gitt. 85ᵇ, vgl.
Hǎlākōt gědōlōt 339, *Maimonides*, a. a. O. Hilěkōt gěrüschīn IV,
5) der Freiheitsbrief, גט שיחרור Gitt. IX 3, גיטא דחירותא b. Gitt.
38ª, 86ª, 6) der Schuldschein, שטר חוב, Keth. XIII 9, Jeb. 14ᵈ.
7) der Pachtkontrakt, שטר אריסית, Bab. m. IX 3, 13, Tos. Keth.
IV 10, Mo. k. 82ª, b. Bab. m. 105ª. — Nach *Zunz*, Literaturgeschichte der synagogalen Poesie 19 Anm. 5 soll das Gebet
תשתלח אסותא bei der Beschneidungsfeier (seinen Wortlaut s.
Sēder Rab ʿAmrām Gāʾōn I 52ᵇ), im palästinischen Talmud gestanden haben, wo es indes jetzt nicht mehr zu finden ist.

§ 4. B. *Die galiläischen Schriftdenkmäler.*

1. Die aramäischen Stücke im palästinischen Talmud (mit Ausnahme der in § 3 unter Nr. 4 und 7 aufgeführten).
Der Name dieses Talmud ist תלמוד ארץ ישראל nach *Saadja*

— 13 —

(Scha'ārē ṣedeḳ, Saloniki 1799, Teil 3, II 9) und *Haï* (*Harkavy*,
Tĕschūbōt ha-Gĕ'ōnim 157, 176), الشام لاهل الذى تלמود nach *Sal-
mon ben Jerucham* (um 970) (*Pinsker*, Liḳḳūṭē ḳadmōnijjot, Anhang 14), תלמודא דבני מערבא in Hălākōt gĕdōlōt. Venedig 1548, 1ʳ
und auf dem Titel der ersten Druckausgabe. Die unzutreffende
Bezeichnung ירושלמי findet sich schon in Gutachten der Gaonen
Sar Schalom (gest. 859), s. Scha'ārē tĕschūbā 29ᵈ, und *Nach-
schon* (gest. 889), s. *Mordechaj* zu Rosch ha-Schana § 708,
dann bei *Isaak al-Fasi* (*Harkavy*, Tĕschūbōt ha-Gĕ'ōnim 242, 249).
תלמוד ירושלמי lautet auch der Titel der Leydener Handschrift
dieses Talmud.

Nach Maimonides in seinen Vorreden zum Mischnakommentar
und zu Mischnē Tōrā hätte Rabbi Jochanan, ein Schüler Juda
des Heiligen, den palästinischen Talmud nahezu 300 Jahre nach
der Zerstörung des Tempels, d. h. gegen das Ende des vierten
Jahrhunderts, verfasst. Die Zeitangabe, wenn auch nicht die Angabe des Verfassers, wird insofern zutreffend sein, als der um
diese Zeit lebende *Jose bar Bun,* nach dem nur noch sein minder
bedeutender Sohn erwähnt wird, in der That derjenige gewesen
sein wird, der zum letzten Mal den Stoff dieses Talmud lehrend
formulierte.[1] Nichts in demselben reicht über das Jahr 400
hinaus. Die schriftliche Abfassung mag in das fünfte Jahrhundert
fallen. Die erste Erwähnung findet sich bei dem Gaon Sar
Schalom s. o.

Über den ursprünglichen Umfang dieses Talmud verhandeln
Frankel, Mĕbō ha-Jĕrūschalmī 45ᵃ ff., *Strack*, Einleitung in den
Talmud, 10 f., 45—47, *Weiss,* Dōr dōr wĕ-dōrĕschāw III 232,
Schiller-Szinessy, Occasional Notices of Hebrew Manuscripts II 2 f.
Jetzt haben wir nur die Ordnungen Zeraim, Moëd (ausgenommen
zu Sabb. 21—24), Naschim, Nezikin (ausgen. Makk. 3, Eduj.,
Aboth) und Trakt. Nidda 1—4 Anfang.

Weitverbreitet sind irrige Vorstellungen über den sprachlichen Charakter des paläst. Talmud. Nach *Volck* (Prot. Real-
Encycl. I ² 604) wäre die Sprache des Talmud und der Rabbinen
überhaupt „eigentlich bloss ein aramäisch gefärbtes Hebräisch."
Schürer (Geschichte 'des jüdischen Volkes II 9) wiederum sagt,
der palästinische Talmud sei im Gegensatz zur hebräischen
Mischna aramäisch. Der wirkliche Sachverhalt ist, dass die

---

[1] *Weiss* (Dōr dōr wĕ-dōrĕschāw III 117 ff., 233) hält Jose bar Bun sogar
für den eigentlichen Redaktor des palästinischen Talmud.

Rechtssätze in beiden Talmuden immer hebräisch formuliert werden, auch die an Schriftworte sich anschliessenden Erörterungen sich meist in dieser Sprache bewegen, sowie ein Teil der Erzählungen. Der Rest der Erzählungen und ausserdem vorzugsweise die stereotypen Formeln der Diskussion sind aramäisch. Besonders im palästinischen Talmud bilden die allenthalben zerstreuten aramäischen Stücke nur einen geringen Teil des ganzen Werkes. Sie zeigen einen in sich einheitlichen, nur von einem geringen, wahrscheinlich von späteren Kopisten herrührenden babyl. Einschlag durchzogenen Dialekt, der sich von dem targumischen und dem babylonischen leicht erkennbar abhebt. Besonders in den aus dem Leben gegriffenen Erzählungen haben wir ohne Zweifel das von den Juden Galiläas im dritten und vierten Jahrhundert gesprochene Aramäisch vor uns. Dabei bietet grade die fehlerhafte Überlieferung des Textes des paläst. Talmud, der nicht in dem Masse wie der des babylonischen den beständigen Emendationen der Rechtslehrer und Korrektoren ausgesetzt war,[1] eine Gewähr dafür, dass jenes palästinische Schriftwerk uns nicht in der Form einer späteren schulmässigen Recension, sondern in der originalen Gestalt, wenngleich durch Irrtümer der Schreiber entstellt, vorliegt.

Erste Ausgabe des paläst. Talmud von *Daniel Bomberg,* Venedig o. J. (1523/24). Spätere vollständige Ausgaben erschienen in Krakau 1609, Schitomir (mit Kommentaren) 1860—67, Krotoschin 1866. Ausgaben einzelner Teile mit Kommentaren erschienen öfters, z. B. Ordnung Zeraim, Amsterdam 1710; Moëd, Dessau 1743; Naschim, Amsterdam 1756; Nezikin, Livorno 1770. Von textkritischem Wert sind nur die folgenden: Sorgfältiger Abdruck der Ausg. Venedig für Berachoth, Pea, Demaj mit eigenem Kommentar von *Z. Frankel,* Wien-Breslau 1874. 1875. Nach einer Handschrift und mit den Varianten der Venediger Ausgabe edierte *M. Lehmann* Trakt. Berachoth mit Kommentar von S. J. Serillo, Frankfurt a. M. 1875. Das einzige bekannte, bei Ausg. Venedig schon benutzte vollständige Manuskript vom Jahre 1289 in der Leydener Universitätsbibliothek beschreiben *S. M. Schiller-Szinessy* in "Occasional Notices of Hebrew Manuscripts" I (Cambridge 1878) und *Z. Frankel* in „Mĕbō ha-Jĕrūschalmī" 141ᵇ ff. Einen Abschnitt aus Traktat Sabbath druckte aus dieser Handschrift ab *Isaak Levy* in „Der achte Abschnitt aus dem Traktate

---

[1] S. die Bemerkung von Samuel ben Aderet zu b. Keth. 68ᵃ.

‚Sabbath' (Babli und Jeruschalmi) übersetzt und philologisch
behandelt", Breslau 1891. Über die Handschrift der Bodlejana zu
Berachoth, s. *Neubauer's* Katalog Nr. 365. Für die Textkritik sind
von Wert, weil auf Handschriften beruhend, die Stücke aus dem
paläst. Talmud im Anhang zu Jalḳūṭ Schim'ōnī zum Pentateuch
(Saloniki 1526) und in 'En Ja'äḳōb (wir citieren Ausg. Venedig
1546), welcher haggadische Abschnitte aus den Ordnungen Zeraim
und Moëd mitteilt.¹ Für Traktat Schekalim sind auch die Ausgaben des babyl. Talmud, welche zu diesem Traktat den paläst.
Talmud mitteilen, zu vergleichen, dazu *Rabbinovicz*, Variae Lec-
tiones VIII (1877). Ohne textkritischen Wert ist Sēpher jĕphē
mar'e (Venedig 1590) von *Samuel Japhe Aschkenazi* und Talmūd
jĕrūschalmī 'im — — Sĕdē Jĕhōschūa' von *Josua Benveniste,* Band I
Konstantinopel 1662, Band II. III, ebenda 1739. Das erste Werk
teilt haggadische, das letztere halachische Partien aus dem pal.
Talmud mit.

Einen kurzen Kommentar ohne Verfasserangabe enthält
Ausg. Krakau 1609 (auch in Ausg. Krotoschin 1866). *Elia Fuld*
(um 1710) schrieb Kommentare zu Seder Zeraim (Amsterdam
1710) und zu den Traktaten Schekalim (Amsterdam 1710), Baba
kamma, mezia und bathra (Frankfurt a. M. 1742). *David Fränkel*
(um 1750) verfasste Ḳorban hā-'Edā zu Seder Moëd (Dessau 1743)
und Naschim (Berlin 1757) und zu den Traktaten Schekalim
(Zolkiew 1777), Sanhedrin, Makkoth, Schebuoth (o. O. u. J.). *Moses
Margalijjoth* schrieb gleichzeitig Pĕnē Mōsche ū-mar'ē ha-panīm
zu Seder Naschim (Amsterdam 1755), Nezikin (Livorno 1770)
und Trakt. Berachoth (Livorno o. J.), *Nachum Trebitsch* um 1820
Schĕlōm Jĕrūschālajim (Wien 1821) zu Seder Moëd. Kritische
und erklärende Bemerkungen sammelte *Abr. Krochmal* in Jĕrū-
schālajim ha-bĕnūjā, Lemberg 1867. Die Kommentare von
S. J. Serillo und Z. Frankel wurden oben schon erwähnt. Über-
setzungen: *Blasius Ugulinus,* Thesaurus Antiquitatum sacrarum,
Band 17—30 (20 Traktate in lat. Übersetzung), Venedig 1755—65;
Joh. Jac. Rabe, Der Talmud-Traktat Peah, Anspach 1781; *Aug.
Wünsche,* Der Jerusalemische Talmud in seinen haggadischen
Bestandteilen, Zürich 1880; *Moïse Schwab,* Le Talmud de Jéru-

---

¹ Der Verfasser des 'En Ja'äḳōb besass zu Ordnung Zeraim und Traktat
Schekalim ein vollständiges Manuskript, zu den anderen Traktaten der Ordnung
Moëd nur eine Sammlung von Excerpten, s. seine Bemerkung am Schluss
dieser Ordnung.

salem (vollständige französ. Übersetzung), Paris 1871—1890. Eine
Einleitung in den paläst. Talmud verfasste *Z. Frankel* unter dem
Titel Mĕbō ha-Jĕrūschalmī (1870), s. auch *H. L. Strack*, Einleitung
in den Talmud [2] (1894). *M. Schwab*, Le Talmud de Jérusalem,
Introduction et Tables Générales (1890) VIII—XCII; *N. Brüll*,
Jahrbücher f. jüd. Gesch. u. Lit. I 227 f., *A. Geiger*, Jüd. Zeit-
schrift 1870, 278—306, dazu Jüd. Monatsschrift 1871, 120—137;
J. H. Weiss, Dōr dōr wĕ-dōrĕschāw III (1883) 230—252.

Zur Erforschung der Sprache des paläst. Talmud geben Beiträge *Z. Frankel*, in „Mĕbō ha-Jĕrūschalmī" 7[a]—18[b] und *M.
Schlesinger* in „Das aramäische Verbum im Jerusalemischen Talmud". Berlin 1889.

Ältere lexikalische Arbeiten für das hebräische und aramäische Sprachgut in Targum, Talmud und Midrasch sind:
He-ʿArūk von *Zemach ben Paltoj* (um 880), s. Kohut, Sēpher ʿArūk
ha-schālēm I, p. XVI, nur in Bruchstücken noch vorhanden;
Sēpher he-ʿArūk von *Nathan bar Jechiel* [1] (um 1100), erster Druck
vor 1480 (o. O. u. J.), Ausgabe mit Zusätzen von *Benjamin Musaphia* mit dem Titel Sēpher Mūsaph he-ʿArūk, Amsterdam 1655,
Ergänzungen von *Menachem di Lonzano*, betitelt Ha-maʿărīk, in
Schtē jādōt, Venedig 1618, von *Benjamin Musaphia* in Mūsaph
he-ʿArūk, Amsterdam 1655, *Jesaja Berlin*, Haphlāʾā sche-ba-
ʿArākīn, I Breslau 1830, II Wien 1859; textkritische Bemerkungen
von *S. Bamberger* in Limmūd ʿArūk I Fürth 1868, II Frankf.
a. M. 1872, und Sēpher hegĕjōn Schĕlōmō, Mainz 1878, von *L. Eisler*
in: Beiträge zur Rabbinischen Sprach- und Alterthumskunde I
Wien 1872, II 1876, III 1882; Bearbeitung von *M. J. Landau*
„Rabbinisch-aramäisch-deutsches Wörterbuch", Prag 1819—1824,
2te Ausg. 1834—35; neue Ausgabe nach Handschriften mit un-
fänglichen eigenen Zuthaten von *A. Kohut* mit dem Titel Sēpher
ʿArūk ha-schālēm, Wien 1878—1892, s. dazu *N. Brüll*, Jahrbücher
f. jüd. Gesch. u. Lit. V 112—125, VII 62—67, *W. Bacher*, ZDMG
XLVII 487—514; ʿArūk ha-ḳāṣēr, Konstantinopel 1511; *Elia
Levita*, Tischbī, Isny 1542, s. dazu Bacher ZDMG XLIII (1889)
218—226; *V. Schindler*, Lexicon Pentaglotton, Hebr., Chald., Syr.,
Talm.-Rabb. et Arab., Hannover 1612; *Joh. Buxtorf*, Lexicon
Chaldaicum, Talmudicum et Rabbinicum, Basel 1639/40, neue
Ausgabe mit Beiträgen von *B. Fischer*, Leipzig 1869—1875.
Neuere Wörterbücher: *J. Schönhack*, Sēpher ha-maschbīr,

---

[1] S. über ihn *Steinschneider*, Encycl. Brit. [9] XXIII 37 f.

Warschau 1858, Sēpher ha-Millū'īm 'ō maschbīr he-chādāsch, Warschau 1869, id. *Schulbaum*, 'Oṣar ha-Millīm ha-kĕlālī, Lemberg 1880; *J. Levy*, Neuhebräisches und Chaldäisches Wörterbuch, Leipzig 1876—1889, Ergänzungen dazu von *M. Lattes* in „Saggio di giunte e correzioni al Lessico Talmudico" (1878) zu א bis י, Nuovo Saggio (Atti dell' Accademia dei Lincei, Classe di Scienze Morali ecc. IX 1881) zu א bis ל, Miscellanea Postuma Fascic. I, II (1884. 85) zu א bis ע, von *N. Brüll*, Jahrbücher für jüd. Gesch. u. Lit. IV 106—119, V 125—129, VII 57—62, *M. Jastrow*, Dictionary of the Targumim, the Talmud Babli and Jeruschalmi, and the Midrashic Literature, London u. New-York 1886 ff. (noch nicht vollendet, kritische Bearbeitung des von Levy dargebotenen Stoffes); *S. J. Finn*, Hā-ōṣār, Warschau 1884 ff. (noch nicht vollendet, sehr unvollständig).

2. Aramäische Stücke in den palästinischen Midraschim. Die halachischen Midraschwerke Mechilta, Siphra, Siphre sind durchweg hebräisch. Dasselbe gilt fast ohne Ausnahme von Midrasch Tanchuma, Pesikta Rabbathi, Midrasch Schemuel und Mischle, Schemoth Rabba, Bemidbar Rabba und Debarim Rabba. Zu nennen sind in erster Linie:[1]

a) Der Midrasch zur Genesis, בראשית דרבי אושעיה (Hălākōt gĕdōlōt Ausg. Venedig 36ᵈ, vgl. Maimonides zu Seder Teharot, Ausg. v. Derenbourg, Berlin 1886 ff. S. 26), בראשית רבה im 'Arūk s. v. אסיא. Übersetzung von *A. Wünsche*, Der Midrasch Bereschit Rabba, Leipzig 1881. Dazu *M. Lerner*, Anlage und Quellen des Bereschit Rabba, Berlin 1882, *Zunz*, Gottesdienstliche Vorträge ² 184—189, *Weiss*, Dōr dōr wĕ-dōrĕschāw III 255—260, *Frankel*, Mĕbō ha-Jĕrūschalmī 51ᵇ—53ᵃ, *J. Theodor*, Der Midrasch Bereschit rabba, Monatsschrift f. Gesch. und Wissensch. des Jthums. XXXVII (1893) 169—173, 206—213; XXXVIII 9—26.

b) Der haggadische Midrasch zu Leviticus, הגדה דויקרא (*Harkavy*, Tĕschūbōt ha-Gĕ'ōnīm 14), אגדת ויקרא ('Arūk s. v. טפף), ויקרא רבה (ebenda s. v. פנקט und bei Raschi zu Gen. 46, 26). Übersetzung von *A. Wünsche*, Der Midrasch Vajjikra rabba, Leipzig 1884. Dazu *J. Theodor*, Zur Composition der agad. Homilien, in Jüd. Monatsschrift XXX 500—510,

---

[1] S. noch *H. L. Strack*, Artikel Midrasch, Prot. Real-Enc. IX ² 748 ff., *Schürer*, Geschichte des jüd. Volkes I 108 ff., *Hamburger*, Real-Enc. Suppl. I. 107 ff.

— 18 —

Zunz, a. a. O. 191—194, *Weiss*, a. a. O. III 261 f., *Gyula Weiszburg*, a Midrás Leviticus Rabba, Budapest 1890.

c) Der Midrasch zu den Klageliedern, מגילת איכה ('Arūk s. v. אסיא), מדרש איכה (Raschi zu Jes. 43, 24), מדרש קינות (derselbe zu Ez. 12, 3). Übersetzung von *A. Wünsche*, Der Midrasch Echa Rabbati, Leipzig 1881. Dazu *J. Abrahams*, The Sources of the Midrash Echah Rabbah, Leipzig 1881, *Zunz*, a. a. O. 189—191, *Weiss*, a. a. O. III 262 f.

d) Der Midrasch zum Hohenliede, שיר השירים חזית (*Harkavy*, Tĕschūbōt ha-Gĕʾōnīm 14), אגדת חזית ('Arūk s. o. טפף), מדרש שיר השירים (Raschi zu Hohesl. 4, 1). Übersetzung von *A. Wünsche*, Der Midrasch Schir ha-Schirim, Leipzig 1880. Dazu *S. Chodowski*, Kritik des Midrasch Schir ha-Schirim, Berlin 1877, *J. Theodor*, Zur Composition der agad. Homilien, Jüd. Monatsschrift XXIX 19—23, *Zunz*, a. a. O. 274—276, *Weiss*, a. a. O. III 263 f.

Diese Midraschwerke sind jünger als der palästinische Talmud, müssen aber einer Zeit entstammen, in welcher die galiläische Schultradition noch nicht erloschen war. Sie werden dem fünften oder sechsten Jahrhundert angehören. Das nicht sehr umfassende aramäische Material, welches sie enthalten, besteht zum Teil aus denselben Erzählungen, welche wir im pal. Talmud finden, und trägt fast durchaus denselben sprachlichen Typus wie das Aramäische dieses Talmud. Doch ist der Einfluss der Targumsprache stellenweise wahrzunehmen. Zur Kontrolle der Lesarten im Talmud und den genannten älteren Midraschwerken sind verwendbar unter den Midraschwerken jüngeren Datums die Midraschim zu Ruth, Ester, Prediger, Psalmen und Pesikta, bei deren Abfassung ebensowohl babylonische als palästinische Quellen benutzt sind. Für den Midrasch zum Prediger macht indes *Lazar Grünhut* in seiner „Kritischen Untersuchung des Midrasch Kohelet Rabba" I (1892) S. 35 ff. geltend, dass der Verfasser nur den jerusalemischen, nicht den babylonischen Talmud benützt habe. Aus sämtlichen Midraschim geben Auszüge die umfassenden Sammelwerke Jalḳūṭ Schimʿōnī und Jalḳūṭ Mākīrī.[1]

Die haggadischen Midraschim zum Pentateuch wurden zum ersten Mal gedruckt in Konstantinopel 1512, wonach Ausg.

---

[1] Über den Jalḳūṭ Mākīr's s. *M. Gaster*, in Revue des Études Juives XXV (1892) 44—52, *A. Epstein*, ebenda XXVI (1893) 75—82.

Venedig 1545 (mit teilweise veränderter, seitdem üblich ge-
wordener Zählung der Kapitel). Die Midraschim zu den fünf
Megilloth erschienen erstmalig im Druck Pesaro 1519. Einen
korrigierten Text der Midraschim zum Pentateuch (von Exodus
ab) und zu den fünf Megilloth bietet *Isaschar ben Naphtali
Kohen* in Ausg. Saloniki 1593. Der dieser Ausgabe beigegebene
Kommentar ben Naphtali's, betitelt Mattĕnōt Kĕhunnā, teilt
zuweilen handschriftliche Lesarten, noch öfter die eigenen Kon-
jekturen des Verfassers mit. Nach einer Handschrift edierte
Bereschith Rabba Par. 1—12 *M. S. Krüger* in Sēpher Midrasch
Rabbōt Band I Heft I (mehr nicht erschienen), Frankfurt a. M.
1854. — Midrasch zu den Psalmen, Ed. princeps, Konstantinopel
und Saloniki 1512, 1515, Ausgabe nach Handschriften von
S. Buber, Wilna 1891. — Pesikta, erste Ausgabe nach Handschriften v. *S. Buber*, Lyck 1868. — Jalḳūṭ Schim'ōnī, erste
Ausgabe, Saloniki 1521—1526.

§ 5. C. *Die babylonischen Schriftdenkmäler.*

1. **Die aramäischen Stücke im babylonischen Talmud** (תלמוד בבלי) mit Ausnahme der in § 3 unter 4 und 7 aufgeführten. Für Angaben über Titel, Inhalt und Text des babyl.
Talmud verweisen wir hier auf die inhaltsreiche „Einleitung in
den Talmud" (2. Aufl. 1894) von *H. L. Strack.* Die Traktate
Nedarim und Nazir zeigen einige sprachliche Besonderheiten
(nach *S. D. Luzzatto,* Gramm. d. bibl.-chald. Sprache und des
Idioms d. Thalm. Babli 54. 67. 70 f., die Pronomina הדין, הדא,
הלין, die Suffixe הון, יהון statt יהו), die sich aber auch durch den
Einfluss des targumischen Dialekts erklären lassen und nicht
zu den ausschliesslichen Eigenheiten des galiläischen Dialekts
gehören. Nur wenn es sich um Aussprüche palästinischer (galiläischer) Gelehrter handelt, ist palästinische Herkunft anzunehmen.
Nachwirkungen des judäischen Dialekts finden sich aber nicht nur
in den genannten Traktaten, sondern allenthalben, wo palästinischer Traditionsstoff mitgeteilt wird.

Eine noch sehr unvollständige Grammatik für den aram.
Dialekt des bab. Talmud schrieb *S. D. Luzzatto* unter dem Titel
„Elementi grammaticali del Caldeo Biblico e del dialetto Tal-
mudico Babilonese, Padua 1865, deutsche Übersetzung von
M. S. Krüger, Breslau 1873 (dazu *Nöldeke,* Gött. Gel. Anzeigen
1868, 177—188), hebräische Übersetzung des auf das Idiom des

2*

Talmud bezüglichen Teils von *Ch. Z. Lerner*, Petersburg 1880, englische Übersetzung des ganzen Werks von *J. S. Goldammer*, New York 1867. Wertlos sind *B. Fischer's* Zuthaten zu Winer's Chald. Grammatik ³ (1882). *J. Levy*, Notes de grammaire Judéo-Babylonienne, Rev. d. Ét. Juiv. I 212—221. *J. Rosenberg*, Das aramäische Verbum im babylonischen Talmud, Marburg 1888. *M. Jastrow*, Transposed Stems in Talmudic Hebrew and Chaldaic, Leipzig 1891. Die lexikalischen Arbeiten s. unter § 4, 1.

2. Die aramäischen Stücke babylonischen Ursprungs in den jüngeren Midraschim.[1] Hier handelt es sich meist nur um Erzählungen, welche dem babyl. Talmud entnommen sind, und deren Text deshalb zur Korrektur des Talmudtextes von Nutzen ist. Von ihrem sprachlichen Charakter gilt daher das oben vom bab. Talmud gesagte.

3. Liturgische Stücke babylonischer Herkunft. Die wenigen aramäischen Bestandteile der jüdischen Liturgie, wie sie zur Zeit der Gaonen sich ausgebildet hatte, stammen wahrscheinlich fast ausnahmslos aus Babylonien. Dorthin gehört die uns aus Sēder Rab ʿAmrām Gāʾōn I (1865) 3ʰ, 13ʰ und aus Mischnē Tōrā, Sēder Tĕphillōt bekannte Form des Ḳaddīsch, obwohl dasselbe nach Siphre (Ausg. v. Friedmann) 132ᵇ aus einer schon in Palästina gebrachten Formel erwachsen sein wird, s. dazu *Zunz*, Gottesdienstl. Vorträge ² 385. Auch die Formel הא לחמא beim Beginn des Passahmahls (Machzōr Vitry, Ausg. Hurwitz, 291 f.) ist babylonisch, s. *Zunz*, Literaturgeschichte der synag. Poesie 19 gegen Zunz, Gottesdienstl. Vorträge ² 133. Dasselbe gilt von den älteren der aramäischen Bestandteile des Machzōr, welche Zunz, Literaturgeschichte 18 f., 21 f., 74 ff. aufführt. Texte solcher Gebetstücke finden sich besonders in Machzōr Vitry 159—172, 310—344, s. auch Sēder Rab ʿAmrām (1865) II 19ᵇ ff., Römischer Machzōr (Bologna 1540), Sēder Tischrī Anfang. Die Annäherung an den targumischen Dialekt ist hier überall unverkennbar.

4. Die aramäischen Gutachten der babylonischen Gaonen. Es ist ungewiss, wie weit die hebräischen Gutachten der Gaonen, welche wir besitzen, ihre originale Gestalt darstellen, von den in aramäischer Sprache überlieferten ist dies anzunehmen. Solche finden sich zerstreut besonders in Sēpher Schaʿārē Ṣedeḳ,

---

[1] S. die unter § 4, 2 genannten Midraschwerke mit babylonischem Material.

Saloniki 1799, Tĕschūbōt Gĕ'ōnīm ḳadmonīm, Berlin 1848, Sēpher Scha'ārē Tĕschūbā, Leipzig 1858, Sēpher Chemdā gĕnūzā, Jerusalem 1863, Tĕschūbōt ha-Gĕ'onīm, Lyck 1864 (mit Nachtrag von 1866), Tĕschūbōt ha-Gĕ'onīm, Berlin 1887, *Neubauer*, Mediaeval Jewish Chronicles (Anecdota Oxoniensia, Semitic Series I 4), Oxford 1887. Über diese Gutachtensammlungen s. *Z. Frankel*, Entwurf einer Geschichte der Litteratur der nachtalmudischen Responsen, Breslau 1865, *Joel Müller*, Maphtēach li-Tĕschūbōt ha-Gĕ'ōnīm, (Berlin 1891) 4—51, und über die Geschichte der Gaonen besonders *J. H. Weiss*, Dōr dōr wĕ-dōrĕschāw IV (1887) 1—46, 110—199, *H. Graetz*, Geschichte der Juden V² (1871) 115—173, 236—309, 347—351, VI (1871) 1—9. Die Sprache dieser Gutachten ist dem Idiom des babylonischen Talmud nachgebildet.

§ 6. D. *Die Sprachdenkmäler mit gemischtem Sprachtypus.*

1. Das erste Jerusalemische Targum zum Pentateuch, mit dem Titel תרגום הקדוש יונתן בן עוזיאל zu Venedig 1591 zum ersten Mal gedruckt von Ascher Forins nach einer Handschrift im Besitze von Isaak Foa. Es fehlt das Targum zu Gen. 18, 4; 20, 15; 24, 28; 41, 49; 44, 30. 31; Ex. 4, 8; Num. 36, 8. 9. Zur Textkritik sind zu verwenden die Citate im 'Arūk unter der Bezeichnung תרגום ירושלמי (ein Verzeichnis derselben s. bei *Zunz*, Gottesdienstl. Vorträge ² 72 f. und bei *Kohut*, Maphtēach lĕ-Sēpher he-'Arūk, Wien 1892, S. 12—18). Zu verschiedenen längeren Stücken finden sich Parallelen, welche teilweise eigene Recensionen darstellen, in Machzōr Vitry (Ausg. v. Hurwitz) 307, vgl. Jer. I Ex. 14, 13; 308, vgl. Jer. I Ex. 12, 42; 337—343. vgl. Jer. I Ex. 20, 2—17. Einige abweichende Lesarten teilt mit *Chajjim Feiwel ben David Zacharia Mendeln* in seinen Noten zu Targum jeruschalmi I und II, zum ersten Mal gedruckt in der Pentateuchausgabe Hanau 1614. Sonst s. den Kommentar zu beiden Targumen von *David ben Jakob* aus Szebrszyn, Prag 1609 und Ḳeṭōret ha-Sammīm (Amsterdam 1671—77) von *Mordechaj ben Naphtali Hirsch* aus Kremsier.

2. Das zweite Jerusalemische Targum zum Pentateuch, Fragmente, welche als תרגום ירושלמי der rabbin. Bibel vom Jahr 1518 beigegeben wurden, nachdem die Pentateuchausgabe Lissabon 1491 vorher nur einige wenige Stücke unter dem Titel תוספתא ירושלמי mitgeteilt hatte. Handschriften befinden

sich in der Vaticana (Cod. 440, der bei der Druckausgabe
benützt wurde), in der Nürnberger Stadtbibliothek (Cod. 1, über
welchen s. *de Lagarde*, Mitteilungen III 87) und in der National-
bibliothek zu Paris, s. *M. Ginsburger*, Jahrb. f. prot. Theol. XVII
453—58.

3. Als Targum jeruschalmi III bezeichnen wir einige
Fragmente, welche die Pentateuchausgabe Venedig 1591 als
„andere Lesart" (נוסחא אחרינא) des Targum jeruschalmi II mitteilt. Es sind Stücke zu Gen. 38, 25. 26; 44, 18; 49, 18; Ex.
13, 17; 14, 21. Zu den letzten beiden Stücken giebt es Parallelen in Machzor Vitry 167, 305 ff. Hierher gehören auch die
Fragmente zum jer. Targum, welche *H. Seligsohn* in „De duabus
Hierosolymitanis Pentateuchi Paraphrasibus" I 37 ff. aus Elia Levita's Meturgeman und einer Wiener Pentateuchhandschrift mitteilt.

4. Die jerusalemischen Targumfragmente zu Propheten und Hagiographen. Aus dem Codex Reuchlins
hat *de Lagarde* im Vorwort zu „Prophetae chaldaice" (1872)
p. VI—XLII Randnoten mit der Bezeichnung תרג׳ יר׳, ירו׳, ירוש׳,
תרג׳ ירוש׳ mitgeteilt. Einige Korrekturen nach der Handschrift
s. *Baer-Delitzsch*, Liber Jeremiae, p. VI not. 1, eine Besprechung
des Inhalts der Fragmente von *W. Bacher* in ZDMG XXVIII 1 ff.
Der Codex Reuchlins enthält jer. Targumfragmente zu Josua,
Richter, Samuel, Könige, Jesaja, Jeremia, Amos, Jona, Sacharia.
Nach *Kohut's* Verzeichnis der Targumcitate im ʿArūk müsste
Nathan bar Jechiel ausserdem jerus. Targum zu Ezechiel, Zephania,
Haggai, Psalmen, Sprüche, Hiob, Hoheslied, Klagelieder, Prediger
und Ester besessen haben. Aber der Index Kohut's ist hier
höchst unzuverlässig, nur zum Königsbuch (ʿArūk s. v. מקדקדין),
zu Ezechiel (s. v. בו), den Sprüchen (s. v. צב), den Klageliedern
(s. v. וד nach Ausg. Pesaro 1517) ist im ʿArūk mit Sicherheit
jerus. Targum nachzuweisen. Bei anderen Citaten im ʿArūk und
in der sonstigen älteren Literatur (s. *Zunz*, Gottesdienstl. Vorträge ² 80 ff.) ist oft ungewiss, ob es sich nicht nur um andere
Lesarten der uns bekannten Targume zu Propheten und Hagiographen handelt.

Von Targumen zum Pentateuch ausser dem nach Onkelos
benannten redet zum ersten Mal der Gaon *Sar Schalom* in einem
Gutachten (Sēpher Schaʿărē Tĕschūbā 29ᶜ), s. S. 9 Anm. 1. Gaon
Haï (gest. 1038) äussert dann seine Meinung über ein תרגום ארץ
ישראל, von welchem behauptet werde, dass es aus der Zeit der
palästinischen Amoräer des 4. Jahrhunderts stamme, und gesteht,

dass er von einem solchen Targum nur wenig wisse.[1] Die
Existenz eines *vollständigen* palästinischen Targums zum Pentateuch wird hier vorausgesetzt. Von demselben redet auch *Juda
ben Barzillaj* (um 1100), wenn er in dem ungedruckten Sepher
hā-'Ittīm (MS. Halberstamm nach gütiger Mitteilung des Herrn
Besitzers) sagt: ותרגום של ארץ ישראל שיש בו תוספות הגדות הוסיפו
החזנין שלהן מחמתן ואמרו שמותר לאומרו בבית הכנסת מפני שפירוש הוא
„Und was das palästinische Targum anlangt, welches haggadische
Zusätze hat, so haben ihre Vorbeter [dieselben] aus eigenem
Antriebe hinzugefügt, und sie sagten, dass es erlaubt sei, es
in der Synagoge vorzutragen, weil es ein Kommentar [kein Targum]
sei". Daraus geht hervor, dass seit dem neunten Jahrhundert
ein palästinisches Targum vorhanden gewesen sein wird, dem
manche — aber nicht alle — bereit waren, hohes Alter zuzu-
schreiben. Es liegt nahe, anzunehmen, lässt sich aber nicht
beweisen, dass dies das jetzt bekannte vollständige jer. Targum
zum Pentateuch war.

Für die Abfassung der uns bekannten, sogenannten jerusalemischen Targume ist folgendes in Betracht zu ziehen:

1. die Stellung, welche darin Edom und Israel einnehmen
als Repräsentanten der christlichen und muhammedanischen
Welt, s. Jer. I Gen. 49, 26, Jer. II Gen. 49, 2, Jer. I. II Deut.
33, 2, ist erst vom siebenten Jahrhundert ab denkbar, ebenso
die Erwähnung einer Tochter und einer Frau Muhammeds als
Frauen Ismaels,[2] Jer. I Gen. 21, 21. — Hohes Alter auch nur
einzelner Teile folgt nicht aus der Erwähnung des Hohenpriesters
Jochanan[3] Jer. I Deut. 33, 11, da nichts darauf hindeutet, dass
ein Zeitgenosse dort einen diesem Jochanan geltenden Wunsch
aussprechen wollte, und seine Nennung hinreichend dadurch
erklärt wird, dass er der einzige Hohepriester der Zeit nach
dem Erlöschen der Prophetie war, von dem die jüdische Tradition ein mehreres zu erzählen wusste.[4] Auch dass gelegentlich

---

[1] *Harkavy*, Tĕschūbōt ha-Gĕ'ōnīm 124 f. vgl. 6 f. und *Berliner*, Targum
Onkelos II 173 f.

[2] פטימא und עדישא, nach Pirke Rabbi Eliezer 30 פטומה und עוישה. Die
arabischen Namen sind فَاطِمَة und عَائِشَة, nicht Chadiǧa (so *Volck*, Prot.
Real-Enc. XV 372).

[3] gegen *Nöldeke*, Die Alttestamentl. Literatur 256 und *Buhl*, Kanon und
Text des A. T. 181.

[4] Maas. sch. V 15, Sot. 24ᵇ, b. Ber. 29ᵃ, Meg. Taan VII, vgl. *Derenbourg*,
Essai sur l'Histoire 66 f., 71, 74, 80.

der Sinn des Onkelostargums durch Vergleichung der jer. Targume klar wird, beweist nicht, dass jenes ein Auszug aus diesen sei, sondern hängt damit zusammen, dass Onkelos sich genau an die Vorlage hält, während die Jerusalemer kein Bedenken tragen, die übliche haggadische oder halachische Deutung vollständig mitzuteilen.

2. Aus dem pal. Talmud und Midrasch wird der Eindruck gewonnen, dass ein ganz in derselben Weise wie das Onkelostargum in Babylonien als Autorität allgemein anerkanntes Targum in Palästina zu jener Zeit nicht existierte.[1] Die griechische Übersetzung des Aquila wird gelobt und zuweilen citiert.[2] Targumworte werden fast nur erwähnt, um ungenaue Übersetzungen zu tadeln. Dass die getadelten Übersetzungen[3] sich in unserem Targum jer. I finden, beweist nur, dass die in den jer. Targumen niedergelegte Tradition stellenweise in die vom pal. Talmud umspannte Zeit zurückreicht. *Lerner* kommt bei der Untersuchung der zahlreichen Targumcitate im Midrasch zur Genesis zu dem Resultat, dass die in diesem Buch redenden Tannaiten und Amoräer wie auch der Redaktor „ihre Übersetzungen nicht aus einem ihnen vorliegenden Targum geschöpft, sondern auf dem Wege der Tradition von ihren Lehrern überkommen haben."[4]

3. Keines der sogenannten jer. Targume trägt durchgängig die grammatikalischen und lexikalischen Eigentümlichkeiten des galiläischen Aramäisch des pal. Midrasch und Talmud an sich. Sie sind sämtlich eine Mischung aus Elementen verschiedener Dialekte. Neben den Anklängen an den pal. Talmud und Midrasch ist vorzugsweise die Sprache des Onkelostargum, aber auch gar manches vertreten, was die jer. Targume nur mit dem bab. Talmud gemeinsam haben.[5] Für den letztgenannten Umstand

---

[1] Vgl. auch das über Schrifttargume Gesagte § 3, 5.

[2] Meg. 71ᶜ, Sukk. 53ᵈ, Kidd. 59ᵃ, Mo. k. 83ᵇ.

[3] Meg. III 9, Meg. 75ᶜ, Ber. 9ᶜ, vgl. Jer. I Lev. 18, 21; 22, 28. Als Privatmeinung Einzelner wird eine Stelle aus Jer. I Deut. 14, 5 citiert Kil. 31ᶜ. *Berliner* (Targum Onkelos II 100 Anm. 2) bezeichnet das Citat irrig als in unseren Targumen nicht vorhanden.

[4] *Lerner*, Anlage und Quellen des Bereschit Rabba 64.

[5] An dieser Thatsache besonders scheitert die u. A. von *Eduard König*, Einleitung in das Alte Testament (1893) 100 vertretene Annahme einer grösseren Ursprünglichkeit der sogen. jerus. Targume gegenüber dem Onkelostargum.

werde hier verwiesen auf die Worte[1] מטול, אמטול „wegen".
אפילו הכי „trotzdem", חביל על „wehe über", בדח „sich freuen",
גחן „sich bücken", כסף „sich schämen", פגן „schreien", שוור
„springen", טונא „Last", ריבה, רביתא „Mädchen", קוטרא „Rauch",
שב „sieben", חדסר, תריסר „elf", „zwölf". Bemerkenswert ist auch,
dass die vielgebrauchten galiläischen Wörter אגיב „antworten",
נגס „essen" in den jer. Targumen niemals vorkommen und dass
ein Wort wie שרגג „verlocken" den jer. Targumen allein eigentümlich ist und sich weder im pal. noch im babyl. Talmud zu
finden scheint. Eine singuläre Seltsamkeit ist die diesen Targumen eigene Cohortativform des Imperfekts (s. § 61, 7), welche
dem Hebräischen entlehnt sein muss. Mit der sprachlichen
Anlehnung an das Onkelostargum geht eine so weit reichende
inhaltliche Übereinstimmung Hand in Hand, dass bei dem ohnedies zweifellosen babylonischen Einschlag der jer. Targume
angenommen werden muss, dass eine Recension des in Babylonien
bekannten Onkelostargums bei ihrer Abfassung zu Grunde gelegt
worden ist, woraus weiter zu schliessen, dass den Verfassern der
jerus. Targume kein *vollständiges* „palästinisches" Pentateuchtargum aus alter Zeit zu Gebote stand.

Wir sagen deshalb: die sogen. jer. Targume zum Pentateuch
werden in Palästina, aber nicht vor Schluss des siebenten Jahrhunderts, entstanden sein. Bei ihrer Abfassung wurden benutzt
Traditionen über die in älterer Zeit bei den galiläischen Gelehrten
gangbaren Übersetzungen einzelner Schriftstellen, die zahlreichen
Lücken dieser Traditionen aber ausgefüllt durch haggadisches
Material verschiedensten Ursprungs und mit Hülfe des von Babylonien her bekannt gewordenen Onkelostargums. Bei den Frag-
menten, die wir besitzen, sind dieselben Einflüsse wahrnehmbar
wie bei dem vollständigen Targum. Nur war das letztere,
welches eine lückenlose Übertragung bieten wollte, natürlich
ungleich mehr als das Fragmententargum genötigt, nicht überlieferten Targumstoff mit den zu Gebote stehenden Hilfsmitteln
zu ersetzen. Das gegenseitige Verhältnis der jer. Targume zum
Pentateuch wird dahin zu bestimmen sein, dass sie sämtlich aus
demselben Strome der Übersetzung schöpfen, und dass das vollständige Targum einer späteren Zeit seinen Ursprung verdankt
als die Fragmentensammlung. Verhältnismässig am meisten

---

[1] Das entsprechende Verzeichnis von *Zunz*, Gottesdienstl. Vorträge [2] 79
Anm. *d*, ist in verschiedenster Richtung unzuverlässig.

Sicherheit für Darbietung wirklich alten Materials bieten jedenfalls
die „Fragmente" (Targ. Jer. II) zum Pentateuch. Besonders wenig
spezifisch palästinischen Charakter tragen die jer. Fragmente zum
Prophetentargum an sich. Es liegt der Verdacht nahe, dass über-
lieferte vom recipierten Text abweichende Targumlesarten nicht
selten ohne weiteres für „Targum jeruschalmi" erklärt wurden.

5. Die Targume zu den Hagiographen. Erster Druck
der Targume zu Hiob, Psalmen, Sprüche und zu den fünf
Megilloth (mit einem zweiten Targum zu Ester) in der rabbinischen Bibel Venedig 1518, wieder abgedruckt von *P. de Lagarde*
in Hagiographa chaldaice, Leipzig 1873. Handschriftliche Lesarten verzeichnet *J. Reiss* zu den fünf Megilloth Jüd. Literatur-
blatt 1889, zum zweiten Estertargum, Jüd. Monatsschrift XXV
161—169, 276—284, 398—406, XXX 473—477. Neue (unge-
nügende) Textausgabe nach Handschriften von *L. Munk* in „Targum scheni zum Buche Ester", Berlin 1876. Ein Targum zur
Chronik edierte nach einer Erfurter Handschrift *M. F. Beck*,
Augsburg 1680 und 1683, dasselbe wird nach derselben Handschrift auch von *De Lagarde* in Hagiographa chaldaice mitgeteilt.
Eine zweite Recension desselben Targums gab *D. Wilkins* heraus
Amsterdam 1715. Targume zu Daniel und Ezra-Nehemia fehlen.

Von diesen Targumen ist das zu den Sprüchen als blosse
jüdische Bearbeitung des Pĕschîṭā-Textes[1] als echte Probe
jüdisch-aramäischer Sprache überhaupt nicht zu nennen. Die
Targume zu Psalmen, Hiob und Chronik könnten am ehesten
noch den Anspruch erheben, palästinisches Aramäisch zu enthalten. Aber die genauere Untersuchung zeigt, dass sie in
lexikalischer und grammatikalischer Beziehung die Eigenheiten
der jer. Targume zum Pentateuch an sich tragen, ja noch weniger
echt galiläische Elemente enthalten als diese. Der Meinung
Bacher's,[2] dass die Targume zu Hiob und Psalmen im 4. oder

---

[1] S. *J. A. Dathe.* De ratione consensus versionis Chaldaicae et Syriacae
proverbiorum Salomonis, Leipzig 1764, *Nöldeke* in Merx, Archiv II 246—249,
Baumgartner, Étude critique sur l'état du texte du livre des Proverbes, Leipzig
1890, 267—269.

[2] S. *Bacher*, Jüdische Monatsschrift XX 208—223, XXI 408—416,
462—473. — Die Erwähnung von Rom und Konstantinopel zu Ps. 108, 11
nötigt nicht, eine Abfassung vor 476 anzunehmen, wie Bacher meint; denn
Rom und Konstantinopel konnten auch später als die Vertreter der „edomiti-
schen" Macht aufgeführt werden, vgl. die Nennung von Rom, Jer. II Ex. 12, 42,
Num. 24, 19, von Konstantinopel Jer. I Num. 24, 19. 24. S. auch *Baethgen*,
Jahrb. f. prot. Theol. VIII 1882, 447. 455 ff.

5. Jahrhundert in Palästina entstanden seien, steht ihr von
Bacher nicht genügend beachteter sprachlicher Charakter entgegen. Sie gehören ohne Zweifel in dieselbe Zeit wie die jer.
Targume zum Pentateuch. Das Targum zur Chronik wird noch
jünger sein, s. *M. Rosenberg* und *K. Kohler* in Geigers Jüd.
Zeitschrift VIII 72—80, 135—163, 263—278. Die Annahme einer
selbständigen targumischen Tradition in bezug auf diese Bücher
hat wenig für sich, da, abgesehen vom Esterbuch, ein offizieller
synogogaler Gebrauch derselben für die alte Zeit nicht nach-
gewiesen werden kann. Das zweite Estertargum, das man geneigt
sein könnte, als palästinische Parallele des ersten aufzufassen,
verrät ostaramäischen Einfluss u. A. durch gelegentliche Imper-
fekte mit praefigiertem Nun.[1]

Auch das Targum zum Hohenlied, welchem *Merx*[2] palästinischen Dialekt beimisst, rechtfertigt dieses Urteil nicht, wenn
man nämlich bei palästinischem Dialekt an ein von den Juden
Palästinas wirklich gesprochenes Aramäisch denkt. Wir haben
in sämtlichen Targumen zu den Hagiographen Kunstprodukte
vor uns, welche in ihrer sprachlichen Haltung sich an die älteren
Targume anlehnen und natürlich auch ihre Herkunft gelegentlich
durch Einmischung von Eigentümlichkeiten des Dialekts ihrer
Heimat verraten. Als sichere Unterlage für das Studium der
lebenden aramäischen Dialekte sind sie nicht zu verwenden, und
es besteht nur ein Gradunterschied zwischen ihnen und dem
Aramäischen in den kabbalistischen Werken des Mittelalters,
Zōhar, Tiḳḳūnē Zōhar und Zōhar chādāsch, welche auch palästinisches Aramäisch enthalten wollen und sich in der That
besonders an die jer. Targume anlehnen, aber doch durch
Anleihen aus dem babylonischen Talmud die Art ihrer Ent-
stehung deutlich verraten.

6. Aramäische Apocrypha.

a. Das Buch Tobit (מעשה טוביה), aus MS. Bodlej. 2339 ediert
von *Adolf Neubauer* in „The Book of Tobit a Chaldee text
from a unique ms. in the Bodl. library", Oxford 1878. Es befand
sich in einem Fragment aus Midrasch Rabba de-Rabba zu Gen.
28, 22. Über das Verhältnis des aramäischen Textes zu den

---

[1] ניחזון, andere Lesart ניהזון Est. 3, 4; נתפגון, נתהפיך 5, 8; גיבחון 8, 11:
נקטלון 8, 13; נתהזן 9, 24. *Gelbhaus*, Die Targumliteratur I 12 ff., vermutet
Benutzung der Pĕschīṭā.
[2] Chrestomathia Targumica IX.

anderen Textrecensionen des Buches s. *Nöldeke*, Monatsberichte
der Kgl. Preuss. Akad. d. W. in Berlin 1879, 45—64, *Bickell*,
Zeitschrift f. kath. Theol. II 216 ff., 378 ff., 764 ff., *Schürer*,
Geschichte des jüd. Volkes II 605 ff. Nach der Vorrede des
Hieronymus zu seiner Übersetzung des Buches Tobit hätte eine
„chaldäische" Ausgabe desselben seiner Arbeit zu Grunde
gelegt. Da dieselbe sich aber als blosse Überarbeitung der
Vetus Latina giebt,[1] lassen sich von daher keine sicheren
Schlüsse auf seinen aramäischen Text ziehen, und es muss
zweifelhaft bleiben, ob auch nur eine ältere Recension des uns
bekannten aram. Textes Hieronymus vorgelegen hat. *Nöldeke*[2]
bezeichnet die Sprache desselben als palästinisch, zwischen dem
Dialekte der sogen. babylonischen Targume und dem jüngeren
palästinischen Dialekt in pal. Talmud, Midrasch und Targum
stehend. Er schliesst daraus auf Abfassung um das Jahr 300
n. Chr., wahrscheinlich in Palästina. Nur sei eine spätere Textverderbnis durch nachlässige Copisten anzunehmen.

Die Ansetzung Nöldeke's wird aber gegenüber dem vorliegenden sprachlichen Thatbestand modifiziert werden müssen.
Grammatisch und lexikalisch ist das aram. Buch Tobit
vorwiegend dem Targum des Onkelos verwandt. Dahin weist
die Form der Pronomina (ausgenommen אַנָן) und der Suffixe,
Praepositionen wie לות, כות, בדיל, קבל, לקדמות, der Gebrauch der
Accusativpartikel ית auch in Verbindung mit Substantiven, Adverbia wie תקין, לחדא, סני, עוד, כען, die Fragepartikel ה, Worte
wie אחד „schliessen", שיצי „beenden", רמא „werfen", חוי „erzählen",
מהך „gehen". In der Verbalflexion ist keine der Eigentümlichkeiten zu beobachten, welche für den palästinischen Talmud
die Regel sind, aber auch in den jer. Targumen sich vielfach finden. (Eine Ausnahme bildet nur das einmalige הוון „sie
sind" für הוו 5, 13). In seltsamem Kontrast zu dieser alter-
tümlichen Form stehen Worte, welche die Schrift mit dem pal.
Talmud gemeinsam hat, wie ציבחד (so für ציבחר zu lesen) „ein
wenig", תוף (so immer für תוב) „wieder", בגין „wegen", קמי
„vor", שזג „waschen", חכם „kennen", חמא „sehen", פשפש „suchen",
ארע „sich ereignen", גחך „verspotten", טלי „Knabe", סמי „blind",
ארסטוון „Gelage". Den jer. Targumen allein entspricht das altertümliche ארום „denn, dass, weil", welches wahrscheinlich der den

---

[1] S. *Fritzsche*, Libri apocryphi Vet. Test. graece XVIII.
[2] A. a. O. 65—69.

jer. Targumen zu Grunde liegenden Recension des Onkelostargums entstammt. An den babylonischen Talmud und die jer.
Targume erinnert מטול „wegen", an den bab. Talmud allein טפס
„hinzufügen", אנדרון „Gemach", אושפיזא „Gast", טרפעיקא „Geld-
münze". Zu dem präpositionellen Gebrauch von סטר „zu" 9, 2
als Wiedergabe von παρά kenne ich keine Parallele. Dieser
Thatbestand ist nicht zu erklären durch blosse Nachlässigkeit
von Copisten, auf deren Rechnung Unregelmässigkeiten in bezug
auf die Anhängung der Suffixe an das Verb, den Gebrauch der
Genera und a. m. gesetzt werden können. Die uns vorliegende
Schrift ist nicht vor dem siebenten Jahrhundert entstanden in
Kreisen, welche durch beide Talmude und die älteren Targume
beeinflusst waren, und denen wir auch einen Teil der Targume
zu den Hagiographen verdanken. *Möglich* wäre dabei die
Benutzung einer Vorlage im Stile des Onkelostargums, welche
dann der von Hieronymus gekannte Text gewesen sein könnte,
aber ein zwingender *Beweis* kann dafür nicht geführt werden.

b. Die aramäische Übersetzung von Sprüchen des Siraciden.
Während Saadja noch das hebräische Original der Sprüche des
Siraciden kennt,[1] ist es fraglich, ob eine vollständige aramäische
Übersetzung jemals existiert hat, wie *Zunz*[2] annimmt. Daraus
dass aramäische Sprüche mit oder ohne den Namen des Siraciden in Talmud und Midrasch[3] und im ersten „Alphabet des
Ben Sira" citiert werden, folgt nur, dass Sprüche des Siraciden
— oder solche, welche man ihm zuschrieb — in aramäischer
Form kursierten. b. Sanh. 100[b] werden hebräische und aramäische Sprüche nebeneinander citiert, ohne dass deutlich würde,
dass verschiedene Recensionen des Sepher Ben Sira gemeint
seien. Das Aramäische dieser Sprüche scheint den sogen. babylonischen Targumen nachgebildet zu sein, ohne den Targumen
ausschliesslich eigene Formen und Worte zu enthalten. Sie
werden in Babylonien geformt sein. Die aramäischen Sprüche
des Siraciden teilt mit *S. Schechter* in Jewish Quarterly Review
III 682—706, sonst s. *J. Fürst* in Chărūzē Pěnīnīm, Leipzig 1836,
S. 22, *M. Steinschneider*, Alphabetum Siracidis, Berlin 1858.
Sonstige Litteratur s. *Schürer*, Geschichte des jüd. Volkes II 596,
Hamburger, Real-Encyklopädie, Suppl. I 77—86, 123.

---

[1] *Harkavy*, Zikěrōn ha-Gā'ōn Rab Să'adjā 151, 200 ff.
[2] Gottesdienstliche Vorträge [2] 110.
[3] b. Sanh. 100[b], Kalla (Ausg. *Coronel*) 7[b], Tanch. Par. מקץ (nicht in Ausg.
Buber), חקת.

c. Zusätze zu Daniel. Midrasch Rabba de-Rabba zu Gen.
37, 24 enthielt nach MS. Bodlej. 2339 die Geschichten von Bel
und dem Drachen unter den hebr. Überschriften מעשה ביל צלם
הכשדים und משא התנין, aber in syrischer Sprache, der syrischen
Bibel entnommen, vgl. *Neubauer*, The book of Tobit 39—42,
Nöldeke, Monatsber. der Kgl. Preuss. Akad. d. W. zu Berlin (1879)
64, *Schürer*, Geschichte des jüd. Volkes II 720. Einen Auszug
hieraus enthielt der Midrasch Bereschith rabba,[1] den Raymundus
Martini benutzte, s. Pugio Fidei (Leipzig 1687) 956 f., noch
kürzer die Bereschit-Rabbati-Handschrift der Prager jüdischen
Gemeinde, s. *A. Epstein*, Bereschit-Rabbati (1888) 14.

d. Zusätze zu Ester, nach Handschriften ediert von *S. E. Asse-
manus* im Vat. Katalog I 452 f., von *J. B. de Rossi* unter dem
Titel תפלתו של מרדכי ואסתר in „Specimen variarum lectionum
sacri textus et chaldaica Estheris additamenta" [2] (1783)
122—149, von *de Lagarde*, Hagiographa chaldaice 362—365,
und von *Merx* unter dem Titel חילמא דמרדכי in Chrestomathia
Targumica 154—164. Die Sprache des Apocryphon, welches de
Rossi (a. a. O. S. 120) für uralt halten wollte, das aber *Zunz*[2]
mit Recht der gaonäischen Periode zuweist, ist der Sprache der
palästinischen Targume zum Pentateuch verwandt,[3] enthält aber
noch weniger spezifisch Galiläisches als diese.

7. Aramäische Haggaden. Es war oft Sache der Willkür
der Erzähler oder Schriftsteller, ob sie eine Haggada hebräisch
oder aramäisch wiedergaben. Ohne sich an Vorlage oder Tradition zu binden, gingen sie aus der einen Sprache in die andere
über. Da war eine Beeinflussung der sprachlichen Form durch
den dem Redner oder Schreiber geläufigen Dialekt selbstverständlich. Einen sprachlichen Mischcharakter haben deshalb
zahlreiche haggadische Stücke im babylonischen Talmud und den
späteren Midraschim, s. oben § 5, 1. 2.

Sehr späte Kompositionen dieser Art sind die aramäischen
Haggaden in dem jungen Bereschith Rabba, s. die Beschreibung
der Hölle zu Gen. 24, 67, mitgeteilt von *Raym. Martini* in

---

[1] Über diesen Midrasch und den nach Mosche ha-Darschan benannten
s. *Zunz*, Gottesdienstliche Vorträge [2] 299, *Neubauer*, The book of Tobit (1878)
VII—IX, XVIII—XXIV, *Epstein*, Bereschit Rabbati (1888), dazu *J. Lévi*, Rev.
des Ét. Juiv. XVII 313—17, *Epstein*, Moses ha-Darschan (1891) 11, *Buber*, Midrasch 'Aggādā (1894) VI f., *Epstein*, Rev. des Ét. Juiv. XXVII 153—160.

[2] Gottesdienstliche Vorträge [2] 128.

[3] S. ebenda 129 Anm. *a*.

Pugio fidei 606, s. dazu *Zunz*, Gottesdienstliche Vorträge [2] 305
Anm. e und *Epstein*, Bereschit-Rabbati 33; die Haggada von
der Vaterliebe zu Gen. 33, 3, mitgeteilt von *Jellinek* in Bēt ha-
Midrāsch V (1873) 52 f., s. dazu *Epstein*, a. a. O. 11, 33.

§ 7. III. *Die Dialekte des jüdischen Aramäisch.*

Von einem *ägyptischen* Dialekte des jüdischen Aramäisch
wagen wir nicht zu reden, da die jüdische Herkunft eines Teils
der bis jetzt bekannten ägyptisch-aramäischen Schriftdenkmäler
(von denen hier besonders die Papyri Blacassiani im Britischen
Museum in Frage kämen) zu wenig feststeht, vgl. *Clermont-
Ganneau*, Origine perse des monuments araméens d'Egypte in
Revue Archéologique XXXVI 93 ff., XXXVII 21 ff., *Kautzsch*,
Gramm. des Bibl.-Aram. 14 f., *Wright*, Comparative Grammar 17.

Gemäss der dreifachen Herkunft der uns als jüdisch sicher
bekannten Litteraturprodukte mit — im wesentlichen — reinem
Sprachcharakter sind nur folgende drei Dialekte des jüdischen
Aramäisch zu unterscheiden:

1. der judäische Dialekt, in einer älteren durch das
biblische Aramäisch repräsentierten Form, in das dritte und
zweite vorchristliche Jahrhundert gehörend, und in einer jüngeren
Form aus dem zweiten nachchristlichen Jahrhundert, welche wir
besonders aus der Fastenrolle und dem Onkelostargum kennen
lernen. Judäa war der alte Sitz der Schriftgelehrsamkeit und
blieb es auch nach der Zerstörung Jerusalems bis zum hadrianischen Kriege. In dieser Zeit waren Jabne (jetzt Jebnā), Lod
(El-Ludd), Bekiin, Bene Berak (Ibn Ibrāḳ), sämtlich in der
Nähe des Meeres westlich von Jerusalem gelegen, die wichtigsten
Wohnorte der jüdischen Weisen.[1] Ein galiläischer Gelehrter
war noch zur Zeit Akibas eine solche Seltenheit, dass man Rabbi
Jose, der aus Galiläa stammte, nach seiner Heimat statt nach
seinem Vater benannte.[2]

2. der galiläische Dialekt, von dem wir Denkmäler
aus dem vierten bis sechsten Jahrhundert besitzen. Mit dem
hadrianischen Kriege wanderte die jüdische Gelehrsamkeit,
welche im „Darom" (s. § 2, 3) nur mangelhaft vertreten blieb,
nach dem „unteren Galiläa" und besetzte die Ortschaften Uscha

---

[1] *Frankel*, Darĕkē ha-Mischnā 204 f.
[2] *Bacher*, Agada der Tannaiten I 358 f.

(jetzt Chirbet Hûsche), Schephar Am (Schefâ 'Amr), Sichnin (Suchnīn), Zipporin (Ṣaffûrîje), Tiberias und Cäsarea.[1] Der von Judäa übernommene Lehrstoff, sofern er aramäisch war, kleidete sich hier in das Gewand des von den Juden Galiläas gesprochenen Dialektes, der sich sowohl lexikalisch als grammatikalisch vom judäischen immer unterschieden haben wird, obwohl wir ihn nur aus einer späteren Periode kennen. Dieser Dialekt steht sehr nahe dem sogenannten Christlich-Palästinischen Dialekt des Evangeliarium hierosolymitanum, dessen genauere Herkunft uns unbekannt ist.

3. der babylonische Dialekt, dessen Hauptrepräsentant der babylonische Talmud ist, da die aramäischen liturgischen Stücke und die aramäischen Gutachten der Gaonen als Proben einer künstlichen Behandlung der Sprache gelten müssen und zum Teil einer Zeit angehören, in welcher das Aramäische von den Juden gar nicht mehr gesprochen wurde. Der hadrianische Krieg war die Veranlassung des Aufblühens der babylonischen Gelehrtenschulen in den im südlichen Mesopotamien gelegenen Städten Sura und Pumbedita. Trotz des nicht geringen palästinischen Einflusses sowohl von Judäa, als später von Galiläa her war der von den Juden Babyloniens gesprochene Dialekt dem Aramäischen der Landesbewohner nahe verwandt, wie aus der vielfachen Übereinstimmung des Mandäischen mit dem babylonisch-talmudischen Idiom zu sehen. Die Sprache der Gelehrten[2] mag sich durch Verwendung von palästinischem Sprachgut, das ihnen durch die aus Palästina stammende Lehrtradition bekannt war, vom Volksdialekte unterschieden haben.

Nachdem Kaiser Heraklius 628 den Bestand des alten palästinischen Judentums nahezu aufgelöst hatte, erfolgte in der zweiten Hälfte des siebenten Jahrhunderts unter dem Schutz der Chalifen eine Neukonstituierung der galiläischen Gemeinden, besonders von Tiberias. Palästinische Lehrer waren nach Babylonien geflüchtet, Babylonier werden jetzt die gelehrte Tradition nach Palästina zurückgetragen haben. So erklärt es sich, dass die Schriftwerke, in denen man die geistige Arbeit vergangener Jahrhunderte zu sammeln suchte, in sprachlicher und sachlicher Beziehung einen Mischcharakter tragen. Ein neuer jüdisch-galiläischer Dialekt entstand, der gewiss auch im Volke eine

---

[1] *Frankel*, Mĕbō ha-Jĕrūschalmī 2ᵃ—5ᵇ.
[2] S. § 2, 4.

Zeit lang gelebt hat, dessen volkstümliche Gestalt aber aus der gelehrten Literatur, welche auf uns gekommen ist, nicht mit Sicherheit erkannt werden kann. Etwa seit dem Jahre 800 trat das Arabische sowohl in Babylonien als in Palästina bei den Juden fast völlig an die Stelle des Aramäischen, was daraus zu schliessen, dass seit jener Zeit jüdische Schriftwerke in arabischer Sprache nachzuweisen sind, zuerst die Kommentare des Karäers Benjamin el-Nehawendi[1] (um 830). Saadja weiss am Anfange des zehnten Jahrhunderts vom praktischen Gebrauch des Aramäischen nur vom Hörensagen, sodass es „die Sprache unserer Väter“ (لغة ابائنا) ist, deren Gesetze er mitteilt.[2]

§ 8. IV. Eigentümlichkeiten des galiläischen Dialekts im Verhältnis zum judäischen.

Über die dem galiläischen Dialekt eignende Aussprache des Aramäischen soll später geredet werden. Hier stellen wir zur Kennzeichnung des Dialekts des pal. Talmud und Midrasch nebeneinander eine Reihe der auffallendsten Abweichungen dieses Dialekts vom judäischen Idiom des Onkelostargums. Neben den galiläischen Worten und Formen werden zugleich die christlich-palästinischen und die samaritanischen genannt, bei den judäischen machen wir Zusammenstimmung und Abweichung des Biblischen Aramäisch kenntlich. Leider ist der Wortschatz des Biblisch-Aramäischen nicht umfangreich genug, um in bezug auf das lexikalische Verhältnis des targumischen Dialekts zu demselben sichere Schlüsse ziehen zu können. Es ist deshalb nicht ausgeschlossen, dass das Onkelostargum manche Wörter *babylonischen* Ursprungs enthält. Aber nicht hier — wohl aber in den sogen. jerusalemischen Targumen zum Pentateuch — sind solche Wörter mit Sicherheit nachzuweisen. Doch geht aus der Vergleichung unzweifelhaft hervor, dass der Dialekt des Onkelostargum dem Biblisch-Aramäischen nahesteht, und dass auf der anderen Seite das Galiläisch-Aramäische und das ChristlichPalästinische sich am nächsten berühren, während das Samari-

---

[1] Was *Graetz* (Geschichte der Juden V 212) von aramäischen und arabischen Schriftkommentaren schreibt, welche Nissi ben Noach (um 850) in Jerusalem vorgefunden haben soll, ist aus der von ihm benutzten Quelle mit Unrecht erschlossen.

[2] Commentaire sur le Séfer Yesira, arab. Text 45.

tanische zwischen beiden Gruppen die Mitte hält. Die jer. Targume vereinigen fast durchweg die judäischen und die galiläischen Eigentümlichkeiten und enthalten ausserdem eine Anzahl eigener Worte, ohne ihren Gebrauch konsequent durchzuführen. Eine Vergleichung der lexikalischen Eigentümlichkeiten von Targumen giebt *H. Seligsohn*, De duabus Hierosolymitanis Pentateuchi Paraphrasibus I 23 ff., und *S. Gelbhaus*, Die Targumliteratur I, Das Targum Scheni zum Buche Esther (1893) 22—24.[1] Für das Christlich-Palästinische s. *Fr. Schwally*, Idioticon des christlich palästinischen Aramäisch (1893).

Judäisch.	*Galiläisch.*

Pronomina.

Judäisch	Galiläisch
„wir" נחנא, אנחנא, auch *bibl. aram.*	נן, אנן *chr. pal.* ܐܠ, ܐܠ, ܐܢ, *sam.* אֲנָן, אֲנֻנָן.
„sie" הימון, אינון, auch *bibl. aram.*	אינון, הינון, *chr. pal.* ܐܢܘܢ, ܐܢܘܢ, *sam.* אִנֻן, אִנָנ.
„sich selbst" נפשיה.	נפשיה, גרמיה, *chr. pal.* ܓܪܡܗ, *sam.* נַ‍ܢ.
„dieser" הדין, nicht *bibl. aram.*	הדין, *chr. pal.* ܗܢ, ܗܢ, *sam.* הֲדֵן.
„diese" הדא, nicht *bibl. aram.*	הדא, *chr. pal.* ܗܐ, *sam.* הֲדֵא.
„dieser" —.	ההין, ההן, *sam.* אֲלֵן, אֲלֵן, אֵלֵן.
„jener" ההוא, nicht *bibl. aram.*	ההוא (nicht האו), *chr. pal.* ܗܘ, ܗܘ, *sam.* אֵלֵאָ.
„jene" ההיא, nicht *bibl. aram.*	האי, ההיא, *chr. pal.* ܗܝ, ܗܝ, ܗܝ, *sam.* אֵלֵאָ.
„mein" דילי, nicht *bibl. aram.*	דידי, דילי, *chr. pal.* ܕܝܠܝ, *sam.* דֵילִי.
„welcher" ד, די, *bibl. aram.* nur די.	ד, *chr. pal.* ܕ, *sam.* ܕ, דֵ.
„welcher?" —	הידין, *chr. pal.* ܐܝܢܐ.

Nominalsuffixe.

Judäisch	Galiläisch
„seine" והי, auch *bibl. aram.*	והי, וי, *chr. pal.* ܘܗܝ, ܗ, *sam.* ܗ.
„unser" נא, auch *bibl. aram.*	ן, *chr. pal.* ܢ, ܢ, *sam.* נָן, נ.

---

[1] Die von *Gelbhaus* gegebene Liste von Wörtern, die er für specifisch ost-, bez. westaramäisch hält, zeigt, wie sehr es noch an klarer Erkenntnis der aramäischen Dialekte fehlt. Fast jeder Ausdruck wäre zu beanstanden. Zuweilen ist gerade der für westaramäisch gehaltene Ausdruck babylonisch, oder sowohl der vermeintlich westaramäische als der ostaramäische Ausdruck ist als palästinisch nachzuweisen.

„unsere" גא, bibl. aram. ינא, ‏‎ינן, chr. pal. ܡܢ, ܡܢܐ, ܢ, sam. חנג.

„ihr" הון, הום, auch bibl. aram. ‏‎הון, ון, chr. pal. ܟܘܢ, sam. ﬡﬨﬕ, ﬠשׂ.

„ihre" יהום, יהון, auch bibl. aram. ‏‎יהון, chr. pal. ܗܘܢ, sam. ﬔﬡﬨ, ﬠשׂ.

Adverbia.

„gut" יאות, תקין, nicht bibl. aram. ‏‎טבאות, יאות, chr. pal. ܠܠܐ, sam. ﬗﬓﬡ﬜ﬕﬔ, ﬡﬕﬗﬤﬡ.

„wenig" זעיר. ‏‎צבחר, jer. targ. קליל, chr. pal. ܙܥܘܪ, sam. ﬗשּׁﬓﬓﬔ, ﬗשּׁﬓﬓﬡ.

„sehr, viel" לחדא, selten סגי, bibl. aram. שגיא. ‏‎סגי, סגין, chr. pal. ܣܓܝ, ܣܓܝܐܐ, sam. ﬠﬡﬓﬔ, ﬗﬠﬡﬡ.

„jetzt" כען, auch bibl. aram. ‏‎כדו, כדון, chr. pal. ܟܥ, sam. ﬠﬕﬔ.

„noch, wieder" עוד, auch bibl. aram. ‏‎עוד, תובן, jer. targ. auch תוב, chr. pal. ܬܘܒ, ܙܒܢ, ܣܘܙ, sam. ﬠﬡﬕﬗ, ﬗﬡﬠﬗ, ﬗﬠﬡﬗ, ﬗﬠﬡﬡ.

„gestern" אתמלי. ‏‎אתמל, jer. targ. אתמלי, chr. pal. ܠܡܠܝ, sam. ﬠﬡﬠﬡﬡ, ﬠﬡﬡ.

„wo?" אן. ‏‎הן, chr. pal. ܗ, sam. ﬡﬠﬡ, ﬡﬠﬡ.

„weshalb?" מדין, על מה, למה, bibl. aram. על מה, למה. ‏‎למה, jer. targ. auch מה, מטול מה, chr. pal. ܠܡܐ, sam. ﬗ﬩﬩ﬦ, ﬗ﬩﬩ﬦ, ﬩﬩ ﬕﬗ.

„deshalb" על כן, vgl. bibl. aram. כל קבל דנה. ‏‎בגין כן, jer. targ. מטול היכנא בנין, מטול, chr. pal. ܟܕܝܢ, ܗܟܡ, ܗܟܡܐ, sam. ﬕﬗﬦ, ﬕﬠ ﬗ﬩ﬕﬔ.

„so" כן, כדין, כדנא, כדנן, bibl. aram. כן, כדנה. ‏‎כדין, כדין, היכדין, chr. pal. ܟܡ, sam. ܟܡ, ܗܟܡܐ, ܗܟܡ, ﬗﬕﬦﬡ, ﬗﬦ, ﬡﬠﬗ, ﬗﬕﬡﬦﬡ.

„etwa" ה, פון, bibl. aram. ה. ‏‎דילמא, כלום, chr. pal. ܐܠܡܐ, ܡܢ, sam. ﬡ, ﬗﬦ, ﬡﬠﬕﬡ, ﬗﬕﬠﬡ.

Präpositionen.

„wie" כ, כוות, bibl. aram. כ, einmal כ הא. ‏‎כ, כגון, כוות, jer. targ. הי כ, chr. pal. ܟܘܡ, sam. ﬕ, ﬡ﬜ﬕ.

„zu" ל, לוות, auch bibl. aram. ‏‎ל, לגב, chr. pal. ܠ, ܠܘܡܐ, ܠܘܡܬ, sam. ﬕ, ﬡ﬜ﬕ, ﬗﬠﬕ, ﬨﬗﬕ.

„gegen hin" לציח, bibl. aram. לצד. ‏‎להדי, jer. targ. לציד, chr. pal. ܠܘܦ, sam. ﬕﬔﬡ.

„vor" קדם, auch *bibl. aram.*   קדם, קמי, קומי, *chr. pal.* ܩܡܝ, ܩܒܠ, *sam.* ᙈᎫP, ᙈᏃᎩP, ᎶᎫP, ᎶᎫᎪ ᒪᐁ.

„wegen" בדיל, *bibl. aram.* על דברת.   בגין, בדיל, *jer. targ.* מטול, אמטול, בגלל, *chr. pal.* ܚܒܝܠ, ܚܒܝܠܐ; ܒܠܐܒ, ܠܓܝܠ, ܠܓܝܠܐ, ܚܒܠ, nur einmal ܐܓܠ, *sam.* ᙈᏃᎶᏃᐁ, ᙈᎫᏃᐁ, ᙈᎫᏃᏃᐁ.

„auf" על, (auch *bibl. aram.*), עלוי.   על, עלוי, *chr. pal.* ܚܠ, *sam.* ᒪᐁ, ᎶᎫᒪᐁ.

Conjunctionen.

„weil" בדיל ד, ארי, *bibl. aram.* כל קבל די.   מן, בגין ד, *jer. targ.* ארום, בגלל ד, *chr. pal.* ܡܣ ܠܣܐܘܝܝ? ܠܣܐܘܝܝ?; *sam.* ᙈ ᒪᐁ, Ꭻᐁ, ᎶᙈᎶᐁ, ᙈᎫᐁ, Ꭺᙈᒪ.

„dass" ד, די, ארי, *bibl. aram.* די.   ד, *jer. targ.* auch ארום, *chr. pal.* ?, *sam.* ᙈ, Ꭺᐁ, ᙈᎫᐁ.

„wie" כמה ד, *bibl. aram.* הא כדי.   (הי כמה ד) *(jer. targ.* auch ד כמה הי) היכמה ד, היך ד, כמה ד, *chr. pal.* ? ܝܣܝ, ܡܚ ܝܣܝ?, *sam.* ᙈ ᎪᙈᎪᐁ.

„sondern" אלהן, *bibl. aram.* להן.   אלא, *chr. pal.* ܨܠܐ, ܨܠܐ, *sam.* ᙈᎫᙈ, ᙈᎫᐁ, ᙈᎧ ᙈᎫᐁ.

„wenn" אם, *bibl. aram.* הן.   אין, אי, *jer. targ.* אם, אין, *chr. pal.* ܠ, ܐܣ, *sam.* ᙈᎧ, Ꭺᙈ.

Interjectionen.

„siehe!" הא, *bibl. aram.* הא, ארו, אלו.   הא, *chr. pal.* ܝܣ, *sam.* ᙈᎪᐁ, ᎪᎪᐁ, ᎪᎪᐁ.

„bitte!" בבעו.   בבעו, *jer. targ.* במטו, *sam.* ᎶᎪᐁᎶ, ᎶᎪᐁᎪ, Ꭺᐁᒪ.

„o dass doch!" מאים לוי.   הלואי, *sam.* ᎶᎪᒪ.

Verbformen.

Häufige Anwendung der intransitiven Form im Perfekt des Peal. Haphel neben Aphel. Ittaphal. Schaphel-Bildungen. Im *Bibl. Aram.* seltneres Schaphel, kein Aphel, aber Hophal.	Intransitive Form im Perfekt des Peal selten. Nur ausnahmsweise Haphel und Ittaphal. So auch das *Chr. Pal.* Im *Sam.* häufigeres Ittaphal, kein Haphel.

Perfekt. 3. Plur. m. auf ו, so auch *bibl. aram.*
3. Plur. f. א, *bibl. aram.* ה.
1. Pl. אנ, ebenso *bibl. aram.*

Imperativ. Ton auf Paenultima und Erhaltung des Vokals derselben in Sing. f. und Plur.; so auch *chr. pal.* und *sam.* Plur. f. א.

Infinitiv. Nur Infin. Peal mit Praefix מ, so auch *bibl. aram.*

Endung (ausser Peal) ā-ā, vor Suffixen und als Verbindungsform ā-ūt, so auch *bibl. aram.*

Suffixe am Perf. 1. Pers. Sing. נ�י, 1. Pers. Plur. אנ, 3. Pers. Plur. ינון,
Bibl. Aram. in 3. Pers. Plur. das selbständige Pronomen אינון.
Anhängung der Suffixe in 1. Pers. Plur. an die unveränderte Verbalform.
Bei den Verben ל"א, ל"ו, ל"י erscheint in 3. Pers. Sing. Perf. vor Suffixen im Peal zuweilen, in Pael und Aphel immer ein konsonantisches Jod, im *Bibl. Aram.* ohne Jod (nur ein Beispiel).
An allen Infinitiven Nominalsuffixe, so auch *bibl. aram.*

ן, *chr. pal.* ◦, selten ﬦ, *sam.* ת.

ן, *chr. pal.* ﬦ, *sam.* מ,]מ, ן.

ון, ן, *chr. pal.* ﬦﬡ, ﬞﬡ, *sam.*]ן, אן, ן.

Ton auf Ultima und Verflüchtigung des Vokals der Paenultima.

ן, *chr. pal.* ﬖ, ﬞﬡ, ﬦﬡ, *sam.*]מ, ן.
Alle Infinitive mit Praefix מ, so auch oft *sam.* Im *Chr. Pal.* werden die Infinitive vermieden.

ā-ā, vor Suffixen ā-at oder ā-āt, *chr. pal.* Abstractnomina in Infinitivform auf ā-ū, mit Suffixen auf ā-āt, *sam.* sowohl ā-āt, als ā-ūt.

ﬠ, *sam.* מ], מ.

ן, *sam.* ן,]ן.

הון, ן, *sam.*]t,]tיִ.

Chr. Pal. vermeidet die Suffixe.

Einschaltung von ח, so auch *sam.*

Häufige Einschaltung von ח, doch auch Formen mit ﬠ. *Sam.* ebenfalls Einschaltung von א.

Inf. Peal mit Nun energicum und Verbalsuffixen, sonst Nominalsuffixe, *sam.* Nominal- und Verbalsuffixe überall wechselnd, Verbalsuffixe mit Nun energicum.

Substantiva und Verba.

„Blut" דם. — אדם, auch *jer. targ.*, *chr. pal.* ܐܕܡ, *sam.* ᎭᏛᎡ, ᎭᏛᏆ.

„treffen" ערע. — ארע, auch *jer. targ.*, *chr. pal.* Aph. ܐܘܪܥ, *sam.* ᏅᎡᎧ.

„krank" מרע. — ביש, auch *jer. targ.*, *chr. pal.* ܟܪܗ, *sam.* ᎮᎡᏓᎧ.

„erkranken" מרע, Ithpe. אתמרע. — Ithpe. איבאש, *chr. pal.* ܐܬܟܪܗ.

„antworten" Aph. (ענה) התיב, auch *bibl. aram.* — Aph. אגיב (nicht *jer. targ.*) neben התיב, הותיב, *chr. pal.* ܐܗܝܒ, *sam.* ᎭᎧᏆᎭᎡ (ᏅᎶᎦ).

„buhlen" גוף. — גור, auch *jer. targ.*, *chr. pal.* ܓܘܪ, *sam.* ᏅᎧᎧ.

„lachen" Pa. חייך. — גחך, auch *jer. targ.*, *chr. pal.* ܓܚܟ, *sam.* Pa. ᎭᎳᏟᏌ (ᏅᏌᏌ).

„Ufer" כיף. — גיף, auch *jer. targ.*, *chr. pal.* ܓܝܦ, *sam.* ᏅᏛᎡ ᎭᏟᏌᏅ.

„betrachten" Ithpa. סכא, אסתכל. — Aph. אודיק, אדיק (auch *jer. targ.*) neben אסתכל und סכא (dies *jer. targ.* nur „hoffen"), *chr. pal.* ܚܡܠ, ܐܣܬܟܠܐ, ܐܝܕܩ, *sam.* ᏈᏟᏛᎡ, ᏞᎡᏅᏛᎡ.

„Mond" סיהר. — זיהר, auch *jer. targ.*, *chr. pal.* ܣܗܪܐ, *sam.* ᏅᏛᎦ.

„zurückkehren" תוב, auch *bibl. aram.* — חזר (auch *jer. targ.*) neben תוב, *chr. pal.* ܬܘܒ, *sam.* ᏅᏟᎡ, ᏅᏛᎦ.

„wissen, kennen" ידע, auch *bibl. aram.* — חכם (auch *jer. targ.*) neben ידע, *chr. pal.* ܚܟܡ, *sam.* ᏅᏟᏟ, ᏌᏌᏌ.

„ausziehen" שלח. — שלח, חלש, auch *jer. targ.*, *chr. pal.* ܣܠܚ, *sam.* ᏅᏞᎧ, ᏅᏞᎧ.

„sehen„ חזא, auch *bibl. aram.* — חמא, auch *jer. targ.*, *chr. pal.* ܣܡܚ, *sam.* ᏅᏅᏌ, ᏅᏌᏌᏛ.

„aufhören" שלם, auch *bibl. aram.* — חסל, auch *jer. targ.*, *sam.* ᏅᏞᎧ, ᏞᏛᏅᏛ.

„aushauen" פסל. — חצב, auch *jer. targ.*, *chr. pal.* ܣܪܒ, *sam.* ᏞᏛᏅᏚ.

„sich ergehen", Pa. הלך, Peal Impf. אזל, יהך, auch *bibl. aram.* — Pa. טייל, auch *jer. targ.*, neben אזל, Pa. הלך, *chr. pal.* Pa. ܐܠܠ, ܐܟܠܝ, *sam.* ᏅᏞᏆ, Impf. ᏅᏟᏟ, ᏞᏅᎡ.

„Knabe" עולים, רבי.

„Mädchen" עולימה.

„werfen" שדא, רמא, *bibl. aram.* רמא.

„versinken" טבע, שקע, „untergehen" (von der Sonne) עלל (auch *bibl. aram.*).

„Last" טועון.

„verschliessen" אחד.

„Haufe" דגור, *bibl. aram.* יגר.

„Säugling" ינק.

„Art" *det.* זנא, auch *bibl. aram.*

„essen" אכל, auch *bibl. aram.*

„blind" עויר.

„Schuh" מסן, סין.

„schwanger werden" Pa. עדי, Aph. אעדי.

„verwirren" Pa. שניש.

„Rüsttag" wahrscheinl. wie *jer. targ.* (שבתא) מעלי, vgl. *bibl. aram.* מעלי שמשא „Sonnenuntergang".

טלי, so auch *jer. targ.*, *chr. pal.* ܛܠܝܐ, selten ܚܠܡ, *sam.* ܐ، ܨܨ، ܐܙܨܥ، ܬܐܙܡ.

det. טליתא (טליה), *jer. targ.* auch ריבא, *det.* רביתא (cf. *hebr.* ריבה Sot. 22ᵈ), *chr. pal. det.* ܛܠܝܬܐ, *sam.* ܐܙܨܥ، ܐܨܨ، ܐܬܐܙܡ.

טלק, קלק, auch *jer. targ.*, *chr. pal.* ܚܠܦ، *sam.* ܐܨܥ، ܐܨ"، ܦܠܥ.

טמע „versinken" und „untergehen", שקע „versinken", auch *jer. targ.*, *chr. pal.* ܚܒܐ، „versinken", *sam.* ܣܦܬܩ „untertauchen", ܥܠ „untergehen".

טון, מובל, מעון, *jer. targ.* טון, nicht מובל, *chr. pal.* ܫܩܠܐ، *sam.* ܐܦܢܥ.

טרד, auch *jer. targ.*, *chr. pal.* ܐܣܝ، *sam.* ܙܩܦ، ܙܦܩ، ܐܙܪ.

כרי, *jer. targ.* auch אוגר, *sam.* ܐܦܨ.

ינוק, מיינוק, auch *jer. targ.*, *chr. pal.* ܣܒܣ، ܣܒܣܐ، *sam.* ܚܢܩ.

מין, auch *jer. targ.*, *chr. pal.* ܣܢܐ (ܡܝ) „Volk", vgl. pal. talm. מינאי „Ketzer"), *sam.* ܨܠܢܐ، ܐܙܚܢ.

נגס (nicht *jer. targ.*), אכל, *chr. pal.* ܝܣܣ، ܐܟܠ، *sam.* ܐܟܠ.

סמי, auch *jer. targ.*, *chr. pal.* ܣܡܝ، ܚܣܐܘ، *sam.* ܨܨܣܡ.

סנדל (auch *jer. targ.*), מסאן, *chr. pal.* ܣܐܣ، ܣܐܣ، *sam.* ܐܢܠܫ، ܐܠܢܐ.

Pa. עבר, בטן, auch *jer. targ.*, *chr. pal.* ܚܠܐ، *sam.* ܢܣܦ.

ערבב, auch *jer. targ.*, *chr. pal.* ܚܒܙܟ، *sam.* ܐܪܙܐ، ܐܙ.

ערובה, *chr. pal.* ܐܣܙܟ.

„vertauschen" Pa. שני (auch *bibl. aram.*), חליף.

„Eisen" ברזל, *bibl. aram.* פרזל.

„bekannt machen" Aph. הודע, אודע, auch *bibl. aram.*

„ausstrecken" Aph. אושיט.

„durchsuchen, betasten" בלש, Pa. משיש, משמש.

„quälen" Pa. עני.

„abhauen" Pa. קציץ, auch *bibl. aram.*
„Holzstück" אע.
„Morgengrauen" *bibl. aram.* שפרפר, Targ. Onk. nur צפר.

„wegnehmen" Aph. אעדי, *bibl. aram.* העדי.
„sieben" שבע, auch *bibl. aram.*

„waschen, baden" סחא, Aph. אסחי, „waschen" Pa. חליל.

„erzählen", Pa. חוי, auch *bibl. aram.*, Ithpa. אשתעי.

„zwölf" תרי עסר, תרין עסר, *bibl. aram.* תרי עשר.

פרג (auch *jer. targ.*), Pa. חליף, *jer. targ.* auch שלחיף, *chr. pal.* ܣܠܚ, *sam.* ﬡﬡﬡ, ﬡﬡﬡ.

פרזל, auch *jer. targ.*, *chr. pal.* ﬡﬡﬡﬡ, *sam.* ﬡﬡﬡﬡ.

פרסם (auch *jer. targ.*), neben אודע, *chr. pal.* ܐܘܕܥ, *sam.* Pa. ﬡﬡﬡ.

פשט, auch *jer. targ.*, *chr. pal.* ﬡﬡﬡ, *sam.* Aph. ﬡﬡﬡﬡ, ﬡﬡ]. ﬡﬡ].

פשפש, auch *jer. targ.*, *chr. pal.* ﬡﬡﬡﬡ, *sam.* ﬡﬡﬡ, Pa. ﬡﬡﬡ, Pa. ﬡﬡﬡﬡﬡ.

Pa. צער, auch *jer. targ.*, *chr. pal.* ﬡﬡﬡ, *sam.* ﬡﬡﬡ.

קטע, Pa. קציץ, auch *jer. targ.*, *chr. pal.* ﬡﬡﬡ, *sam.* ﬡﬡﬡ, ﬡﬡﬡ.
קים, *jer. targ.* auch קיסם, *sam.* ﬡﬡﬡ, ﬡﬡﬡ.
קריצה, auch *jer. targ.*, *chr. pal.* ﬡﬡﬡﬡ, *sam.* ﬡﬡﬡ, ﬡﬡﬡ, ﬡﬡﬡ „früh".

Aph. ארים, auch *jer. targ.*, *chr. pal.* ܐܪܡ, *sam.* Aph. ﬡﬡﬡﬡ.
שבע, *pal. targ.* auch שב, *chr. pal.* ﬡﬡﬡﬡ, *sam.* ﬡﬡﬡ.

Pa. שזג „waschen", סחא „baden", beides auch *jer. targ.*, *chr. pal.* ܐܚܣܝ „waschen", ܐܣܚܡ „baden", *sam.* ﬡﬡﬡ (ﬡﬡﬡﬡ, ﬡﬡﬡ).

Pa. תני, Ithpa. אשתעי, auch *jer. targ.*, *chr. pal.* Pa. ܬܢܐ, *sam.* ﬡﬡﬡ, Pa. ﬡﬡﬡ.

תרין עשר, *jer. targ.* תריסר, *chr. pal.* ﬡﬡﬡﬡ, ﬡﬡﬡﬡ, *sam.* ﬡﬡﬡ ﬡﬡﬡﬡ, ﬡﬡﬡ ﬡﬡﬡﬡ.

Grammatik.

Zur Schrift- und Lautlehre.

§ 9. *Das Alphabet.*

1. Die Namen der Buchstaben (aram. אתואן Koh. R. I 13) des Alphabets (אלף בית Meg. 71ᵈ, אלפא ביתא Sanh. 18ᵃ, Pl. אלפביטין Koh. R. I 13) haben im pal. Talmud überall hebräische Form, welche Saadja[1] als specifisch palästinisch bezeichnet, obwohl sie in älterer Zeit auch in Babylonien ebenso üblich war.[2] Sie werden hier mitgeteilt als ältestes Zeugnis für die jüdische Schreibung derselben. Die Transskription des Palästinensers Eusebius[3] ist beigefügt.

אלף Sabb. 9ᵇ, Sanh. 18ᵃ, Ἀλφ.

בית Meg. 71ᵈ, Βηθ.

גימל Schek. 47ᵇ, Γιμελ.

דלת Maas. sch. 55ᵇ, Δελθ.

הא Sabb. 9ᵇ, הי Pea 20ᵇ, Ἡ.

וו Meg. 71ᶜ, ויו Sanh. 25ᵇ, Οὐαυ.

יין, vgl. זיינין Sabb. XII 5, Ζαι.

חית Pea 20ᵇ, Maas. sch. 55ᵇ, Ἡθ.

טית Maas. sch. 55ᵇ, Τηθ.

יוד Meg. 71ᵈ, Ἰωθ.

כף Meg. 71ᵈ, Χαφ.

למד Sabb. 9ᵇ, Λαβδ.

מם Meg. 71ᶜ, Μημ.

נון Meg. 71ᵈ, Νουν.

סמך Meg. 71ᶜ, Σαμχ.

עין Meg. 71ᶜ, Ἀιν.

פה Meg. 71ᵈ, Φη.

צדי Meg. 71ᵈ, Σαδη.

קוף Maas. sch. IV 11, Κωφ.

ריש Maas. sch. 55ᵇ, Ῥης.

שין Meg. 71ᵈ, Σεν.

תיו Sanh. 18ᵃ, Θαυ.

2. Die von den Juden auch für das Aramäische benützte Schrift ist die sogenannte Quadratschrift, welche sie selbst

---

[1] Commentaire sur le Séfer Yesira, arab. Text 13, 100.

[2] S. A. *Berliner*, Beiträge zur hebr. Grammatik im Talmud und Midrasch (1879) 15—25.

[3] Praeparatio evangelica X 5; es ist indes möglich, dass Eusebius dabei nicht mündlicher Tradition, sondern dem Zeugnis der LXX zu Thren. folgt. Seine Schreibung stimmt fast durchgängig mit Cod. Sin.

„assyrische Schrift" (כתב אשורי) nennen (Meg. 71ᶜ, vgl. Jad. IV 5)
und auf Ezra zurückführen (Meg. 71ᵇ, Tos. Sanh. IV 7).[1] Finalbuchstaben waren nach Meg. 71ᵈ bei מנצפ״ך, den sogenannten
אותות כפולין,[2] schon im Gebrauch. Keine besonderen Lesezeichen
wurden geschrieben. Wie alt die sich jetzt in Ausgaben und
Manuskripten findende gelegentliche Setzung von Punkten zur
Abteilung von Abschnitten ist, ist nicht mehr festzustellen.

Der Buchstabe שׁ steht wie im Hebräischen zuweilen, wenn,
wie aus gelegentlicher Vertauschnng mit ס zu schliessen, der
Laut dieses Buchstaben gesprochen wurde. Zu nennen sind,
ohne dass für alle damalige Aussprache mit ס feststände, die
Worte עשרה „zehn", עשרין „zwanzig", מעשר „Zehnter", בישרא
„Fleisch", בשורה „Frohbotschaft", שובעה „Überfluss", שמאל „links",
עשב „Kraut", נשייא (neben נסייא) „Fürst", שרא (neben סרא)
„Fürst", שהד (neben סהד) „zeugen", שער (neben סער) „Haar",
תפש „ergreifen", שערין (neben סערין) „Gerste". Die jer. Targume verwenden ס für שׁ in etwas erweitertem Umfang. Die
babylonischen Formen von עשר „zehn" werden immer mit ס
geschrieben. Das Onkelostargum (Cod. Soc. 84) hat nur in Eigennamen als ס zu lesendes שׁ. S. auch § 10, 5.

3. Für die Benutzung der Buchstaben als Zahlzeichen s.
§ 21, 6.

§ 10. *Die Aussprache der Konsonanten.*

Die den galiläischen Juden des vierten Jahrhunderts eigene
Aussprache der aramäischen Konsonanten ist zu erschliessen
aus der in den galiläischen Schriftwerken sich findenden Wiedergabe griechischer und lateinischer Worte,[3] aus den die Aussprache betreffenden Zeugnissen der jüdischen Literatur selbst
und des Hieronymus,[4] auch aus der uns bekannten arabischen
Transskription palästinischer Ortsnamen auf Grunde der Aussprache der Landesbewohner,[5] die indes aus späterer Zeit stammt

---

[1] Dasselbe berichtet auch *Hieronymus* in seiner Praef. in libr. Regn.
[2] Nach Hieronymus a. a. O. „*literae duplices*". — Es scheint nach Meg.
71ᵈ (wo der Text korrumpiert), als hätten die Jerusalemer die Finalbuchstaben
ם und ן noch nicht geschrieben, aber das Zeugnis der Inschriften spricht dagegen.
[3] Vgl. *Siegfried-Strack*, Lehrb. der Neuhebr. Sprache 11—19.
[4] S. *Siegfried*, Die Aussprache des Hebräischen bei Hieronymus, ZAW
IV 35 ff. Dass die hebräischen und die aramäischen Konsonanten denselben
Laut hatten, sagt Hieron. in seiner Praefatio in libr. Regn. ausdrücklich.
[5] S. *Kampffmeyer*, Alte Namen im heutigen Palästina und Syrien, ZDPV
XV 1 ff., 65 ff., XVI 1 ff.

und somit für die Zeit des pal. Talmud und Midrasch nicht absolut massgebend ist. Dasselbe gilt von der lautphysiologischen Gruppierung der hebräischen Konsonanten in Sēpher Jĕṣīrā IV, 3, da diese palästinische Schrift kaum vor dem siebenten Jahrhundert verfasst ist. Übrigens hat die dort gegebene Teilung der Konsonanten nach der Artikulationsstelle in die 5 Gruppen אֹהֹחֹע (Laryngal- und Gutturallaute), בֹּוֹמֹף (Lippenlaute), גִּיֹכֹק (Gaumenlaute), דֹטֹלֹנֹת (Interdentallaute), זֹסֹצֹרֹשׁ (Postdental- und Supradentallaute),[1] deshalb nicht allzu viel Wert, weil in dieser Richtung wenig strittige Fragen vorliegen.

1. Die Gutturalen.[2] In Babylonien war man der Meinung,[3] dass sichere Auskunft über die Aussprache eines Mischnawortes mit ע oder א[4] nur in Judäa zu finden sei, nicht aber in Galiläa, wo man nachlässig ausspreche. Als Beweis dafür bringt der bab. Talmud Beispiele galiläischer Ausdrucksweise, in denen ח, ע und א gleich gesprochen, ב, ו und פ, ט und ת, ק und כ, auch konsonantisches ה und כ verwechselt werden. Anderwärts (Ber. 4ᵈ, b. Meg. 24ᵇ) redet eine Barajtha doch nur davon, dass die Bewohner der Städte Chaipha (am Karmel), Beth-Sche'an und Taba'on (in der Nähe des Jordan südlich vom galiläischen Meer) ה und ח, א und ע nicht gehörig unterscheiden und deshalb nicht im Gottesdienst auftreten sollen. Die galiläischen Gelehrten scheinen selbst darüber gehalten zu haben, dass wenigstens in Gottesdienst und Schule genau gesprochen wurde. Sie verspotten den Babylonier Chijja, weil ח, ע und ה für ihn gleich lauten (b. Mo. k. 16ᵇ, b. Kerit. 8ᵃ, b. Meg. 24ᵇ).

---

[1] Schon das Sēpher Jĕṣīrā, wie es *Saadja* (nach Commentaire sur le Séfer Yesira, Text 74) und *Sabbathaj Donolo* (nach seiner Ausgabe des Sēpher Jĕṣīrā in Sēpher Jĕṣīrā, Warschau 1884) kannten, enthielt ausser der Aufzählung der fünf Gruppen von Konsonanten eine Beschreibung der Hervorbringung derselben. Dieselbe wird aber nicht ursprünglich sein, da sie im Kommentar von *Jehuda ben Barzillaj* (Berlin 1885) 208 und im ersten Text der Ausgabe Mantua 1563 fehlt.

[2] Wir folgen hier der herkömmlichen Einteilung der Konsonanten.

[3] b. Er. 53ᵇ.

[4] Es handelt sich um מאברין oder מעברין Er. V 1, אכוו oder עכוו Bech. VI 6. Ähnliche Zweifel entstanden nach Ber. 12ᶜ, Er. 22ᵇ, Ab. z. 39ᶜ in betreff der Mischna-Worte אירידן Ab. z. I 1 und יאותו Ber. VIII 7, nach b. Sabb. 77ᵈ f. betreffs גמיעה Sabb. VIII 1, גרעינין Sabb. VII 6, מעמצין Sabb. XXIII 5 und עוממות in einer Barajtha. — Nebenbei werde bemerkt, dass auch hier wie bei dem Targum nicht Manuskripte, sondern die mündliche Tradition die Entscheidung treffen sollen.

Galiläer des zweiten und dritten Jahrhunderts sind es, welche
berichten, dass es einmal eine Rechtsschule gab, deren Schüler
ע und א verwechselten (b. Ber. 32ª), dass man in Galiläa
איויא für חויא, auch irgendwo[1] עייבא für חייבא oder כייבא
sage (Ber. R. 26, Ech. R. II 2).[2] Selbstverständlich hat die
mangelhafte Aussprache der Gutturalen durch das Volk auch
die Gelehrten beeinflusst, wenn auch der palästinische Talmud
und Midrasch davon weit weniger Spuren aufweist als der Talmud der Babylonier[3] und die jer. Targume. Zur Zeit des
Hieronymus waren sicherlich noch verschiedene Gutturalen zu
hören, da er gesteht, dass er das Aramäische wegen seiner *anhe-
lantia stridentiaque verba* nicht auszusprechen vermöge,[4] obwohl
er anderwärts geneigt ist, die Gutturalen für blosse Vokalzeichen
zu halten.[5] Er folgt in der Wiedergabe der Gutturalen den
LXX, welche א, ה, ע und ח gewöhnlich durch Spiritus lenis,
zuweilen durch Spiritus asper, die härtere Aussprache des ע
durch γ, die des ח durch χ andeuten.[6] Nur scheint er die
härtere Aussprache des ע und ח nicht mehr aus dem Gebrauche
zu kennen, da er diese Buchstaben nur in einigen Worten, welche
schon die LXX haben, mit *g* und *ch* transskribiert. Den Arabern
klang nach *Kampffmeyer*[7] ח wie ح (nie wie خ) oder ع, ע wie ع
(nie غ), während sie beide Konsonanten am Schluss der Worte
gar nicht hörten.

Danach wird angenommen werden können, dass die härtere
Aussprache von ע und ח verschwunden war. ע war wenigstens
am Anfang der Worte ein Kehlkopfexplosivlaut, der von dem
blossen festen Lauteinsatz[8] sich aber nur wenig unterschied. ח war

---

[1] Das kann von den Nabatäern gemeint sein, vgl. Ber. R. 79, wo umgekehrt von einem Araber (Nabatäer) berichtet wird, dass er für מעשה (= מעסה)
gesagt habe מכסה.

[2] Vgl. *Bacher*, Agada der Palästinensischen Amoräer I 465, 508.

[3] Mit Unrecht kehrt *Rülf*, Zur Lautlehre der aramäisch-talmudischen
Dialekte (1879) 8 ff., den Sachverhalt um, indem er auf die Babylonier bezieht,
was der bab. Talmud von den Judäern sagt. S. dagegen *Nöldeke*, Mandäische
Grammatik 58 f.

[4] Praefatio in Danielem.

[5] S. die Belege bei *Siegfried*, Die Aussprache des Hebr. bei Hieron. ZAW
IV 68 ff.

[6] *C. Könnecke*, Die Behandlung der hebräischen Eigennamen in der Septuaginta (Stargard 1885) 14 ff.

[7] ZDPV XV 25, 71.

[8] *Sievers*, Grundzüge der Phonetik⁴ (1893) 138.

die heisere Kehlkopfspirans der Araber.[1] Da ה und א im Wortanfang oft vertauscht wurden und mit Vorliebe ה für א eintritt
(s. § 15, 1), so werden die Galiläer den leise gehauchten Einsatz[2]
geliebt haben, der vom ה sich wenig unterschied. Dann lag
freilich die Gefahr einer Verwechselung und Vertauschung von
ח, ה, ע, א ausserordentlich nahe, aber eine Möglichkeit der
Unterscheidung der Konsonanten war doch noch vorhanden. In
gewählter Sprache, besonders am Wortanfang, wird ע und ח
noch meist von א und ה unterschieden worden sein. Nach einem
blossen Vokalanstoss dagegen und zwischen zwei gleichlautenden
Vokalen verschwanden nach den von Hieronymus gegebenen
Beispielen[3] die Gutturalen völlig, was wenigstens für א, ה und ע
durch die Schreibungen der galiläischen Schriftdenkmäler genügend
bestätigt wird, s. § 15, 1.

Aus Schreibungen wie מגלייה für מגלאה „offenbaren“, קיים für
קאים „stehend“ (s. § 15, 1) darf geschlossen werden, dass א
zwischen zwei Vokalen als stimmhafte Gaumenspirans gesprochen
wurde. Die aussergewöhnlichen Schreibungen ילפא „lernend“,
יבדא „untergehend“ (§ 67) beweisen, dass auch am Wortanfang
א zu י werden konnte.

2. **Die Palatalen.** Bei Hieronymus bez. den Arabern
finden sich die Transskriptionen g bez. $\tilde{g}$ (zuweilen ك, ﻍ, unter
Voraussetzung der Aussprache des $\tilde{g}$ als dsch) für ג, ch bez. ك
(nach Vokalen zuweilen $\dot{k}$) für כ, c bez. ﻍ für ק. כ unterschied sich für Hieron. von ק offenbar besonders durch seine
sehr hörbare Aspiration. Keine doppelte Aussprache wird bei
ג und כ von ihm unterschieden. Doch hat כ nach Vokalen
auch nach b. Er. 53ᵇ in der Volkssprache der Kehlkopfspirans
ה nicht fern gestanden. Die Juden transskribieren griechisches
γ durch ג, das hauchlose κ durch ק, das aspiriert (aber nicht
als Spirans) gesprochene χ durch כ. Der griechische Buchstabe
Κάππα wird darum trotz der Herkunft dieses Namens von den

---

[1] *Sievers*, a. a. O. 141.

[2] ebenda 140.

[3] So erklären sich Transskriptionen wie *mosim* für מושיעים, *mrim* für
מרעים. Sonst ist freilich in Betracht zu ziehen, dass die Lesungen des Hieronymus nicht selten mit seiner mangelhaften Kenntnis des Hebräischen zusammenhängen, da ihm die traditionelle Aussprache aller Worte schwerlich bekannt
war. Auch hat er, was Siegfried nicht genügend berücksichtigt, nicht immer
die Vokalbuchstaben unseres Textes vor sich gehabt. Er las z. B. *sephoth*
gewiss nicht für צפיעות, sondern für צפעות.

Juden קפא (Maas. sch. 55ᵇ) geschrieben, Xî dagegen כי (Men.
VI 3). Somit war von den gutturalen Explosivlauten ג, כ, ק der
erstere unaspiriert und stimmhaft, der zweite aspiriert und stimmlos, der dritte (postpalatale) unaspiriert und stimmlos.[1]
Die später nach Diḳdûḳē ha-Ṭᵉ̆āmîm § 5 und Sēpher Jēṣîrā
II 3 in Palästina bei den Juden üblich gewordene, aber wahrscheinlich aus Babylonien importierte regelmässige doppelte
Aussprache der בֹּגֹדְכֶּפֹת als דגש oder רפי (so Diḳdûḳē ha-
Ṭᵉ̆āmîm), קשה oder רך [2] (Sēpher ha-Jēṣîrā) war damals noch
nicht durchgedrungen. Dann erst wurde כ nach Vokalen immer
zu der stimmlosen gutturalen Spirans خ, ג nach Vokalen zu der
stimmhaften gutturalen Spirans[3] غ, s. *Fraenkel*, Die aramäischen
Fremdwörter im Arabischen (1886) XVIII ff. und die Transskriptionen al-Berûnî's nach *Schreiner*, Zur Geschichte der Aussprache
des Hebräischen, ZAW VI 249. Aus welcher Zeit die gelegentliche Bezeichnung der raphierten Aussprache von ג und כ durch
einen oberen Punkt im Evangel. Hierosol.[4] stammt, ist ungewiss.

3. Die Palato-Lingualen. Die Schreibungen אידא für
ידא, אידי für ידי (vgl. § 15, 3) zeigen, dass anlautendes *Jod* ohne
vollen Vokal und ebenso Jod mit *i* wenigstens oft als blosses
i ausgesprochen wurden. Damit stimmt überein, dass Hieronymus *jĕ* und *ji* fast immer durch *i* transkribiert und dass im
Christl.-Palästinischen das Präfix der 1. Pers. Sing. des Imperfekts ebenso wie das der dritten mit Jod geschrieben wird.[5]
Wechsel von אינון und יינון „sie" ist dann nur orthographischer
Natur. Ob anlautendes Jod sonst konsonantisch als palatale
stimmhafte Spirans oder als Halbvokal gesprochen wurde, weiss
ich nicht zu entscheiden. Aussprache als Halbvokal liegt aber
hier nahe, vgl. § 12, 3, ebenso am Silbenschluss, sodass ײַ (*ai*)
und וײַ (*oi*) als Diphthong zu betrachten sein werden. Das Bibl.
Aramäische hat sowohl nach ִי — wie nach ַי — raphiertes Taw,

---

[1] Beispiele s. § 37, *Fürst*, Glossarium Graeco-Hebraeum (1890), *Siegfried-Strack*, Lehrbuch der Neuhebr. Sprache 12. — Über die Aussprache von χ, φ, ϑ s. *Kühner*, Ausführl. Gramm. der griech. Sprache [3] I 1, 58.

[2] Diese Terminologie folgte syrischem Muster, vgl. die „gehärteten"
(ܡܩܲܫܝܳܐ) und „erweichten" (ܡܪܲܟܟܳܐ) Konsonanten bei Jakob von Edessa,
Merx, Historia artis grammaticae apud Syros 55.

[3] So wird غ hier zu definieren sein, vgl. *Vollers*, Lehrb. d. ägypto-arab.
Umgangssprache (1890) 7 und *Sievers*, Grundzüge der Phonetik [4] 124.

[4] *Nöldeke*, ZDMG XXII 447, 452 f.

[5] *Nöldeke*, ebenda 468.

die superlineare Vokalisation schreibt gelegentlich[1] אִ֗ und אִ֗
für ﬖ und ﬖ. S. auch § 13, 5.

Das *Resch* gehört nach Dikḍūḳē ha-Tĕʿāmīm § 5 und Sēpher
Jĕṣīrā III 3 in die Reihe der doppelt gesprochenen Buchstaben,
und es wird ausdrücklich bezeugt, dass diese Aussprache des
Resch eine Eigentümlichkeit der Tiberienser sei, die nicht nur
bei der Schriftlesung, sondern auch im gewöhnlichen Leben bei
jedermann zu Tage trete.[2] Saadja hat sie auch in Babylonien
beobachtet, ohne aber dort Regeln für ihre Anwendung ent-
decken zu können.[3] Nach den Regeln der Dikḍūḳē tritt die
raphierte Aussprache des Resch ein, wenn es auf Dentalen und
Sibilanten (דטת und זס(ש)צ) unmittelbar (z. B. דְּרָכַי, יִשְׂרָאֵל) oder
als Schliesser der mit ihnen anlautenden Silbe (z. B. דְּרָכַי, וְרַע)
folgt, und wenn es ל und ג unmittelbar vorangeht (z. B. קָרְנִי,
עֲרָלוֹת).[4] *Delitzsch*,[5] *König*[6] und *Lambert*[7] halten die „harte"
Aussprache für die uvulare im Gegensatz zu der sonst üblichen
lingualen. Dagegen spricht, dass Sēpher Jĕṣīrā nur ein linguales
ר kennt,[8] da es dasselbe in eine Klasse mit den Zischlauten
stellt. Auch Saadja redet nicht, wie Lambert übersetzt, von
einem „*resch grasseyé*" und einem „*resch qui n'est pas grasseyé*",

---

[1] S. *Merx*, Chrest. Targ. Gen. 3, 10, 11.   Dass im Codex Reuchlin's
אִ֗ geschrieben wird, s. *Baer-Delitzsch*, Liber Jeremiae VIII, kann nach dem,
was Baer sonst von der Vokalisation dieses Codex mitteilt, kaum mit *Landauer*,
Zeitschr. f. Assyr. III 275 von einem dem Konsonanten Jod *nach*tönenden *i*
verstanden werden.

[2] Dikḍūḳē ha-Tĕʿāmīm (Ausg. v. Baer-Strack) 7ᵈ. Vgl. auch die Angaben
des Tiberiensers *Juda ben Alan* in David Kimchi's Miklōl, Ausg. Fürth, 91ª.

[3] Commentaire sur le Séfer Yesira, Text 46.

[4] Dikḍūḳē ha-Tĕʿāmīm widersprechen sich selbst, wenn sie weiterhin auch
bei vorangehendem ל und ג dieselbe Wirkung eintreten lassen, was sie vorher
ausdrücklich ausschlossen. Auch Saadja weiss nichts davon. Er kehrt indes
irrtümlich die ganze Regel um, indem er in den genannten Fällen dagessierte,
nicht raphierte Aussprache eintreten lässt (Commentaire, Text 79).

[5] *Delitzsch*, Physiologie und Musik 12.

[6] *König*, Lehrgebäude der hebr. Sprache I 39.

[7] *Lambert*, Commentaire sur le Séfer Yesira XII. S. auch *Krehl's* Bemerkung ZDPV XV 80.

[8] Vgl. auch die Beschreibung der Hervorbringung des Resch durch die
Zunge bei Abraham ibn Ezra, s. *Bacher*, Abr. Ibn Esra als Grammatiker (1882)
53. Die Meinung, dass das Resch der Masoreten palatal gewesen sei (so *Stade*,
Hebr. Gramm. I 61, *Kautzsch*, Hebr. Gramm. ²⁵ 28 f.), ist durch den Hinweis
auf die Behandlung des Resch durch die Masoreten nicht genügend begründet.
Die starke Aspiration des Resch veranlasste seine den Gutturalen ähnliche
Behandlung, nicht die palatale Aussprache.

sondern von einem „abgeschwächten und einem nicht abgeschwächten Resch".[1] Die raphierte Aussprache ist aspirierte[2]
oder spirantische Aussprache ähnlich dem spirantischen un-
gerollten Alveolar-*r* der Engländer in *try, dry*, vgl. *Sievers*, Grundzüge der Phonetik ⁴ 110. *Graetz*[3] und *N. Brüll*[4] erinnern nicht
ganz mit Unrecht an das polnische ř, das nach ihrer Meinung
freilich für das dagessierte Resch gesprochen worden sein soll.
Unterscheidung eines „erweichten" und eines „gehärteten"
Resch findet sich ähnlich im Syrischen, s. *Barhebraeus*, Oeuvres
grammaticales I 132, 229, *Duval*, Gramm. Syr. 109. Dort war
die „erweichte" Aussprache des Resch die gewöhnliche, die
„gehärtete" kam nur in einigen Worten vor. In Galiläa ist die
zuletztgenannte Aussprache häufiger gewesen. Wie alt diese
Art der Aussprache hier war, können wir nicht sagen. Die
tiberiensischen Vokalisatoren der heil. Schrift haben — jedenfalls in folge babylonischen Einflusses — keine Rücksicht darauf
genommen. Die seltene Dagessierung des Resch im Alten
Testament (s. *Stade*, Hebr. Gramm. I 104)[5], welche „harte" Aussprache voraussetzt, entspricht der Aussprache der Syrer, nicht
der Palästinenser. Hieronymus transkribiert immer *r*, die Araber
ر. Nach *Isaak Israeli*[6] wäre die harte Aussprache des Resch
den Arabern fremd gewesen. Wir wissen aber nicht, was für
eine Aussprache er voraussetzt. Lamed und Nun lauten bei
Hieronymus immer *l, n*, bei den Arabern ل, ن.
4. Die Dentalen. Ebenso wie bei ג und כ wird bei
Hieronymus, welcher für ד und ת immer *d* und *th*, aber für ט *t*
schreibt, bei ד und ת eine doppelte Aussprache nicht unterschieden. Dabei ist allerdings zu berücksichtigen, dass das
Lateinische ihm auch keine Möglichkeit dazu bot. Denn es
besass nur die Bezeichnungen *d, t* und *th*, das letztere zur
Transskription des griechischen ϑ. Mit Sicherheit geht aber aus
der Transskription des Hieronymus hervor, dass ת *immer* aspiriert
(aber deshalb keine Spirans = engl. *th*), niemals hauchlos war.

---

[1] ריש מכרוך ,וריש‎ غير مكروخ, vgl. syr. ܟܡܦ „schwach sein", ܕܡܦܘܬܐ
„ein quiescierender Konsonant".
[2] So auch *Duval*, Gramm. Syr. 24 Anm. 2.
[3] Jüd. Monatsschrift XXI 280 ff.
[4] Jahrbücher f. jüd. Gesch. u. Lit. II 158 ff.
[5] Ebenso im Onkelostargum, s. die Masora zu demselben, Ausg. *Berliner*
95, *Landauer* 97 f.
[6] *Schreiner*, Zur Geschichte der Aussprache des Hebräischen, ZAW VI 221.

Die Araber transskribierten ד immer mit ذ (nie mit د), ת mit ث, (zuweilen nach Vokalen mit ث), ט mit ط. Ebenso setzten die Juden für griechisches δ immer ד, für das hauchlose τ ט,[1] für ϑ ת. Von den dentalen Verschlusslauten war also ד stimmhaft und nicht aspiriert, ת stimmlos und aspiriert, ט stimmlos und nicht aspiriert. Erst später wird regelmässig hartes und weiches ד (= د und ذ), hartes und weiches ת (= ث und ث) unterschieden, d. h. neben die Explosivlaute treten die entsprechenden Spiranten, s. Fraenkel, Die aramäischen Fremdwörter im Arabischen XVIII ff. Auch im Evang. Hieros. wird dann raphiertes ת durch einen Strich bezeichnet. Saadja bezeugt,[2] dass den Juden der Laut des arabischen ض und ظ fehlte. Nach einer Bemerkung von Isaak Israeli[3] hätten jedoch die Tiberienser das Fremdwort אפדנו (Dan. 11, 45) mit ظ und וידרכו (Jerem. 9, 2) mit ض gesprochen.

5. **Die Sibilanten.** Hieronymus sagt:[4] „Apud Hebraeos tres s sunt litterae. Una quae dicitur samech et simpliciter legitur quasi per s nostram litteram describatur, alia sin, in qua stridor quidam non nostri sermonis interstrepit, tertia sade, quam aures nostrae penitus reformidant". Derselbe beschreibt anderwärts[5] das „sade" als einen Laut, „cujus proprietatem et sonum inter z et s latinus sermo non exprimit; ut enim stridulus et strictis dentibus vix linguae impressione profertur".[6] Für ז schreibt er z, für צ, ס, שׂ immer s. Von einem als s ausgesprochenen שׂ scheint er nichts zu wissen.[7] Doch spricht für Aussprache eines שׂ der gelegentliche Wechsel von שׂ und ס in den Texten, s. oben § 9, 2, das Zeugnis der Masoreten, welche שׂ und ס völlig gleichsetzen

---

[1] Der Buchstabe ʾHτα, obwohl aus חיה entstanden, wird geschrieben אטיא (Ber. R. 14).

[2] Commentaire sur le Séfer Yesira, Text 42.

[3] A. a. O., Übersetzung 64, Anm. 3.

[4] S. Schreiner, Zur Geschichte der Aussprache des Hebräischen, ZAW VI 222.

[5] de Lagarde, Onomastica sacra I 10.

[6] Vgl. die von Nestle, Marginalien und Materialien I 64 mitgeteilte alte Glosse, wonach σέν (שׁ) = σῖγμα δασύ, σαϑή (צ) = σῖγμα ψιλούμενον, σαμγάϑ (ס) = (dem gewöhnlichen) σῖγμα.

[7] Noch jetzt ist für viele russische Juden der Unterschied zwischen שׂ und שׁ ein bloss orthographischer, und es ist bemerkenswert, dass David Kimchi zu Richt. 12, 6 von den französischen Juden sagt, dass sie שׁׁין wie aspiriertes ת, also wohl wie scharfes s, aussprechen, nicht aber, dass sie den Laut des שׂ auf das שׁ übertragen, vgl. dazu Zunz, Literaturgeschichte 152.

und ausdrücklich Lesung des שׁ als ס vorschreiben,[1] vor allem
der Ausspruch des Palästinensers *Jochanan* (3. Jahrh.),[2] wonach
das שׁ in dem hebräischen בשׁר auf ein mit ס beginnendes Wort
hindeuten kann. Die Juden setzen für griechisches ζ, ן, für σ ס
(selten שׁ), aber auch zuweilen צ. Arabisch schreibt man ز für ז
(zuweilen צ), س für ס (zuweilen שׁ), ش für שׁ (zuweilen שׁ), ص
für צ. Auf die Schreibung des שׁ haben dabei die zwischen dem
Arabischen, Hebräischen und Aramäischen bestehenden Laut-
verhältnisse eingewirkt. Nach allem darf man wohl ז als stimmhaften dentalen Spiranten bezeichen, ס, שׁ und צ als stimmlose
Spiranten, die ersten beiden dental, der letzte palatal.

6. **Die Labialen.** Von Hieronymus wird פ immer mit *ph*
oder *f* (mit unsicherer Bezeugung) wiedergegeben. Dabei bezeugt
er ausdrücklich, dass die hebräische Sprache nur in dem Worte
אפדנו Dan. 11, 45 das lateinische (hauchlose) Pe habe. Die
LXX transskribieren, abgesehen von פסחא und Fremdworten, פ
immer mit φ, nicht π. Bei den Arabern ist פ stets ف. Die
Juden schreiben für φ und π nur פ, aber die Christlichen
Palästinenser brauchen für π ein umgekehrtes פ als besonderes
Zeichen.[3] Danach wurde פ jedenfalls sehr stark aspiriert, und
die Aspiration muss oft in den (bilabial gesprochenen) stimmlosen
Spiranten *f* übergegangen sein, vor welchem der vorangehende
stimmlose Verschlusslaut nahezu verschwand.

Übrigens ist die spätere, auch in Tiberias eingebürgerte
Unterscheidung einer doppelten Aussprache des פ nicht von
einer Aussprache mit oder ohne Aspiration, sondern von Aussprache als Aspirata oder als Spirans zu verstehen. Denn
sowohl *Saadja*[4] als die Syrer[5] unterscheiden selbst das „harte"

---

[1] *Frensdorff*, Das Buch Ochlah W'ochlah (1864), Nr. 52, 191. An der
letztgenannten Stelle wird „Schreibung mit שׁ und Lesung als ס" für gewisse,
jetzt mit שׁ geschriebene Worte vorgeschrieben, woraus erhellt, dass diese
masoretische Vorschrift älter ist, als die Punktation.

[2] b. Sota 5ª. Andere alte Aussprüche s. *Berliner*, Beiträge zur hebr.
Gramm. im Talm. u. Midr. 24 f. Für das Palmyrenische s. *Nöldeke*, ZDMG
XXIV 95, *Reckendorf* ZDMG XLII 395.

[3] *Nöldeke*, ZDMG XXII 447, 452 f.

[4] Saadja zitiert als Beispiel einer dem Hebräischen fremden Aussprache
des פ jenes oben mehrfach erwähnte (ursprünglich persische) אפדנו Dan. 11, 45,
so nach dem arabischen Text seines Kommentars zu Sēpher Jĕṣīrā, aber nach
der hebräischen Übersetzung das griechische אפטרופא (ἐπίτροπος), s. *Lambert*,
Commentaire, Übersetzung 64, Anm. 3.

[5] *Duval*, Gramm. Syr. 11, 31, *Nöldeke*, Syr. Gramm. 9 f., *Gwylliams*, The

ܣ von dem aspirationslosen π der Griechen. Auch von den übrigen בגדכפת gilt ähnliches. Keine derselben wird bei harter Aussprache zur Tenuis. Das darf man wohl auch schliessen aus der Klassifikation der Konsonanten durch *Jakob von Edessa*, der doch harte und schwache Aussprache unterschied. Ihm sind ܣ, ܟ und das griechische π ܦܝܠܐ (ψιλά), ܓ, ܠ und ܕ ܩܫܝܐ (μέσα), ܘ, ܙ, ܬ ܪܟܝܟܐ (δασέα).¹ Es ist gewiss auch für das jüdische Aramäisch richtig, dass „der *härtere* Laut der sechs Aspiratae der ältere und ursprüngliche ist, aus welchem sich der *weichere, behauchte* Laut erst abgeschwächt hat“.² Nur darf bei dem härteren Laut hier nicht an den einer Tenuis gedacht werden.

ב ist bei Hieronymus immer *b*, nicht *v*, bei den Arabern ب (ausnahmsweise ف). Aber aus dem Wechsel von ב und ו selbst am Anfang der Worte (so besonders אוו für בא = אבא, s. auch § 15, 6) und aus der gelegentlichen Verwendung von ב für griechisches υ und lateinisches *v* (z. B. ביב = vive Ech. R. I 31, Lesart des 'Arūk, אבקולס = Εὔκολος Ech. R. IV 3) folgt, dass ב wie der bilabial gesprochene stimmhafte Spirant *w* gelautet haben wird. Auch hier ist eine doppelte Aussprache nicht nachzuweisen.

Ebenso wie *je* im Anlaut zu *i* wurde, ist nach den Transskriptionen des Hieronymus³ *we* zu *u* geworden. Bei folgendem vollem Vokal wird ו ähnlich dem arabischen و Halbvokal gewesen sein. Der gelegentliche Tausch von ב und וו, ja — am Silbenschluss — sogar von פ und וו (s. § 15, 6), zeigt allerdings, dass auch konsonantische Aussprache mit Schärfung bis zum stimmlosen Spiranten *f* vorkommen konnte. S. auch § 13, 5.

מ ist bei Hieronymus *m*, bei den Arabern م, das am Wortende zu ن wird.

Palestinian Version of the Holy Scriptures (Anecdota Oxoniensia, Semitic Series I 5) VII ff.

¹ *Merx*, Historia artis grammaticae apud Syros 53, 55. Freilich ist mir an der Klassifikation Jakobs vieles unverständlich. Er rechnet ܠ und ܢ zu den δασέα, ܣ, ܩ, ܘ zu den μέσα, ܙ, ܩ zu den ψιλά.

² *Gesenius-Kautzsch*, Hebr. Gramm. ²⁵ 70.

³ Da zur Zeit des Hieronymus vokalisches und konsonantisches *I* und *V* in der Schrift nicht unterschieden wurden (s. *R.* Cagnat, Cours d'Épigraphie Latine ² (1889) 17. 22, *Ph. Berger*, Histoire de l'Écriture dans l'Antiquité (1891) 160), so ist die in den Druckausgaben angewandte *Schreibung* nicht massgebend (was *Siegfried* nicht berücksichtigt hat).

4*

— 52 —

§ 11. *Die Verdoppelung der Konsonanten.*

Hieronymus giebt verdoppelte Konsonanten nicht regelmässig, aber doch oft durch doppelte Schreibung ihres Aequi-
valents wieder. Eine Verdoppelung ist also jedenfalls wirklich
gehört worden. Die aspirierten Konsonanten *ch, ph, th* schreibt
er verdoppelt *cch* oder *chch*, *phph*, *tth*, vgl. die Transskriptionen
der LXX χχ oder χχ, πφ oder φφ, τϑ oder ϑϑ. Die Aspiration
des ersten der zwei Konsonanten war sicherlich weniger vernehm-
bar, aber eine Unterdrückung oder doch Abschwächung der
Aspiration des zweiten fand nicht statt. Selbst, wo die Verdoppelung durch Kontraktion entstanden ist, bleibt die aspirierte
Aussprache unverändert, vgl. Hieron. *aphpho* = אַפֹּו für אַנְפֹּו.
Wie die biblische Punktation hier verstanden sein will, mag
dahin gestellt bleiben, jedenfalls nicht so, dass die Verdoppelung
jede Aspiration aufhebt.

Irgendwelche Bezeichnung der Verdoppelung fehlt den
galiläischen Texten. Nur bei den Ithpeel- und Ithpaalformen mit
assimiliertem Taw scheint die Mater lectionis Jod die Anfangs-
silbe als geschärft bezeichnen zu sollen, z. B. איטלק „er wurde
geworfen". Es ist möglich, dass die Nominalformen ḳaṭīl und
ḳaṭṭīl (ḳiṭṭīl), sowie ḳaṭūl und ḳaṭṭūl (ḳiṭṭūl) zuweilen vertauscht
wurden, wie es Hieronymus andeutet, aber bei dem Fehlen einer
genauen Vokalisation ist dies nicht im einzelnen nachzuweisen. —
Das superlin. Vokalisationssystem der Targume dagegen macht trotz
seltener Setzung des Dagesch die Verdoppelung meist genügend
kenntlich.

§ 12. *Die Bezeichnung der Vokale.*

1. Die Vokalisation im pal. Talmud und Midrasch.
Eine unvollkommene Vokalisation bieten die galiläisch-aramäischen
Texte Palästina's durch gelegentliche Anwendung der Vokal-
buchstaben א, ה, ו, י.

a. ה und א steht für *ā* im Auslaut, besonders bei der determinierten Form des Nomen in Singular und Plural, auch
bei der indeterminierten Form der Feminina im Singular
und bei der 3. Pers. des Perfekts der Verba ל״א, ל״י, ל״ו.
Die häufige Verwendung des ה statt א an dieser Stelle
gehört zu den Eigentümlichkeiten besonders des Textes des
pal. Talmud.

א steht für *ā* im Inlaut, wenn die Herkunft des Wortes
es fordert, z. B. שמאל „links", מסאנא „Schuh", und für *a*

oder *ā* bisweilen in der Endung *ai*, z. B. רומאי „Römer". —
תאנא für תני „tradierend" Schek. 47ᶜ ist ungewöhnliche
Ausnahme. Das א für *a* bez. *ā* in עאל „er ging hinein",
מאנא „Gerät, Kleid" und מאן „wer" soll der Verwechselung
dieser Worte mit על „über" und מן „von" vorbeugen.
א steht für *ē* in einigen Formen von הוה „sein", z. B.
יהא „er ist".

b. ו steht im Inlaut und Auslaut für *ū*, z. B. טור „Berg",
שהדו „Zeugnis", für *ō*, z. B. סוף „Ende", für *u* (oder *o*), z. B.
שובא „Woche", ערובתא „Rüsttag", חוכמתא „Weisheit", כולא
„alles", עובדא „Thatsache", חולקא „Teil". Silbenanlautendes
Waw im Inlaut wird meist doppelt geschrieben, z. B. מצווה
„Gebot", לילוון „Nächte".

c. י steht im Inlaut und Auslaut für *ī* und *ē*, z. B. מדינה
„Land", דברי „Biene", רעי „Hirte", קביל „er empfing", mit
Vorliebe auch für *i* oder *e* in geschärfter Silbe, z. B. מילה
Wort", לישן „Zunge", und in gewöhnlich geschlossener Silbe,
z. B. פיסחא „Passah", זימנא „Zeit", für *e* (entsprechend
Chateph Segol) bei א und ע im Anlaut, z. B. אינש „Mensch",
איתא „komm!", עיבידי „mache" fem. — Zuweilen steht י für *i*
oder *ē* in Formen, bei welchen eigentlich ein blosser Vokalanstoss zu erwarten wäre, wie תיקום „du stehst", מיקם
„stehen", vgl. chr. pal. ܫܠܡܐ neben ܫܠܡ „Friede" und
Nöldeke, ZDMG XXII 459, s. auch § 70, 3. Jod wird
vor und nach Vokalen im Inlaut und am Wortende gern
doppelt geschrieben, z. B. דיין „Richter", קדמיי „erster",
doch bei Einsetzung von א für *a* in *ai* nur einfach, z. B.
קדמאי. In ייסורין „Leiden" bezeichnet das zweite Jod den
geschärften Vokal der ersten Silbe.

Kurzes *a* bleibt immer, *e* und *o* oft ohne Bezeichnung. *ai*
wird durch יי oder אי ausgedrückt, *au* durch וו oder או. In
Fremdworten wechselt וו und ב zur Bezeichnung von *aw* oder
ew, z. B. אבטומטוס αὐτόματος, בולווטס und בולבטס βουλευτής und
טוורום Ταῦρος.

Sehr häufig wird im pal. Talmud, sowohl in der Leydener
Handschrift als im Druck, י und ו verwechselt,[1] z. B. חברין für
חברון „ihr Genosse", מייתותיה für מייתיתיה „ihn bringen". Die Verwirrung ist hier in Manuskript und Ausgaben so gross, dass es

---

[1] S. dieselbe Erscheinung in Targumtexten, *Landauer*, Zeitschr. f. Assyr.
III 276. — Vgl. auch S. 63 f. dieser Grammatik.

nicht möglich ist, aus der zufällig vorliegenden Schreibung eines Wortes mit ו oder י sichere Schlüsse zu ziehen.

2. Die Vokalisation der jer. Targume. Völlig wertlos ist die Vokalisation durch besondere Vokalzeichen, welche die ersten Ausgaben der jer. Targume zum Pentateuch enthalten. Zwar zeigt sich Übereinstimmung mit der superlinearen Vokalisation der von Merx in Chrestomathia Targumica herausgegebenen Targumstücke in Formen wie אֲזַלת „sie ging" (bibl. aram. wäre אֲזָלת), אֲכָלִית „ich ass" (bibl. aram. אֲכָלת) und in den Imperfekten auf ō statt u. z. B. תֵּיכוֹל „du isst" (bibl. aram. תֵּאכָל). Der Einfluss des Hebräischen ist aber unverkennbar in חֵמָא, אָל, עֲבַד, רְדָפִינוֹן, מַלְאֲכַיָּא, לְבָבִי, חַתְנָא, אָמְרוּ. Während hier die Dehnung des Vortonvokals auf das Aramäische übertragen ist, werden Tonsilben willkürlich gedehnt in אֲסְתַּמְרוּ, יְהָבִית, אֲזָלוּ. Kürzungen unverdrängbarer langer Vokale in halbgeschlossenen Silben, wie sie auch bei den Ostsyrern vorkommen,[1] zeigen die Participialformen בָּכְיָה, סָלְקִין, פָּשְׁרִין. Aramäische Nominalformen werden verkannt in שְׁלָם „Friede", m. Suff. שְׁלָמְכוֹן, עָלַם „Welt", d. עָלְמָא, עוּבְדָא „Werk", in den Partikeln יַת und לְוַת und in den Infinitivformen מַלָּלָא, מְבַשְׁרָא, אִתְנַזָּרָא. Da sich neben derartigen unzweifelhaft falschen Formen meist auch gelegentlich die richtigen finden, können die Vokalisatoren der Targume keine sichere Kenntnis der Lesung aramäischer Texte besessen haben. Nur der Konsonantentext der jerusalemischen Targume, der ohnedies zuweilen der von den Vokalisatoren geforderten Lesung widerspricht, kann der Forschung als massgebend gelten. Die den jer. Targumen entnommenen Worte werden deshalb in dieser Grammatik ohne ihre Vokalisation mitgeteilt.

3. Die Vokalisation der Tiberienser und der Babylonier. Die „tiberiensische" Vokalisation der aramäischen Teile des Alten Testamentes und die „babylonische" Vokalisation der südarabischen Targumhandschriften[2] sind ohne Zweifel die zuverlässigsten Zeugen für die alte Aussprache des jüdischen Aramäisch. Es ist möglich, dass die zuerst genannte Vokalisation wirklich

---

[1] *Nöldeke*, Syr. Gramm. 27 f.

[2] S. über diese Vokalisation *Merx*, Bemerkungen über die Vokalisation der Targume, Berlin 1882, *Berliner*, Targum Onkelos II 133—157, *Merx*, Chrest. Targumica VII—XIV, *Landauer*, Studien zu Merx' Chrest. Targ., Zeitschr. f. Assyriol. III 263—276, *Kautzsch*, Mitteilung über eine alte Handschrift des Targum Onkelos (Cod. Socini No. 84) Halle 1893, IX f., XIX, *Margoliouth*, The superlinear Punctuation, Proc. Soc. Bibl. Arch. XXIII 164—205.

in Palästina, die letztgenannte in Babylonien ausgebildet wurde.
Aber auch die erstere beruht sicherlich auf babylonischer
Tradition, was sich darin zeigt, dass sie in wichtigen Punkten
der von den Dikdūḳē gelehrten Aussprache der Tiberienser widerspricht.[1] Dies gilt in bezug auf die Behandlung des Resch (s. S. 48),
besonders aber von der Behandlung des Schewa. Wenn die
Tiberienser die Erfinder des nach ihnen benannten Vokalsystems
waren, ist nicht zu begreifen, warum sie die Aussprache des
Schewa mit bestimmter Vokalfärbung fast nur dann durch
Chateph andeuteten, wenn das Schewa unter einer Gutturalis
stand, sonst aber unterliessen. Auch die von Saadja[2] ausdrücklich
für die Sprechweise der Juden in älterer Zeit bezeugte doppelte
Aussprache der בגדכפת wird von Babylonien her in den palästinischen Sprachgebrauch der Juden übergegangen sein. Sonach
ist die tiberiensische Vokalisation des biblischen Aramäisch keine
zuverlässige Quelle für die Feststellung der in älterer Zeit in
Palästina üblichen Aussprache. Dazu kommt, dass beide Vokalisationen selbst in wichtigen Punkten differieren. Folgendes sei
hier genannt:

a. *Pathach und Segol.* Die Babylonier haben kein dem
tiber. Segol entsprechendes Zeichen, sondern setzen überall, wo
dies zu erwarten wäre, ihr Pathach, z. B. מֹשֶׁה „Mose", עֵיסָק
„Sache". Dies ist aber nicht nur Verschiedenheit der Bezeichnung,
sondern es beruht auf verschiedener Aussprache. *Ibn Ezra*
bezeugt, dass das „kleine Pathach" (Segol) im Orient mit einem
zwischen a und e stehenden Laute, gelesen werde.[3] In Südarabien
ist dieser Gebrauch Anlass häufiger Aussprache eines Pathach
für Segol.[4]

b. *die Behandlung des Schewa.* Die tiber. Vokalisation
verwendet das Schewa als Zeichen fehlenden vollen Vokals, ohne
zwischen der Abwesenheit jedes Vokals und der Aussprache mit
blossem Gleitvokal einen Unterschied zu machen, während sie
die Anwesenheit eines Murmelvokals durch Beischrift des entsprechenden vollen Vokals andeutet. Das babylonische Schewa
bezeichnet dagegen, wie es nach der in Südarabien üblichen

[1] S. auch *Bacher*, Die hebr. Sprachwissenschaft vom 10. bis 16. Jahrh.
(1892) 7.
[2] *Lambert*, Commentaire sur le Séfer Yesira, Text 45.
[3] *Bacher*, Abraham Ibn Esra als Grammatiker 63.
[4] *Safir*, 'Eben Sappīr I 55ᵃ.

Aussprache[1] scheint. nur Murmelvokale. Dann ist das bei den Babyloniern übliche Fehlen eines Schewa nach den Partikeln בכלו und nach דְּ[2] für folgenden Vokalanstoss (ausgenommen bei א und ע und oft ה) noch kein Beweis dafür, dass der von der tiber. Vokalisation hierbei angenommene Gleitvokal hier nicht gesprochen wurde. Eine Differenz liegt aber zweifellos vor, wenn die Tiberienser nach *natur*langem Vokal in geschlossener Silbe festen Silbenschluss anwenden und nur bei schliessendem Jod und Waw eine Ausnahme machen[3] (z. B. רְבִיעָיתָא, גְּבוּרְתָּא, חַיְתָא), während die Babylonier grade bei Jod das von ihnen in diesem Fall sonst stets angewandte Schewa nicht setzen, also אַרְעָיתָא[4] und עֲבִידְתָּא schreiben.

Den Regeln der Dikdūḳē ha-Ṭĕ-āmīm § 11 in bezug auf die Lautbarkeit des Schewa entsprechen jedenfalls die Babylonier nicht durchgängig; denn Participialformen wie דָּחֲשָׁא, בְּשָׁרִין haben meist Schewa, und selbst der Eigenname Pinchas wird gegen das ausdrückliche Zeugnis der Tiberienser פִּינְֹחָם geschrieben.

c. *Verbformen.* Bei der 3. Pers. f. und der 1. Pers. c. Sing. des Perfekts haben die Babylonier beim starken Verbum vollen Vokal in somit betonter vorletzter Silbe (also פְּסַֹקְת, שְׁמָֹעִית), während die Tiberienser die Ultima betonen und den Vokal der vorhergehenden Silbe schwinden lassen (תְּקְפַת, שְׁמְעַת). Der Imperativ und das Imperfekt des starken Verbum haben bei den Babyloniern Tondehnung in geschlossener Endsilbe (זְֹקוף, יִגְנוב), während die Tiberienser das ursprüngliche *u* beibehalten (יִסְֹגַד, פְּרְק). Die Verba tertiae Waw oder Jod haben in der 2. Pers. Plur. Perf. babyl. die Endung *tōn* (שְׁתִיֹתוּן), tiber. die Endung *tūn* (חֲזַיֹתוּן), wenn auch mit unsicherer Bezeugung, im indet. masc. Plur. der Participia und in der 2. Pers. f. Sing. Imperf. babyl. die Endung *an* (בְּלַֹן, דֹעֵן, תִּחְדֹּן), tiber. (obwohl für das Imperf. nicht zu belegen) die Endung *ayin* (עֲנַֹיִן, שְׁרַֹיִן).[5]

---

[1] *Safir*, 'Eben Sappīr I 55ᵃ.

[2] *Landauer*, a. a. O. 268.

[3] S. *Kautzsch*, Gramm. des Bibl.-Aram. 25, 101, 115, 122. Doch ist die Tradition in diesem Punkt nicht völlig fest, s. *Landauer*, a. a. O. 267.

[4] נִיתַן wird von den Babyloniern mit Schewa geschrieben, s. Onk. Ex. 15, 1, 21, obwohl das ē hier nur *ton*lang ist.

[5] Es ist eine wichtige Thatsache, dass (nach brieflicher Mitteilung von Herrn *Reinhold Hoerning*) die Handschrift des Brit. Museums (MS. Orient. 2374), welche Daniel und Ezra-Nehemia mit superlinearer Vokalisation enthält,

Für andere Eigenheiten der babylon. Schreibweise sei auf
die in dieser Grammatik gegebenen Beispiele verwiesen. Erwähnt
sei nur, dass gelegentliche Schreibung von Pathach, wo tonlanges
ē zu erwarten[1] (z. B. O. Num. 23, 2 *Merx* אָסֹף, *Cod. Soc.* אָסִף),
voraussetzen lässt, dass dieses ē oft (oder immer) wie ein offenes
e (ä) gesprochen wurde. Dann ist es erklärlich, wie das Zeichen
für Zere oft da verwandt werden kann, wo tiberiensisches Chateph-
Segol entsprechen würde, vgl. babyl. targ. אִימֹר und bibl. aram.
אֱמַר. Die Verwendung des Pathach für aus *ai* entstandenes *a*[2]
— wo ā zu erwarten — (z. B. O. Num. 23, 7 Cod. Soc. אֱיתָא
und אִיתָה) hat vielleicht darin seinen Grund, dass das Sprachgefühl sich in diesem Falle gegen die bei Kamez anzuwendende
Aussprache mit O-Laut[3] sträubte. Für das Sprachgefühl jener
Vokalisation unterscheidet sich Pathach und Kamez nicht durch
die Länge der damit bezeichneten Vokale, sondern gemäss der
Bezeichnung durch die verschiedene Mundstellung bei ihrer
Aussprache. Das Pathach von אֱיתָא kann sehr wohl als ā zu
lesen sein. — Dass die südarabischen Juden oft für das Schewa
volle Vokale lesen, sagt Safir ausdrücklich, womit dann erklärt
ist, warum sich oft Pathach findet, wo Schewa stehen sollte, z. B.
O. Num. 22, 37 *Merx* אֱנָא, *Cod. Soc.* אֲנָא. Der regelmässige
Sing. מִנְחָתָא „Speisopfer" wird dagegen, ebenso wie עֲלָתָא „Brandopfer", als hebräisches Fremdwort gelten müssen.

Durch die Güte des Herrn Professor *Socin* bin ich in der
Lage, seine superlinear vokalisierte Handschrift des Onkelostargums (Codex Socini No. 84) benutzen zu können. Alles von
mir aus diesem Targum geschöpfte Material wird, wenn nichts
Anderes angegeben, auf dieser Handschrift beruhen. Der typo-
graphischen Gleichförmigkeit wegen musste auch das den tiberi-
ensisch vokalisierten Ergänzungsblättern (Gen. 1, 1—7, 17;
21, 16—22, 5; Num. 28, 9—29, 36; Deut. 4, 28—5, 24; 24, 4ª—34, 11)
Entnommene in die babylonische Vokalisation umgeschrieben
werden. Da der Vokalisator derselben seiner superlinear vokalisierten Vorlage selbst in der Setzung von Schewa und

---

in solchen Punkten der *tiberiensischen* Vokalisation folgt. Es heisst da z. B.
Dan. 3, 6 יִסֹּד (nicht יִסֹּד), 3, 25 שֵׁרִין (nicht שֵׁרִין), 3, 27 חֵזוֹן (nicht חֵזוֹן). Für
den Bibeltext muss also eine traditionelle Weise der Lesung bestanden haben,
welche die „Babylonier" nicht anzutasten wagten.

[1] *Landauer*, a. a. O. 271.
[2] ebenda 271 f.
[3] S. *Safir*, a. a. O. 55ª und *ibn Ezra's* Ausspruch in § 13, 1 dieser Grammatik.

Pathach sklavisch folgte,[1] konnten hierbei keinerlei Zweifel entstehen.

Über die völlig eigenartige, aber vielfältig höchst willkürliche Vokalisation des Prophetentargum im Codex Reuchlin's (MS. 55 der grossherzogl. Bibliothek zu Karlsruhe) s. *Merx*, Bemerkungen über die Vokalisation der Targume 181 ff., Historia artis grammaticae apud Syros (1889) 200 ff., *Baer* im Vorwort zu Liber Jeremiae (1890) V ff.

§ 13. Die Aussprache der Vokale.

1. A-Laute.

Ursprüngliches langes *a* ist von den tiberiensischen Vokalisatoren des Alten Testaments wie offenes *o*[2] gesprochen worden. Dafür zeugen Dikdūķē ha-Ṭěʿāmīm § 36, wo יָמִים neben חֳדָשִׁים gestellt wird, und später *Abraham ibn Ezra*, wenn er sagt:[3] „Nur die Tiberienser und die Gelehrten von Ägypten und Afrika wissen das grosse Kamez zu lesen." Diese Behandlung des *a* wird aber auf babylonischen Einfluss zurückzuführen sein.[4] LXX, Josephus, Neues Testament, Hieronymus und Araber transskribieren einstimmig mit ganz verschwindenden Ausnahmen Kamez durch langes *ā*. Die von *Siegfried* zusammengestellten wenigen Beispiele,[5] nach welchen Kamez zuweilen für Hieronymus wie offenes *o* gelautet zu haben scheint, beweisen nur, dass eine dunklere Aussprache des Kamez auch vorkommen konnte.

Kurzes *a* (späteres Pathach und Chateph-Pathach) wird von Hieronymus ebenso wie das lange durch *a* wiedergegeben. Ob aus der nicht seltenen Verdünnung von *a* zu *e* in geschlossener oder geschärfter Silbe auf eine zwischen *a* und *e* schwebende

---

[1] S. *Kautzsch*, Mitteilung XIX.

[2] Die hierfür öfters angewandte Bezeichnung durch schwedisches *å* ist nicht empfehlenswert, da *å* wie das deutsche *o* sowohl den offenen als den geschlossenen O-Laut bezeichnen kann, s. *Lyttkens-Wulff*, Svenska Språkets Ljudlära (1885) 42 ff.

[3] Ṣāchōt 3ᵇ, vgl. *W. Bacher*, Abraham Ibn Esra als Grammatiker (1892) 37. — *Derenbourg*, Opuscules et Traités d'Abou'l Walid Merwan ibn Djanah LXXXI meint irrtümlich, ibn Ezra denke an Aussprache mit *ā*; aber diese Aussprache hatte ja seine spanische Umgebung selbst. Dass die Nordafrikaner einen O-Laut für Kamez sprechen, sieht man bei Chajjug, s. *Jastrow*, ZAW V 215 f. und *Schreiner*, ZAW VI 237 f.

[4] S. *Bacher*, Die hebräische Sprachwissenschaft (1892) 7.

[5] ZAW IV 75.

Aussprache des kurzen *a* (wie *ae*[2], bei *Sievers*) zu schliessen ist, muss dahin gestellt bleiben. Wenn ibn Ezra (s. S. 55) berichtet, dass im Ostlande das Segol dem Pathach nahekomme, so stimmt das damit überein, dass die superlineare Vokalisation für Pathach und Segol dasselbe Zeichen hat; das muss sich aber nicht auf Palästina beziehen. Zweifellos ist nur nach den Transskriptionen des Hieronymus und der Anwendung der Mater lectionis Jod in den galiläischen Texten, dass die Verdünnung von *a* zu *e* (*i*) seit der Zeit, welche die Transskriptionen der LXX und des Josephus kennzeichnen, bedeutend zugenommen hatte.

Späteres Schewa (mobile) erscheint bei Hieronymus oft ebenfalls als *a*, nicht nur bei folgendem *a*, sondern auch bei anderen Vokalen. Nach den Regeln der Diḳdūḳē ha-Tĕ'āmīm (Ausg. v. Baer-Strack 12 ff.) soll lautbares Schewa nur dann wie *a* gesprochen werden, wenn es bei folgender Nichtgutturalis (ausgenommen Jod) mit Ga'jā versehen ist, und wenn bei folgender Gutturalis diese selbst den Vokal *a* hat. Doch wird zum Schluss (a. a. O. 15 f.) die Vorschrift mitgeteilt, dass auch im ersten Fall (bei Ga'jā und Nichtgutturalis) der unmittelbar folgende Vokal für die Aussprache massgebend sei, nur das Präfix des Imperfekts (Piel) laute immer wie *a*. *Chajjug* (um 1000)[1] unterscheidet sich in seinen Angaben darin von den Diḳdūḳē ha-Tĕ'āmīm, dass er vorschreibt, man habe vor Nichtgutturalen (ausser Jod) ohne Rücksicht auf vorhandenes Ga'jā das Schewa *immer* als *a* zu lesen.[2] *Joseph Kimchi* (um 1150)[3] sagt, dass das Ga'jā in diesem Falle Dehnung des *a* (für Schewa) zu Kamez (*ā*) bewirke. Die Transskriptionen sowohl der der LXX als des Hieronymus entsprechen diesen Regeln nicht, da ein derartiger durchgreifender Einfluss der Gutturalen nicht wahrzunehmen ist. Sowohl bei Nichtgutturalen wie bei Gutturalen

---

[1] S. Grammatische Schriften, Ausg. v. *Dukes* 4 ff., 200 ff., Ausg. v. *Nutt* 4 ff., 130 ff., *Derenbourg*, Opuscules et Traités d'Abou'l-Walid Mervan ibn Djanah LXXX, und *Jastrow*, Abu Zakarijjâ Jaḥjâ ben Dawûd Ḥajjûg und seine zwei grammatischen Schriften, ZAW V 214 ff. Der von Jastrow (S. 216 f.) behauptete Unterschied zwischen Chajjug und Aharon ben Ascher ist nicht richtig definiert, da die von ihm vermisste Angabe der Dikdūkē über die Aussprache des Schewa vor Nichtgutturalen thatsächlich *vorhanden* ist.

[2] Nach dieser Regel richten sich die südarabischen Juden noch heute nach *Jakob Safir*, 'Eben Sappïr I 55ᵃ.

[3] Sēpher Zikkārōn (Ausg. v. Bacher, Berlin 1888) 8 f.

hat der Murmelvokal¹ oft dieselbe Färbung wie der folgende volle Vokal. Dazu kommt, dass bei Hieronymus der Murmelvokal am Anfang des Wortes nicht selten ganz verschwindet, wodurch eine Aussprache mit prosthetischem Vokal, für welche sich im Galiläischen Aramäisch mehrere Beispiele finden (s. § 14, 8), vorbereitet wird. Die Präpositionen בְּ, כְּ, לְ lauteten dagegen nach Hieronymus immer *ba, ka, la*. Damit stimmen einigermassen die ausdrücklich auf den Gebrauch der Palästinenser auch im täglichen Leben zurückgeführten Angaben *Saadja's* im Sēpher hā-'Egrōn.² Nach ihm ist die Präposition בְּ. כְ und לְ für gewöhnlich, wenn ohne Artikel, mit Chateph-Pathach (בְּשׁוּא مفتوحة), vor אהח"ע dagegen „nach seiner Weise" (كنحوها,³ d. h. nach den hier geltenden besonderen Gesetzen) zu sprechen. Jedenfalls waren die Murmelvokale noch nicht wie bei der jetzt üblichen Lesung des Schewa durchgängig zum unbestimmten Gleitvokal⁴ geworden.

Der Thatbestand um die Zeit des Hieronymus ist wohl der, dass ursprüngliches, zum Murmelvokal herabgesunkenes *a* vielfach diesen Laut noch beibehalten hatte, zuweilen indes zu *e* verdünnt wurde oder ganz verschwand, in *i* oder *o* sich aber nur dann verwandeln konnte, wenn der folgende volle Vokal diese Färbung hatte. Eine derartige Beeinflussung durch den folgenden Vokal lag besonders nahe, wenn eine schwach oder gar nicht ausgesprochene Gutturalis folgte.

2. E-Laute.

Langes und kurzes *e*, sowohl das geschlossene als das offene, wird von Hieronymus durch *e* wiedergegeben. Die spätere Vokalisation hat für langes geschlossenes *e* Zere, für offenes *e* Segol bez. Chateph-Segol. Für kurzes geschlossenes *e* braucht sie wahrscheinlich Chirek. Wenigstens ist es auffallend, dass sowohl LXX als Hieronymus fast ausnahmslos da *e* bez. *e* schreiben, wo die tiberiensische Vokalisation Chirek (parvum)

---

¹ S. über diesen Ausdruck für die sogen. Halbvokale *Sievers*, Grundzüge der Phonetik ⁴ 103 f.

² S. *Lambert*, Comment. sur le Séfer Yesira, Text 75 ff., Übers. 97 ff., *Harkavy*, Zikĕrōn ha-Gā'ōn Rab Sa'adjā 62 ff.

³ *Lambert* übersetzt „la même vocalisation", s. aber dagegen *Harkavy*, a. a. O. und *Bacher*, Grammat. Terminologie des Jehûdā b. Dāwîd Hajjûg (1882) 19 Anm. 2, 28 Anm. 2.

⁴ S. *Sievers*, a. a. O. 178 f.

hat. Das ist am leichtesten dadurch zu erklären, dass die Griechen und Römer nur ein genau gesprochenes *i* als solches anerkannten, während es den jüdischen Vokalisatoren möglich schien, dasselbe Zeichen für das eigentliche *i* und eine eigentlich in das Gebiet des *e* gehörende Verkürzung des *i*, d. h. für einen Laut, welcher zwischen *i²* und *e²* (nach *Sievers*) liegt, anzuwenden. Aus der Vokalisation desselben Worts bei den Juden mit Chirek, bei den Syrern mit Reboṣo ist deshalb nicht notwendig auf verschiedene Aussprache zu schliessen, z. B. רִגְלָא = ‏ܪܓܠܐ‎; אֶתְעֲבֵד = ‏ܐܬܥܒܕ‎. Dass anlautendes Aleph eine Vorliebe für den E-Laut hat, zeigen die Schreibungen איתא „komme", אינש „Mensch". Die Transskriptionen des Hieronymus bestätigen es.

Nach Diḳdūḳē ha-Ṭĕʿāmīm wäre jeder Murmelvokal vor Nichtgutturalen (ausser Jod), wenn ohne Gaʿjā, wie *e* zu sprechen, vor Gutturalen ebenfalls, wenn diese selbst mit *e* versehen sind. Dieser Aussage wird indes von den Diḳdūḳē selbst sowohl, wie von den späteren jüdischen Grammatikern widersprochen, s. oben unter 1. Auch Hieronymus zeugt nicht dafür. Abgesehen von der unter 1 erwähnten Möglichkeit eines Eintretens des Murmelvokals *ĕ* für ursprüngliches *a*, findet sich bei Hieronymus für einen aus ursprünglichem zu *ē* gedehnten *i* entstandenen Murmelvokal entweder *e* oder *a*, wenn nicht vollständige Eliminierung eintritt, z. B. *onena* (עֲנֵנָה), *gazareni* (גָּזְרִין), *orbim* (עוֹרְבִים). Der zuletzt genannten Behandlung des Halbvokals widerspricht nicht die biblische Vokalisation, welche in solchen Fällen nach dem Schewa die weichere Aussprache der בגדכפת eintreten lässt, da nach den Regeln der Tiberienser[1] und Chajjug's das Schewa in Formen wie עוֹרְבִים als ruhend betrachtet werden muss. Nur ist wohl zu beachten, dass für Diḳdūḳē und Chajjug das lautbare Schewa ein Murmelvokal ist. Der blosse Gleitvokal, welcher z. B. bei raphierter Aussprache des ב in עוֹרְבִים anzunehmen ist, wird von ihnen nicht berücksichtigt.

Zuweilen ist bei Hieronymus (und ebenso bei den LXX)

---

[1] Diḳdūḳē ha-Ṭĕʿāmīm (Ausg. v. *Baer-Strack*) 12 f., vgl. Chajjug, ZAW V 219 ff., wo *Jastrow* aber die Bemerkung Chajjug's: dass die Hebräer nie drei mit Vokalen versehene Buchstaben in einem Wort unmittelbar auf einander folgen lassen, ausser bei Gutturalen oder zwei gleichlautenden Konsonanten, irrig deutet. Er will damit nicht sagen, wann ein Chateph zu setzen, sondern wann ein Schewa mobile zu lesen ist. Es heisst מְעַלִּי und הַלְלוּ mit Schewa mobile, aber קָטְלוּ mit Schewa quiescens.

straffer Silbenschluss durch Einschaltung eines ĕ aufgelöst.
Davon ist es ein Nachklang, wenn die Diḳdūḳē ha-Ṭᵉ'āmīm vorschreiben, Worte wie הִשְׁחִיתוּ mit lautbarem Schewa zu lesen.

3. I-Laute.

Kurzes *i* kommt bei Hieronymus in geschlossener oder geschärfter Silbe fast gar nicht vor, es trat dafür Aussprache mit *e* ein, s. S. 60f. Anlautendes Jod mit Murmelvokal oder *i* wird bei Hieron. zu *i*. Für ִ׳ = *i* s. auch § 15, 3. Nach Diḳdūḳē 13 f. ist auch jeder einem Jod vorangehende Murmelvokal als *i* zu sprechen, wofür auch in den superlinear vokalisierten Texten sich Beispiele finden wie קְ'ם, יִּתֵּן,[1] vgl. Hieron. *biom* (בְּיוֹם). Dass der Murmelvokal der Präpositionen בַּ, כּ, לֵ sich mit folgendem Jod und Chirek verbindet, ist bei Hieron. selbstverständlich (also *lisrael* = לְיִשְׂרָאֵל). Auch die Diḳd. ha-Ṭᵉ'ām. schreiben es vor,[2] obwohl nach ihnen anlautendes ִ׳ als *ji* (oder *yi*), nicht als *i* zu zu sprechen wäre. In der superlinearen Vokalisation heisst es aber דִּ'ישְׂרָאֵל, לְ'ישְׂרָאֵל, und nur bei anlautendem *jĕ* דִ'ישׁ'וּ, וִיקוּם.

4. O- und U-Laute.

Bei Hieronymus wechseln zuweilen langes *o* und *u*. Doch ist im allgemeinen die Anwendung beider Laute dieselbe wie in der biblischen Vokalisation. Auf das Aramäische ist hier kein sicherer Schluss zu ziehen. Die 3. Plur. m. des starken Verbum hat gewiss wie im Hebräischen auf *ū* bez. *ūn* gelautet. Der Vokal des transitiven hebr. Imperfekts ist bei Hieronymus *o*, die biblische Vokalisation des Aramäischen hat Kibbuz, die superlineare Vokalisation schreibt in den Targumen *ō*,[3] aber im Bibeltext ebenfalls *u*.[4] Das sicherste wird bleiben, sich hier der biblischen Vokalisation anzuschliessen, also die Tondehnung nicht anzuwenden.

Für *u* bez. *o* in geschlossener oder geschärfter Silbe setzen die LXX immer o,[5] und auch Hieronymus hat in geschlossener

---

[1] Vgl. *Landauer*, Zeitschr. f. Assyriol. III 275, 279.

[2] Diese Weise der Aussprache, welche bei vokalischer Behandlung vor anlautendem *ji* sich von selbst versteht, wird nur in *einer* der von Baer und Strack bei der Herausgabe der Diḳdūḳē benützten Vorlagen vorgeschrieben, fehlt auch bei *Chajjug* und *Joseph Kimchi*.

[3] *Landauer*, a. a. O. 273, und § 61 dieser Grammatik.

[4] S. oben S. 56 Anm. 1.

[5] S. *Könneke*, Die Behandlung der hebr. Namen in der Septuaginta 24.

Silbe *o*, in geschärfter dagegen sowohl *o* als *u*. Die tiber. Vokalisation zeigt die Ableitungen von *ḳuṭl*-Formen von starken Stämmen fast immer mit *o*, von ע״ע-Stämmen mit *u*.[1] Die superlineare Vokalisation der Targume, wie meist auch die Tiberienser, hat in den Grundformen der Masculina tonlanges *ō*, wie פּוֹם „Mund“, שׁוּם „Name“, כֹּל „Gesamtheit“, כּוֹתֶל „Wand“, קוֹדֶשׁ „Heiligtum“, קְשׁוֹט „Wahrheit“, תֹּקֶף „Stärke“, das sich aber in den abgeleiteten Formen meist in *u* verwandelt.[2] Die tiberiensische Vokalisation steht hier offenbar dem alten palästinischen Gebrauche näher.

Für den durch Umlaut des *a* in *u* entstehenden U-Laut hat Hieronymus gemäss dem in geschlossenen Silben üblichen Gebrauche *o*, die Tiberienser und Babylonier schreiben *u*.

Färbung der Murmelvokale mit *o* bez. *u* würde nach Dikdūḳē ha-Teʿāmīm einzutreten haben vor jeder mit Cholem oder Schurek (vielleicht auch Kamez)[3] vokalisierten Gutturalis. Die LXX brauchen als Murmelvokal *o*, besonders bei folgendem offenen *o*, nicht vor *ū*, während vor *ō* Färbung mit *a* (α) vorgezogen wird. Hieronymus hat *o* sowohl vor *o* als *ā* und *ū*, aber keineswegs immer, selbst vor Gutturalen. Der Vokal des Imperfekts ist bei ihm einmal in einer Form mit Suffix als Murmelvokal *u* erhalten. Dafür finden sich auch in den jerus. Targumen Beispiele, s. Jer. II Deut. 28, 38 תכנושון „ihr sammelt“, Jer. I Deut. 27, 8 תכתובון „ihr schreibt“, Jer. I Deut. 24, 14 תטלומון „ihr bedrückt“.

Dass man in Palästina zur Zeit der Punktatoren *ü* für *u* gesprochen habe, wie es jetzt bei den galizischen Juden üblich ist, welche indes mehr *i* als *ü* sprechen, behauptete *Franz Delitzsch*,[4] ohne Beweise dafür anzuführen. Jetzt wird in Palästina arabisches kurzes *u* meist *ü* oder *i* gesprochen.[5] Bei Hieronymus findet sich davon noch keine Spur. Sollte etwa die Verwirrung zwischen

---

[1] *Kautzsch*, Gramm. der Bibl. Aram. 95 f., 99 f.

[2] Eine Ausnahme bildet z. B. אוֹרְחָא „der Weg“. Genaueres s. § 25, 3.

[3] *Chajjug* nimmt das Kamez ausdrücklich aus, s. *Jastrow*, ZAW V 216, vgl. Dikdūḳē ha-Teʿāmīm 14, wo Chateph-Kamez vor Kamez in gewissen Worten als nicht von allen Schreibern beliebt bezeichnet wird.

[4] Physiologie und Musik 15. Im Kommentar zu Jes. 52, 14 redet Delitzsch indes nur von babylonischem Kibbuz (*ü*), welches zuweilen mit tiberiensischem *i* wechsle. — Sonstige Bemerkungen über die Verdünnung von *u* zu *ü* s. bei *Böttcher*, Lehrbuch d. hebr. Sprache I 101, *Schröder*, Die phönicische Sprache 121, 134 ff.

[5] *Berggren*, Guide Français-Arabe Vulgaire (1844) 887 und *Socin's* Bemerkung ZDP XV 105.

i und *u* in Handschriften und Ausgaben (vgl. § 12. 1), welche in älterer Zeit durch die oft völlig gleiche[1] Gestalt von ׳ und ׳ entstand, durch spätere Aussprache von *u* als *ü* mitveranlasst sein?

5. Diphthonge.

Wenn ׳ und ׳ im Anlaut und Auslaut wirklich als Halbvokale gesprochen wurden, war die Zahl der Diphthonge gross. *ia* findet sich in ירחא „Monat", *iē* in יימר „er sagt", *iū* in יודאי „Jude", *iō* in יומא „Tag", *āi (ai)* in היי „diese", קדמייתא „erste", *ōi* in ידוי „seine Hände", *ūi* in תינוי „Erzählung". *ua* hätten wir in ווער „Versammlung", *ui* (vielleicht) in וושטא „Speiseröhre", *āu* in לאו „nicht", *īu* in dem targumischen שתיו „sie trinken". Doch ist nicht zu verschweigen, dass die biblische Vokalisation bei dem am *Wort*ende stehenden *ai* konsonantischen Auslaut voraussetzt und *iu* als יִ— schreibt. Doch beweisen die targumischen Schreibungen סגיאו „sie waren viel", רביאו „sie wuchsen auf", dass der vokalische Charakter des *u* hier gern erhalten wurde, wenn auch unter Umständen mit Auflösung des Diphthongs. Das galiläische Aramäisch gab zu der Anwendung dieser Vokalverbindung bei den Verben ל״א, ל״ו, ל״י keine Gelegenheit (s. § 72, 4).

§ 14. *Vokalveränderungen.*

1. Vom Übergange von *a* in *e* oder *i* in ganz oder halb geschlossener Silbe zeigt das galiläische wie das judäische Aramäisch unserer Texte zahlreiche Beispiele. *Nomina*: Galil.: צילמא „Bild", פיסחא „Passah", חיסדא „Huld", מילחא „Salz", איבא „Vater" (nur in den jerus. Targumen), ביר „Sohn", aber nicht wie im Christl. Paläst. ‏ܐ‎ „Jahr". *Targ. Onk.*: פסחא O. Ex. 34, 25, Jer. I פיסחא; חסדא O. Gen. 39, 21, Jer. I חיסדא; מלחא O. Lev. 2, 13, Jer. I מילחא. aber צלמיה O. Gen. 1, 27, Jer. I צלמא י״י. In geschärfter Silbe haben wir ריבון „Herr", aber nirgends ריבי „Rabbi", das *Buxtorf* im Lex. Chald. Talm. et Rabbin. als palästinische Aussprache bezeichnet. — Langes *ā* ist zu *ī* oder *ē* geworden in dem in den Midraschim gelegentlich vorkommenden איניש „Mensch", s. § 40, 3. *Verbalformen* (hier indes nur gelegentlich): Pael אילפן „er lehrte uns" Schebi. 36ᶜ, מינתיה „ich setzte ihn ein" Jer. I Gen. 27, 37, נטיתהי „du ver-

---

[1] S. die Bemerkung des Hieronymus bei *Siegfried*, ZAW IV 78.

suchtest ihn" O. Deut. 33, 8. — Aph. מיפקתיה „ihn hinaus-
führen" Sabb. 14ᵈ, גינלינון „wir lassen sie auswandern" Keth. 35ᵇ,
אישרוניה „sie setzten ihn" Keth. 35ᵃ, ¹ נישכח „wir finden" Sabb. 3ᶜ.
Ähnliche Formen finden sich im Christl. Paläst., s. *Nöldeke* in
ZDMG XXII 454.

2. Ebenso häufig ist im galil. Dialekt der Übergang von *a*
(bez. *i*) in *u*, vgl. *Nöldeke*, Mand. Gramm. 17f.. ZDMG XXII 455.
Dieser Vokalwechsel ist besonders beliebt bei folgendem ב, מ, ג
und ר, seltener bei ל, פ, ק, שׁ.

Nomina: Vor ב: גוברא „Mann", דובשא „Honig", שׁובה „Sabbath", שׁובעין siebzig", רובה „gross", ערובתא „Rüsttag", גובי „bei",
vgl. Jos. Ant. VIII 13, 7 Βερσουβεέ = בְּאָר שֶׁבַע, Hieron. *rob* = רָב;
vor מ: רומשא „Abend", תומרין „Datteln", קומיא „erster", קומי „vor",
תומניא „acht," תומנין „achtzig"; vor ג: מוגדלא „Magdala", סוגין „viel",
vor ר: תורעא „Thür", קוריין „Städte", יורדנא „Jordan" (jer. Targ.);
כורעתא „Beine einer Bettstelle", קורקיסתכון „eure Cirkus" (jer. Targ.);
vor פ: אוף „auch"; vor ק: מוקדשא „Heiligtum", מוקדון „Macedo-
nier"; vor ל: גולגלא „Gilgal" (jer. Targ.); vor שׁ: מושכא „Haut"
(jer. Targ.).

Bei den Worten תומניא, תומנין, כורעתא werden die Silben mit
u nicht als geschlossene zu betrachten sein, sodass *u* hier nur
einen Vokalanstoss repräsentiert, vgl. תֻּמְנִיא O. Num. 29, 29,
[וּ]תְמָנן O. Gen. 5, 25 und [וּ]כְרֻעְיָא O. Lev. 1, 13. Eigene Nominalformen mit *u* statt des anderweit bezeugten *i* (*e*) sind נוקבה
„weiblich", hebr. נְקֵבָה; אודנא „Ohr", syr. ﺍ ; טולא „Schatten",
hebr. צֵל.

Verbformen: Peal שׁולקה „koche sie" Pes. 34ᵇ, Pael שׁורי „er
fing an" Chag. 77ᵈ, שׁורון „sie fingen an" Schebi. 35ᵇ, מופטורינון
„sie entlassen" Jer. I Ex. 12, 33.

Ursprüngliches *u* wird wieder hörbar in תכנושׁון „ihr sammelt"
Jer. II Deut. 28, 38, תכתובון „ihr schreibt" Jer. I Deut. 27, 8,
תטלומון „ihr bedrückt" Jer. I Deut. 24, 14.

Das *Onkelostargum* hat nur die allgemein üblichen Worte
wie גוברין O. Gen. 49, 5, אודנא O. Ex. 29, 20, נוקבה O. Gen. 1, 27,
גופנא O. Gen. 40, 10, sonst bleibt der ursprüngliche Vokal meist
erhalten, es heisst darum stets אף, מקדשׁ, סני.

---

¹ אשכח wäre nach *Kautzsch*, Gramm. d. Bibl.-Aram. 174, nur scheinbar ein
Aphel und in Wirklichkeit aus Missverständnis eines א prostheticum zu erklären.
Aber das *e* im syr. ﻝﺍ lässt sich mit *Nöldeke*, Syr. Gramm. 30 auch durch
den Einfluss des ﻝ erklären.

3. *än* wird zuweilen zu *ēn* in der Endung der 3. Pers. Plur. fem. des Perfekts, z. B. אכחשין „sie wurden schlecht" Mo. k. 80ᵃ.

4. Der Diphthong *ai* ist bei den Galiläern in offener Silbe öfters erhalten, z. B. עיינא „Auge", ביתא „Haus", חיילא „Stärke", קייטא „Sommer", זייתין „Oliven", אייתי „er brachte". Hierher gehören auch die apocopierten Formen תרי, תרתי „zwei" für תרין, תמני, תרתין „acht" für תמניא, גליי „entdeckende" für גליין. Das *Onkelostargum* zieht fast durchgängig die kontrahierten Formen vor, z. B. ביתא O. Ex. 12, 3. 4, עינא O. Lev. 24, 20, קיטא O. Gen. 8, 22, איתיתא O. Gen. 20, 9, aber איתי O. Gen. 4, 3. *ai* wird (statt wie gewöhnlich zu *ē*) zu *a* oder *ā* in galil. (auch jer. targ.) Aphelformen von אתא, z. B. אתיתא „du brachtest", zu *ā* in בתין „Häuser" vom Sing. בית „Haus", auch in Eigennamen wie זבדא „Zabda" für זבדי, s. § 36, 1 γ. *ai* bez. *'āi* wird zu *ōi* in שתויי „Trinker" Schek. 47ᶜ für שתיי, תנויי „Tannäer" Meg. 75ᵇ, Ter. 46ᶜ für תניי, בויישנין „schamhafte" Sanh. 23ᵈ für ביישנין, פוויטנא „Dichter" Koh. R. I, 13 für פיטנא.

Dem *Onkelostargum* ist eigen Verwandelung von schliessendem *ai* in *a* im Part. Pass. Pael und im Ithpaal der Verba ל״א, ל״י, ל״ו, z. B. מכסא „verdeckt" O. Lev. 4, 13, יתכסא „wird bedeckt" O. Gen. 18, 14, תרתא „zwei" für תרתי s. § 21, 2, in בינא „zwischen mir" O. Gen. 13, 8 für ביני, in den Suffixen am Nomen plur. masc. כי, für ייכי, הא für וייהא, נא für וינא. זכא O. Gen. 24, 8, Ex. 21, 19. 28 kann nicht für זכי stehen (so *Merx*, Chrest. Targ. 193), sondern muss Particip sein. Zu *an* wird *a-i-in* in targ. תמנן „achtzig" für תמנין und in den targumischen Participialformen der Verba ל״ו, ל״י, ל״א (wie גלין für גליין), für welche sich auch im pal. Talmud Beispiele finden, z. B. בען Ab. z. 39ᵇ. Die *jer. Targume* haben in diesen Dingen öfters die ältere Form erhalten, und repräsentieren da zweifelsohne die ältere Gestalt des Onkelostargums.

aiä wird zu *ōi* bez. *ōī* in מוי „Wasser" Ber. R. 32, Jer. I Gen. 1, 6, מויי Erub. 26ᶜ (מוהי) b. Taan. 10ᵃ in einem palästinischen Sprüchwort ist מוין mit Suff.). Die zuletzt genannte Vokalveränderung findet sich im Onkelostargum nicht.

5. Die Vokalfolge *ā—ā* wird zu *ō—ē* oder (selten) zu *ō—ā* in gelegentlichen im pal. Talmud und Midrasch, aber auch im Onkelostargum auftretenden Infinitivformen, die durch babylonischen Einfluss zu erklären sind, z. B. מללי „sprechen" Ter. 45ᶜ, בוי „verachten" Schek. 49ᵇ, בזוייה Vaj. R. 28, תנוייה „erzählen" Bab. k. 2ᵇ. Andere Beispiele s. § 63 und 72.

6. Die Einschiebung eines Hilfsvokals bei dem Zusammentreffen von drei Konsonanten, von denen die beiden ersten ohne vollen Vokal sind, wird sichtbar in מדינחא „Osten" (Targ. Onk. מדנחא). Der Hilfsvokal a ist nur im Onkelostargum zu erkennen, s. §§ 26. 27. 38.

7. Transposition eines Vokals zeigt sich in dem galiläischen תוחתי für תחותי „unter", לוחרי für לאחורי „hinter". Die auf i auslaufende Form der 1. Sing. Perf. mit Suffixen (s. § 75) gehört nur scheinbar hierher, da es sich nicht um Transposition des Vokals der zweiten Silbe, sondern um Festhaltung der ursprünglichen Form handelt.

8. Die Annahme eines Hilfsvokals im Anlaut tritt nicht selten ein. Beispiele: אדמיה „sein Blut" Ab. z. 41ª, אמגיירתיה „sein Proselytenmachen" Ab. z. 41ª, אשקקה „Gasse" Taan. 66ᶜ, אפתי רמשא „Abenddämmerung" Bab. b. 13ʳ (neben בפתי רמשא Ab. z. 39ᵇ) אדרעיה „sein Arm" Ber. 4ᶜ, ארכובה „Knie" Ned. 37ᵈ, אמצעיתא „Mitte" Sanh. 18ª, אשתקד „voriges Jahr" Bab. b. 15ᶜ, אישתרא (1. אישתדא) „dies Jahr" Maas. sch. 55ᵇ, ארתיכא „Wagen" Jer. II Gen. 49, 22, אמגושא „Magier" Jer. I Ex. 7, 15, אסקופא „Schwelle" Jer. I Ex. 12, 7, אשתה „sechs" Bab. m. 9ᵈ, אשתין „sechzig" Jeb. 6ᵇ, אישתה „er trinkt" Ab. z. 40ᵈ (neben שתא Mo. k. 83ᵇ), איזמר „er schnitt" Schebi. 35ª. Vorschlag eines א liegt vor in דין אהיי „welcher?" Schek. 48ᵈ, אשיתא „sechs" Schek. 49ᵈ, אשתין „sechzig" Taan. 68ᵈ. — Das Onkelostargum hat meist Formen ohne prosthetischen Vokal, z. B. [בּ]דְרֹע O. Jer. I Ex. 6, 6, רֹכוּבִין O. Jer. I Deut. 28, 35, [בּ]רַתחָבּא O. Gen. 41, 43, Jer. I רתיכא שְׂקָפָּא „Schwelle" O. Ex. 12, 7, aber אַפְּשׁר O. Gen. 13, 16. Ein prosthetischer Vokal muss auch angenommen werden zur Erklärung der Partikeln אֲרֵי (Targ. Onk.) und ארום (jer. Targ.), denen die Imperativformen רְאִי und רְאוֹ zu Grunde liegen, s. § 50.

9. Abwerfung von unbetonten oder tonlos gewordenen Endvokalen ist nur selten zu beobachten. Die Endungen der 3. Pers. Plur. masc. und fem. und der 1. Pers. Plur. Perf. erhalten im Galil. durch Anhängung eines Nun einen besonders festen Halt. Doch ist die gelegentliche Form קטלן „wir töteten" aus dem targumischen קטלנא durch Abwerfung des Endvokals entstanden, während die häufigere längere Form קטלנן durch Anhängung von Nun an die ältere vokalisch auslautende Form gebildet worden sein wird. Ebenso verhält sich das nach Konsonanten übliche Nominalsuffix an (ן) zu dem targumischen anā (נא) und das nach vokalischer Endung eintretende nan (נן) zu dem älteren nā (נא).

Die im galiläischen Dialekt zu beobachtende Vorliebe für Auslaut mit Nun, auch wo derselbe keinerlei historische Berechti-
gung hat (z. B in יודן für יהודה), spricht dafür, dass nicht an
Erhaltung eines ursprünglichen *n* in jenen Formen zu denken ist.
Tonloses *ā* ist abgefallen im galiläischen אנן „wir" für אנחנא.
Abwerfung von schliessendem *ī* findet sich in dem galiläischen אימת „wann?" für targum. אימתי, אתמל für „gestern" für אתמלי.

§ 15. *Konsonantveränderungen.*

1. Die Gutturalen. *Aleph.* Anlautendes א ist weggefallen
und sein Vokal mit dem Vokal eines Präfixes zusammengeflossen
in den galiläischen Verbindungen ונא, דנא für ואנא; דנן; ונן
וילין für דאינון, ואינון; ויגון, דיגון für דינון; דאת, ואת für דת, ות;
ומרין, דמר, ומר; (= דאין) דאי für לאחורי, לחורי; ואילין für די
ביישן,,Beth ואמר, דאמר, ואמרין; ותיא, ובד für ואתייא, ואב;
Schean" Ab. z. 39ᶜ für בית שאן. Das *Onkelostargum* hat die un-
kontrahierten Formen. — Kontraktion findet im Inlaute statt in
תינתה „Feigenbaum" R. h. S. 58ᵇ (vgl. Pl. תינין O. Jer. I Num.
20, 5) für תאינה Orl. 61ª, בירא „Brunnen" O. Jer. I Gen. 16, 14
für באירא, גבותיה „seine Weissagung" Jer. I Num. 11, 29 für
גבואתיה, מחא „Schlag" O. Jer. I Ex. 8, 15 für מחאה.

Anlautendes א ist weggefallen und das ganze Wort an das
vorangehende Wort angeschlossen in מנן für מן אן „woher",
Sabb. 3ᵇ für רב אסי Ab. z. 45ª. An ein konsonantisch auslautendes Praefix schliesst sich der Wortstamm nach Abfall des א in
Jeb. 7ᵇ איתמר für איתאמר, אתחד O. Num. 31, 47 für אתאחד.

Anlautendes א ist bei den Galiläern *mit seinem Vokal* weggefallen in נא, גן, תון für אנא, אנן, אתון. מר für אמר, נש, גש für נשא
אינש, אינשא „Mensch", חורן, חורי „ein anderer" für אוחרן, אוחרי,
חורי „hinter" für אחורי, זיל „gehe" für איזיל, תא „komme" für איתא.
und in den Eigennamen בא, ווא für אבא, בון für אבון, בין für אבין,
לעיי für אלעיי, לעזר für אלעזר, ליעזר für אליעזר, שיין für אשיין. *Targ.*
Onk. hat ebenso נחנא neben אנחנא und בא für אבא O. Num. 25, 14.
vgl. Masora, Ausg. *Berl.* 70, Ausg. *Land.* 1, wonach die Nehar-
deenser zuweilen בא für surens אבא lesen. Hierher gehören auch
לינא, לינן für לית אנא, לית אנן und die Verbindungen von Participien
und Pronominen wie קטלנא, קטלינן, קטליתון. Bei קטלת für קטיל את
ist wohl der Vokal des א erhalten geblieben, vgl. עבדת O. Num.
23, 11 Merx. aber Cod. Soc. מבבריכת. N. §§ 16, 4; 65.

א wechselt im galil. Dialekt mit ה in הינון für אינון „sie", היידן

für אײדין, welcher?", הן für אן „wo?", היך für איך „wie?" und im Eigennamen הילא Sot. 20ᵇ für אילא (= אילעאי) Sukk. 54ᵃ, mit ע in לעה
„sich mühen" (so jer. Targume und pal. Talmud) für לאה (so Onkelostargum) und in תבעש „es ist missgünstig" Jer. II Deut. 28, 54
für תבאש. Hierher gehört auch die Verwendung von Haphel-
und Hithpaelformen in den Targumen, seltner im galil. Dialekt,
s. § 59, 6 b, c, obwohl hierin Reste eines alten Sprachgebrauchs
zu sehen sind.

א wird zu י im Anlaute in ילף für אלף „lernen", יינן für
אינון „sie", im Eigennamen יילא Maas. sch. 52ᵇ für אילא (s. o.),
ויילו für ואליל „sie kundschaften aus" Jer. II Deut, 1, 24. In
den Infinitiven der Verba ל"א, ל"ו, ל"י auf āiā statt ā'ā, in dem
Participium der Verba ע"י, im Pael der Verba mediae א und in den
abgeleiteten Formen der Nomina mit der Endung ai oder āi wird
die Schreibung mit י vorgezogen, also מגלייה für מגלאה „offenbaren", קיים „stehend" für קאים, שייל „er bat" für שאיל, קדמיא „der
erste" für קדמאה. Es ist zufällig, wenn dabei ursprüngliches Jod
wieder zu Tage tritt. Auch im Inlaute von Nominen ist א in י
verwandelt in שייר „Rest" Jer. I Deut. 28, 54 für שאר, שיול
„Totenreich" Jer. I Num. 16, 30 für שאול. Das *Onkelostargum*
behält auch hier überall das Aleph bei.

He.

Gelegentlich findet sich im galiläischen Dialekt Vertauschung
von ה mit א, wobei zuweilen ursprüngliches Aleph wieder hergestellt wird. Man schreibt für היא „sie" zuweilen אי, für הדא
„diese" אדא, für ההין „jener" אהין, für הכין „so" אכין, für הין „ja"
אין, für הושעיה „Hōscha'jā" אושעיא Sot. 20ᵇ. Durch Verwechselung von ה mit א (das zu Jod wird) ist zu erklären die Aussprache von אייבת für אהבת „du liebst" im Munde eines Unge-
bildeten Schir R. II 4.

Völlig ausgestossen ist ה in den galil. Formen דו für דהוא,
די für דהיא, וו für והוא, וי für והיא, באו für בההוא, האי für ההיא,
ההנו דין היא für ההגנו, כי für מהיא, ליידא für להיידא, דינו für דהיגו, מאי
für מהיא, ההן הוא für ההן, היכי für היך היא, לאו für לא הוא, im Suffix der 3 Pers.
Sing. am Plur. ו für והי und im Suffix der 3 Pers. Plur. am
Sing. ן für הון, auch in Formen wie יודאי „Jude" für יהודאי, יודה
„Juda" für יהודה, יי „es sei" für יהא, יב für יהב „er gab" und im
Eigennamen אייבו für אבהו (= אֲבִיהוּא) Sot. 20ᵇ.

Das *Onkelostargum* hält die herkömmlichen Formen fest.

Cheth.

ח wechselt mit ה in dem Eigennamen הונא Maas. sch. 55ᵃ

neben חונא Sabb. 14ᵇ, mit א in איויא Ber. R. 26 neben חויא ebenda,
in den Eigennamen אונייא Sabb. 3ᶜ neben חוניא Sabb. 14ᶜ und
איניא Pea 15ᵇ neben חנגיה Ned. 40ᵃ, mit ע in רתע Jer. II
Deut. 19, 6 für רתח ..aufschäumen" Jer. I ebenda, עזם Jer. II
Lev. 1, 15 für חזם Jer. I ebenda.

ח ist elidiert in תותי ..unter" für תחותי, תתאה ..der untere"
für תחתאה, אנן ..wir" für אנחנא.

Das *Onkelostargum* folgt hier wie bei ע der ursprünglichen
Schreibart.

Ajin.

ע wechselt mit א in אורדענא ..Frosch" Sabb. 14ᵈ für עורדענא
Ab. z. 40ᵈ. קימאה קימאה ..allmählich" Ber. 3ᶜ für קימעא קימעא
Jom. 50ᵇ, האידנא ..jetzt" Ech. R. I, 4 von עידן ..Zeit" Ech. R. I 4.
אדיין ..noch immer". Gitt. 50ᵈ für עדיין Sanh. 20ᵇ, א für על ..auf"
in אנפשיה Bab. k. 6ᶜ, אדעתיה Kil. 29ᵇ, אמאי Ech. R. Peth. 24,
ארלין ..Unbeschnittene" Jer. II Gen. 34, 31 statt des gewöhnlichen
ערלון. das Verbum ארע ..begegnen" (so in den ,,jer. Targumen und
im pal. Talmud) neben ערע (so im Onkelostargum).

ע ist elidiert in סרתא ..Gerste" Jer. I Ex. 9, 31 für סערתא.
טונא ..Last" Jer. I Gen. 44, 2 für טעונא Bab. b. 17ᵃ, השתא ..jetzt"
Mo. k. 81ᵈ, Jer. I Deut. 29, 17 für שעתא, ההיא וירא Zĕrā (Eigenname) Bez. 60ᵇ für זעירא Gitt. 47ᵈ, לייא ..Laja" Ber. 6ᵇ, אילי Gitt. 45ᶜ
für אילעאי und in dem babylonischen תריסר ..zwölf" (so in den
jer. Targumen) für תרי עשר. ע ist am Schlusse abgefallen in
dem gleichfalls babylonischen שב ..sieben" für שבע und in ביזרא
..Same" Naz. 58ᵃ, Jer. I Gen. 1, 11 für בר זרעא Onk. Gen. 1. 11.
ע mit seinem Vokal ist vorn abgefallen in טמיא, ..Gebeine" Vaj.
R. 25 von טמא = עטמא, vgl. Chr. Pal. ܥܛܡܐ, *Fr. Schwally*, Idioticon des Christl. Paläst. Aramäisch 38.

2. Die Palatalen.

Gimel. ג wechselt mit ע in ערר ..Gerar" (Stadtname) Jer. II
Gen. 20, 2 für גרר, mit כ in פכר ..niederreissen" Jer. I Ex. 23, 24
neben פגר Onk. ebenda, mit ק in קורדיינא ..Gordianus" Kidd. 62ᵈ
vgl. גורדינון Jom. 41ᵈ. ג ist vorn abgestossen in חוך ..lachen"
(Targ. Onk.) für גחך (jer. Targume und pal. Talmud).

Kaph. כ wechselt mit ג in ניף ..Ufer" Sanh. 23ᶜ, Jer. I Ex. 2, 3
für כיף Onk. Ex. 2, 3. גיב Ortsname Dem. 21ᶜ für כיב Dem. 22ᵃ.

Koph. ק wechselt mit ג in פסג ..zerteilen" neben פסק, mit
כ in טכיס ..ordnen" (jer. Targume) für טקים (Onkelos), mit ט in
טפז ..springen" (jer. Targume) für קפז (pal. Midrasch).

3. Die Palato-lingualen.

Jod. י mit blossem Vokalanstoss wird im galil. Dialekt
zu *i* in אידא für ידא „Hand" איקרא für יקרא „Ehre", איממא für
יממא „Tageszeit", auch einmal in איכפר Jer. II Ex. 4, 25 für יכפר
„er versöhnt". י mit dem vollen Vokal wird zu א in איסה „'Issa"
(Eigenname) für יָסָּה, in איסי „Issi" für יָסִי, אסי „Assi" für יָסִי, אידי
„Iddi" für יְדִי. Anlautendes י mit Vokalanstoss ist abgefallen in
חייה „Chijja" für יְחָיָה.

Das *Onkelostargum* zeigt dieselbe Erscheinung nur nach den
Partikeln ובלכ״ד, vgl. ליקר O. Ex. 28. 2, s. § 13, 3. Doch findet
sich auch איסודי (sic!) für יסודי O. Num. 5, 17, vgl. die Schreibung ידע für יְדַע O. Gen. 4, 1 Sab. und Masora (Ausg. *Land.*) 57 f·

Im Inlaute ist י mit blossem Vokalanstoss zu *i* geworden in
טליתא „Mädchen", רביתא „Grosses", קשיתא „Schweres", טביתא „Gazelle". Das Onkelostargum hat oft dieselbe Behandlung des Jod,
z. B. דְּכִיתָא „rein" O. Ex. 31, 8; aber עָרִיתָא „Scham" O. Lev.
20. 20, s. § 39.

Im Silbenschluss ist י, statt mit dem vorhergehenden Vokal
zusammenzufliessen, ausgefallen und durch Verdoppelung des folgenden Konsonanten ersetzt in den allgemein üblichen Imperfekten von יתב „sitzen", ידע „wissen", יכיל „können", also יֵתֵּיב,
יַדַּע יְדַע, יִכַּל (יכל). Die Verdoppelung ist durch נ kompensiert in
dem jerus. targumischen ינדע, wird elidiert im Imperfekt Peal und
im Aphel von חיה „leben". Im Imperfekt Peal wird dabei das
ausgefallene י durch Dehnung des Vokals des Praefixes zu *ē* kompensiert, z. B. ייחי „er lebt."

Resch. ר fällt bei den Galiläern ab in dem zuweilen im
Imperfekt und Imperativ gebrauchten (wahrscheinlich babylonischen) אמא für אמר „sagen", im Eigennamen שי für שר, in בי
für בר „Sohn", was sich aber nur vor רבי findet, sodass eigentlich nur die beiden ר von ביר und רכי zusammengeflossen sind,
ebenso in ביזרא „Same" für בר זרעא. Im Inlaute ist ר ausgefallen in dem auch im Onkelostargum vorkommenden בת für ברת
„Tochter".

ר wechselt mit ל in ספולינא „Sapphir" Jer. II Ex. 28, 18
für ספיריגון Jer. I Deut. 4, 13.

Lamed. ל wird bei אול „gehen" und סלק „steigen" im galil.
und jud. Dialekt in derselben Weise erhalten bez. ausgestossen
wie im Christl. Palästinischen.

Während סלק nach Ausstossung des ל wie ein Verbum פ״נ
behandelt wird, erhält הלך „gehen" in den Targumen im Imper-

fekt und Infinitiv nach Ausstossung des ל eine an die Verba ע"י erinnernde Form, Imperf. יהך, Infin. מהך. Durch Verlängerung des Vokals wird ausgestossenes ל ebenfalls kompensiert in dem galil. קיקילתא „Misthaufen" für קילקלתא. Assimiliert ist ל in מבנייך Ber. R. 79 (Ausg. Konst.; 'Ar. מבאניך) „Besen", cf. Targ. Jes. 14, 21 מבינא, Meg. 73ᵃ אלבינא.

Nun. Die Assimilation des silbenschliessenden נ ist nicht regelmässig vollzogen. Neben ייטול „er erhebt" v. נטל, ייחות „er steigt hinab" v. נחת, אפיק „er führt hervor" v. נפק, אחית „er lässt hinabsteigen" findet sich מינגן „verwahren", מינסב „nehmen". Vor ה ist נ immer erhalten, vor ח meist ausgestossen. Ebenso איתתא „Weib" neben seltnerem אנתתא, אפין „Gesicht" neben seltnerem אנפין, את „du" neben אנת. Targ. Onk. hat stets Assimilation, während die jer. Targume sie oft unterlassen und darin den Sprachgebrauch des älteren Onkelostargum vertreten. Immer heisst es גינתא „Garten", שינתא „Schlaf", aber שתא „Jahr". תיניתא „zweite" ist, wie aus der Vokalisation des Targ. Onkelos תנייתא (Merx Gen. 4, 19 תנייתא im Widerspruch mit den Konsonanten) zu sehen, nicht aus תנינתא, sondern תניניתא mit Elision des נ und Kontraktion von *ā—ī* zu *ē* entstanden.

Aufgelöste Verdoppelung eines Konsonanten wird durch Einschaltung eines נ kompensiert in den targumischen Formen מנדע „wissen" Jer. I Deut. 4, 35 für מידע[1], גינבריא „die Helden" Jer. I Deut. 2, 11 für גיבריא, חינטן „Weizen" Jer. I Ex. 29, 2 f. חיטין, חנגין „Festspiele" O. Ex. 32, 19 für חגין, טונדרא „Stein" O. Deut. 8, 15, vgl. hebr. צר, arab. طِرّ.

Beginnendes נ mit Vokalanstoss ist auch in Targ. Onk. oft abgeworfen in den Imperativen der Verba פ"נ. z. B. פוק „gehe hinaus" für נפוק, שק. „küsse" für נשק. Hierher gehört auch der Eigenname חוניה für נחוניה.

Schliessendes נ ist abgefallen in den galil. Formen תרתי, תרי „zwei" für תרין, תרתין. כי für כין, כן „so", מנא für מנן „woher?", אי für אין „wenn", im Eigennamen חנה für חנן und in der nicht seltenen Form des indet. Plurals der Nomina auf י statt ין.

Dem galiläischen Dialekt ist eigen eine besondere Vorliebe für Auslaut auf ן. Dadurch erklärt sich die Endung der 3. Pers. Plur. masc. und fem. auf ון und ן statt ו und א, der 1. Pers. Plur. comm. auf נן statt נא, die Wortformen סגין „sehr" für סגי, כדון

---

[1] Bei ידע ist die Einschaltung von Nun *alter* Gebrauch, während sie bei den anderen Worten jungen Datums ist.

„jetzt" für כדו, יודן, wovon יודנא, für יודה „Juda", אבין, wovon אבינא, בינא, für das nicht vorkommende אבי von אבייה „'Abijā", אבון, wovon אבונא, בון, für אבו von אבויה „'Abūjā", auch יוסינה von יוסי „Jose", אשיין von אש אשי „'Aschē", ציפורין für ציפורי „Sepphoris.".

Wechsel von ג und מ zeigt sich in der alten targumischen Form הימון für הינון „sie", in dem Suffix der 3. Pers. Plur. masc. הום für הון und in der Konjunktion אם „wenn" (so Targ. Onk.) neben אין (galil. Dialekt). ם steht für schliessendes ן in dem jer. targ. ארום „denn" (vgl. bibl. aram. ארו). ארום הום, הימון, gehören der von den jer. Targumen benutzten Recension des Onkelostargums an, ebenso wahrscheinlich ihr אין, vgl. bibl. aram. הן „wenn", während das אם unseres Onkelostargums auf eine andere, vielleicht auch alte Tradition zurückgeht.

4. Die Dentalen.

Daleth. ד wechselt mit ת in dem targumischen לצית· „gen" Onk. Gen. 11, 4, Jer. I Ex. 20, 18 (Onk. לצד) neben לציד „bei" Jer. I Ex. 21, 9, Onk. Ex. 19, 15 לציד. Nach *Merx*, Chrest. Targ. 267, wäre צית vielleicht aus צד̄תא, c. צד̄ת entstanden.

Silbenschliessendes ד ist dem folgenden מ assimiliert in dem galiläischen קמיי, קומיי „erster" für קדמיי, קמי, קומי „vor" für קדמי.

Ein silbenbeginnendes ד ist abgeschliffen in dem galiläischen הן und הין „dieser" aus הדין.

ד mit Vokalanstoss ist abgefallen in בבו (für דבבו) „Feindschaft" Jer. I Geṅ. 37, 8.

Taw.

ת assimiliert sich in der Vorsilbe immer dem ת, zuweilen dem ט, ד, נ, מ, ב, פ, ג, ק (im Targ. Onk. ausser ת, ט, ד besonders dem ב und נ) und kann ausgestossen werden vor ע und ח (nicht in Targ. Onk.), es vertauscht seinen Platz mit ש, ס, צ, ז und verwandelt sich bei צ in ט, bei ז in ד (so auch Targ. Onk.).

Doppeltes ת ist zusammengezogen in dem galiläischen תלתי „die drei" für תלתת, in den allgemein gebräuchlichen determ. Femininen חדתא „neu" für חדתתא, שבתא „Sabbat" für שבתתא. Doppeltes und einfaches ת bleibt getrennt in איתתא „das Weib" und פיתתא „das Brod".

Auslautendes ת ist weggefallen, ausser wie überall in der indeminierten Femininendung *ā* für *at*, *ī* für *īt*, *ū* für *ūt*, im galil. Dialekt gelegentlich im Stat. constr. בי von בית „Haus", in אי für אית „es giebt", איכא für כא אית „es giebt hier", ליכא für לית כא, אינא ליָת, לינן für אנא לית, „wir sind nicht" für לית

אנן. שבא für שבת „Sabbat" (wahrscheinlich, indem man das ת
von d. שבתא für Femininendung hielt), dies letztere auch im
Onkelostargum.

Teth.

ט wechselt mit ק in קלק „werfen" Ter. 46ᵃ für טלק Kil. 32ᵇ,
s. auch unter Koph.

ט wechselt mit ת in ניוותאי Ned. 37ᵃ für ניוטאי „die Nabatäer"
Jer. I. Gen. 10, 13 — das Ursprüngliche ist hier ט nach den eigenen
Inschriften der Nabatäer, wo Nabatäa = נבטו, s. *Neubauer* in
Studia Biblica (1885) 220 — in מקנתר „zankend" Kidd. 64ᶜ, vgl.
קנט in Targ. Onkelos.

5. Die Sibilanten.

Zajin. ז wechselt mit ד in דרק „streuen" Jer. I Ex. 9, 8,
für זרק Onk. ebenda, mit ס in זיהרא „Mond" Taan. 69ᶜ, Jer. I
Deut. 4, 19 für סיהרא Onk. Deut. 4, 19.

Samech. ס wechselt mit צ in ציטרא „Seite" Jer. I Num. 13. 18
für סיטרא Keth. 35ᵃ. Der Wechsel von ס und שׁ in סהיד „Zeuge"
Sanh. 21ᶜ und שהדו „Zeugnis" Sanh. 18ᵇ, סנאיהון „ihr Feind" Ber. 5ᵃ
und שנאה „der Feind" Ech. R. Peth. 24 und anderen Worten
ist lediglich orthographisch. צ ist für *s* eingetreten vor griechischem τ in איצטדין στάδιον Er. 22ᵇ, אצטלין στολαί Ber. 6ᵈ neben
אסטלוון Sanh. 29ᵇ, vgl. hierfür die verschiedenen Schreibungen
der Nehardeer (mit צ) und der Surenser (mit ס) O. Gen. 45, 22,
Masora z. Targ. Onk. Ausg. *Berliner* 63, 113, *Landauer* 12; Cod.
Soc. hat אצטʼלון.

Schin. שׁ wechselt mit ס und ת, insofern neben Schaphel-
bildungen auch Saphel- und Taphelbildungen vorkommen, s. § 59, 6.

שׁ wechselt mit צ in מצלהבא „brennend" Jer. I Ex. 19, 18,
vgl. שלהיבא „Flamme" Jer. II ebenda, c. שלהובית O. Ex. 3, 2.

Sade. צ wechselt mit ס, s. unter Samech. *Levy,* Neuhebr.
Wörterbuch, findet Wechsel von צ und ט in ביטה „Ei" Schebu. 37ᵈ
für ביצה; aber die Parallelstelle Ned. 38ᵃ hat die richtige Lesart ביעה.

6. Die Labialen.

Beth. ב wechselt mit וו in מרוויתא, „Zweig" Orl. 61ᵃ für
מרביתא Schebi. 33ᶜ, דוויה „sein Schleimfluss" Jer. I Lev. 15, 3 für
דוביה Onk. ebenda, גלוולי (l. נלוולו) „lasst uns beherzt sein"
Jer. II Ex. 14, 14 für נלבלבה Jer. I ebenda, ניוותאי „die Nabatäer" Ned. 37ᵃ, vgl. נבטייה „der Nabatäer" Kidd. 61ᵈ, im Eigennamen ווא für בא (= אבא), mit פ in נפתייה „der Nabatäer" Sabb. 15ᵈ
für גבטייה, פרולא Naz. 58ᵃ, Jer. I Deut. 3, 11 für ברולא Onk.

Deut. 3, 11, mit מ in זמינא אמינא Sanh. 23ᵈ für זבינא „Zabina", מתנן O. Jer. I
Num. 21, 34, vgl. בותניי Jer. I Deut. 33, 22 „Batanäa".

Silbenschliessendes ב ist mit seinem Vokal in ō verwandelt
in שושבתא „Reis" Ab. z. 42ᶜ für שבשבתא, כוכבתא „Stern" Ber.
R. 50 für כבכבתא, לולבין „Zweige" O. Jer. I Lev. 23, 40 für
לבלבין Onk. Gen. 40, 10. Num. 17, 23.

Schliessendes ב ist abgefallen in den galil. Worten תו
„wieder" für תוב und נסא „nehmen" für נסב.

Waw. ו wechselt mit ב in מכבר „Machaerus" Jer. I Num.
21, 33 für מכוור Jer. II ebenda, vgl. auch אבדימס Keth. 34ᵇ
= Εὔδημος, אבדוקים (l. אבדוקים) Meg. 74ᵃ = Εὔτοχος, mit פ in
גיפתנותך „deine Erhabenheit" Jer. I Ex. 15, 7, vgl. גיוותנין „stolze"
Jer. I Deut. 7, 7.

ו ist scheinbar elidiert in der kürzern Form des Imperfekts
von הוה „sein", z. B. יהא, wahrscheinlich liegt aber der Stamm
היה zu Grunde, s. *Barth,* Ethymologische Studien (1893) 71 f.

Anlautendes ו ist nicht zu י geworden in וותרן „freigebig"
Gitt. 45ᶜ neben יתיר „überflüssig" Pea 21ᵇ, וועדא „Versammlung"
Ketb. 35ᵃ, ולד „Kind" O. Gen. 11, 30 (Jer. I ולד), in den Ithpaalformen אתווכה „rechten", אתוודי „bekennen" und איתודע „sich
zu erkennen geben", wofür aber Targ. Onk. אתידע.

Mem. מ wechselt mit ב s. unter ב, mit נ s. unter נ. Als
Kompensation der aufgehobenen Verdoppelung eines פ dient es
in סמפירינון Jer. I Deut. 4, 13 für hebr. ספיר.

Schliessendes מ ist abgefallen im pal. Talmud und in den
jer. Targumen in קאי für קאים „stehend."

Pe. פ wechselt mit וו in אוושר Jer. I Gen. 18, 2 für אפשר
„möglich", טווזא Jer. I Lev. 11, 5 für טפזא „Springhase" O. Jer.
I Deut. 14, 7, mit ב s. unter Beth. Schliessendes פ ist abgefallen in dem galil. Eigennamen יוסי für יוסף „Joseph".

I. Nomen.

Pronomina.

§ 16. A. *Personalpronomina.*

a. Selbständige Personalpronomina.

1. אנא, selten נא „ich"   אנן, selten נן „wir"
   את, zuweilen אנת „du" (masc.   אתון, selten תון „ihr" (masc. u.
   u. fem.)   fem.)
   הוא „er"   אינון, selten ייגון, הינון „sie" masc.
   היא, selten הי, אי „sie".   אינין, selten הינין „sie" fem.

Das anlautende א, bisweilen auch ה, verschwindet zuweilen in Zusammensetzungen mit ו und ד.

Belege: אגנא „ich" Taan. 68ª Schreib- oder Druckfehler. נא Sanh. 23ᶜ, Ter. 43ᶜ. ונא (=וֹאנא) Ber. 7ª Ven.; וי אנא (l. וי אנא) Kil. 28ᶜ; ואנא Kidd. 66ª (Levy, II 213ª falsch יאנא). דנא דנה, נא (=דאנא) Pes. 32ᶜ. — את, אנת fem. Taan. 64ᵇ, Kidd. 63ᵈ, Gitt. 49ª, ות (=ואת) Makk. 32ª. דת (=ראת) Sanh. 24ᶜ. — וו (=והוא) Sanh. 29ᵇ. דו (=דהוא) B. k. 3ᵇ. — הי Sot. 23ᵈ, אי Erub. 21ᵇ. — נן Pea 16ᶜ, Dem. 24ᶜ. ונן (=ואנן) Mo. k. 81ᵈ. דנן (=ראנן) Erub. 21ᵇ. — תון Sanh. 23ᵈ. Kein Beispiel für אתין. — הינון Ab. z. 39ᵇ, Ech. R. I 11, יינון Pea 20ᵇ. וינון (=ואינון) Ber. 3ᵈ. דינון (=ראינון) Bab. b. 17ᶜ. הימו Bab. b. X 2 (im Formular für den Schuldbrief). — אינין Bez. 63ᵇ, Sabb. 3ᶜ, הינין Taan. 67ᵈ. אינון als fem. Ber. 7ᶜ.

Targum Onkelos: אֲנָא O. Jer. I Gen. 13, 9, אַת O. Gen. 7, 1, Jer. II Gen. 49, 3, הוּא O. Jer. I Gen. 13, 1, הִיא O. Jer. I Gen. 12, 19, אֲנַחְנָא נַחְנָא O. Jer. I Gen. 42, 11, אַתּוּן O. Jer. I Gen. 42, 14, אָתֵּין O. Gen. 31, 6, אִנּוּן O. Gen. 6, 3, Jer. I Gen. 15, 1, אִנֵּין¹ O. Gen. 6, 2, Ex. 9, 32. Ausserdem *jer. Targ.* allein נא Jer. I Gen. 22, 1, אנת (so wohl immer Jer. I) *masc.* Jer. I Gen. 7, 1, *fem.* Jer. I Gen. 16, 11, אנן Jer. I Deut. 4, 7, הינון Jer. I Gen. 6, 4, הימון Jer. I Ex. 10, 19, הינין Jer. I Ex. 9, 32; davon ist הימון altjudäisch, das übrige galiläisch.

2. Vereinzelt finden sich ניהו „er ist" Dem. 22ª, נינהו „sie sind" Ber. 3ᶜ L, vgl. *Nöldeke*, Mand. Gramm. 92 Anm. 1. Beides stammt aus dem babylonischen Talmud. Die *jer. Targume* (nicht Onkelos) haben ebenfalls als babylonischen Einschlag איהוא „er" Jer. I Lev. 5, 1, איהו Jer. I Gen. 14, 15; איהי „sie" Jer. I Num. 5, 15 mit Verstärkung des Pronomens durch die Demonstrativpartikel אי. — גו ההן Kil. 32ᵈ ist nur Schreibfehler für ההגו (=ההן הוא), s. § 17, 4.

3. An Stelle der Kopula stehen Pronomina der 3. Person, z. B. דין הוא מלכא משיחא „das ist der König Messias" Taan. 68ᵈ; הדא היא דתנינן „das ist, was wir tradieren" Jom. 45ᵇ; אילין אינון מאניא „das sind die Geräte" Vaj. R. 28; auch הוא הוא „er ist es", לית הוא הוא „er ist es nicht" Schir R. VI 12, Koh. R. VII 11, (vgl. aber דין הדא „das ist er" Koh. R. IX 10). — *Targum*: דין הוא Jer. II Gen. 15, 11 דא היא, Jer. I Gen. 15, 12, אֲנָא אֲנָא

---

¹ Vokalisation mit *i* in zweiter Silbe hat auch die Masora, Ausg. *Land.* 11.

הוּא „ich bin ich" O. Deut. 32, 39, דָא הִיא „dies ist", „siehe, es ist" O. Ex 14, 25.

4. Die selbständigen Personalpronomina der ersten und zweiten Person werden zuweilen an Participia angehängt und erhalten dann die verkürzte Form נא, גן, ת, תון. Beispiele: קטילנא „ich töte" Schebi. 35ª; נהירת „du erinnerst dich" Ab. z. 45ª; סברינן „wir sind der Meinung" Naz. 54ʰ; עבדיתון „ihr thut" Pea 21ª. *Targum*: יָדְעָנָא O. Ex. 18, 11, [וּ]דְכִירְנָא „ich gedenke" O. Lev. 26, 45; מבריכת „du segnest" Jer. I Num. 23, 11. Die erste Pers. Plur. kommt nur in jer. Targumen vor und gleicht dort der galil. Form, s. §§ 65. 72. Das von *Winer*, Chald. Gramm. § 13 aufgestellte Paradigma mit Femininformen ist völlig willkürlich.

6. Die selbständigen Personalpronomina der ersten Person, nicht der zweiten und dritten, können mit לית (= לא אית) „ist nicht" zu einem Worte verschmelzen. לינא „ich bin nicht" B. m. 9ᶜ, לינה Bez. 62ᶜ, getrennt geschrieben לי נא Sanh. 19ª, aber לית אנא Jeb. 6ª. — לינן, „wir sind nicht" Ned. 37ª, לי נן Maas. sch. 55ᵈ, aber auch לית נן B. k. 7ʰ, לית אנן Ned. 38ª. Dagegen immer לית את „du bist nicht" Ned. 41ª, לית היא „sie ist nicht" Schek. 51ʰ, לית אילין „sie sind nicht" Dem. 25ª. אית wird nicht mit Pronominen verbunden.

Im *Onkelostargum* werden אית und לית mit dem selbständigen Pronomen der dritten Pers. Plur. und mit dem Nominalsuffix der zweiten und dritten Pers. Sing. verbunden (wobei איתי als Grundform vorausgesetzt, s. § 44, 4). אִית O. Jer. I Gen. 43, 7; אִיתָךְ O. Jer. I Gen. 43, 4; אִיתוֹהִי O. Deut. 29, 14; אִיתִיכוֹן O. Jer. Deut. 1, 10 (אִיתָנָא mit Suff. 1. Pers. Sing. O. Jer. I Gen. 48, 15 ist mir unbegreiflich). לֵית O. Jer. I Num. 22, 18; לֵיתָךְ¹ O. Jer. I Gen. 43, 5; לֵיתוֹהִי O. Num. 24, 17, O. Jer. I Gen. 5, 24, doch auch, לֵיתוֹהִי O. Gen. 37, 30; לֵיתְהוֹן O. Jer. I Lev. 11, 26; לֵיתִיכוֹן O. Jer. I Deut. 1, 32; לֵיתְנָן O. Jer. I Gen. 31, 2. In *jer. Targumen* findet sich ausserdem ליתנא Jer. I Deut. 1, 9; ליתיה Jer. I Num. 24, 17, ליתוי Jer. I Deut. 21, 18; איתא Jer. I Lev. 13, 21, ליתה Jer. I Gen. 7, 8. Hier ist auf die alte Endung ai (ausser bei ליתוי) nach babyl. Gebrauche keine Rücksicht genommen. S. auch אית und לית bei den Adverbien des Orts § 44, 4.

7. In der galil. Umgangssprache wird das Personalpronomen in gewissen Fällen durch ein Subst. ersetzt: a) in bescheidener Rede von sich selbst sagt man גברא ההוא „jener Mann" Keth. 29ʰ,

¹ Die Masora (Ausg. *Land.*) 74 bezeugt Formen mit *ai* oder *ē* für *ā-i*.

היא איתתא (l. ההיא) „jenes Weib" Taan. 64ᵇ statt אנא „ich"; b) in Verwünschungen und Beteuerungen erscheinen dieselben Ausdrücke an der Stelle von את, אתון und הוא, z. B. ההוא גברא („du"), ההיא איתתא („du") Sot. 16ᵈ, Ber. R. 89; אילין עמא „jene Leute" (= „ihr") Mo. k. 81ᵈ; ההוא גברא „jener Mann" (= „er"); c) in höflicher Rede an eine Respektsperson braucht man statt את und אתון, indem in der dritten Person redet, bei einer Person מרי „mein Herr" Schek. 49ᵇ; רבי „mein Lehrer" Pes. 32ᵇ, bei mehreren Personen מרן „unsre Herren" Sanh. 23ᵈ, רבנן „unsre Lehrer" Sanh. 23ᵈ. Als direkte Anrede (Vocativ) findet sich im Sing. als Anrede an Gott מרי Ber. R. 13, an Menschen מרי Kil. 32ᵇ, Koh. R. VII 11 (vgl. hebr. אדני), רבי Pea 21ᵃ. Keth. 35ᵃ, im Plur. מריי Taan. 67ᶜ, רביא Ber. 9ᵃ. — Die *Targume* brauchen in höflicher Rede nie מרי, מרן, sondern רִבּוֹנִי „mein Herr" O. Gen. 24. 12. Jer. I רבונא;ריבוני „unser Herr" O. Jer. I Gen. 23. 6; רִבּוֹנַי „meine Herren" O. Jer. I Gen. 19, 2. — Nebenbei erwähnen wir hier den Euphemismus für „Gattin" בני ביתיה eigentl. „die Kinder seines Hauses" Sabb. 3ᵇ, Taan. 64ᵇ, vgl. das babylonische דא דביתתא „die vom Hause" Est. R. II 1 und דביתהו „die von seinem Hause" Ruth R. III 1, babl. Ber. 27ᵇ, דביתכי „die von deinem Hause" babl. Ned. 51ᵃ. Ein anderer Euphemismus ist die Nennung der Feinde jemandes, wenn man von ihm selbst etwas Ungünstiges auszusagen hat. z. B. ווי דלית לשנאיהון דישראל כלום „wehe, denn Israel (eigentl. die Feinde Israels) erhält nichts!" Chag. 77ᵈ. vgl. hebr. אין כני יעשה שונאין של רבי יוחנן כצדוקי „wenn es so ist, handelt Rabbi Jochanan (eigentl. die Feinde R. Jochanans) wie ein Sadduzäer" Erub. 18ᶜ. — סגיא נהורא „der Blinde" (eigentl. „Hellseher") statt סמיא Keth. 34ᵇ. סגיא נהוריא Pea 21ᵇ, סגיא נהור Ber. R. 30.

b. **Suffigierte Personalpronomina.** 1) *an Substantiven und Praepositionen.* Am Singular: 1. Pers. Sing. ִי. — 2. Pers. m. ָך, babyl. Einschlag ָיךְ, f. ִיךְ, in Kontrakten יכי. — 3. Pers. m. יה, f. ה. — 1. Pers. Plur. ן (babylon. ין) — 2 Pers. m. כון. f. כין. — 3. Pers. m. הון, ון, f. הין. Am Plural: 1. Pers. Sing. יי (אי). — 2. Pers. m, ך, יך, f. ייך, יכי. — 3. Pers. m. והי, וי, f. ה, יה, הא. — 1. Pers. Plur. ינן. — 2. Pers. m. יכון, f. יכין. — 3. Pers. m. יהון, f, יהין. Am Femininplural stehen zuweilen Pluralsuffixe.

Targ. Onk. am Sing. ִי; ָך, nach Vokalen ך; ִיךְ, nach Vokalen יהִ; ה, nach Vokalen הָא; נָא. nach Vokalen נָא; כֹּן, הֹן bei vorangehender Silbe mit langem Vokal oder nach verdoppeltem Konsonanten oder zwei ohne Schewa einander folgenden Konsonanten. כון, הון nach Vokalen oder nach geschlossener Silbe mit kurzem Vokal und einfachem Schluss-konsonanten. Am Plur. masc. ‛ֵ; ‛ֵךְ; כֹֿבִי; וֹהִי; הָֿא; נָֿא; יֿכון; יֿהון. Am Plur. fem. wie am Sing., doch oft ‛ֵ für ‛ֵ. In der 2. und 3. Pers. Plur. fehlen die Femininformen, doch s. דלהין S. 87. Die *jer. Targume* haben ausserdem abweichend die altjudäi-schen Formen ייך und ייכי (am Plur.) für ךְ und כי, כם neben כון, הום neben הון, יהום neben יהון, besondere Feminina כן, הין, יהין (alles aus der älteren Recension des Onkelostargum stammend). die galil. Formen ן (am Sing.) ינן (am Plur.), וי für והי, babyl. ן (am Sing.). Beispiele s. § 41 u. 47.

2. *am Verbum.* Formen ohne Nun energicum: 1. Pers. Sing. ‛ֵ; 2. Pers. *m.* ךְ, *f.* ךְ‛ֵ; 3. Pers. *m.* יה, *f.* ה; 1. Pers. Plur. ן; 2. Pers. *m.* כון; 3; Pers. *m.* הון, ן, *f.* ן. Formen mit Nun energicum: Sing. 1. Pers. גי, יני; 2. Pers. *m.* ינך; 3. Pers. *m.* גיה, יניה, *f.* גה, ינה; Plur. 1. Pers. ינן; 2, Pers. *m.* נכון, ינכון; 3. Pers. *m.* נון, ינון, *f.* גין, ינין.

Targ. Onk. Formen ohne Nun energicum: ‛ֵנ, nach Vokalen ‛ֵנ; ךְ, nach Vok. ךְ; יה, nach Vok. הי; ה, nach Vok. הא; נא, nach Vok. נא; ינון, nach Vok. נו. Die 2. Pers. Plur. wird vermieden, die 3. Pers. Plur. f. יגין nur ausnahmsweise angewandt. Formen mit Nun energicum: נני, nach Vok. נני; יגך, nach Vok. נך; יניה, nach Vok. ניה, ינה, nach Vok. נה; יננא nach Vok. ננא; נכון (nach Vok.); ינו, nach Vokalen גינון (wofür zuweilen נונון). Die *jer. Targume* haben die Femininformen ינין, גין oft erhalten, verwenden die Formen כון. ינכון ohne Unterschied bei Perf. und Imperf. Einmal wird galil. ן für ינון gesetzt.

Genaueres über das Verbum mit Suffixen s. §§ 75—84.

c. Besonders zu erwähnen ist die Objektspartikel ית (Onk. ית), welche zur Einführung eines Nomen in dem galil. Aramäisch von Talmud und Midrasch nie gebraucht wird, um so häufiger aber in sklavischer Nachahmung des hebr. את im Tar-gum und in Targumcitaten, z. B. Ber. 9ᶜ. Eine durch Nach-lässigkeit des Schreibers zu erklärende Ausnahme bildet ית חמא רבי אלעזר „er sah Rabbi Eleazar" Koh. R. XI 1.[1] Nicht selten ist dagegen der Gebrauch von ית mit Suffixen statt eines selb-ständigen Objektspronomens.

יתי „mich" Naz. 56ᵃ; יתך „dich" masc. Bab. b. 13ᵇ, יתיך Ber. 11ᶜ, יתך fem. Midr. Tehill. 20, 4; יתיה „ihn" Sanh. 25ᵈ, Vaj. R. 22;

---

[1] S. auch Ber. R. 98.

יתה „sie‟ Taan. 64ᶜ; יתכון „euch‟ masc. Sanh. 20ᵈ; יתהון „sie‟ masc. Schebu. 34ᵈ, Ech. R. I 4, יתן masc. Sanh. 25ᵈ. Aus dem *Onkelostargum* vgl. יתיך „dich‟ fem. O. Jer. I Num. 5, 21; יתֿנא „uns‟ O. Jer. I Deut. 1. 22 (statt des für das galil. Aram. vorauszusetzenden יתן); יתֿכן O. Jer. I Lev. 26, 9. Die *jer. Targume* haben allein erhalten das alte יתהום „sie‟ Jer. I Gen. 13, 6 (O. יתֿהון) und die Femininform יתהין Jer. I Ex. 35, 26.

Für den Gebrauch von ית mit Suffixen an Stelle eines Demonstrativpronomen siehe § 17, 8.

§ 17. B. *Demonstrativpronomina.*

1. Sing. *m.* דין Schek. 48ᵈ, selten דנא Schek. 50ᵉ, דן Vaj. R. 22 (in der Formel מהו דן) „dieser‟.

f. דא Dem. 25ᵇ, בדה (= בֿאדא?) Ber. 2ᵇ „diese‟.

Plur. *c.* אילין Taan. 66ᶜ *m.*, Est. R. Peth., Sabb. 12ᵈ *f.* „diese‟. וילין (= ואילין) Bab. b. 16ᵇ. Selbständiges יילין (so *Levy*) existiert nicht.

2. Dasselbe Pronomen mit Voransetzung der Demonstrativpartikel ה lautet Sing. *m.* הדין Sabb. 8ᵈ, Ech. R. IV 3 „dieser‟ *f.* הדא Kil. 30ᵇ, Vaj. R. 22, אדא Erub. 22ᵃ „diese‟. Mit Voransetzung von אי statt ה אידא „diese‟ Erub. 21ᵇ.

Plur. *c.* הלין Schek. 47ᵃ, Vaj. R. 6 „diese‟, הילין (*hailēn*) Vaj. R. 26, הלן Vaj. R. 6.

3. Aus הדין ist durch Abschleifung des ד und neuer Vorsetzung der Partikel ה entstanden *a.* mit Erhaltung des Vokals der zweiten Silbe: comm. ההין Kidd. 60ᶜ (masc.), Jeb. 5ᵃ (fem.), auch אהין Ab. z. 40ᵇ, דהין (= דאהין) Chag. 77ᵃ, *b.* mit Erhaltung des Vokals der ersten Silbe: comm. ההן Taan. 66ᶜ, auch אהן Ab. z. 39ᵈ, oder mit Abschleifung des zweiten ה (vielleicht ohne Voransetzung der Demonstrativpartikel ה) nur הן Jom. 43ᶜ. In Verbindung mit praefigiertem ו, ד, ל, ב findet sich והן Kil. 32ᶜ, דהן Chag. 77ᵇ, להן Meg. 72ᵃ, בההן Sabb. 3ᵃ. (Aus הדא ist entstanden das im pal. Talm. nicht vorkommende babyl. הא „dieses‟). Als Plural von ההין, הן und הן wird הלין oder אילין gebraucht. Babylonische Form des Plurals ist הני (aus הלין entstanden) Ber. 9ᵃ. Das von *Levy* und *Jastrow* als Plur. fem. aufgeführte הנן beruht auf einer falschen Lesart (Bez. 63ᵇ Ven. להון, nicht הנן). האי (= הדין) „dieser‟ Pesikt. 113ᵃ ist babyl. aramäisch.

4. An die genannten Pronomina kann im Sing. masc. auch הוא angehängt werden. So wird aus הדין הוא „dieser ist‟ הינו

Schek. 48ᵈ, hebr. היינו Ter. 41ᵇ; aus הוא דין wird דינו Erub. 24ᶜ, דנו
Erub. 22ᶜ. Daneben kommt noch vor das getrennte הוא דין
Taan. 68ᵈ, immer heisst es הדא היא „diese ist" Jom. 45ᵇ, אילין
אינון „diese sind" Vaj. R. 28, אילין אינין fem. Sabb. 12ᵈ. Hierher
gehört wohl die Formel אדהי תנא (= ארא היא) „eben dies hat er
tradiert" Kil. 29ᵇ, Dem. 26ª (vgl. הדא תנה Erub. 19ᶜ). — Aus
Verbindung von הוא bez. היא mit ההן entsteht ההנו „er ist" Gitt. 43ᵈ,
auch geschrieben ההן נו Kil. 32ᵈ, אהנו Mo. k. 82ᵈ, und ההני „sie
ist" Pes. 28ᶜ. Unverbunden kommt vor אהן הוא Naz. 52ª.

Anm. Ein aus דין entstandenes Pronomen רו, welches *Levy*
und *Jastrow* statuieren, existiert nicht. Das doppelte רו Naz. 53ᶜ
ist entstanden aus דהוא — דהוא „die (Ansicht) des einen — die
(Ansicht) des andern. Ebenso ist Erub. 22ᶜ Ven. רי (nicht רו, wie
Levy, Jastrow) = דהיא „das (Mass) dieser (scil. Stadt). — Irrtümlich wird von *Levy* und *Jastrow* אהן bez. אהון adverbielle Bedeutung verliehen. Schebu. 34ᵈ heisst אהן „dieser", nicht „wo-
rin?"; Taan. 69ᵇ Ven. ist die Lesart אתון „ihr", nicht אהון. Ber.
13ᵇ Ven. כל אהן ist verschrieben für כל הן (so Lehm.) „überall
wo", was nichts mit dem Demonstrativpronomen אהן zu schaffen hat.

5. Sing. masc. ההוא „jener" Ned. 42ᵈ, Ech. R. I 6, einmal
אהו Ab. z. 45ª, mit Praefix בהוא (= בהוא) Bab. b. 14ᵇ; fem. ההיא
„jene" Kil. 32ᵇ, האי Gitt. 46ᵈ, היי Keth. 26ᶜ. Als Plural ist אילין
und הלין im Gebrauch, doch kommt auch vor אינון Kil. 32ᵇ, היינון
(= הא אינון) Koh. R. XI 2. הנהו Ech. R. Peth. 23 ist babyl.
aramäisch. — Mit praefigiertem ו, ל, כ findet sich ויי (= והאי)
Ned. 42ª, ליי (= להאי) Gitt. 50ᵈ, כיי (= כהאי) Chag. 79ᶜ, Mo. k.
82ᵈ, כההיא Jeb. 12ª.

Anm. Das häufige כיי des paläst. Talmud hat nichts zu thun
mit dem babyl. aram. האי (= הדין) „dieser" (s. dazu *Nöldeke*, Mandäische Grammatik 90, Anm. 2, *Wright,* Comparative Grammar
109), ist auch nicht entstanden aus כי האי (so *Frankel,* Měbō
ha-Jěrūschalmī 11ª) oder כהיא (so *Levy,* welcher כיּי punktiert),
sondern aus כההיא, also zu lesen כּיַי, ebenso wie ליַי, ויַּי. Ein
selbständiges יי „sie", wie es *Levy* aufführt, existiert nicht.

6. Formen mit Anfügung des demonstrativen ך sind הך
(הדין+ ך) „jener dort" Gitt. 44ᵇ, auch fem. (= הדא + ך) Keth. 31ᶜ,
הדך m. Midr. Tehill. 93, 5, Ber. R. 5 und אידך (אידין + ך) oder
אידא + ך) „jener dort, das übrige" Schek. 50ᵇ.

7. *Targum Onkelos* hat Sing. m. דין O. Jer. I Gen. 15, 4, דֵּן
O. Ex. 15, 16, O. Jer. I Deut. 8, 4; f. דֵא O. Jer. I Ex. 7, 23;

Plur. *c.* אִלֵּין O. Gen. 10, 1, Jer. I אִילִין. *Jer. Targ.* hat für דֵּן
auch דְּנָא Jer. I Deut. 29, 17, für אִילִין öfters אִלֵּין Jer. I Lev.
24, 12, Num. 16, 26.

Sing. *m.* הָדֵין O. Jer. I Gen. 15, 2; *f.* הָדָא O. Jer. I Gen. 15, 18;
Plur. *c.* הָאִלֵּין O. Jer. I Deut. 4, 6. *Jer. Targ.* hat auch הָדֵין הוּא
„dieser" Jer. II Gen. 15, 11, אֲדָא Jer. II Num. 21, 18, הָלֵין Jer. I
Ex. 1, 10. הָא (= הָדָא) „diese" kommt nicht vor. Ex. 7, 23
haben O. und Jer. I דָּא, nicht הָא (so *Levy*); Gen. 15, 12 hat
Jer. II für דָא (Jer. I) דְּהָא, was zu übersetzen „denn siehe".

Sing. *m.* הַהוּא O. Jer. I Gen. 15, 18; *f.* הַהִיא O. Jer. I Deut.
7, 5; Plur. *c.* הָאִנּוּן O. Jer. I Ex. 2, 23, Jer. Jon. 3, 6.
דֵּיכִי „jener" O. Jer. I Gen. 27, 33, O. 24, 65. דֵּיהִי Jer. I
Gen. 25, 33 ist aus דִּי הִיא entstanden.

8. Als Demonstrativpronomen wird — selten — gebraucht יַת
mit Suffixen, z. B. יָתֵיהּ דְּמָן רַבָּנִין „jener unter den Lehrern" Bikk.
65ᵈ, יָתְהוֹן לָא הַנְיָין לִי „jene [Welten] nützen mir nicht" Ber. R. 9,
דִּילָתֵהּ שַׁבְּתָא „jenes Sabbats" O. Deut. 18, 8.

9. Für die Syntax der Demonstrativpronomina ist zu
merken: דֵּין, דְּנָה, fem. דָּא, הָךְ, אֵידֶךְ wird im pal. Talmud nur substantivisch gebraucht. Doch heisst es יוֹמָא דֵין „heute" Bab. k. 6ᵈ.
Die übrigen erscheinen sowohl substantivisch als adjektivisch.
Beispiele für substantivischen Gebrauch: טַעְטֵיהּ דְּהָדֵין „die Begründung dieses" Dem. 26ᵇ, כְּהָדֵין דְּשָׁתֵי חֲמַר „wie dieser, der Wein
trinkt" Schek. 47ᵃ, כְּהָדָא „wie dieser Satz" Taan. 66ᵇ, אִלֵּין אִינִין
„diese sind es" Sabb. 12ᵈ. — הָהֵן דְּשָׁטַח „der, welcher ausbreitet"
Sabb. 10ᵃ, הָהֵין „der eine" Jeb. 5ᵃ, הַהוּא „der eine" Kidd. 60ᶜ,
הַהִיא „die andere" Bab. b. 13ᶜ. — Beispiele für adjektivischen Gebrauch: הָדֵין עוֹבְדָא „dieses Ereignis" R. h. S. 58ᵈ (mit determi-
niertem Subst.), הָדֵין סְפַר „dieses Buch" Taan. 66ᵈ (mit indeter-
miniertem Subst.), umgestellt הָדֵין עָלְמָא „diese Welt" Taan. 66ᶜ.
— הָדָא מִילְתָא „diese Sache" Taan. 66ᵃ, הָדָא אֶבֶן „dieser Stein"
Taan. 66ᵈ. — הָלֵין מִילַיָּא „diese Worte" Nidd. 50ᵃ, אִלֵּין יְהוּדָאֵי
„diese Juden" Taan. 66ᶜ. — הָהֵן סָבָא „dieser Greis" Taan. 66ᶜ,
כְּהָן תַּנָּיָא „wie dieser Tannäer" Taan. 64ᶜ. — הַהוּא תַּרְעָא „jene
Thüre" R. h. S. 58ᵇ, הַהִיא שַׁעְתָּא „jene Stunde" Kil. 32ᵇ, כָּל אִינּוּן
תְּלָתוּי יוֹמַיָּא „alle jene dreissig Tage" Kil. 32ᵇ.

10. *Targum Onkelos.* Substantivisch steht דֵּין O. Jer. I Gen.
5, 1, דָּא O. Jer. I Gen. 2, 24, אִלֵּין O. Jer. I Gen. 6, 9, adjektivisch
הָדֵין, הָדָא, הָאִלֵּין und הַהוּא, הַהִיא, הָאִנּוּן, z. B. יוֹמָא הָדֵין „dieser Tag"
O. Jer. I Gen. 39, 11, אָתָא הָדֵין „dieses Zeichen" O. Jer. I Ex.
8, 19, אַרְעָא הָדָא „dieses Land" Jer. I Ex. 8, 21, קְיָמָא הָאִלֵּין

„diese Abmachungen" O. Deut. 4, 6. — הדין הוא עופא „dieses Geflügel" Jer. II Gen. 15, 11. — יומא ההוא „jener Tag" O. Jer. I Ex. 13, 8, קרתא ההיא „jene Stadt" O. Jer. I Deut. 22, 18, ההיא שעתא Jer. I Ex. 23, 8, עממיא האנון „jene Völker" O. Deut. 29, 17. Doch auch im Onkelostarg. יומא דין „heute" O. Jer. I Ex. 19, 10. — In den jer. Targumen findet sich דא auch adjektivisch, z. B. חובא דא „diese Sünde" Jer. I Ex. 32, 27, מחתא דא „diese Plage" Jer. I Ex. 7, 23, כדא הילכתא „auf diese Weise" Jer. I Ex. 12, 11.

11. Bei Gegenüberstellungen „dieser — jener", „der eine — der andere" wird entweder dasselbe Pronomen wiederholt, oder es werden zwei verschiedene Pronomina nebeneinander gesetzt.

Sing. m. דין — דין Jeb. 6ᵃ, Vaj, R. 22; f. דא — דא Ab. z. 39ᵈ; Plur. אילין — אילין Meg. 72ᵃ, הינין — אילין Schek. 50ᵈ.

Sing. m. ההן — ההן, ההין — ההין Jeb. 5ᵃ, אהן — אהן Sanh. 22ᵈ, vgl. להן — להן Meg. 72ᵃ, דהן — דהן Jeb. 6ᵈ, הן — להן Kil. 32ᶜ; f. הן — הא Dem. 25ᵇ, Plur. הלין — אלין Keth. 35ᵇ.

Sing. m. ההין—ההוא Kidd. 60ᶜ; f. ההיא — הדא Bab. b. 13ᶜ; Plur. אינון — אינון Ber. 5ᵇ.

דו — דו (= דהוא — דהוא) „die Ansicht des einen" — „die Ansicht des andern" Naz. 53ᶜ.

Auch nicht ursprünglich pronominale Ausdrücke werden ebenso gebraucht, nämlich: m. חד — חד Schek. 47ᶜ, וחורנה — חד Sot. 17ᵇ; f. חדא — חדא Chag. 77ᵈ.

Hierher gehört auch die Wiedergabe von „einander" durch Demonstrativpronomina, z. B. הוו מגפפין דין לדין „sie umarmten einander" Ech. R. I 46; ממחין אילין לאילין „sie stossen einander" Bab. b. 13ᵇ. Doch auch חדא מנהון פתיתא וסמיכא אגב חברתה „eine von ihnen (den Lagerstätten) beschädigt und gestützt auf die andere" Ech R. I 4, קטלת חדא מנהון חברתה „die eine von ihnen tötete die andere" Vaj. R. 22, פלגון — פלגון ¹ „die einen von ihnen — „die andern von ihnen" Mo. k. 82ᵃ, דילמא דאינון פלגון מן פלג בהתין „vielleicht, dass sie sich vor einander schämen" Kidd. 65ᵇ.

Targum Onkelos verwendet als Correlata חד — חד O. Jer. I Ex. 17, 12; דין—דין O. Ex. 14, 20. Sonst wird oft die hebr. Umschreibung nachgeahmt, z. B. לא חזו גבר ית אחוהי (= hebr. לא ראו איש את אחיו) „nicht sahen sie einer den andern" O. Ex. 10, 23; ואמרו גבר לחבריה (= hebr. ויאמרו איש אל רעהו) „sie sprachen einer zum andern" O. Jer. I Gen. 11, 3. So heisst es bei Personen,

¹) Vgl. Chr. Pal. ܦܠܓ ܘܚܕ ܠܗܿܕ ܦܠܓ Schwally, Idioticon 74.

aber bei leblosen Wesen (trotz des hebräischen Ausdrucks) חֹרָא עִם חֹרָא (= hebr. אחתה אל אשה) „eine mit der anderen" O. Jer. I Ex. 26, 3; חֹרָא לְקְבִיל חֹרָא‎, (= hebr. אחתה אל אשה) O. Ex. 26, 5. Aus den *jer. Targumen* gehört hierher חד — חד Jer. I. II Gen. 22, 10, אילין — אילין Jer. II Ex. 14, 20, אליין — אליין Jer. I Lev. 24, 12, איליין — אליין Jer. I Num. 24, 20, רחמיה מצראי גבר מן ישיילון ואיתתא מן רחימה מצריתא „sie sollen leihen jeder von seinem ägyptischen Freunde und jede von ihrer ägyptischen Freundin" Jer. I Ex. 11, 2.

11. Durch Gegenüberstellung von zwei gleichlautenden Pronominen wird das fehlende Determinativum *„derselbe"* ersetzt. Beispiele: שבת היא כלאים היא „von Mischgattungen und vom Sabbath gilt dasselbe" Sukk. 52ᵃ, הדא היא הדא היא „das ist ein und dasselbe" Sabb. 4ᶜ, ebenso אדא היא אדא היא Erub. 22ᵃ, אידא אי אידא אי Erub. 21ᵇ.

Targ. Onk. hat wie das Hebräische חד O. Jer. I Gen. 27, 45.

12. Für *„ipse"* = „er selbst", „eben er" tritt ein das Substantiv גרם mit Suffixen und mit Voranstellung von כל, z. B. כל גרמיה „eben er" Mo. k. 82ᵈ; גרמא כל „eben sie" Pes. 37ᵃ, גרמה כל Pes. 18ᵈ, דא גרמא כל „eben diese" Ned. 37ᵈ; גרמיה פרקי „seine eigenen Lehrsätze" Meg. 70ᵈ.

Targ. Onk. hat für das hebr. הזה היום בעצם stets יומא בכרן הדין, so z. B. O. Jer. I Gen. 17, 26, Lev. 23, 28. Sonst findet sich in den *jer. Targumen* בשעתא ביה „zu eben jener Stunde" Jer. II Gen. 22, 10. בשניא בהון „in eben jenen Jahren" Jer. II Gen. 5, 4. זמנא היא בי [?] Jer. I Deut. 9, 19 (vgl. bibl. aram. שעתא בה Dan. 3, 6), קריצתא מיסק כאשון [1] „als grade die Morgenröte aufging" Jer. I Gen. 19, 15. נפשיה איהו „er selbst" Jer. I Ex. 14, 6.

13. Statt des *Pronomen reflexivum* wird ebenfalls גרם oder, aber seltener, נפש mit Suffixen gebraucht.

גרמך „dich" masc. Ter. 45ᵈ.   גרמן „uns" Taan. 65ᵇ.
גרמיך „dich" fem. Sot. 16ᵈ.   גרמיכון „euch" masc. Sot. 19ᵃ.
גרמיה „sich" masc. Taan. 66ᵈ,   גרמיהון „euch" masc. Gitt. 50ᵇ.
    Ech. R. I 31.   גרמון (= גרמהון) Pes. 33ᵃ.
גרמה „sich" fem. Ab. z. 40ᵈ.

נפשו „mich" Est. R. II 1; נפשך „dich" Mo. k. 81ᵈ, Vaj. R. 28; נפשיה „sich" *m.* Sanh. 23ᶜ; נפשה „sich" *f.* Sabb. 14ᵈ, Ber. R. 94; נפשן „uns" Bikk. 65ᵈ.

---

[1] Zu אשון vgl. Chr. Pal. ܐܫܐ „Zeit", *Schwally*, Idioticon 7.

Verwandte adverbielle Ausdrücke sind: מגרמיה „(er) von selbst"
Ber. 5ᵃ Ven., wofür Lehm.; מן גרמה ;מגרמוי „(sie) von selbst"
Schebi. 37ᵇ; מן גרמיהון „(sie) von selbst" Ber. R. 64; קומי גרמיה
„unter vier Augen" Kidd. 65ᵇ; לגרמי „ich allein" Sanh. 18ᵃ.
Targ. Onk. begnügt sich mit der wörtlichen Wiedergabe der
hebräischen Pronominalsuffixe, welche reflexiven Sinn haben. Nur
findet sich einmal בְּעֵינֵי נַפְשָׁנָא „in unseren eigenen Augen" O. Jer. I
Num. 13, 33. — In den *jer. Targumen* findet sich das galiläische
גרמיה „sich" *m.* Jer. II Lev. 10, 20, Jer. I Deut. 3, 11, גרמה „sich"
f. Jer. I Lev. 21, 9, גרמיכון „euch" *m.* Jer. I Deut. 4, 10, גרמיהון
„sich" *m.* Jer. I Num. 25, 1. — Als adverbieller Ausdruck ist
zu nennen בגרמיה „in eigner Person" Jer. I Lev. 7, 29.

§ 18. C. *Relativpronomina.*

1. Für das Relativpronomen ist im galil. Aramäisch allein
üblich die jüngere Form der demonstrativen Partikel די, nämlich
ד. Das altertümliche די ist uns vielfach erhalten in der den
jerus. Targumen zu Grunde liegenden Recension des Onkelostargums[1], s. z. B. Jer. I Gen. 12, 5. 24, 5 und in alten Schriftstücken, wie Megillath Taanith (s. Taan. 66ᵃ, Meg. 70ᶜ), in den
Briefen Gamaliels (s. Tosephta, Sanh. II 6), im Formular für den
Scheidebrief (Gitt. IX, 3), einen Schein (Jeb. 14ᵈ). Das im paläst.
Talmud sonst vorkommende די ist entweder soviel als דהיא „dass sie",
so z. B. די Taan. 67ᶜ, oder es ist in דו (= דהוא) zu korrigieren,
so z. B. Erub. 20ᵇ, Sot. 22ᵇ, Jom. 41ᵈ. דו (= דהוא) „was er" findet
sich B. k. 6ᵇ, Jom. 41ᶜ, דינון (= דאינון) „welche" Plur. Ned. 37ᵃ.
In diesen Fällen ist ד mit dem als Subjekt des Relativsatzes
dienenden Pronomen verbunden. Es kann aber auch wie im Hebr.
auf das einem Nomen des Relativsatzes angefügte Suffix hin-
weisen, z. B. מילין דכל עמא מודיי בהון „Worte, mit welchen jedermann übereinstimmt" Jeb. 2ᶜ.

2. Wenn kein Substantiv vorangeht, ist zuweilen kein pro-
nominaler Ersatz dafür eingetreten, z. B. מן דמר רב מתנה „nach
dem, was Rab Mattena sagt" Ber. 4ᵈ Ven. (Lehm. מן מה דאמר);
והוא עבד נהיג דכוותהון „und er pflegte zu thun das, was ihrer Meinung entsprach" Ber. 3ᵈ, vgl. im *Onkelostargum* יַעֲבִיד יָת דְּבִישׁ
„er thut das Böse" O. Deut. 17, 2, Jer. I יַעֲבִיד דְּבִישׁ; יָת דְּתַבְרִיךְ מֹבְרַךְ

---

[1] Im Targ. Onkelos Cod. Soc. 84 kann ich די nicht nachweisen, doch *s.*
für andere Texte Masora, Ausg. *Land.* 31. — Der palmyrenische Zolltarif hat
fast immer די, doch s. *Reckendorf*, ZDMG XLII 389 f.

„wen du segnest, der ist gesegnet" O. Num. 22, 6, אֶעֱבִיד יָת
דְּמֶלֵילִית „ich werde thun, was ich gesagt habe" O. Jer. I Gen. 28, 15.
Verwandt sind die Fälle, in denen das zur Umschreibung des
Genetivs verwandte ד von einem nicht ausgesprochenen Nomina-
tiv, der aus dem Zusammenhange ergänzt werden muss, abhängt,
z. B. חד תלמיד מן דר' סימיי „ein Schüler von denen des R. Simaj"
Bez. 62ᵃ (vgl. אילין דדבית רבי „jene vom Hause Rabbi's" Schebi. 38ᶜ);
ודלוי כרב „und die Meinung Levi's ist wie Rab" Bez. 62ᵃ (vgl.
הדא דר' לעזר „die Ansicht von Rabbi Lazar" Dem. 22ʰ); אתייא
דרבי ליעזר כבית שמאי „die Meinung von Rabbi Lezar stimmt mit
dem Hause Schammaj's" Sot. 16ʰ; לא דו מודו (l. מודי) לדו „nicht
stimmt die Meinung des einen mit der Meinung des andern
überein" Naz. 54ᶜ.

3. Häufiger sind in diesem Falle andere Pronomina für das
fehlende Substantiv eingetreten, zunächst die Determinativa הדין,
הך, ההיא, ההוא, אהן, הדא, dann aber auch das Fragepronomen מאן,
welches hierdurch determinativen Charakter erhält.

Beispiele:
הדין ד „der, welcher" Schek. 47ᵃ; הדא ד „das, was" Bez. 60ʰ; הא ד
Dem. 25ʰ; הלין ד „die, welche" Schek. 45ᵈ Ms. München;
אילין ד Mo. k. 81ʰ.

אהן ד Jom. 43ᵈ, הן ד Dem. 25ʰ, הך ד Gitt. 44ʰ.
ההוא ד Sot. 21ᵈ, Vaj. R. 22; ההיא ד Bab. b. 5ʰ, היי ד Ber. 6ʰ Ven.,
היא ד R. h. S. 58ʰ; כהיא ד „wie das, was" Sabb. 10ᶜ; כיי ד
(= כהאי ד) Jom. 41ᶜ; ויי ד (= והאי ד) „und das, was" Ned. 42ᵃ.
מאן ד „der, welcher" Sabb. 5ᵃ, כל מאן ד „jeder, der" Taan. 66ᵈ.
מה ד „das, was" Pes. 31ᶜ, מה דו אמר יהבין ליה „was er sagt, giebt
man ihm" Bab. k. 6ʰ (vgl. ebenda מה דהוא אמר); מן מה ד
„gemäss dem, was" Erub. 21ʰ.

Targ. Onk. hat ד für „der, welcher", s. ד O. Gen. 44, 9 (Jer. I
די), ד „das, was" O. Ex. 4, 12; כל ד „jeder, der" O. Ex. 30, 14,
כל ד „alles, was" O. Ex. 10, 12. Doch s. מן ד jeder, der" O. Ex.
24, 14, Jer. I ד מאן, מא ד, „das, was" O. Ex. 12, 16, Jer. I ד מן.
Die *jer. Targume* lieben häufige Einschaltung von מאן, מה, s. מאן ד
Jer. I Lev. 25, 26, מה ד Jer. I Ex. 4, 12; כל מאן ד Jer. I Ex. 30, 14,
כל מה די Jer. I Ex. 10, 12. מאן ד (= מה דין ד) „das, was" Jer. I Gen. 33, 9.

4. Als Ersatz für das fehlende selbständige Possessivpronomen
dient die mit ל oder ד und Pronominalsuffixen verbundene alte

---

[1] Vgl. im Palmyrenischen Zolltarif מן די „die, welche" II 47; מא ד II 14,
מדי III 29 „das, was".

Relativpartikel די, vgl. עָנָא דלאָבוּהא „das Kleinvieh ihres Vaters"
O. Jer. I Gen. 29, 9; נחתומא דלמלכא „der Bäcker des Königs" O.
Gen. 40, 5. *Luzzatto*, Gramm. der bibl. chald. Spr. 74, *Nöldeke*,
Mand. Gramm. 332 Anm. 2, *Wright*, Comparative Grammar 120
vermuten, dass יד „Hand" in דידי, דידך u. s. w. verborgen sei.
Doch ist eine ähnliche Verwendung von יד sonst nicht nachzuweisen. Es lag nur allzu nahe, das zur Umschreibung des Ge-
netiv übliche ל in דיל durch das in demselben Sinne noch häufiger benutzte ד zu ersetzen. Die an sich hier unpassende Verwendung von Suffixen geschah dann nach Analogie von דיל. Dies
letztere findet sich im Targum des Onkelos, Samaritanischen,
Christlich-Palästinischen, דיד tritt auf in den jer. Targumen und
den beiden Talmuden, ohne דיל zu verdrängen.

דידי „mein" Taan. 67ª, Ech. R. I 4.	דידן „unser" Pes. 32ᶜ, Ber. R. 45.
דידך „dein" *m.* Bez. 63ᵇ, Ech. R. I 31.	דידכון „euer" *m.* Jeb. 5ᵈ, *f.* Sanh. 23ᶜ.
	דידכן „euer" *f.* Chag. 78ª.
דידיה „sein" Ber. 11ᵇ.	דידהון „ihr" *m.* Kil. 32ᵇ, Vaj.
דידה „ihr" Keth. 31ᶜ.	R. 5, דידון Chag. 77ᵇ, דידהו *f.* Ter. 43ᶜ.

Seltener ist דילי Bab. m. 10ᵇ; דילך Taan. 69ª; דיליה Sabb. 3ᵇ;
די לן B. m. 10ᶜ. — דילנא Ech. R. V. 7 ist targumische Form.
Targ. Onk. hat nur דיל, s. דילי O. Jer. I Num. 3, 13, דילנא
O. Jer. I Gen. 26, 20, דילכון O. Jer. I Gen. 45, 20, דילהון O
Jer. I Gen. 15, 13, דלהון O. Gen. 25, 33. In *jer. Targumen* findet
sich auch דידי Jer. I Gen. 14, 25, דידך Jer. I Ex. 14, 15, דידיה
Jer. I Ex. 15, 21, דידהון Jer. I Gen. 44, 18.
Den Charakter eines Substantivs hat erhalten: מדל Gitt. 46ᵈ,
determ. מידלא M. sch. 55ᵇ „Besitz", vgl. מדלי, מה דלי „das Meinige",
מדיליה, מה דליה „das Seinige" Ech. R. I 4. Vgl. *Targ. Onk.* כל
דלך „alles das Deinige" O. Gen. 14, 23, Jer. I כל דילך, כל דליה
O. Gen. 13, 1, Jer. I כל דיליה.

§ 19. D. *Interrogativpronomina.*

Die gemeinsemitischen Fragewörter מן, מה und הי (אי), das letztere mit דין verbunden, sind auch im galil. Aramäisch im Gebrauch.
1. מאן „wer?" Pes. 33ª, דמן „wessen?" Ber. R. 62; מה „was?"
Mo. k. 82ᵈ.
Targ. Onk. מָן O. Jer. I Gen. 3, 11, דמָן O. Gen. 32, 17, Jer. I
דמא. מָא O. Ex. 32, 21, Jer. I מה. מָדין „was denn?" O. Jer. I

Lev. 10, 17, מָא דָא O. Gen. 3, 13, Jer. I מה דא, מָאם „wie?“ wenn“ O. Gen. 18, 30, Sab. מא אם¹, Jer. I מאים, דֹנן [וֹ]לֹמָא „warum denn?“ O. Gen. 25, 32. בְּמָה „wie viele?“ O. Jer. I Gen. 47, 8, בָּמָא „wie“ O. Gen. 13, 16, Jer. I היכמא. Den *jer. Targumen* ist eigentümlich die vorwiegende Schreibung מה. Für מן (= מא דין) „was?“ citiert *Levy*, Targ. Wörterbuch, Jer. I Gen. 33, 8 und Ex. 16, 15, aber an der ersten Stelle steht מן für hebr. מי, an der zweiten für das מן des Grundtextes, s. aber § 18, 3.

Während das im babyl. Talmud nicht seltene מנו „wer ist das?“ nicht vorzukommen scheint, findet sich מה mit הוא bez. היא zu einem Worte verbunden, also: מהו „was ist? was bedeutet?“ Jeb. 8ª, ד מהו דגן „was ist das, dass“ Vaj. R. 22, מהי Sot. 16ᶜ. — Das letztgenannte liegt auch der häufigen Formel מי כדון „wie nun?“ Sabb. 10ª, מאי כדון Mo. k. 82ᵈ, wofür einmal gradezu מהי כדון Sabb. 14ᶜ, zu Grunde. Dieses מאי (= מה היא, vgl. האי aus ההיא) hat dann nichts zu thun mit dem babylon. מאי (= מא דין) „was?“ für welches *Nöldeke*, Mand. Gramm. 90, Anm. 2, *Wright*, Compar. Gramm. 125 zu vergleichen. מא דין = מאי findet sich aber in מאי טעמא „was ist der Grund?“ Ned. 39ᵈ, Vaj. R. 22; מאי אית לך למימר „was wirst du sagen?“ Schek. 51ᵇ (vgl. מה אית לך ebenda); ממאי „von was?“ Ned. 39ᵇ, מאי אמרת „was sagtest du? Ab. z. 40ᵈ.

Das einfache מה kann auch mit einem Substantiv verbunden werden, z. B. מה טיבו — מה חובא „was für eine gute Handlung? — was für eine Sünde?“ Chag. 77ᵈ. Im Sinne von „wie“? steht מה Dem. 21ᵈ. Als besondere Verbindungen sind zu merken: למה „weshalb“ Jom. 40ᵈ, כמה „wie viel?“ Gitt. 49ᵈ, כמן Ab. z. 41ª, auch ohne Frage „viele“ כמה Ter. 46ᵇ, כמן Jeb. 15ª; מהו „einige“ B. m. 10ᶜ. Für כמה, היכמה „wie?“ s. § 53.

2. *m.* (הי דא =) הידא (= הי דין), *f.* הידא (= הי דא), auch הי דין „welcher?“ auch איידא „welche?“ *Plur.* היילין, auch אילין (= הי אילן), הי לין, auch „welche?“

Dieses Fragepronomen wird mit Vorliebe gebraucht, wenn unter mehreren gegebenen Möglichkeiten die Entscheidung getroffen werden soll. Es steht eben so wohl adjektivisch (z. B. הי דין חמר „welcher Wein?“ Schek. 48ᵈ), als substantivisch (z. B. הידן הוא למחר „was bedeutet למחר?“ Gitt. 44ᵇ). In letzterem Fall folgt meist das die Stelle der Copula vertretende Personalpronomen, mit welchem es häufig zu einem Wort zusammen-

---

¹ Trennung beider Worte fordert die Masora, Ausg. *Land.* 77.

gezogen wird. *Levy* und *Jastrow* haben für הַיְדָא das Vorkommen einer demonstrativen, nicht fragenden Bedeutung behauptet; aber die von ihnen angeführten Stellen (Dem. 22ᵇ, Sabb. 10ᶜ, Taan. 67ᵈ) lassen sich sehr wohl als Frage fassen. Noch weniger Grund ist zu der von *Jastrow* für הַיְדָא ל aufgestellten Bedeutung „siehe, da ist". Auch Sanh. 23ᶜ והיידן עביד ליה נשיא müsste übersetzt werden: „und wer machte ihn zum Nasi?" Aber der Text dieser Stelle ist verderbt und nach Chag. 77ᵈ zu emendieren.

Adjektivische Beispiele: *m.* הַיְידן Kidd. 63ᵈ, הייד Pea 21ᵃ, היי דין, אהיי דין דין Schek. 48ᵈ; *f.* הַיְידָא Dem. 22ᵇ, אידא Ech. R. I 9. Plur. היי לון (l. היי לין) Keth. 32ᵈ, איילין Ber. 5ᵇ Ven. (אי ילין Lehm.), aber auch הַיְידן für den Plural Mo. k. 82ᵈ.

Substantivische Beispiele: *m.* היי די גו, היי דין הוא R. h. S. 56ᵃ, Naz. 52ᵈ, היידן הוא Gitt. 44ᵇ, היי דנו Erub. 22ᶜ, הי דינו Erub. 24ᶜ, היידינו Sanh. 30ᵃ, הידינו Jeb. 15ᵃ; *f.* היידא היא Sabb. 5ᵃ, 10ᶜ, mit ו (ohne folgendes היא) והיידא Sabb. 15ᵃ, והידא Pes. 29ᵇ, ואיידא Pes. 28ᶜ, ויידא Gitt. 43ᵇ, mit ל ליידא — was natürlich nicht zusammengesetzt aus ל und dem nicht existierenden יידא (so *Levy*) — Pes. 33ᵈ, Jom. 39ᵃ. Plur. אינון היי לין Meg. 72ᵃ (*Levy* s. v. היי korrigiert unrichtig היי (דין), היילין אינון Sukk. 54ᵃ, אילין אינון (l. איילין) Erub. 20ᵈ, aber auch היי דן אינון Naz. 51ᵃ; והידנון (wofür vielleicht והא אינון zu lesen) Sanh. 25ᵈ, הי דונן Sanh. 22ᵇ.

Als besondere mit היידן zusammenhängende Ausdrucksweise ist zu nennen: היידי mit folgendem ל mit Pronominalsuffix, eigentl. „wer ist für z. B. ihn?", „woher ihm?", „woher hat er?" Beispiele: איידי לי „woher mir?" Bab. k. 4ᵈ, היידי ליה „woher ihm?" Sanh. 26ᵃ, Ber. R. 84, והיי דלון „woher ihnen?" Bikk. 64ᶜ, והיי דילון Taan. 67ᶜ. Den gleichen Sinn hat das femininische הידא ליה, הידא לי „woher (weshalb) mir? woher ihm?" Vaj. R. 26.

Targ. Onkelos kennt dies Interrogativpronomen nicht. In den *jer. Targumen* findet sich *m.* הי דין Jer. I Deut. 5, 26, vgl. הידין Targ. II Est. 2, 18, אידין Jer. Jes. 66, 1, *f.* הי דא Jer. 1 Deut. 4, 7, היידא Jer. II Deut. 4, 7, אידא Targ. II Est. 1. 1, הידי Targ. II Est. 8, 7. Nur Jer. Jes. 66, 1 liegt subst. Gebrauch vor.

§ 20. E. *Pronomina indefinita.*

Das galil. Aramäisch besitzt keine unbestimmten Fürwörter und braucht an ihrer Stelle Ersatz verschiedenster Herkunft.

1. Das adjektivische „*irgend ein*" wird durch das Zahlwort חר, חדא wiedergegeben, welches auf diese Weise oft eintritt, wo

wir nur den unbestimmten Artikel setzen würden, z. B. חד בר
נש „ein Mensch“ R. h. S. 58ᵈ, חד רבי „ein Rabbi“ Sot. 24ᵇ; חדא
איתה „ein Weib“ Taan. 64ᵇ, חדא ערובת שובא „eines Freitags“
Ab. z. 44ᵈ. Dabei steht das Substantiv meist in der indeterminierten Form. Doch findet sich חד סבא „ein Greis“ Maas. 50ᶜ,
חדא איתתא „ein Weib“ Sot. 16ᵈ.

Das sächliche „etwas, irgend etwas“, sowohl das substantivische als das adjektivische, wird durch מילה „Wort, Sache“
wiedergegeben, z. B. שמע מילה „er hat etwas gehört“ Ab. z. 45ᵇ;
מילה בישא „etwas Böses“ Jeb. 3ᵈ. An die Stelle von substanti-
vischem „etwas“ tritt besonders in Fragen und nach Negationen
כלום (= כל מה)¹ und — aber seltner — das im babyl. Talmud
gewöhnliche מידי (aus מידעם = מידע מה)², z. B. זבין לבניך כלום „kaufe
deinen Kindern etwas!“ Vaj. R. 37; מיצרך אנא כלום למחר (l. מי צרך)
„brauche ich etwa morgen etwas?“ Sabb. 14ᵈ, vgl. Ab. z. 40ᵈ;
לא — כלון „nicht — irgend etwas“ Bab. k. 4ᵃ; לית — כלום „nicht
ist — irgend etwas“ Sanh. 23ᶜ. וידעין אתון הדא מלכותא עבדא מידי
על מגן „und wisst ihr denn, dass diese Regierung etwas umsonst
thut?“ Koh. R. XI 1; לא — מידי „nicht — irgend etwas“ Sanh. 23ᶜ.
Auf dieselbe Weise wird das deutsche „nichts“ wiedergegeben,
z. B. לא מידי „nichts“ Ech. R. 4. Andere Ausdrücke für „nichts,
gar nichts“ sind לא — כלל Ech. R. I 2, לא — כל עיקר Vaj. R. 37.

Targ. Onk. כל „irgend ein“ (adjekt.) O. Jer. I Num. 35, 22,
לא — כל „kein“ O. Jer. I Ex. 10, 15. מדעם „etwas“ (adjekt.) O.
Num. 22, 38, Jer. I מידעם, כל מדעם „irgend etwas“ (adjekt.) O.
Deut. 23, 10. Für das subst. „etwas“ brauchte man ebenfalls
מדעם z. B. O. Ex. 10, 26, Jer. I Num. 35, 23; „irgend etwas“ ist
כל מדעם Jer. I Num. 19, 22, „nichts“ לא — מדעם O. Jer. I Gen.
22, 12. Daneben erscheint Umschreibung durch פתגמא „Wort,
Sache“, z. B. O. Num. 23, 3 (Jer. I פתגם), כל פתגם „irgend etwas“
O. Deut. 24, 5. Die jer. Targume haben ausserdem das babyl.
מידי, z. B. מידי ערבנותא „irgend ein Pfand“ Jer. I Ex. 22, 24, und
die Umschreibung durch das ihnen für פתגמא eigene Wort מלתא,
z. B. מלתא „etwas“ Jer. I Deut. 24, 9.

2. Für das substantivische „*jemand*“ findet sich איניש, auch
בר נשא „Mensch“, z. B. כאיניש דמר „wie jemand, der sagt“ Sanh. 25ᵃ;
כאיניש דשמע Ber. R. 69; „wie jemand, der gehört hat“ כאיניש דאמר

¹ *Schwally*, Idioticon 119 vergleicht assyr. *kâlama = kâlu-ma*. Der
palmyr. Zolltarif hat wirklich noch בלמא, s. *Reckendorf*, ZDMG XLII 401.
² Palmyr. Zolltarif מדעמא neben מדעם s. *Reckendorf*, a. a. O. 398 f.

Ab. z. 45ᵇ; תלמידא דבר נשא חביב עליה כבריה „der Schüler jemandes ist demselben so teuer wie sein Sohn" Ber. 5ᵇ. Daneben wird auch eine Umschreibung mit אית und לית ליה angewandt. אית דבעי מימר „jemand will sagen" Sot. 16ᶜ; לית בר נש אמר „niemand sagt" Jeb. 9ᵃ. — מהו דינרין „einige Denare" Bab. m. 10ᶜ, אית דאמרין „einige sagen" Ber. 5ᶜ. — כמה „viele" Ter. 46ᵇ, „wie viele?" Vaj. R. 24. בכמה „für wie viel?" Koh. R. V 10.

Targ. Onk. [לְ]גְבֵר „jemand" O. Jer. I Gen. 13, 17, גוברא O. Gen. 37, 15, Jer. I גברא; גְבַר — לָא „niemand" O. Jer. I Gen. 41, 44; אֲנָשׁ „jemand" O. Lev. 13, 2, לא — אנש „niemand" O. Gen. 23, 6, Jer. I לא — אינש; לֵית ד O. Deut. 22, 27. זְעֵירִין „einige" O. Gen. 29, 20. בְּמָה wie viele?" O. Jer. I Gen. 47, 8. *Jer. Targ.* auch בר נש „jemand" Jer. I Lev. 13, 2; קלילין „einige" Jer. I Gen. 29, 20.

3. Wenn „jeder" so viel ist wie „jeder einzelne", so wird dafür gesetzt כל חד וחד „ein jeder" Ber. 6ᵃ, כל חדא וחדא „eine jede" Jeb. 6ᵇ. בכל יומא ויומא „an jedem Tage" Vaj. R. 12. „Jedermann" heisst כל עמא eigentl. „alles Volk" Erub. 22ᵈ, seltener כולי עלמא eigentl. „alle Welt" B. m. 8ᵈ, Koh. R. VII 8, כל מאן ד „jeder, welches" Vaj. R. 22, auch bloss כל, z. B. כל דתלי „jeder, der hängt" Sukk. 55ᵇ. „Alles" heisst כל מילה eigentl. „jedes Ding" Kidd. 66ᵇ, oder nur כל, z. B. כל מה דהוה ליה „alles das, was er hatte" Vaj. R. 37, auch כולי, z. B. כולי האי „alles dies" Schek. 47ᵃ, und כולא, z. B. לא כולא מן בר נשא מימר eigentl. „nicht alles hängt vom Menschen ab, dass er sagen dürfte", d. h. „er ist nicht berechtigt zu sagen" Schebu. 33ᵇ, vgl. לא כולא מיניה „er ist nicht berechtigt" Schek. 50ᶜ.

In der Bedeutung „ganz", „alle" wird כל auch mit Suffixen verbunden. z. B. כוליה „er ganz" Gitt. 45ᵃ, כולה „sie ganz" Ab. z. 44ᵈ, כולכון „ihr alle" *m.* Taan. 67ᶜ, כולהון „sie alle" *m.* Jeb. 14ᵈ, einmal babylonisch כולהו Sanh. 23ᶜ, כולהן „sie alle" *m.* Mo. k. 83ᵈ, einmal *f.* כולהי Sanh. 23ᶜ.

Targ. Onk. „jeder" כֹּל O. Jer. I Num. 23, 4, כֹּל¹ O. Gen. 7, 21, „jeder, welcher" כֹּל ד O. Ex. 35, 22 (Jer. I כל מאן ד), גְבַר O. Jer. I Ex. 12, 4, כֹּל גְבַר O. Jer. I Ex. 35, 21, גְבַר גְבַר O. Jer. I Ex. 36, 4, vgl. יום יום „jeden Tag" O. Gen. 39, 10, כל רתיכא ורתיכא „jeder Wagen" Jer. I Ex. 14, 7. „Alles" כֹּולָא O. Jer. I Gen. 6, 19. 20; 16, 12; m. Suff. כוליה O. Jer. I Gen. 25, 25, כּוֹלָנָא O.

---

¹ Wie im Hebr. lautet auch der Stat. constr. zuweilen כֹּל statt des gewöhnlichen כָּל, vgl. *Merx*, Chrest. Targ. 31.

Jer. I Ex. 12, 33, כּוּלְהוֹן O. Ex. 14, 7, Sab. כּוּלְהוֹן. „ganz“, z. B.
כָּל דִּכְרָא „der ganze Bock“ O. Ex. 29, 18, כָּל עַמָּא „das ganze
Volk“ O. Jer. I Lev. 10, 3.

4. *„Ein gewisser“* wird durch פְּלָן, bez. פְּלָנִי ausgedrückt: *m.*
פְּלָן Gitt. 49ᵃ, Ech. R. I 4, determin. פְּלַנְיָא (von פְּלָנִי) Taan. 69ᵃ.
f. פְּלָנִית Keth. 31ᶜ, Ech. R. I 45, determin. פְּלָנִיתָא Schir. R. II 15.
In demselben Sinne steht auch הַהוּא, הַהִיא, z. B. הַהִיא קְדֵרָה „ein
gewisser Topf“ Ber. R. 17.

5. An dieser Stelle möge auch seinen Platz finden אוחרן,
אוחרין mit seiner Verkürzung חורן, חירין „ein anderer“ und אחראי
„letzter“.

a. *m.* Sing. אוחרן Bez. 61ᶜ, Ech. R. I 2, *d.* אוחרנא Schebu.
37ᵇ, Ber. R. 62, אחרינא Vaj. R. 6.

Plur. אוחרנין Schir. R. II 16, Ech. R. IV 3, *d.*
אוחרנייא Gitt. 46ᵈ.

f. Sing. אוחרי Schebu. 35ᵈ, Ber. R. 80, אחרי Ber.
R. 17, אחורי Ech. R. III 6, אוחרנית Ech. R. IV 3, *d.*
אוחרתא Koh. R. II 17, אחריתי Vaj. R. 22.

Plur. *d.* אוחרנייתא Sanh. 22ᵇ, אחרנייתא Kidd. 61ᵈ.

b. *m.* Sing. חורן Pes. 33ᵃ, Ech. R. I 4, חורין Keth. 34ᵇ, *d.*
חורנה Bez. 63ᵇ, חרינה Ter. 41ᶜ.

Plur. חורנין Kil. 31ᵃ, (חורניין Jeb. 10ᵃ), *d.* חורנייא
Pesikt. 17ᵇ.

f. Sing. חורי M. k. 80ᶜ, Ech. R. I 4, *d.* חוריתא Ber. 12ᵇ,
חורייתא Sukk. 55ᵃ, חורנייתה Sabb. 5ᵃ.

Plur. חורניין Sabb. 12ᵈ, חורנין Pea 23ᵃ, *d.* חורנייתא
Schebi. 36ᵇ.

c. *m.* Sing. *d.* אחורייא, אחרייא Sanh. 19ᶜ.

Plur. אחריין Ter. 45ᵈ, vgl. אחראין „verantwortliche“
Keth. IV 9, *d.* אחראי Sabb. 3ᵈ, אחרייא Meg. 74ᵇ.

f. Sing. *d.* אחרייתא Kil. 30ᶜ, אחריתא Ned. 37ᵇ, (אחוריה
Vaj. R. 21).

Plur. *d.* אחרייתא Meg. 73ᵇ, אחריתא Ber. 4ᵈ Lehm.

d. *Targ. Onk.* אָחֳרָן O. Gen. 30, 24 (Jer. I. אוחרן), Ex. 21, 8,
Lev. 27, 20, Num. 23, 27 (falsch אָחֳרָן, O. Num. 23, 13), אָחֳרָן, O. Deut.
20, 5, *d.* אוחרנא O. Gen. 37, 9; Plur. אָחֳרָנִין O. Gen. 29, 27 (Jer. I
אוחרנין), Lev. 6, 4. *f.* אָחֳרִי O. Gen. 26, 21 (Jer. I אוחרי), אוחרי
O. Deut. 29, 26, *d.* אוחרָנָתָא O. Jer. I Gen. 17, 21, אוחרנתא O.
Ex. 21, 10, Plur. אָחֳרָנִין O. Gen. 41, 3. — Die *jer. Targume*
haben ausserdem die galil. Formen חורן Jer. I Ex. 9, 6, *d.* חורנא

Jer. I Gen. 43, 14; Plur. חורנין Jer. I Num. 27, 3; *f. d.* חורנתא
Jer. I Ex. 21, 10. חרניתא Jer. I Lev. 20, 11; Plur. חורנין Jer. I
Ex. 26, 3. *d.* חורניתא Jer. I Gen. 41, 27. Völlig singulär ist *d.*
אוחרא (aus אוחראה entstanden) „fremd" Jer. I Lev. 18, 21.
Für „letzter" braucht Targ. Onk. und die jer. Targume stets
das aus dem galil. Dialekt nicht zu belegende בתראי, während
das auch dem Christl. Paläst. eigene אחראי ihnen völlig fremd
ist. *m.* Sing. *d.* בתראה O. Deut. 29, 19; בתראה (!) O. Jer. I. Deut.
24, 3; Plur. בתראין Jer. I Gen. 33, 2; *d.* בתראי Jer. I Deut.
29, 19; *f.* Sing. *d.* בתריתא O. Jer. I Deut. 17, 7.

Zahlwörter.

§ 21. A. *Grundzahlen.*

1. Die Formen der Grundzahlen von 1—10 stimmen im galil.
Aramäisch und im Targum Onkelos fast durchgängig überein.
Bemerkenswert sind die galil. Formen von תרין und תרתין mit Ab-
werfung des schliessenden Nun und von שיתא mit prosthetischem
Vokal. Den jer. Targumen sind eigentümlich die babylonische
Form שב für שבע und besondere Pluralformen für die Grund-
zahlen, welche dann wie Adjektiva behandelt werden.

In Verb. mit masc. Subst.

חד „eins" Ab. z. 39ᵇ, חֹד O. Jer.
    I Gen. 1, 5.
תרין „zwei" Jeb. 2ᵈ, תרין [ו] O. Jer.
    I Ex. 36, 28, תריין Sot. 21ᵈ,
    תריי Sabb. 9ᵇ, תרי Sanh. 23ᶜ.
תלתא „drei" Pes. 30ᵃ, Jer. I
    Lev. 27, 6.
ארבעה „vier" Ber. R. 63, ארבעה
    O. Gen. 14, 9, Jer. I Num.
    29, 20, *c.* ארבעת O. Num. 29,
    20, Jer. I Gen. 17, 26.
חמשה „fünf" Schir. R. II 5, חמשה
    O. Gen. 18, 28, Jer. I חמשא,
    c. חמישת O. Ex. 16, 1, חמשת
    Jer. I Num. 15, 38.
שיתא „sechs" Jeb. 5ᵃ, שתה O.
    Ex. 26, 22, Jer. I שיתא, אשיתא

In Verb. mit fem. Sub.

חדא Kil. 28ᵃ, חדא O. Jer. I Ex.
    30, 10.
תרתין Schebi. 35ᵇ, תרתין O. Jer.
    I Gen. 32, 22, תרתי Sanh. 22ᵇ,
    תרתיי Kil. 28ᵃ.
תלת Ned. 40ᵈ, תלת[ו] O. Jer. I
    Gen. 11, 15.
ארבע Jeb. 5ᵃ, ארבע O. Jer. I Gen.
    11, 16.

חמש Sanh. 22ᵈ, חמיש O. Ex. 26,
    9, Jer. I חמש.

שית Sabb. 9ᶜ, שית O. Jer. I Ex.
    21, 2; 26, 9.

אשיתא Schek. 49ᵈ, אשתה Bab.
m. 9ᵈ, אישתא Sanh. 19ᵈ, Jer.
II Deut. 27, 15.

שבעה „sieben" Sot. 16ᵈ, שובעה
Sabb. 3ᶜ, שבעה O. Num. 23, 1,
Jer. I שובעא, שבעא.

תמניא „acht" Ab. z. 39ᵈ, תמניא
O. Jer. I Num. 29, 29, תומניא
Dem. 24ᵈ, תמניי Kil. 32ᵇ.

תשעה „neun" Schebi. 34ᶜ, תשעה
O. Num. 34, 13, תשעא Jer. I
Num. 29, 26, c. תשעת Jer. I
Num. 34, 13.

עשרה „zehn" Ber. R. 63, עסרא
O. Ex. 27, 12, Jer. I עשרא.

שבע Sot. 16ᵈ, שבע O. Jer. I Gen.
47, 28, שיב Jer. I Gen. 29, 27,
שב Jer. I Gen. 29, 18.

תמני Erub. 25ᵃ, תמני O. Jer. I
Gen. 5, 4, Ex. 26, 2.

תשע Taan. 66ᵃ, ו[תשע] O. Jer. I
Gen. 11, 24.

עשר Vaj. R. 20, עסר O. Gen.
5, 14, Jer. I עשר.

Pluralformen sind: שיתין יומין „sechs Tage" Jer. I Deut. 16, 8;
שבין שבתות „sieben Wochen" Jer. Lev. 23, 15 ('Arük s. v. שב),
תמנן תורי „acht Rinder" Jer. I Num. 7, 8; doch auch אשתין
„sechs" Jeb. 6ᵇ.

2. Die Zahlen von 11 bis 19 werden gebildet durch Anhängung von עשר, bez. עשרה an die Einer, welche — ausgenommen
„elf" und „zwölf" — in der Verbindung mit עשרה die männliche
Form, in der Verbindung mit עשר die weibliche Form (mit der
alten Endung ת) vorziehen. Ebenso wie bei den Einern ist die
Verwendung der kürzeren Form bei männl. Substantiven, der
längeren bei weibl. Substantiven nicht völlig consequent durchgeführt.

Den jer. Targumen sind verkürzte und kontrahierte Bildungen eigentümlich, welche im Targum des Onkelos nicht vorkommen, aber im babyl. Talmud gewöhnlich sind. Einige solche
Formen sind auch in den pal. Talmud eingedrungen.

חד עשר „elf" Sanh. 22ᵇ, Ber. R.
63, חד עסר O. Gen. 37, 9,
חד סר Vaj. R. 20, חדסר Jer.
I Deut. 1, 2.

תרין עשר „zwölf" Jeb. 6ᵇ, תרי
עסר O. Ex. 15, 27, 24, 4, תריסר
Jer. I Num. 29, 20¹, Num.
33, 9, Jer. I תרי עשרי.

חדא עשרי O. Ex. 26, 7, Jer. I
חד סרי, חדסרי Jer. I Gen.
32, 22.

תרתי עשרה Schir. R. II 5, תרתי
עשרי Jer. II Ex. 15, 27, תרתא
עשרי O. Gen. 5, 8; 14, 4;
תרתימסרי Ex. 24, 4, Jer. I Gen.

---

¹ Für hebr. עשתי עשרה, das von Targ. Jer. I öfters für „zwölf" gehalten wird.

תלת עשר „dreizehn" Schebi. 38ᵈ, תלת עָסֹר O. Num. 29, 13, תילתיסר Jer. I Num. 29, 13, תליסר Jer. I Num. 29, 29.

ארבעת עשר „vierzehn" Koh. R. XI 1, Jer. I Gen. 17, 26, ארבעת עָסֹר O. Num. 29, 13, ארביסר Jer. I Ex. 12, 6.

חמשת עשר „fünfzehn" Taan. 66ᵃ, חמיש עָסֹר O. Lev. 27, 7, חמיסר Jer. I Gen. 5, 10, Ex. 12, 8.

שית עשר „sechzehn" Jeb. 6ᵇ, (אשיתיסר l. אשית תיסר) Sot. 20ᵇ, שתת עָסֹר O. Num. 31, 46, שיתיסר Jer. I Gen. 46, 18, שיתסר Jer. I Num. 31, 46.

שובעת עשר „siebzehn" Meg. 70ᶜ, שבעה עשר Keth. 35ᵃ, d. שבעת עָסרא O. Gen. 7, 11, s. S. 98.

תמני עשר „achtzehn" Ber. R. 59, [ותמנת עָסֹר] O. Gen. 14, 14, תמניסר Jer. I Gen. 14, 14.

תשעה עשר „neunzehn" Erub. 20ᵇ.

5, 8, תריסרי Ab. z. 39ᶜ, Jer. I Ex. 24, 4; 36, 14, תריסירי Jer. I Ex. 26, 7.

תלת עשרי, תלת עשרה Taan. 65ᵇ, Sanh. 30ᵇ, [ותלת עָסֹרי] O. Gen. 14, 4, תליסירי Jer. I Gen. 14, 4.

ארבע עשרה ארבע R. h. S. 58ᵇ, ארבע עָסֹרי O. Gen. 14, 5, Jer. I ארביסרי.

חמיש עָסֹרי O. Gen. 5, 10, חמישת עסרא O. Ex. 16, 1, s. unten S.

שית עָסֹרי O. Gen. 46, 18, שיתסרי Jer. I Ex. 26, 25.

שבע עשרה Kil. 32ᵇ, Keth. 35ᵃ, שבע עָסֹרי O. Gen. 37, 2, שבסרי Jer. I. Gen. 8, 4.

תמני עשרי, תמני עשרה Keth. 35ᵃ, Koh. R. VII 11, Jer. II Gen. 14, 14, תמנסרי Jer. I Deut. 17, 17.

[ותשע עָשֹרי] O. Gen. 11, 25, שתסרי (l. תשסרי) Jer. I Gen. 11, 25.

3. Als *Zehner* gelten die Plurale der Einer und der Zahl עשר. Nur die Masculinform existiert. Die Endung der targumischen Form תמנן (neben dem in den jer. Targumen erhaltenen תמני) ist aus יין entstanden.

עשרין „zwanzig" Bab. k. 6ᵈ, Jer. II Gen. 28, 10, עָסרין O. Jer. I Num. 1, 22.

תלתין „dreissig" Sanh. 29ᵃ, תלתין O. Jer. I Ex. 26, 8.

ארבעין „vierzig" Sot. 20ᵇ, ארבעין O. Jer. I Gen. 47, 28.

חמשין „fünfzig" Erub. 20ᵇ, O. Jer. I Ex. 26, 5.

שיתין „sechzig" Meg. 71ᵃ, שתין O. Jer. I Gen. 5, 15, אשתין Jeb. 6ᵇ, Jer. I Num. 13, 1, אשתין Taan. 68ᵈ.

שוּבְעִין „siebzig" Ab. z. 42ᶜ, Jer. I תַּמְנַן O. Jer. I Gen. 35, 28,
Gen. 28, 3, שַׁבְעִין O. Gen. 5, 31. Num. 2, 9, תְמַנְיִין Jer. I Deut.
תְמַנִין „achzig" Sanh. 23ᶜ (nicht 32, 3, תְמַנְיָי Chag. 77ᵈ.
תְמַנַן, so *Levy*, Neuhebr. Wör- תִּשְׁעִין „neunzig" Sanh. 29ᵃ, תִּשְׁעִין
terbuch), תּוּמְנִין Chag. 77ᵈ, O. Jer. I Gen. 5, 9.

4. Die Hunderte von 300 ab werden meist durch die Mehrzahl von מָאָה „hundert" mit Voranstellung der entsprechenden
Einer, meist in der kürzeren (Masculin-)Form, ausgedrückt. Das
targumische Aramäisch benützt ebenso wie das Christlich-Palästinische, Palmyrenische, Mandäische, Syrische und Babyl.-Talmu-
dische hierzu durchweg den Singular von מָאָה. Auch im pal.
Talmud und Midrasch finden sich davon einige Beispiele.

מָאָה „hundert" Ned. 37ᵈ, auch מְאָת Sot. 20ᵇ, וּמְאָה[וּ] O.
Lev. 26, 7, Jer. I d. מְאַתָא, Plur. d. מְוָותָא O. Ex. 18, 25,
Jer. I מְאַוָּתָא.

מָאתָן „zweihundert" Sot. 17ᵇ, Ber. R. 40, Bemidb. R. 9, מָתֵן
O. Num. 1, 35, Jer. I מָאתָן.

תְלַת מָאוָון „dreihundert" Naz. 54ᵇ, תְלַת מָאתֵן Keth. 35ᵃ ist Schreibfehler. תְלַת מָאָה Ber. 11ᵇ, Ber. R. 78, וּתְלַת מָאָה[וּ] O.
Jer. I Num. 1, 23, Maas. sch. 55ᵈ.

אַרְבַּע מָאוָון „vierhundert" Kil. 29ᵈ. אַרְבַּע מָאָה O. Jer. I Gen. 23, 16.
חֲמֵשׁ מָאוָון „fünfhundert" Ber. R. 94. חֲמֵישׁ מָאָה O. Num. 1, 21,
Jer. I חֲמֵשׁ מָאָה.

שִׁית מָאָה „sechshundert" Vaj. R. 34. שִׁית מָאָה O. Jer. I Num. 1, 25.
וּשְׁבַע מָאָה[וּ] „siebenhundert" O. Jer. I Num. 1, 39.
תְמָנֵי מָאָה „achthundert" O. Jer. I Gen. 5, 4.
תְשַׁע מָאוָון „neunhundert" Taan. 66ᵃ, תִּשְׁעַת מָאוָון Ned. 40ᵈ, תְשַׁע מָאָה
O. Jer. I Gen. 5, 8, Ber. 11ᵇ.

Die Tausende werden meist durch Voransetzung der längeren
(Feminin-)Form vor den Plural von אֶלֶף „Tausend" gebildet. Targum Onkelos stimmt damit überein. In den jer. Targumen findet
sich auch Verwendung der Masculinform.

אַלַף „tausend" Dem. 26ᵇ, אָלֶף O. Jer. I Gen. 20, 16, d.
אַלְפָא O. Deut. 32, 30, Plur. d. אַלְפַיָּא O. Jer. I
Num. 10, 36.

תְרֵין אַלְפִין „zweitausend" Maas. sch. 54ᵈ, תְרֵין אַלְפִין O. Jer. I
Num. 7, 85.

וּתְלָתָה[וּ] אַלְפִין „dreitausend" O. Num. 1, 46, Jer. I תְלָתָא אַלְפִין.
אַרְבְּעָא אַלְפִין „viertausend" Koh. R. XI 1, אַרְבְּעָה אַלְפִין O. Num.
2, 6, Jer. I אַרְבְּעָא אַלְפִין.

חַמְשָׁה אַלְפִין „fünftausend" Erub. 20ᵇ, חַמְשָׁא אַלְפִין Jer. I Num. 1, 25.

שׁתָּה אַלְפִּין „sechstausend" O. Num. 3, 34, Jer. I שיתא אלפין;
שית אלפין Jer. 1 Num. 1, 21.
שבעה אלפין „siebentausend" Pesikt. 17ᵇ, שבעה אַלְפִּין O. Num.
3, 22, Jer. I שבעתי אלפין¹.
תְּמָנְיָא אַלְפִּין „achttausend" O. Jer. 1 Num. 3, 28.
תִּשְׁעָה אַלְפִּין „neuntausend" O. Jer. 1 Num. 1, 23, תשע אלפין
Jer. I Num. 2, 13.

Die Myriade heisst ריבי (l. ריבו) Ber. 14ᵃ, d. רִבּוּתָא O. Lev. 26, 8,
Jer. I ריבותא, רבבותא Jer. I Deut. 32, 30, Pl. רבוון Ber. 14ᵇ רִבּוֹן
O. Gen. 24, 60, Jer. 1 ריבוון, c. רִבּוֹת O. Num. 10, 36, Jer. I d. ריבוותא.
Danach שית רבוון „60,000" Jer. I Ex. 18, 25, חמשין ריבוא „500,000"
Maas. sch. 54ᵈ, ק"כ ריבוון „1,200,000" Schebu. 34ᵈ. Sonst werden
die höheren Zahlen auch durch Multiplikation von אלף ausgedrückt,
z. B. עשרה אלפין „10 000" Dem. 26ᵇ, שְׁתִין אַלְפִּין „60 000" O. Jer. 1
Num. 26, 27, תלתין אלפין „30 000", חמשין אלפין „50 000", תלת מאוון
אלפין „300 000" Pesikt. 17ᵇ, שית מאה וחד אלפין „601 000" O. Jer. 1
Num. 26, 51, אלף אלפין „1 Million" Ber. 14ᵃ.

5. Bei *Zusammensetzungen* von Zahlen steht die höhere Ordnung voran, z. B. עשרין וחמשה „25" Bab. k. 6ᵈ; אשתין ותרי „62"
Jeb. 6ᵇ; שיתין וארבעה „64" Ech. R. II 4; מאה וחמשין „150" Bab.
k. 4ᵃ; חמש מאוון וארבעין ותמניא „348" Kil. 29ᵈ; תלת מאוון וארבעין
ותשעים (l. ותשעין) „597 000" Pesikt. 17ᵇ.

So auch die *Targume*: תלתין ותרתין „32" O. Num. 31, 40,
Jer. I תלת מאה ותלתין ושבעה (Jer. I ושובעא) אלפין וחמיש; תלתין ותרין
מאה „337 500" O. Num. 31, 43. Die im Hebr. vorkommende
umgekehrte Stellung wird von den Targumen nicht nachgeahmt,
vgl. Num. 3, 43 hebr. שנים ועשרים אלף שלשה ושבעים ומאתים „22 273",
Targ. Onk. עסרין ותרין אלפין מתן ושבעין ותלתה.

6. Die Grundzahlen haben eine *determinierte Form* auf tē²,
welche vielleicht mit *Nöldeke* als Status constr. eines von der
Femininform gebildeten Maskulinplurals angesehen werden darf.
Winer, Chald. Gramm. § 36, bezeichnet diese Form fälschlich
als St. constr. des Zahlworts in Femininverbindung. Sie wird
auch mit maskul. Substantiven verbunden. Einige der von
Winer aufgestellten Beispiele sind nicht nachzuweisen. Überhaupt
kein Beispiel enthält das *Onkelostargum.* Die jer. *Targume*

---

¹ Determinationsform (s. unter Nr. 6) ohne determin. Bedeutung wie
Jer. 1 Deut. 7, 1.

² Eine Form auf תא (tē?) hat mit derselben Bedeutung das Palmyrenische,
s. עשרתא „die Dekaproten" *Reckendorf*, ZDMG XLII 397.

haben hier galil. Formen. — Folgende Zahlen kommen vor. תרין
(Gitt. 46ᵈ) und תרתין (Pes. 32ᶜ), bez. תרתי (Sanh. 22ᵇ) verändern
auch in Verbindung mit determinierten Substantiven ihre Form
nicht. Sonst findet sich: תלתי „die drei‟ Schebi. 36ᵇ. Jer. I Ex.
17, 16; ארבעתי „die vier‟ Ech. R. I 15, Jer. I Gen. 28, 10; חמשתי
„die fünf‟ Meg. 73ᵇ, חמישתי Ter. 40ᶜ, חמשיתה Vaj. R. 35; שובעתי
„die sieben‟ Jer. I Gen. 29, 27, Jer. II שבעתי; תומנת „die acht‟
Meg. 74ᵇ; עשרתי „die zehn‟ Vaj. R. 28, Jer. I Ex. 34, 28; תרי
עשרתי „die zwölf‟ Jer. II Gen. 49, 2; תלת עשרתי „die dreizehn‟
Kil. 32ᵇ; תלתיתי „die dreissig‟ Keth. 35ᵃ, תלתתי Schebi. 36ᵃ, תלתתוי,
תלתווי Kil. 32ᵇ; תלת מאה ועישרתי עלמיא „die 310 Welten‟ Jer. I
Ex. 28, 30.

7. Eine *determinierte Form* auf *ā* oder *tā* erscheint bei Angabe der Wochentage (ausser bei חד), wobei immer בשובא „in
der Woche‟ zu ergänzen ist. תרייא¹ „die zwei‟ (Montag) Pes. 30ᵈ;
תלתא „die drei‟ (Dienstag) Ber. R. 11; ארבעתא „die vier‟ (Mittwoch) Ber. R. 11; חמשתא „die fünf‟ (Donnerstag) Taan. 64ᶜ.
Dagegen חד בשובא „der erste in der Woche‟ (Sonntag) Ab. z. 39ᵇ.

Das *Onkelostargum* benützt die von ihm *stets* gebrauchte determinierte Maskulinform עֲסֹרה bei der Angabe der Monatstage,
die jer. Targume folgen meist galil., bez. babylon. Sprachgebrauch,
s. § 22. Beispiele: אַרְבַּעַת עֲסֹרה יוֹמָא O. Ex. 12, 3, בֶּעֳסֹרה לִירֹחָא
לִירֹחָא O. Ex. 12, 6, בַחֳמִשת עֲסֹרא יוֹמָא לִירֹחָא O. Lev. 23, 6.

8. Formen von Zahlwörtern mit Suffixen sind:

m. תריכון „ihr zwei‟ Naz. 55ᶜ; תריהון „sie zwei‟ Bez. 60ᵃ; daneben
auch die längere Form תרווייהון Sabb. 13ᵈ, תרוויהון Kil. 28ᶜ,
תרויהו Gitt. 44ᵇ.

f. תרתיהון „sie zwei‟ Taan. 69ᶜ.

m. תלתיהון „sie drei‟ Ber. R. 62, R. h. S. 58ᵇ.

m. תמנותיהון (l. תמניתיהון) „sie acht‟ Jeb. 6ᵇ. תמניתהון Schir. R. II 5.
Das *Onkelostargum* hat bei „zwei‟ immer die vollere Form.
Die *jer. Targume* unterscheiden sich nur durch die ihnen eigen-
tümlichen Suffixe. תְּרֵֽוֹנָא O. Gen. 31, 37. Jer. I תרווינן; תְּרֵֽיכֹן O.
Jer. I Gen. 27, 45; תְּרֵֽיהֹון O. Gen. 2. 25, Jer. I תרוויהון; תרויהום
Jer. I Gen. 22, 6. Für die Femininform fehlen Beispiele. —
תְּלָתֵֽיכֹון O. Jer. I Num. 12, 4; תְּלָתֵֽיהֹון O. Jer. I Num. 12, 4. —
חמשתהון „sie fünf‟ Jer. 2 Kön. 19, 36.

9. Eigentliche *Zahlzeichen*, wie Ägypter, Phönicier, Palmy-
rener, Nabatäer sie hatten, sind bei den Juden nicht nachzuweisen.

---

¹ Vgl. palmyren. די תרתיא „zum zweiten Mal‟ ZDMG XXIV 102.

Die Anwendung der Buchstaben als Zahlzeichen (früher schon
auf Münzen nachzuweisen und in den Pentateuchhandschriften
der Samaritaner üblich)[1] in talmudischer Zeit ist nicht aus dem
hier unzuverlässigen Befunde in Handschriften und Druckausgaben
zu erschliessen, folgt aber aus bestimmten Zeugnissen, nach
welchen die Buchstaben eines Wortes als Zahlen betrachtet
werden konnten. Da die hebräischen Grammatiker ihre für das
Althebräische überflüssige Angabe betreffend die hebräischen
Zahlbuchstaben nicht zu begründen pflegen, sei hier der erforder-
liche Nachweis gegeben. Sabb. 9ᵇ א = 1; ה = 5; ח = 8; ל = 30.
Ber. 5ᵃ צמח = מנחם (jedes = 138); Naz. 51ᶜ יהיה = 30; Sanh. 22ᵃ
ודגלו = 49; Ber. R. 64 עקב = 172; Ech. R. I 1 איכה = 36; Ber.
R. 12 הרבה = 212; Schir. R. I 2 תורה = 611. Danach ist א = 1;
ב = 2; ג = 3; ד = 4; ה =. 5; ו = 6; ח = 8; י = 10; כ = 20; ל = 30;
מ = 40; נ = 50; ע = 70; צ = 90; ק = 100; ר = 200; ת = 400. Die
Ziffern 15 und 16 werden in Mischna MS. Cambridge nach Ausg.
Lowe טו und יו, im pal. Talmud Ausg. Venedig 'טו, 'יו geschrieben.
Schreibung von הי oder יה für 15 findet sich im Petersburger
Prophetenkodex, s. *Strack*'s Mitteilung in ZAW IV 249. Be-
nützung der Finalbuchstaben für Hunderte (s. *Gesenius-Kautzsch*,
Hebr. Gramm.²⁵ 26) ist mir völlig unbekannt.

§ 22. B. *Ordnungszahlen.*

Für „erster" und „zweiter" finden sich besondere, von den
Grundzahlen unabhängige Ausdrücke. Die Ordnungszahlen von
3 bis 10 werden durch Einfügung eines *ī* in die zweite Silbe
der Grundzahl und durch Anhängung der Endung *ai* gebildet.
Formen für die Ordnungszahlen von 11—19 sind nur in den *jerus.
Targumen* vertreten. Diejenigen, welche wir aus Targum Jer. I
mittheilen, verraten ausserdem babylonischen Einfluss. Das *Onkelostargum* verwendet hier die Grundzahlen, z. B. ביום חד עסר יומין
„am elften Tage" O. Num. 7, 72, ביום תרי עסר יומין „am zwölften
Tage" O. Num. 7, 78. — Bei Angabe der Monatstage wird immer
die Grundzahl gebraucht, z. B. בשבעת „am siebenten", בתרין עשר
„am zwölften", בחמשת עשר „am fünfzehnten", בשית עשר „am sech-
zehnten", בעשרין „am zwanzigsten", sämtl. Taan. 66ᵃʼᵈ aus Meg.

---

[1] Als sehr alt erweist sich die Benutzung der Buchstaben als Zahlzeichen
dadurch, dass die Griechen sie mit dem semitischen Alphabet übernahmen.
Die griechische Bezeichnung der Einer und Zehner bis 80 stimmt völlig mit
der bei den Juden üblichen. Von da ab entstehen Differenzen durch das
Fehlen des Zade.

Taanith. Nach יום תלת עשר Taan. 66ᵃ, יום ארבעה עשר b. Taan. 18ᵇ (aus Meg. Taanith) ist überall יום zu ergänzen.

Turg. Onk. בחד O. Jer. I Gen. 8, 5, בעסרה O. Ex. 12, 3, Jer. I בעשרה, אסרה ארבעת O. Ex. 12, 6, vgl § 21, 7. *Jer. Targ.* בארביסר Jer. I Gen. 27, 1 בשיתיסר Jer. I Deut. 34, 8. Nach O. Jer. I Ex. 12, 6 wäre יומא, nach Jer. I Lev. 23, 6 יומין zu ergänzen.

Maskulinform.	Femininform.
קדמיי „erster" R. h. S. 58ᵇ, Taan. 68ᵃ, קמיי Taan. 68ᵃ — קדמאי O. Jer. I Ex. 12, 2.	
d. קומייא Ech. R. III 200, קדמייא Pea 18ᵈ, קמא Ech. R. I 4. — קדמאה O. Jer. I Gen. 25, 25, Jer. II קדמייא; קמאה Jer. I Deut. 26, 12, קמא Jer. I Gen. 28, 10. Plur. קדמיין Ter. 45ᵈ.	קדמיתא Dem. 25ᵇ, קדמיתא Ned. 37ᵇ, קמייתא Vaj. R. 9. — קדמיתא O. Jer. I Gen. 13, 4.
d. קדמאי Sabb. 3ᵈ, קומייא Pea 18ᵈ, קמייא Ab. z. 41ᵈ. — קדמאי O. Deut. 10, 1, Jer. I קמאי. תינין „zweiter" Taan. 68ᵃ, תנייתא Ech. R. I 2. — תנין O. Jer. I Gen. 1, 5.	קדמייתא Meg. 73ᵇ, קדמיתא Ter. 40ᶜ. — קדמיתא O. Gen. 41, 20, Jer. I קמיתא.
d. תנינא Kidd. 63ᵈ. — תנינא O. Jer. I Gen. 2, 13.	תיניתא Ned. 40ᶜ, תניתא Vaj. R. 9. — תנייתא O. Ex. 1, 15, Jer. I תנינתא.
Plur. תיניני Ab. z. 41ᵈ. — תנינין O. Jer. I Gen. 6, 16. תליתאי „dritter" Ech. R. I 2. — תליתי O. Ex. 20, 5; 34, 7, תליתי (in Pausa) O. Gen. 1, 13, Jer. I תליתאי.	תליתייא Ned. 40ᵃ, תליתא Sanh. 19ᶜ. — תליתיה Jer. II Deut. 26, 12.
d. תליתאה Ech. R. Peth. 21. — תליתאה O. Jer. I Gen. 2, 14. Plur. תליתאין[ו] O. Jer. I Gen. 6, 16. רביעי „vierter" O. Ex. 20, 5, Jer. I רביעי.	תליתיתא Vaj. R. 9, תליתיתא O. Jer. I Deut. 26, 12.
d. רביעאה O. Jer. I Num. 7, 30.	רביעתא Ber. 2ᶜ Lehm., Taan. 65ᵇ. — רביעיתא O. Jer. I Lev. 19, 24.

חֲמִישִׁי (in Pausa) „fünfter" O.
Gen. 30, 17, Jer. I חמישאי.
d. חֲמִישָׁאָה O.Jer. I Num.7,36.

חֲמִישִׁיתָא O. Lev. 19, 25.

שְׁתִיתִי (in Pausa) „sechster" O.
Gen. 1, 31, Jer. I שתיתאי.
d. שְׁתִיתָאָה O. Jer. I Num. 7, 42.

שְׁתִיתִיתָא O. Jer. I Ex. 26, 9.

שביעאי „siebenter" Jer. I Num. 25, 8.
d. שביעייא Schebi. 33ᵇ. —
שֻׁבִיעָאָה O. Jer. I Num. 7, 48.

שְׁבִיעִיתָא O. Lev. 25, 4, Jer. I שביעתא.

תמיניי „achter" Jer. I Ex. 24, 11.
d. תְּמִינָאָה O. Jer. I Lev. 9, 1.

תְּמִינִיתָא O. Lev. 25, 22, Jer. I תמינתא.

תשיעאי „neunter" Jer. I Num. 25, 8.
d. תְּשִׁיעָאָה O. Jer. I Num. 7, 60.

תְּשִׁיעִיתָא O. Lev. 25, 22, Jer. I תשיעתא.

עשיריי „zehnter" Jer. I Gen. 8, 5.
d. עֲסִירָאָה O. Num. 7, 66, Jer. I עשיראה.

עשיריתא Jer. I Ex. 15, 25.

חדסראי „elfter" Jer. I Num. 25, 8.
תריסיראי „zwölfter" Jer. I Num. 25, 8.

תליסרית „dreizehnte" Jer. I Gen. 2, 21.

§ 23. C. Andere Zahlwörter.

1. Bruchzahlen. Verschiedene Bildungen werden hier angewandt. פלג „halb" ist ein eigenes Nomen, das auch mit Anhängung von ut gebraucht wird. Aus den Grundzahlen werden Bruchzahlen gebildet durch Anhängung von ut wie תלתות „drittel" רבעות „viertel", שיתות „sechstel". Daneben dient die Nominalform „katīl" dem gleichen Zweck in רביע „viertel", während die Nominalform „kutl" vorwiegend für Nomen von Massen u. dgl. gebraucht wird. Die Nominalform „kattūl" vermag ich im paläst. Aram. für Bruchzahlen nicht nachzuweisen.

„halb": פליג, z. B. ארבע ופליג „4 ½" Challa 58ᶜ, תרין ופלג „2 ½" Sot. 22ᶜ, תלת שנין ופלג „3 ½ Jahr" Ech. R. I 12; d. פלגא „die Hälfte" Naz. 54ᵇ, פלגון „die Hälfte derselben" Mo. k. 82ᵃ. In unmittelbarer Verbindung mit einem Substantiv wird פלגות

(als constr.) angewandt, z. B. פְּלָגוּת אַמְתָא „eine halbe Elle" Schek. 49ᵈ.

Targ. Onk. וּפַלְגָּא (Jer. I וּפַלְגָּא) אַמְתָא וּפַלְגָּא, תַּרְתִּין אַמִּין (וּפַלְגָּא) „2½ Ellen, 1½ Ellen" O. Ex. 25, 10, פַּלְגוּת הִינָא „ein halbes Hin" O. Jer. I Num. 28, 14.

„drittel": תַּלְתוּת, z. B. תְּרֵין תַּלְתוּתִין zwei drittel" Erub. 20ᵇ, vgl. constr. תַּלְתוּת O. Jer. I Num. 15, 6. 7; 28, 14 und תּוּלְתָּא Jer. I Deut. 6, 9. „Dreizahl" c. תִּלְתוּת O. Gen. 38, 24.

„viertel": רְבִיע Sot. 20ᵇ, determ. רְבִיעָא Schek. 47ᶜ, vgl. c. רִבְעוּת O. Jer. I Num. 28, 14.

vgl. hebr. רוֹבַע „Viertel" Sot. 17ª, aram. Plur. רוֹבְעִין Ter. 42ᵈ, det. רוּבְעַיָּא Challa 58ᵈ.

„fünftel": חוּמָשׁ Jer. I Lev. 27, 15, d. חוּמְשָׁא Jer. I Num. 5, 7, O. (m. Suff.) חוּמְשֵׁיהּ, vgl. hebr. חוּמָשׁ „Buch des Pentateuch" Sot. 21ᵇ, Plur. חוּמְשִׁין Meg. 74.ª

„sechstel": שְׁתוּת Ter. 43ᶜ.

„siebentel": vgl. שׁוּבַע „Siebenzahl, Siebent" Kil. 29ª, Jer. II Num. 11, 26.

„achtel": vgl. hebr. תּוּמָן „Achtel" (Name eines Masses) Sot. 17ª, aram. f. d. תּוּמַנְתָּא Ab. z. 41ª, תְּמוּנְתָּא Schek. 47ᶜ.

„neuntel": vgl. hebr. תִּישׁוּע Dem. 26.ᶜ

„zehntel": vgl. hebr. עִישׁוּר Dem. 26ᶜ und aram. Pl. d. עֲשׂוּרְיָאתָא „Dekaden" O. Ex. 18, 21, Jer. I עִישׂוּרַיָּתָא.

Eine andere Weise, einen Bruch auszudrücken, erlaubt unbegrenzte Anwendung. Der Nenner des Bruchs wird mit ל oder מן dem Zähler nachgesetzt, z. B. חַד מִתְּלָתָא „⅓" Koh. R. XII 7, חַד מִן אִישְׁתָּא „⅙" Sanh. 19ᵈ, חַד מִן תּוּמַנְיָא „⅛" Ter. 42ᵇ, חֲדָא לְעֶשֶׂר „¹/₁₀" Dem. 26ᵇ, חַד לַעֲשָׂרָה Maas. sch. 55ᵇ, חֲדָא לִמְאַת „¹/₁₀₀" Dem. 26ᵇ, חֲדָא לְאָלֶף „¹/₁₀₀₀" Maas. sch. 55ᵇ, חֲדָא לְעֶשְׂרָה אַלְפִין „¹/₁₀₀₀₀" Dem. 26ᵇ. *Targ. Onk.* חַד מִן עֶסְרָא „¹/₁₀" O. Jer. I Gen. 14, 20.

2. Die Zahladverbia „einmal", „zweimal" u. s. w. werden durch die Grundzahl mit זִמְנָא „Zeit, Mal", Plur. זִמְנִין, wiedergegeben.

זִמְנָא חֲדָא „einmal" (= zu irgend einer Zeit) Sanh. 23ᶜ, Ber. 13ᵈ, חַד זְמַן Sabb. 3ª, auch nur חֲדָא, z. B. חֲדָא בְשַׁתָּא „einmal im Jahre" Kidd. 66ᵇ.

תְּרֵין זִמְנִין „zweimal" Challa 59ª, תְּלָתָא זִמְנִין „dreimal" Mo. k. 81ᵈ, שְׁבַע זִמְנִין „siebenmal" Sot. 16ᵈ, תִּשְׁעָה זִמְנִין „neunmal" Schebi. 34ᶜ, אַרְבְּעִין זִמְנִין „vierzigmal" Erub. 18ᵈ, שׁוּבְעִין זִמְנִין „siebzigmal" Erub. 20ᵇ.

Targ. Onk. חֲדָא בְשַׁתָּא O. Jer. I Ex. 30, 10, Jer. I חַד זִמְנָא; תַּרְתֵּין זִמְנִין O. Gen. 43, 10, Jer. I תַּרְתֵּין זִימְנִין; שְׁבַע זִמְנִין O. Jer. I Lev. 25, 8, עֲסֵר זִמְנִין O. Num. 14, 22. — עַל חַד תְּרֵין „zwiefach" O. Jer. I Ex. 22, 3, עַל חַד מָאָה „hundertfach" O. Jer. I Gen. 26, 12.

Dieselbe Ausdrucksweise erscheint auch in Berechnungen, z. B. חַמְשִׁין זִימְנִין מִן מָאָה הָא חַמְשָׁה אַלְפִין „50 × 100 = 5000" Erub. 20[b], שׁוּבְעִין זִימְנִין מִן תְּרֵין תַּלְתּוּתֵין וְשׁוּבְעִין זִימְנִין מִן תְּרֵין תַּלְתּוּתֵין תַּלְתּוּתֵין מָאָה וְאַרְבְּעִים (וְאַרְבְּעִין) תַּלְתּוּתֵין מָאָה וְאַרְבְּעִים (וְאַרְבְּעִין l.) „70 × 2/3 und 70 × 2/3, welche je 140/3 geben" Erub. 20[b], תְּלָתָא זִמְנִין מִן [תְּלַת] תְּשַׁע תִּשְׁעָה זִימְנִין מִן תְּלַת עֶשְׂרִין וְשֶׁבַע „3 × 3 = 9; 9 × 3 = 27" Schebi. 34[c].

Hier seien erwähnt einige andere dem Rechnungswesen angehörende Ausdrücke. פְּרָא (griech. πέρα) „weniger, minus" z. B. שׁוּבְעִין מִן שׁוּבְעִין הָא חַמְשָׁה אַלְפִין פְּרָא מְאָת „70 × 70 = 5000 — 100" Erub. 20[b]; חֲדָא פְּרָא צִבְחַד „eins weniger ein wenig" Dem. 24[c]; auch חְסַר, z. B. שִׁית מָאָה דִּנְרִין חְסַר שִׁית דִּנְרִין „600 Denare weniger 6 Denare" Vaj. R. 34. עוֹד „dazu, plus", z. B. צִבְחַד חֲדָא וְעוֹד „eins und dazu ein wenig" Dem. 24[c]. Merke auch עֶשְׂרִין עַל עֶשְׂרִין „zwanzig zu zwanzig", d. h. „zwanzig im Quadrat" bei Angabe der Grösse eines Feldes, Zimmers, ebenso אַרְבְּעִין עַל אַרְבְּעִין „vierzig im Quadrat", חַמְשִׁין עַל חַמְשִׁין „fünfzig im Quadrat", מְאָת עַל מְאָת „hundert im Quadrat" Sot. 20[b].

3. Als **Adverbia der Ordnungszahlen** dienen meist Bildungen auf *ut* und Umschreibung durch זְמַן. קַדְמוּתָא „zuerst" O. Gen. 38, 28, Jer. I בְּקַדְמֵיתָא; קַדְמָאִי „das erste Mal" Jer. I Gen. 26, 22; חֲדָא זְמַן Chag. 78[a].

זְמַן תִּנְיָן Chag. 78[a], זְמַן תִּנְיָינוּת Ber. 10[a], תִּנְיָינוּת, תִּנְיָינוּ Sanh. 23[c], תִּנְיָינוּת O. Num. 10, 6, Jer. I תִּנְיָנוֹת. —

4. Die **Distributivzahlen** werden durch Verdoppelung der Grundzahl ausgedrückt, z. B. כָּל חַד וְחַד „jeder einzelne" Ber. R. 78, תְּרֵין תְּרֵין „je zwei" Sot. 17[b], מִן שְׁבַע שְׁבַע אַפִּין „auf je sieben Weisen" Chag. 78[d].

Targ. Onk.: חֲמֵישׁ חֲמֵישׁ „je fünf" O. Num. 3, 47, Jer. I חַד חַד. עַשְׂרָא עַשְׂרָא „je zehn" Jer. I Gen. 18, 29; חַמְשָׁה חַמְשָׁה תְּרֵי תְּרֵי „je eines, je zwei" Jer. I Num. 29, 17.

Substantiva und Adjektiva.

A. Nominalstämme.

§ 24. I. Nomina kürzester Wurzel.

Masculina: אב „Vater", בר „Sohn", אח „Bruder", חם „Schwieger-vater", שום „Name", פום „Mund", דם, אדם „Blut", מיין „Wasser", עא „Holz", ש „Lamm".

Feminina: אחת „Schwester", שנא „Jahr", סאה „Sea", יד „Hand", אמהא „Magd" (wenn ה secundärer Zusatz), קשת „Bogen", שפא „Lippe". Die Beispiele s. Unregelmässige Bildungen § 40, 3.

II. Nomina mit drei Stammkonsonanten ohne äussere Vermehrung.

§ 25. a. Nomina einfachster Bildung.

Das galil. Aramäisch hat den charakteristischen Vokal dieser Nomina, wenn es ē, i, ō, u war, durch die Vokalbuchstaben י und ו kenntlich gemacht, z. B. מליך „König", קימחא „Mehl", קשוט „Wahrheit", כותלא „Wand", und nur a und ä (Segol) wird un-bezeichnet gelassen, z. B. תרע „Thür", כספא „Silber". Doch ist die Bezeichnung keine konsequente, so dass aus der Abwesenheit eines Vokalbuchstaben nicht mit Sicherheit auf Aussprache mit a geschlossen werden kann. Die Verteilung der Nomina auf die einzelnen Klassen ist darum keine in allen Einzelheiten sichere. Die Vokalisation des Onkelostargum und der Konsonantentext der jer. Targume bietet zuweilen Übereinstimmendes, aber auch Abweichendes, worauf aufmerksam gemacht werden wird.

In der unbestimmten Form finden sich sowohl im targum., wie im galil. Aramäisch vorbetonte Beispiele mit dem charak-teristischen Vokal in der ersten Silbe, der nach der superlinearen Vokalisation Tondehnung erhält. i wurde zu ē, z. B. עֵיסָק, עֵיגֶל, u zu ō, z. B. אוֹרַח, קוֹדֶשׁ, a blieb a (Pathach), z. B. עֶבֶד, רֶגֶל, ob-wohl auch hier eine Tondehnung wahrscheinlich ist, welche die Vokalisation nicht wiedergiebt.

1. ḳaṭl.

α. *starke Wurzeln. Masculina.* מליך[1] „König" Sanh. 29ᵃ, Ech. R. I 31, Jer. I Ex. 1, 8, aber מלך Jom. 45ᵇ, מֶלֶךְ Targ.

---

[1] Vgl. den Eigennamen Μάλχος Joh. 18, 10, Jos. Antt. XIII 5, 1, Μά-λιχος Antt. XIV 14, 1, palmyr. מלכו *Reckendorf*, ZDMG XLII 393.

Mich. 2, 13 Merx; d. מלכא Ned. 37ᵈ, מלבָּא O. Jer. II Ex. 1, 8;
Pl. מלכין Ech. R. II 14, מלכין O. Gen. 49. 20; d. מלכייא Vaj. R. 33.
— משך „Haut" Schebu. 34ᵈ, [ד]משך O. Num. 31, 20; d. משבא O.
Lev. 13, 22, Jer. I mit Umlaut מושכא; Pl. m. S. משכיהון Meg. 74ᵈ.
— d. קטלא „Todesstrafe" Naz. 56ʰ, קטלא O. Jer. I Lev. 20, 9. —
כסף „Silber" Bab. m. 8ᶜ, כֶּסֶף O. Deut. 23, 20, aber Jer. I כסיף;
d. כספא Kidd. 58ᵈ, כֶּספא O. Jer. I Gen. 44, 8; Pl. d. כספייא Bikk.
65ᵈ. — נפש „Seele" Bab. b. 13ᵃ, נֶפֶשׁ O. Deut. 27, 25; d. נפשא
Jeb. 15ᶜ; Pl. d. נפשתא Ech. R. Peth. 23. — d. כלבא „Hund" O.
Jer. I Ex. 22, 30,; Pl. כלבין Pesikt. 86ʰ; d. כלבייא Kidd. 61ʰ. —
d. פסגא „Stück" Jer. I Gen. 15, 10, Jer. II Pl. פסנין; Pl. d. פיסגתא
Ned. 38ᵈ. — קבל „Dunkelheit" O. Ex. 10, 22, Jer. I קביל; d.
קבלא O. Gen. 15, 17, קיבלא Jer. I Deut. 28, 29.

I Gutturalis. אגר „Lohn" Pea 21ᵃ; d. אגרא Mo. k. 81ʰ; c.
אגר Bab. m. 8ᶜ, אֲגַר O. Deut. 23, 19. — ארע „Land" Maas. sch.
56ʰ, אֲרַע O. Gen. 49, 21; d. ארעא Chag. 76ᵃ, אֲרַעָא O. Jer. I Gen.
1, 1; c. אֲרַע O. Jer. I Gen. 2, 11; Pl. d. אֲרַעָתָא O. Jer. I Gen.
26, 3. — עֲבַד „Knecht" O. Gen. 9, 25, Jer. I עביד; d. עבדא Ber. R. 86;
Pl. עבדין O. Jer. I Gen. 30, 43; m. S. עבדוי Keth. 33ᵃ. — רֶמֶשׁ „Abend"
O. Jer. I Gen. 1, 8; d. רמשא Ab. z. 39ʰ. — c. חביל, חבל „Seil"
Jeb. 3ʰ; d. חבלא Sot. 23ᵃ; Pl. חבלין Sabb. 10ᶜ. — חמר „Wein"
Schek. 48ᵈ, חֲמַר O. Jer. I Num. 6, 3; d. חמרא Ber. 10ᵈ, חֲמְרָא
O. Jer. I Gen. 9, 21. — עֲמַר „Wolle" Bab. k. 7ᶜ, O. Jer. I
Deut. 22, 11; d. עמרא Kidd. 64ᶜ. — עריס „Lager" Jer. I Num.
5, 29; d. ערסא Ech. R. I 14, עֲרסָא O. Gen. 48, 2; Pl. ערסין Vaj.
R. 5, ערסוון Sabb. 10ᶜ; d. ערסאתא Ech. R. I 4, ערסייתא Ned. 40ᶜ.
— חקיל „Feld" Jer. I Gen. 27, 27, חֲקָל O. Jer. I Gen. 25, 27;
d. חקלא Bab. b. 13ᶜ; c. חקיל¹ Jer. I Gen. 23, 19; Pl. חקלוון Pesikt.
93ᵃ; d. חקלוותא Keth. 34ᵃ, חקליא Ab. z. 41ᵈ, חֲקַלָתָא O. Ex. 8, 9.

II Gutturalis. d. קרנא „Horn, Kapital" Mo. k. 81ʰ; Pl.
קרנין Ber. R. 50; c. קֶרֶנֵת O. Jer. I Lev. 4, 7; m. S. קֶרֶנָתֵיהּ O.
Ex. 27, 2, Sab. Jer. I קרנוהי; קרנתהון Schebi. 38ᵈ. — [כ]טעים „Ge-
schmack" O. Num. 11, 8, Jer. I. II טעם; d. טעמא „Grund"
Keth. 35ᵃ. — d. בעלא „Baal, Herr" O. Jer. I Num. 25, 4; c.
בעל Naz. 54ᵈ, בֵּעָיל² O. Jer. I Ex. 21, 3; Pl. בעלין Ter. 40ʰ; c.

---

¹ Vgl. Apg. 1, 19 B Ἀκελδαμάχ, SA Ἀχελδαμάχ, C Ἀκελδαμά = חקל
דמא. S. auch unter דם § 40, 3.
² Matth. 10, 25 βεελζεβούλ = בעל זבול; Nachbildung von בעל זבוב 2 Kön. 1, 6
mit beabsichtigtem Anklang an זבל „Mist" und Verwendung des Eigennamens
זבל LXX Ζεβούλ Richt. 9, 28, ähnlich wie b. Ab. z. 18ʰ זבל als schimpfliche
Benennung des heidnischen Opferns (זבח) gebraucht wird.

בַּעֲלִי O. Gen. 49, 23; m. S. בַּעֲלִיהוֹן Ech. R. I 14. — רַחֲמִין „Barmherzigkeit" O. Jer. I Gen. 43, 14; רַחֲמוֹהִי O. Gen. 43, 30, Jer. I
רַחֲמוֹי. — רַעֲמִים¹ „Donner" Jer. I Ex. 19, 16. — d. וַעֲדָא „Versammlung" Keth. 35ᵃ. — כְּרַם „Weinberg" Dem. 23ᵇ, כָּרֵם O. Ex.
22, 4; d. כַּרְמָא² Keth. 32ᵇ; Pl. כַּרְמִין Taan. 66ᵈ. — תְּעַל „Fuchs"
Vaj. R. 22; d. תַּעֲלָא Ber. R. 78; Pl. d. תַּעֲלַיָּיא Schebi. 39ᵃ. —
לָחֵים „Brot" O. Jer. I Ex. 16, 29; d. לַחְמָא Jer. I Gen. 31, 54.
— [בְּ]צַעַר „Schmerz" O. Gen. 3, 16 (Merx צֵעֲר); Pl. m. S. צַעֲרֵי
O. Gen. 3, 16. — סַעִיד[וֹ], (l. סַעִיד[וֹ]) „Hilfe" O. Jer. I Deut. 33, 7, Merx
וּסְעִיד (aber 2. Sam. 22, 42 סֵעִיד); m. S. סֵעֲדִי O. Jer. I Ex. 18, 4;
סֵעֲדָךְ O. Jer. I Gen. 26, 3; סַעֲדִיכוֹן Ech. R. II 4; סֵעֲדְהוֹן O. Jer. I
Num. 23, 21, Merx סֵעֲדְהוֹן. — Mediae א. עֵן „Kleinvieh" Schir
R. III 5; d. עֲנָא Ech. R. I 36, עָנָא O. Jer. I Lev. 1, 2; Plur. d.
עֲנַיָּא Schir R. III 5.

III Gutturalis. תְּרַע „Thür" O. Jer. I Ex. 32, 27; d. תַּרְעָא
Chag. 77ᵈ; c. תְּרַע Vaj. R. 12; Pl. תַּרְעִין Ech. R. I 53; d. תַּרְעַיָּא
Ech. R. I 53; c. תַּרְעֵי Ber. 6ᶜ; m. S. תְּרָעָךְ O. Jer. I Deut. 6, 9.
— זְרַע „Same" Sanh. 25ᵈ, זַרְעָ O. Jer. I Lev. 11, 36; d. זַרְעָא
Taan. 69ᵇ, זַרְעָא O. Jer. I Lev. 11, 37. — צְפַר „Morgen" O. Jer.
I Gen. 1, 5; d. צַפְרָא Ned. 40ᵈ. — d. נַצְרָה „Weidenkorb" Maas. 51ᵇ.
Mit א prostheticum אֶצְבַּע „Finger" Ech. R. I 31; d. אֶצְבְּעָא
O. Ex. 31, 18, Jer. I אֶרְבְּעָא; צִיבְעָא Jer. I Lev. 11, 13; m. S.
אֶצְבְּעֵיהּ Keth. 35ᵃ; Pl. d. אֶצְבְּעָתָא Jer. I Gen. 1, 7; m. S. אֶצְבְּעָתָךְ
Maas. sch. 55ᶜ; אֶצְבְּעָתֵיהּ Challa 58ᵃ; אֶצְבְּעוֹי Ech. R. I 52.

Feminina. d. מַלְכְּתָא „Königin" Naz. 54ᵇ. — צִדְקְתָא Gerech-
tigkeit" O. Jer. I Gen. 18, 19. — d. פַּרְסְתָא³ „gespaltene Klaue"
O. Lev. 11, 4. — דַּחְלָא „Furcht" O. Deut. 32, 21; d. דַּחְלְתָא O.
Jer. I Gen. 20, 11; m. S. דַּחְלְתִיךְ Bab. m. 8ᶜ; דַּחְלְתֵיהּ O. Deut.
4, 20; Pl. דַּחְלִין O. Jer. I Deut. 32, 17. — d. עַרְקְתָא „Riemen"
Jeb. 15ᵃ; c. עֶרְקַת O. Gen. 14, 23. — מְחָא (= מַחְאָה) „Schlag" O.
Jer. I Ex. 8, 15; c. מְחָת O. Deut. 28, 59; Pl. מְחִין O. Jer. I Deut.

---

¹ Hieron. (Liber interpret. hebr. nom.) *banereem* „filii tonitrui".
² Jerem. 6, 1 LXX B Βαιθθαχαρμά = בֵּיתכָּרְמָא cf. בֵּית כרם Nidd. II 7.
³ Vgl. Dan. 5, 25 LXX φαρές, Hieron. *phares*, nach Josephus (Antt.
X 11, 3) κλάσμα, Hieron. „divisio". An פרץ (so *Siegfried*, Die hebr. Worterklä-
rungen des Josephus, ZAW III 50) ist hier nicht gedacht, sondern an פרס „Hälfte,
Halbmine" Pea VIII 5. Eine Peïlform haben auch die Vokalisatoren mit פְּרַס
nicht beabsichtigt, da sie Dan. 5, 25 פַּרְסִין vokalisieren. — *Nöldeke*, Zeitschr. f.
Assyr. I 414 f. hat gewiss Recht mit der Annahme, dass der Doppelsinn der
bekannten Namen für Gewichtseinheiten (Mine, Sekel, Halbmine) hier massgebend sei. S. auch *Bevan*, A short Comm. on the book of Daniel 106.

28, 59, Jer. I auch מחתין מחתין; *d.* מאחאתא Jer. I Lev. 26, 18, מחוותא
Jer. I Deut. 29, 1; m. S. מחתהון O. Deut. 32, 32.

Mit Übergang in *i* oder *e*:

Masculina. *c.* צילם „Bild" O. Deut. 4, 25, Jer. I צלם, צלם
O. Gen. 1, 27; *d.* צילמא Schek. 47ᵃ; Pl. צילמין Jer. I Gen. 26, 1;
aber *d.* צלמייא Ab. z. 43ᵈ; m. S. צלמיהון O. Deut. 7, 5, Jer. I *c.*
צלמי. — *d.* פיסחא¹ „Passah" Ned. 41ᵃ, פסחא O. Jer. I Num. 9, 2.
— [ב]סטר „Seite" O. Jer. I Ex. 13, 20; *d.* סיטרא Keth. 35ᵃ, סטרא
O. Ex. 25, 12, Jer. I m. S. ציטריה. — *d.* סילעא „Sela" Kidd. 58ᵈ,
auch סלעא Sanh. 27ᵈ; Pl. סילעין Sukk. 55ᵃ, סלעין O. Jer. I Gen.
20, 16; *d.* סילעיא Sukk. 55ᵃ. — חסד „Huld" Pea 21ᵇ; *d.* חיסדא²
Ab. z. 42ᶜ, חסדא O. Gen. 39, 21, Jer. I חיסדא; חסדא „Schmach" O.
Gen. 34, 14. — צבע „Farbe" O. Jer. I Ex. 25, 4; *d.* ציבעא Pes. 29ᵈ;
— קמח „Mehl" Meg. 72ᵃ, קמח O. Num. 5, 15; *d.* קימחא Meg. 72ᵃ
neben קמחא Ned. 38ᶜ, קמחא O. Gen. 18, 6. — *d.* מילחא „Salz"
Keth. 35ᵇ, מלחא O. Lev. 2, 13, Jer. I מילחא. — Pl. נכסין „Vermögen" Keth. IV 9; *d.* ניכסיא Keth. 33ᵇ, נכסיא O. Jer. I Deut.
8, 17; m. S. ניכסי Bab. b. 16ᵈ. — *d.* פירקא „Abschnitt" Jeb. 11ᵃ;
Pl. *c.* פירקי Jeb. 6ᵇ. — *c.* ריש „Haupt" Kil. 32ᵇ, ריש O. Ex.
17, 9; *d.* רישא Sabb. 3ᵇ, ראשה Jeb. 11ᵃ; Pl. רישין Pesikt. 139ᵃ,
d. רישה Sabb. 15ᵃ, ראשייא Sabb. 10ᵃ. — *d.* זיהרא „Mond" Taan. 69ᶜ,
Jer. I Deut. 4, 19, סיהרא O. Jer. I Gen. 37, 9. — *d.* סיתווא
„Winter" Kil. 30ᵈ, סתוא O. Jer. I Gen. 8, 22. — קברא „Grab"
O. Num. 19, 18; m. S. קבריה „Grab" Chag. 77ᶜ; aber Pl. *d.*
קיברייא Naz. 56ᵃ. — *d.* שמשא „Sonne" Bez. 62ᵈ, שמשא O. Jer. I
Deut. 4, 19. — Pl. טלפין „Klauen" O. Deut. 14, 6, Jer. I *d.*
טלפיא. — תבן „Stroh" Schebi. 39ᵃ; *d.* תבנא Maas. sch. 55ᶜ, תבנא
O. Ex. 5, 10, Jer. I תיבנא.

Feminina. איתא „Weib" (s. § 40, 3). — תאנה „Feige" Ber. 5ᶜ,
תאינה Orl. 61ᵃ, *d.* תינתא Sanh. 22ᶜ; Pl. תאינין Dem. 24ᶠ, תינין Vaj.
R. 25 (falsch תינן Ter. 46ᵃ), תינין O. Jer. I Num. 20, 5; *d.* תאנייא
Maas. sch. 56ᵃ, תיניא Vaj. R. 25. — *c.* תירעת „Thür" Sanh. 23ᶜ,
neben *d.* תרעא s. o. und *c.* תורעת Dem. 21ᵈ.

Mit Übergang in *u*:

Masculina. גבר „Mann" Jeb. 11ᵇ, גבר O. Jer. I Gen. 41, 44;
d. גברא³, גוברא Taan. 64ᵇ; Pl. גוברין Chag. 78ᵃ; *d.* גובריא Sanh. 20ᵇ,
גובריא O. Jer. I Num. 22, 9. — *d.* רומשא „Abend" Sot. 19ᵃ,

---

¹ LXX, NT πάσχα (s. S. 126 Anm. 5), Antt. V 1, 4 φάσκα.
² Vgl. Joh. 5, 2 AC Βηθεσδά, Ev. Hier. ܒܝܬ ܚܣܕܐ.
³ Ptolem. Βαιτογάβρα, Act. Sanct. Βαιθαγαύρη = פּיתנבּרא ohne Umlaut in *u*.

neben רמשא s. o. — גּוֹפָן „Rebe“ O. Jer. I Gen. 49, 22; d. גופנא
Vaj. R. 12, גוֹפְנָא O. Jer. I Gen. 40, 10.

β. ע"ע. *Masculina. d.* ימא „Meer“ Jeb. 3ᵇ, Pl. *d.* יַמְמֵיָא O.
Gen. 49, 13. — עם „Volk“ Ber. R. 78; d. עמא Erub. 23ᶜ; Pl. *d.*
עממיא Koh. R. VII 23; *c.* עַמְמֵי O. Jer. I Deut. 28, 10. — *d.* שרה
„Fürst“ Sanh. 25ᵈ; m. S. סריה Sanh. 25ᵈ. — חגא „Fest“ Bab. b.
15ᶜ, חֻגָּא O. Jer. I. II Ex. 32, 5; Pl. (mit Auflösung der Verdoppelung) חגגין „Reigen“ O. Ex. 32, 19, Jer. I חינגין — צד „Seite“
Sot. 20ᵇ; m. S. צדדיה Jer. I Num. 19, 14; Pl. *d.* צדדיא Sabb. 10ᵃ.

Feminina. כלה „Braut, Schwiegertochter“ Vaj. R. 26; *d.*
כלתא Koh. R. I 8; m. S. כלתיה O. Jer. I Gen. 38, 11; Pl. כלין
Jer. I. II Deut. 24, 6; *d.* כלייה Ab. z. 42ᶜ. — *d.* אמתא „Elle“
Sot. 22ᶜ, אָמְתָא O. Jer. I Ex. 25, 10; Pl. אמין Ber. R. 59.

Mit Übergang in *e* oder *i*: פיתא „Bissen, Brot“ Vaj. R. 5,
פָּתָא O. Gen. 18, 5; *d.* פיתתא Ab. z. 41ᵃ (פיתותא Dem. 22ᵃ). —
פיסא „Bissen“ Ber. 10ᵇ, *d.* פיסתה Pes. 33ᶜ. — *d.* כיפתא „Gewölbe“
Naz. 56ᵃ. — גינה „Garten“ Maas. sch. 56ᵇ; *d.* גינתא Dem. 22ᶜ, גנתא
Ber. R. 80, גנתה Sanh. 20ᵈ, גִּנְתָא O. Gen. 2, 8, Jer. I גינוניתא; *c.*
גינת Maas. 49ᵈ; m. S. גינתיה Bab. b. 13ᶜ; Pl. גנין Sanh. 23ᶜ, Jer.
I. II Num. 24, 6; גינין Vaj. R. 3. — גט „Dokument“ Jeb. 15ᵃ,
גֵט O. Deut. 24, 1; *d.* גיטא Jeb. 6ᵇ; Pl. גיטין Jeb. 6ᵃ.

Mit Übergang in *u*: Pl. *d.* גובבתא¹ „Gubabta“ (Rücken) Ber.
R. 98, גוב תתא Koh. R. VII 11, IX 10, גו פפתא Kil. 32ᵇ, גבתא
Jer. I Num. 34, 9, vgl. גובבא Targ. Ps. 68, 16.

γ. ע"ו, ע"י. *Masculina. d.* חובה „Schuld“ Keth. 33ᵃ; m. S.
חובי O. Jer. I Ex. 10, 17; חוביה Taan. 66ᶜ; Pl. חובין Vaj. R. 5;
d. חוביא Vaj. R. 6. — תור „Ochs“ Sanh. 30ᶜ, תוֹר O. Jer. I Lev.
4, 3; *d.* תורא Ech. R. I 15, Pl. תורין Sanh. 18ᵇ; *d.* תורייא Vaj.
R. 5. — *d.* צומא „Fasten“ Jom. 44ᵈ; Pl. צומין Taan. 66ᵃ, *d.* צומיא
Ech. R. I 31. — יום „Tag“ Taan. 66ᵃ; *d.* יומא Ab. z. 41ᵃ, יוֹמָא
O. Jer. I Ex. 8, 18; Pl. יומין Kil. 32ᵇ; *d.* יומיא Meg. 70ᶜ; *c.* יומי
Keth. IV 14. — *c.* סוף „Ende“ Kil. 32ᵇ; *d.* סופא Kil. 32ᵇ;
m. S. סופהון O. Deut. 32, 20, Jer. I סופיהון. — *d.* מותא „Tod“
Kil. 32ᶜ, מוֹתָא O. Jer. I Ex. 9, 3.

עין „Auge“ Sot. 19ᵃ: *d.* עיינה Sot. 16ᵈ, עינא Ber. 3ᶜ, עֵינָא O.
Ex. 22, 2; Pl. עיינין Ech. R. I 14, Jer. I Gen. 38, 14, עינין O.
Gen. 3, 6 (Jer. I עיינין), Deut. 29, 3 (Merx עֵינִין); *d.* עיניה Schek. 49ᵇ,

---

¹ Ohne Umlaut in *u* und mit Zusammenziehung des doppelten *b* Γαββαθᾶ
(Joh. 19, 13) = גְּבְּתָה, Ev. Hier. ܠܝܘ̈ܐ, was freilich nicht eigentlich λι-
θόστρωτον bedeutet.

עיניא Vaj. R. 18; עֵינֹון ¹ „Quellen" O. Deut. 8, 7. — חיל „Stärke" O.
Jer. I Ex. 32, 11; d. חיילא Ter. 46ᵇ; m. S. חיילך Ab. z. 44ᵃ. — d.
תיישא „Ziegenbock" Bab. b. 13ᵈ; Pl. d. תישׂיא O. Gen. 30, 34. —
d. קיטא „Sommer" Kil. 30ᵈ. קיטא Taan. 65ᵇ, קיטא O. Jer. I Gen.
8, 22. — d. ביתא „Haus" Taan. 66ᵇ, ביתא Maas. sch. 55ᶜ, ביתא O.
Jer. I Ex. 12, 3; c. בית ² Keth. 35ᵃ, בי Gitt. 45ᵇ; m. S. ביתיה Kil.
32ᵃ, ביתיה Ter. 45ʳ; Pl. d. בתיא O. Jer. I Ex. 8, 9; m. S. בתיהון
Maas. 49ᵈ. — d. צידא „Jagd, Beute" O. Jer. I Gen. 27, 3, vgl.
den Ortsnamen צייר (viell. zu lesen צייד³) Dem. 22ᵈ und ציידתא
Meg. 70ᵃ. — זית „Olive" Sabb. 4ᵈ: d. זיתא Ech. R. I 14, זיתא
Ber. 10ᵃ, זיתא O. Jer. I Gen. 8, 11; Pl. זיתין Taan. 66ᵈ; d. זיתיא
Sanh. 18ᵈ; m. S. זיתהא O. Deut. 8, 8, Jer. I זייתהא.

Feminina. d. תורתא „Kuh" Sabb. 3ᵇ, תורתא O. Jer. I Lev.
22, 28. — d. חובתא „Schuld" Sot. 20ᶜ; c. חובת Horaj. 46ᵇ; m. S
חובתיה O. Jer. I Lev. 4, 3. — חיווא „Tier" Sch. R. V 14, חיוא
O. Ex. 22, 30; d. חיותא Vaj. R. 13, חיוותא Jer. I Ex. 22, 30 (vgl.
Dan. 4, 11 חֵיוְתָא); Pl. חיוון Koh. R. XI 2; d. חיותא Pesikt. 94ᵃ,
חיותא Ech. R. III 7.

δ. ל״י, ל״י. *Masculina.* גדי „Böckchen" Sanh. 30ᶜ, גדיי Jer. I
Lev. 22, 27; d. גדיא O. Gen. 38, 17, Jer. I גידי; Pl. גדיין Jer. II
Deut. 32, 14, Jer. I גדאין, גדין, [וֹ]גדין O. Deut. 14, 4, Jer. I גדיי; c.
[וֹ]גדי O. Gen. 27, 16, Jer. I גדיי; גדיי (wohl als Pl. d. gemeint) O.
Jer. I Gen. 27, 9, Sab. גְּדָיֵי; m. S. גדייהון Vaj. R. 5. — טבי „Ga-
zelle" Vaj. R. 33, d. טביא Midr. Tehill. 18, 30, טביא O. Deut.
14, 5; Pl. טבין Schebi. 38ᵈ, טבין Sanh. 25ᵈ, Jer. I Deut. 14, 5; d.
טביי Meg. 74ᵈ. — כרי „Haufe" Bab. m. 8ᶜ; d. בריה (l. כריה) Maas.
49ᵃ; Pl. כרוון Jer. I Ex. 8. 10. — ארי „Löwe" Vaj. R. 22; d. אריא
Ber. R. 64, אריא O. Jer. I Num. 24, 9; Pl. אריון O. Deut. 33, 22,
Jer. I אריוון; d. אריוותא Schebi 39ᵃ. — ריו „Aussehen" O. Deut. 21, 11.
Jer. I ריוו; d. ריוא O. Gen. 29, 17. — חיוו „Gesicht" O. Jer. I
Gen. 12, 11; d. חזוא O. Gen. 29, 17, Jer. I חיווא; Pl. חזוון O. Num.
12, 6, Jer. I חזוי.

Feminina. d. טביתא⁵ „Gazelle" Vaj. R. 19. — d. אליתא
„Fettschwanz" O. Jer. I Lev. 3, 9. — d. גדיתא „Ziege" Jer. I
Num. 15, 27. — עריא „Scham" O. Lev. 18, 6, Jer. I עריא; d.

---

¹ Vgl. palmyr. Zolltarif Pl. עינן, d. ענתא „Quellen."
² Vgl. Matth. 26, 6 Βηθανία = בית חניה.
³ Joh. 1, 45 Βηθσαϊδά, Matth. 11, 21ᵃ Βηθσαϊδάν, womit zu vergleichen
צידן Koh. R. II 8 „Sidon".
⁴ Hieron. zu Jes. 21, 8 *aria*. S. übrigens § 39, 1.
⁵ Apg. 9, 36 Eigenname Ταβιθά = טביתא, vgl. nabat. Τοβαιάθη, Wadd. 2155.

עָרִיתָא O. Lev. 20, 20, Jer. I עָרִיתָא; c. עָרִית O. Lev. 18, 7, Jer. I
עָרִית; m. S. עָרִיתָה¹ O. Lev. 18, 7, Jer. I עָרִייתָהוּן (fem.)
O. Lev. 18, 9, Jer. I עָרִיתָהוּן. — קרייא „Flecken" s. § 40, 3.

רשו „Vollmacht" Ech. R. II 14, רְשׁוּ O. Jer. I Deut. 24, 4;
d. רשותא Vaj. R. 21; m. S. רשותי Ech. R. I 36. — רְעוּא „Wille"
O. Gen. 24, 42, רעו Jer. I Gen. 23, 8; d. רעותא Vaj. R. 3; c. רְעוּת
O. Deut. 12, 15, Jer. I רְעֲוֹת; m. S. רעותיה Vaj. R. 3; [בְּ]רעֲוָתהוּן
O. Jer. I Gen. 49, 7. — גֵּיאוּתָא „Hoheit" O. Ex. 15, 1, Sab. גֵּיוָתָא
2. ḳitl.

a. starke Wurzeln. Masculina. d. תִּקְלָא² „Sekel" O. Ex. 38, 26;
Pl. תקלין Schek. 46ᶜ. *I Gutturalis.* c. ריגל „Fuss" Jer. I Num.
22, 25, רְגֵל O. Jer. I Gen. 33, 14; d. רִגְלָא O. Deut. 19, 21,
Jer. I רִיגלא; m. S. רגליך Jeb. 6ᶜ; ריגליה Sanh. 19ª; Pl. רְגָלִין O.
Lev. 11, 23, Jer I רִיגלין; d. רגליא Ber. R. 70; m. S. רגלוי Meg. 74ª,
ריגלוי Keth. 35ᵇ; רְגְלֵיכוֹן O. Gen. 18, 4. — c. עיסק „Beschäftigung"
Sanh. 21ᵈ, עִיסק O. Jer. I Gen. 21, 11; m. S. עיסקך Sanh. 25ᵈ;
עסקיה Ech. R. I 14; Pl. m. S. עיסקיכון Jeb. 6ᵇ. — m. S. אִיבריה³ „Glied"
Jer. I Gen. 14, 2; Pl. d. אִבְרִיָּא O. Lev. 1, 8 m. S. אַבְרוֹהִי O. Ex.
29, 17. — עשב „Kraut" Vaj. R. 22; d. עשבא Vaj. R. 22, עֶסְבָּא
O. Gen. 1, 29, Jer. I עיסבא. — עיגל „Kalb" Kil. 32ᵇ, עֵגֶל Sanh.
25ᵈ, עֵיגל O. Lev. 9, 3; d. עֶגְלָא O. Ex. 32, 24, Jer. I עיגלא; Pl.
עגלין Bab. m. 8ᶜ. — חלם „Traum" Maas. sch. 55ᶜ, d. חלמא Ber.
R. 89, חֶלְמָא O. Gen. 37, 5, Jer. I חילמא; m. S. חילמיה Sanh. 23ᶜ;
Pl. d. חילמיא Koh. R. X 10. — אֵימר „Rede" O. Jer. I. II Num. 24, 4.

II Gutturalis. d. טיהרא „Mittag" Ab. z. 42ᶜ, טִיהְרָא O.
Deut. 28, 29.

III Gutturalis. c. ספר „Buch" Taan. 66ᵈ, סֵפֶר O. Jer. I Gen.
5, 1; d. ספרא Ber. 8ª, סִפְרָא O. Ex. 17, 14; Pl. c. סיפרי Maas. 51ª;
m. S. ספרוי Keth. 26ᵇ. — משח „Öl" Sabb. 4ᵈ, [בְּ]מָשׁח O. Jer. I
Num. 7, 13; d. מישחא Ab. z. 41ᵈ. — c. נדר „Gelübde" O. Jer. I
Num. 6, 2, d. נדרא O. Jer. I Lev. 7, 16; m. S. נידריה Ned. 41ᵇ;
Pl. נדרין Ned. 42ᶜ, c. נדרי Ned. 42ᶜ. — פתר „Deutung" Bez. 61ᶜ; d. פיתרא
Dem. 26; Pl. פתרין Erub. 22ª (d. פתרייתא Gitt. 49ᶜ).

Mit Übergang in *u*: דבש „Honig" Pea 20ᵇ, דֻּבַשׁ O. Jer. I
Gen. 43, 11; d. דובשא Pea 20ª, Jer. II Deut. 8, 8.

---

¹ Nach Masora Ausg. *Land*. 108 schreibt man in Sura עִירִיתָה, in Nehardea עִירִיתָה.

² Vgl. Dan. 5, 25 LXX θεκέλ, Hieron. *thecel* für תְּקֵל, Jos. Antt. X 11, 3
σταθμός, Hieron. „*appensio*". Es ist Nomen verb., anklingend an תקל „Sekel".

³ Die Lesart Mich. 3, 3 אֲבֵרֵיא ist nicht massgebend (gegen *Merx*, Chrest.
Targ. 166).

Feminina. d. עגלתא „Kalb" Ber. R. 58, עֶגְלְתָא O. Deut. 21, 4, Jer. I עינלתא; *c.* עֶגְלַת O. Deut. 21, 3, Jer. I עֶינְלַת.

β. ע״י. *Masculina. d.* שינא „Zahn" Sabb. 8ᶜ, שִׁנָּא O. Ex. 21, 27, Jer. I שינא; *c.* שֵׁן O. Jer. II Deut. 32, 24; m. S. שינך Kil. 32ᵇ. — אימא „Mutter" s. § 40, 3. — זיקא „Schlauch" Ab. z. 45ᵃ; Pl. ויקין Schek. 50ᶜ, Jer. Gen. 21, 14 ('Arûk s. v. זק). — קן ',„Nest" Vaj. R. 19; *d.* קינא Vaj. R. 22; m. S. קֶנֵּה O. Deut. 32, 11, Jer. II קיניה. — עז „Ziege" Keth. 33ᵃ, עֵז O. Lev. 22, 27; *d.* עיוא Ech. R. I 9; Pl. עוין O. Gen. 15, 9; *d.* עיוא Vaj. R. 5. — *d.* ניסא „Wunder" Taan. 67ᵃ, Jer. I Ex. 17, 15; Pl. ניסין Ter. 46ᵇ, נֵסִין O. Ex. 17, 15.

Feminina. d. חיטתא „Weizen" Ned. 40ᵃ; Pl. חיטין Sot. 20ᵇ, חֹטִין O. Ex. 29, 2, Jer. I חינטין; *d.* חיטייא¹ Schebi. 37ᶜ. — עילא „Vorwand" Keth. 35ᵇ; m. S. עילתך Kil. 32ᵇ. — סיכא „Pflock" Jer. I Deut. 23, 14; *d.* סיכתא „Pflock" Dem. 22ᵃ, סוכתא (l. סיכתא) Schek. 48ᵈ, סֹבְתָא O. Deut. 23, 14; Pl. *d.* סֹבִיּא O. Ex. 38, 20. — מילה „Wort" Ab. z. 45ᵇ; *d.* מילתא Jeb. 6ᵇ, מלתא Jer. I Num. 31, 8; m. S. מיליה (!) Jer. I Gen. 34, 31; Pl. מילין Naz. 54ᵇ; *d.* מילייא Ber. R. 56; *c.* מילי Sanh. 28ᵇ. — *d.* צינתא „Kälte" Sanh. 29ᶜ, Jer. II Gen. 8, 22. — שיטה „Reihe" Ber. 13ᵃ; m. S. שיטתיה Meg. 75ᵇ; Pl. שיטין Ber. 13ᵃ; *d.* שיטייא Gitt. 46ᵈ; m. S. שיטתיה „Bretter" Maas. sch. 55ᶜ.

γ. ו״י, ע״י. *Masculina.* דין „Gericht" Sanh. 18ᵇ; *d.* דינא Naz 54ᵈ; Pl. *d.* דיניא O. Jer. I Ex. 21, 1. — *c.* כים „Beutel" Pea 21ᵇ; m. S. כיסך O. Deut. 25, 13; Pl. *d.* כיסייא Bab. k. 3ᶜ. — Pl. *d.* שיחייא „Höhlung" Ter. 45ᵈ, vgl. שיח Jer. I Deut. 9, 19.

Feminina. סיעה „Gesellschaft" Ber. R. 65; *d.* סייעתא Bikk. 65ᶜ; *c.* סיעת Sanh. 23ᵇ; Pl. סיעין O. Num. 24, 24.

δ. ל״י, ל״ו. *Masculina.* חו, חיוי „Schlange" Sabb. 3ᵇ, חֹוי O. Gen. 49, 17; *d.* חיויא Ab. z. 45ᵃ, חֹויא O. Ex. 7, 15, Pl. חוויין Pesikt. 94ᵃ, חֹוִין O. Jer. I Deut. 8, 15, חיויין Jer. I Gen. 49, 17.

Mit Dehnung des Vokals: Pl. פירי „Frucht" Orl. 61ᵃ, פירין O. Gen. 1, 11, Jer. I פירי; m. S. פרהא Vaj. R. 5, פרייה Jer. I Num. 13, 21; פיריהון Vaj. R. 25 (kein Singular kommt vor).

Feminina. חדו „Freude" Schir R. I 3; חֶדְוָה O. Gen. 31, 27, Jer. I חדווא; *d.* חדותא Schir R. I 3; *c.* חדוות Jer. I Deut. 16, 10; m. S. חֶדְוְתְכוֹן O. Num. 10, 10, Jer. I חדוותכון. — דְמוּ „Bild" O. Ex. 20, 4, Jer. I דמוי; *c.* דמות Ech. R. I 31, דְּמוּת O. Deut. 4, 16; m. S. דמותהון Schir R. VII 2. — כסו „Bedeckung" Ech.

---

¹ Palm. Zolltarif *d.* חטא, was als det. Plural zu verstehen sein wird (חֲטָא), vgl. *Nöldeke*, ZDMG XXIV 100.

R. Peth. 24, כֹּסוּ O. Jer. I Ex. 22, 8, כסות Koh. R. XI. 1; *d.*
כֹסוּתָא O. Jer. I Ex. 22, 25; *c.* כֹּסוּת O. Deut. 24, 17.

3. ḳuṭl.

α. starke Wurzeln. Masculina. קשוט „Wahrheit" Vaj. R. 26.
קְשׁוֹט O. Jer. I Gen. 24, 49; *d.* קוּשְׁטָא Ech. R. I. 4, קוּשְׁטָא O,
Jer. I Gen. 3, 1. — בֹּ[תִקוּף] „Macht" O. Num. 24, 9; *d.* תּוּקְפָּא O.
Jer. I Num. 24, 8; m. S. תּוּקְפִי O. Ex. 15, 2; תּוּקְפָּבֹן O. Lev. 26, 19.
— קוּדֹש „Heiliges" O. Lev. 6, 10, Jer. I קדש; *d.* קוּדְשָׁא Bab.
m. 12ᵃ, קֹודְשָׁא O. Jer. I Lev. 6, 23; Pl. קוּדְשִׁין O. Jer. I Lev. 6, 10. —
d. פּוּגְלָא „Rettich" Ter. 45ᵈ; Pl. פּוּגְלִין Pea 20ᵇ. — כּוּתַל „Wand"
Bab. b. 13ᵇ, *c.* כּוּתֵל O. Jer. I Lev. 1, 15; *d.* כּוּתְלָא Maas. 51ᵇ,
כּוּתְלָא Sanh. 20ᵇ; Pl. m. S. כּוּתְלֹוּתִי O. Ex. 30, 3, Jer. I כּוּתְלֹוּי.

I Gutturalis. רִגְיִי² „Zorn" Taan. 65ᵇ, רגוֹ Jer. I Gen. 27, 46,
רֹגֻוֹ O. Jer. I Deut. 9, 20; *d.* רוּגְזָא O. Jer. I Deut. 9, 19; m. S.
רוּגְזֵיה Ech. R. II 2; דּוּגְזֹהֹון O. Gen. 49, 7, Jer. I רוּגְזֵיהֹון. —
d. אוּדְנָא „Ohr" Jeb. 9ᵇ; m. S. אוּדְנִי Koh. R. VII 8; Pl. אוּדְנִין
Ech. R. I 14, אֹודְנִין O. Jer. I Deut. 29, 3; *d.* אוּדְנַיָּא Koh. R.
XII 5. — *d.* אוּרְחָא Keth. 33ᶜ, אֹורְחָא³, O. Gen. 38, 16, Jer. I אָרְחָא;
c. אֹורַח O. Jer. I Gen. 24, 48; m. S. אוּרְחִי O. Gen. 24, 42, Jer. I
אֹורְחִכֹון;אָרְחִי Ab. z. 43ᵈ,אֹורְחֹכֹון O. Gen. 19, 2, Jer. I אָרְחַתְכֹון, vgl. אֹורְחַתְכֹון
Ber. 2ᵇ; Pl. אָרְחָן Midr. Tehill. 9, 5, אֹורְחָן O. Deut. 28, 7, Jer. I
אָרְחִין. — *d.* אֹונְסָא „Zwang" Gitt. 49ᵃ, Jer. I Gen. 34, 2. — *d.*
חוּמְרָא „Erschwerung" Gitt. 45ᵃ; Pl. חוּמְרִין Sanh. 30ᵇ, *c.* חוּמְרִי Ber. 3ᵇ.
— *d.* חוּטְרָא „Stab" Kidd. 60ᵇ; m. S. חוּטְרָך O. Jer. I Gen. 38, 18.

II Gutturalis. צֹרֹך „Nutzen, Bedürfnis" O. Jer. I Deut. 32, 17;
d. צֹורְכָה Ab. z. 39ᵈ; Pl. m. S. צוּרְכִינָן Jeb. 13ᵃ; צֹורְכֵיהֹון O. Deut. 32, 10.
— *d.* שׁוּחֲדָה „Bestechung" Keth. 31ᵈ שׁוּחְדָא O. Jer. I Ex. 23, 8.
— Mediae א: Pl. תְּיֹומִין⁴ „Zwillinge" O. Gen. 25, 24. — טֹועֲנָא⁵

---

¹ Hieron. zu Jes. 40, 13 *codsa* mit *o* statt *u*, vgl. S. 62.
² Hierher gehört Βοανηργές (Mark. 3, 17) = בְּנֵי רְגֵז mit Verwandlung von
ζ in σ, vgl. Βοές Matth. 1, 5 SB für בֹּעַז. Wahrscheinlich gehört das o hinter
ρ, sodass Βανηρογές zu lesen. Vgl. hebr. רְגֵז vom „Donner" Hiob 37, 2, wodurch die Übersetzung υἱοί βροντῆς wenigstens erklärlich wird. Dass der
Donner syrisch רְגַשׁ (!) heisse, wie *Meyer-Weiss* zu Mark. 3, 17 mitteilt, ist unrichtig.
³ Die Masora, Ausg. *Landauer* 13 verzeichnet Lesarten mit Chateph-
Kamez und Schurek.
⁴ Joh. 11, 16 Θωμᾶς = *d.* תְּאֹומָא mit Ausstossung des Aleph.
⁵ Die Masora Ausg. *Land.* 56 bezeugt auch Lesarten mit der Form טֹעֲן,
vgl. § 28, 7. Das Ajin schliesst die Silbe und wurde vielleicht gar nicht ausgesprochen.

„Last" O. Gen. 44, 2, טוּנָא; Pl. c. טוֹעֲנֵי O. Gen. 44, 1; m. S. טוֹעֲנָנָא O. Gen. 44, 8, Jer. I טונגא.

III Gutturalis. d. שׂובעא „Sättigung" Kil. 32ᶜ, aber סׂבעָא O. Gen. 41, 29, Jer. I שׂובעא. — Pl. רובעין „Viertel" Ter. 42ᵈ. — שובע „Siebent" Kil. 29ᵃ, Jer. II Num. 11, 26.

Feminina. חכמה „Weisheit" Naz. 54ʰ, חוכמא Ech. R. I 12, חׇכְמָה¹ O. Ex. 31, 3; d. חכמתא Chag. 77ʰ; m. S. חוכמתכון O. Deut. 4, 6 Jer. I חכמתכון. — סוֹאֳבָא „Unreinheit" O. Lev. 12, 16; d. סובתא Jer. I Gen. 18, 11; c. סוֹאֳבַת O. Lev. 5, 3; m. S. סׂאוֹבָתֵיהּ² O. Lev. 5, 3, Jer. I סובתיה. — גומרה „Kohle" Maas. sch. 56ᶜ. Jer. I Ex. 27, 5; d. גומרתא „Fieber" Sabb. 14ᵈ; Pl. גומרין Ned. 37ᵈ. — d. תומנתא „Achtel" Ab. z. 41ᵃ, תמונתא Schek. 47ᶜ. — גזורה „Beschneidung" Sukk. 53ᵃ; d. גזורתא Ab. z. 42ᶜ, גזורתא³ Jer. I Ex. 4, 25. — מהולתא[ר]⁴ „Beschneidung" O. Jer. I Ex. 4, 25. — d. ערובתא⁵ „Vorabend" Ab. z. 40ᵈ; c. ערובת Kidd. 61ᵃ.

β. ע"ע. *Masculina.* d. קוֹרָא „Kälte" O. Jer. I Gen. 8, 22. — חוּמָא „Wärme" O. Jer. I Gen. 8, 22. — כל „alles" O. Jer. I Ex. 20, 17; d. כולא Schebu. 33ʰ, כולא O. Jer. I Gen. 6, 19; c. כֹל O. Jer. I Ex. 20, 10, vgl. § 20, 3. — d. זולא „Billigkeit" Kil. 32ᶜ. — d. קולא „Erleichterung" Gitt. 45ᵃ; Pl. קולין Sanh. 30ᵃ; c. קולי Ber. 3ʰ. — d. חוֹלָא „Gemeines" O. Lev. 10, 10; Pl. חולין Jer. I Gen. 18, 25. — גוב „Grube" O. Jer. I Ex. 21, 33; d. גובא Ab. z. 44ᵃ, גוּבָא⁶ O. Jer. I Ex. 21, 34. — d. טולא „Schatten" Ber. 7ʰ, Jer. I Lev. 23, 42; c. טול Sanh. 18ᶜ, טל R. h. S. 58ʰ.

Feminina. אומא „Volk" Jer. I Deut. 4, 7; d. אומתא Sabb. 8ᵈ; Pl. אומין Jer. I Gen. 25, 3; d. אומיא Pesikt. 13ᵃ. — m. S. קופתך „Korb" Sukk. 52ʰ; Pl. קופין Ab. z. 44ʰ; d. קופייא Pes. 30ᵃ.

γ. ו"ע. י"ע. *Masculina.* נור „Feuer" Ber. 9ᵃ; d. נורא Jom. 45ʰ, נוֹרָא O. Jer. I Lev. 19, 6. — טור „Berg" Kil 31ᶜ; d. טורא Sabb. 3ʰ, טוּרָא O. Ex. 19, 12, Jer. I טוורא; Pl. טורין Pesikt. 93ᵃ. — נון „Fisch" Ned. 39ᵈ; d. נונא Sabb. 3ʰ; Pl. נוני O. Jer. I Ex. 7, 21. — d. טוֹבָא „Glück" O. Gen. 27, 28, Jer. I c. טוב; Pl. m. S. טובוי Jom. 41ᵈ. — רוחא „Geist" Chag. 77ᵃ; c. רוח O. Jer. I Gen. 45, 27; Pl. רוחין Ber. 5ᵃ; d. רוחייא Schek. 49ʰ, רוחתא Vaj. R. 5. — d. רומא „Höhe" Sanh. 25ᵈ, רוֹמָא O. Deut. 33, 17.

---

¹ So liest man in Sura, in Nehardea חוכמה, s. Masora Ausg. *Landauer* 50.
² Für diesen Wechsel der Formen s. auch Masora Ausg. *Land.* 43.
³ Diese Form hat auch das Evang. Hieros., s. *Schwally*, Idioticon 18.
⁴ Neben מהולתא s. auch die Lesart מוּחְלְתָא Masora Ausg. *Land.* 77.
⁵ Die Urform ist עורבה, s. *de Lagarde*, Übersicht 65.
⁶ Hieron. zu Dan. 6, 8 *gubba.*

δ. לִ"י, לְי. *Masculina. d.* פּוּתִיא „Breite" O. Ex. 26, 2; m. S. פּוּתייה Koh. R. XII 7.

Feminina. Pl. כּולִין „Nieren" O. Lev. 4, 9, Jer. I כוליין; *d.* כּוליתא O. ebenda, Jer. I כוליתא.

§ 26. b. *Nomina mit zwei kurzen Vokalen.*

1. ḳaṭal, ḳiṭal.

a. starke Wurzeln. Masculina. d. גמלא „Kamel" Bab. b. 17ª, גַמְלָא O. Jer. I Lev. 11, 4; Pl. גמלין Ned. 37ᵈ; *d.* גמלייא Dem. 22ª.

I Gutturalis. עפר „Staub" Taan. 65ᵇ; *c.* עָפָר O. Lev. 14, 45; *d.* עפרא Taan. 65ᵇ. — חלב „Milch" Ech. R. II 16, חלב O. Jer. I Ex. 3, 8. — *d.* חתנא „Schwiegersohn, Bräutigam" O. Jer. I Ex. 4, 25; m. S. חתניה Sot. 16ᵈ. — חרת (l. חדת) „neu" Bab. b. 17ª, חדת O. Jer. I Num. 6, 3; *d.* חדתא O. Ex. 1, 8; Pl. חדתין Schek. VI 7. — אתר „Ort" Jeb. 3ᵈ, אתר O. Jer. I Gen. 24, 23; *d.* אתרא Ech. R. I 17, אתרא O. Jer. I Gen. 22, 3; m. S. אתרהון O. Deut. 32, 17; Pl. אתרין Kil. 30ᵈ.

II Gutturalis. דהב „Gold" Bab. m. 8ᶜ; *d.* דהבא Sabb. 7ᵈ, דהבא O. Jer. I Gen. 2, 12. — *d.* ברקא „Blitz" O. Jer. II Deut. 32, 41; Pl. ברקין Ab. z. 42ᶜ. — סער „Haar" O. Lev. 13, 21, Jer. I שער; *d.* סערא Naz. 58ª, סערא O. Lev. 13, 10, Jer. I שערא; m. S. שעריה Vaj. R. 5. — *d.* נהרא „Strom" Gitt. 49ª, נהרא O. Jer. I Gen. 2, 13; נהרין Sabb. 9ᶜ; *d.* נהריא O. Jer. I Ex. 8, 1; *c.* נהרוות Jer. I Ex. 34, 10; m. S. נהריהון O. Jer. I Ex. 7, 19. —

III Gutturalis. d. כפרה „Dorf" (Ortsname) Pea 21ª, כופרה Schek. 48ᵈ; *c.* כפר¹ Dem. 22ᶜ.

Mit Übergang in *i* (oder *e*): דכר „männlich, Widder" Schek. V 4, דכר O. Jer. I Gen. 1, 27; Pl. דכרין Keth. IV 12, דיכרין O. Ex. 13, 12, Jer. I דכרין, דוכרין Jer. I Num. 27, 1; *d.* דכריא Taan. 69ª, Ber. R. 33. — *d.* מטרא „Regen" Taan. 66ᵈ, מטרא O. Gen. 2, 5. — זמן „Mal" Pesikt. 79ᵇ, זמן O. Jer. I Deut. 16, 6; *d.* זימנא Sanh. 23ᶜ; Pl. זימנין Sot. 16ᵈ, זמנין O. Jer. I Gen. 43, 10. — *d.* דיקלא „Palme" Bab. k. 5ᵇ; Pl. דיקלי Taan. 67ᶜ, דקלין O. Jer. I Ex. 15, 27.

Feminina. הלכה, „Rechtssatz" Sabb. 9ʰ; *d.* הילכתא Sabb. 9ᵇ; Pl. *c.* הילכן Vaj. R. 3; *c.* הלכת O. Ex. 21, 9, Jer. I הילכת. — תמרא

---

¹ Καφαρναούμ (= כְּפַר נָחוּם) Matth. 11, 23 SBD, Jos. Vita 72 Acc. Καφαρναωμόν. Zur Vokalisation vgl. § 13, 1.

„Palme, Dattel" Vaj. R. 12; *d.* תמרתא Bez. 63ᵃ; Pl. תמרין Sabb.
14ᵈ. — ברכה „Segen" Ber. 9ᶜ; *d.* ברכתא Koh. R. VII 11, בורכתא
O. Gen. 27, 38, Jer. I בירכתא; m. S. ברכתִי O. Gen. 27, 36, Jer. I
בירכת; Pl. בִרכן, ברכאן ברכן Ber. R. 78. — *d.* חדתא ¹ „neu" Schek. 47ᶜ,
Sabb. 11ᵃ, חדתא O. Jer. I Deut. 22, 8; Pl. חֹדְתָן O. Jer. I Deut.
32, 17. — *d.* נְדֹבְתָא „freiwillige Gabe" O. Jer. I Lev. 7, 16 (6); *c.*
נדבת O. Jer. I Deut. 16, 10. — אֹדַמְתָא „Erde" ² O. Jer. I Gen.
2, 5. — נשמא „Seele" O. Jer. I Deut. 20, 16; *d.* נשמתָא O. Jer. I
Gen. 2, 7; *c.* נְשְמֹת O. Jer. I Gen. 7, 22. — צווחה „Ruf" Taan. 68ᵃ;
צווחא O. Gen. 27, 34, Jer. I *d.* צווחתא. — *d.* דעתא „Meinung"
Jer. I Deut. 22, 2; m. S. דעתך Gitt. 46ᵇ; Pl. דעוון Jeb. 2ᶜ. —
d. עצרתא³ „Pfingstfest" (als Schluss der Osterepoche) Sabb. 11ᵃ;
Pl. m. S. עַצְרֹתְכֹן O. Num. 28, 26, Jer. I עצרתיכון. — עיזקא „Ring"
Ab. z. 44ᵃ; *d.* עזקתא Vaj. R. 5; m. S. עיזקתיה Ber. R. 91; Pl.
עִזְקָן O. Jer. I Ex. 25, 12; *d.* עִזְקָתָא O. Jer. I Ex. 25, 24, עיזקיא
Sabb. 8ᵇ.

Mit Übergang in *u*: *d.* תומרתא „Dattel" Vaj. R. 12; Pl. תומרין
Ab. z. 40ᵈ; m. S. תומרייהא Jer. I Deut. 8, 8. — נוקבה „weiblich"
Bab. m. 8ᶜ, נוקבא O. Jer. I Gen. 1, 27; *d.* נוקבתא O. Lev. 27, 4;
Pl. נוקבן Keth. IV 13; *d.* נוקבתא Kil. 32ᵇ.

β. ע"ע. *Masculina.* *d.* רבה „gross, Lehrer" Jeb. 6ᵇ, רבָא O.
Jer. I Gen. 37, 36; *c.* רב O. Jer. I Gen. 37, 36; m. S. רבי⁴
Pea 21ᵃ; רבן Sanh. 25ᵈ; רבכון Sanh. 25ᵈ; רבהון O. Gen. 4, 20;
Pl. *d.* רבייא Ber. 9ᵃ, רבוותא Ber. 10ᵇ L; רברבין Dem. 24ᶜ, רברבין
O. Jer. I Gen. 12, 17; *d.* רברבייא Bab. k. 5ᶜ. — לב „Herz" Vaj.
R. 5; *d.* ליבא Ech. R. III 400, לבא O. Jer. I Gen. 8, 21; m. S.
ליביה Sanh. 25ᵇ; Pl. *d.* לבביא Ber. R. 67; m. S. ליבינן Taan. 65ᵃ. —
חי „lebendig" O. Jer. I Ex. 12, 9; *d.* חיָא O. Lev. 13, 14, Jer. I
חייא; Pl. חיין „Leben" Kidd. 64ᶜ; *d.* חייא O. Jer. I Gen. 2, 9;
m. S. חיָאי O. Gen. 27, 46, Jer. I חיי; חייכון Ter. 46ᵇ; חייהון O.
Jer. I Ex. 1, 14.

---

¹ Βηζεθά Jos. Bell. Jud. V 4, 2 („καινὴ πόλις"), Βηζέθ 1 Makk. 7, 19 A
(S Βηθζαιθ'), Βηθζαθά (Joh. 5, 2 S) wäre nach *Jos.* eine Anpassung des *hebräi-*
schen בית חדשת oder בי חרשת an griechische Aussprache. Es ist aber בֵּי וַיְתָא,
bez. בֵּית וַיְתָא „Oelbaumort".

² Ἀδαμαθά Onomast. Sacr.² 209, vgl. *de Lagarde*, Übersicht 81. Hier hat
die zweite und dritte Silbe Murmelvokal, es wäre also אֲדְמְתָא zu schreiben. Zur
Aussprache des Schewa vgl. § 13, 1.

³ Jos. Antt. III 10, 6 ἀσαρθά (=עַצְרְתָא).

⁴ ῥαββεί (Joh. 1, 39) „διδάσκαλε", zur Zeit Jesu noch nicht blosser Titel,
s. *Dalman*, Der Gottesname Adonaj 21. Dass ει hier *ī* zu lesen, s. *Winer-*
Schmiedel, Gramm. d. neutest. Sprachidioms⁹ I 43 ff.

8*

Mit Übergang in *u*: *d.* רובא „gross" Ned. 37ᵈ, Jer. II Lev. 10, 19.

Feminina. רבא „gross" O. Gen. 27, 34; *d.* רבתא Ech. R. I 11, רבתא O. Jer. I Gen. 29, 2; Pl. רברבן Sabb. 8ᵇ; *d.* רברבתא Dem. 24ᶜ, רברבתא O. Jer. I Deut. 10, 21. — חייא „Hebamme" Sabb. 16ᶜ; *d.* חייתא Sabb. 16ᶜ, חיתא¹ „lebendig" O. Gen. 1, 20, Jer. I חייתא; *c.* חית O. Gen. 1, 28.

γ. ע"ו, ע"י. *Masculina.* *d.* קלא „Stimme" Taan. 66ᵈ; *c.* קל O. Jer. I Gen. 3, 10; Pl. קלין Ab. z. 42ᶜ. — סב „alt" Jeb. 12ᵈ; *d.* סבא² Sot. 20ᶜ, סבא O. Jer. I Gen. 44, 20; Pl. סבין Bikk. 65ᶜ; *d.* סבייא Bab. m. 8ᶜ. — טב „gut" Sabb. 14ᶜ, טב O. Jer. I Gen. 1, 10; *d.* טבא Ber. 10ᵈ; Pl. טבין Bab. m. 8ᶜ; *d.* טבייא Ech. R. I 6, טבייה Vaj. R. 4. — *d.* שקא „Schenkel" Meg. 72ᶜ, שקא O. Jer. I Ex. 29, 22; Pl. שקין Schek. 49ᵃ. — כס „Becher" Ech. R. III 6; *d.* כסא Koh. R. V 11, כסא O. Jer. I Gen. 40, 11; Pl. *d.* כסייא Nidd. 50ᵇ; *c.* כסי Schek. 47ᶜ.

Feminina. *d.* סבתא „alt" Maas. sch. 54ᵇ. — טבא „gut" Ned. 42ᶜ, טבא O. Gen. 50, 20, Jer. I *d.* טבתא; *d.* טבתא Ber. R. 79; Pl. טבן Midr. Tehill. 9, 7, טבן O. Jer. I Gen. 41, 5. — עקא „Not" Mo. k. 81ᵈ; *d.* עקתא Midr. Tehill. 2, 11, עקתא O. Jer. I Gen. 42, 21; m. S. עקתיה Ber. R. 14; Pl. עקין Sot. 24ᵇ, עקן O. Lev. 10, 19. — דרא „Hof" Schir R. III 4; *d.* דרתא Koh. R. III 2. דרתא O. Jer. I Ex. 27, 9; m. S. דרתכון Ech. R. I 46; Pl. *d.* דרייא Erub. 18ᵈ, דרתא O. Jer. I Ex. 8, 9.

δ. ל"י, ל"ו. *Masculina.* מני „Mine" Targ. Ez. 45, 12; *d.* מניא³ ebenda, vgl. syr. ܡܢܝܐ; Pl. מני „Minen" Meg. 74ᵈ, מנוי (l. מניי) Bab. k. 6ᵈ. — מעין „Eingeweide" O. Num. 5, 22; מעי[ן] O. Gen. 30, 2; *d.* מעייא Schek. 48ᵈ, מעיה Ech. R. I 4; *c.* מעי Sanh. 20ᵇ; m. S. מעייך Ber. R. 63, מעכי O. Num. 5, 21, Jer. I מעייכי.

Feminina. צלו „Gebet" Sanh. 29ᶜ, צלו O. Jer. I Gen. 18, 22; *d.* צלותא Ber. 5ᵈ; m. S. צלותיה O. Jer. I Gen. 25, 21; Pl. צלוון Ber. R. 26.

d. לויתא „Geleit" Ech. R. I 12, vgl. syr. ܠܘܝܬܐ; m. S. לוייתיה

---

¹ Zu beachten, dass das Schewa hier stets wegfällt, obwohl doppeltes Jod zu erwarten wäre, vgl. אילא „Hirsch" § 29, 1β.

² Vgl. Καφαρϲαβᾶ Jos. Antt. XVI 5, 2, כפר סבא Dem. 22ᶜ.

³ Vgl. Dan. 5, 25 מנא, LXX μανή, Hieron. *mane*, nach Jos. Antt. X 11, 3 ἀριθμός, Hieron. „numerus", also als Nomen verbale aufgefasst, wobei nur מנא „Mine" im Sinne liegen konnte, obwohl hier keine ḳaṭl-form zu Grunde liegt.

Jom. 41ᵈ. — הניּיה¹ „Nutzen" Keth. 35ᵇ; c. הניית Jer. Lev. 5, 16.
— בּוֹאָה² „Brandmal" O. Lev. 13, 24. — בּיעה „Ei" Ned. 38ᵃ, d. בּיעתא Ech. R. I 9; Pl. בּיעין Sanh. 30ᶜ, בּיעין O. Deut. 22, 6, Jer. I בּעיין. — שעה „Stunde" Kidd. 64ᶜ, שׁעה O. Ex. 33, 5, Jer. I שעא; d. שעתא Kil. 32ᵇ; c. שעת Ech. R. [15; Pl. שעין Ech. R. I 31. — אֹת „Zeichen" O. Jer. I Gen. 17, 11; Pl. אֹתין O. Jer. II Gen. 1, 14; אתואן Koh. I 13, אֹתוֹן O. Jer. I Num. 2, 2; d. אֹתֿא O. Ex. 4, 9, Jer. I אתיא; אתוותא Jer. I Deut. 9, 17.

2. ḳaṭil.

α. *starke Wurzeln. Masculina.* חבר „Genosse" Maas. 46ᶜ; m. S. חֹבֿרֿךֿ O. Ex. 20, 14; חברהון Taan. 64ᶜ; Pl. חבירין Sabb. 3ᵃ; d. חבריה Gitt. 43ᵈ; m. S. חביריכון Bab. m. 10ᵈ. — ייתם „Waise" Sabb. 3ᶜ, ייּתֿם O. Ex. 22, 21, Jer. I יתם; Pl. יתמין Gitt. 46ᵈ, יתֿמֿין O. Jer. I Ex. 22, 23; d. יתמיא Sot. 19ᵃ. — שלים „ganz" Keth. 31ᶜ, שֿׁלֿים O. Jer. I Ex. 12, 5; d. שלימא O. Jer. I Lev. 22, 17; Pl. שׁלֿמין³ O. Jer. I Deut. 25, 15. — d. כריסא „Leib" Ber. R. 70, Jer. I Lev. 4, 8, כרסא Vaj. R. 3; m. S. כריסיה Koh. R. XI 9.

Mit Verdoppelung des dritten Radikals: d. בּ]רֿתֿכֿא] „Wagen" O. Gen. 41, 43; Pl. רֿתֿכֿין O. Ex. 14, 7, Jer. I רתיכין, ארתכין Jer. I Deut. 34, 5.

Feminina. m. S. חברתה „Genossin" Vaj. R. 22, חבירתה Sanh. 22ᶜ, חֹבֿרֿתֿה O. Ex. 11, 2. — שלמה „ganz" Schir R. I 3, שֿׁלֿמֿה⁴ O. Lev. 4, 28; d. שלימתא Koh. R. V 10, שֿׁלֿמֿתֿא O. Lev. 3. 9, Jer. I שלימתא; Pl. שֿׁלֿמֿן O. Jer. I Deut. 25, 15. — d. יתימתא „Waise" Vaj. R. 37. — כנישא „Synagoge, Versammlung" Mo. k. 81ᵈ; d. כנשתא Ber. 9ᶜ, כּנֿשׁתֿא O. Ex. 16, 22, Jer. I כנישתא; c. כּנֿשֿׁת⁵ O. Gen. 35, 11, Jer. I כינשת; Pl. כנישן Kil. 32ᵇ, כּנֿשֿׁן O. Gen. 17, 6, Jer. I כנשין. — נֿבֿילֿא „Leichnam" O. Jer. I Lev. 22, 8; c. נבֿלֿת O. Lev. 5, 2, Jer. I ניבלת; m. S. נֿבֿילֿתֿךֿ⁶ O. Deut. 28,. 26; נֿבֿילֿתֿיה O. Deut. 21, 23; נֿבֿילֿתֿהוֹן O. Jer. I Lev. 11, 28. — דביזה „Feigenkuchen" Dem. 22ᶜ, d. דבילתא Dem. 22ᶜ; Pl. דבלתא

---

¹ Worte wie הניּיה und הלכה (s. oben) stammen aus dem Hebr., welches diese Abstraktbildung liebt, s. *Hillel*, Nominalbildungen 15.

² *a-ā* steht für *ai-at*, vgl. hebr. פּוְיֶה und § 14, 4.

³ Hieron. zu Gen. 34, 21 (שְׁלָמִים) *salamin* (= שְׁלָמִין, vgl. § 13, 1). — Der palmyr. Eigenname שלמא Σαλμῆς de Vogüé 27 ist das bibl. שַׁלְמָא und שַׁלְמַי.

⁴ Hieron. zu Am. 1, 9 (שְׁלָמָה) *salma* (= שְׁלָמָה). — Hierher ist vielleicht zu stellen Σαλίνα Jos. Antt. XIII 12, 1, vgl. nabat. שלימת CIS II 209.

⁵ Pl. c. כּנֿשֿׁת „Sammlung" O. Gen. 1, 10, Lev. 11, 36, Jer. I כנישות, vgl. Masora (Ausg. *Landauer*) 69, ist eine verwandte Bildung.

⁶ Das Schewa über dem Lamed zeigt, dass die Vokalisation hier an eine

Jer. I Num. 33, 46. — תְּכְלָא „Purpur" O. Ex. 25, 4, Jer. I תיכלא;
d. תכילתא Jeb. 3ᵇ, תכבילתא[דִ] O. Ex. 28, 28. — d. שינתא „Schlaf"
Vaj. R. 12, שִׁינְתָא¹ O. Jer. I Gen. 2, 21; m. S. שינתיה Ab. z. 41ᵃ,
שִׁנְתֵיה O. Gen. 28, 16.

Von Stämmen mediae א; שאילה „Frage" Ech. R. I 31; d.
שאלתא Sanh. 23ᵇ, שאילתא Dem. 24ᵃ, שְׁאֵילְתָא² O. Jer. I Num.
11, 4; Pl. d. שאילתא Naz. 56ᵇ. — כיף „Fels" Chag. 78ᵈ; d. כיפא³
Chag. 78ᵈ; c. כיף „Ufer" O. Ex. 14, 30; Pl. d. כיפייא Ab. z. 43ᵈ.

β. לְ"י, לְ"י, לְ"א. Masculina. טלי „Knabe" Ab. z. 44ᵃ, Jer. I
Lev. 15, 2, טלה Jer. I Gen. 37, 2; d. טלייא Sabb. 8ᶜ; Pl. טליין
Bez. 61ᵃ; d. טלייא Bab. b. 13ᵇ, טלאי Ech. R. I 29. — d. חדְיא⁴
„Brust" O. Jer. I Ex. 29, 26; Pl. d. חדְוותא O. Jer. I Lev. 9, 20.
— דכי „rein" O. Jer. I Ex. 25, 11; d. דכיא O. Ex. 25, 39. — קשי
„schwer" Ech. R. I 51, קְשֵׁי O. Ex. 6, 9; d. קשיה Sabb. 11ᵇ, קשיא
O. Jer. I Ex. 1, 14; Pl. d. קשייא Sabb. 11ᵇ. — d. נקיא „unschuldig"
Jer. I Gen. 40, 16; Pl. נקיין Ter. 48ᵇ. — סמי „blind" Vaj. R.
22; d. סמיא⁵ Pea 19ᵃ, Jer. I Lev. 19, 14. — d. קרייה „Schrift-
stelle" Schek. 49ᶜ, קרייא Sanh. 25ᶜ; Pl. קריין Vaj. R. 24; d. קרייא
Koh. R. IV 14, Ber. 3ᵇ V., קראי Ber. R. 81, Vaj. R. 19. — d.
עָנְיָא „elend" O. Jer. I Deut. 24, 14; m. S. עָנְיָךְ O. Deut. 15, 11;
Pl. עָנְיֵי O. Jer. I Lev. 19, 10. — וּמְלֵי] „voll" O. Jer. I Deut.
33, 23 Merx (Cod. Soc. וּמְלֵי); Pl. מְלָן O. Deut. 6, 11, Jer. I מליין.

Feminina. טליא „Mädchen" Pesikt. 139ᵇ; d. טליתא⁶ Jeb. 12ᵈ,
Jer. I Ex. 2, 8; Pl. d. טליתא Ber. R. 70, Vaj. R. 21. — d. דכיתא⁷
„rein" O. Jer. I Ex. 31, 8; 39, 37; Lev. 24, 4; Pl. דכין O. Lev.
14, 4, Jer. I דכיין; d. דכיתא O. Gen. 27, 15. — עדיא „Schorf" O.
Lev. 13, 2; aber d. עדיתא O. Lev. 13, 6. — קשיא „schwer"
Er. 25ᶜ, Pea 19ᵇ; Pl. קשין Maas. sch. 55ᶜ, קְשִׁין O. Gen. 42, 7,

---

ḳaṭil-Form gedacht hat, trotz des entgegenstehenden Zeugnisses des Status
constructus. Dasselbe gilt von תכילתא.

¹ Es scheint langes ī gemeint zu sein, nicht Verdoppelung des Nun, wie
von einer ע"ע Wurzel, s. Nöldeke, Mand. Gramm. 111. Auch Dan. 6, 19 ist
Schreibung ohne Verdoppelung bezeugt, Masora (Ausg. Landauer) 64.
² Vgl. die ḳaṭēl-Bildungen § 28, 5.
³ Joh. 1, 43 Κηφᾶς (= כֵּיפָא), Beiname des Apostels Simon.
⁴ Aus חַרְוֹהִי „seine Brust" Dan. 2, 32 folgt, dass die indet. Form חרי lautet,
vgl. רמוהי „wirf ihn" O. Ex. 4, 3 von רמי und § 41.
⁵ Vgl. Hieron. zu Mark. 10, 46 barsemia (= בַּר סָמְיָה) „filius caecus" mit
Umlaut zu e.
⁶ Mark. 5, 41 ταλιθά = טְלִיתָא mit einem als a gesprochenen Schewa.
⁷ Zu der Vokalisation vgl. § 39, 1. Die Bildungen ḳaṭil und ḳāṭil
wechseln.

Jer. I קשין; d. קשייאתא Koh. R. III 2, קשייתא Sabb. 11ʰ. — ביריה
„Geschöpf" Er. 26ᵈ; Pl. d. ברייתא Ab. z. 41ª, Jer. I Gen. 1, 5,
ברייאתא Ruth R. III 1. — סמיא „blind" Ech. R. I 12. — d. מלֵאתא
„Fülle" O. Num. 18, 27, Jer. I מליתא; Pl. מלין „voll" O. Gen.
41, 22, Jer. I מלין; d. מליתא O. Jer. I Gen. 41, 7.

3. ḳaṭul.

Masculina. חשוך O. Jer. I Ex. 10, 21; d. חשוכא Vaj. R. 12,
חשוכא O. Jer. I Ex. 10, 21.

Feminina. d. נסורתא „Abfall" Schebi. 37ᵇ.

Mit Verdoppelung des dritten Radikals חנוכה „Einweihung"
Bab. m. 10ª; d. חנוכתא Sabb. 5ᵇ; c. חנוכת O. Jer. I Num. 7, 10.

§ 27. c. *Nomina mit unverdrängbarem Vokal (ā) der
ersten Silbe und kurzem (a, i, u) oder unverdrängbarem
langem (ō, ī) Vokal der zweiten Silbe.*

1. **ḳāṭal.**

α. *starke Wurzeln. Masculina.* עלם „Äon, Welt" Vaj. R. 12,
עלם O. Jer. I Gen. 9, 16; d. עלמא Taan. 68ᵈ, עלמא O. Jer. I Gen.
9, 12; Pl. עלמין Pesikt. 133ª.

β. לי״, לי״ו. *Feminina.* שעוה „Wachs" Jer. I Gen. 37, 25;
Pl. d. שעותא Targ. Mich. 1, 4 Merx.

2. **ḳāṭil.**

α. *starke Wurzeln. Masculina.* Die Participia activa des
Peal¹. d. פעלה „Arbeiter" Sabb. 11ᵈ; Pl. d. פעלייא Ab. z. 41ᵈ. —
פריק „Erlöser" O. Jer. II Ex. 15, 2², Jer. I פרוק. — כהן „Priester"
Schebi. 36ᶜ, כהין O. Jer. I Lev. 21, 9; 22, 12. 13; d. כהנא Schebi.
36ᶜ, כהנא² O. Lev. 1, 7; Pl. c. כהנייא Sanh. 29ª, כהנייא³ O. Lev.
1, 5. — תקין „gut" O. Jer. I Lev. 10, 19; Pl. תקנין O. Jer. I
Gen. 24, 67. — סהיד „Zeuge" Sanh. 21ᶜ, סהיד O. Jer. I Lev. 5, 1;

---

¹ Als Beispiele einer Pluralform s. LXX Dan. 5, 7 (גזרין) γαζαρηνούς
„haruspices" mit Aussprache des Schewa als a und griechischer Accusativendung. — Eine Femininform ist Ναζαρά (Luk. 4, 16 BS), Ναζαρέτ (Luk. 1, 26
BS), Ναζαρέθ (Matth. 21, 11 SBCD), d. h. נצרה, נצרת, נצרה, vgl. syr. ܢܨܪܬ, arab. الناصرة.
Hieron. (Liber interpret. hebr. nom. de ev. Matth.) bezeugt ausdrücklich Schreibung mit „Sade". Das Evang. Hieros. hat nach dem Griechischen ܢܨܪܬ. Das ζ für צ
ist in griechischem Munde entstanden, wohl wegen der Nähe von ν und ρ. —
Die entsprechende hebr. Form ist nicht נצרת (so *Delitzsch,* Hebr. Neues Test.),
sondern נצרת, vgl. הנוצרי „der Nazarener" b. Ab. z. 17ª; Pl. הנוצרים b. Taan. 27ʰ.

² Für Pl. d. פריקייא Jer. I Ex. 6, 16 l. פרוקייא.

³ Vgl. Jos. Antt. III, 7, 1 *Accus.* χααναίας (= כהניא), andere Lesarten
χαναίας, χαναναίας, χαναναίους.

d. סהדא O. Deut. 19, 18; Pl. שהדייא Sanh. 21[d]. — ספר „Schreiber“ Jeb. 13[a]; *d.* ספרא Meg. 74[a], ספרא O. Deut. 33, 21; Pl. ספרין Meg. 70[c]. — *d.* ינקא „Säugling“ Sanh. 20[b]; Pl. *d.* ינקיא O. Gen. 33, 14.

β. ל״א, ל״י, ל״ו.[1] *Masculina.* *d.* ברייא „Schöpfer“ Ech. R. II 4; m. S. בריה Jer. I Gen. 3, 4. — *d.* חטייא „Sünder“ Ber. R. 64. — רעיא „Hirt“ Ech. R. Peth. 24; *c.* רעי Sanh. 18[b], רעי O. Jer. I Gen. 4, 2; Pl. רען O. Gen. 46, 32, Jer. I רעיין; *d.* רעיא Pesikt. 79[b], רעיא O. Ex. 2, 17, Jer. I רעייא; *c.* רעאי Jer. I Gen. 13, 7, רעווי, רעוויי Jer. II Gen. 13, 7; m. S. רעותי O. Gen. 13, 8, Jer. I רעוותי. — אסי „Arzt“ Jom. 40[d]; *d.* אסיא Ruth R. III 1, אסיא O. Jer. I Ex. 21, 19; m. S. אסך O. Ex. 15, 26, Jer. I אסאך; Pl. *d.* אסייא Naz. 58[a]; אסוותא Vaj. R. 37, Ech. R. I 31, אסותא O. Jer. I Gen. 50, 2. — *d.* מריה „Herr“ Taan. 66[d], מרה Ab. z. 41[a]; *c.* מרי Keth. 33[a], מרי O. Ex. 15, 3; m. S. מרי Kil. 32[b]; מרך Ech. R. Peth. 23; מריה Gitt. 46[a], מריה O. Jer. I, מרוהי O. Ex. 21, 34; מרן[2] Sanh. 23[d]; Pl. m. S. מריי Taan. 67[c]; מריהון Ech. R. III 50. — רבי[3] „Knabe“ O. Gen. 37, 2; *d.* רביא O. Gen. 21, 8; Pl. רביין „gross werdend“ Ech. R. I 51. — יאי „schön“ Pesikt. 117[a], יאי O. Jer. I Gen. 39, 6, Pl. יאיין Jer. I Gen. 49, 12. — חדי „fröhlich“ O. Deut. 16, 15; Pl. חדיין Jer. I ebenda.

Feminina. *d.* רעיתא „Hirtin“ O. Jer. I Gen. 29, 9. — רבייא „gross werdend“ Ech. R. I 51; *d.* רביתא Keth. 29[c]. — זניא „Hure“ Ber. R. 80; *d.* זניתא Ech. R. I 46, זניתא O. Deut. 23, 19; Pl. זניין Ech. R. I 39; *d.* זנייתא Taan. 64[b]. — *d.* חדיתא „fröhlich“ Ech. R. Peth. 23. — *d.* שריתא „Balken“ Ber. R. 65; m. S. שריתי O. Gen. 19, 8; Pl. שריין Ech. R. I 17, שירין Ber. 5[c]; *d.* שרוותא Jer. I Num. 35, 20. — זווי „Ecke“ Taan. 66[d]; *d.* זוויתא Ech. R. I 12, זויתה Ter. 46[b]; *c.* זוית Vaj. R. 21, Ech. R. I 45; Pl. זווי (l. זווין) Schebu. 38[a], זיווין (l. זווין) Jer. I Ex. 25, 26; *d.* זויתא[4] O. Ex. 25, 26; m. S. זויתיה O. Ex. 27, 2. — יאייא „schön“ Chag.

---

[1] Dafür, dass auch die Participia dieser Wurzeln unter *ḳāṭil* zu stellen, s. *Barth*, Nominalbildung 200.

[2] μαραναθά 1 Kor. 16, 22, Apostellehre X = מָרַנָא תָא „unser Herr, komm!“ mit alter Form des Suffixes, vgl. nabat. מראנא (mit Erhaltung des dritten Radicals) CIS II 199. 201. Bei Philo, Ausg. *Mang.* II 522 findet sich Acc. Μάριν als Anrede an einen Fürsten, wobei an מָרִי zu denken, schwerlich an eine indet. Form מָרֵי (so *de Lagarde*, Übersicht 173).

[3] Die den jer. Targumen eigene Femininform ריבא „Mädchen“ Jer. I Gen. 34, 3 scheint aus רִבְאָה entstanden zu sein und setzt eine Maskulinform רְבִי voraus. ריבא ist in den jer. Targumen auch det. Form. Nur Est. II 2, 13 findet sich *d.* רביתא.

[4] Zu beachten ist das Fehlen eines Schewa, vgl. § 12, 3 und § 39, 1 Anm. 5.

77ᵈ, יָאִיא O. Jer. I Gen. 29, 17; Pl. יָאִיאָן O. Gen. 29, 17, יאון
Jer. I Num. 24, 5; d. ייאתא Jer. I Num. 31, 50. — d. מרתא¹
„Herrin" Chag. 77ᵈ; m. S. מרתך Ab. z. 44ᵈ.

3. ḳātul.

לִיֵׁי, ל"י.² *Feminina.* זכו „Verdienst" Vaj. R. 30, זֹכוּ O. Jer. I
Gen. 15, 6; d. זכותא Ech. R. I 31, זְכוּתָא O. Deut. 6, 25; c. זכות
Pesikt. 13ᵃ; Pl. זְכוּן O. Jer. I Deut. 33, 21; d. זכוותא Jer. I Gen.
26, 24; c. זכות Jer. I Gen. 18, 24; m. S. זכותיה Kidd. 61ᵇ. —
d. גלותא „Exil" Sanh. 18ᵈ; Pl. d. גלוותא Sanh. 18ᵈ; m. S. גָּלֹוּתֵךְ
O. Deut. 30, 4; גלוותהון Maas. sch. 56ᶜ. — אסו „Heilung" O. Jer. I
Gen. 3, 6. — חנו „Kaufladen" Vaj. R. 28; d. חנותה Jeb. 12ᵈ;
m. S. חנותיה Sanh. 28ᵃ. — טעו „Irrtum, Götze" Jer. I Deut. 4, 16 ;
c. טעות Jer. I Ex. 14, 2; Pl. טעוון Jer. I Gen. 4, 26; d. טָעוֹתָא
O. Deut. 28, 64, Jer. I מעוותא; c. טְעוֹת O. Ex. 22, 19, Jer. I
טעוות; m. S. טעוותהון Ber. 13ᵇ. — בעו „Bitte" Bab. b. 13ᶜ; d. בעותא
Jer. I Ex. 8, 27; m. S. בְּעוּתֵךְ O. Jer. I Ex. 32, 10.

4. ḳātōl.

Starke Stämme. Masculina. d. זבונא „Käufer" Bab. m. 10ᵃ.
— d. כתובא „Schreiber" Gitt. 50ᶜ. — d. ינוקא Knabe" Ech. R.
I 6, Jer. I Gen. 48, 20; m. S. ינוקיך Ech. R. I 51; Pl. ינוקין Ech.
R. I 51. — d. פסוקא³ „Vers" Meg. 74ᵃ. — חכור⁴ „Pächter" Gitt.
47ᵇ. — d. אמורא „Sprecher" Gitt. 43ᵇ; m. S. אמוריה Bab. m. 8ᵇ;
Pl. אמורין Sot. 17ᵇ, אמוראין⁵ Ber. 6ᵇ, Jer. I Num. 21, 30. — d. דרומא
„Süden" Mo. k. 82ᵈ, דְּרוֹמָא O. Jer. I Gen. 13, 14. — קְטוֹל „Mörder"
O. Num. 35, 32; d. קטולה Sot. 24ᵃ, קְטוֹלָא O. Jer. I Num. 35, 16;
Pl. קטולי Vaj. R. 4. — Pl. d. טחוניא „Müller" Kidd. 61ᵇ. — Pl.
נטורין „Hüter" Jer. I Gen. 42, 6; c. נטורי Chag. 76ᶜ; d. נטורייא Vaj.
R. 12. — d. סבורא „scharfsinnig" Kidd. 63ᵈ.

5. ḳātīl, ḳāṭēl.
Masculina. d. גְּזִילָא (hebr. Fremdwort) „Ge-
raubtes" O. Lev. 5, 21.

Feminina. Pl. פסיקן⁶ „Abschnitt" Mo. k. 83ᵇ.

---

¹ Vgl. den Eigennamen Μάρθα (= מָרְתָא) Luk. 10, 38 und palmyr. מרתי
Μαρθείν (*Acc.*) „meine Herrin" de Vogüé 13.

² S. dazu *Barth,* Nominalbildung 151 f.

³ syr. ܦܣܘܩܐ „Abschnitt."

⁴ Vgl. palmyr. d. אגורא.

⁵ Das *ā* der Determination ist als Bestandteil des Wortes behandelt, vgl.
dieselbe Erscheinung im Hebräischen der Mischna, *Hillel,* Die Nominalbildungen in der Mischna (1891) 50. S. auch § 39, 1.

⁶ Vgl. syr. Pl. d. ܦܣܝܩܐ „compendium, breviarium", *Payne Smith.*

§ 28. d. *Nomina mit unverdrängbarem Vokal ā, ī, ē, ō, ū, ai der zweiten Silbe und kurzem Vokal (a, i, u) der ersten Silbe.*

1. ḳaṭāl.

α. *starke Wurzeln. Masculina.* חמר „Esel" Bab. m. 8ᶜ; *d.* חמרא Ab. z. 42ᵈ, חֲמָרָא O. Jer. I Ex. 21, 33; Pl. חמרין Schek. 48ᵈ; *d.* חמרייא Dem. 22ª. — Pl. כרעין „Fussgelenk" Schek. 49ª; *d.* [וֹ]כַרעָיָּא O. Lev. 1, 13; *c.* כרעי Ech. R. I 15; *d.* כורעתא „Beine einer Bettstelle" Maas. sch. 55ᶜ. — *d.* סרתא „Gerste" Jer. I Ex. 9, 31; Pl. שערין Ab. z. 40ᵈ, סערין Mo. k. 80ª, סֳעֹרִין O. Lev. 27, 16, Jer. II שערין. — גרב „Schlauch" Ter. 45ᶜ; *d.* גרבא Gitt. 45ᵇ; Pl. גרבין Pes. 29ᶜ; *d.* גרבייא Pes. 29ᶜ. — קדל „Nacken" Ber. 9ª, קֹדֹל O. Jer. I Ex. 23, 27; m. S. קדליה Bez. 63ª, קָֹדְלֵיה O. Lev. 5, 8, Jer. I קודליה. — [בֹ]דְרֹע „Arm" O. Jer. I Ex. 6, 6; *d.* דֹרֹעָא O. Num. 6, 19, Jer. I אדרועא; m. S. אדרעיה Ber. 4ᶜ; Pl. אדרעין Ber. R. 65. — שטר „Dokument" Gitt. 43ᵈ; *d.* שטרא Gitt. 43ᵈ; *c.* שטר Jer. I Lev. 19, 20. — *d.* שארא „Rest" Ab. z. 39ᵇ, שָׁאְרָא O. Gen. 45, 7, Jer. I שיורא (l. שיירא); *c.* שאר Sanh. 18ᵈ, שייר Jer. I Deut. 28, 54. — שלם¹ „Friede" Ber. R. 64, [ד]שְׁלָם O. Jer. I Deut. 20, 10; *d.* שלמא Ber. R. 12. — קֳרֹב „Krieg" O. Deut. 20, 12; *d.* קרבא Taan. 68ᵈ, קֳרָֹבָא O. Jer. I Deut. 20, 2. — יקר „Ehre" Jeb. 12ᵈ, איקר Schek. 49ᵇ; *d.* איקרא Kidd. 61ᵇ, יֹקְרָא O. Ex. 16, 7; Pl. איקרין Ab. z. 41ᵈ.

Feminina. m. S. חמרתיה „Eselin" Dem. 21ᵈ.

β. ע"ע. *Masculina. d.* עֲנָנָא „Wolke" O. Jer. I Gen. 9, 14; Pl. עננין Sukk. 54ᶜ. — שקק „Gasse" Koh. R. X 8; *d.* אשקקה (mit א prosthet.) Taan. 66ᶜ, שקקא Erub. 18ᶜ; Pl. אושקקי (mit Umlaut in u) Jer. I Deut. 29, 16; *d.* שקיא Ber. R. 17; *c.* שקק Ber. 13ᶜ. — *d.* כללא „Regel" Keth. 35ª, Jer. I Deut. 27, 26; Pl. כללין Jeb. 10ª. — *d.* בררא „Klarheit" Jeb. 9ᵇ.

γ. ע"ו, י"ע. *Masculina.* סייג „Zaun" Challa 60ᵇ; *d.* סייגא

Thes. Syr. 3197. Danach sollte der Titel des Midraschwerkes פסיקתא דרב כהנה (s. oben S. 19) ausgesprochen werden.

¹ Nach Meleager von Gadara σαλάμ, s. *de Lagarde,* Übersicht 174. Vgl. den Eigennamen Σαλαμψιώ (Jos. Antt. XVIII 5, 4) mit Einschaltung eines P-lautes nach m für שְׁלָם צִיוֹן. Die jüdische Literatur hat dafür die Abkürzungen שלמצה Vaj. R. 36, שלמצו Koh. R. VII 11, שלציון b. Sabb. 16ᵇ. Für שלמינון Meg. Taan. X lies שלמצינן. Σαλώμη Mark. 15, 40 ist nicht שְׁלְמִית (so *Delitzsch*), sondern der hebr. Frauenname שלום Schebi. 36ᶜ mit griechischer Endung wie Μαριάμη Jos. Antt. XV 2, 5 von מרים. Vgl. nabat. שלמה, *Euting,* Sin. Inschr. 600. Καφαρσαλαμά (= שְׁלָמָא כְּפָר) Jos. Antt. XII 10, 4, שלם כפר Ab. z. 44ᵈ.

Kidd. 61ᵈ, Jer. I Num. 22, 25; Pl. סיינין Ab. z. 44ᵈ. — נייח
„Ruhe" Taan. 64ᵃ, נ]ח[ב O. Gen. 33, 14, Jer. I *d.* נייחא. — ט]לו[ד]
„Fluch" O. Ex. 9, 28, Jer. I לוט; *d.* א[לוט]ד] O. Num. 5, 21; Pl.
d. לוטיא Vaj. R. 17.

Feminina. שיירא „Karawane" Gitt. 45ᶜ; *d.* שיירתא Mo. k. 81ᵇ;
c. שירת O. Gen, 37, 25.

δ. ל'י, י"ל. *Masculina.* Pl. m. S. [ל]חטאנא „Sünde" O. Jer. I
Ex. 34, 9; חטאיהון O. Jer. I Lev. 16, 21. — עדי „Beute" O. Jer. I
Deut. 20, 14; *d.* עראה O. Num. 31, 11, Jer. I עריתא (l. עדיתא).
Feminina. Pl. [ל]נגוון „Insel(bewohner)" O. Gen. 25, 3; *c.* נגות
O. Gen. 10, 5, Jer. I נגוית, vgl. arab. نَجْوَة „erhöhter Platz." —
Pl. עוייין „Vergehung" O. Lev. 22, 16; *c.* עויית O. Lev. 16, 21, Jer. I עויית.

2. ḳitāl.

Masculina. אלה¹ „Gott" O. Deut. 10, 17; *d.* אלהא Taan. 69ᵃ;
m. S. אלהי¹ O. Deut. 4, 5; אלההון Bab. m. 8ᶜ, אלההון O. Ex. 10, 7;
Pl. *d.* אלהיא Vaj. R. 33, Ber. R. 26. — איש „Mensch" Schek.
48ᵈ, einmal איניש Ber. R. 69, אנש O. Lev. 13, 2, Jer. I נש בר;
d. אינשא Kidd. 63ᵈ; Pl. אינשי Ber. 2ᵈ Ven.; *c.* אינש Ab. z. 43ᵈ,
אנשי O. Gen. 13, 13, Jer. I אנשין. — *c.* כתב „Schrift" Gitt. 44ᵇ;
d. כתבא Vaj. R. 34, כתבא O. Jer. I Ex. 32, 16; Pl. כתבין Ter. 46ᵇ;
d. כתבייא Ber. R. 64.

3. ḳuṭāl.

Masculina. קדם „vor" Ber. 2ᵈ, קדם O. Gen. 23, 16. — חולק
„Teil" O. Jer. I Deut. 14, 27; Plur. חלקין Ber. 5ᵃ. — *d.* עובדא „Werk,
Ereignis" Ab. z. 41ᵃ, עובדא O. Jer. I Ex. 32, 16; *c.* עובד O. Jer. I
Ex. 28, 6; Pl. עובדין Keth. 26ᶜ; *d.* עובדיא Sabb. 15ᵈ; *c.* עובדי O.
Jer. I Deut. 14, 29; m. S. עובדיהון Ber. R. 65. — גוזלין „junge
Vögel" Bab. m. 8ᵃ, Jer. I Lev. 14, 22; *d.* גוזלייא Sanh. 18ᵈ. — *d.*
חופאה „Decke" O. Jer. I Num. 4, 25.

Feminina. *d.* עובדתא „Werk" Ter. 48ᵇ, עובדתא O. Gen.
33, 14 Sab.

4. ḳaṭīl.

α. *starke Wurzeln.* *Masculina.* Die Participia passiva des
Peal aller Verba mit Ausnahme der Verba ל"ו, ל"י. — *d.* אבילא
„Leidtragender" O. Jer. I Lev. 13, 45 (aber אבילנא „ich trauere"
O. Jer. I Gen. 37, 35); Pl. *d.* אביליא Mo. k. 82ᵈ; m. S. אבילוי
Ber. 6ᵃ. — זריז „pünktlich" Ber. 5ᵃ, Jer. I Num. 9, 8. — *d.* עליבא

---

¹ Vgl. Matth. 27, 46 B ἐλωεί (wobei Aussprache von ει als ι vorausgesetzt), S ἐλωί. Das ω ist nur als versehentliche Entlehnung aus dem Hebr.
zu erklären, so wie im Targ. Ps. 22, 3 (Ausg. Ven. 1518) אלהי statt אלהי punktiert ist. Hieron. zu Dan. 4, 6 (אלהין) schreibt *elain.*

„unglücklich" Kidd. 64ᵇ. — חזיר „Schwein" Koh. R. VII 11; *d.*
חוירא Ter. 46ᵇ, חַוִּירָא O. Jer. I Lev. 11, 7; Pl. חזירין Ber. R. 63. —
d. צליבא „Pfahl", Kreuz" Est. R. X 5, Sanh. 23ᶜ, צליבא O. Deut.
21, 23. — צְנִיעַ „schamhaft" Targ. Mich. 6, 8 *Merx, d.* צניעה
Sanh. 20ᵇ. — Pl. פריטין „Geld" Gitt. 49ᵃ; *d.* פריטייא Kidd. 61ᵃ. —
חַגִּיר „lahm" O. Jer. I Lev. 21, 18; *d.* חגירא¹ Targ. Jerem. 46, 2.
— *d.* פרישה² „Pharisäer" (Eigenname) Sot. IX 10 (sonst immer
hebr. פרוש, Pl. פרושין, z. B. Ber. 14ᵇ), פְּרִישָׁא „abgesondert" O. Gen.
49, 26. — *d.* משיחא³ „Messias" Taan. 68ᵈ, מְשִׁיחָא O. Jer. I. II
Gen. 49, 10. — *d.* זבידא⁴ „Zebida" Sabb. 3ᵇ.

Von Stämmen mediae א: ביש „böse" Ned. 41ᶜ; *d.* בישא Kidd. 64ᵃ;
Pl. בישין Ech. R. I 6, בִּישִׁין O. Jer. I Gen. 13, 13; *d.* ביישייא (= בּאישייא)
Bez. 60ᶜ. — *d.* שילא⁵ „Sila" Sabb. 5ᵃ.

*Feminina.*⁶ *d.* חזירתא „Sau" Ech. R. I 51. — *d.* קריצתא „Morgengrauen" Bez. 63ᵃ, Jer. I Ex. 10, 21. — פתילה „Docht" Ter.
48ᵇ; *d.* פתילתא Sabb. 4ᵈ. — עיבידא „Geschäft" Ech. R. I 13,
עָבִידָא O. Ex. 20, 10; *d.* עיבידתא Bab. m. 10ᶜ, עֲבִידְתָּא O. Lev. 11, 32,
Jer. I עיבידתא; m. S. עֲבִידְתָּךְ O. Ex. 20, 9; Pl. m. S. עבידתיכון
Vaj. R. 27. — משיחא „Strick" Keth. 35ᵇ; *d.* משיחתא Kil. 32ᵇ. — *d.*
תמימתא „unschuldig" Ber. R. 58. — *d.* עליבתא „unglücklich" Dem. 21ᵈ.

Von Stämmen mediae א. בישא „bös" Bab. b. 13ᵃ; *d.* בּשׁתָא⁷
O. Jer. I Ex. 32, 14, *c.* בִּישַׁת (l. בִּישַׁת) O. Jer. I Gen. 6, 5; m. S.
בשתי⁷ O. Num. 11, 15; Pl. בישן Midr. Tehill. 9, 5; *d.* בִּישָׁתָא O.
Jer. I Gen. 41, 20.

β. עַ"ע. *Masculina.* זקיק „genötigt" Bab. m. 12ᶜ, Jer. I Gen.
30, 30; Pl. זקוקין (l. זְקִיקִין) Bab. m. 12ᶜ.

γ. עַ"י, עַ"ו. *Masculina.* ניח „gut, angenehm" Sabb. 14ᵈ. —
מית „tot" Pea 21ᵇ, מִית O Jer. I Deut. 14, 1; *d.* מיתא Naz. 56ᵃ;
Pl. מיתין Ber. R. 79; *d.* מיתיא Kidd. 61ᶜ.

δ. לַ"א. *Masculina. d.* נשייא „Fürst" Meg. 74ᵃ, נשיאה Kil. 31ᶜ.

---

¹ Jos. Bell. Jud. V 11, 5 Χαγείρας (= *d.* חֲגִירָא), Beiname eines Adiabeners.

² Φαρισαῖος Phil. 3, 5. Die Endung αῖος entsteht immer aus α-ιος, es
ist also פְּרִישָׁא vorausgesetzt.

³ Joh. 1, 42 Μεσσίας, Hieron. zu Am. 4, 13 *messio* = מְשִׁיחוּ. *de Lagarde,*
Übersicht 93 ff., Register u. Nachträge 62 ff., erklärt dies für eine *kittil*-Form;
die Schärfung der ersten Silbe ist aber nur secundär, vgl. § 70, 3.

⁴ Palmyr. Zolltarif זבידא = Ζεβείδας.

⁵ Σίλας (= שְׁאִילָא) Apg. 15, 22, vgl. palmyr. שאילא Σεειλᾶ ZDMG XXIV 97
und das hebr. שאול. Es ist nicht Abkürzung von Σιλουανός.

⁶ Hierher gehört שחיתה Dan. 6, 5, Hieron. *essaitha* „error" mit prosthetischem Vokal und Ersatz des ה durch *a*.

⁷ Die Vokalisation betrachtet bei diesem Wort das *i* als kurz; ביש ist wie
ניח, מית אביל ursprünglich *katil*-Bildung.

— *d.* נבייא „Prophet" Taan. 65ᵇ, נְבִיא O. Jer. I Gen. 20, 7; Pl.
נְבִיִין O. Jer. I Num. 11, 29.

Feminina. d. נְבִיאָתָא „Prophetin" O. Jer. I Ex. 15, 20.

5. ḳaṭēl.¹

Feminina. דְּלִיקָה „Brand" Ned. 38ᵈ; *d.* דְּלִיקְתָא O. Jer. I Ex.
22, 5. — עבירה „Übertretung" Sabb. 14ᵃ; *c.* עֲבִירַת O. Deut. 23, 15;
Pl. עבירין Taan. 64ᵇ. — *d.* אֲבִידְתָא „Verlorenes" O. Jer. I Deut. 22, 3.
— נְמִירָא „Vernichtung" O. Jer. I Gen. 18, 29.

6. ḳaṭōl.

Masculina. נהור „Licht" Ber. R. 50; *d.* נהורא Schek. 49ᵇ;
Pl. נְהוֹרִין O. Jer. I Gen. 1, 15; *d.* נהוריא Pea 21ᵇ.

Feminina. סְחוֹרה „Handel" O. Gen. 23, 16; *d.* סחורתא Ech.
R. I 13, סחוֹרתא O. Gen. 34, 21.

7. ḳaṭūl.

Masculina. d. לבושא „Kleid" Ech. R. Peth. 24; Pl. לבושין
O. Jer. I Gen. 3, 21; m. S. לבושיכון Chag. 77ᵈ. — *d.* טעונא ² „Last"
Bab. b. 17ᵃ, טונא Jer. I Gen. 44, 2; Pl. *d.* טעוניא Dem. 22ᵈ; m. S·
טעוניהון Vaj. R. 12. — חלוק³ „Hemd" Jer. I Ex. 22, 26; *d.* חלוקא
Sanh. 20ᶜ. — עֲבוּר „Getreide" O. Jer. I Gen. 27, 28, עֲבור O·
Deut. 23, 20; *d.* עֲבוּרא O. Gen. 44, 1, Jer. I עיבורא; Pl. *d.* עיבורייא
Taan. 66ᶜ.

Feminina. d. פְּלוּגְתָא⁴ „Streit" O. Jer. I Num. 17, 14; *c.*
פְּלוּגת „Streit" O. Deut. 17, 8; Pl. *d.* פלוגתא Sot. 18ᵃ. — שמועה
„Tradition" Kidd. 61ᶜ; *d.* שמועתא Jeb. 2ᶜ; Pl. m. S. שמועתי Kidd.
61ᶜ. — שבועה „Eid" Schebu. 37ᵇ; *d.* שבועתא Vaj. R. 29, Jer. II
Deut. 29, 11, vgl. *d.* שְׁבוּעְתָא „Woche" O. Jer. I Lev. 23, 16; Pl.
שְׁבוּעִין⁵ O. Lev. 23, 15, Jer. I שבועין, שבועין O. Jer. I Deut. 16. 9;
d. שבועייא Meg. Taan. 1, שְׁבוּעַיָּא O. Deut. 16, 10, Jer. I שבועייא.
— שכונה „Nachbarschaft" Keth. 34ᵇ; m. S. שכונתיה Ber. R. 17;
Pl. שכונין Jer. I Ex. 23, 33. — קְבוּרא „Begräbnis" O. Gen. 23, 20;

---

¹ Die Bildung wird als Entlehnung aus dem Hebr. zu betrachten sein mit
aus *i* entstandenem *ē*.

² Vgl. Palmyr. Zolltarif טעון, Pl. טעונין. Möglicherweise ist טעון indes
nur ḳuṭl-Bildung, von טוע und טון (s. § 25, 3 α) nur orthographisch verschieden.

³ Auch Christl. Paläst. Pl. ܚܠܘܩܐ, s. *Schwally*, Idioticon 31, vgl. arab.
خَلَق blaues Hemd der palästinischen Bäuerinnen, *Berggren*, Guide Français-
Arabe Vulgaire 807.

⁴ Das *u* ist hier lang; doch deutet die Lesart פּוּלְגָתא (Masora, Ausg. *Land*.
111) auf eine ḳuṭl-Bildung.

⁵ Die auffallende Vokalisation mit Kamez ist der hebräischen nachgebildet, welche vielleicht nur durch den Wunsch der lautlichen Unterscheidung der Worte für „Woche" und „Schwur" entstanden ist. Die Erklärung
von *de Lagarde*, Übersicht 67 wird dadurch überflüssig.

d. קְבוּרְתָא O. Jer. I Gen. 35, 20. — חֲבוּרָה „Gesellschaft" ·O.
Jer. I Ex. 12, 46; m. S. חבורתיה Ber. 5ᶜ; Pl. חבורן Jer. I Num. 24, 6.

8. ḳuṭail.

Masculina. זעיר „Klein" Ech. R. I 36; *d.* זְעֵירָא¹ O. Jer. I
Gen. 44, 23; Pl. זעירין Ab. z. 41ᶜ; *d.* זעירייא Bab. m. 8ᵇ. — עולם
„Knabe" Ber. 5ᶜ; *d.* עוּלֵימָא O. Num. 11, 27; Pl. עולימין Ber. R. 79.
Feminina. זעירה „Klein" Keth. 33ᵈ; *d.* זעירתא Keth. 29ᶜ,
זְעֵירְתָא O. Jer. I Gen. 29, 16. — *d.* עוּלֵימְתָא „Mädchen" O. Gen.
34, 3; Pl. *d.* עולימתא Mo. k. 83ᵇ, עולמיתא (l. עולימתא) Ber. R. 79;
m. S. עוּלֵימְתְהָא (!) O. Jer. I Ex. 2, 5, vgl. O. Gen. 24, 61.

§ 29. e. *Nomina mit Verdoppelung des mittleren Radikals.*

1. ḳaṭṭal, ḳiṭṭal.

α. *starke Wurzeln. Masculina. d.* אדרא „Tenne" Maas.
sch. 55ᶜ, אֹדְרָא O. Num. 18, 30, Jer. I אידרא. — ציפר „Vogel"
Ber. R. 79; *c.* צִפֹּר O. Jer. I Deut. 4, 17; *d.* ציפרא Koh. R. IV 6;
Pl. צפרין Vaj. R. 3, Koh. R. XII 4, צִפֳּרִין O. Lev. 14, 4, Jer. I
ציפורין. — אימר „Lamm" Sanh. 30ᶜ, אִמָּר O. Lev. 22, 27; *d.* אימרא
Ned. 37ª; Pl. אִמְּרִין O. Lev. 23, 20, Jer. I אימרין; *d.* אימרייא Pesikt.
18ª. — *d.* צַוָּרָא² „Hals" O. Gen. 45, 14; m. S. צוריה O. Gen. 45, 14,
Jer. I צווריה.

Mit Umlaut in *u*: שובל „Ähre" Jer. I Gen. 41, 47, vgl. Chr. Pal.
ܫܘܒܠܐ; *d.* שבלתא „Strom" Vaj. R. 37; Pl. *d.* שובלייא Sanh. 18ᵈ,
שׁוּבְּלַיָּא³ O. Gen. 41, 24, Jer. I תובלייא. — שׁב⁴ „Sabbath, Woche"
Jer. I Deut. 5, 14; *d.* שובא Ab. z. 39ᵇ, שבא Ber. R. 63, שַׁבָּא O.
Ex. 31, 15; Pl. שַׁבַּיָּא Ex. 31, 12, Jer. I שבייא; *c.* שובי Jer. I Lev. 26, 43.
Feminina. d. שבתא⁵ „Sabbath" Ber. R. 11, שובתא Ter. 46ᵇ,
שַׁבְּתָא O. Ex. 16, 23. — אינרא „Brief" Bikk. 65ᵈ; *d.* אינרתא Ned.
39ᵇ; Pl. אינרן Sanh. 19ª; *d.* אינראתא Keth. 26ᵇ. — סכנה „Gefahr"

---

¹ Vgl. Ζογερά LXX Jerem. 31, 34 nach Euseb., s. *de Lagarde*, Übersicht 55.
² Ohne Verdoppelung des Waw, aber vgl. bibl. aram. צַוָּארֵיהּ.
³ Ohne Verdoppelung des Beth wie im Arabischen, vgl. *Schwally*, Idioticon 92.
⁴ Maskulinbildung von שבת nach Abstossung des nicht mehr für radikal
gehaltenen Taw.
⁵ Jos. Antt. III 6, 6 σάββατα, LXX σάββατον und σάββατα. Die Schreibung mit τ statt ϑ ist ebenso zu erklären wie π statt φ in πάσχα, κ statt χ in
σίκερα (Luk. 1, 15) für שכרא, nämlich durch Übergang dieser Worte in den
griechischen Sprachgebrauch *vor* der Aspiration von ת, פ, כ.

Ab. z. 40ᵈ; d. סכנתא Ab. z. 40ᵈ. — תקנה „Verordnung" Vaj. R. 12; d. תקנתא Jer. I Num. 4, 19.

β. ע״י, י״ע. d. אִילָא¹ „Hirsch" O. Jer. I Deut. 12, 15; 14, 5; Pl. איילין Sanh. 25ᵈ. — d. שיכרא² „Rauschtrank" b. Pes. 107ᵃ. Feminina. d. קְדַחתא „Fieber" O. Deut. 28, 22. — d. איילתא „Hindin" Ber. R. 50; Pl. d. איילתא Schir R. II 16. — כוונא „Absicht" Sanh. 21ᶜ.

γ. ל״ו, ל״י. Masculina. שיתאי „Gewebe" Sabb. 14ᵃ; d. שיתייא Bez. 62ᵃ, doch vgl. שתיא „Einschlag" O. Lev. 13, 48, Jer. I שיתיא. Feminina. שירו „Mahl" Sanh. 26ᵇ, d. שְׁירוּתא O. Jer. I Gen. 43, 15. — בידו „Erdichtung" Jeb. 15ᶜ. - — אישא (= 'iššai-ā) „Feuer", s. § 40, 3.

2. ḳuṭṭal.

Masculina. סולם „Leiter" Bab. m. 12ᶜ; d. סולמא Pesikt. 3ᵃ, סֹולמא O. Jer. I. II Gen. 28, 12, Sab. סוּלמָא³.

3. ḳaṭṭāl.

Masculina. α. starke Wurzeln. נגר „Zimmermann" Chag. 77ᵇ, נֹגר O. Jer. I Ex. 35, 35; d. נגרא Sabb. 8ᶜ; Pl. נגרין Jeb. 9ᵇ. — חמר „Eseltreiber" Taan. 64ᵇ; d. חמרא Sanh. 23ᵇ; Pl. חמרין Bab. m. 10ᵈ; d. חמרייא Ber. 7ᶜ. — Pl. d. כתפייא „Lastträger" Schebu. 38ᵃ. — d. טבחא „Schlächter" Ber. 5ᶜ, Jer. I Lev. 1, 5.

β. ע״ע. d. גננה „Gärtner" Sanh. 20ᵈ. — Pl. d. זגייא „Glaser" Ab. z. 40ᶜ.

γ. ע״ו, ע״י. קיים „beständig" Jom. 45ᵇ; d. קיימא Taan. 67ᵃ; Pl. קְיָמין O. Jer. I Deut. 4, 4. — דיין „Richter" Jeb. 13ᵃ; d. דיינא Schebi. 38ᵈ; Pl. דייני Keth. 33ᵈ, דְיָינין O. Jer. I. II Deut. 16, 18; d. דייניא Ber. R. 26. — חייב „schuldig" Kidd. 64ᵃ; d. חֹייבא O. Gen. 18, 23, Jer. I חייב; Pl. חייבין Mo. k. 81ᵈ. — ציד „Jäger" Chag. 77ᵇ. — d. קיפא⁴ „Kajjapha" Maas. 52ᵃ, vgl. hebr. הקייף Para III 5. — גייפא „Ehebrecher" O. Lev. 20, 10.

---

¹ Ohne Schewa, also ohne Verdoppelung des Jod. Eine ḳaṭṭāl-Form ist vorausgesetzt in Pl. d. אֱלֹהֵא 2 Sam. 22, 34 Merx.

² Vgl. Luk. 1, 15 σίχερα, Hieron. zu Jes. 5, 11 sicera, aber Jes. 28, 3 sachar für שֵׁכָר.

³ Masora, Ausgabe Land. 96 hat auch die Lesart סוּלמָא.

⁴ Joh. 11, 49, Jos. Antt. XVIII 2, 2 Καϊάφας (= קיָפא). Die ḳaṭṭāl-Form ist nicht zu verkennen. de Lagarde, Übersicht 97, erklärt das Wort durch Hinweis auf arab. قائف „Physiognomiker", vgl. Wellhausen, Skizzen III 152. Auf כיפא beruhende Deutungen (s. Grimm, Clavis Nov. Test.) sind unerlaubt.

δ. ‏לֹ"וּ‎, ‏לֹ"יִ‎, ‏לֹ"א‎ [1]. ‏זְכָאי‎ „unschuldig" Vaj. R. 6, ‏זְכֵי‎ [2] O. Deut. 19, 13.
Jer. I ‏זַכָּאי‎, ‏זַכָּאֵי‎ O. Jer. I Gen. 6, 9; d. ‏כָּאָה‎ O. Gen. 18, 25 [3];
Pl. ‏זַכָּאִין‎ Pesikt. 128 [b]; d. ‏זַכָּאִיא‎ Jer. I Ex. 10, 23. — ‏רְמִיי‎ „Betrüger" Vaj. R. 5, ‏רְמַאי‎ Jer. I Gen. 29, 12; d. ‏רְמָאָה‎ Ber. R. 70;
Pl. d. ‏רְמָאֵי‎ Ber. R. 75. — ‏תַּנָּיי‎ „Tannäer" Ber. 3 [a], ‏תַּנָּויי‎ Schir R.
III 5; d. ‏תַּנָּיִיא‎ Schebu 34 [d]; Pl. d. ‏תַּנָּאי‎ Ber. 8 [c] Ven. (L ‏תַּנָּויי‎). —
‏קַנָּאי‎ „eifrig" Jer. I Deut. 4, 24, O. ‏קַנָּא‎; Pl. ‏קַנָּאִין‎ Jer. II ebenda.
Feminina. Die Infinitive des Pael im targumischen Dialekt.
— d. ‏רְמִיתָא‎ „Betrügerin" Ber. R. 70. — d. ‏גַּיָּיפְתָּא‎ „Ehebrecherin"
O. Lev. 20, 10. — d. ‏גַּנָּבְתָא‎ „Diebin" Ber. R. 92.

4. kiṭṭāl.

Masculina. ‏לִישֵׁן‎ „Zunge" Taan. 65 [b], ‏לִישָׁן‎ O. Ex. 4, 10; d.
‏לִישָׁנָא‎ Jeb. 2 [b]; c. ‏לִישֵׁן‎ Gitt. 44 [a]; Pl. ‏לִישָׁנִין‎ Jer. I Gen. 11, 8. —
‏כִּיתָּן‎ „Linnen" Kil. 32 [d], ‏כֹּתָן‎ O. Lev. 13, 47, Jer. I ‏כִּיתָן‎; d. ‏כִּיתָּנָא‎
Sanh. 20 [c], ‏כֹּתָּנָא‎ O. Lev. 13, 48, Jer. I ‏כִּיתָנָא‎. — d. ‏אִיגְרָא‎ „Dach"
Keth. 35 [a]; m. S. ‏אִגָּרֵיהּ‎ O. Ex. 30, 3, Jer. I ‏אִיגְּרֵיהּ‎. — ‏חִיוָּר‎ „weiss"
Pesikt. 117 [a], ‏חִיוָּר‎ O. Gen. 30, 35, Jer. I d. ‏הִיוָּרָא‎; d. ‏חִיוָּרָא‎ Sabb.
4 [d], ‏חִיוְרָא‎ [4] O. Ex. 4, 6, Lev. 13, 19; Pl. ‏חִיוָּרִין‎ Keth. 35 [a].

Feminina. d. ‏נֶחָמְתָא‎ [5] „Tröstung" Jer. I Gen. 1, 21; Pl. ‏נֶחָמָן‎
Sanh. 28 [b]; d. ‏נֶחָמָתָא‎ [5] Targ. 2. Sam. 23, 1 *Merx.* — ‏חוּרָא‎ „weiss"
O. Lev. 13, 4, Jer. I d. ‏חִיוָּרְתָא‎; d. ‏חִיוָּרְתִי‎ Ech. R. I 9; Pl. ‏חִיוָּרָן‎
O. Lev. 13, 38, Jer. I ‏חִיוָּרִין‎.

5. kuṭṭāl.

Masculina. ‏אוּכָם‎ „schwarz" O. Jer. I Lev. 13, 31; Pl. ‏אוּכְמִין‎
Keth. 35 [a] — ‏סוּמָק‎ „rot" Bab. k. 6 [d], ‏סוּמָק‎ O. Lev. 13. 30; d. ‏סוּמָקָא‎
Ab. z. 40 [d], ‏סוּמָקָא‎ [6] O. Gen. 25, 30, Jer. I ‏סְמוּקָא‎; Pl. ‏סוּמָקִין‎ Sanh.

---

[1] Zu dieser Form wird zu stellen sein der Parteiname Ἐσσαῖοι, Ἐσσηνοί
(Jos. Antt. XV 10, 4). Das erstere hat eine Form Ἐσσα bez. Ἐσσαι zur notwendigen Voraussetzung. Dies spricht nicht für Ableitung von syr. ܡܚܣܐ
(so *Schürer*, Gesch. d. jüd. Volkes II 469), dessen Vorkommen in Palästina
durch die unsichere Lesart der Stele von Carpentras (‏בִין חֲסָיה‎) nicht bewiesen
wird, sondern für eine *kaṭṭāl*-Form von ‏אסא‎. ‏אָסֵי‎ ist der Arzt, ‏אַסָּי‎ der Heilkundige, vgl. sam. d. ⁧𐤀𐤎𐤀⁩ 'assā'ā „Arzt", *Petermann*, Samar. Gramm. Chrest. 33.

[2] Bei diesen Stämmen ist das *a* kurz. Vgl. übrigens den Eigennamen
Ζακχαῖος Luk. 19, 2, obwohl ‏זכי‎ hier Abkürzung von ‏זכריה‎.

[3] Zu ‏זֹלָא‎ = ‏זֹאָה‎ vgl. S. 66.

[4] Die Masora, Ausg. *Land.* 48 verzeichnet zu Ex. 4, 7 neben der hier
angewandten *kaṭil*-Form auch ‏חַוְרָא‎ (ohne Dagesch).

[5] Die von *Merx*, Chrest. Targ. 238 angewandte Scheidung dieses Plurals,
für den die Bedeutung „Auferstehungen" nicht zu erweisen ist, von einem
Sing. ‏נֶחָמָּא‎ (wo das Dagesch im Taw zu streichen) ist willkürlich.

[6] Der Form ‏סוּמְקָא‎ wird absichtlich ausgewichen. Die Masora, Ausg.
Land. 96 verzeichnet die Lesarten ‏סוּמָק‎ und ‏סַמְקָא‎.

18ᶜ. — אוֹמָן‎ „Künstler" O. Jer. I Ex. 35, 35; d. אוּמָנָא‎ Schir R.
I 13; Pl. אומנוון‎ Ber. 13ᵃ, אומנין‎ Jer. I Ex. 35, 34.

Feminina. d. סומקתה‎ „rot" Sanh. 20ᵇ, Jer. I Num. 19, 2,
vgl. *indet.* סֻמְקָא‎ O. Jer. I Lev. 13, 19. — אוכמתי‎ „schwarz" Ech.
R. I 9.

6. kaṭṭîl.

*Masculina. α. starke Wurzeln.*¹ רחיק‎ „fern" Pea 20ᵇ, רָחִיק‎
O. Jer. I Gen. 22, 4; Pl. רחיקין‎ Ned. 42ᵈ; d. רחיקייא‎ Ab. z. 42ᶜ.
— m. S. קריביה‎ „Verwandter" Vaj. R. 19; Pl. קריבין‎ Keth. 34ᵃ,
קָרִיבִין‎² O. Jer. I Deut. 13, 8; d. קריבייא‎ Ab. z. 42ᶜ. — חכים‎ „weise"
Ter. 48ᵇ; Pl. חכימין‎ Ech. R. I 4, חַכִּימִין‎ O. Jer. I Deut. 1, 13; d.
חכימייא‎ Sanh. 29ᵃ. — יתיר‎ „sehr gross" Pea 21ᵇ, יָתִיר‎ O. Ex. 26, 12;
d. יתירא‎ Koh. R. III 16; Pl. יתירין‎ Ab. z. 41ᵇ; d. יתירייא‎ Schir R.
II 9. — ימין‎ „rechts" Koh. R. XI 2; d. ימינא‎ Sanh. 19ᵃ, יְמִינָא‎ O.
Jer. I Num. 20, 17. — יקיר‎ „teuer" Kidd. 58ᵈ; Pl. יקירין‎ Ech.
R. I 13, יַקִּירִין‎ O. Jer. I Num. 22, 15. — רשיע‎ „gottlos" Sanh.
28ᶜ; Pl. d. רשיעיא‎ Kil. 32ᵇ, רְשִׁיעָיָּא‎ Targ. Hab. 3, 1 Merx. —
d. כשירא‎ „legitim" Taan. 65ᵇ. — d. חציפא‎ „frech" Taan. 65ᵇ,
Pesikt. 161ᵃ; Pl. c. חציפי‎ Jer. I Ex. 28, 37. — d. סכינא‎ „Messer"
Ter. 45ᵈ, סכינא‎³ O. Jer. I Gen. 22, 6. — עתיק‎ „alt" Schek. 47ᵃ,
עָתִיק‎ O. Jer. I Num. 6, 3; d. עתיקא‎ Sabb. 14ᵈ; Pl. עתיקין‎ Schek.
46ᶜ. — קדיש‎ „heilig" O. Jer. I Lev. 11, 44; Pl. קַדִּישִׁין‎⁴ O. Jer. I.
Lev. 11, 44. — חָסִיד‎⁵ „fromm" O. Jer. I Deut. 33, 8; d. חסידא‎
Chag. 77ᵈ; Pl. חסידין‎ Chag. 77ᵈ.

β. ע"ע. קליל‎ „leicht" gering" Ech. R. I 2, קְלִיל‎⁶ O. Jer. I
Num. 21, 5; Pl. קלילין‎ Ter. 45ᵈ. — דקיק‎ „klein, dünn" Bab. m. 8ᶜ;
d. דקיקא‎ Bab. m. 8ᶜ; Pl. דקיקין‎ Bez. 61ᵃ, דְּקִיקִין‎ O. Lev. 16, 12;
d. דקיקיא‎ Bab. k. 5ᶜ. — זליל‎ „gering" Kidd. 58ᵈ. — Pl. צנינין‎
„kalt" Bez. 60ᶜ. — קטין‎ „klein" Ech. R. III 7; d. קטינא‎ Ech. R.
III 7. — קריר‎ „kalt" Ber. 7ᵇ.

---

¹ Hierher würde der Eigenname Ἐλύμας (Apgesch. 13, 8) gehören, wenn
Delitzsch im Hebr. N. T. mit אֱלִימָא‎ richtig transskribierte. Aber es ist so wenig
an das aram. אלים‎ „mächtig", als mit *Wendt* im Komm. an arab. عَلِيم „weise"
zu denken, sondern an das griechische Ἐλυμαῖος „Elamäer", woraus der Eigenname Ἐλυμᾶς gebildet wurde.

² Stets mit Kamez, aber רחיק‎ mit Pathach.

³ In Cod. Soc. 84 nicht vokalisiert.

⁴ Hieron. zu Dan. 4, 6 *cadisin* (ohne Verdoppelung des Daleth).

⁵ Vgl. Ἀσιδαῖοι 1 Makk. 7, 13 (wo hebr. Sprachgebrauch die Nichtver-
doppelung des σ veranlasst haben *kann*).

⁶ *Merx* hat קְלִיל‎, dem er Chrest. Targ. 273 die besondere Bedeutung
„paucum, paullulum, breve tempus" mit Unrecht zuschreibt.

γ. לִ"י, לִ"וּ. סְנִי „viel" Maas. sch. 55ᶜ, סְנִיאָ Keth. 34ᵇ, סְגִי O. Num. 32, 1, Jer. I סְגִיאָ; Pl. סְגִיִּן Vaj. R. 24, סַנְיָאִין Sot. 24ᵇ, סֹגִיאִין O. Jer. I Num. 22, 15.

Feminina. קְרִיבָא „nahe, verwandt" O. Jer. I Gen. 19, 20; m. S. קְרִיבְתֵיה Keth. 33ᵃ; Pl. m. S. קְרִיבְתָךְ Keth. 26ᶜ. — רְחִיקָא „fern" Ned. 42ᵈ, רְחִיקָא O. Num. 9, 10. — *d.* רְשִׁיעְתָא „gottlos" Ber. 9ᵃ, Jer. I Gen. 27, 46. — *d.* כְּשִׁירְתָא „legitim" Taan. 66ᵈ. — *d.* קְדִישְׁתָא „heilig" Sabb. 8ᵈ. — קְלִילָא „leicht" Nidd. 49ᶜ. — Pl. *d.* דְּקִיקְתָא „klein" Dem. 24ᶜ. — זְלִילה „gering" Bab. m. 10ᶜ. — *d.* חֲצִיפְתָא „frech" Taan. 66ᵈ. — עַתִּיקָא „alt" Schek. 47ᶜ; *d.* עַתִּיקְתָא Sabb. 11ᵃ. — וּשֵׁפִירָא¹ „schön" O. Jer. I Gen. 12, 14.

7. kaṭṭūl.

Masculina. תַּנּוּר „Ofen" O. Gen. 15, 17, Jer. I *d.* תַנּוּרָא; *d.* תַנּוּרָא Maas. sch. 55ᵇ; Pl. תַנּוּרִין Maas. sch. 55ᵇ. — *d.* עַמּוּדָא „Säule" Taan. 64ᵇ; Pl. עַמּוּדִין Ber. R. 65; *d.* עַמּוּדַיָּיא Bab. b. 13ᵇ, עַמּוּדַיָּא O. Jer. I Ex. 27, 10. — חָרוּב² „Johannisbrot" Sot. 17ᵇ; *d.* חָרוּבָא Kil. 27ᵃ; Pl. חָרוּבִין Schebi. 38ᵈ.

8. kiṭṭōl.

Masculina. Pl. c. שִׁפּוּלֵי „Saum, Fuss" O. Ex. 24, 4, Jer. I שִׁיפּוּלֵי. — *d.* סִימוּקָא „Röte" Sabb. 14ᵈ, סֹמּוּקָא³ O. Gen. 25, 30. — *d.* אִיכּוּמָא „Schwärze" Sabb. 4ᵈ. — Pl. *d.* פִּקּוּדַיָּא „Befehle" O. Jer. I Lev. 27, 34. — גִּיּוּר „Proselyt" Sabb. 8ᵈ; *d.* גִּיּוּרָא⁴ Kidd. 64ᶜ, גִּיּוֹרָא O. Jer. I Num. 15, 14; Pl. גִּיּוּרִין „Ehebrecher" Jer. I Ex. 20, 14. — נִיהוּר „Licht" O. Gen. 6, 16. — Pl. m. S. אִיגּוּרֵיהוֹן „Altar (Steinhaufen)" O. Jer. I Ex. 34, 13.

Feminina. d. סֹמּוּקְתָא „rot" O. Num. 19, 2, Jer. I סוּמְקְתָא.

9. kiṭṭul.

Masculina. α. *starke Wurzeln.* חִידּוּת „Neues" Bab. k. 6ᵈ. — m. S. חִלּוּפֵיה „Wechsel" O. Lev. 27, 10; Pl. חִילוּפִין Sot. 17ᵇ. — Pl. יִסּוּרִין „Leiden" Sot. 20ᶜ, יִסּוּרִין Targ. Jes. 53, 7 Merx; *d.* יִסּוּרַיָּיא Ech. R. Peth. 24. — עִיבּוּר „Intercalation" Sanh. 18ᶜ; *d.* עִיבּוּרָא Jeb. 6ᵇ; Pl. c. עִבּוּרֵי Jer. I Gen. 1, 14. — צִיבּוּר „Gemeinde" Gitt. 45ᵃ; *d.* צִיבּוּרָא Horaj. 46ᵇ; Pl. *d.* צִיבּוּרַיָּיא Gitt. 45ᵃ. — *d.* שִׁעוּרָא „Mass" R. h. S. 58ᵃ, Jer. I Ex. 30, 13; Pl. *d.* שִׁעוּרַיָּיא Sot. 16ᶜ. — *d.* צִיפּוּנָא „Norden" Taan. 65ᵇ, צִפוּנָא O. Ex. 26, 20, Jer. I צִיפוּנָא. —

---

¹ Vgl. Apg. 5, 1 AB Σαπφείρα, DE Σαφφείρα. — שַׁפִּיר als Mannsname b. Mo. k. 11ᵃ, vgl. שפרו Euting, Sin. Inschr. 148.

² Vgl. arab. خَرُّوب, Bélot, Vocab. Arabe-Français³ (1893), griech. χαρ- ρούβα, Löw, Aram. Pflanzennamen 176.

³ סֹמּוּק „rot" O. Gen. 25, 25, Lev. 13, 43.

⁴ γιώρας Jos. Bell. Jud. II 19, 2, γειώρας LXX Jes. 14, 1.

עיגול „Brotlaib" Schebu. 37ʰ; d. עיגולא Ber. 10ᵃ; Pl. עגולין Vaj.
R. 6, Jer. I Ex. 40, 4; d. עיגולייא Bab. m. 8ʰ.

β. ע"ע. Pl. זיקוקין „Funke" Ber. 9ᵃ, זיקוקין Jer. I Gen. 3, 24,
זקוקין Targ. Hab. 3, 4 Merx.

γ. ע"ו, ע"י. m. S. פייוסך „Besänftigung" Pea 21ʰ; Pl. פיוסין
Jer. I Gen. 34, 3.

δ. ל"י, ל"ו. m. S. תינוייה „Studium" Sanh. 29ʰ; Pl. תנויין Jer. I
Deut. 28, 37. — שירוי „Anfang" Jer. I Gen. 10, 10; d. שירווא
O. Gen. 49, 9. — m. S. עדוויֹכי „Schwangerschaft" O. Gen. 3, 16,
Jer. I עידווייך.

Feminina. d. תיובתא „Rückkehr" Ech. R. V 5, Jer. I Gen.
11, 24; vgl. m. S. ותיֹובתיך¹ (v. תאב) „Verlangen" O. Gen. 3, 16¹.

III. Nomina mit mehr als drei Konsonanten.

§ 30. a. Reduplikationsbildungen.

1. mit Wiederholung des dritten Radikals.

α. kaṭlūl.

Masculina. שיחרור „geschwürzt" Ech. R. I 15. — ערבוב „Verwirrung" Jer. I Deut. 7, 23; d. ערבובא Jer. I Deut. 28, 20, mit
Einschaltung von Jod ערבוביא² Vaj. R. 24, עירבוביא Jer. I Deut.
1, 22.

Feminina. d. שרקוקיתא „Pfeifchen" Kidd. 60ʰ. — d. גינוניתא³
„Gärtchen" Jer. I Gen. 2, 16. — d. משכוביתא (l. משכוכיתא, vgl.
hebr. משכוכית Kidd. 60ʰ) „Leithammel" Jer. I Gen. 30, 40. —
גבשושיתא „Häufchen" Targ. Koh. 12, 5; Pl. גבשושין Sanh. 25ᵈ. —
d. שמנוניתא „Fettigkeit" Jer. I Gen. 45, 18.

β. kaṭlīl.

Masculina. Pl. m. S. שמניגיהון O. Gen. 4, 4 (Lesart v. Ausg.
Lissabon). — d. שפנינא „Turteltaube" O. Jer. I Lev. 12, 6.

2. mit Wiederholung des ersten und zweiten Radikals, bez. des ganzen aus zwei Radikalen bestehenden Stammes.

Masculina. d. גלגלא „Rad" Vaj. R. 34; Pl. d. גלגליא Koh.
R. XII 6; c. גלגלי O. Jer. I Ex. 14, 25. — d. עלעולא „Wirbel-

---

¹ Das u ist infolge des Silbenschlusses verkürzt.

² ערבוביא ist dann wieder als Femininform betrachtet worden, daher d.
עירבוביתא b. Ned. 81ᵃ.

³ Möglicherweise ist das eingeschaltete ōn (ŭn) hier Diminutivendung, s.
Barth, Nominalbildung 348f.

9*

wind" Jer. I Num. 21, 15; Pl. עלעולין Ber. 5ª. — Pl. רברבין Dem.
24ᶜ, vgl. S. 115. — כוכב (= כככב) „Stern" Ech. R. I 14; d. כוכבא
Ab. z. 42ᶜ; Pl. כוכבין Ber. 2ʰ Ven.; d. כוכביא O. Gen. 1, 16, Jer. I
כוכבייא. — m. S. לולבך „Palmzweig" Sabb. 5ʰ; Pl. לולבין O. Jer. I
Lev. 23, 40, vgl. לבלבין O. Num. 17, 23, Jer. I לבלובין. — Hierher
gehören auch die galil. Eigennamen סיסי von אסי, ביבי von אבינא.
 Zweifelhafter Herkunft sind: d. ליליא „Nacht" Sanh. 28ʰ, לילא
O. Jer. I Ex. 12, 42, לילא Jer. II Ex. 12, 42; c. לילי Jom. 44ᵈ,
לילי O. Jer. I Ex. 12, 42, ליל Jer. II ebenda; Pl. ליליון Ter. 46ᶜ,
לילון O. Ex. 24, 18, Jer. I לילוון. — סוסיא „Pferd" Ber. R. 65,
סוסיא O. Ex. 15, 1, סוסא Jer. I Gen. 49, 17; m. S. סוסאי, סוסך
Ber. R. 65; סוסיה Schek. 50ᶜ; Pl. סוסוון Bab. b. 16ʰ, סוסון O. Gen.
49, 17; d. סוסוותא Jer. I Ex. 9, 3; c. סוסות O. Ex. 14, 9, Jer. I
סוסוות.

 Feminina. קיקלא (= קלקלא) „Schmutzhaufen" Ech. R. IV 8; d.
קיקילתא Bab. m. 8ᶜ, קילקלתא Ber. R. 33. — d. שושיבתא (= שבשבתא)
„Reis" Ab. z. 42ᶜ. — גולנלא „Schädel" Sanh. 25ᵈ; d. ¹גולגולתא
O. Ex. 16, 16, Jer. I גולגלתא; m. S. גולגלתיך „Kopfsteuer" Pesikt.
11ª. — שישלא (= שלשלא) „Kette" Targ. Mich. 1, 8 Merx; Pl.
שישלן Jer. I Ex. 28, 14, שלשלן Jer. I Ex 39, 15. — d. כוכבתא
„Venus" Ber. R. 50. — d. מוליתא „Maultier" Jer. I Ex. 14, 7,
מזלותא (l. מוליתא) Jer. II Ex. 14, 25; Pl. מוליון (l. מולוון) Ber.
12ʰ; d. מולוותא Taan. 66ᶜ.

 3. mit Wiederholung des zweiten und dritten Radikals.
 Masculina. Pl. d. נלולאי „Exulanten" Jer. I Gen. 47, 21,
גלולאי Ech. R. Peth. 1 'Arūk. — d. חברברא „Schlangenart" Ber.
9ª. — פרוטרוט „Kleinigkeit" Sanh. 19ᵈ. — Pl. d. חוורוריא (l. חוורווריא)
„Blindheit" Jer. I Gen. 19, 11, Jer. II חרבריה.

§ 31. b. *Eigentliche Vierradikalia.*

 Masculina. d. פרזלא „Eisen" Naz. 58ª, ברזלא O. Deut. 8, 9,
Jer. I פורזלא; Pl. d. פרזלייא Vaj. R. 24. — עכבר „Maus" Dem. 22ª;
d. עכברא Sabb. 3ʰ, עכבָרא O. Jer. I Lev. 11, 29; Pl. עכברין Kil.
32ʰ; d. עכברייא Dem. 22ª. — d. תרנגולא „Hahn" Schek. 48ᵈ, תורנגלא

---

¹ Vgl. Mark. 15, 22 Γολγοθᾶ, Ev. Hier. ܓܓܘܠܬܐ „κρανίου τόπος".
Das Fehlen des λ in der zweiten Silbe dient zur Vermeidung des Gleichlauts
zweier auf einander folgenden Silben (*Kühner*, Ausführl. Gramm. d. griech. Spr.
I (1890) 285), ist also nur durch griech. Sprachgefühl veranlasst.

Jer. II Num. 34, 15; Pl. תרנגולין Keth. 33ᵃ. — פרנם „Verwalter"
Pea 21ᵃ; Pl. פרנסין Pea 21ᵇ. — ערטילאי „nackt" Koh. R. XI 1,
ערטילאי O. Gen. 3, 10, Jer. I ערטולאי; Pl. ערטילאין O. Jer. I Gen.
3. 7. — d. עורדענא „Frosch" Ab. z. 40ᵈ; Pl. d. עורדעניא O. Jer. I
Ex. 8, 1. — עקרב „Skorpion" Sabb. 3ᵇ, Pl. עקרבין O. Jer. I Deut.
8. 15. — חליטר „Krämer" Bab. b. 13ᵇ; d. חליטרה Jeb. 12ᵈ; Pl. d.
חליטריא Schebi. 37ᶜ. — סומוקריי „rötlich" Jer. I Gen. 25, 25, Jer.
II סמקריי. — d. כורסיא „Stuhl" Ber. R. 78; c. כורסי O. Jer. I Ex.
17, 16; m. S. כורסיה Koh. R. XI 1; Pl. כורסוון Koh. R. I 8. —
d. שמאלא „links" Ab. z. 39ᶜ, שמֹאלֽא[ל] O. Num. 20, 17, Jer. I שמאלא.
Feminina. ארמלא „Witwe" Ab. z. 41ᵈ, אֽרֹמֽלֽא O. Jer. I Gen.
38, 11; d. ארמלתא Sot. 19ᵃ; Pl. ארמלן Keth. 24ᵈ; d. ארמלאתא
Meg. 74ᵃ. — d. תרנגולתא „Henne" Ab. z. 42ᶜ. — ערטילא (für
ערטילאה) „nackt" Pea 21ᵇ.

IV. Nomina von drei Stammkonsonanten mit Praefixen.

§ 32. a. Nomina mit Praefix ma.

1. maktal.

α. *starke Wurzeln.* Viele Infinitive des Peal. — מקדש
„Heiligtum" O. Ex. 25, 8; d. מקדשא Maas. sch. 56ᵃ, מוקדשא
Ber. 5ᵃ, Pea 20ᵇ, Jer. I Ex. 25, 8 — d. ¹ מגדלא „Magdala" (Turm)
Ber. R. 79, מוגדלא Horaj. 47ᵃ, מֹגֽדֽלֽא O. Gen. 11, 4, Jer. I מוגדלא.
— משכן „Wohnung" O. Jer. I Lev. 1, 1; d. משכנא Sanh. 21ᵃ, מֹשֽכֽנֽא
O. Jer. I Ex. 26, 1. — d. מיכלא „Speise" Naz. 56ᵃ, מֹיכֽלֽא O.
Gen. 40, 17, Jer. I c. מיכל. — d. משכבא „Lager" O. Jer. I
Lev. 15, 4. — d. מרכבא „Sitz" O. Jer. I Lev. 15, 9. — d. מלאכא
„Engel" Kil. 32ᶜ; c. מלאך Keth. 35ᵇ; Pl. מלאכין Schek. 48ᵈ; d.
מֹלֽאֽבֽיֽא O. Jer. I Gen. 19, 1. — d. מדינחא Ber. R. 37, ²מֹדֽנֽחֽא
O. Jer. I Gen. 13, 14; c. מֹדֽנֽח O. Jer. I Deut. 4, 41. — m. S.
מֹפֽקֽה „Ausgang" O. Ex. 34, 22, Jer. I d. מיפקא; Pl. c. מפקי
Ter. 46ᵇ.

Feminina. מתנה „Geschenk" Sukk. 54ᵇ, מֹתֽנֽא O. Jer. I
Num. 18, 6; Pl. d. מתנתא Sanh. 20ᵈ; m. S. מֹתֽנֽתֽהֽון O. Jer. I Num.

---

¹ Vgl. Matth. 15, 39 L Μαγδαλά. Für Μαγαδαλ steht Μαγαδάν Matth.
15, 39 SBD (vgl. Μαγαδά Jos. 15, 37 B für מגדל), für hebr. מגדלות wahrscheinlich Ϫαλμανουθά Mark. 8, 10, wo γ für ν zu setzen und die zweite Silbe vor
die erste zu stellen (Μαγδαλουθά), vgl. Meg. 70ᵃ מיגדלות כינרים.

² Die Masora Ausg. Land. 33 hat auch die Schreibung מדינחא.

18, 11. — d. מעברתא¹ „Pass" Taan. 68ᶜ. — מטׄרָא „Bewachung" O.
Ex. 12, 6; d. מטרתא Ech. R. Peth. 2, מַטׄרָתָא O. Deut. 18, 8; c. מטׄרַת
O. Jer. I Num. 18, 8; m. S. מׇטׇרְתְּכוׄן O. Jer. I Gen. 42, 19.

β. ע"ע. Masculina. d. מחטא „Nadel" Jer. I Deut. 15, 17;
Pl. מחטין Jeb. 12ᵈ. — מיׄעָל „Eingang" O. Ex. 22, 25; Pl. c. מעלי
Bab. m. 12ᵇ.

Feminina. מטלא „Hütte" Sukk. 53ᶜ; d. מטללתא Jer. I Lev.
23, 42; c. ב]מׄטׄלַת O. Jer. I Lev. 23, 43; Pl. מׄטׄלָן O. Jer. I Gen.
33, 17; d. ב]מׄטׄלׅיָא O. Lev. 23, 42.

γ. ע"י, ע"ו. Feminina. מקמה „Vermögen" Ned. 42ᶜ; d. מקמתא
Jer. Ex. 22, 10 ʿArûk; c. מיקמת Kidd. 63ᵈ. — d. מצדתא „Netz",
Sabb. 14ᵃ, מׄצׇדׇתָּא O. Jer. I Ex. 27, 4; Pl. d. מצדתא Bez. 62ᵈ.
— d. מערתא „Höhle" Chag. 78ᵃ, ו]מְעָרׄתָא O. Jer. I Gen. 23, 20.

δ. ל"י, ל"ו. Masculina. מׄשׄרׅי „Wohnung" O. Deut. 1, 33;
m. S. מׇשׇׁרוֹׄהי O. Num. 1, 52, Jer. I משרוי, משרוי² Jer. I Gen.
46, 28; משרויכון (!) Jer. I Ex. 10, 10. — מחזו „Ausschen" O.
Lev. 13, 3; m. S. מחזוׄהי O. Lev. 13, 30; מחזׄהׄא O. Lev. 13, 4; מְחׄזׄיהׄון
O. Gen. 41, 21. Jer. I מחמהן. — d. משתיא „Gastmahl, Getränk"
O. Jer. I Gen. 19, 3; m. S. מׄשׁתׅיׄךְ O. Ex. 23, 25, Sab. מׅישׇׁתֵּךְ,
Jer. I משתייך. — d. משקׄיא „Flüssigkeit" O. Lev. 11, 34, Jer. I
משקי. — d. מאנא „Kleid, Gerät" Kil. 32ᵃ; Pl. מאנין Bab. m. 8ᵈ;
d. מניא Sabb. 3ᵇ; c. מׄנׅי O. Deut. 1, 41, Jer. I מאני. — מומי „Eid"
Ned. 37ᵃ, מוׄמׅי O. Num. 5, 21, Jer. I ממומי; d. מׄומׇׄתָּא³ O. Num.
5, 21; m. S. מוׄמׇׄתׅי O. Jer. I Gen. 24, 8.

Feminina. מצוה „Gebot" Ber. 5ᶜ, מצוה Jer. II Num. 12, 15;
d. מצוותא Est. R. II 1; Pl. מצוון Vaj. R. 34; d. מצוותא Ab. z. 41ᵃ. —
מתגייה „Mischna" Keth. 31ᵃ; d. מתניתה Kil. 30ᵈ, Jer. I Ex. 26, 9;
m. S. מתניתן Meg. 74ᶜ. — מׄשׄרׅי „Lager" O. Gen. 32, 2; d. משׄריׄתׄא⁴
O. Jer. I Num. 11, 32; c. מׄשׁרׅית O. Num. 10, 18, Jer. I משרית;
Pl. מׄשׁרׅין O. Gen. 32, 10, Jer. I משריין; d. מׄשׁרׅיׄתׄא O. Num.
10. 25, Jer. I משריתא; c. מׄשׁׄרׅית O. Gen. 49, 17.

---

¹ Μαβορθά (Jos. Bell. Jud. IV 8, 1), Mamortha (Plin. hist. nat. V, 14),
Name der Stadt Neapolis, hat Umlaut in u, wenn man nicht eine maktul-Bil-
dung annehmen will, vgl. hebr. מעבורה „Fähre" b. Bab. k. 116ᵃ.

² Die Form משרוי beruht auf Verwechselung von משרי und מישר; משרויכון
steht wohl für מׄשׁרׅייכון.

³ mōmātā = mōmawtā, s. Barth, Nominalbildung 247.

⁴ Bei den Formen d. משרייתא Jer. I Ex. 14, 19; c. משיריית Jer. I Ex.
14, 28 ist משרייה als Grundform vorausgesetzt.

2. maḳṭāl.

Masculina. מתקל „Gewicht" Sabb. 17ᶜ, מֹתְקֹל O. Deut. 25, 13; *c.* מֹתְקֹל O. Ex. 30, 23; aber *d.* מֹתְקְלָא O. Lev. 19, 35; Pl. מֹתְקְלִין O. Jer. I Deut. 25, 15. — מנהג „Brauch" Sabb. 16ᵍ; *d.* מנהגא Ber. 5ᶜ. — ממון „Geld" Mo. k. 81ᵈ, מֹמֹון O. Ex. 21, 30; *d.* ממונא¹ Ber. 11ᵇ L.

Feminina. Die Infinitive des Aphel im galil. Dialekt.

3. maḳṭil, maḳṭēl.

Masculina. Die activen Participia des Aphel.— ממזר „Bastard" Vaj. R. 32; *d.* ממזירא Jeb. 9ᶜ, מֹמְזֵירָא O. Deut. 23, 2; Pl. ממזרין Kidd. 64ᶜ. — מסמר „Nagel" Chag. 78ᵈ; *d.* מיסמרה Jeb. 13ᶜ, Jer. I Num. 25, 3; m. S. מסמריה Bab. b. 13ᵇ. — מעשר „Zehnt" Jom. 40ᵈ; *d.* מֹעַסְרָא O. Deut. 26, 12, Jer. I מעשרא; *c.* מֹעַסֹר O. Deut. 26, 13, Jer. I מעשר; Pl. *d.* מעשרייא Sanh. 18ᵈ; m. S. מֹעַסְרֵיכֹון O. Deut. 12, 6, Jer. I מעשרתכון. — מסכן „arm" Pea 21ᵇ; *d.* מֹסְכִּינָא O. Deut. 15, 11; Pl. מסכנין Pesikt. 18ᵃ; *d.* מיסכינא Pea 21ᵇ. — *d.* מועדא „Fest" Keth. 30ᵈ; Pl. *d.* מועדייא Keth. 30ᵈ, מֹועֵדֹיָא O. Jer. I Lev. 23, 4. — Pl. מגורין (l. מגירין) „Nachbar" Pea 17ᵈ; m. S. מֹגִירֹוֹתִי O. Deut. 1, 7; מגיריהון Schir R. VII. 2.

Feminina. d. מעצרתא „Kelter" Ab. z. 44ᵇ, מֹעַצֹרִתָא O. Jer. I Num. 18, 27; m. S. מֹעַצֹרְתָך O. Deut. 15, 14. — Pl. מחצלן „Matten" Ab. z. 42ᶜ. — *d.* ממזרתא „Bastard" Jeb. 9ᶜ. — m. S. מגירתי „Nachbarin" Vaj. R. 5; Pl. *d.* מגירתא Sot. 16ᵈ. — מדינה „Stadt" Schir R. I 6; *d.* מדינתא Bab. m. 8ᶜ. — מֹכִילָא „Mass" O. Deut. 25, 14; *d.* מכילתא Ab. z. 44ᵇ; Pl. מכילן Vaj. R. 3; *d.* מכילתא Bab. b. 15ᵇ. — מֹטְעֹיָא „Verführerin" O. Jer. I Lev. 21, 7; *d.* מטעיתא Jer. I Gen. 38, 21; Pl. *c.* מטעיית Jer. I Gen. 42, 12.

4. maḳṭul, maḳṭūl.

Masculina. Viele Infinitive des Peal. — *d.* מבועא „Quelle" Ab. z. 44ᵈ; Pl. מבועין Sanh. 23ᶜ, מֹבֹועֵין O. Ex. 15, 27. — מטול „Last" Taan. 69ᵇ; m. S. מֹטֹוליה O. Jer. I Num. 4, 19; Pl. מטולין Chag. 77ᵇ. — *d.* מזון „Nahrung" Naz. 55ᶜ, מֹזֹון² O. Jer. I Deut. 24, 6; m. S. מזונה Sot. 19ᵃ; Pl. מזונין Bab. b. 16ᵈ.

---

¹ Vgl. μαμωνᾶς (Matth. 6, 24). Nach *de Lagarde*, Übersicht 185, wäre ממון durch Vermittelung von מעמון aus מטמון entstanden. Da מעמון im Aram. nicht nachzuweisen, ist die Annahme sicherer, dass מֹמֹון (= מָטְמֹן) als hebr. Fremdwort zu den Aramäern kam und entgegen seiner Herkunft als ḳāṭōl-Form aufgefasst und demgemäss vokalisiert wurde, vgl. syr. ܡܳܡܽܘܢܳܐ aus hebr. מָבּוּל. Dafür, dass hebr. *maṭmōn* = *maṭmān*, s. *Barth*, Nominalbildung 248.

² מזון ist wie ממון zur ḳāṭōl-Form geworden.

Feminina. d. מְצוּתָא „Streit" O. Jer. I Num. 20, 13. 24; c. מְצוּת O. Jer. I Deut. 32, 51.

5. **makaṭṭal (makuṭṭal.)**
Masculina. Die passiven Participia des Pael.

6. **makaṭṭāl.**
Feminina. Die Infinitive des Pael im galil. Dialekt.

7. **makaṭṭil (makaṭṭēl).**
Masculina. Die activen Participia des Pael.

8. **makaṭṭūl (makaṭṭōl).**
Masculina. מיינוק „Kind" Sabb. 14ⁿ; d. מינוקה Sabb. 3ᵇ, מינוקא Jer. I. II Num. 11, 12; Pl. מיינוקין Jeb. 6ᵇ; d. מיינוקייא Ech. R. I 11.

§ 33. b. *Nomina mit Praefix ta.*

1. **taḳtal.**
Feminina. Mit Umlaut in u¹; תּושבָּחָא „Lob" O. Gen. 30, 13; d. תּושבַּחְתָּא O. Ex. 15, 2; Pl. תושבחן Jer. I Gen. 31, 27. — Pl. c. תּושלְמת „Vergeltung" O. Deut. 32, 32, Jer. I m. S. תושלמותהון. — Pl. c. תּורעָמת „Murren" O. Ex. 16, 12, Jer. I תורעמות; m. S. תּורעָמתְכון O. Ex. 16, 8, Jer. I תורעמותכון.

2. **taḳtāl.**
Masculina. d. תותבא „Beisass" Vaj. R. 17, תּותָבָא O. Jer. II Ex. 12, 45.
Feminina. תּותבה (v. יתב) „Widerlegung" Schebu. 34ᶜ.

3. **taḳtil (taḳtēl).**
Feminina. תפקידה „Depositum" Ber. 9ᵇ; d. תּפְקִידתָּא O. Jer. I Deut. 6, 1. — תעני „Fasten" Taan. 63ᵈ; d. תעניתא Taan. 65ᵇ; Pl. תעניין Taan. 65ᵃ; d. תעניתא Ech. R. I 31.

4. **taḳtīl.**
Masculina. תלמיד „Schüler" Jom. 44ᵈ; d. תלמידא Kidd. 64ᵈ; Pl. תלמידין Sanh. 23ᶜ; d. תלמידייא Sanh. 29ᵇ, תלמידיא Jer. I Num. 3, 2. — d. תדירא „stets" Jom. 42ᵃ, תּדִירָא O. Jer. I Ex. 28, 30. — d. תבשילה „Speise" Pea 21ᵃ, תבשילא O. Jer. I Gen. 25, 29. — Pl. תכריכין „Sterbekleid" Schebi. 35ᵇ, Jer. I Deut. 26, 14.

5. **taḳtul.**
Feminina. d. תפלוגתא „Streitfrage" Ned. 38ᵃ. — Mit Um-

---

¹ Zu dem Praefix *tu* für *ta* s. *Barth*, Nominalbildung 310.
² Die Vokalisation setzt Kürze des Zere voraus.

laut in *u.: d.* תּוֹקְרוּבְתָּא „Geschenk" O. Gen. 32, 13; m. S. תּוֹקְרְבְתִּי
O. Gen. 33, 11; Pl. תְּקְרוּבְתִּין Jer. I Gen. 15, 9. — תּתוּבָא
„Busse" Jer. II Gen. 6, 3; *d.* תְּתוּבְתָּא „Antwort" R. h. S. 56ᵇ.

6. **taķṭūl.**

Masculina. Pl. תַּחֲנוּנִין „Flehen" Jer. I Num. 31, 8; *d.* תַּחֲנוּנָיא
Ber. 9ᶜ. — תַּנְחוּמִין „Tröstung" O. Gen. 37, 35.

§ 34. c. Nomina mit Praefix ja, 'a, ha, ša.

1. jaķṭūl.

Masculina. d. יַבְרוּחָא „Alraune" Er. 26ᶜ; Pl. יַבְרוּחִין O. Jer.
I Gen. 30, 40. — *d.* יַחְמוּרָא „Antilopenart" O. Deut. 14, 5.

2. 'aķṭāl, haķṭāl.

Feminina. Die Infinitive des Aphel im judäischen Dialekt. —
אַדְכָרָה „Gottesname" Ber. 8ᵃ; m. S. אַדְכָּרְתָה „Duftteil" O. Jer. I
Lev. 5, 12. — אַחְסָנָא „Besitz" O. Jer. I Deut. 14, 27; *c.* אַחְסָנַת
O. Jer. I Gen. 23, 20. — אַגְדָה „Haggada" Gitt. 45ᶜ; *d.* אַגְדְתָא
Bab. m. 8ᵈ. — אוּרְיָיא „Lehre" Koh. R. VII 8, Schek. 47ᶜ; *d.*
אוּרַיְיתָא Bez. 63ᵃ, אוֹרִיתָא O. Lev. 6, 2, Jer. I אוּרַיְיתָא; m. S. אוּרַיְיתִי
Naz. 54ᵇ; Pl. *d.* אוֹרִיתָא O. Ex. 18, 20, Jer. I אוּרַיְיתָא. — הוֹרָיָיה
„Lehre" Gitt. 44ᵈ; *d.* הוֹרָיְיתָא Gitt. 44ᵈ.

3. haķṭil (haķṭēl).[1]

Masculina. הֶיקֵּף „Umfang" Koh. R. XII 7. — *d.* הַקְדִישָׁא
„Geweihtes" Sabb. 4ᵈ. — m. S. הַסְפֵּדיה „Trauer" Koh. R. IX 10.

4. šaķṭāl.

Masculina. d. שַׁבְרִירָא „Blindheit" O. Gen. 19, 11.

5. šaķṭūl (šaķṭōl).

Masculina. d. שַׁעֲבוּדָא „Knechtung" Jer. II Gen. 27, 40; m.
S. שַׁעֲבוּדְהוֹן O. Jer. I Ex. 4, 31. — m. S. שִׁחְרוּרָה „Befreiung"
Jer. I Lev. 19, 20, vgl. Gitt. IX 3 שִׁחְרוּר. — *d.* שַׁבְלוּלָא „Schnecke"
Nidd. 50ᵈ. — *c.* שַׁכְלוּל „Vollendung" Jer. II Gen. 7, 11. — שַׁעֲמוּם
„Verwirrung" Jer. I Deut. 28, 37, vgl. *c.* שַׁעֲמֹמוּת O. Deut. 28, 28,
Jer. I שִׁעֲמָמוּת. — m. S. שַׁלְהוּביה „Flamme" Jer. I Deut. 4, 11,
vgl. *c.* שַׁלְהוֹבִית „Flamme" O. Ex. 3, 2; *d.* שַׁלְהָבִיתָא O. Num.
21, 29, Jer. I שַׁלְהוּבִיתָא.

---

[1] Diese Bildung ist aus dem Neuhebräischen entlehnt, s. *Siegfried-
Strack*, Lehrb. d. Neuhebr. Sprache 47, *Hillel*, Nominalbildungen in der
Mischna 37 f. Das *a* des Praefixes ist zu *i* (*e*) verdünnt.

V. Nomina von drei Stammkonsonanten mit Suffixen.

§ 35. a. *Nomina auf ān, ōn, ēn, ām.*

1. **ān.**[1] α. *ḳaṭlān* (zumeist Bildungen von männlichen Substantiven).

Masculina. d. מוּתָנָא „Pest" Taan. 66ᶜ, מוֹתָנָא O. Jer. I Num. 25, 8. — רחמן „barmherzig" Ber. 9ᶜ; *d.* רחמנא Bab. m. 8ᶜ, רחמנא O. Ex. 34, 6, Jer. I רחמגנא(!); Pl. רחמנין Ber. 9ᶜ. — Pl. *d.* כפרנייא „Dorf" Ber. 2ᵃ; m. S. כפרנהא O. Num. 21, 32, Jer. I כופרגנהא. — סֹעֹרָן „haarig" O. Gen. 27, 11, Jer. I שערן. — *d.* אחוונא „Weide" Ber. 10ᵃ; Pl. *d.* אחווגייא Ber. 10ᶜ. — ריקן „leer"[2] Maas. sch. 55ᶜ, רֵיקֹן O. Gen. 37, 24; Pl. ריקנן Keth. 36ᵃ, רֵיקֹנִין O. Jer. I Ex. 3, 21. — רבן „Lehrer" Ter. 46ᵃ; Pl. רבנין Sanh. 27ᵈ, nie *d.* רבנייא; *c.* רֹבֹּני „Grosse" O. Jer. I Gen. 47, 6; m. S. רבנן[3] Taan. 69ʰ. — ליצן „Spötter" Ber. 5ᶜ; Pl. ליצנין Sanh. 23ʰ.

Hierher gehört wohl auch; חזן „Aufseher" Jeb. 13ᵃ; *d.* חזנא Sot. 22ᵃ. — פלן „ein gewisser" Gitt. 49ᵃ; *d.* פלניא Taan. 69ᵃ. — קנאן[4] „eifrig" Jer. I Ex. 20, 5, Jer. II Deut. 4, 24, vgl. קונתן (= קנאתן) Ber. R. 41. — *d.* טוּפָנָא „Sintflut" O. Gen. 11, 1, Jer. I טובענא.

Feminina. רֵיקָנִיא „leer" O. Jer. I Gen. 1, 2. — Pl. סֹעֹרָנִין „haarig" O. Gen. 27, 23, Jer. I שערניין. — *d.* אחווניתא „Pflaume" Ber. 10ᶜ. — פלנית „eine gewisse" Keth. 31ᶜ; *d.* פלניתא Schir R. II 15.

β. *ḳiṭlān.*

Masculina. עֹדָן „Zeit" O. Gen. 24, 55; *c.* עידן Ech. R. I 4, עֹדָן O. Gen. 8, 11, Jer. I *d.* עדונה. — אילן „Baum" Pesikt. 93ᵃ; *c.* אִילָן O. Jer. I Gen. 2, 9; Pl. *d.* אילניא Ber. R. 59. — מנָן „Zahl" O. Gen. 34, 30, Jer. I מינין; *d.* מיינגא Sanh. 18ᶜ; *c.* מנין[5] O. Ex. 16, 16, Jer. I מגין. — עינוון „sanftmütig" Sanh. 23ᶜ.

---

[1] Für die Vorliebe des galil. Aramäisch für Nunnation vgl. S. 72 f.

[2] Vgl. das Schimpfwort ρακά (Matth. 5, 22 BE); ραχά SD), *d.* ריקא b. Bab. b. 75ᵃ, Pl. *d.* רקייא Koh. R. IX 15. Die Endung *ān* ist abgeworfen und das *ai* der Stammsilbe in *a* verwandelt, vgl. S. 66. Vgl. auch hebr. ריקים Ber. R. 31, Jalk. Schim. II 544 רקים.

[3] רבנן ist nicht Plur. von רב רב (so *Stein*, Thalmud. Terminologie 51), sondern verkürzt aus dem judäischen רבננא; die galil. Form sollte רבנין lauten. Das Suffix ist bedeutungslos, man kann deshalb sagen: רבנן קיסרין „die Gelehrten von Caesarea" Bez. 63ᵇ.

[4] Vgl. Καναναῖος (Matth. 10, 4 BCD), wobei *d.* קנאנא vorausgesetzt. Die Zeloten heissen Ab. d. R. Nath. VI *hebr.* קנאים, wozu der Sing. קנאי Siphre 48ʰ, Jer. I Deut. 4, 24, O. קנא.

[5] Verkürzung von *ān* zu *an* wird im Stat. constr. dieser Bildung in Cod. Soc. 84 zuweilen angewandt, aber nicht konsequent durchgeführt.

γ. *ḳuṭlān.*

Masculina. אוּלְפָן „Lehre" Ber. R. 80, אָלְפָן O. Ex. 18, 15,
Jer. I אוּלְפָן; *d.* אוּלְפָנָה Jeb. 6ʰ; Pl. *d.* אוּלְפָנַיָּא Kidd. 61ʰ. — סוּרְחָן
„Sünde" O. Jer. I Gen. 39, 23; m. S. סוּרחְנֵיה Sanh. 23ᶜ. — *d.*
פוּלְחָנָא „Dienst" O. Jer. I Ex. 1, 14; *c.* פּוּלחָן O. Jer. I Num. 18, 4;
m. S. פּוּלחָנהוֹן O. Jer. I Ex. 1, 14. — *d.* קֻרְבָּנָא¹ „Opfer" O. Jer. I
Lev. 2, 1.

δ. *Bildungen aus Participien.*²

Masculina. d. סָרְבָנָא „widerspenstig" O. Num. 17, 25, Jer. I
Pl. *d.* סרבניא. — *d.* מוֹרַיְינָא „Thoralehrer" Sabb. 11ʰ. — מתנִיין
„Mischnalehrer" Kidd. 66ᶜ; Pl. מתנִיֵּין Chag. 76ᶜ; *d.* מתנְיינָא
Chag. 76ᶜ.

ε. *Bildungen aus weiblichen Substantiven.*

Masculina. אֵימְתָן „furchtbar" Meg. 74ª; Pl. אֵימְתָנֵי O. Deut.
2, 11, Jer. I *d.* אֵימְתָנִיא — גֵּיוְתָן „hochmütig" Ber. R. 85, גֵּיוְותָן
Jer. I Deut. 9, 2; Pl. *d.* גֵּיוְתָנָא O. Ex. 15, 1, Jer. I גֵּיוְותָניא. —
עֲנוְתָן „demütig" O. Num. 12, 3, Jer. I עֲנוְותָן.

ζ. *Adverbien.* תּוּבָן „ferner" Bab. m. 8ᶜ. — תַּמָּן „dort" Kil.
30ᵈ, תַּמָּן O. Jer. I Gen. 2, 8.

η. *Eigennamen.*

יוּדָן „Juda" Meg. 74ª, *d.* יוּדָנָה Ab. z. 41ª. — אַשְׁיָאן „Asche"
(Ascher) Jeb. 12ª. — *d.* יוֹסִינָה „Jose"³ (Joseph) Meg. 75ʰ.

2. ōn.⁴

Masculina. d. עֵרְבוֹנָא⁵ „Pfand" Kidd. 62ᶜ. — *d.* פִּיקְדוֹנָא „Depositum" Schebu. 37ᵈ, פּוּקְדֹנָא O. Lev. 5, 21, Jer. I פִּקְדוֹנָא. —
זְדוֹן „Frevel" O. Deut. 29, 17. — Pl. *d.* דחלוניָּיא (?) „gottesfürchtig"
Maas. sch. 56ʰ. — *d.* ירקוֹנָא „Gelbsucht" Jer. I Deut. 28, 22. —

---

¹ Κορβανᾶς (Matth. 27, 6, Jos. Bell. Jud. II 9, 4). Als hebräisches Wort
ist vielleicht gemeint κορβᾶν (Mark. 7, 11), vgl. קרבן Ned. I 2. Für den Vokal
der ersten Silbe s. S. 62, vgl. auch 'Οφλᾶς (Jos. Bell. Jud. II 17, 9), "Οπλα
(2 Chr. 27, 3) = עָפְלָא Targ. Zeph. 1, 9 Lesart v. David Kimchi.

² Von den Worten מְשַׁמְשָׁנֵיה[וֹ] „sein Diener" O. Jer. I Ex. 33, 11, מְתֻרגְּמָן
„Dolmetsch" O. Jer. I. II Gen. 42, 23, vgl. *d.* תּוּרגְמָנָא Ber. R. 51, *d.* תּוּרבִּיָנָא „Er-
zieher" O. Num. 11, 12, erinnern zwar die ersten beiden an Participien wegen
des *m*-Präfixes, es scheinen aber die Substantiva שַׁמָּשׁ (*kaṭṭūl*), תרגום und תרבו
zu Grunde zu liegen.

³ 'Ιωσῆς Mark. 6, 3, יוֹסִי Ab. I 4, Abkürzung von יוֹסֵף, s. S. 75. Andere
Abkürzungen s. S. 143.

⁴ Diese Endung wird wird im Onkelostargum meist vermieden, doch s.
die Beispiele, ist aber häufig in den jer. Targumen, im pal. Talmud und Midrasch und im Christl. Palästinischen, s. *Barth*, Nominalbildung 319.

⁵ 2 Kor. 1, 22 BCD ἀρραβών.

רבון „Herr" Ber. R. 93; c. רִבּון O. Jer. I Ex. 23, 17; m. S. וריבוניה¹
Taan. 68ᵈ. — c. אַלִּין „Daumen" O. Ex. 29, 20. — ביזיון „Verach-
tung" Ter. 46ᵃ. — d. נסיונא Jer. I Ex. 15, 25; Pl. נסיונין Ech. R.
I 16. — d. דּוֹנָא „Kummer" O. Gen. 42, 38.

Feminina. m. S. רִבּונְתה „Herrin" O. Gen. 16, 4, Jer. I רבונתהא.
3. ēn.² אוחרין „anderer" Vaj. R. 6, חורין Keth. 34ᵇ, s. § 20, 5.
4. ām.
Masculina. יִמָּם³ „Tag" O. Jer. I Num. 9, 21; d. יממא Ech.
R. III 7, איממא Taan. 68ᵇ; Pl. יֹמָמִין O. Jer. I Gen. 7, 4.

§ 36. b. *Nomina auf ai, ī, ū.*

1. ai.⁴

α. *Adjectiva.* *Masculina.* d. ארעייא „unterer" Bab. m. 12ᶜ; Pl.
אַרְעָאִין O. Gen. 6, 16; d. ארעאי Ech. R. I 45, ארעייא Sukk. 55ᵇ. —
עילאי „oberer" Bab. m. 12ᶜ, עֵלָּאי O. Deut. 26, 19; d. עילייא Bab.
m. 12ᶜ, עילאה Ech. R. I 46, עֵלָּאה O. Gen. 14, 18, Jer. I עילאה;
Pl. d. עילאי Ech. R. I 45, עילייא Kil. 32ᵈ. — d.ברייא „äusserer"
Sabb. 11ᵇ; Pl. d. ברייא Erub. 18ᶜ. — d. גווא „innerer" Sabb. 11ᵇ,
גּוֹאָה O. Lev. 10, 18, Jer. I גואה. — יחידאי „einzelner" Pesikt. 13ᵃ,
יְחִידִי O. Gen. 3, 22, Jer. I יחידי; d. יחידאה Ab. z. 45ᵃ, יחידייא
Sabb. 16ᵇ; Pl. יחידין, יחידאין Chag. 77ᵇ. — d. מציעייא „mittlerer"
Kil. 32ᶜ, מְצִיעָאה O. Jer. I Ex. 26, 28. — נוכרי „fremd" O. Deut.
17, 15; Pl. נוכראין Pea 17ᵈ. — גלויי⁵ „Exulant" Vaj. R. 5; Pl. d.
גלואי Ech. R. Peth. 1.

Feminina. d. ארעיתא „untere" Chag. 75ᶜ, ארעיתה Maas. sch.
56ᶜ, אַרְעֵיתָא O. Jer. II Deut. 32, 22. — d. עילייתה „obere" Dem.
22ᵈ; Pl. d. עילייתה Sabb. 3ᵃ. — d. ברייתא „äussere" Ned. 42ᵇ; Pl.
d. אברייתא⁶ Ber. 10ᵃ. — d. מציעתא⁷ „mittlere" Keth. 35ᵇ. —

---

¹ Vgl. Joh. 20, 16 B ραββουνεί, D ραββωνεί = רִבּוּני „mein Gebieter". Der
Vokal der ersten Silbe ist noch nicht zu *i* verdünnt, s. S. 63. Für den Wechsel
von *ū* und *ō* vgl. Hieron. *amun* = הָמוּן neben *amona* = הָמוּנה ZAW IV 78.
² S. zu dieser Endung *Nöldeke*, Mand. Gramm. 139, *Barth*, Nominalbildung 319 ff.
³ Vgl. *Nöldeke*, Mand. Gramm. 140.
⁴ Für die superlineare Vokalisation lautet die Endung (auch in *ḳaṭāl*- u.
ḳaṭṭāl-Bildungen, s. S. 123.128) *ai*, nicht *āi*, was nur in Pausa gelegentlich vorkommt.
⁵ Nach dem Syrischen ܓܲܠܝܳܝ ist גְּלָוָי zu lesen. Die Endung *ai* ist an
die *ḳāṭil*-Form גָּלֵי angefügt. An syr. ܓܲܠܝܳܐ „Offenbarer" ist nicht zu denken
(gegen *Levy*).
⁶ Mit Aleph prostheticum.
⁷ Vielleicht *mĕṣiʿētā* zu lesen mit *ē* für *ai*.

נוּכְרָאֵה „fremde" O. Ex. 2, 22. Jer. I נוכרייא; d. נוכרִיתָא O. Lev.
10, 1, Jer. I נוכרתא; Pl. נוכְרָאֵן (!) O. Gen. 31, 15, Sab. נוכְרָאֶן, Jer. I
d. נוכריתא.

β. *Gentilicia. Masculina.* יהודיי¹ „Jude" Schebi. 35ʰ, יודאי
Ber. 5ª; d. יהודאה Ech. R. I 14; Pl. יהודאין Sanh. 25ᵈ, יְהוּדָאִין
O. Jer. I Ex. 2, 13; d. יהודאי Bab. m. 8ᶜ, יהודאי Taan. 66ᶜ, יודאי
Schebi. 38ᵈ, יודאי Ab. z. 44ᵈ. — מצריי „Ägypter" Kil. 31ᶜ, מצרִי
O. Ex. 2, 11, Jer. I מצראי; d. מצרָאה O. Ex. 2, 14; Pl. d. מצרָאי
O. Jer. I Gen. 12, 12. — Pl. d. גלילאי² „Galiläer" Bab. b. 15ᶜ.
— ליואי „Levit" (Eigenname) Ab. z. 42ᶜ; d. ליואה O. Ex. 4, 14.
— שמריי³ „Samariter" Ber. R. 32; Pl. שמריין Ab. z. 44ᵈ; d. שמריא
Ber. R. 94. — כותיי „Kuthäer" (Samariter) Mo. k. 83ᵇ; d. כותייא
Taan. 68ᵈ, כותאה Ech. R. I 14; Pl. d. כותאי Sanh. 28ʰ, כותייא Ab.
z. 44ᵈ. — ארמאי „Aramäer, Heide" Ab. z. 44ª, ארמֹי „Heide" O.
Lev. 25, 47; d. ארמייא Ab. z. 44ª, ארמֹאה⁴ O. Deut. 26, 5; Pl. d.
ארמאי Ned. 38ᵈ. — d. מדינאה⁵ „Midianiter" O. Jer. I Num. 10, 29.
— מינאי⁶ „Ketzer" Ber. R. 14, מיני Sanh. 25ᵈ; d. מינא Ber. R. 82,
מיניא Sanh. 25ᵈ. — Pl. d. טיבריאי „Tiberienser" Taan. 69ʰ. — d.
מוגדליא⁷ „Magdaläer" Taan. 64ʰ; Pl. d. מוגדלאי Meg. 73ᵈ.
Feminina. Pl. d. יהודיאתא „Jüdin" Ech. R. I 39, יְהוּדִיתָא⁵
O. Ex. 1, 15, Jer. I יהודיתא. — d. מצריתא „Ägypterin" O. Jer. I Gen.

---

¹ Vgl. Ἰουδαῖος Joh. 4, 9.

² Vgl. Γαλιλαῖος (von גָּלִיל) Mark. 14, 70.

³ Vgl. Σαμαρείτης Joh. 8, 48 von שָׁמְרָיִן Ezr. 4, 10, arab. سَامِرِيّ.

⁴ Die superlin. Vokalisation unterscheidet den „Aramäer" vom „Heiden"
durch die Aussprache, vgl. den entsprechenden Gebrauch der Syrer, *Nöldeke*,
ZDMG XXV 116, 118. Auch das biblische אַרְמִי „Aramäer" wird so entstanden
sein. Das bibl. אֲרָמִית „aramäisch" vertritt dagegen den richtigen alten Sprachgebrauch, für den auch Ἀραμαῖοι (von אֲרָמִי mit als a gesprochenem Schewa)
Jos. Antt. I 6, 4 zeugt.

⁵ Eine Schärfung des Vokals der Antepaenultima findet statt wie in
קדמֹיתא O. Gen. 41, 20.

⁶ Hierher gehört Σαδδουκαῖος (Matth. 3, 7), was von צְדוּקִי, d. צְדוקָאה abzuleiten, vgl. hebr. צדוק Erub. 18ᶜ, b. Jom. 19ʰ; Pl. צדוקין Jom. 39ª. Die aram.
Form kommt nirgends vor.

⁷ Für ἡ Μαγδαληνή Joh. 20, 18 hat Ev. Hier. richtig ܡܓܕܠܝܬܐ. An מגדלא
נשיא „die Friseuse" b. Sanh. 67ª (s. *Dalman-Laible*, Jesus Christ in the Talmud, Midrash, Zohar 5* f., 10) ist nicht zu denken (gegen *de Lagarde*, Mitteilungen III, 257 ff.). Die Endung ηνος ist dieselbe wie in Ναζαρηνός Mark. 1, 24.
Ναζωραῖος (Joh. 18, 5) setzt נָצוֹרִי voraus von der mit נָצְרַת gleichbedeutenden
Nebenform נָצוֹרַת, vgl. Ev. Hier. Luk. 1, 46 ܢܨܘܪܝ. Von נָצְרַת wäre נָצְרִי zu erwarten, vgl. Ev. Hier. ܢܨܪܝ, arab. نَاصِرِيّ, hebr. נוצרי, s. S. 119.

— 142 —

16, 1; Pl. *d.* מְצַרִיָתָא O. Jer. I Ex. 1, 19. — *d.* מְדִיָנִיתָא „Midianitin" O. Jer. I Num. 25, 6. — *d.* אֲרָמִיתָא „Heidin" Kidd. 64ᵈ.

γ. *Eigennamen.*[1]

Bei Verkürzungen längerer Namen, besonders solcher auf *iy-yā*, wird die Endung *ai*, aus welcher *ā* werden kann, gern angewandt. Wenn nur zwei Stammkonsonanten dabei erhalten bleiben, wird meist nach Analogie von *ḳaṭṭal* oder *ḳaṭṭāl* gebildet. *Masculina.* חֹסְדַי Sot. 20ᵇ und חִסְדָא Ber. 9ᵃ v. חִסְדָיָה; מָתַי[2] b. Sanh. 43ᵃ von מַתַּנְיָה oder מַתִּתְיָה; זַכַּאי[3] Ab. z. 42ᶜ v. זְכַרְיָה; זַבְדַי[4] Ab. z. 42ᶜ und זַבְדָא[5] Schebi. 38ᶜ v. זְבַדְיָה; שַׁמַּי Sabb. 5ᵈ v. שְׁמַעְיָה[6]; אַבַּיִ Gitt. 47ᵇ und אַבָּא[7] Sot. 20ᶜ v. אֲבִיָה; חִלְפַי[8] Kidd. 58ᵈ v. חֶלְפִיָה; עֻזַאי Ber. 14ᶜ v. עֲזַרְיָה; יוֹחִי Ber. 13ᵈ und יוֹחָא I Chr. 8, 16 v. יוֹחָנָן[9];

---

[1] Hierher setzen wir Βαρνάβας Apg. 4, 36 „υἱὸς παρακλήσεως", nach *Delitzsch* (Hebr. N. Test.) בַּר נָבָא von גְבָא „weissagen", nach *Klostermann* (Probleme im Aposteltext) בַּר-נְיָחָא „Sohn der Beruhigung", nach *Hitzig* syr. בַּר מְבַאָא „Sohn der Tröstung". Es wird aber zu Grunde liegen eine sonst nicht bekannte Abkürzung נַחְמָא vom Eigennamen נְחֶמְיָה oder נַחְמָנִי, נַחְמָן. Für die Vertauschung des μ mit β wegen des nahen ν vgl. LXX Νεβρώδ = גִמְרד. — Λεββαῖος (=לֵבַּי) Mark. 3, 18 D, vgl. phön. לבא CIS I 147, nabat. לבאי *Euting*, Sin. Inschr. 421, hat mit לוי = Λευεί (Mark. 2, 14 S) nichts zu thun, ist eher eine Abkürzung von חלב 2 Sam. 23, 29 oder חלבו (= Chalibu) Ber. R. 51. — Μακκαβαῖος (I Makk. 3, 1) hat zur Voraussetzung מַקְבָּא oder מַקְבִּי mit als *a* gesprochenem Schewa (nicht מַקְבִּי). Kein Name, wovon dies Abkürzung sein könnte, ist bekannt; doch s. palmyr. מקי = Μακκαῖος (ZDMG XXIV 90). Der Beiname *kann* mit der Kopfform des Juda zusammenhängen, vgl. מַקְבָּן Bech. VII 1 „hammerförmig", d. h. nach b. Bech. 43ᵇ „einer, dessen Kopf dem Spitzhammer (מקבא) gleicht."

[2] Μαθθαῖος Matth. 9, 9 SBD, vgl. palmyr. de Vogüé 1 מתא = Μαθθᾶς. *Grimm*, Clavis Nov. Test., denkt fälschlich an מת „Mann", *Schmiedel* (Winer's Gramm. d. N. Tl. Sprachidioms[8] 60) an אֲמִתַּי.

[3] Ζαχχαῖος Luk. 19, 2, Hieron. zu Jes. 8, 11 *Zachai.*

[4] Ζεβεδαῖος Matth. 4, 21, vgl. LXX I Ezr. 9, 5 Ζαβαδαίας (וּבַדְיָה). Ζαβδαῖος, (so I Ezr. 9, 21) wäre die zu erwartende Abkürzung.

[5] זבדא = Ζάβδας de Vogüé 29.

[6] Σαμαίας (= שמעיה) Jos. Antt. XV 1, 1, aber LXX I Ezr. 9, 21 Σαμαῖος, Hieron. a. a. O. *Sammai* (= שמי).

[7] Βαραββᾶς Mark. 15, 7, vgl. אבא בר חייא Vaj. R. 3.

[8] Ἀλφαῖος Mark. 2, 14, nicht zu verwechseln mit Κλεόπας (Luk. 24, 18), Κλωπᾶς (Joh. 19, 25) = Κλεόπατρος, obwohl dies ja der heidnische Name eines Juden חלפי sein konnte.

[9] Ἰωάννης Luk. 1, 60, Jos. Antt. X 9, 4, Ἰωάννης Luk. 7, 18 B, vgl. יוחנים Est. R. II 1, ist nur Graecisierung von יוחנן = Ἰωανάν Luk. 3, 27, das offenbar auch יוֹחָן gesprochen wurde, vgl. Hier. zu Jes. 8, 11 *Joannan.* Zur Endung vgl. Jos. Antt. XIII 1, 2 Ἰωνάθης von יוֹנָתָן. Ἰαννῆς 2. Tim. 3, 8 ist wie ינים Jer. I Ex. 1, 15 Abkürzung von Ἰωάννης in griechischem Munde. Ein

יִנִּי[1] Taan. 68ᵃ v. יוֹנָתָן; יוֹנָתִי[2] Ab. I 7 v. נְתַנְיָה; סִימַאי Ab. z. 42ᶜ v. סִימוֹן (Σίμων) Mo. k. 82ᵃ; שִׁימִי Koh. R. IX 9 v. שִׁמְעוֹן; שְׁמַלַּאי Pes. 32ᵃ v. שְׁמוּאֵל; תִּדַאי[3] Er. 23ᶜ v. תָּוָדִים[4] Mo. k. 81ᵈ; אִילְעָא Sot. 22ᶜ, לְעַי, לֹא Dem. 21ᶜ, אִילַי Gitt. 45ᶜ und אִילָא Sukk. 54ᵈ, הִילָא Sot. 20ᵃ v. אֱלִיוֹעֵינִי; נַקָאי[5] Ber. R. 79 v. נַקְדִּימוֹן (Νικόδημος) Tos. Keth. V 9; אָחָא Sabb. 5ᵈ v. אָחִיה; חָמָא Er. 23ᶜ v. חָמִיה (חְמוּאֵל); עֲקֵיבָה Meg. 74ᵃ v. עֲקֵבְיה; נְסָא[6] Er. 20ᵃ (Herkunft s. unten); מְנָא[7] Schek. 50ᵈ, מִינָא Bab. m. 8ᵃ v. palm. מְעֵנַי, יוֹסָה Bez. 60ᵇ, יִסָה Bez. 60ᵃ, אִיסָה Ter. 40ᶜ v. יוֹסֵף; מֵישָׁא[8] Kidd. 57ᵈ, מֵיאָשָׁא Ech. R. II 11 v. מִישָׁאֵל (מִישְׁעָאֵל); חַנָּה[9] Ber. 4ᵇ v. חֲנִיה, חוּנָא Ber. 14ᵇ, v. חוֹנִיה, שַׁבָּא[10] b. Schebu. 17ᵇ v. שַׁבְתַי; אַדָא Ter. 47ᵇ v. יְהָדַי[11]; אַלְכַּסָא Keth. 29ᶜ, לִיכְסָה Schebu.

Name יוֹחָנָא findet sich nur bab. Talmud, Chull. 133ᵃ, Men. 85ᵃ (wo יוֹחָנִי Lesart des ʿArûk). Dem Frauennamen Ἰωάννα Luk. 8 3 (יוֹחָנָא Ber. R. 64, יוֹחָנִי b. Sot. 22ᵃ, b. Zeb. 62ᵇ) könnte auch יוֹחָנָן zu Grunde liegen, vgl. die Frauennamen יוֹכֶבֶד und יְהוֹשֶׁבַע; doch mag hier eine weibl. Form יוֹחָנָה schon in hebr. Munde versucht worden sein, wovon das bibl. חַנָּה Abkürzung.

[1] Ἰαναῖος Jos. Antt. XIII 12, 1, Ἰανναῖος Vita 26.

[2] Ναθαῖος Aristeasbrief.

[3] Θαδδαῖος Matth. 10, 3 SB.

[4] Θευδᾶς (Apgesch. 6, 35), Abkürzung von Θεόδοτος, Θεοδόσιος oder Θεόδωρος.

[5] Ναγγαί Luk. 3, 25 ist wohl nicht נְקִי, sondern נַגַּי = נָגְהַי v. נֹגַהּ I Chr. 3, 7, LXX B Νάγαι.

[6] Vgl. palmyr. נְשָׁא = Νεσα ZDMG XLII 393 von אֶלְהַנְשָׁא oder נְשָׁאֵל, vgl. nabat. Ν[ασά]ηλος Waddingt. 2070ᶜ.

[7] Luk. 3, 31 SB Μεννά, nabat. מֶנָּא CIS II 294, palmyr. Inschr. מְעֵנִי = Μανναῖος de Vogüé 37, s. Nöldeke ZDMG XXIV 90, Μενναῖος Jos. Antt. XIV 7, 4. Zu מְעֵנִי vgl. מְעוּנִים Ezr. 3, 50 = Μανί I Ezr. 5, 31.

[8] Der Name hat nichts mit Μωυσῆς zu thun (gegen Derenbourg, Essai sur l'Histoire 171), vgl. מֵישָׁא 1 Chr. 8, 9 und den palm. Frauennamen מֵישָׁא de Vogüé 33.

[9] Ἄννας Joh. 18, 24. Zwischen חַנָּה und חֲנִיה steht חָנָן (Ἄνανος Jos. Antt. XVIII 2, 1) und חִינְנָא (aus חֲנָנָא) Maas. 48ᵈ. חֲנִיה findet sich in der griech. Form Ἀνανίας (s. Apg. 5, 1) auch in der jüd. Litteratur, s. אֲנִנְיָא Ber. 11ᵇ. Hierher gehört auch Βηθανία (Matth. 26, 6) = בֵּית חֲנִיה, vgl. חֲנִיאֵל Num. 34, 23 LXX Ἀνειήλ und die Inschrift בְּנֵי חֲנִיה am Jakobusgrab, Chwolson, Corp. Inscr. Hebr. 6. Bei babylon. Abschwächung von ח zu ה und Verdünnung von a zu i konnte daraus בֵּית הִינִי (1. בֵּית הַגִּי) b. Chull. 53ᵃ entstehen.

[10] Βαρσαββᾶς Apgesch. 1, 25, Σαββαῖος Jos. Antt. XIII 2, 4, Σάββας Antt. XV 7, 10, vgl. palmyr. שַׁבָּא = Σαββᾶς de Vogüé 3, nabat. שַׁבִּי CIS II 215, Σάβαος Wadd. 2101.

[11] LXX I Chr. 2, 47 Ἀδδαί, Luk. 3, 28 Ἀδδεί, vgl. אִידַי Jom. 44ᵃ, palmyr. אַדָא = Ἰαδῆς, יְדִי = Ἰαδδαῖος de Vogüé 13, 63.

38ᵃ v. אלכסנדרום ('Αλέξανδρος); מלאי¹ b. Sabb. 139ᵃ, מללי Neh. 12, 36 v. מהללאל.

2. ī.

Feminina. דברי² „Biene" Sabb. 3ʰ; Pl. דבורין Pea 20ʰ, *d.* דבריתא O. Deut. 1, 44, Jer. I דבוריתא. — זרעי „Familie" O. Jer. II Deut. 29, 17; *d.* זרעיתא Kidd. 65ᵈ; *c.* זרעית Koh. R. IV 9, זרעית O. Jer. I Lev. 25, 47; Pl. זרעין Sabb. 13ᶜ, זרעיין O. Gen. 4, 10; *c.* זרעית O. Num. 4, 41. — צלוחית „Schüssel" O. Jer. I Ex. 16, 33; *d.* *d.* צלוחיתא Sabb. 3ʰ; Pl. צלוחיין Schebi. 39ᵃ. — *d.* מחתיתא „Pfanne" O. Num. 17, 11, Jer. I מחתיא; Pl. *d.* מחתיתא O. Num. 4, 14, Jer. I מחתיתא. — m. S. גיגיתיה „Fass" Ter. 45ᶜ; Pl. *d.* גיגיתא Sabb. 3ᵈ. — מרגלי „Perle" Bab. m. 8ᶜ; *d.* מרגליתא Keth. 33ʰ; Pl. מרגלין Jer. I Ex. 14, 9. — m. S. מחותיתיה „Senkung" Ech. R. II 2; Pl. מחתותיין (l. מחותיין) Koh. R. XII 5. — m. S. מסוקיתיה „Erhebung" Ech. R. II 2; Pl. מסורין (l. מסוקין) Koh. R. XII 5, מסוקין Jer. I Deut. 28, 43. — מחוורי „Rückkehr" Ber. R. 26.

*ī*t ist als Adverbialendung nicht gewöhnlich. Doch s. טבאית „gut" Vaj. R. 32, Pesikt. 98ᵃ, טבית Pesikt. 75ᵃ.

Einschaltung eines Jod in die determin. Maskulinform findet sich an *ḳattūl*- und *ḳatlūl*-Formen: חיבוליא „Zins" O. Lev. 25, 37; טיבורייה „sein Nabel" Kil. 31ᶜ; כנופיא „Versammlung" Jer. I Num. 33, 25; סרהוביא „Eile" Jer. I Deut. 4, 26; ערבוביא „Verwirrung" Vaj. R. 24, Jer. I Deut. 1, 22; שבלוליה „Schnecke" Nidd. 50ᵈ.

3. ū.³

Feminina. α. *ḳatl.* *c.* פלגות „Hälfte" Keth. 31ᶜ, פלגות O. Jer. I Num. 28, 14; Pl. פלגוון „Streitfragen" Erub. 25ᶜ (*d.* פלוגוותא Taan. 67ᵈ). — מלכו „Königreich" Vaj. R. 27; *d.* מלכותא Ned. 37ᵈ, מלכותא O. Jer. II Gen. 49, 10; Pl. מלכוון O. Jer. I Gen. 25, 23; *d.* מלכוותא Ech. R. I 31. — *d.* טרחותא „Beschwerde" Mo. k. 80ᵈ; *c.* טרחות Jer. I Deut. 1, 12.

β. *ḳatil.* טיבו „Güte" Kidd. 61ᶜ, טיבו O. Gen. 24, 14, Jer. I טיבוי; m. S. טיבותיך O. Jer. I Gen. 20, 13. — סיבו „Alter" O. Jer. I Gen. 15, 15; m. S. סיבותיה Midr. Tehill. 9, 5. — קשיו „Starrsinn" O. Jer. I Ex. 1, 13; m. S. קשיותך Pea 20ʰ. — *d.* טליותא „Jugend" Ech. R. I 46; m. S. טליותיה Midr. Tehill. 9, 5. — *d.*

---

¹ Μελεά Luk. 3, 31, palmyr. מלא = Μαλῆς de Vogüé 7.

² Vgl. den Ortsnamen Δεβερεί I Chr. 6, 72 (hebr. רבּרת), Jos. Vita 62 Δαβάριττα, jetzt دبوريّة, was gewiss mit רבורי zusammenhängt, s. *Kampffmeyer*, ZDPV XVI 36.

³ Nur eine Auswahl der zahlreichen möglichen Bildungen wird hier geboten.

סֻמְיוּתָא „Blindheit" O. Jer. I Deut. 28, 28. — c. פְּתִיוּת „Weite"
O. Gen. 34, 21, Jer. I פתיית.

γ. ḳaṭīl. d. שליחוּתא „Auftrag" Vaj. R. 22. — בישות „Schlech-
tigkeit" Ech. R. I 4, באישות Taan. 66ᶜ, בִּישׁוּ O. Gen. 31, 52; m. S.
בישותיה Pesikt. 24ᵇ. — d. נשוותא „Nasiat" Kil. 32ᵃ, נשייתא Pes. 33ᵃ.

δ. ḳaṭil. סהדו „Zeugnis" Sanh. 18ᵇ; d. סֻהֲדוּתָא ¹ O. Jer. I Ex.
31, 18; Pl. סהידוון Jer. I Deut. 22, 15; d. סֻהִידוּתָא O. Jer. I Deut. 6, 20.

ε. ḳuṭāl. אומנו „Kunst" Jer. II Ex. 35, 33; d. אומנותא Gitt.
47ᵇ; Pl. אוֹמָנוּוֹן O. Jer. I Ex. 35, 33; d. אומנותא Jer. I Ex. 35, 34.
ζ. Bildungen auf ān. m. S. ענוותנותיה „Demut" Jer. I Deut.
34, 5. — פורענו „Züchtigung" Jer. I Deut. 28, 24; d. פּוּרְעָנוּתָא O.
Jer. I Deut. 32, 41, פורעָנותא O. Lev. 26, 25; c. פּוּרְעָנוּת O. Deut.
32, 36.

η. Adverbia. טבות „gut" Ech. R. I 31, טבאות Bab. b. 13ᶜ,
טביות Kidd. 64ᵃ. — יאות „recht" Naz. 54ᵃ, יָאֹות O. Jer. I Ex.
10, 29. — תיינות „zum zweiten Mal" Taan. 66ᶜ, תֻנְיָנות O. Num.
10, 6, Jer. I תנײנות.

§ 37. *VI. Griechische Fremdwörter.*² ᵛ

Die im palästinischen Targum wie Talmud und Midrasch
sehr häufigen, aber auch bei Onkelos nicht ganz fehlenden griechischen Fremdwörter sind zum grössten Teile Bezeichnungen
von Personen und Dingen. Griechische Partikeln erscheinen
nicht in der Weise wie im Syrischen und im Evangel. Hierosolymitanum im *gewöhnlichen* Gebrauche. Die Behandlung der
griechischen Endungen ist eine ziemlich willkürliche. Meist
werden sie beibehalten, doch zuweilen auch abgeworfen oder
durch eine aramäische Endung ersetzt. Griechische Endungen,
welche aramäischen Endungen gleichklingen, wie η (gesprochen
ī) und α, werden bei der weiteren Abwandelung oft wie die entsprechenden aramäischen Endungen ī, ā behandelt. Sonst tritt

¹ S. aber Hieron. zu Gen. 31, 47 (ינר שהרותא) *igar sedutha*, was auf שָׁהֲרוּתָא
schliessen lässt, aber vielleicht auf ungenauer Auffassung beruht.

² Das Glossarium Graeco-Hebraeum (1890) von *J. Fürst* giebt eine reiche
Sammlung von griechischen Fremdwörtern aus den jüdischen Midraschwerken,
ohne den Formen dieser Wörter genügende Aufmerksamkeit zu schenken, und
mit nicht zu rechtfertigendem Ausschlusse des paläst. Talmud. S. dazu *J. Cohn*,
Monatsschr. f. Gesch. u. Wissensch. d. Jt. XXXVII 283ff., 341f., 429—434,
485—488. — Sonst s. *S. Krauss*, Zur griechischen und lateinischen Lexiko-
graphie aus jüdischen Quellen, Byzant. Zeitschrift II (1893) 493—548.

die aram. Pluralendung gern ohne Weiteres an die vollständige
Form des griechischen Singular. Die Wiedergabe vollständiger
griechischer Phrasen, bei denen griechische Plurale natürlich ihre
ursprüngliche Form behalten (z. B. Ech. R. Peth. 23 נקיטא ברברון
(Lesart des 'Arūk) = νικητά βαρβάρων „o Besieger von Barbaren!"),
gehört nicht hierher.

Verba griechischen Ursprungs sind *Pa.* זויג (von ζεῦγος) „paa-
ren", *Pa.* אכריז (von κῆρυξ) „verkündigen", *Pa.* קניס (von κῆνσος)
„strafen", *Pa.* קליס (von καλῶς) „loben", *Pa.* טקיס, טכיס (von τάσσω oder
denominal von τάξις) „ordnen", mit Ausnahme des letztgenannten
sämtlich im pal. Talmud und den jer. Targumen häufig gebraucht. טקים findet sich in Targ. Onkelos, טכים in den jer.
Targumen. Von diesen Verben können wieder Nomina gebildet
werden wie אכרזה „öffentliche Verkündigung" Sanh. 19ᵇ; קילום
„Lobspruch", Pl. *d.* קילוסיא Dem. 31ᵇ; טיכום „Ordnung", m. S.
טיכוסיה. Jer. I Ex. 28, 8.

Es giebt natürlich auch Fremdwörter anderen Ursprungs,
besonders persische wie אֹדְרון O. Gen. 43, 30 = pers. اَنْدَرُون
„Zimmer", und נחשירדן O. Gen. 25, 27 = pers. نخَشيرَكَن „Jäger".
Die lateinischen Worte werden sämtlich durch griechische Vermittelung zu den Juden gelangt sein. Die zahlreichen hebräischen Fremdwörter sind meist aramäischen Nominalformen an-
gepasst, doch s. z. B. סֹטָן O. Num. 22, 22, *d.* סטנא Jer. I Num.
10, 10, vgl. Σατανᾶς Luk. 13, 16, Σατανά Sir. 21, 27, was aber
auch סָטָנָא (woraus סיטנא Targ. Ps. 18, 30) zur Voraussetzung haben kann; אָמֵן O. Jer. I Num. 5, 22, vgl. ἀμήν Matth.
6, 2 (s. § 56); גּיהֹנָם Targ. Jes. 53, 9, Merx mit Verwandlung
von hebr. ō in aram. ā, vgl. Hieron., lib. interpr. hebr. nom. *Ge-
hennam*, Jos. 18, 16 LXX B Γαίεννά, Matth. 5, 22 γέεννα, mit Abwerfung des *m* in griechischem Munde (wie in Μαρία für מָרְים).
— Nur auf die *griechischen* Fremdwörter gehen wir hier näher ein.

η. ἀνάγκη „Not" אננקי Jer. II Gen. 22, 14, אונקי (l. אננקי)
Schir R. I 1, אניקי Jer. I Gen. 22, 14; *c.* אניק Jer. I Ex. 6, 5;
Pl. אניקין Jer. I Num. 11, 26. — διαθήκη „Testament" דייתיקי Schebu.
38ᵃ. — καταδίκη „Verurteilung" קטאדיקי Koh. R. V 22. — τιμή
„Wert" טימי Pea 15ᵈ, Jer. II Gen. 22, 33; m. S. טימיתה Schek. 49ᵇ;
טימיתהון Ech. R. I 4, טימהון Jer. I Num. 20, 19. — ὠνή „Kauf"
אוני Pes. 31ᵇ; *d.* אונייתא Taan. 69ᵃ. — πύλη „Thor" פילי Ech. R.
I 4, Jer. II Gen. 19, 1; Pl. m. S. פילוותה Jer. I Deut. 20, 11. —
φιάλη „Schale" פיילי Jer. I Num. 7, 19, פיילא Jer. I Gen. 40, 12;
d. פיילתא Jer. I Num. 7, 13; Pl. *d.* פילוותא Jer. I Num. 4, 7 (פיילותא

Jer. II). — στολή „Mantel" אסטלא Jer. I Gen. 9, 23; mit S. איסטליתיה
Jer. II Deut. 24. 13; Pl. אצטלין Ber. 6ᵈ, אסטלוון Sanh. 29ʰ, זְאִצְטְלוֹן
O. Gen. 45, 22. Jer. I c. איסטולי. — ἀντιγραφή „Antwort" אנטיגרפא
Ber. R. 67.

α. strata „Strasse" אסטרט Jer. I Deut. 1, 1; d. אסטרטא Ech.
R. I, 7, איסטרטא Gitt. 45ᶜ, איסטרטייא Sabb. 2ᵈ; Pl. איסטרטין Sabb.
8ᵃ, אסרטוון Jer. I Ex. 40, 4; d. סרטייתא Jer. I Gen. 42, 6. — ma-
trona „Frau" מטרונה Sabb. 5ʰ; d. מטרוניתא Schek. 47ᶜ. — διάταγμα
„Edikt" Pl. דיאטיגמתין Schebu. 38ᵃ.

ία. κατηγορία „Anklage" קטיגוריא Ech. R. I 31. — συνηγορία
סניגוריא „Verteidigung" Ech. R. I 31. — οὐσία „Anwesen" אוסייא
Taan. 69ᵃ; Pl. אוסין Vaj. R. 3, אוסייאם (l. אוסייאס) Koh. R. IV, 6.
εῖα, εία. πλατεῖα „Strasse" פלטיא Sabb. 2ᵈ; d. פלטיתא Jer. I
Deut. 13, 17; c. פלטיות (l. פלטיית) Jer. II Gen. 19, 2; Pl. d. פלטיית
Jer. I Gen. 42, 6. — ἀγγαρεία „Frohne" אנגריא Ber. 2ᵈ.

αι (Pluralendung). Ἀθῆναι „Athen" אתינס Ech. R. I 5. —
Καλένδαι (Kalendae) „Kalenden" קלנדם Ab. z. 39ᶜ. S. auch oben
אוסייאס = οὐσίαι. Für die Verwendung der griech. Accusativendung
vgl. Nöldeke, Syr. Grammatik 56.

ος. Die Endung ist erhalten. ἕτοιμος „bereit" איטימוס Jer. I
Num. 11, 26; Pl. איטימוסין Jer. I Gen. 24, 22. — ὄχλος „Volks-
menge" d. אוכלוסא Dem. 24ᵃ; Pl. אוכלוסין Jer. I Num. 24, 24; d.
אוכלוסיא Ech. R. I 31. — νόμος „Gesetz" d. נימוסא² Ber. 9ᵃ Lehm.; Pl.
m. S. נמוסיהון O. Lev. 18, 3, Jer. I נימוסיהון. — ἀγορανόμος „Markt-
aufseher" אגרונימוס Dem. 22ᶜ, mit Vertauschung der Konsonanten
אגרמוס Bab. b. 15ᵃ. — Ροῦφος „Rufus" רופוס Taan. 69ʰ, רופם³ Vaj.
R. 32. — Πέτρος „Petrus" פטרוס Ber. R. 92, פיטרס Ab. z. 42ᶜ. —
Τίτος „Titus" טיטוס Ab. z. 41ᵃ, טיטם Ter. 45ᶜ.

Die Endung ist abgestossen. κατήγορος „Ankläger" קטיגור
(hebr. Zush.) Jom. 44ʰ. — συνήγορος „Verteidiger" סניגור (hebr.
Zush.) Jom. 44ʰ. — ἐπίτροπος „Verwalter" d. אפטרופא Ech. R.
V 12; Pl. d. אפיטרופיא Pesikt. 95ʰ. — παράκλητος „פרקליט (hebr.
Zush.) Aboth IV 11. — κῆνσος (census) „Strafe" d. קנסא Jer. I
Ex. 21, 30; Pl. d. קנסייא Jeb. 14ʰ.

ος wird mit is vertauscht. γένος „Geschlecht" גניסא⁴ Jer.

---

¹ In Sura אוסטלון, in Nehardea איצטלן, s. Masora (Ausg. Landauer) 12. 51.

² Palmyr. נמוסא ZDMG XLII 393.

³ Ursprünglich war die Endung gewiss als os zu sprechen, später mag aʀ
daraus geworden sein.

⁴ Palmyr. Zolltarif dagegen Sing. גנם, Pl. d. גנסיא.

I Ex. 12, 47; *c.* גנסת Jer. I Gen. 6, 9; Pl. גניסן Jer. I Deut. 10, 6;
d. גניסתא Jer. I Num. 26, 7. — Ἰοῦστος „Justus" ליסטים (l. יוסטים)
Vaj. R. 32 neben יוסטא Meg. 70ᵇ.

ος wird mit *ai* (hebr. י) vertauscht. ξένος „Gast" אכסניי
Vaj. R. 34, אכסנאי Ech. R. I 5; *d.* אכסניא Jer. I Deut. 27, 18; Pl.
אכסני (l. אכסניי)¹ Jer. II Gen. 47, 21. — Ἀλέξανδρος „Alexander"
אלכסנדריי Ber. 13ᵇ Lehm., אלכסנדרי² Vaj. R. 32 neben אלכסנדרום
Bab. m. 8ᶜ, אלכסנדרא Dem. 22ᶜ. — Ἰουλιανός לוליאני Vaj. R. 32
neben לוליגום Taan. 66ᵃ. — Εὔδημος אבדימי Er. 19ᶜ neben אבודמא
Sukk. 52ᵃ und אבדימס Keth. 34ᵇ.

Die Accusativendung ist eingetreten. βάρβαρος „Barbar"
ברברון Bab. m. 8ᶜ; Pl. ברברין Est. R. Peth. 3; *d.* ברברייא Vaj. R.
22. — Νικόδημος נקדימון (hebr. Zush.) Ech. R. I 31.

αῖος. Θολομαῖος³ תלמיון Vaj. R. 6. — Πτολεμαῖος אבטולמום b.
R. h. S. 15ᵃ, אבטולם Er. 21ᵃ, תלמי Meg. 71ᵈ.

ιος. κύριος „Herr" קירים Jer. I Num. 11, 26, קרים Jer. III
Ex. 14, 21, קירי (mit Abfall von ος, vgl. *Nöldeke*, Syr. Gramm. 79)
Ber. R. 89. — χείριος „Sklave" כירי Ber. R. 89.

ας. Ἀνδρέας „Andreas" אנדריי Ber. 2ᶜ, אנדראי Keth. 33ᵃ. —
Ἀγρίππας „Agrippa" אגריפס Schek. 48ᵈ. — Παπίας „Papias" פפיים
Sanh. 22ᵇ.

ης. βουλευτής „Ratsherr" בולבוטם⁴ Taan. 69ᵃ; Pl. בוליוטין
Ech. R. I 31; *d.* בולבוטייא Sanh. 23ᶜ, בולווטיה Pea 16ᵃ. — ἐσχαρίτης
„Heerdgebackenes" hebr. אסקריטי Mechilta (Ausg. *Weiss*) 59ᵇ;
Pl. אסקריטון O. Ex. 16, 31. — λῃστής „Räuber" ליסטים Ber. 13ᵇ,
Jer. I Gen. 21, 13; *d.* ליסטא (l. ליסטאה) Vaj. R. 30; Pl. ליסטין
Vaj. R. 18, לסטין Targ. Jud. 5, 11 Merx. — ἱππάρχης „Reiterauführer" איפרכים Ech. R. IV 3. — Mit Abfall der Endung σοφιστής
„Sophist" *d.* סופיסטה Schebi. 38ᵈ. — ἀρίστης „Gast" Pl. *d.* אריסטייא
Ech. R. IV 3. — ἰδιώτης „gemein" הדיוט, O. Gen. 28, 17; Pl.
הדיוטין Jer. I Deut. 28, 44.

ευς. βασιλεύς „König" בסילייום Ber. 12ᵈ.

ων. ἄρχων „Archont" ארכונטם Taan. 69ᵃ; *d.* ארכונא Ber. 9ᵃ;

---

¹ Palmyr. Pl. *d.* אכסניא ZDMG XLII 389.

² Warum die Endung stets *ai* gelesen werden soll, ist nicht einzusehen
(gegen *Bacher*, Agada d. paläst. Amoräer I 195).

³ Βαρθολομαῖος Matth. 10, 3, Θολομαῖος Jos. Antt. XX 1, 1. Doch wird
dem griechischen Θολομαῖος semitisches תלמי (2 Sam. 13, 37 LXX A Θολομαι)
zu Grunde liegen. S. übrigens *I. Lévi*, La Legende chrétienne de Bartholomée
dans le Talmud, Rev. d. Et. Juiv. VIII 200 ff., X 66—73, dazu *J. Halévy*, ebenda X 60—65.

⁴ Vgl. palmyr. בילוטא (ZDMG XXIV 107) neben בולא βουλή (ebenda 91).

Pl. ארכונין Pea 21ª. — εἴκων „Bild" d. דיוקנא Jer. I Deut. 21, 23;
m. S. איקוניה Jer. I Gen. 5, 3; Pl. דיוקנין Jer. I Lev. 26, 1, איקונין Ab.
z. 42ᶜ; d. איקונתא, איקונייא Ab. z. 42ᶜ. — ἀρχιτέκτων „Architekt"
ארכי טקטון (hebr. Zush.) Bemidb. R. 9; Pl. ארכיטקטנן Ber. 13ª. —
λεγεών (legio) „Legion, Befehlshaber" לגיון Vaj. R. 30; Pl. לגיונין
Jer. I Num. 13, 1.
ις. ἀνάκλαυσις „Klagegeschrei" אנקלווסים (l. אנקלווסים) Bab. m.
11ᵈ. — κέλευσις „Befehl" קלווסים (l. קלווסים) Ned. 41ᶜ; Pl. קלווסין
Ech. R. V 5 (Mattenoth Kehunna), קלווגין (l. קלווסין) Ech. R. I 31.
— μίσθωσις „Miete" מיסתיוסיס Pes. 31ᵇ. — τάξις „Ordnung" טכסיס
(hebr. Zush.) Schem. R. 28; mit Abwerfung der Endung c. טיכֹס O.
Jer. I Num. 10, 25; m. Suff. טכֹסיה O. Num. 2, 2. — Νεάπολις
ניפולים (l. ניפולים) Ab. z. 44ᵈ, ניפולין (hebr. Zushang) Bemidb.
R. 23.
ον. μυστηρικόν „geheimnisvoll" מסטריקון Sabb. 13ᵈ. — ἄριστον
„Frühstück" אריסטון Sanh. 23ᶜ, אריסטוון Ech. R. I 4. — δῶρον „Ge-
schenk" דורון Jer. I Gen. 32, 13; Pl. דורונין Jer. I Gen. 24, 53.
— θέατρον, „Theater" תייטרון Taan. 64ᵇ; Pl. m. S. תיאטרוניכון Jer. I
Deut. 28, 19. — βῆλον (velum) „Vorhang" וילון Jer. I Ex. 36, 37;
Pl. וילוון Jer. I Ex. 27, 9. Mit Abfall der Endung: κράσπεδον
„Saum" ברוסבר O. Num. 15, 38; Pl. ברוספדין ebenda.
ιον. συνέδριον „Gerichtshof" סנהדרין Jer. I Ex. 21, 30, סנדרי
Jer. I Num. 25, 7; Pl. d. סנהדרייתא Jer. I Lev. 24, 12. — παλάτιον
„Palast" פלטין Ber. 2ᵈ, Jer. II Gen. 12, 15. — πραιτώριον „Prae-
torium" פלטרין Jer. II Gen. 49, 23. — μυστήριον „Geheimnis" מסטירין
Gitt. 44ᵇ. Mit Abwerfung der Endung: κοπάδιον „Stückchen"
(Fleisch) קופד Ber. R. 70; d. קופדה Sabb. 10ᵈ; Pl. קופדין Schebi.
38ª, קופדן Vaj. R. 34. — δηνάριον „Denar" d. דינרא Keth. 31ᵈ; Pl.
דינרין Kidd. 58ᵈ. — ἀπαντίον „entgegen" לפגטי (l. לפנטי = לאפנטי)
Ab. z. 41ᵇ. — πανδόκιον „Wirtshaus" d. פונדקא Ber. 10ᵇ Lehm.
(Ven. פונדקית), פונדקיה Sanh. 27ᵈ; Pl. פונדקין Jer. I Num.
24, 14.
εῖον. ταμεῖον „Schatz" טימיון Ned. 41ᶜ. — ἀρχεῖον „Rathaus"
ארכיון Est. R. I 20, Jer. I Deut. 3, 11. — σημεῖον „Zeichen" d.
סימנא Chag. 77ᵈ, Jer. I Ex. 3, 12; Pl. סימנין Bab. m. 8ᶜ.
αιον. δίκαιον „Recht" דיקין Ber. R. 45.
ια (Pluralendung). δημόσια „öffentliches Bad" דימוסין Ter. 46ᶜ,
דימוסין Koh. R. V 11 (nach dem hebr. דימוסיות Abod. z. I 7
Femininendung jān). — Als Pluralendung ist wohl auch — fälschlich — aufgefasst εια in Καισαρεία קיסרין Pes. 30ᵇ.
ξ. δούξ (dux) „Heerführer" דוכוס Ech. R. I 31; d. דוכסא Ech.

R. IV 18; Pl. דוכסין Ber. R. 67. — πίναξ „Tafel" פינקם Maas. sch. 55ᵇ: d. פינקסה Sabb. 13ᵈ; Pl. c. פנקסי Jer. I Gen. 39, 11. — κήρυξ „Herold" כרוז O Ex. 36, 6, Jer. I כרוזא; d. כרוזא Schek. 48ᵈ; Pl. כרוזין Ech. R. I 45. — κόλλιξ „runder Kuchen" d. קלוסקא Ab. z. II 10; Pl. גלוסקין Ech. R. IV 8.

ηρ. ψύκτηρ „Kühlgefäss" hebr. פסכתר (= ψύχθηρ) Chag. 79ᵃ; Pl. d. פסכתירוותא O. Ex. 38, 3.

B. Nominalflexion.

§ 38. a. *Regelmässige Bildungen.*

1. Männliches und weibliches Geschlecht, Einzahl und Mehrzahl, indeterminierte, determinierte und Verbindungsform ergeben im galiläischen wie judäischen Dialekt eine zwölffache Möglichkeit der Abänderung der Nomina. Die indeterminierte Form ist in beiden Dialekten besser erhalten als im Syrischen. Die besonders häufige Anwendung der Verbindungsform in den Targumen ist durch absichtliche Nachahmung der hebr. Ausdrucksweise zu erklären.

Ein *Dual* findet sich in תרין, תריין „zwei", מאתן „zweihundert", תריין (l. תדיין) „Brüste" Jer. II Gen. 49, 25, und im Onkelostargum in Worten, welche aus dem hebr. Text herübergenommen werden, z. B. עֵינִים O. Gen. 38, 14, בֵּידַיִם O. Lev. 11, 35.

Die *Verbindungsform* wird im galil. Dialekt noch öfters angewandt, selbst wenn das abhängige Nomen mit ד beigefügt wird. Häufiger ist im letzteren Fall die Anwendung der det. oder indet. Form, nicht selten mit Beifügung eines überflüssigen, auf das abhängige Nomen hinweisenden Suffixes. Alle diese Wendungen finden sich auch im *Onkelostargum*, doch mit Bevorzugung der ersten. Die *jer. Targume* folgen öfter dem galil. Sprachgebrauch. Beispiele: a. עֲרוּבַת שׁוּבָתָא „der Rüsttag des Sabbaths" Kidd. 61ᵃ; חֵ֫ת אַרְעָא „das Wild des Landes" O. Gen. 1, 30, Jer. I חיות ארעא; b. כסי דפסחא „die Becher des Passah" Schek. 47ᶜ; יַבְרוּחֵי דִבְרִי „die Alraunen meines Sohnes" O. Jer. I Gen. 30, 16; c. מנוי טביא דשובתא „seine guten Sabbathskleider" Sanh. 20ᵃ; מלה דאורייא „ein Wort Thora" Bab. b. 16ᵃ; עוֹפָא דִשְׁמַיָּא „die Vögel des Himmels" O. Jer. I Gen. 1, 30; d. אלההון דצדיקייא „der Gott der Gerechten" Sanh. 28ᵇ; מְדוֹרֵיהּ דְּבַעְלִי „die Wohnung meines Gatten" O. Jer. I Gen. 30, 20.

Nach Onkelostargum und pal. Talmud wäre טָב „gut" folgendermassen abzuwandeln:

Singular.

Masc. *ind.* טָב   *det.* טָבָא   *constr.* טָב.

Fem. טָבָא   טָבְתָא [1]   טָבַת.

Plural.

Masc. טָבִין   טָבַיָא   טָבֵי.

Fem. טָבָן   טָבָתָא   טָבָת.

2. Die zweisilbigen Worte mit zwei kurzen Vokalen unterscheiden sich nach der superlinearen Vokalisation in der Abänderung nicht von den einsilbigen. Bei den *ḳaṭl-, ḳiṭl-* und *ḳuṭl-* Bildungen entscheidet der Sprachgebrauch, ob die indet. Form den Ton und den charakteristischen Vokal an erster oder zweiter Stelle hat. Ebenso entscheidet nur der Sprachgebrauch bei der det. Femininform über die Anwendung eines Hilfsvokals.[2] Im Onkelostargum heisst es בֻּרכְתָא „Segen“, נִשְׁמְתָא „Seele“, דְחֶלְתָא „Furcht“; aber צְדָקְתָּא „Milde“, אַדְמְתָא „Erde“, נֻדְבְתָא „freiwillige Gabe“. — Die Stämme mediae Gutturalis zeichnen sich in der targum. Vokalisation dadurch aus, dass sie im Sing. zuweilen, im Plural immer losen Silbenschluss anwenden, z. B. Sing. נֻהרָא „Strom“, נֻחלָא „Bach“, בֻעלָא „Herr“, neben סֻעְרָא „Haar“, aber Plur. רֻחמִין „Barmherzigkeit“, *d.* נֻהְרַיָּא „Ströme“, נֻחלַיָּא „Bäche“; *c.* בֻעלֵי „Herren“, נֻחלֵי „Bäche“.

Singular.

Masc. *indet.* בְּעִיל, מָלַךְ.   *det.* בַּעלָא, מַלכָּא.   *constr.* בְּעִיל, מָלַךְ.

Fem. בַּעֲלָה, מַלכָּה.   בַּעֲלְתָא, מַלכְּתָא.   בַּעֲלַת, מַלכַּת.

Plural.

Masc. בַּעֲלִין, מַלכִּין.   בַּעֲלַיָא, מַלכַיָא.   בַּעֲלֵי, מַלכֵי.

Fem. בַּעֲלָן, מַלכָן.   בַּעֲלָתָא, מַלכָתָא.   בַּעֲלָת, מַלכָת.

3. Statt der indet. Pluralendung *în* tritt zuweilen ein die Verkürzung $\bar{e}$ ($\bar{\imath}$)[3], z. B. דִיקלֵי „Datteln“ Ber. 7[b], פֵירֵי „Früchte“ Orl. 61[a], אָסִירֵי „Gefangene“ O. Jer. I Gen. 39, 20, אֵלִילֵי „Kund-

---

[1] Das Schewa ist nach der superlin. Vokalisation ein lautbares. Aber es heisst Βηθαραμφθᾶ Jos. Antt. XVIII 2, 1, vgl. Euseb. Onom. Βηθραμφθά, Hieron. *Bethramtha* = בֵּית רמתא Schebi. 38[d], vgl. *d.* רָמְתָא „Höhe“ O. Ex. 17, 9. Doch scheint ein Schewa durch *a* vertreten zu sein in ᾽Ραμαθά Jos. Antt. V 10, 2 (= hebr. רָמָה). Den Plural repräsentieren ᾽Αριμάν Antt. IV 7, 4, *d.* ᾽Αραμαθά Antt. VIII 15, 3 (hebr. הָרָמוֹת), mit Erhaltung des Artikels und Verkürzung des zweiten Vokals, vgl. ᾽Αριμαθαία Matth. 27, 57 (= hebr. הָרָמָתַיִם).

[2] Das Hilfsvokal *i* findet sich in *makṭal*-Bildungen, s. *d.* מדינחא „Osten“ pal. Talm., Onk. u. jer. Targ., Pl. *d.* משרייתא „Lager“ jer. Targ. Die superlineare Vokalisation vermeidet aber hier den Hilfsvokal.

[3] Etwas Anderes ist die Verwandlung der det. Pluralendung in $\bar{e}$ im Palmyr., s. *Nöldeke*, ZDMG XXIV 100, *Sachau*, ZDMG XXXVII 566. Aber s. für die aram. Inschriften von Sendschirli *Nöldeke*, ZDMG XLVII 102.

schafter" O. Jer. I Gen. 42, 31. Zuweilen mag hier die zufällige
Weglassung eines schliessenden Nun die Form veranlasst haben.
Der wirkliche Gebrauch der Form schon in alter Zeit erhellt
aus dem indeklinablen Βεθφαγή (Matth. 21 1), vgl. בית פאני [1]
Siphre 55ᵃ, Tos. Meïl. I 5, בית פני Men. XI 1 „Ort unreifer Feigen"
und dem hebr. Γεθσημανεί [2] Mark. 14, 32 SAC, Euseb. Onom.
Sacr. Γεθσημανῆ, Hier. Gethsemani, was nichts Anderes sein kann
als גת שמני [3] = גת שמין.
Die selten vorkommende Endung des det. Femininum tī[4] statt
tā ist babylonischen Ursprungs. Beispiele: אחריתי „die andere"
Vaj. R. 22, Ech. R. I 51; חוורתי „die weisse" Ech. R. I 9; אוכמתי
„die schwarze" Ech. R. I 9; רבתי „die grosse" Jer. I Gen. 10, 10.
— Die determinierte Form der Grundzahlen (s. S. 97 f.) hat
damit wohl nichts zu schaffen.

§ 39. b. *Die Nomina mit den Endungen ē, ai, ī, ū.*

1. Die auf ē (aus ai oder iy) auslautenden Nomina lassen ein
silbenanlautendes Jod hervortreten in der det. Form des Sing.
Masc., in der indet. Form und im Stat. constr. des Sing. Fem.,
sowie im ganzen Plur. Fem.[5]
Der indet. Plur. Masc. lautete im galil. Dialekt auf *a-yin*
(aus *ai-in*): גדיין, טליין, קריין, seltner auf *ai*, z. B. בעיי, חמיי. Doch
kommen auch die Endungen *īn* (טבין, חמין) und *an* — dies nur
bei Participien — vor, z. B. אתן, קרן. Auch im *Onkelostargum*
wird die Endung ursprünglich *a-yin* gelautet haben, nach der
superlin. Vokalisation haben Substantiva die Endung *īn*, Participia (Adjectiva) die Endung *an*. Die *jer. Targume* haben noch

---

[1] Die Schreibungen φαγη, פאני beweisen, dass die Verdoppelung des נ zuweilen wegfiel.

[2] Das η statt ε ist vielleicht veranlasst durch den Anklang an σημεῖον, was
die Pesch. mit ܓܫܝܡܢ̈ܐ voraussetzt, s. aber auch ἀλληλούϊα (= הַלְלוּיָה) Offb. 19, 1.

[3] Natürlich ist es nicht נַת שָׁמֶן (so *Weiss* zu Matth. 26, 36) oder נַת שְׁמָנָה
(so *Salkinson*, Hebr. N. Test.). Das Richtige hat *Reichardt* (Hebr. N. T.) mit
נַת שְׁמָנִים und *Delitzsch* (Hebr. N. T., Aufl. 1—10) mit נַת שְׁמָנִי, während die von
mir herausgegebene 11. Aufl. des Hebr. N. T. mit dem von Del. gewollten
נַת שָׁמְנִי eine Verschlimmbesserung aufweist. Zu dem Plur. שמני vgl. Sabb. II 2
שמנים „Öle".

[4] Vgl. *Nöldeke*, Mand. Gramm. 154.

[5] Es ist zu beachten, dass in Cod. Soc. 84 nach geschlossenen Silben mit
langem Vokal das sonst zu erwartende Schewa vor Jod immer fehlt; es heisst
also אַסְיָא, דְּבִין gegenüber סַפְרָא, תְּקָנִין.

— 153 —

oft die alte Schreibung. Die det. Form wird im galil. Dialekt
die Endung a-yā (aus ai-ai-ā) gehabt haben: טלייא, מעייא; doch
findet sich auch טלאי, קראי, woraus vielleicht auf ā-ē (ā-yē) geschlossen werden muss. Das *Onkelostargum* und die *jerus.*
Targume haben a-yā: רֶעְיָא, שֶׁמָּיָא.

Im Stat. constr. Plur. haben Substantiva ē: שמי, מעי, Participia
(Adjectiva) wohl yē: עֲנֵי. Der galil. Dialekt und die Targume
stimmen hier überein. Targ. Jer. I hat einmal רעאי, was vielleicht
רַעֵי zu lesen ist, s. oben S. 119 f.

Der det. Sing. Fem. verwandelt im galil. Dialekt *ai-atā* meist
in *ītā*, obwohl auch Formen wie קרייתא, חדייתא vorkommen. Nach
der superlin. Vokalisation des *Onkelostargums* haben *ḳāṭil*-Formen
stets *ītā*, *ḳaṭl*-Formen dagegen *a-yĕtā*, während die *ḳaṭil*-Formen
in *ḳāṭil*-Formen verwandelt und danach behandelt werden, z. B.
עָדִיתָא von עָדְיָא, דִּבִיתָא von דְּכִיא.

Singular.

Masc. *ind.*	טְלֵי	*det.*	טַלְיָא	*constr.*	טְלֵי.
Fem.	טַלְיָה		טַלְיָתָא, טְלִיתָא		טַלְיַת.

Plural.

Masc. *ind.*	טְלָאִין, טְלִין, חַמָּן טְלִין	*det.*	טְלַיָּא, טְלַיָּא	*constr.*	טְלֵיי, טְלֵי.
Fem.	טַלְיָן		טַלְיָתָא		טַלְיָת.

Sonstige Beispiele s. §§ 25, 1. 2. 3; 26, 1. 2; 27, 2; 29, 1;
32, 1. 3; 72—74.

Einige auf ē, bez. yā auslautende Nomina haben im Plural
eine Bildung auf *ut* zur Voraussetzung. Dabei tritt aber das
Waw in der Regel nicht an die Stelle der ursprünglichen Endung,
sondern hinter dieselbe. Die Pluralendung lautet deshalb nicht
ĕwān aus *awān*, sondern *āwān* aus *ai-awān*. Beispiele: לֵילָון von
לֵילֵי „Nacht"; סוּסָון von d. סוּסְיָא „Pferd"; חִיוָון von חִוְי „Schlange";
אַרְיָון von d. אַרְיָא (= אַרְיָא) „Löwe"; מוֹנָוֹן O. Lev. 19, 36, Jer. I
מוֹדְנוּן von d. מאוְנְיָא „Wage" Dan. 5, 27, vgl. מוֹדְנָא Jer. I Ex. 1, 15;
חַדְוָון von d. חַדְיָא „Brust"; אִצְטְלָוון von אצטלי στολή. כְּרָוֹון von כרי
„Haufen", כוּרְסָוון von כורסי „Thron", d. כוּרְסַיָתָא (l. כוּרְנֻוֹתָא vgl.
כוּדְנָוון Targ. Jes. 66, 20) von כוּדְנְיָא „Maultier"; d. רַחְוָתָא Jer. II
Num. 11, 8, Jer. I רִיחֲוָתָא von רַחְיָא Mühle" O. ebenda; מוֹלָוֹון von
מוֹלְיָא „Maultier" sind nach dem Syrischen ebenso zu vokalisieren.

Nach der superlin. Vokalisation hat bei *ḳāṭil*-Formen Abwerfung der Endung des Wortstammes stattzufinden, der Plural

endet also auf *ĕwān* (= *awān*), z. B. רֶעְיוֹן von עָעִי „Hirt", אָסוֹן von אָסִי „Arzt".

Hierher sind auch zu rechnen die hebr. Fremdwörter: *d.* עָלְתָא „Brandopfer" O. Jer. I Lev. 6, 2, *c.* עֹלַת O. Jer. I Ex. 29, 42, Pl. עֹלוֹן O. Gen. 8, 20; *d.* מִנְחְתָא¹ „Speisopfer" O. Jer. I Lev. 2, 1, Pes. 30ᵈ, *c.* מִנְחַת (l. מְנַחַת) O. Jer. I. II Lev. 6, 14, Pl. m. S. מִנְחֹוֹתְכֹן O. Num. 29, 39, Jer. I מנחתיכון; חֹטָּאתָא „Sündopfer" O. Lev. 4, 33, Jer. I חטאתא, Pl. m. S. חְטֹוֹתְהֹון O. Jer. I Num. 18, 9. Überall steht im Sing. *ātā* für *ā-atā*.

Von anderen nicht auf *ē* (*ai*) endigenden Worten sind hier zu nennen²: עֵינֹון O. Deut. 8, 7, Jer. I עינון von עַין „Quelle", vgl. aber *d.* עֵיינוּתָא Jer. II Num. 34, 15; בֵירוּון Jer. II Gen. 14, 10 von בִיר „Brunnen", vgl. hebr. בֵּירְיוֹת Er. 20ᵇ; *c.* נְהרוּוֹת Jer. I Ex. 34, 10 von נְהַר „Strom"; וִילוֹון Jer. I Ex. 29, 9 von וִילֹון (*velum*) „Vorhang", aber unter Voraussetzung eines Singulars וִילָא, vgl. hebr. וִילָאֹות Bab. b. IV 6; m. S. דֹוּדְוֹוֹתֵיה Jer. I Ex. 27, 3 von דֹוּד „Kessel".

Wahrscheinlich ist dabei das *ā* des det. Singular zum Wortstamme gerechnet worden, vgl. für das Neuhebräische *Hillel*, Nominalbildungen in der Mischna 50, für das Syrische *Nöldeke*, Syr. Gramm. § 79 B 1. S. auch Pl. אַמוֹרָאִין von *d.* אַמֹורָא S. 121.

2. Die Endung *ai* verwandelt sich im Sing. Masc. det. und im Sing. Fem. indet. in *ā-yā* oder *ā-'ā*. Die letztere Form ist im Onkelostargum allein vertreten, die erstere wird vom galil. Dialekt bevorzugt und auch in den jer. Targumen zuweilen angewandt. Die Pluralendungen lauten Masc. indet. *ā-yīn* oder *ā-'īn*, det. *ā-yē* oder *ā-'ē*, Fem. indet. *ā-yān*, det. *a-yātā* mit kurzem *a* in der Antepaenultima, s. oben S. 141 f. Beispiele für die Verbindungsform fehlen mir.

Nach der bibl. Vokalisation ist wie im Syrischen das *a* in *ai* lang, und die determ. Form des Fem. hat die Endung *ā-yĕtā*. Die superlin. Vokalisation betrachtet dies *a*, wenn es nicht Satzton hat, als kurz (S. 140 Anm. 4), und bildet die Femininform auf *ētā*. Ausnahmen sind אַרְעִיתָא O. Deut. 32, 22, מִצְרֵיתָא O. Gen. 16, 1. Die galiläischen Texte haben ייתא und יתא, woraus wohl auf *aitā* und *ētā* geschlossen werden darf.

---

¹ Die indet. Form lautet nach Dan. 2, 46 מִנְחָה, Theod. AB μαννα, Sixt. μαναά ohne Umlaut in *i*.

² Vielleicht gehört hierher ערסון Sabb. 10ᶜ (wonach wohl Ned. 40ᶜ ערסווֹתא statt ערסייתא zu lesen) von ערס „Lager".

Singular.

Masc. *indet.* עֲבְרִי   *det.* עֲבְרָיָה, עֲבְרָאָה   *constr.* —

Fem. עֲבְרָיָה, עֲבְרָאָה   עֲבְרִיתָא, עֲבְרִיתָא   —

Plural.

Masc. עֲבְרָיִין, עֲבְרִין   עֲבְרַיָא, עֲבְרָאֵי   —

Fem. עֲבְרָיָן   עֲבְרָיָתָא   —

Sonstige Beispiele s. §§ 22; 28, 1; 29, 3; 34, 2; 36, 1.

3. Die Endung *ī* lautet im Sing. constr. *īt*, det. *ītā*, Plur. indet. *yān*, constr. *yāt*, det. *yātā*. Der Pluralendung geht in der superlin. Vokalisation ein Schewa (mobile) voran, wenn die vorangehende Silbe mit zwei Konsonanten endet. Nach einem langen Vokal fällt es weg, s. S. 152 Anm. 5.

Sing *indet.* זַרְעִי   *det.* זַרְעִיתָא   *constr.* זַרְעִית.

Plur. זַרְעִין   זַרְעְיָתָא   זַרְעִית.

Sonstige Beispiele s. §§ 27, 2; 32, 1; 33, 3; 36, 2.

Ebenso werden die Feminina der Nomina auf *ān*, das auf *ānī* zurückgeht, gebildet. Nur hat der Sing. indet. nicht die Endung *ānī*, sondern *ān-yā*. Beispiele s. §§ 20, 5; 35, 1.

4. Die Endung *ū* erscheint in der Verbindungsform des Singulars in ihrer ursprünglichen Gestalt als *ūt*, wird im Sing. det. zu *ūtā*, im Plur. indet. *wān*, det. *wātā*, constr. *wāt*. Die Setzung eines Schewa (s. o.) erfolgt auch nach langem Vokal.[1]

Sing. *indet.* זְכוּ   *det.* זְכוּתָא   *constr.* זְכוּת.

Plur. זְכְוָן   זְכְוָתָא   זְכְוָת.

Sonstige Beispiele s. §§ 25, 1. 2; 26, 1; 27, 3; 29, 1; 32, 4; 36, 3.

Dieselbe Bildung findet im Plural bei einigen Substantiven statt, für welche im Singular eine andere Bildung üblich ist. Beispiele: אומנוון (pal. Talm.) neben אומנין (jer. Targ.) von אומן „Künstler"; *d.* רבוותא (pal. Talm.) von רב „Lehrer"; אָתְוָון (Onk., jer. Targ. u. pal. Midr.) neben אתין (pal. Midr.) von את „Zeichen"; רעוון (pal. Talm.) von *d.* דעתא „Meinung"; אחוון (pal. Talm.) von אחת „Schwester"; *d.* פסַכְתִיוֹוֹתא (Onk.) von פסכתיר ψύκτηρ; *d.* שרוותא (jer. Targ.) neben שריין (pal. Midr.) von *d.* שריתא „Balken"; *d.* פלוגוותא (pal. Talm.) von *d.* פלוגתא „Streitfrage"; חקלוון (pal. Talm.) neben חקלן (Onk.) von חקל „Feld"; ספוון (Onk.) von ספא „Lippe"; *d.* קשוותא (jer. Targ.) von קשת „Bogen"; *d.* מחוותא (jer. Targ.) neben *d.* מְחָתָא (Onk.) von מחא „Plage", מָאֹוֹן (Onk., pal. Talm.) von מאה „hundert"; סָאֹון (Onk.) neben סָאִין (Onk., pal. Talm.) von סאה „Sea".

---

[1] Ausnahme: טֻבֹּון O. Ex. 34, 6, טֻבֹותָך O. Ex. 15, 13.

§ 40. c. *Ungewöhnliche Bildungen.*

1. Der dem Stamm eigene dritte Radikal tritt wieder hervor in den Pluralen עממין (pal. Talm., Onk.) von עם „Volk", צדדין (pal. Talm.) von צד „Seite", יממין (Onk.) von ים „Meer". Eigentliche Reduplication zeigt רברבין (pal. Talm., Onk.) von רב „gross", מימיהון (Onk.) von מיין „Wasser".

2. *Masculina* (der Form nach) *mit Femininplural* (ausser den § 39, 1. 4 genannten) sind:

אב „Vater", Pl. אבהן (pal. Talm., Onk.).

אם „Mutter", Pl. אמהן (jer. Targ.).

ארע „Land", Pl. ארען (Onk.).

חקל „Feld", Pl. חקלן (Onk.), חקלוון (pal. Talm.) neben חקלין (Onk., pal. Talm.).

ערס „Lager", Pl. ערסן, ערסוון (pal. Talm. u. Midr.) neben ערסין (pal. Midr.).

פסג „Stück", Pl. פסגן (pal. Talm.) neben פסגין (jer. Targ.).

צבע, אצבע „Finger", Pl. אצבען (pal. Talm., jer. Targ.) neben אצבעין (pal. Midr.).

קרן „Horn", Pl. קרנן „Eckpfeiler" neben קרנין „Hörner".

רוח „Geist", Pl. רוחן (pal. Midr.) neben רוחין (Onk., pal. Talm.).

Feminina (der Form nach) *mit Masculinplural* sind:

איתה „Weib", Pl. נשין (pal. Talm., Onk.).

אמה „Elle", Pl. אמין (pal. Talm., Onk.).

אומה „Volk", Pl. אומין (pal. Talm., jer. Targ.).

ביעה „Ei", Pl. בעין (pal. Talm., Onk.).

גינה „Garten", Pl. גנין (pal. Talm.).

דרה „Hof", Pl. דרין (pal. Talm.) neben דרן (Onk.).

חיטה „Weizen", Pl. חיטין (pal. Talm., Onk.).

כלה „Braut", Pl. כלין (pal. Talm., Onk.) neben כלן (jer. Targ.).

מטלה „Hütte", Pl. מטלין (Onk.) neben מטלן (Onk.).

מילה „Wort", Pl. מילין (pal. Talm., jer. Targ.).

סאה „Sea", Pl. סאין (pal. Talm., Onk.) neben סאון (Onk.).

עיזקה „Ring", Pl. עיזקין (pal. Talm.) neben עזקן (Onk.).

עקה „Not", Pl. עקין (pal. Talm.) neben עקן (Onk.).

קופה „Korb", Pl. קופין (pal. Talm.).

קריה „Stadt", Pl. קרוון (Onk.) neben קריין (pal. Talm., jer. Targ.).

שערה „Gerste", Pl. שערין, סערין (pal. Talm., Onk.).

שיטה „Reihe", Pl. שיטין (pal. Talm.) neben שיטן (pal. Talm.).

שנה „Jahr", Pl. שנין (pal. Talm., Onk.).

שעה „Stunde", Pl. שעין (pal. Talm., jer. Targ.).

תאנה „Feige‟, Pl. תאינין, תינין תינין (pal. Talm., Onk.).

תמרה „Dattel‟, Pl. תמרין (pal. Talm., jer. Targ.).

An eine Femininbildung ist Masculinendung angehängt in den *jer. Targumen* in Formen wie סאווין Jer. I Lev. 22, 6 von סאה „Sea‟; מחתין Jer. I Deut. 28, 59 von מחא „Plage‟, vgl. *c.* רעוי, רעיי Jer. II Gen. 13, 7, Jer. I רעאי für רעוון רעוון von רעי „Hirt‟; כרווין כרווין (l. כרוויןֿ?) Jer. I Num. 12, 32 (Jer. II כורוון) von כרי „Haufe‟. In *Targ. Onk.* findet sich סיבתין „Greisenalter‟ O. Jer. I Gen. 44, 20.

3. Vielgebrauchte Worte.

אב „Vater‟. *Sing.* אֲבֿ(!) O. Num. 11, 12; *d.* אבא Kidd. 61ᵇ, אַבֿא O. Jer. I Gen. 44, 19, בֿ O. Num. 25, 14, איבא Jer. I Gen. 20, 12; *c.* אֲבֿ O. Jer. I Gen. 17, 4. Mit Suff.: אבא Schebi. 36ᶜ, אַבֿא ¹ O. Jer. I Gen. 19, 34; אבוך Ter. 48ᵇ; אֲבֿוּיךָ ² O. Gen. 24, 23, Jer. I אבוך; אבוהי Ech. R. II 16, אבוי Pea 15ᶜ, אבוה m. Ech. R. Peth. 24, I 4, Ber. R. 11, אֲבֿוּהִי O. Jer. I Gen. 2, 24; אבוה *f.* Bez. 62ᶜ, אַבֿוּהֳא O. Jer. I Gen. 19, 33, איבהא, איבה Jer. I Num. 30, 7; אבונן Ber. R. 65, Jer. I Deut. 6, 4, אֲבֿוּנָא O. Jer. I Gen. 19, 32; אבוכון Maas. 50ᶜ; אבוהון m. Sabb. 9ᶜ אֲבֿוּהֹון O. Gen. 19, 37, Jer. I אבוהום; אֲבֿוּהָין O. Ex. 2, 16 Sab., Jer. I אבוהן. — *Plur.* אֲבֿהָן O. Jer. I Ex. 34, 7; *d.* אֲבֿהָתֿא O. Jer. I Num. 36, 1; *c.* אֲבֿהֹת O. Jer. I Ex. 10, 6. Mit Suff.: אבהתי Kidd. 61ᵇ, אֲבֿהָתֿי O. Jer. I Gen. 47, 9, אֲבֿהָתֿי O. Gen. 47, 30, Jer. I אבהתי, אבהתיי Midr. Tehill. 3, 6, Jer. I Gen. 38, 25; אבהתך Sot. 17ᵃ, אֲבֿהָתֿך O. Jer. I Ex. 13, 5; אבהתיה Schir R. VIII 9; אֲבֿהָתֿוּהִי O. Lev. 25, 41, Jer. I אבהתוי; אֲבֿהָתֿנָא O. Gen. 47, 3, Jer. I אבהתן; אבהתכון אֲבֿהָתֿכֹון O. Jer. I Deut. 1, 8, אבוכון (!) Maas. sch. 54ᵇ; אבהתהון Sot. 22ᵃ, אֲבֿהָתֿהֹון O. Jer. I Ex. 4, 5, אבוהון (!) Ech. R. Peth. 24.

אח „Bruder‟. *Sing.* אח Ech. R. I 46, Jer. II Gen. 44, 19; *d.* אחא Koh. R. XII 7, אָחָא O. Jer. I Gen. 44, 19; *c.* אחי Bab. b. 13ᵇ, Jer. I Gen. 34, 21 (in Targ. Onk. vermieden, aber s. אֲחֿבֿוּך „dein Vaterbruder‟ O. Jer. I Lev. 18, 14, andere Lesart nach Mas. Ausg. *Land.* 3 אח אבוך). Mit Suff.: אָחִֿי O. Jer. I Gen. 20, 5, אחא Jer. III Gen. 38, 26; אחוך Kidd. 64ᵇ; אֲחֿוּיךְ O. Gen. 20, 16, Jer. I אחוך; אֲחֿוּהִי O. Gen. 14, 13, Jer. I אחוי, אחוי Bab. b. 17ᵃ, אחוה m. Sot. 24ᵇ; אחוה *f.* Pea 17ᵈ, אֲחֿוּהָא O. Jer. I Gen. 29, 10; אחונן Jer. I Gen. 44, 18, אֲחֿוּנָא O. Jer. I Gen. 37, 27; אחוכן Koh. R. XI 1. — *Plur.* אחין Jeb. 2ᵈ, אַחִֿין O. Jer. I Gen.

---

¹ 'Αββᾶ Röm. 8, 15. Zu Βαραββᾶς Mark. 15, 7 s. S. 142.
² In Sura אבויך, in Nehardea אבוך, Masora Ausg. *Land.* 1.

13, 8; *c.* אֲחִי O. Jer. I Gen. 34, 25. Mit Suff.: אֲחִי O. Jer. I
Gen. 29, 4; אָחָךְ O. Jer. I Gen. 31, 37; אֲחוּהִי O. Gen. 16, 12,
Jer. I אֲחוּי; אֲחָהָא O. Jer. I Gen. 34, 11; אֲחִינָן Taan. 65ᵃ, אַחֲנָא
Sanh. 18ᵈ, אֲחָנָא O. Jer. I Deut. 1, 28; אֲחֵיכוֹן O. Deut. 3, 20, Jer. I
אֲחוּכוֹן (!), אֲחֵיכֹן (!) O. Lev. 25, 46, Jer. I אֲחוּכוֹן (!); אֲחֵיהוֹן Keth.
IV 12, אֲחֵיהוֹן O. Jer. I Gen. 48, 6.

אֲחָת „Schwester“. *Sing. c.* אֲחָת O. Jer. I Lev. 18, 12. Mit
Suff.: אֲחָתִי Ber. R. 59, אֲחָתִי O. Gen. 20, 5, Jer. I אֲחָת, אֲחָת [1]
O. Gen. 12, 13, Jer. I אֲחָתִי; אֲחָתֵיהּ Ber. 5ᵇ; אֲחָתְנָא O. Gen.
24, 60, Jer. I אֲחָתָן, אֲחָתְנָן Jer. II Num. 12, 12. — *Plur.* אַחֲוָן
Jeb. 2ᵈ. [2]

חַם „Schwiegervater“. *Sing.* mit Suff. חֲמוּיךְ O. Jer. I Gen.
38, 13; חֲמוּי Sot. 17ᵇ, חָמוּהַ *m.* Bikk. 65ᶜ.

חֲמָת „Schwiegermutter“. *Sing.* mit Suff. חֲמָתָהּ Targ. Mich.
7, 6 Merx.

אֵם „Mutter“. *Sing. d.* אִימָא Kidd. 61ᵇ, אִימָּא O. Jer. I Gen.
3, 20. Mit Suff.: אִימָא Ter. 48ᵇ, אִמָּא O. Gen. 20, 12, Jer. I אִימָא;
אִימָךְ Vaj. R. 25; אִימֵיהּ Ech. R. Peth. 24; אִימֵן Jer. I Num. 27, 4.
— *Plur..d.* אִימְהָתָא Jer. I Ex. 14, 21; *c.* אַמְהָת Jer. I Ex. 40, 8.
Mit Suff.; אִימְהָתְהוֹן Jer. I Deut. 33, 9.

אַמָּא „Magd“. *Sing.* אַמָּא Mo. k. 81ᵈ, אַמָּא O. Deut. 23, 18,
(אַמְהוּ) „Magddienst“ O. Jer. I Ex. 21, 7); *d.* אַמְתָא Vaj. R. 19.
אַמְתָּא O. Jer. I Gen. 16, 1. Mit Suff.: אַמְתִי O. Jer. I Gen. 16, 2;
אַמְתֵיהּ Sanh. 29ᵇ. — *Plur.* אַמְהָן O. Jer. I Gen. 12, 16; *d.* אַמְהָתָא
Keth. 33ᵃ. Mit Suff.: אַמְהָתֵיהּ O. Gen. 20, 17.

בַּר „Sohn“. *Sing.* בַּר Bab. m. 8ᶜ, בַּר O. Jer. I Gen. 17, 16,
בִּיר Pesikt. 75ᵃ, Jer. I Ex. 1, 16; *d.* בְּרָא Jeb. 11ᵇ; *c.* בַּר Kil. 31ᶜ.
בַּב [3] O. Jer. I Gen. 17, 12, בִּי Schebi. 33ᵇ (s. S. 71). Mit Suff.:
בְּרִי Ber. R. 26, בְּרִי O. Jer. I Gen. 21, 10; בְּרָךְ Kidd. 64ᵃ; בְּרִיךְ
Ber. R. 26, בְּרִיכִי Jer. Kön. 17, 13, בְּרָךְ *f.* Ber. 5ᵃ L.; בְּרַיָּה Kil. 32ᵇ,
בְּרָיַהּ O. Jer. I Gen. 17, 26; בְּרָהּ Vaj. R. 6; בְּרָנָא O. Jer. I Deut.
21, 20. — *Plur.* בְּנִין Jeb. 6ᵇ, [וּ]בְנִין O. Gen. 48, 6; *d.* בְּנַיָּא Ber.
R. 63, בְּנַיהּ Vaj. R. 12; *c.* בְּנֵי Ber. 2ᵈ, בְּנֵי [4] O. Num. 33, 31, Jer. I

---

[1] Vgl. Masora Ausg. *Land.* 3.

[2] Aeg. aram. Pl. m. S. אחותה CIS II 150; nabat. אחותה ebenda 199; אחותהם
ebenda 205.

[3] Vgl. Βαριησοῦς (Apgesch. 13, 6)=בַּר יֵשׁוּ. יֵשׁוּ (als Name Christi Ab. z.
40ᵈ, *Dalman-Laible*, Jesus Christ in the Talmud, Midrash, Zohar 16*) ist Abkürzung von יֵשׁוּעַ Jeb. 8ᵇ, Nebenform von יְשׁוּעַ Ter. 46ᵇ.

[4] Βοανηργές (Mark. 3, 17), was vielleicht für Βαυηργές steht, s. S. 112,
ist רְנָן; *Hieron.*(Liber interpr. hebr. nom. de ev. Joh.) *banereem*=בְּנֵי רְעֵם, s. S. 106.

בירי. Mit Suff.: בני Sanh. 20ᵇ; בנך Ech. R. I 4, בניך m. Keth.
28ᵈ, בנך O. Jer. I Gen. 17, 9; בנייכי Vaj. R. 5, בנלי O. Gen.
24, 60, Jer. I בנייכי; בנוי Bab. b. 16ᵇ, ברוי Kil. 32ᶜ; בניה ¹ Jeb.
7ᵈ, בנדהא O. Jer. I Gen. 3, 15; בנינן Meg. 75ᵇ, Chall. 57ᵇ, בנן
Ech. R. Peth. 24, בנֿנֿא[בֿ] O. Ex. 10, 9, Jer. I ברנא; בניהון
Gitt.. 47ᵇ.

בר בריה ד „Sohnsohn" Naz. 56ᵃ, בר ברתיה ד „Tochtersohn"
Naz. 54ᵈ.

ברת „Tochter". Sing. ברת Bab. m. 8ᶜ; d. ברתא Vaj. R. 27,
ברֿתֿא O. Gen. 30, 21, Jer. I ברת; c. ברת Schebi. 38ᵈ, בת Keth.
26ᵈ, בֿ O. Gen. 17, 17, Jer. I ברת. Mit Suff.: ברתי Ech. R.
I 56; ברתיך f. Ned. 41ᶜ; ברתיה Bez. 62ᶜ, בֿרֿתֿיה O. Jer. I Gen.
34, 5; בֿרֿתֿכֿון O. Gen. 34, 8, Jer. I ברתיכון; ברתהון Ech. R. Peth. 1.
— Plur. בנן Keth. IV 13, בנאתן Ech. R. I 4; d. בֿנֿתֿא O. Jer. I
Gen. 31, 43. Mit Suff.: בֿנֿתֿי O. Jer. I Gen. 31, 26, ברתיי Jer. I
Gen. 31, 28; בנתך Ech. R. I 4; בנתיה ² Pea 15ᶜ, בֿנֿתֿיה O. Gen.
19, 14, Jer. I ברתויי; בֿנֿתֿכֿון O. Jer. I Gen. 34, 9, בנתיכון Jer. I
Deut. 1, 27.

איגש ³ „Mensch". Sing. איגש Schek. 48ᵈ, איניש Ber. R. 78,
בר נש Mo. k. 82ᵈ; d. איגשא Kidd. 63ᵈ, אֿנֿשֿא O. Gen. 16, 12,
בר נשא Sabb. 3ᵇ. — Plur. אנשין Jer. I Gen. 13, 13, איגשי Ber.
2ᵈ Ven.; c. איגשי Ab. z. 43ᵈ, אֿנֿשֿי O. Gen. 17, 27, Jer. I איגשי;
בני איגש Schek. 48ᵈ, בני נש Sabb. 10ᵇ, בֿנֿי אֿנֿשֿא O. Gen. 3, 30,
Jer. I בני נשא.

איתה „Weib". Sing. איתה Taan. 64ᵇ, אֿתֿא O. Lev. 18, 22,
Jer. I איתא (vgl. איגתו „Ehe" Keth. IV 10, אֿתֿו O. Gen. 16, 3,
Jer. I אנתו); d. אנתתא Vaj. R. 26, Ber. R. 17, איתתא Jeb. 11ᵇ,
אֿתֿתֿא O. Lev. 18, 18, Jer. I איתתא; c. איתת Bab. k. 7ᵃ, אֿתֿת O.
Jer. I Gen. 16, 1. Mit Suff.: אתתך Ech. R. I 4, אֿתֿתֿך O. Gen.
17, 15, Jer. I אנתתך; איגתתיה ⁴ Keth. 30ᶜ, איתתיה Schebi. 39ᵃ. —
Plur. נשין Chag. 77ᵈ, נֿשֿין O. Gen. 31, 50; d. נשייא Pes. 30ᵈ,
נֿשֿיֿא[כֿ] O. Jer. I Gen. 18, 11. Mit Suff.: נשיכון Vaj. R. 24; נשיהון
Taan. 69ᵃ. — Eine Rückbildung aus dem Plur. ist der Sing. נשא
Jer. I Deut. 22, 5.

שום „Name". Sing. שום Ned. 41ᶜ, שֿוֿם O. Jer. I Ex. 33, 17;

---

¹ Nabat. בניה CIS II 216.
² Nabat. בנתה m. fem. Suff. CIS II 216.
³ Nabat. אגוש CIS II 206.
⁴ Nabat. אנתתה CIS II 169, אתתה ebenda 194.

d. שׁומָא Ech. R. I 46, [שְׁמָ[בּ]¹ O. Gen. 16, 13; *c.* שׁום O. Jer. I
Num. 25, 15, שֵׁם Sabb. 3ᵈ, שֵׁם O. Gen. 3, 20 (Merx שׁוֹם), Jer. I
שׁום. Mit Suff.: שְׁמִי Bab. b. 14ᵇ; שְׁמָך Vaj. R. 27, שְׁמֵך O. Jer. I
Gen. 17, 5; שְׁמֵיהּ Ber. 13ᵇ; שׁוּמָהוֹן O. Jer. I Gen. 5, 2, Deut.
7, 24. — *Plur.* שְׁמָהָן Vaj. R. 12, שְׁמָהוֹן O. Jer. I Gen. 2, 20; *c.*
שְׁמָהָת O. Num. 1, 5, Jer. I שְׁמָהֵית. Mit Suff.: שְׁמַהְתְהוֹן Gitt. 45ᶜ,
שְׁמַהְתְהוֹן Vaj. R. 12.

יד „Hand". *Sing.* יָד O. Deut. 9, 26; *d.* יְדָא Schebi. 36ᶜ, יְדָא
O. Jer. I Ex. 21, 24, אִידָא² Jer. I Deut. 9, 26. Mit Suff.: יְדִי
Keth. 35ᵃ; יְדָך Sabb. 9ᶜ, יְדִיך *m.* Ber. 12ᵇ; יְדֵיהּ Ber. 10ᵃ; יְדָהּ Sabb.
3ᵇ; יְדָן Ber. 3ᶜ, יְדְכוֹן O. Gen. 9, 2, Jer. I יְדְכֶם; יְדְהוֹן Bab. b. 13ʰ.
— *Plur.* יָדִין O. Gen. 34, 21; *d.* יְדַיָּא Schek. 49ᵇ, [יְדַיָּא[וֹ] O. Gen.
27, 22. Mit Suff.: יְדַי Kil. 32ᵇ; יְדָך O. Ex. 15, 17, Jer. I אִידַיך;
יְדוַי Meg. 74ᵃ; יְדָהּא O. Jer. I Gen. 16, 9; יְדִינָן Taan. 65ᵃ; יְדִיכוֹן
Ber. 12ᵃ; יְדֵיהוֹן Bez. 63ᵃ, אִידֵיהוֹן Jer. I Gen. 37, 21, יְדַיְיהוּ Ab.
z. 42ᵈ.

קְרַייָא „Flecken". *Sing.* קְרָייה Ber. 5ᵃ, קְרַווָא Jer. I Gen.
18, 24 (vgl. *m.* קְרִי O. Gen. 47, 21); *d.* קְרַיתָא Schir R. V 14,
קְרְתָא Ber. 5ᵃ, קְרְתָא O. Jer. I Gen. 34, 25. — *Plur.* קְרָוִין O. Deut.
9, 1, Jer. I קִירְוִין; *d.* קְרָיָא O. Gen. 19, 25, Jer. I קֻרְייָא; קוּרְיִין
Maas. 49ᵈ, קוּרִין Jer. I Num. 32, 24; *d.* קְרַיתָא Chag. 70ᶜ, קוּרִיתָא
Jer. I Gen. 47, 21, Jer. II קְרַיתָא.

מַיִן „Wasser". מַיִן Schek. 50ᵃ, מַיִן O. Jer. I Deut. 8, 7,
מַאִין Jer. I Ex. 14, 26; *d.* מַיָא Sanh. 23ᶜ, מַיָא O. Jer. I Gen. 16, 7,
מוֹיִי³ Erub. 26ᶜ, מוֹי Ber. R. 32, Jer. I Gen. 1, 10; *c.* מִי Gitt. 44ᵇ.
Mit Suff.: מַיִך O. Jer. I Num. 20, 19, O. Deut. 29, 10, Sab. מָך;
מוֹהִי b. Taan. 10ᵃ (paläst. Sprüchw.), מוֹהִי O. Jer. I Num. 20, 8;
מָהָא Targ. Jerem. 50, 38; מִימִיכוֹן Jer. I. II Deut. 29, 10; מֵיהוֹן
Gitt. 43ᶜ, מִימֵיהוֹן O. Jer. I Ex. 7, 19.

שְׁמַיִן „Himmel". *d.* שְׁמַיָא Ned. 42ᵈ, שְׁמַיָא O. Jer. I Gen. 1, 1;
c. שְׁמֵי Chag. 76ᵃ; mit Suff.: שְׁמָך Targ. Ps. 8, 4.

סָאָה „Sea". *Sing.* סָאָה Sot. 20ᵇ, *d.* סָאתָא Sanh. 27ᵈ.⁴ — *Plur.*
סָאִין Sot. 20ᵇ, סָאִין O. Jer. I Ex. 16, 36, סָאוֹן O. Gen. 18, 6, Jer. I
סָאִין, סָאוִוין Jer. I Ex. 29, 4, סַוִוין Jer. I Lev. 22, 6.

---

¹ Der Vokal *u*, der als Trübung des ursprünglichen *i* zu betrachten, erscheint
immer, wenn der Stamm eine geschlossene Silbe bildet. Die Dehnung zu *ō*
ist nur durch die Analogie der ḳuṭl-Bildungen von עʹ ע Stämmen veranlasst.
² Kein Beispiel für אִידָא im pal. Talmud, doch s. אִיקְרָא, אִימְמָא und S. 71.
Gelegentliche Schreibung von יְדָא bezeugt die Masora, Ausg. *Land.* 57.
³ Zur Vokalisation s. S. 66.
⁴ Mit griechischer Endung σάτον Jos. Antt. IX 4, 5; Pl. σάτα, Matth. 13, 33.

אע „Holz". *Sing.* אֵע O. Num. 31, 20. — *Plur.* אעין Chag.
78ᵃ; *d.* אֵעַיָּא O. Lev. 3, 5.

פום „Mund". *Sing. d.* פומה Ab. z. 41ᵃ, פומא O. Gen. 29, 3;
c. פֻּום O. Jer. I Gen. 42, 27. Mit Suff.: פימי (l. פומי) Meg. 74ᵈ;
פומך Maas. sch. 55ᶜ, פֻּומך O. Jer. I Ex. 4, 12; פומיה Kidd. 65ᵈ;
פֻּומכון ¹ O. Jer. I Num. 32, 24; פומהון Kidd. 65ᵈ, פֻּומהֹון O. Jer. I
Deut. 31, 19. — *Plur.* פומין Sabb. 3ᵇ. Mit Suff.: פומיהון Ech. R.
Peth. 24.

שנה „Jahr". *Sing.* שנא O. Jer. I Lev. 25, 53; *d.* שתא ² Bab.
b. 17ᵃ, שֵׁתָא O. Jer. I Lev. 25, 50. — *Plur.* שנין Jeb. 6ᵇ; *d.* שנייא
Keth. 35ᵃ, שֹׁנִיָּא O. Jer. I Lev. 25, 50.

אישא „Feuer". *Sing.* אישא ³ Ech. R. I 10, אֵישָׁא O. Jer. I Deut.
4, 24; *d.* אישתא Dem. 22ᵃ, אִישָׁתָא O. Lev. 1, 8, Jer. I אשתא. Mit
Suff.: אישתיה O. Jer. I Deut. 4, 36.

שי „Lamm". *Sing. d.* סֵיתָא ⁴ O. Lev. 22, 28. Mit Suff.: שייה
Jer. I Lev. 22, 27.

דם „Blut". *Sing.* דֵם O. Jer. I Deut. 19, 13, אדם ⁵ Jer. I
Ex. 4, 26; *d.* דֵמָא ⁶ O. Jer. I Gen. 9, 5, אדמא Jer. I Gen. 37, 22.
Mit Suff.; אדמיה Ab. z. 41ᵃ, דמכון O. Jer. I Gen. 9, 5. — *Plur.*
c. דמי O. Sab. Jer. I Gen. 4, 11. Mit Suff.: אדמיהון Jer. II
Gen. 4, 10.

שפא „Lippe". *Sing. d.* ספתא O. Ex. 26, 4. — *Plur.* ספון O.
Lev. 5, 4, Jer. I שיפון. Mit Suff.: ספוֹתֵהֹא O. Num. 30, 7, Jer. I

---

¹ Hier ist bei dem Schewa Verdoppelung des פ vorausgesetzt, vgl. aeg.-
arab. *fumm*, *Vollers*, Lehrb. d. aeg.-arab. Umgangsspr. 187, wodurch auch der
Wechsel von ō und *u* bei diesem Worte sich erklärt.

² Aeg. aram. *d.* שנתא CIS II 145B.

³ אישא ist nicht Stat. emph. zu אש (so *Kautzsch*, Gramm. d. Bibl.-Aram.
99), sondern Stat. absol. einer ḳiṭāl-Bildung von einem Stamme tertiae Jod mit
Verdoppelung des mittleren Radikals.

⁴ Nach Masora Ausg. *Land.* 95 auch שיתא.

⁵ Mit Aleph prostheticum (vgl. S. 67), das indes ursprünglich der determ.
Form und dem Nomen mit leichtem Suffix angehört haben wird und erst von
da in die indet. Form eindrang.

⁶ Vgl. Ἀκελδαμάχ (Apgesch. 1, 19 B), Ἀκελδαμα (=דְּמָא חֲקַל mit Aussprache
des Schewa als *a*) „χωρίον αἵματος". Das schliessende χ macht das Wort als
indeklinabel kenntlich, vgl. Ἰωσήχ Luk. 3, 26 für יוסי, Σειραχ LXX für סירא.
An דמך „entschlafen" mit *Klostermann* und *Wendt* zu denken ist nicht rätlich,
da die „Toten" stets מיתין heissen und der Friedhof den Namen עלמא בית (Mo.
k. 80ᵇ) oder hebr. הקברות בית (Tos. Ter. I 3) führt. Nebenbei wären die vor-
geschlagenen Formen דְּמָך und דַּמָּך wenigstens mit דְּמַך zu vertauschen, vgl.
דמכיה „s. Schlaf" Jer. I Gen. 28, 16.

סִיפְתָּא. — סִיפּוּא Jer. II Ex. 28, 33 ist ein aus dem Plural zurückgebildeter Singular.

קְשֵׁת „Bogen". *Sing. d.* קַשְׁתָּא O. Jer. I Gen. 21, 16; *c.* קְשֵׁת Targ. 2 Sam. 22, 35 Merx. — *Plur. d.* קַשְׁוָתָא Jer. I Gen. 21, 20.

§ 41. d. *Die Suffixe am Nomen.*

1. Die Form der Nominalsuffixe am Nomen Sing. ist an folgendem Schema zu sehen.

	Nach konsonant. Auslaut.	Nach vokal. Auslaut.
1 Sing. *c.*	בֵּיתִי	—
2 Sing. *m.*	בֵּיתָךְ	אֲבוּךְ
2 Sing. *f.*	בֵּיתִיךְ	אֲבוּיךְ
3 Sing. *m.*	בֵּיתֵיהּ	אֲבוּהִי, galil. u. jer. Targ. auch אֲבוּהַ u. אֲבוּי
3 Sing. *f.*	בֵּיתַהּ	אֲבוּהָא, galil. auch אֲבוּהַ
1 Plur. *c.*	בֵּיתַנָא, galil. u. jer. Targ. בֵּיתַן[1]	אֲבוּנָא, gal. u. jer. Targ. אֲבוּנַן (vgl. S. 67. 72)
2 Plur. *m.*	בֵּיתְכוֹן, jer. Targ. auch בֵּיתְכם	אֲבוּכוֹן
2 Plur. *f.*	בֵּיתְכֵין	אֲבוּכֵין
3 Plur. *m.*	בֵּיתְהוֹן, jer. Targ. auch בֵּיתְהוֹם[2]	אֲבוּהוֹן
3 Plur. *f.*	בֵּיתְהֵין	אֲבוּהֵין

Die Form des Suff. der 1. Pers. Sing. nach vokal. Auslaut sollte wohl *ī* (*j*) sein. Sie wird aber geflissentlich vermieden und bei אב (und אם) durch die det. Form ersetzt; bei אח tritt das Suff. an eine Form ohne vokal. Auslaut, s. oben S. 157 f.

Auf dem Einfluss des babyl. Aramäisch beruht es, dass in den galiläischen Schriftwerken zuweilen die sogenannten Plural-suffixe[3] am Singular erscheinen. Dadurch erklären sich Formen wie חילמאי „mein Traum" Maas. sch. 55ᶜ, רגליך „dein Fuss" Jeb. 6ᶜ, מתניתין „unsere Mischna" Ab. z. 39ᵈ, אגריכון „euer Lohn" Schebi. 37ᵈ, סופיהון „ihr Ende" Schebu. 38ᵃ, עבידתייהו „ihr Ge-schäft" Schek. 46ᶜ.

2. Im galiläischen Aramäisch kann wegen des Fehlens einer

---

[1] Für das Palmyr. vgl. מרן „unser Herr", *Nöldeke*, ZDMG XXIV 98, arg. aram. סרן, לן CIS II 138, wogegen das Nabatäische מראנא CIS II 199. 201.

[2] Vgl. nabat. בניהם CIS II 158, אלהתהם ebenda 182, ברהם ebenda 191 und *Nöldeke* bei *Euting*, Nabat. Inschr. a. Arabien 77.

[3] Zu der Form der Suffixe vgl. *Luzzatto*, Gramm. d. bibl. chald. Spr. u. d. Idioms d. Thalm. Babli 65 ff. und *Nöldeke*, Mand. Gramm. 175 ff.

genaueren Vokalisation die Form des Nomen bei Anhängung von Suffixen oft nur nach der Analogie anderer Dialekte erschlossen werden. Nach der superlin. Vokalisation des Onkelostargum gilt für mehrsilbige Nomina Folgendes:

a. Masc. Sing. Nomina mit unveränderlichem Vokal in der letzten Silbe behalten ihre Form, schieben aber vor den konsonantisch anlautenden Suffixen der 2. und 3. Person Plur. ein Schewa ein, z. B. קִימְהוֹן, aber קִימֵי.

Nomina mit kurzem Vokal in der letzten Silbe verkürzen denselben zu Schewa vor vokalisch anlautenden Suffixen, behalten ihn aber bei vor konsonantisch anlautenden, z. B. מֵימְרִי, aber מֵימַרהוֹן.

b. Fem. Sing. Der Vokal der Femininendung *at* wird vor vokalisch anlautenden Suffixen zu Schewa verkürzt, bleibt aber vor konsonantisch anlautenden Suffixen erhalten, z. B. עֲבִידְתִּי, aber עֲבִידַתהוֹן.

c. Masc. Plur. Die Pluralendung *ai* verschmilzt mit den Suffixen, welche dabei dieselbe Form haben wie bei vokalisch auslautenden Substantiven, also *ay* aus *ai-î*; *āk*, ursprünglich *aik* oder *ayik* — so noch zuweilen im pal. Talm. u. jer. Targumen — aus *ai-k*; *akī*, ursprünglich *aikī* (so noch pal. Talm. u. jer. Targume neben *ayik* im pal. Talm.), aus *ai-kī*; *ōhī*, im pal. Talm. u. jer. Targ. auch *ōy*, aus *au-hī*[1]; *ahā*, im pal. Talm. u. jer. Targ. auch *ai-hā* und *aih*, aus *ai-hā*; *anā*, im pal. Talm. u. jer. Targ. *ēnān*, aus *ai-nā* (bez. *ai-nān*); *ēkōn* aus *ai-kōn*; *ēkēn* aus *ai-kēn* kommt nicht vor; *ēhōn* (jer. Targ. auch *ēhōm* und *ēmōn*) aus *ai-hōn*; *ēhēn* (nicht in Targ. Onk. mit superlin. Vokalisation) aus *ai-hēn*.

1 Sing. *c.*	קִימַי	1 Plur. *c.*	קִימַנָא, neben קִימִין
2 Sing. *m.*	קִימָךְ, neben קִימֵיךְ, קִימַיךְ	2 Plur. *m.*	קִימַיכוֹן
2 Sing. *f.*	קִימַכִי, neben קִימֵיכִי, קִימַיךְ	2 Plur. *f.*	—
3 Sing. *m.*	קִימוֹהִי, neben קִימוֹי	3 Plur. *m.*	קִימֵיהוֹן, neben קִימֵיהוֹם
3 Sing. *f.*	קִימָהָא, neben קִימַיהָא, קִימֵיה	3 Plur. *f.*	קִימֵיהִין

d. Fem. Plur. An die Endung *āt* treten die Suffixe unter Einfügung eines Schewa vor den konsonantisch anlautenden, z. B. עֲבִידָתִי, aber עֲבִידָתהוֹן. Doch finden sich im Onkelostargum nicht selten die sogenannten Pluralsuffixe, und zwar oft bei der 1 Pers. Sing., z. B. עֲבִידָתַי, bei 3 Pers. Sing. masc. zuweilen, z. B. עֲבִידָתוֹהִי, bei der 3 Pers. Sing. fem. meist, also עֲבִידָתָהָא, bei der

---

[1] Zu dem *au* dieser Form s. *Wright*, Comp. Gramm. 159.

11*

2. und 3. Pers. Plur. nur im pal. Midrasch und den jerus. Targumen zuweilen, also עֲבִידְתָּיהוֹן, עֲבִידְתֵּיהוֹן. Bei der 2 Pers. Sing. masc. und der 1 Pers. Plur. ist ein besonderes Pluralsuffix im Onkelostargum nicht zu erkennen.

Beispiele: שמועתי Kidd. 61ᶜ, אבהתי Kidd. 61ᵇ neben אבהתיי Midr. Tehill. 3, 6; זְכוֹתִי O. Gen. 32, 10 neben אָחֹתִי O. Num. 14, 22, Jer. I אתווּתי. — זכוותיה Kidd. 61ᵇ; [וֹ]מכּיִלְתֵּיה O. Ex, 25, 29, Jer. I מכילתוּי, אֲבָהָתוֹהִי O. Lev. 25, 41, Jer. I אבהתוי. — סְפוֹוָתְהָא O. Num. 30, 7, Jer. I סיפתהא. — עבידתיכון Vaj. R. 27, נפשתיכון Jer. I Gen. 9, 5, O. נַפְשָׁתְכוֹן. — ארעתיהון Jer. I Gen. 10, 20, O. אַרְעָתְהוֹן.

3. Einsilbige Nomina mit kurzem Vokal und ursprünglich zweisilbige mit zwei kurzen Vokalen von starken Stämmen verbinden im Sing. Masc. mit sämtlichen Suffixen die in der det. Form hervortretende Gestalt des Nomen, nur dass vor den konsonantisch anlautenden Suffixen wegen des Zusammentreffens dreier Konsonanten ein Schewa eingeschaltet wird. Eine Ausnahme bilden die Stämme tertiae Gutturalis, bei welchen im letzteren Falle der volle Vokal zwischen den zweiten und dritten Radikal rückt und das Schewa wegbleibt, z. B. מלכיה O. Num. 24, 7, מַלְבְּהוֹן O. Num. 23, 21, vgl. רְגַלְהוֹן O. Ex. 29, 20, סֶעְדְּהוֹן O. Num. 23, 21, תּוּקְפְּכוֹן O. Lev. 26, 19; aber אַרְעָךְ O. Gen. 12, 1, אַרְעֲכוֹן O. Lev. 19, 33, vgl. אוּרְחְכוֹן O. Gen. 19, 2. Der Plural der Masculina und alle Formen der Feminina werden nach 2*b, c, d* behandelt. Nur bei Femininformen mit Hilfsvokal (s. § 38, 2) bleibt derselbe auch vor konsonantisch anlautenden Suffixen erhalten, vgl. מְטַרְתְּכוֹן O. Gen. 42, 19 von מְטַרְתָּא mit דְחַלַתְכוֹן O. Deut. 11, 25 von דְחַלְתָּא.

4. Die Nomina auf *ē (ai)* lassen in der Regel im Sing. Masc. wie in der det. Form ein silbenanlautendes Jod den vokalisch anlautenden Suffixen unmittelbar, den konsonantisch anlautenden unter Einschaltung eines Schewa vorangehen. Das Onkelostargum nimmt davon aus die Participia (*ḳāṭil-*Formen) und die Infinitive (*maḳṭal-*Formen), bei welchen die Endung *ē* ebenso behandelt wird, wie die Pluralendung der masculin. Substantive. Bei den letzteren in Verbindung mit Singularsuffixen haben die jer. Targume zuweilen die regelmässige Bildung. Das Genauere s. § 83. Wie eine Pluralendung wird auch behandelt das *ai* in מיין „Wasser“, daher mit Suff. מיהון, מוהי; doch heisst es מייך, s. oben S. 160.

Beispiele: טלייך, טליי Pes. 31ᶜ (Jalk. Sch., Anh. 85) von *d.* טליא

„Knabe"; שְׁבִיָּה O. Deut. 21,13, שְׁבִיבוֹן O. Jer. I Num. 31,19, שְׁבִיָּהוֹן O. Deut. 21, 20 von d. שְׁבִיא „Gefangenschaft" O. Jer. I. II. Num. 21, 2.¹ — אָסְיָךְ Taan. 66ᵈ von d. אָסְיָא „Arzt"; בְּרִיָּה Sabb. 8ᵈ, בְּרִיָּכוֹן Taan. 69ᵃ, בְּרִיָּהוֹן Jer. I Lev. 23, 42 von d. בְּרִיא „Schöpfer"; אָסֵךְ O. Ex. 15, 26, Jer. I אָסָאךְ, מָחוֹהִי „der ihn schlagende" O. Deut. 25, 11, Jer. I מָחֹהוּ (!). — Beispiele für maḳṭal-Bildungen mit Suffixen s. oben S. 134 und § 83. Beachte indessen מִשְׁחָיךְ O. Ex. 23, 25, Jer. I מִישְׁתָיךְ; מַחְוָיךְ Jer. I Ex. 9, 16 neben מִיתָךְ O. Gen. 19, 22, מֹהוֹךְ O. Deut. 26, 19.

Im Plural wird die Form des Nomen vor Suffixen mit dem Stat. constr. übereinstimmen, also entweder auf yē oder auf ē auslauten. Es heisst טְלִיְנָא Jer. I Ex. 10, 9, טְלִיְיו Jer. I Gen. 22, 3, גְּדֵייהוֹן Vaj. R. 5 und דְּמֵיהוֹן O. Num. 20, 19 neben דְּמֵיה (!) Jer. I Ex. 21, 34 von Pl. c. דְּמֵי O. Jer. I Ex. 21, 35, vgl. דְּמִין Jer. I Deut. 28, 68.

Adverbia. ²

§ 42. A. *Adverbia der Qualität.*

1. *Unveränderte Nominalformen.* ³

טָב „wohl, gut" Vaj. R. 5, Ber. R. 33. טַב לִי „es ist mir gut" Vaj. R. 22, טַב לֵיה „ihm ist wohl" Sot. 16ᵈ.

נִיח „gut". נִיח לִי סַגִּין מִנָּךְ „ich bin besser daran als du" Koh. R. VI 5; נִיח הֲוָה לֵיה אִלּוּ הֲוָה מִית „es wäre ihm besser, er wäre gestorben" Sabb. 14ᵈ. נִיחָא „befriedigend" Dem. 23ᵈ; אִי נִיחָא לְקֻמָּךְ „wenn es dir angenehm ist" Jer. I Deut. 32, 50.

תְּקִין „recht, gut" O. Jer. I Ex. 8, 22.

הֲפִיךְ „umgekehrt" R. h. S. 58ᵃ, הֲפַךְ Pesikt. 3ᵃ.

וַדַּאי „gewiss" Bab. k. 3ᵃ, Bem. R. 10.

---

¹ Keine Berücksichtigung des schliessenden Jod findet sich in סוּסֵךְ Ber. R. 65, סוּסְיֵהּ Schek. 50ᶜ von d. סוּסְיָא „Pferd".

² Bei den Adverbien, Praepositionen, Conjunctionen und Interjectionen ist möglichste Vollständigkeit erstrebt worden. Was aus dem pal. Talmud und Midrasch einerseits oder aus den Targumen andererseits nicht belegt ist, vermag ich in diesen Schriftwerken nicht nachzuweisen. Auch das dem Onkelostargum oder den jer. Targumen Eigentümliche ist stets durch die Citate oder besondere Bemerkungen kenntlich gemacht.

³ Einige im Aram. nicht adverbial gebrauchte Ausdrücke, welche aber gelegentlich als Ersatz für adverbielle Wendungen stehen, sind hier eingeschaltet.

צריך „notwendig“. צריך מימר „man muss sagen“ Schek. 46ᵈ;
צריך למיעבד „man muss machen“ Kidd. 63ᵈ; צריך את „du musst“
Pes. 29ᶜ; לית את צריך „du brauchst nicht“ Sanh. 23ᶜ.

צורכה „Notwendigkeit“. צורכה לדן „man bedarf des Einen“
Dem. 25ᵈ; לא צורכא „es ist nicht nötig, dass“ Jom. 44ᶜ; לא
צורכה די לא „es ist nur nötig“ Bez. 60ᵇ; לית צורכא דאי לא Ber.
10ᵇ, לא צורכה דלא Schebu. 38ᶜ. — לית צרוך ל „es ist nicht nötig. zu“
Jer. I Ex. 39, 23.

יכיל „möglich“. לית יכיל ד „es ist nicht möglich, dass“
Gitt. 48ᵃ.

איפשר „möglich“. לית אפשר ד „es ist nicht möglich, dass“ R.
h. S. 59ᵇ, Jer. II Gen. 18, 1. — לית אֶפשֵׁר ל O. Gen. 4, 14, Jer. I
לית; אית אפשר ל I Jer. Gen. 13, 16. O. לית אֶפשֵׁר ל ;האפשר ד
אושר ד Jer. I Gen. 18. 1.

צבחד „wenig“ Dem. 24ᶜ, Ber. R. 49. häufig — fälschlich — mit
ר geschrieben, z. B. ציבחר Ber. 3ᵇ; ציבחר ציבחר „ein wenig auf's
Mal“ Ech. R. I 31 (nicht in den Targumen).

זעיר „wenig“. זעיר כסות „ein wenig Kleidung“ Koh. R. XI 1.
— זְעֵיר O. Gen. 43, 1 (so stets bei Onkelos).

קליל „wenig“ Ber. R. 50. Jer. I Gen. 24, 27 (so meist in den
jer. Targumen); קליל זעיר „beinahe“ Jer. II Gen. 26, 10.

סגין „viel, sehr“ (vgl. S. 72). כסף סגין „viel Silber“ Bab. m. 8ᶜ;
דבש „viel Honig“ Pea 20ᵇ; עינוון סגין „sehr demütig“ Sanh. 28ᶜ; ערומין
סגין „sehr klug“ Sabb. 13ᵈ; לית את לעי סוגין „du mühst dich nicht
so sehr“ Bab. m. 8ᶜ; נפשך באישה עלך סגיא „deine Seele ist sehr
betrübt“ Ech. R. Peth. 34; סגין מיניי „mehr als ich“ Keth. 35ᵃ.
In den Targumen entspricht לחדא (s. u.); doch vgl. לסגי „in
Menge“ O. Jer. I Gen. 30. 30; סֹגִי לבון „ihr habt zu viel“ O.
Jer. I Num. 16, 3; סגי מסתני „er vermehrt sich sehr“ Jer. I Gen.
48, 16.

טפי „sehr“. טפי סגיא „gar sehr“ Ech. R. I 12 (babyl. aram.).

כל „ganz“. כל גלי „ganz offenbar“ Jer. II Deut. 33, 3. Vgl.
כל אימת „wann es auch sei“ Taan. 63ᵈ; כל קבל „grade gegenüber von“ Keth. 33ᵃ.

יתיר „mehr“ Pea 21ᵇ, יתר Keth. IV 12. יתיר מן כן „mehr
als dies“ Chag. 77ᵈ; יתיר מיניה „mehr als er“ Jer. I Gen. 48. 19.

פחות „weniger“. פחות מן Sanh. 24ᵇ.

חסר „weniger“. שית מאה דינרין חסר שית דינרין „600 Denare
weniger 6 Denare“ Vaj. R. 34. חסיר חד — ערבעין „vierzig —
weniger eins“ Jer. I Deut. 25, 3.

בציר מן „weniger als“ Jer. I Gen. 1, 16 (babyl. aram.).

מיסת „genug" Vaj. R. 3, מֹסֿת O. Jer. I Ex. 36, 5; כמֹסֿת O.
Lev. 25, 26, Jer. I כמיסת הי; כמיסת Jer. I Gen. 20, 16; מסתייה
Keth. 25ᶜ, Ber. R. 14; כמיסתייא Jer. 2 Kön. 19, 36.
סגי „genug". סֿגֿי לכון דֿ „genug ist's euch, dass" O. Deut. 1, 6,
Jer. I ו סגי לכון.

מגן „umsonst" Bikk. 65ᶜ, Vaj. R. 34, מֹגֿן O. Jer. I. II Num.
11, 5; לֹמֹגֿנֿא O. Ex. 20, 7; על מגן Sanh. 29ᵃ, Schir R. II 2, Vaj.
R. 22, Jer. I Ex. 20, 7, על מגבן (l. על מגן) Koh. R. I 8.

2. *Femininformen auf „āt".*

טבאות „gut" Bab. b. 13ᶜ, Ech. R. I 31, Jer. I Deut. 13, 15
(niemals bei Onk., wo immer statt dessen יאות), טביות Kidd. 64ᵃ,
טבות Gitt. 47ᵃ. טבות סגין מינכון „viel besser als ihr" Schebu. 38ᵃ.
יאות „recht" Naz. 54ᵃ, Jer. I Gen. 18, 5, יֿאֿוֿת O. Deut. 13, 15.
קלילו „wenig" Jer. I Gen. 43, 2 (s. oben קֿלֿיֿל).
זמן תיניינות „zum zweiten Mal" Taan. 66ᶜ, תֿנֿיֿנֿוֿת O. Lev. 13,
58, Jer. I תניינות, תיניינו Sanh. 23ᶜ.
קֿדֿמֿוֿתֿא „zuerst" O. Gen. 38, 28, Lev. 5, 8 (in Cod. Soc. nie
קדמיתא).
שֿלֿו „unversehens" O. Jer. I Num. 6, 9.

3. *Femininformen auf „īt".*

Diese im Syrischen und Christl. Paläst. häufige Bildung ist
dem Jüd. Paläst. Aramäisch fremd. Die ungewöhnlichen Formen
טבאית „gut" Vaj. R. 32, Pesikt. 98ᵃ, טבית Pesikt. 75ᵃ werden als
Schreibfehler zu betrachten sein.

4. *Zusammensetzungen mit Praepositionen.*

כחדא „zusammen" Sanh. 23ᶜ, כֿחֿדֿא O. Jer. I Gen. 13, 6.
כזֿעֿיר פון „beinahe" O. Jer. I Gen. 26, 10.
כדיי, כדאי „würdig" (hebr.) Taan. 64ᵇ, Koh. R. IX 10, Pesikt. 88ᵃ.
לֿחֿדֿא „sehr" O. Jer. I Gen. 12, 14 (auch Christl. Pal., aber
nie im pal. Talm. u. Midr.).
עֿד לֿחֿדֿא „gar sehr" O. Jer. I Gen. 27, 34, לֿחֿדֿא לֿחֿדֿא O.
Jer. I Gen. 17. 2.
לגנאי „schimpflich" Sanh. 28ᵇ.
לשבח „löblich" Sanh. 28ᵇ.
בעלמא „überhaupt, irgendwo" Schek. 50ᵇ, Jer. I Lev. 26, 24.
בחשאי „im geheimen" Koh. R. V 10.
בפרהסיא (παῤῥησία) „öffentlich" Koh. R. V 10.
בכפלא „doppelt" Pea 20ᵇ, בכיפלא Jer. II Gen. 43, 12, בכופלא
Jer. I Deut. 15, 18.
בקדמיתא „zuerst" Jer. I Gen. 38, 28, בֿקֿדֿמֿיֿתֿא „ehemals" O.
Gen. 13, 3. 4.

בְּתַנְיָתָא „zu zweit" O. Jer. I Num. 2, 16; בִּתְלִיתִיתָא „zu dritt"
O. Jer. I Num. 2, 24; בִּבְתְּרִיתָא „zuletzt" O. Jer. I Num. 2, 31.
בְּשָׁלוּ „versehentlich" O. Jer. I Lev. 4, 2.
בְּזָדְנָא „frevelhaft" Jer. I Num. 15, 30, O. בְּרֵישׁ גְּלִי (hebr.
בְּיָד רָמָה).
בְּקוּשְׁטָא „treulich" Bez. 62ᵇ, בְּקוּשְׁטָא „wahrhaftig" O. Jer. I
Gen. 42, 21; מִן קוּשְׁטָא Vaj. R. 22.
בְּאַרְעָיֵי „zufällig" Jer. I Lev. 26, 23.
בְּקִשְׁיוּ „widerspenstig" O. Lev. 26, 23, „hart" O.Jer. I Ex. 1,13.
עַל יְדֵי (עִילָא .l) עוֹלָא, עַל יְדֵי עִילָא „vorgeblich" Ab. z. 44ᵈ,
Dem. 25ᶜ.

§ 43. B. *Adverbia der Zeit.*

כְּדוֹן (= ן + כְּדְהוּא)¹ „jetzt" Bab. m. 12ª, Jer. I Gen. 3, 22
(häufig in den jer. Targ., nie bei Onk.); מִן כְּדוֹן „von jetzt" Bab.
m. 8ᶜ; עַד כְּדוֹן „bis jetzt" Gitt. 49ᵈ, Jer. I Lev. 25, 21. — כְּדוּ
Ber. R. 45; עַד כְּדוּ לָא „noch nicht" Jer. I Gen. 2, 5, Onk.
עַד לָא.
כְּעַן „jetzt" O. Num. 22, 4, Jer. I Gen. 3, 18; 15, 1 (so stets
Onk., selten jer. Targ., niemals pal. Talm. u. Midr.); מִכְּעַן „von
jetzt" Targ. Mich. 4, 7 Merx; עַד כְּעַן „bis jetzt" O. Gen. 43, 28.
הַשְׁתָּא (= שַׁעְתָּא הֲדָא) „jetzt" Midr. Tchill. 18, 30, Jer. I
Deut. 29, 17; הַשְׁתָּא — הַשְׁתָּא „bald — bald" Mo. k. 81ᵈ; עַד הַשְׁתָּא
Jer. I Gen. 2, 20 (babyl. aram.).
הָאִידְנָא (= עִידְנָא הָדִין) „jetzt" Ech. R. I 4, Koh. R. XI 9;
עַד הָאִידְנָא Jer. I Deut. 1, 6 (babyl. aram.).
דְּנָן תַּרְתִּין זִמְנִין „jetzt zwei Mal" O. Jer. I Gen. 43, 10
(hebr. זֹה).
מִיכַן וָעַד „von jetzt bis" Bab. m. 10ᶜ; מִכָּכִין (l. מִבְּכִין) „fortab"
Jer. I Gen. 26, 28; מִיכָּא וּלְהַלָּן „von jetzt ab und ferner" Pesikt.
183ª, מֵהָן „von nun ab" Schebi. 35ª.
מַתָּמָן וּלְהַלָּן „von da ab" Bab. m. 10ᶜ.
אֵימַת „wann?" Taan. 64ª, Jer. I Gen. 30, 30 (so pal. Talm.
u. jer. Targ.), O. (stets) אֵימָתִי², אֵימָתַי Schir R. VII 2; כָּל אֵימַת
„wann es auch sei" Taan. 63ᵈ; עַד אֵימָתִי „wie lange?" O. Ex.

---

¹ Zur Endung mit Nun s. S. 72f. Das Parallelwort der hebr. Mischnasprache
ist עַכְשָׁיו, was aus עַד כְּשָׁהוּא entstanden ist, nicht aus עַד בְּשָׁעה הִיא (so *Levy*).

² Die Vokalisation wird voraussetzen, dass die Paenultima accentuiert ist,
die Verdoppelung des ת ist nicht ursprünglich.

10, 3, Jer. I עד אימת; מן אימת „seit wann?" Sanh. 29ᵃ. — אימת „wann" (indir. Frage) Sanh. 22ᵈ.

עוד „noch" Gitt. 46ᵇ, עוֹד O. Gen. 7, 4 (so stets Onk., wohl nie jer. Targ.); עוד — לא „nicht mehr" Mo. k. 80ᵇ; עוֹד זְעֵיר פון „nur noch ein wenig" O. Ex. 17, 4.

תובן „ferner, noch" Bab. m. 8ᶜ, תוב Jer. I Gen. 7, 4 (so meist jer. Targ.); תו Vaj. R. 27, Jer. I Gen. 26, 19; חדא זמנא ולא תוב „einmal und nicht wieder" Jer. I Gen. 2, 23; תוב קליל זעיר „nur noch ein wenig" Jer. I Ex. 17, 4.

עדיין „noch immer" Sanh. 20ᵇ, אדיין Gitt. 50ᵈ (das bibl. aram. באדין, אדין „da" ist ganz aus dem jüd. Gebrauch verschwunden).

ולעיל „und fernerhin" Pes. 30ᵈ, ולעֵילָא „und darüber" O. Jer. I Num. 1, 40.

להל „ferner" Sabb. 4ᵃ, ולהאל Jer. I Ex. 16, 21, וּלהלאה O. Jer. I Lev. 22, 27, ולהלן (mit Anhängung von n) Bab. m. 10ᶜ, Jer. II Lev. 22, 27.

קדמאי „zuerst", Ber. R. 38; בתראי „zuletzt" Vaj. R. 12. S. auch § 42, 2. 4.

סוף „zuletzt" Ech. R. I 31; בסופא Sot. 23ᶜ, בסוֹפא O. Gen. 49, 9.

כבר „längst" Ber. 7ᶜ, Jer. I Gen. 43, 13 (nie bei Onk.).

מיד „sogleich" R. h. S. 58ᵃ, Est. R. IV 3, מן יד Ned. 41ᶜ, Jer. I Gen. 1, 3, Ex. 19, 17.

על אתר „sogleich" im pal. Talm. nicht selten, aber nur in *hebr.* Zusammenhang, s. Jeb. 15ᵈ, Gitt. III 3; לאלתר Ech. R. I 4.

בפריע „alsbald" Kidd. 59ᵃ, בפריעַ O. Jer. I Deut. 7, 22.

בסרהוביא „eilends" Jer. I Deut. 7, 4.

בתכיף „plötzlich" O. Num. 6, 9, Jer. I (1. בכתוף) בכתוף; בתכוף Jer. II Deut. 4, 22.

יומא חד „eines Tages" Vaj. R. 12.

חד זמן „einmal" (zu irgend einer Zeit) Sabb. 3ᵃ, זימנא חדא Ber. 13ᵈ; זימנין „zuweilen" Maas. 51ᵈ, Ber. R. 98; זימנין סגין „oft" Erub. 25ᶜ; כמה זימנין „oft" Ber. 11ᵇ; זמן חורן „ein ander Mal" Ter. 40ᵈ, vgl. אחרן (ohne זמן) „ein zweites Mal" Ech. R. I 6. מזמן לזמן (!) „Jahr um Jahr" O. Ex. 13, 10.

תדירא „stets" Jom. 42ᵃ, תדירא O. Jer. I Ex. 28, 30.

קימעא קימעא ¹ „allmählich" Jom. 40ᵇ (hebr. Zush.), קימאה קימאה Ber. 2ᶜ (hebr. Zush.), קמא קמא Midr. Tehill. 7, 7.

---

¹ Die Bedeutung „wenig" steht für קימעא fest, also nicht zu vergl. ראשון ראשון „einzeln" (immer das erste) b. R. h. S. 17ᵃ.

זְעֵיר זְעֵיר „allmählich" O. Ex. 23, 30, Jer. I קְלִיל קְלִיל.

לפירקין „abwechselnd" Jer. I Num. 12, 4.

בעִנתה ודלא בעִנתה „zur Zeit und zur Unzeit" Koh. R. V 10.

יומא דין „heut" Bab. k. 6ᵈ, יֹומָא דֵין O. Jer. I Gen. 41, 9;
יומנא (= יומא דנא) Jer. I Gen. 24, 42 (vgl. Chr. Pal. ܝܘܡܢ, syr. ܝܰܘܡܳܢܳܐ).

אתמל „gestern" Dem. 24ᵈ, אִיתְמָל Bez. 61ᵇ (vgl. S. 68); מֵאֶתְמָלִי
וּמִדְּקָמֹֽוהִי „seit gestern und vorgestern" O. Gen. 31, 2, Jer. I
כדאיתמלי והי כקדמוהי.

בקדמיתא „ehemals" Bab. m. 12ᵃ, בְּקַדְמֵיתָא O. Gen. 13, 3.
מִלְּקַדְמִין O. Jer. I Gen. 4, 16; בְּקַדְמִין „am Anfang" O. Gen. 1, 1;
מן קדמת דנא „vor dieser Zeit" Jeb. 14ᵈ, Jer. I Gen. 5, 3.

מן אוולא „am Anfang" Jer. I Gen. 1, 1; 13, 3.
בְּשֵׁירוּיָא „am Anfang" O. Gen. 49, 9, Jer. I Gen. 13, 4.

כל יומאי „jemals" Ber. 14ᵇ Lehm.; מן יומי — לא „niemals"
Chag. 77ᵈ, מיומוהי — לא Koh. R. IX 1, vgl. Ev. Hier. Matth.
21, 16 ܡܢ ܡܬܘܡ ܟܠ ܡܬܘܡ „οὐδέποτε ἀνέγνωτε".

מְדְּאִיתָנִי (!) „von jeher" O. Jer. I Gen. 48, 15; מִדְּאִיתָךְ O. Num.
22, 30. Vgl. S. 77.

בְּכֵין „damals" O. Gen. 13, 7.

למחר „morgen" Gitt. 44ᵇ, Ech. R. IV 3, Jer. I Ex. 9, 18;
מָחָר O. Jer. I Deut. 6, 20; בְּיֹום מְחָר O. Gen. 30, 33, Jer. I ליומחרא;
מיומחרא Jer. I Gen. 19, 34. — מחרא דמחר „übermorgen" Gitt. 44ᵇ.

בְּיֹומָא דְבָתְרֹֽוהִי „am folgenden Tag" O. Ex. 9, 6, Jer. I
ליום חרן.

לבתר יומין „später" Vaj. R. 23, בתר יומין Pea 20ᵃ, Vaj. R. 10;
בתר זמן Sot. 20ᵇ; בתר כן Chag. 77ᶜ, Jer. I Gen. 5, 3, בָּתַר כֵּין O.
Gen. 18, 5, Jer. I בתר כדין; מן בתר כדין Jer. I Gen. 30, 21, מן
בתר כן Pea 21ᵇ, Jer. I Gen. 15, 14; בתר דנא Jer. I Deut. 29, 17.

יֹומָם „tags" O. Jer. I Num. 9, 21.

לילי „nachts" O. Jer. I Num. 9, 21.

בקריצתא „beim Morgengrauen" Bez. 63ᵃ, בקרצתא Jer. I Ex.
10, 21.

בצפרא „morgens" Ned. 40ᵃ, בְּצַפְרָא O. Jer. I Gen. 19, 27;
לעִדן צפרא O. Ex. 14, 27, Jer. I לעִידוני צפרא.

בטיהרא „mittags" Vaj. R. 24, בְּטִיהֲרָא O. Deut. 28, 29.

[וּ]בְפָנֵיא „zur Vesperzeit" O. Gen. 49, 27, vgl. למִפְנֵי רַמְשָׁא
„beim Hereinbrechen des Abends" O. Deut. 23, 12.

ברומשא „abends" Ned. 40ᵇ, בְּרַמְשָׁא O. Jer. I Gen. 19, 1. —
רומשית „gestern Abend" Mo. k. 81ᵇ, רמשי Jer. I Gen. 19, 34, O.
רַמְשָׁא, in marg. רַמְשִׁי. — בפתי רמשא „bei Einbruch des Abends"
Ab. z. 39ᵇ, באפתי רמשא Vaj. R. 25.

עם מטמעי שמשא „bei Sonnenuntergang“ Ter. 46ᵇ, Jer. II Gen.
49, 27; כמטמוע שמשא Jer. I Deut. 23, 12, O. בָּמִיעֵל שמשא; במיעלית
(für במיעלי!) שמשא Jer. I Deut. 16, 6.

בְּפַלְגֹות לֵילְיָא „um Mitternacht“ O. Jer. I Ex. 12, 29.

בְּמַטְרַת צַפְרָא „um die Morgenwache“ O. Jer. I Ex. 14, 24.

בתלת שעין „um 3 Uhr“ Ber. 3ᶜ; בשית שעין „um 6 Uhr“ Ber.
7ᵇ; בתר תלת שעין „nach 3 Uhr“ Ber. 7ᵇ; לשית שעין Ber. 7ᵇ; עד
ארבע שעין „bis 4 Uhr“ Jer. I Gen. 49, 27; מן ארבע שעין ולהל
„von 4 Uhr ab“ Jer. I Ex. 16, 21; מרישהון דארבע עד סופהון דתשע
„von Anfang der vierten Stunde bis Schluss der neunten Stunde“
(von 3 Uhr bis 9 Uhr“); מסופהון דארבע עד רישיהון דתשע „von
Schluss der vierten Stunde bis Anfang der neunten“ (von 4 Uhr
bis 8 Uhr) Ech. R. I 29, vgl. Bem. R. 12. — Vgl. hebr. בשמונה
ומחצה „um 8½ Uhr“ Ber. 7ᵇ; אחת עשרה שעות חסר רביע „um ³/₄11
Uhr“ Ber. 7ᵇ.

אשתקד (= שתא קדמאה) mit prosthet. Aleph) „voriges Jahr“
Bab. b. 15ᶜ, Gitt. 45ᵇ, Jer. I Lev. 16, 21.

אישתרא (l. אישתדא = שתא דא) „dies Jahr“ Maas. sch. 55ᵇ.

עִדָּן בְּעִדָּן „ein volles Jahr“ O. Gen. 24, 55, Num. 9, 22;
מן עידן לעידן Jer. I Lev. 25, 29; בְּעִדָּן דְּאַתֹּון קָיְמִין „über's Jahr
um diese Zeit“ O. Gen. 18, 14; בְּעִדָּנָא הָדֵין מָחָר „morgen um
diese Zeit“ O. Ex. 9, 18, Jer. I בעדן הדין למחר.

§ 44. Adverbia des Orts.

1) עֵילָא „oben“ [1] Ned. 37ᵈ; לְעֵיל „oben“ Jer. I Gen. 1, 7;
מֵעֵיל „von oben“ Ab. z. 45ᵃ; מלְעֵיל Bab. b. 15ᶜ, Jer. I Deut. 5, 8,
מלעילא Ech. R. I 17, מִלְעֵילָא O. Deut. 5, 8.

לרע „unten“ Jeb. 6ᵇ; מלרע Bab. b. 15ᶜ, מִלְרַע O. Jer. I
Gen. 1, 7.

לתתא [2] „nach unten“ Ech. R. I 17; מתתא „von unten“ Ech.
R. I 17.

לבר „draussen“ Kil. 32ᵇ, לברא „hinaus“ Mo. k. 81ᶜ, [לְ]בָרָא
„draussen“ O. Num. 35, 4, Jer. I לבר; בְּבָרָא (so!) O. Jer. I Gen.
24, 31; מן לבר Mo. k. 82ᵇ, מלבר Vaj. R. 12, מִבָּרָא auswendig“ O.
Jer. I Ex. 25, 11.

---

[1] Nabat. עלא CIS II 215; palmyr. Zolltarif מן לעל.

[2] Palmyr. Zollt. מן לתחת.

מלגיו „drinnen" Gitt. 45ᵇ, Schir R. II 16, מלגאו Vaj. R. 12,
מן לגיו Mo. k. 82ª, מָלּיו „inwendig" O. Gen. 6, 15, Jer. I מן גיו.
מן חורי „dahinter" Sanh. 18ᶜ; אחורי Ech. R. I 37. — לאחרא
„rücklings" O. Gen. 49, 17, Jer. I לאחורא.

מן רחיק „von ferne" Ter. 46ᵇ, Koh. R. XII 5, Jer. I Gen.
22, 4, מרחיק Vaj. R. 18, Ech. R. I 12, מרחיק O. Gen. 22, 4.

מן קריב „von nahem" Koh. R. XII 5.

2) הכא „hier" Kil. 30ᵈ, הלּבא O. Jer. I Gen. 22, 5, „hierher"
Bab. m. 11ʰ, Ech. R. I 4; להכא Sanh. 23ᶜ; מן הכא „von hier"
Sanh. 21ª, מהכא Ber. R. 49.

כָא „hier" O. Deut. 5, 3, Jer. I הכא; וכא Pea 20ᵇ; עד כא
„bis hier" Bab. m. 12ª, עד כֹא O. Jer. I Gen. 22, 5; לכא ולכא
„hierhin und dorthin" Bez. 63ª, לכא ולבא O. Ex. 2, 12; מיכא „von
hier" Bab. m. 11ª, מכֹא O. Jer. I Gen. 50, 25, מן כא Jer. II Deut.
27, 15, מיכא ומיכא „von der einen, von der andern Seite" Pea
20ᵈ, Jer. I Ex. 17, 12, O. מכֹא ומבֹא; מיכא ולהלן „von hier ab"
Bab. m. 12ª.

כאן ¹ „hier" R. h. S. 58ª.

כן „hier" Jer. II Lev. 13, 1; מיכן „von hier" Jer. I Gen.
37, 17, vgl. פרא מיכן „weniger als dies" R. h. S. 58ª.

תמן ² „dort" Kil. 30ᵈ, Vaj. R. 9, תֹמָן O. Jer. I Deut. 1, 28;
מן תמן „dorthin" Taan. 66ᵈ, לתֹמָן O. Jer. I Gen. 19, 20; מן תמן
„von dort" Taan. 66ᵈ, מתֹמָן O. Jer. I Gen. 2, 10; תמן — הכא
„dort — hier" Schebu. 37ᵇ.

להל „dort" R. h. S. 58ᵇ, להלאה „hierher" O. Gen. 19, 9,
Jer. I להלא.

הלבא (stets ohne Schewa) „hierher" O. Jer. I Gen. 45, 5. 8,
Ex. 3, 5; הלכא והלכא „hin und her" Jer. I Num. 21, 36; אילך
ואילך „hier und dort" Jer. I Num. 22, 4.

מקֵבל „gegenüber" O. Num. 2, 2, Jer. I מלקביל.

סחור סחור „ringsum" O. Lev. 8, 15, Jer. I חזור חזור (so meist
in den jer. Targ., doch סחור סחור Jer. I Num. 2, 2).

לחד אתר „irgendwohin" Pea 20ᵇ; בכל אתר „überall" Jeb. 3ᵈ,
מן אתר לאתר Ber. R. 50, בבל אתר O. Jer. I Num. 18, 31;
„von Ort zu Ort" Gitt. 48ª.

3) הן „wo?" Bab. m. 8ʰ, Jer. II Gen. 3, 9, אן Pes. 30ᵇ, Jer. I
Gen. 3, 9, אֹן O. Gen. 18, 9, Jer. I האן; להן „wohin?" Ber. 5ᶜ, לאן
Jeb. 12ᵈ, Ber. R. 76, לאָן[O. Jer. I Gen. 16, 8; מן הן „woher?"

---

¹ Vgl. *Zunz*, Das Adverbium כאן, ZDMG XXIV 591—598.
² Palmyr. תנן ZDMG XXIV 102.

Chag. 77ᵇ, Vaj. R. 37, מן האן Jer. I Gen. 16, 8, מן הין Ech. R. I
14, אן מן (l. מן אן) Jom. 44ᵈ, מנן Kidd. 61ᵇ, Ber. R. 76, מֹנֹן O.
Jer. I Gen. 29, 4, מינן Jer. I Num. 11, 13, מנא Schek. 49ᵇ; מנלן
„woher uns?“ Ned. 36ᶜ.

היכן „wo?“ Ech. R. I 46, איכן Jer. I Gen. 37, 16; מהיכן „von
wo?“ Kidd. 64ᵈ, Ruth R. III 1; מהיכן אתר „von welchem Orte?“
Ber. R. 34; להיכן „wohin?“ Ber. R. 32.

איכא „wo?“ O. Gen. 37, 16; היכא „wohin?“ Est. R. II 1;
מהיכא ארעא „aus welchem Lande“ Ber. R. 38.

4) Die Partikeln ליֿת, ליֿתי, איֿת, איֿתי werden auch hier behandelt werden dürfen.

איֿתי, אֿיתי ¹ „es kommt vor, zum Beispiel“ Bab. m. 10ᵈ, אית
„es kommt vor“ Pea 21ᵇ, Schek. 49ᵇ, אי Sanh. 23ᶜ; לא איֿתי „es
kommt nicht vor“ Schebi. 39ᶜ, לא איֿתי Makk. 31ᵃ, ליֿתי Bab.
b. 16ᵃ.

אית „es giebt“ Kidd. 60ᵃ, אֿית O. Jer. I Gen. 18, 24; ליֿת „es
giebt nicht“ O. Num. 5, 8, Jer. I אית לא, ליֿת Jer. I Gen. 2, 5.
— אית הכא „giebt es hier?“ Bez. 61ᵇ; איכא „es giebt hier“ Pea
21ᵃ; אית כן Jer. II Num. 12, 15; ליֿת כאן „es giebt hier nicht“
Taan. 64ᶜ, ליכא Sabb. 16ᶜ.

אית, ליֿת für „sein“. אית כן „es ist so“ Er. 18ᵈ; ליֿת כן „es
ist nicht so“ Er. 18ᵈ; ליֿת הוא בריה דאבוה „er ist nicht der Sohn
seines Vaters“ Ech. R. I 4; ליֿת הדא אמרה „ist diese nicht sagend,
sagt sie nicht?“ Kidd. 60ᵃ; אם ליֿת שֿביֿנֿתֿך מֿהֿלֿכֿא „wenn deine
Schechina nicht geht“ O. Ex. 33, 15.

אית und ליֿת mit Personalpronominen s. S. 77.

אית ל für „haben“. אית לי „ich habe“ Jeb. 10ᵃ, אֿית לי O.
Jer. I Gen. 33, 9; אית לך „du hast“ Ber. 8ᵃ, Jer. I Gen. 33, 9;
אית ליה „er hat“ Ber. 2ᵇ; אית להון „sie haben“ Ber. 6ᵃ. — ליֿת לי
„ich habe nicht“ Ech. R. I 4; ליֿת ליה „er hat nicht“ Ber. 2ᵇ;
ליֿת לה „sie hat nicht“ O. Jer. I Lev. 22, 13.

אית ל für „können“. אית לך למימר „kannst du sagen?“ Jom. 44ᵈ.
אית ב für „können“. מה אי בך עבד „was kannst du thun?“
אי בי עביד נא „ich kann thun“ Sanh. 23ᶜ, vgl. Chag. 78ᵃ.

§ 45.   D. *Adverbia des Verhältnisses.*

1) היך ² „wie?“ Sabb. 13ᵇ, איך Schebi. 35ᵈ, Ech. R. IV 1;
היאך Koh. R. V 10, Jer. III Ex. 14, 21.

---

¹ Nabat. איֿתי „es ist“ CIS II 206.
² Vgl. palmyr. Zolltarif היך בנמוסא „wie nach dem Gesetz“.

היכין „wie?“ Est. R. II 1, איכן Est. R. II 1, היכי Ech. R.
Peth. 24, איכי Bab. b. 17ᶜ; אֵיכְדֵין O. Gen. 26, 9, Jer. I היכדין.
מה „wie?“ מה איפשר „wie ist es möglich?“ Dem. 21ᵈ, מה אנן
קיימין „wie stützen wir?“ Gitt. 47ª. מהו הכין (= מה הוא) „wie so?
was bedeutet das?“ Schek. 49ᵇ; מיי כדון (= מה היא) „wie ist es
nun?“ Ter. 42ᶜ, Pes. 28ª, מאי כדון Sukk. 53ª, מהיא כדון Sabb. 14ᶜ.
— מה ביש „wie böse“ Ber. 5ᶜ; מָא דְחִילוּ „wie furchtbar“ O.
Gen. 28, 17, Jer. I מה דחיל; ומה מרירין — כמה קשיין „wie schwer
— und wie bitter!“ Jer. I Lev. 26, 29, Jer. II אי מה בישין ומה
מרירין.

כיצד „wie?“ (hebr.) Jeb. 6ᵇ.

2. כן „so“ Taan. 66ᵈ, בין O. Jer. I Gen. 1, 9. (= כן היא) כיני
„ist es so?“ Jom. 43ᶜ; כי (= כן) ¹) „so“ in der Phrase אלא כי כן
מה כן (Antwort auf „sondern so stützen wir es“ Sanh. 26ᵇ קיימין
כן וכן „wie stützen wir?“), vgl. אלא כן אנן קיימין Gitt. 47ª; קיימין
„so und so“ Pesikt. 165ª; הכין וכן Sukk. 55ᵇ; בכין „so“ Jer. I
Ex. 1, 22.

כדין „so“ Ber. R. 59, Ech. R. I 15, כֹּדֵין O. Deut. 29, 21,
Jer. I Ex. 1, 22; כֹּדְנֵן O. Jer. I Gen. 32, 4; כדנא Jer. I Ex. 5, 1.
הכין „so“ Sukk. 55ᵇ, Jer. I Deut. 26, 18, אכין Taan. 64ᵇ, הכי
Bab. m. 8ᶜ, Ech. R. Peth. 24; הכיני (= הכין היא) „ist es so?“ Jom.
39ᶜ; הכדין „so“ Ech. R. I 4, Jer. I Num. 13, 34; היכדין Jer. I
Gen. 29, 32; היכנא Jer. I Deut. 29, 23.

כך (hebr.) „so“ Vaj. R. 34; כך וכך „so und so“ Sot. 16ᵈ.

3. למה ² „warum?“ Taan. 64ᵇ, לְמָא O. Jer. I Gen. 31, 27;
דלמא (= דא למא) ³ „wozu dies? woran erinnert dies?“ Sukk. 55ª
u. oft; לְמָא דֵנָן O. Gen. 32, 29, Jer. I למה דנן. — מָדֵין „weshalb?“
O. Jer. I Lev. 10, 17, ohne Frage O. Jer. I Ex. 3, 3. — עַל מֶה
O. Deut. 29. 23, Jer. I מטול מה, אמאי (babyl.-aram. = מדין על)
Ech. R. Peth. 24; מן בגין מה Koh. R. VII 7; מן בגלל מה Jer. II
Ex. 3, 3. — מאי טעמא לית את סבר „aus welchem Grunde begreifst
du nicht?“ Ber. R. 38.

---

¹ Eigentlich ist hier בין und נן (= אנן) in ein Wort zusammengezogen. Levy,
Neuhebr. Wb. II 317 denkt mit Unrecht an כי „wenn“.

² λεμά Matth. 27, 46 SB, Mark. 15, 34 SC, λιμά an beiden Stellen A,
unterschieden von dem hebr. λαμά in D (Mark. 15, 34 auch B).

³ Der Ausdruck erscheint zur Einführung einer den Gegenstand der Diskussion betreffenden Erzählung wie sonst das hebr. מעשה und das aram. עובדא
(Ab. z. 41ª). Levy denkt an ἀλήμμα, Frankel (Mëbō ha-Jĕrüschalmī 10ᵇ),
Kohut (‘Arūk ha-schālēm) an ὑπόλωμα, Jastrow an דא אלמא „das ist eine Be-
stätigung“, obwohl אלמא dem pal. Talm. fremd ist.

להן „wozu?" Pea 20ᵈ, לאן Jeb. 12ᵈ.

4. בגין כן „deshalb" Ab. z. 39ᵈ, Jer. I Ex. 20, 11; בגין כדין
Jer. I Gen. 18, 5; מן בגין דא Ber. R. 92.

עַל בֵּין „deshalb" O. Ex. 20, 11 (so fast immer Onk.); בְּבֵין
O. Gen. 30, 15, Jer. I Gen. 3, 18, בכדין Jer. II Gen. 3, 18; לְבֵין
(hebr.) O. Gen. 4, 15.

לפום כן „deshalb" Gitt. 50ᵇ; על ידי כן Ter. 48ᵇ; ומטול כן
Jer. I Lev. 8, 15, מטול היכנא Jer. I Deut. 23, 16, מטול הכנא Jer.
2 Kön. 19, 36.

לדא „deshalb" Est. R. Peth., לדא O. Jer. I Gen. 2, 23.

הוי „folglich" Sabb. 4ᵃ, einmal הווי Schebu. 38ᶜ (Particip v.
הוה, eigentl. „es ist"), z. B. הוי דרבי היא „also ist es ein Ausspruch Rabbi's" Bez. 60ᶜ; הוי הוא דו אמר „also ist er es, der
sagt" Sabb. 4ᵃ.

איטה (εἶτα) „dann, somit". איטה עבדתני מבזה רבנן „somit
machst du mich zum Verächter der Lehrer" Sanh. 18ᵈ.

אפילו כן „trotzdem" Gitt. 46ᵈ; אפילו הכי Jer. I Gen. 27, 33;
אף על פי כך Pes. 31ᶜ.

אַף בְּרַם דָא „trotzdem" O. Lev. 26, 44, Sab. אף ברם בדא,
Jer. I אוף על כל דא.

מן כל אתר „jedenfalls" Ber. R. 41.

כל דכין „um so viel mehr" Jer. I Num. 22, 30, Deut. 23, 1.
על חד כמה וכמה „um wie viel mehr" Jer. II Gen. 44, 18.

5. בלחוד ² „nur" Gitt. 50ᵇ, לְחוד O. Jer. I Gen. 19, 8. Mit
Suff.: בְּלְחוֹדִי O. Jer. I Num. 11, 14; בלחודך O. Ex. 18, 14, Jer. I
לבלחודך; בלחודוהי O. Lev. 13, 46, Jer. I בלחודי; בלחודה O. Jer. I
Ex. 22, 26, בלחודא Jer. I Lev. 13, 24.

לא—אלא (= אין לא) „nur" Taan. 68ᵇ, Jer. II Gen. 49, 18;
„nur" Mo. k. 83ᵃ; לית — אלא „es giebt nur" R. h. S. 58ᵃ. —
אָלְהֵין (= אין לא) אין לא mit Aufhebung der Verdoppelung des
ל) „nur" O. Num. 11, 6, Jer. I אלהן; להן Taan. 66ᵃ (Meg.
Taanith).

לית — דאי לא „nur" (eigentl. „nicht — ausser") Ber. 10ᵇ;
לא צורכה די לא „es ist nur nötig" Bez. 60ᵇ; דילא — לית Ber. 7ᵃ,
דלא — לא Pes. 29ᶜ. — די לא כן (= דאין לא כן) „sonst" Bez. 60ᵇ,

---

¹ Palmyr. מטל כות de Vog. 15.

² Im galil. Dialekt stets בלחור, das nicht mit Suffixen verbunden wird
und nur mit oder ohne ד als Konjunktion dient, s. § 51. — Nabat. בלחר CIS II
209; m. S. לחורוהי ebenda 212.

דִילָא כֵן Ter. 43ᶜ, דְלָא כֵן Sanh. 25ᵈ, דְל כֵן Jom. 44ᵈ, דִלְכֵן, z. B.
אֲכוֹל דִלְכֵן אֲנָא קְטִילְנָא לָך „iss! sonst töte ich dich" Schebi. 35ᵃ.
עַל מְנָת כֵן „unter dieser Bedingung" Ber. R. 91.

§ 46. E. Adverbia der Bejahung und Verneinung, der Möglichkeit und Wahrscheinlichkeit.

1. אִין „ja" Meg. 72ᵇ, Vaj. R. 22.
בְּרָם „ja" O. Gen. 30, 34, „fürwahr" O. Jer. I Gen. 18, 13.
בְּקוּשְׁטָא „wahrhaftig" O. Jer. I Gen. 17, 19, בקשוט Jer. I Gen. 18, 13. Vgl. S. 168.
לָא „nein" Mo. k. 82ᵃ, לָא O. Jer. I Gen. 19, 2, „nicht" (häufig im pal. Talm. u. Midr. und in den Targg.), selten לָאו (= לָא הוא) Sabb. 8ᵃ, Vaj. R. 5, Jer. II Deut. 33, 3.

2. כְּלוּם (= כָּל מָא s. S. 90) „etwa?" Sabb. 8ᵈ, Ech. R. I 31, III 6.
דִילְמָא (= דִי לְמָא)¹ „vielleicht?" Maas. sch. 52ᵈ, Vaj. R. 6. 10, דִלְמָא Ber. R. 94, דִּלְמָא O. Jer. I Gen. 43, 12. — Targ. Onk. hat דִלְמָא indes meist für hebr. פֶּן, s. § 52, für hebr. אוּלַי dagegen מָאִים, s. § 52.
בְּעָן „doch" (hebr. נָא) O. Gen. 13, 9, Jer. I כְּדוּן; לָא בְעָן „nicht doch" O. Jer. I Gen. 13, 8 (für hebr. אַל נָא).
כִּי (vgl. syr. ܟܝ) „denn?" אֶלָּא כִי אִיפְשָׁר „ist es denn aber möglich?" Keth. 33ᶜ.
מִי (wohl aus מָא)² „denn, etwa?" Kidd. 60ᵇ, Sabb. 14ᵈ (f. מִי צְרַך l. מִיצְרַך), Ech. R. I 31, וּמִי Ech. R. I 5.
וְלָא „und ist denn nicht?" Taan. 64ᵇ, וְלָאו Bab. k. 6ᵈ; וְאֶלָּא דְמָאן „von wem denn sonst?" Ber. R. 94; וּבַר אִית לֵיהּ „hat er denn einen Sohn?" Sabb. 8ᵈ; וּמָה אֶת סָבַר „wie kannst du denn meinen?" Mo. k. 82ᵃ; וּלְמָה „wozu denn?" Jer. I Gen. 25, 32.
לְמָא דֵין „wozu denn?" O. Gen. 18, 13, Jer. I לְמָה דְנָן.
ה „denn?" Das fragende ה findet sich nie im pal. Talm. und Midr. הֲלָא „denn nicht?" O. Jer. I Gen. 4, 7. Im Onk. targ. Cod. Soc. 84 wird ה in der Regel mit Schewa, nur bei folgendem Schewa mit Pathach versehen³, es heisst also הֲמִן O. Gen. 3, 11, הַאִית O. Gen. 43, 7, הֲעַל O. Gen. 43, 27, aber הַשְׁלָם

---

1 Vgl. neuhebr. שָׁמָּא (= שֶׁלְמָה Cant. 1, 7), aram. דִּי לְמָה Ezr. 7, 23.
2 S. Nöldeke, Mand. Gramm. 209.
3 Es ist zu beachten, dass das Schewa hierbei nicht wie sonst im gleichen Falle verschwindet.

O. Gen. 43, 27, הַזָּעֵיר O. Gen. 30, 15, und gegen die Regel הָעוֹד O. Gen. 43, 7.

פוּן [1] „wohl", z. B. שֶׁלַּחְתָּךְ פוּן „ich hätte dich wohl gesandt" O. Jer. I Gen. 31, 27 (Sab. פּוֹם); רְעֵינָא פוּן „ich wünschte wohl" O. Jer. I Num. 11, 29. פוּן in Verbindung mit אֵלּוּ s. S. 189.

§ 47. Präpositionen.

1. בְּ „in". Nach Onkelostarg. Cod. Soc. 84 wird בְּ mit Schewa versehen vor Silben mit vollem Vokal, mit Chirek vor einer Nichtgutturalis (ausser Jod) mit Schewa,[2] welches dann verschwindet, während anlautendes Jod und Schewa mit בְ zu בִי zusammenfliesst, es erhält Pathach vor einer Gutturalis mit Schewa, welches hier erhalten bleibt,[3] בְּ wird selbst vokallos, wenn eine zweite Partikel gleicher Art vorantritt. Ebenso wie בְּ wird לְ, כְ und רְ behandelt. Für וּ s. § 55. Beispiele: בְּיוֹמָא O. Ex. 12, 16, בְּדִכוֹן O. Ex. 12, 11; בְּבָהֵילוּ O. Ex. 12, 11, בְּקַיְמָא O. Deut. 29, 11; בִּידֵיה O. Gen. 19, 15; בְּאָרַע O. Gen. 36, 43; בְּדְחֵם O. Gen. 19, 16, דְּבְאַרְעָךְ O. Deut. 24, 14, דִּבְבֵיתִי O. Gen. 15, 2, וּבְבֵית O. Ex. 7, 28 (וּבְבָל O. Deut. 28, 8 ist regelwidrig).

Mit Suffixen: בִי Sanh. 23ᶜ; בָּךְ Chag. 78ᵃ, Vaj. R. 9; בִּיךְ O. Jer. I Gen. 3, 16; בֵּיה Sabb. 3ᵇ, Ech. R. I 4, בֵּיה O. Gen. 37, 10; בָּה Sot. 24ᶜ; בָּן Koh. R. I 8, בָּנָא O. Ex. 1, 10; בְּהוֹן Taan. 65ᵇ, בוֹן Mo. k. 82ᵈ, בְּהוֹ Schebu. 37ᵃ, בְּהוֹן O. Gen. 49, 24; בְּהֵן *f.* Sabb. 10ᶜ, בְּהֵין Jer. I Gen. 49, 22. — Ein Schulterminus ist יֵיבָא כְּהֲדָא (= יְהֵי בָהּ) „es mag sich damit verhalten wie mit jenem Satze" Pes. 27ᵇ; יְהֵי בָהּ כַּהֲהִיא (= יְהֵי בָהּ בָּא כִּי) Ber. 3ᵃ Ven.; יֵיאבָךְ (= יְהֵי בָּךְ) Bab. k. 6ᵇ.

לְ „zu, an". *Mit Suffixen:* לִי Sabb. 8ᵈ, Ech. R. I 5; לָךְ Pes. 31ᶜ, לָךְ O. Jer. I Gen. 37, 10; לִיךְ *f.* Taan. 64ᵇ, Pea 15ᶜ, לִיכִי Keth. IV 12, Est. II 1, 1 vgl. הֲלִיכִי „da hast du" O. Ex. 2, 9; לֵיה Bab. b. 13ᵇ; לַהּ Sot. 16ᵈ; לָן Mo. k. 80ᵈ, Jer. I Gen. 3, 2, לְנָא O.

---

[1] פוּן ist nicht πός (so *Levy*), sondern das hebr. פֶּן (vgl. פוּם שׁוּם, = hebr. שָׁם, פֶּה), wobei zu beachten, dass die Targume פ mit דִּלְמָא wiedergeben. Auch das hebr. פ ist nicht eigentlich „damit nicht", sondern führt eine drohende Möglichkeit ein, welche ferngehalten werden möchte.

[2] Chateph Kamez wird wie Schewa behandelt in לְקֳדָם O. Ex. 19, 8 neben קֳדָם O. Gen. 29, 26; es heisst aber לְקֳבֵיל O. Ex. 26, 5. Die Formen לוּחֳלָק, לְחֳלָק O. Lev. 8, 29 (s. Masora Ausg. *Land.* 51), כּוּחֳלָק O. Deut. 18, 8 Sab. (s. Masora Ausg. *Berl.* 111) sind dagegen in Cod. Soc. 84 nicht zu finden.

[3] Doch s. Formen wie רְחֵדִי O. Deut. 30,9, בְּרַחֲוֵי O. Lev. 5, 10, Num. 15, 24.

Dalman, galil.-aram. Grammatik.   12

Jer. I Gen. 11, 4; לכון Taan. 64ᶜ; להון Schek. 49ᶜ, להו Jer. I Lev.
13, 1, לון Pes. 31ᵇ, להון O. Num. 20, 12, Jer. I להום; להין *f.* Jer. I
Gen. 19, 8, O. להון, Sab. לְהָין. Babylon. Ursprungs ist ניהליה [1]
„ihm" Koh. R. IX 18.

Im galil. Dialekt ist die Einführung des Objekts durch ל
nicht selten, z. B. רחים למלכא „er liebt den König" Ber. 3ᶜ; רחמה
לי „sie liebt mich" Erub. 24ᵈ. In den Targumen ist ל in diesem
Falle selten, s. דְּחָקִין להון „sie bedrückend" O. Ex. 3, 9, Jer. I
למהפך לסדום; דחקין יתהון „Sodom umzukehren" Jer. II Gen. 18, 2,
Jer. I למיהפך ית סדום. — Für ל bei dem Passiv s. אשתאילת לרבי אימי
„Rabbi Immi wurde gefragt" Sabb. 13ᶜ; אולפני שכיח לי „meine
Lehre wird von mir gefunden" Schek. 47ᶜ; יתעביד לכון „es
werde von euch gemacht" O. Jer. I Ex. 12, 16.

. Der Dativus commodi ist häufig bei Verben der Bewegung,
z. B. נחת ליה „er ging hinab" Mo. k. 83ᵇ; נפק ליה „er ging hinaus"
Taan. 66ᵈ; איזל לך „gehe!" Keth. 33ᵈ; אזלון לכון „gehet!" Pea 20ᵇ;
אזלון לון „sie gingen" Taan. 66ᵈ. *Targ. Onk.* wie im Hebr.
אוריכו לכון „wartet!" O. Jer. I Gen. 22, 5; וֹ[יתיבת לה „sie setzte
sich" O. Jer. I Gen. 21, 16.

לות [2] „zu", nicht üblich im pal. Talm. u. Midr. (doch Vaj.
R. 25), häufig in den Targumen. לוֹת O. Jer. I Gen. 2, 19; mit
Suff. לוֹתְנָא O. Gen. 19, 5, Jer. I לותן. — מלות „von" O. Jer. I
Ex. 11, 8; mit Suff. מלוֹתִי O. Jer. I Gen. 44, 28.

כ „wie", nicht mit Suffixen verbunden. כאינש „wie jemand"
Sanh. 25ᵃ, כנפשך „nach deinem Begehr" O. Deut. 23, 25, Jer. I
כי (= כההיא); כרעוות נפשך „wie jene" Sot. 21ᶜ.

היך כ [3] „wie", als Präposition nur in den jer. Targumen,
z. B. היך לביה „wie sein Herz" Jer. I Deut. 20, 8, הי כמיתא Jer. I
Gen. 30, 1, doch s. auch הא כמָיָא O. Gen. 49, 4.

כות „wie", nur mit Suffixen. כוותי Pes. 33ᵃ; כוותך Vaj. R. 16,
כותך Ech. R. I 5; כוותיה Schebi. 37ᵇ, ד[כוֹתיה O. Ex. 10, 14, Jer. I
דכוותיה; בוֹתְנָא C. Gen. 34, 15, Jer. I כוותכון; R. h. S. 59ᵇ,
Ber. R. 70; כוותהון Pes. 35ᵃ.

כגון „wie", im galil. Dialekt häufig, z. B. Mo. k. 82ᵈ, Sot.
23ᵃ, den Targumen fremd, nie mit Suffixen verbunden.

---

[1] s. *S. D. Luzzatto*, Gramm. 76.

[2] Zu לות und כות s. *R. Duval*, Rev. d. Ét. Juiv. V 106—108.

[3] Auch im palmyr. Zolltarif findet sich היך als Präposition. — Eine besondere Präposition היא „wie" behauptet *Jastrow*; aber Jer. I Deut. 32, 41 ist
für היא ברק gewiss היא כברק zu lesen.

כמן „wie, nach Art von", nie mit Suffixen, dem Onkelostargum fremd, s. Pea 20ᵇ, Ber. R. 15, Jer. I Deut. 33, 3; כמן
Vaj. R. 24.

כעין „nach Art von" O. Jer. I Deut. 33, 28, Jer. II מעין.

2. מן „von". Die Präposition מן bleibt im *pal. Talmud* und
Midrasch oft selbständig, z. B. מן רבך Kil. 32ᵇ, מן דין סיטרא Sanh.
24ᶜ, מן תמן Taan. 66ᵈ neben מחד Bab. m. 8ᶜ, משמיה Kidd. 61ᶜ,
מההיא Bab. b. 13ᶜ, מעמרי שבולייא Sanh. 18ᵈ. — Im *Onkelostargum*
Cod. Soc. 84 wird dagegen מן fast ausnahmslos als Praefix behandelt und assimiliert, nur die *jer. Targume* zeigen, dass im
ursprünglichen Onkelostargum dies nicht in dem Grade durchgeführt war. Beispiele: מדבית O. Jer. I Num. 24, 19, מקרית O.
Num. 24, 19, Jer. I קושטינטיני מן, Jer. II כרכא מן; מדעותי O. Num.
24, 13, Jer. I מן רעותי; מאחך O. Deut. 24, 14, Jer. I מן אחוכן;
מים O. Num. 30, 15, Jer. I מיומא; מגיורך O. Deut. 24, 14, Jer. I
מן גיוריכם. Stets heisst es קדם מן, s. z. B. O. Jer. I Deut. 33, 23;
aber מקביל O. Lev. 5, 8, vgl. מן קבלי Jer. I Num. 22, 5. Vor
Jod mit Schewa unterbleibt in Cod. Soc. 84 öfters die Assimilation, nur in Ausg. Sab. wird aber מי zu מי. Beispiele: מידא O.
Gen. 32, 11 (Jer. I מן יד), Ex. 18, 10 (Jer. I מן ידא), Sab. מידא;
מן ידי O. Jer. I Gen. 21, 30; 33, 10; מידוהי O. Ex. 32, 19 (Jer. I
מן ידוי), Sab. מידוהי; מן יקר O. Num. 24, 11, Jer. I מן יקרא. Mit
Suffixen: מיני R. h. S. 58ᵈ, מיניי Kil. 32ᵇ; מינך Schek. 49ᵇ; מנך O.
Ex. 8, 7; מיניה Taan. 66ᵇ; מינה Sabb. 4ᵃ; מינן Vaj. R. 9; מננא O.
Jer. I Gen. 23, 6; מינכון Chag. 77ᵈ; מינהון Pes. 32ᵈ, מינון Sanh.
23ᶜ, מינייהו Ech. R. I 36, מנהון O. Jer. I Ex. 9, 12; מינהין Taan.
69ᵃ, מינהן Taan. 65ᶜ.

Zur Darstellung des Comparativverhältnisses dient מן in
דקיקין מיניה „kleiner als er" Bikk. 65ᵈ, טבין מאינון „besser als sie"
Dem. 24ᵈ, חכים מכל חית ברא „klüger als alle wilden Tiere" O.
Gen. 3, 1. — Besondere Ausdrucksweisen sind מיניה וביה „aus
sich selbst" Bez. 61ᶜ, Jer. I Num. 18, 30; לא כולא מיניה „nicht
alles hängt von ihm ab" Schek. 50ᶜ (vgl. hebr. לא הכל ממנו
Gitt. 43ᵇ, לא כל הימנו Ber. R. 38). לא כל הימך Jer. I Deut. 32,
49 (wo *Levy* היאך für הימך lesen will) ist hebräisch, vgl. וכל הימך
„bist du denn berechtigt?" Schem. R. 15.

עד „bis" Maas. 51ᵇ, עד O. Jer. I Lev. 23, 16, עד ל Jer. I
Gen. 3, 22, nie mit Suffixen. מן — עד „von — bis" Ech. R. I 29,
עד — מן O. Jer. I Ex. 22, 3; ועד — מן Sabb. 5ᵇ, ועד — מן O.
Jer. I Gen. 47, 21.

גב „bei" Ber. 10ᶜ Ven., Jer. II Num. 21, 9, גבי R. h. S. 59ᵈ, Ech.

R. I 4; לגב „zu" Kil. 32ᵇ, לגבי Pea 23ᵃ, לגבי ד Jeb. 13ᵃ, לגבת
Jeb. 6ᶜ; על נב „auf" Vaj. R. 22, אגב (= על גב) Ech. R. I 4, Ber.
R. 94, על גבי Sabb. 13ᵈ, nie im *Onkelostargum*. Mit Suffixen:
גבי Taan. 66ᵇ, Ech. R. I 56, מן גבי „von mir" Ber. 13ᵈ Ven., עד גבי
„zu mir" Ber. 13ᵈ L, גביי Pes. 31ᶜ, לגביי Sanh. 18ᵃ; גבך Vaj. R. 5,
גביך *m.* Schebi. 39ᵃ; גביה Sanh. 18ᵇ, לגביה Sot. 16ᵈ; גבה Jer. I
Gen. 39, 10, לגבה ד Ech. R. I 4; גבן Mo. k. 81ᵇ, Vaj. R. 5, לגבן
Dem. 21ᵈ, Jer. I Gen. 29, 22; גבכון Meg. 74ᵃ, Ber. R. 70,
לגבכון Meg. 74ᵃ, גביכון R. h. S. 58ᵇ; גבהון Ter. 46ᵇ, גבון Dem. 21ᵈ,
לגבון Taan. 64ᵇ, מן גוביהן *f.* Keth. 35ᵃ.

גו „innerhalb, in" Sanh. 23ᶜ; בגו Meg. 74ᵃ, Vaj. R. 22, בגו
O. Jer. I Gen. 18, 24; לגוא „in" Dem. 24ᵈ, לגוא מן Ech. R. I 4,
לגו O. Jer. I Ex. 14, 23; מן גו ¹ „von" Sabb. 10ᵇ, מן גוא Jer. I
Num. 18, 30, מגו Bab. b. 13ᶜ, מגו O. Jer. I Deut. 5, 4, מיגו Ech.
R. IV 3. Mit Suffixen: בגווך Koh. R. V 14, בגוך Jer. III Ex.
14, 21; גוויה Ter. 46ᵃ, בגויה Taan. 66ᶜ; בגוה Vaj. R. 5, בגוה[ד] O.
Gen. 29, 2, Jer. I לגווה, בגווה Jeb. 15ᶜ.

לגיו מן „innerhalb von" Ab. z. 40ᵈ, מלגיו ל Jer. I Ex. 18, 20,
vgl. מגיו „inwendig" O. Gen. 6, 15, Jer. I מן גיו.

על „auf". על O. Jer. I Gen. 18, 24; מעל Bez. 63ᵃ, מעל O.
Jer. I Gen. 4, 14, מיעל ל „oberhalb" O. Gen. 1, 7. Bei Anhängung von Suffixen wird die Form עלי vorausgesetzt, doch nicht
ohne Ausnahmen. Beispiele; עלי Schebi. 35ᵇ, עליי Schek. 49ᵇ,
עלי O. Jer. I Gen. 20, 9; עלך Jeb. 12ᵈ, עלך O. Jer. I Gen.
20, 7; עלך *f.* Jeb. 12ᵈ, עליך Gitt. 49ᵃ, עלייך Kidd. 63ᵈ, עליכי Est.
II 1, 1; עלוהי Ech. R. II 16; עלוי Bab. b. 13ᵇ, עלוהי O. Lev.
5, 16, Jer. I עלוי — neben עליה Bab. b. 13ᵇ; עלה Taan. 64ᶜ,
עלה O. Jer. I Lev. 2, 1, עליה Sot. 16ᵈ, עלהא Kil. 32ᵇ (En Ja‘ăkōb
Ausg. Saloniki); עלינן Taan. 65ᵇ, עלנא O. Gen. 43, 18 neben עלן
Sanh. 23ᶜ, Ech. R. I 31, Jer. I Gen. 43, 18; עליכון Bab. m. 8ᶜ;
עליהון Ned. 38ᶜ, Ech. R. V 5, עליהון O. Jer. I Ex. 1, 11; עליהן
f. Sabb. 7ᵃ.

Statt des comparativen מן findet sich על in יתר על „mehr
als" Keth. IV 12, יתיר על Taan. 68ᵈ, Jer. I Gen. 48, 19. — In
Folge von babylonischem Einfluss findet sich im pal. Talmud
und Midrasch einige Male praefigiertes א statt על, z. B. אנפשיה
„über sich selbst" Bab. k. 6ᶜ; אמאי „weshalb?" Ech. R. Peth. 24;

---

¹ Palmyr. Zolltarif גו מן „innerhalb von"; nabat. בגו „in" CIS II 158.

אדעתיה „nach seiner Meinung" Kil. 29ᵇ; אתרי „auf zwei" Kidd.
60ᵉ, Bab. b. 16ᵇ; אארעא „auf der Erde" Ech. R. I 4.

עילווי „auf". עלוי Jer. I Gen. 1, 26; מעילוי Jeb. 13ᵃ, Sanh. 19ᵃ,
מֵעֲלֹוִי O. Jer. I Num. 16, 26, 5 מֵעֲלֹוֵי O. Ex. 28, 27, Jer. I
מעילוי ל. Mit Suffixen: מֵעֲלֹוִי (in Pausa) O. Ex. 10, 28, Jer. I
מעילווי; עֲלֹוָךְ O. Ex. 18, 14; עילויה Sot. 16ᵉ, עילוי (l. עֲלֹוֵי) Bab.
m. 10ᵉ, עֲלֹוֹהִי O. Ex. 18, 13; עֲלֹוִיכֹון O. Lev. 26, 19, Jer. I עיליכון;
עילייהון O. Num. 14, 14, Jer. I עליהון.

לעיל מן „oberhalb von" Ber. 13ᵉ, Vaj. R. 12, Jer. I Gen. 22, 9,
O. עיל מן. Mit Suffixen: לעיל מיני Keth. 35ᵃ.

תחות „unter, anstatt" Ber. 5ᵉ, תחֹות[ד׳] O. Jer. I Gen. 7, 19;
תחותי Jom. 40ᵈ, Jer. I Ex. 19, 17, תוחתי Bez. 62ᵈ, Vaj. R. 30,
תותי Ab. z. 41ᵃ; מן תחות „von unten" Ber. R. 69, מתחות O. Jer. I
Ex. 18, 10, מתותי Jer. I Num. 25, 1. Mit Suffixen (von תחותי):
תחותתי Bab. b. 13ᵇ, תחותוי Ab. z. 41ᵈ, תותיה Ab. z. 41ᵈ, תחותֹוֹהִי
O. Lev. 15, 10, Jer. I תחותוי; תחֹותה O. Gen. 2, 21; תחֹותֵיכֹון[ד׳]
O. Jer. I Lev. 26, 19; מן תוחתיהן Pes. 29ᵉ, תחותֵיהֹון[ד׳] O. Jer. I
Num. 16, 31. — Von תחת (תחתי) wird abzuleiten sein תחתוי
Schek. 50ᵉ; תחתיהון Ech. R. IV 3.

לרע מן „unterhalb von" Ber. 13ᵉ, 5 מלרע O. Jer. I Gen. 1, 7.
Mit Suffixen: לרע מינך Pea 21ᵇ.

קדם ¹מן „vor" Ech. R. I 4, קֳדָם O. Jer. I Gen. 29, 26; מן קדם
Ber. 2ᵈ, מן קֳדָם O. Gen. 27, 30, מן קֳדָם O. Jer. I Gen. 1, 2;
לקדם O. Ex. 19, 8; ל קדמת Jer. I Ex. 14, 15. Mit Suffixen (von
קדמי): קֳדָמִי O. Jer. I Gen. 30, 30, לקֳדָמִי O. Gen. 18, 21;
לקדמך Sanh. 20ᵃ, קֳדָמֹך[ד׳] O. Jer. I Gen. 32, 17; קדמוהי Ned.
39ᵃ, קדמוי Ber. 4ᵇ, קודמוי Sabb. 13ᵉ, Ech. R. I 15; קֳדָמֹוהִי
O. Ex. 32, 5, Jer. I קדמוי, aber לקדמיה Sanh. 20ᵃ; מן קֳדָמהָא O.
Jer. I Gen. 16, 6; קדמנא Jeb. 13ᵃ (Chaliza-Urkunde), קדמינא Mo.
k. 82ᵃ, קֳדָמנָא O. Jer. I Deut. 2, 33; קדמיכון Keth. 34ᵃ, קֳדָמֵיכֹון
O. Jer. I Num. 32, 29; קודמיהון Ber. R. 63, קדמיהון Taan. 64ᵇ.

Die Nebenform קַדְמֵי liegt zu Grunde den galiläischen Formen
קמי und קומי. קמי ד Schek. 47ᵃ, קומי Ab. z. 44ᵈ, Jom. 45ᵇ,
קמי Jer. I Deut. 32, 50; מיקמי Kil. 32ᵃ, מקומי Gitt. 44ᵈ. Mit
Suffixen: קמיי Taan. 68ᵃ, קומיי Ech. R. IV 5; קמך Ab. z. 44ᵈ,
לקמך Jer. I Gen. 43, 8, קמיך m. Schebi. 39ᵃ, קומך Mo. k. 83ᵉ,
Jer. I Gen. 15, 1, קומיך m. Nidd. 50ᵇ; קומך f. Ber. 5ᵃ; קמוהי
Schek. 47ᵃ, מן קומי Keth. 35ᵃ, לקומוי Ber. R. 59, קומוי Ber. 3ᵇ

---

¹ Nabat. מן קדם CIS II 338.

neben קוּמיה Ech. R. I 4, Jer. I Gen. 24, 33, לקוּמיה Schebi. 37ᶜ; קומה Dem. 21ᵈ; קומינן Sanh. 25ᵈ neben קמן Ab. z. 45ᵇ und קומין Bab. m. 11ª; קומיכון Jer. I Deut. 7, 24; קומיהון Taan. 66ᶜ, לקמיהון Jer. I Gen. 33, 3. Vgl. *Targ. Onk.* קָמוֹהִי O. Ex. 5, 7, Jer. I קדמוי.

לִקְדמוּת „entgegen" O. Jer. I Ex. 18, 7. Mit Suffixen; לקדמותי Vaj. R. 37; לקדמותיה Vaj. R. 37; לִקְדְבוּתה O. Gen. 24, 17, Jer. I לִקְדָמוּתְנָא O. Jer. I Gen. 24, 65; לִקְדָמוּתהון O. Jer. I לקדמותהא; Gen. 18, 2.

לאפנטי (l. לפנטי = לפנטי von ἀπαντίον) „entgegen" Ab. z. 41ᵇ, vgl. לאפטני של (l. nach Jalk. Schim. II 988 לאפנטי) Schir R. I 12.

אחורי „hinter" Ber. 9ᵈ, אֲחוֹרֵי O. Num. 3, 23, Jer. I Ex. 3, 1, חורי Bab. m. 8ᶜ; לאחורי Bez. 63ª, Ber. R. 59, לחורי Sot. 22ª, לוחרי Bab. b. 13ʰ; מן חורי Sanh. 18ᶜ. Mit Suffixen: אֲחוֹרוֹהִי O. Gen. 18, 10, לחורויי Ber. 5ª neben לחוריה Schebi. 37ᶜ, מן אחורי Bez. 63ª; לאחורה Ber. R. 17; לאחוריכון Ech. R. Peth. 24; לאחוריהון Jer. I Ex. 14, 2.

בתר „nach, hinter" Taan. 63ᵈ, בָּתַר O. Jer. I Gen. 10, 32, מִבָּתַר O. Num. 14, 43, Jer. I מן בתר. Mit Suffixen (meist von בתריי): Pes. 32ᶜ, Jer. I Gen. 24, 5, O. בָּתְרִי; בתרך Ber. R. 79, Ech. R. I 5, בָּתְרָךְ O. Jer. I Gen. 17, 7; בָּתְרוֹהִי O. Gen. 17, 19, Jer. I בתרוי, neben בתריה Taan. 65ᵈ; לבתרה Pea 23ª, בָּתְרְהָא O. Jer. I Ex. 15, 20, מן בתרה Jer. II Gen. 18, 10; בתרן Koh. R. I 8; בתריהון Mo. k. 81ᵈ, בָּתְרֵיהוֹן O. Ex. 14, 23, Jer. I מן בתריהון בתריהן O. Gen. 41, 19 Sab., Cod. Soc. בָּתְרֵיהוֹן Jer. I בתריהן. — Verwandt ist באתרוי „an seiner Statt" Jer. I Deut. 10, 6; בְּאַתְרָה O. Jer. I Lev. 13, 28.

ברגל „im Gefolge von", nur mit Suffixen: ברגליה Ber. 5ª, vgl. על רגלוי Ab. z. 42ᶜ, Ech. R. I 51. ריגליה ד

בין, ביני „zwischen". וביני¹ Keth. 35ª, Jer. I Gen. 9, 13, בין (so stets im Onkelostarg.) O. Jer. I Gen. 3, 15; מבין O. Jer. I Num. 7, 89; ביני — לבין Naz. 54ᵇ. בין ל — ל Ter. 46ᵈ, ל — בין ל Pes. 31ᶜ, וֹבין — בין O. Ex. 40, 7, Jer. I וביני — ביני. Mit Suffixen (von ביני): בֵּינָא (für בֵּינַי, s. S. 66) O. Jer. I Gen. 13, 8; 16, 5; בֵּינָךְ O. Jer. I Gen. 3, 15; בֵּינוֹהִי O. Gen. 30, 36; ביניגן Ech. R. I 11, Koh. R. I 8, בינן Ech. R. I 5, מבינן Pesikt. 65ª, בֵּינָנָא O. Jer. I Gen. 31, 53; ביניכון Ech. R. I 11; בינהון Pes. 34ᶜ, Vaj. R. 9, בֵּינֵיהוֹן O. Jer. I Ex. 10, 1, מביניהון Pes. 34ª, בינתהון Jer. I Num. 22, 4.

---

¹ Palmyr. Zolltarif ביני—לביני.

— 183 —

בְּמָצִיעוּת „inmitten von" O. Jer. I Gen. 1, 6; בָּאמצע Jer. II Num. 22, 24, במצע Jer. I Deut. 13, 17; למצע Jer. I Num. 17, 12. Mit Suffixen בְּמִיצְעֵיה Jer. I Ex. 14, 27.

לבר מן „ausserhalb von" Ab. z. 40ᵈ; מִבְּרָא 5 O. Jer. I Num. 35, 5, 5 לְמִבְּרָא „hinaus aus" O. Jer. I Num. 5, 3.

קבל „gegenüber" Kidd. 63ᵈ, קֳבֵיל O. Gen. 28, 17, Jer. I כל לקובלי, כל קביל O. Ex. 28, 27, Jer. I לְקֳבֵיל¹ Jom. 41ª, לקבל; קבל Jer. I Deut. 32, 27, לְקֳבֵיל O. Gen. 49, 4; מִקֳבֵיל O. Lev. 5, 8, Jer. I לקבל; מִלְקֳבֵיל O. Ex. 28, 27, Jer. I מקבל; כל קבל Keth. 33ª, Vaj. R. 22, כלו קבל (!) Jer. I Num. 21, 27. Mit Suffixen: לקבלי O. Num. 22, 32, Jer. I לקובלי, מִלְקֳבְלִי O. Num. 22, 5, Jer. I מן קבלי; לקבלך O. Jer. I Gen. 33, 12; לקובליה Ab. z. 41ᵇ, לקיבליה Jeb. 6ª, בְּקבליה O. Jer. I Gen. 2, 20, כל קבליה Ber. 5ᶜ.

על אפי² „vor, in Gegenwart von" Vaj. R. 22, אַפֵּי עַל O. Gen. 23, 19, Jer. I על אנפי; באנפי Jer. I Gen. 23, 19, לְאַפֵּי Q Num. 16, 2. Mit Suffixen: באפוי ד Sanh. 21ᵈ, Vaj. R. 22, באנפוי ד Jer. I Num. 16, 2; באפיהון Ech. R. I 5, בָּאפִּימוֹן Jer. I Gen.43,15.

מֵעַבְרָא 5 „jenseits" O. Num. 34, 15; לְעֵיבֶר O. Jer. I. II Deut. 30, 13.

מֵהֲלָאָה 5 „jenseits" O. Gen. 35, 21, Jer. I מן להלא ל; מלהלא ל Jer. I Deut. 11, 30; מן האל ל Jer. I Deut. 30, 13; מן להאל ל Jer. I Num. 22, 1.

פרא (= πέρα) „weniger" R. h. S. 58ª, „ausser" Ab. z. 43ᵈ, פרה Meg. 73ª.

סְחוֹר סְחוֹר 5 „ringsum" O. Jer. I Num. 2, 2.

חזור חזור ל „ringsum" Jer. I Ex. 16, 13 (dies nur in den jer. Targumen); חזרנות Jer. I Num. 11, 32.

לצד „zu" O. Ex. 20, 18, Jer. I לצית, לציד „zur Seite von" Jer. I Ex. 21, 9, Lev. 18, 20.

לצית „bis an" O. Jer. I Ex. 9, 8; עַד צית O. Jer. I Gen. 11, 4; עַל צית O. Jer. I Ex. 9, 22.

להדי „in der Richtung auf" Ech. R. I 2, להדיה Koh. R. I 8 (babyl.). Für להדי Jom. 44ᵇ l. לחרי „hinter".

בהדי „bei, mit" Jer. I Deut. 22, 15, בהדא Ber. R. 18 (babyl.). Mit Suffixen: בהדאי Midr. Tehill. 7, 7.

סמיך ל „nahe an" Jer. I Gen. 25, 11, סְמִיך עַל [ר]ס O. Jer. II Gen. 14, 6.

---

¹ Palmyr. Zolltarif לקבל.

² כלפי „gegen hin" Est. II 4, 16 ist den Targumen zum Pentateuch und dem Aram. des pal. Talmud und Midrasch fremd.

3. עם „mit“ Ter. 46ᵇ, עָם O. Jer. I Deut. 20, 9. Mit Suffixen: עימי Sabb. 8ᵈ; עימך Ber. 5ᶜ, מֵעָמָך O. Ex. 8, 25; עימיה Nidd. 50ᵇ; עָמֵהּ O. Jer. I Gen. 30, 16; עימן Taan. 66ᶜ, עמנא Vaj. R. 27; עימכון Bab. k. 5ᶜ, עָמְכּוֹן O. Jer. I Num. 32, 29; עמהון Ech. R. Peth. 24, עמון Sanh. 23ᶜ; עמהן Sabb. 10ᵇ, עִימְהָין O. Ex. 35, 26 Sab., Cod. Soc. עָמְהוֹן, Jer. I עימהן.

בלא „ohne“ Ech. R. Peth. 24, Vaj. R. 5, בְּלָא O. Jer. I Num. 35, 22; דלא Keth. 33ᵃ, דְּלָא O. Jer. I Ex. 21, 11.

מבלעדי[1] „ohne“ Schebi. 38ᵈ, Ber. R. 79.

לבר מן „ohne“ Pesikt. 165ᵃ; בר מן Erub. 24ᵈ, Ech. R. I 13, „ausser“ Ab. z. 44ᵈ, בָּר מִן[2] O. Jer. I Lev. 23, 38. Mit Suffixen: בָּר מִנִּי O. Jer. I Deut. 5, 7.

אלא „ausser“ Dem. 24ᵈ; אָלָהֵין[3] O. Num. 26, 65, Jer. I אלהן.

בגין „wegen“ Pes. 31ᵇ, Jer. I Ex. 18, 6 (dies das galil. Wort), מן בגין Jer. II Deut. 24, 15. Mit Suffixen: בגיני Bab. b. 13ᶜ; בגינך Koh. R. VII 11; בגינך f. Jer. I Gen. 12, 13; בגיניה Jom. 43ᵈ; בגינה Koh. R. III 16, Jer. I Gen. 12, 16; בגינהום Jer. I Gen. 18, 26.

בדיל „wegen“ O. Ex. 13, 8 (so im Onkelostargum; im pal. Talm. u. Midr. nur die Conjunktion בדיל ד, z. B. Kidd. 64ᵃ). Mit Suffixen: בדילך O. Gen. 3, 17, Jer. I Gen. 3, 18; בדיליך O. Gen. 12, 13; בדילנא Jer. I Deut. 30, 12.

בגלל „wegen“ Jer. I Ex. 13, 8 (nicht im Onkelostargum und im pal. Talm.), מן בגלל Koh. R. VII 4, Jer. I Gen. 47, 21; בגלל ל mit Inf. „um zu“ Vaj. R. 30, Jer. I Ex. 16, 4. Mit Suffixen: בגללכון Jer. I Deut. 3, 26.

מטול (= על מטול) אמטו „wegen“ Vaj. R. 27, מטול Jer. I Deut. 9, 5 (babyl. aram., nicht im pal. Talm. u. im Onkelostargum[4]). Mit Suffixen: אמטולתיך f. Jer. I Gen. 12, 13; מטולתיה Jer. I Deut. 24, 15; מטולכון Jer. I Deut. 20, 4, אמטולכון Jer. I Deut. 30, 9; אמטולתהון Jer. I Deut. 28, 15.

על שום „wegen“ Vaj. R. 15.

על עימק „um — willen“ Sanh. 21ᵈ, עַל עִימָק O. Jer. I Ex. 18, 8.

על ידי „wegen“ Ab. z. 44ᵈ, על יד „durch“ Jer. I Num. 33, 1;

[1] Nabat. בלעד CIS II 198.
[2] Nabat. מן בר CIS II 219.
[3] Nabat. להן CIS II 197, vgl. arab. aram. להן „deshalb“ CIS II 113.
[4] Auch das Christl. Pal. hat ܡܛܠ nur einmal, s. *Schwally*, Idioticon 50, aber vgl. palmyr. מטל כות „deshalb“.

לידי „zu" Sot. 17ᵇ, Vaj. R. 6, ליד Jer. I Ex. 21, 11; ביד „durch"
Erub. 24ᵈ, ד בידא O. Jer. I Num. 36, 13; על ידיהון „für sie" Dem. 25ᵇ.
על מנת „unter der Bedingung" Pea 21ᵃ, Jer. II Gen. 44, 18;
על מנת ל m. Inf. „unter der Bedingung zu" Kidd. 63ᵈ, Koh. R.
VII 23.
כמסת „nach Massgabe" O. Deut. 25, 2, Jer. I כמיסת; כמיסת ל
Jer. I Lev. 5, 11.
לפום „gemäss" Ned. 40ᵈ, Ber. R. 80. 94, Koh. R. IX 15,
לפום O. Jer. I Ex. 16, 18; על פום Jom. 40ᵇ; כפום O. Jer. I Lev.
25, 52.
על כרח „trotz", nur mit Suffixen: על כורחך Ter. 40ᶜ, על כרחיך
m. Ber. 4ᵈ; על כרחיה Schek. 50ᶜ, על כורחיה ד Jer. II Gen. 44, 18;
בעל כרחיהון Ech. R. V 5.
חלף „anstatt" Koh. R. XI 1, חֲלָף O. Ex. 21, 24, Jer. I חולף.
Mit Suffixen: חילופיהון Koh. R. X 7, חילופייהו Ech. R. IV 3. S.
auch oben unter תחות und כתר.

Conjunctionen.

§ 48. A. *Conjunctionen der Zeit.*

כד ¹ „als, wann" Bab. k. 6ᵇ, כֹּד O. Gen. 39, 18, Jer. I כדי
(so öfters in den jer. Targg.), כֹּד ² O. Jer. I Ex. 12, 9, כד ד
Jom. 44ᵇ, כדו ד (l. כדי ד) Taan. 69ᵃ; כד דהוא „als er" Gitt. 48ᶜ,
בר דו (l. כד דו) Ter. 40ᵇ, כדי (l. כדו) Dem. 25ᶜ, בידו (l. כידו) Challa
58ᵃ; כדי (= כדהיא) in כד לית היא טבא — כדי טבא „wenn es gut
ist — wenn es nicht gut ist" Ab. z. 40ᵈ. Auch כ ohne ד, z. B.
כי מצלי „als er betete" Ber. 7ᵃ L, einmal כיי (wofür כי zu lesen)
Sanh. 25ᵈ, כי Jer. II Lev. 26, 44.
כד (mit dem folgenden Wort verbunden) „dann, wenn" Jer. I
Gen. 43, 4, O. כֹּד.
מן ד „nachdem" Bab. k. 3ᶜ, Ech. R. I 4, Est. R. Peth. 9,
„seit" Ber. R. 11, מד Taan. 68ᵃ, מֹד O. Jer. I Gen. 48, 15; מן דו
(= מן דהוא) „nachdem er" Maas. 49ᵃ, מאן די (l. מן דו) Sot. 22ᵇ.
Auch מן ohne ד, z. B. מנפקין „nachdem sie herausgegangen waren"
Taan. 69ᵃ; מי דמכא „als sie entschlafen war" Bab. k. 7ᵃ.

---

¹ Palmyr. Zolltarif כד, כדי.

² Diese Vokalisation setzt wohl eigentlich enge Verbindung mit dem
folgenden Worte voraus.

כיון ד „als" Sot. 17ᵇ, Ber. R. 78, Ech. R. I 4, Jer. I Deut. 32, 9; מכיון ד Koh. R. I 7.

אֲרֵי ¹ (so stets Onk.) „wann" O. Lev. 2, 4, Jer. I ארום (so stets jer. Targg., doch einmal ארו Jer. I Gen. 6, 1).

אימת ד „dann, wann" Taan. 64ᵃ, „so lange als" Jer. I Num. 35, 26; כל אימת ד „so oft als" Jer. I Lev. 23, 42.

כמה ד „als" Ech. R. I 4, Jer. I Gen. 12, 11.

כל זמן ד „so lange als" Ech. R. I 31.

עַד ד ² „während" Bab. m. 8ᶜ, Naz. 53ᶜ, Ber. R. 91, עַד ד O. Jer. I Gen. 29, 9; עד דו „während er" R. h. S. 59ᶜ. — עד ד „bis" Ech. R. I 4; עַד ד O. Gen. 29, 8, Jer. I עד די; עַד מָא O. Num. 24, 22, Jer. I עד כדי; עד זמן ד „bis" Sot. 16ᵈ, Ber. R. 79, Vaj. R. 24, עד זמן די Jer. I Ex. 10, 10; עד שעתא ד Ber. 2ᶜ.

עד דלא „ehe" Bab. k. 3ᶜ, עַד לָא O. Jer. II Gen. 45, 28; קדם עד Jer. I Gen. 13, 10³; עד ד „ehe" Est. R. Peth. 3, עַד ד O. Jer. I Num. 35, 12, עד דו „ehe er" Taan. 66ᵈ.

בָּתַר ד „nachdem" O. Jer. I Gen. 5, 4, מן בתר ד Jer. I Gen. 24, 4.

מן יומא ד „seit" Vaj. R. 34, לְמָן יוֹמָא ד O. Jer. I Deut. 9, 7.

§ 49. B. *Conjunctionen des Ortes.*

הן ד „da, wo" Bab. b. 14ᵇ; כל הן ד „überall, wo" Sanh. 25ᵇ, „wo auch immer" Kil. 28ᶜ, „wohin auch immer" Kil. 32ᶜ.

להן ד „dahin, wo" Ber. 5ᶜ; לכל הן ד „wohin auch immer" Schir R. I 3.

מן הן ד „von da, wo" Ber. 5ᶜ.

כל היכא ד „überall da, wo" Gitt. 47ᵈ.

ד „wohin", z. B. לְאַרעָא דִשלַחתָּנָא „in das Land, wohin du uns gesandt hast" O. Num. 13, 27.

---

¹ Das allen andern aram. Dialekten fremde ארי und ארום kann nichts Anderes sein als das bibl. ארו, אלו „siehe", zumal הרי als „siehe" im *hebr.* Sprachgebrauch der pal. Juden gewöhnlich ist. Prof. *A. Socin* bemerkt dazu: „In ganz Nordafrika wird اٗ im Sinne von اِنَّ gebraucht; *Fleischer* erklärte dieses اٗ als Imperativ von رَاٗى; vgl. *Caussin de Perceval,* Grammaire arabe vulgaire⁴ § 318, *Pihan,* Eléments de la langue algérienne, Paris 1851, § 98. Der Beduine der syrischen Wüste gebraucht تَرَى ZDMG V 17."

² Nabat. עד „so lange als" ZDMG XXIV 104.

³ קדם ד „ehe" findet sich O. Gen. 13, 10 Ausg. Ven. 1591, aber Ausg. Sab. u. Cod. Soc. 84 קדם mit Inf.

מתמן — ד „von wo", z. B. דנפקו מתּמן „von wo sie herkamen"
O. Jer. I. II Gen. 10, 14.

באתר ד „da, wo" Jeb. 3ᵈ, באתר דהוא תּמּן „da, wo er ist"
O. Jer. I Gen. 21, 17; לתמּן — ד אתר בכל „überall da, wo" O.
Ex. 20, 21, Jer. 1 ד בכל אתרא (ohne לתמן/אתר ד בכל „überall
da, wohin" O. Jer. I Gen. 28, 15; לתמּן — ד (Jer. I אתר(אתרא
בכל אתר ד „überall da, wohin" O. Gen. 20, 13. — ד אתרא אית „es giebt
einen Ort, wo" Ech. R. II 2; ד אתרין „Orte, wo" Kil. 30ᵈ.

§ 50. *Conjunctionen der Begründung.*

ד, די „weil" z. B. דכתיב „weil geschrieben steht" Sot. 17ᵇ;
די ינחת (l. נחת די) „weil herniedergekommen ist" Pea 20ᵇ, דיהבית
„weil ich gegeben habe" O. Jer. I Gen. 30, 18, דאילו „denn,
wenn" Jer. I Gen. 31, 27.

על ד „weil" Vaj. R. 30, Koh. R. VII 7, ד עַל O. Deut. 29, 22,
על די Jer. I Deut. 32, 31.

מן ד „weil" Sanh. 22ᵈ, Jer. I Deut. 34, 6, מד O. Jer. I Deut.
9, 28, מן ohne ד, z. B. מי סברת „weil ich meinte" Ber. 5ᶜ Ven.

בד (mit dem folgenden Wort verbunden) O. Gen. 19, 16;
29, 20, O. Jer. I Ex. 16, 8.

בגין ד „weil" R. h. S. 58ᵈ, Taan. 65ᵇ, Jer. I Gen. 3, 17;
מן בגין ד Nidd. 50ᵇ, בגין ד (l. מן) מאן Ech. R. I 31.

בדיל ד ¹ „weil" Taan. 69ᵃ, בדיל ד O. Gen. 6, 3 (nicht in den
jer. Targg.).

מטול ד ² „weil" Jer. I Ex. 21, 21 (nicht im Onkelostarg.).
ארי „weil" O. Deut. 5, 26, Jer. I ארום.
מכיון ד „weil" Bab. m. 8ᶜ, Sanh. 19ᵃ.
מיגו ד „weil" R. h. S. 59ᶜ, מן גו ד Meg. 74ᵃ, Ber. R. 26, מן
גוא ד Schebi. 38ᵇ.
מן גב ד „weil" Sabb. 3ᵃ.
משום ד „weil" Bab. m. 8ᵈ, Bab. b. 13ᵇ.
מאחר ד „weil" Schebu. 35ᵈ.
מן בגלל ד „weil" Jer. I Gen. 47, 22, Jer. Jos. 10, 41.
על ידי ד „weil" Ter. 48ᵇ, Taan. 68ᵈ, Jer. II Gen. 44, 18.
עַל עיסק ד „weil" O. Jer. I Deut. 23, 5.

---

¹ Palmyr. Zolltarif בדיל די.
² Palmyr. מטל כות.

¹ לפום ד „nach Massgabe dessen, dass" Pesikt. 86ᵇ, Jer. I
Num. 20, 2; עַל פּוּם דֿ O. Lev. 27, 8.

כמסת ד „demgemäss dass" Jer. I Lev. 27, 8.

חֹלֶף דֿ „dafür, dass" O. Jer. I. II Gen. 20, 16, חולף ד Jer. I
Gen. 22, 16.

הואיל ו „da ja" Bez. 61ᵇ, Vaj. R. 12, Jer. I Deut. 14, 7.

אפילו „obwohl" Taan. 66ᵃ, אפילו ד Gitt. 47ᵃ.

אף על גב ד „obwohl" Kidd. 64ᶜ.

§ 51. D. *Conjunctionen des Zweckes.*

ד m. Impf. „damit", z. B. דליבריך „damit er den Segen spreche"
Ber. 11ᵇ; דלא m. Impf. „damit nicht" Bab. k. 7ᶜ, z. B. דלא יהוון
סברין „damit sie nicht meinen" R. h. S. 58ᵃ.

דְלְמָא ² (= hebr. פֶּן) m. Impf. „damit nicht" (eigentl. „denn
wozu?") O. Jer. I Gen. 19, 17, דילמא דלא Jer. II Gen. 44, 18.

בגין ד m. Impf. „damit" Gitt. 49ᵃ, Ech. R. Peth. 34, Jer. I
Gen. 12, 13, בגין m. Inf. (ohne ל) „um zu" Naz. 56ᵃ; בגין לא m.
Inf. „um nicht zu" Pea 20ᵇ, בגין דלא m. Inf. Sanh. 23ᶜ, בגין דלא ל
Jer. I Gen. 4, 15.

בְּדִיל דֿ m. Impf. „damit" O. Gen. 12, 13, בדיל די Jer. I Gen.
27, 31, בדיל ל m. Inf. „um zu" O. Ex. 1, 11; בדיל דלא ל m. Inf.
„um nicht zu" O. Gen. 4, 15.

מן בגלל די „damit" Jer. I Gen. 6, 3, מן בגלל ד Jer. I Ex.
18, , מן בגלל ל m. Inf. Jer. I Ex. 1, 11.

בשביל ל m. Inf. „um zu" Schek. 50ᵃ.

מטול די m. Impf. „damit" Jer. I Deut. 24, 19, מטול דלא m.
Impf. „damit nicht" Jer. I Num. 36, 9.

עד לא m. Impf. „damit nicht" Jer. I Ex. 1, 10.

§ 52. E. *Conjunctionen der Bedingung und Einschränkung.*

אין ³ „wenn" Sanh. 23ᶜ, Jer. I Gen. 3, 22, אִם O. Jer. I Gen.
13, 9, אי Ber. 3ᶜ; אין — ואי לא „wenn — und wenn nicht" Schebu.
38ᵃ, אי — ואין לא Chag. 77ᵈ; אין — אין ⁴ „ob — oder" Bez. 61ᵇ,

---

¹ Vgl. nabat. לקבל די CIS II 164.
² Für den sonstigen Gebrauch von דילמא s. § 46, 2.
³ Nabat. הן CIS II 212.

Jer. I Ex. 19, 13, O. אֹם — אִם, וְאִין — אִי Bab. b. 13ᵇ, אִי — אִי
Kil. 28ᶜ, Ech. R. I 31.

מַאָם· „vielleicht" (eigentl. „wie? wenn") O. Gen. 18, 24, Jer. I
מאין, מאים Jer. I Gen. 18, 28.

ה „ob" ¹ z. B. הָאִיתִיכוּן „ob ihr seid" O. Jer. I Deut. 13, 4;
אִם — הֵ „ob — oder" O. Num. 13, 19, Jer. I אִין — ה.

כד „wenn" z. B. אֵלָהֵין כד אָחוּכוֹן עִמְּכוֹן „ausser wenn euer
Bruder mit euch ist" O. Gen. 43, 5, Jer. I בדלית.

אִילוּ (= אִין לוּ) „wenn" Bab. k. 3ᵇ, אִלּוֹ O. Deut. 32, 29, Jer. I.
II אילו/אִילוּ; אִלּוּ פֻן „wenn etwa" O. Lev. 10, 19; כאילו „wie wenn"
Jer. I Lev. 17, 4.

אילו לא „wenn nicht" Ech. R. I 56, אִילוּלֵי ²Ab. z. 41ᵃ, ד אילולי
Schebu. 37ᵃ, Vaj. R. 34, Pesikt. 137ᵃ; אִלּוּ לָא פֻן O. Gen. 31, 42,
Jer. I אילוליפון.

אילמלי ד (= אילו אם לא) „wenn nicht", ד ²אלמלא „wenn ja"
Ber. R. 36 (sonst אלמלא in hebr. Zusammenhang).

אפילו „selbst wenn" Keth. 27ᵈ, Sot. 20ᵇ.

אלא ד „ohne dass" (eigentl. „ausser, weil") Jeb. 9ᵃ, vgl.
אלהֵין אֲרֵי תְּקִיפֵיהוֹן מְסֹרִינוּן „ohne dass ihr Allmächtiger sie preis-
gegeben hätte" O. Deut. 32, 30, Jer. I ד מטול אלהן.

בלחוד ³ „nur dass" Sabb. 5ᵈ, ד בלחוד Jeb. 13ᵃ, Kidd. 61ᵈ;
בלבד ד (hebr.) Er. 26ᶜ.

דלא (= דאין לא s. § 45, 5) „wofern nicht" z. B. דלא אפיקית
מתניתא דרבי חייא רבא ממתניתין זרקוני לנהרא „wenn ich nicht den
Rechtssatz von Rabbi Chijja dem Grossen aus unsrer Mischna
herleite, werft mich in den Strom!" Kidd. 58ᵈ, Keth. 31ᵃ.

דלכן (= דאין לא כין) „denn, wenn es nicht so ist", „sonst" s.
§ 45, 5.

במנת ד „unter der Bedingung, dass" Bab. m. 9ᵈ; על מנת ד
Jer. I Gen. 19, 24.

איפשר „ist es möglich, dass?" Kidd. 61ᵇ; האפשר Jer. I Gen.
18, 25; מה איפשר ד Dem. 21ᵈ; איפשר דלא „ist es möglich, dass
nicht?" Dem 22ᵃ. S. auch S. 166.

דילמא ד „vielleicht, dass" Sanh. 25ᵈ, Jer. II Gen. 6, 3.

---

¹ Zur Vokalisation von ה vgl. § 46, 2.

² Zu אלולי und אלמלא s. M. Lambert, Rev. d. Ét. Juiv. IX 290—301, M.
Jastrow, ebenda XI 157 f., zu אלמלא R. Duval, ebenda IV 268—273. — Aeg.
aram. [א]לולי „wenn nicht" CIS II 145 C.

³ Vgl. nabat. בלעדהן „ausser wenn" CIS II 209.

§ 53. F. *Conjunctionen der Vergleichung.*

כד [1] „wie", z. B. כד תני „wie (eigentl. „wie das, was") er lehrt"
Jom. 41ᵈ, כדעבד „wie er es gemacht hat" Ech. R. Peth. 23; כֹֽדְחֹֽוֹ [2].
O. Num. 15, 24, Jer. I כד חמי; כדלא ידעתינו „wie wenn ich sie
nicht gekannt hätte" Jer. II Gen. 18, 21.

[וֹ]כֹֽמָא ד — בֵּין — „wie — so" Bez. 60ᵇ, Ber. R. 45, כמה ד — כן
O. Ex. 1, 12; הכין — כמה ד Sabb. 7ᵈ; הכדין — כמא ד Jer. Jerem.
46, 18; כֹֽמָא ד (ohne Nachsatz) O. Gen. 17, 23, Jer. I כמה ד.

היך [3] (ohne ד) „wie" Bab. b. 8ᶜ, Jer. I Ex. 18, 8, היך ד Sabb.
8ᵈ, איך Schebi. 39ᵃ.

היך מה ד הׄיכמה ד „wie" Erub. 19ᵇ, היכמא ד Jer. I Gen. 1, 23,
R. h. S. 59ᵃ, Ber. R. 49, הי כמא ד Jer. I Deut. 29, 12; היכמא ד
היכדין „wie — so" Jer. I Ex. 1, 12.

כגון ד „wie, wenn" Sot. 23ᵃ.

מה נן קיימין אם באומר ש — אלא כן „wie? — nur so", z. B.
כל עמא מודיי ש — אלא כן אנן קיימין באומר „wie erklären wir es?
wenn von dem, der sagt, dass —, so stimmt jedermann darin
überein, dass —; vielmehr so erklären wir es, (nämlich) von dem,
welcher sagt, dass" Naz. 53ᵈ.

§ 54. G. *Conjunctionen der Inhaltsangabe.*

ד „dass", z. B. ידע אנא דאת „ich weiss, dass du" Chag. 77ᵈ;
אמרין דעאל „sie sagen, dass er hineingegangen ist" Ber. 2ᶜ;
חֹֽוֹ תֵֽדְעֹֽוֹן ד „ihr wisst, dass" O. Ex. 11, 7, Jer. I תינדעון ד;
דָֽאֲלִֽיפִֽית יָֽתְכֹֽון „sehet, dass ich euch gelehrt habe" O. Deut. 4, 5,
Jer. I חמון ד; דהוא „dass er" R. h. S. 58ᵃ, דהיא „dass sie" Jeb.
11ᵇ, די (= דהיא) [4] Taan. 67ᶜ.

דלא „dass nicht" Jer. I Gen. 29, 17, דלאו Ech. R. I 4;
דלא m. Inf. (ohne ל) „nicht zu" Ned. 39ᵇ, (mit ל) Pes. 30ᶜ.

אֲרֵֽי „dass", z. B. גְֽלֵֽי קֹֽדָֽם יֹֽי אֲרֵֽי „es ist offenbar vor Gott,

---

[1] Aeg. aram. כי — כן CIS II 145C, nabat. כדי ebenda 198.

[2] Zur Vokalisation s. § 47, 1.

[3] Palmyr. Zolltarif היך ד, היך די, כות.

[4] די = „dass" (so *Levy*, *Jastrow*) ist im pal. Talm. u. Midr. nicht nachzuweisen.

dass" O. Gen. 3, 5, Jer. I אֲרוֹם. Hierher gehört auch das un-
übersetzbare אֲרִי, אֲרוֹם am Anfang der direkten Rede, z. B. O.
Jer. I Gen. 29, 33.

§ 55. H. *Conjunctionen der Anfügung und Gegenüberstellung.*

וְ „und" zur Anreihung von einzelnen Worten und ganzen
Sätzen (zur Anreihung von Fragesätzen s. § 46, 2). — Nach
Onkelostargum Cod. Soc. 84 lautet וְ vor מ, בּ, פ stets und vor
Nichtgutturalen (ausser Jod) mit Schewa, welches dann verschwindet, וּ. Dass der folgende Konsonant im letzteren Fall
als völlig vokallos angesehen wird, beweist gelegentliche Dagessierung, s. וּרְבִּיבָא O. Gen. 24, 61, וְתָתוּב O. Lev. 22, 13. Im
übrigen gelten die § 47, 1 für בּ aufgestellten Regeln. Beispiele:
וּמֵיָא O. Gen. 24, 32, וּפוֹרְעָנוּת O. Deut. 32, 36; וְרָהֵטָת O. Gen.
24, 28, וּלְרִבְקָה O. Gen. 24, 29, וּקְדָם O. Num. 8, 22; וֹת O. Gen.
24, 30, וְחוּיָאת O. Gen. 24, 28; וְהֹוָה O. Gen. 24, 30, וְחֹוָא O. Gen.
1, 14; וִירָא O. Deut. 7, 19.

אַף [1] „auch" Taan. 64ᵇ, אָף O. Jer. I Gen. 3, 6; אוּף Bez.
62ᶜ, Jer. I Gen. 6, 4 (so häufig in den jer. Targg.); אָף — אָף
„sowohl — als auch" O. Ex. 5, 14, Jer. I אוּף — אוּף; לָא — אַף,
לָא — אָף „weder — noch" O. Gen. 21, 26, Jer. I אוּף.

נְמֵי [2] „auch" Keth. 33ᵇ, Schek. 46ᶜ (babyl. aram. Schulaus-
druck).

וְהָא „und doch" (eigentl. „und siehe") Jom. 44ᵈ, oft dem
folgenden Wort praefigiert, z. B. וְהָתְנִינָן „und doch lehren wir"
Kil. 30ᶜ; וְהַכְתִיב „und es steht doch geschrieben" Ber 2ᵇ; הָא אָמְרִין
„aber sie sagen doch" Keth. 31ᶜ.

בְּרַם (= בַּר מָא)[3] „aber" Bab. m. 12ᵃ, בְּרַם O. Jer. I Num. 1, 49.

אֶלָּא (= לָא אִין) „sondern" (nach einer Negation) Sanh. 23ᶜ,
(nach einer Frage) Gitt. 49ᶜ, אִילָא Schebu. 33ᵇ; אֱלָהִין (nach einer
Negation) O. Jer. I Gen. 24, 38. — וְלָא עוֹד אֶלָּא „nicht nur,
sondern auch" Keth. 36ᵇ, וְלָא עוֹד אֶלָּא ד Ter. 40ᵈ, Vaj. R. 34.

---

[1] Nach *Nöldeke*, ZDMG XLVII 103 viell. zusammenhängend mit dem
פ „und" der aram. Inschriften der Nabatäer und von Sendschirli.

[2] Ableitung von נִמָא „wir sagen", נִימִין „wir glauben", נוֹמִי „wir schwören",
auch von arab. نَمَى „wachsen" ist versucht worden, s. *Luzzatto*, Grammatik
114 f., *Dalman*, Traditio Rabbinorum veterrima 22. Wahrscheinlich liegt aber
נְמִי (= נְמִית) „ich sage" (vgl. hebr. נְמֵתִי Jeb. 12ᶜ) zu Grunde.

[3] S. *Nöldeke*, Mand. Gramm. 202 Anm. 2.

או „oder" Ber. 3ª, אֹו O. Jer. I Ex. 21, 20; או — או „entweder — oder" Sabb. 11ª, Ber. R. 64, או — אֹו O. Jer. I
Lev. 5, 1.

לא — לא „weder — noch" Jom. 40ᵈ.

בין — בין „sowohl — als auch" Bez. 63ª, Jer. I Lev. 20, 11;
בין לא בין — „sei es dass — oder dass nicht" Pea 17ª.

לחוד — לחוד „sowohl — als auch" Jer. I Deut. 32, 25.

אם — אִם ¹ „sei es dass — oder dass" O. Ex. 19, 13, Jer. I
אין — אין, Jer. II אי — אי.

§ 56. Interjectionen.

הא „siehe" Gitt. 49ᵇ, הֵא O. Jer. I Gen. 3, 22. Mit Pronominen: הָאֲנָא O. Ex. 4, 23, Jer. I הא אנא; הָאֵת O. Deut. 31, 16,
Jer. I הא אנת; הא אֲנַחְנָא O. Jer. I Num. 14, 40; הָאִיתִיכוֹן „siehe,
ihr seid" O. Jer. I Deut. 1, 10; הָאֲנוּן O. Gen. 47, 1, Jer. I הא
הינון. — הא לך „da hast du" Schek. 49ᵇ, הילך Pea 21ᵇ; הֲלִילִי f.
O. Ex. 2, 9. הרי „siehe" findet sich nur in hebr. Zusammenhang
im pal. Talm. u. Midr., nie im Targum.

ווי „wehe!" Bab. m. 10ª, ווי ד „wehe über den, welcher", Ned.
41ᵇ, וי ל O. Num. 24, 23, Jer. I Deut. 32, 3.

אי „ach!" Jer. II Lev. 26, 29, יה, יה „au!" (in hebr. Zushg.)
Ber. R. 92; ייא לי „wehe mir!" Jer. I Kön. 16, 34, ייא לכון Jer. I
Num. 21, 29.

יצף „Betrübnis!" z. B. יצף על ההוא גברא „Betrübnis (komme)
über jenen Mann!" Ber. R. 56.

חבל ² „Wehe!" z. B. חבל עליך קיסר „Wehe über dich, Kaiser!"
Ech. R. I 50; חביל על עמא Jer. I Num. 11, 7; חבול על בנינן
(l. חביל) Jer. I Deut. 28, 15.

הלואי „o dass doch!" Kidd. 61ᶜ, Ber. R. 45, Jer. I Gen.
32, 20, הלווי Taan. 69ª, אלווי Jer. II Num. 24, 23; לֹוִי O. Gen.
30, 34, Jer. I לואי; לֹוִי ד O. Deut. 5, 29, Jer. I ד לואי.

מֵאָם „wie? wenn" O. Gen. 32, 20, vgl. § 52; אם כְּעָן „o dass
nun doch" O. Gen. 30, 27, Jer. I אין כדון.

והא ³ „ah!" Ech. R. I 31 (Ausg. Pesaro; 'Arūk והא), vgl. Tanch.,
Reē, Ausg. Ven. 1545 חוה, Ausg. Mant. 1563 הוה, 'Arūk וה.

---

¹ Palmyr. Zolltarif הן — הן.

² Palmyr. חבל „ach!" Proceed. of the Soc. of Bibl. Arch. VIII 29. — Zu
nabat. בלא CIS II 266, בלי ebenda 275 ist arab. بَكْوَى „Prüfung, Unglück" zu
vergleichen; nach R. Duval wäre es arab. بَكَى „sicherlich".

³ הייא „ei" (Levy) existiert nicht. Pea 15ᵈ heisst es חיו, Ab. z. 42ᶜ חייא.

הידי „auf!" z. B. הידי לדקמך „auf, zu dem, der vor dir ist!"
Ber. R. 87.

הבי כען „wohlan denn!" (an eine Frau gerichtet) O. Gen. 38,
16, Jer. I כדון (l. הכי (הבי; הבו (an mehrere) O. Ex. 1, 10.
איתא „wohlan!" (an einen) Sabb. 14ᵃ, איתא O. Jer. I Gen.
19, 32; איתון (an mehrere) Taan. 66ᵈ, Jer. I Ex. 1, 10, איתו O.
Gen. 37, 20, Jer. I אתו.
אוים „heda!" Sanh. 23ᶜ, אויים Chag. 78ᵃ (vgl. arab. غَيَّ).¹
בייה (= βία) „Gewalt!" Vaj. R. 17.
יים (wohl verkürztes Impf. v. אסא „heilen") „wohl bekomm's!"
(beim Niesen) Ber. 10ᵈ Ven. (Lehm. ייסו), Lesart des 'Arūk זו
(= ζῆθι).
יישר (Impf. v. אשר „stark sein") „glückauf!" Gitt. 47ᶜ; יישר
חילך Ech. R. I 6, ר חילך ייתשר „glückzu, dass" Jer. I Deut. 10, 2.
אבסקנטה (= ἀβάσκαντα) „unberufen!" Ab. z. 40ᵇ, אבסקטא
Ber. 13ᶜ.

אמן² (hebr. Fremdwort) „so sei es" Sot. 18ᵇ, אמן O. Jer. I
II Num. 5, 22.

טובי ד „wohl mir, dass" Koh. R. XI 2; טובך ישראל „wohl
dir, Israel!" O. Deut. 33, 29; טובוי ד „wohl dem, der" Jom. 41ᵈ;
טוביכון דצדיקיא „wohl euch, ihr Gerechten!" Jer. I Deut. 30, 2.

חמרא לחייכון „den Wein auf eure Gesundheit!" Tos. Sabb.
VII 8; חמרא טבא לחיי רבנן ולתלמידיהון „den guten Wein auf die
Gesundheit der Lehrer und auf ihre Schüler!" Ber. 10ᵈ.

חייו (l. חיי) דההוא גברא „bei dem Leben dieses Mannes"
Taan. 66ᵈ; חיי פרעה „bei dem Leben Pharao's" O. Gen. 42, 15,
Jer. I דפרעה; בחייך ד חיי „bei deinem Leben (schwöre ich), dass"
Ab. z. 43ᵈ; חייכון „bei euerm Leben" Ter. 46ᵇ, Ech. R. I 5, Vaj.
R. 34.

קיים אנא „so wahr ich lebe" O. Jer. I Num. 14, 28. Die
Beteuerung selbst wird mit אם לא (Jer. I לא אין) eingeleitet.
Auch ohne besondere Schwurformel findet sich אם (Jer. I אין)
O. Gen. 14, 23.

---

¹ Levy denkt an griech. ὁμοία, Kohut an syr. ܠܩܘ „Gleichgesinnte",
Jastrow an griech. εὐάν. Viell. ist אותים = εὐθύς zu lesen.

² אמן ist stets nur Bekräftigung der Rede (Schwurformel, Gebet) eines
andern. Zu dem Gebrauch von ἀμήν in den Reden Jesu (z. B. Matth. 6, 2)
findet sich in der rabbin. Litteratur keine Parallele. Die Heranziehung des
babyl. talmud. אמינא „ich sage" (so Delitzsch, Zeitschr. f. luth. Theol. u. Kirche
1856, 422 ff., Ein Tag in Capernaum ² 136) ist unerlaubt.

במוהי (statt במומי „mit Eid") „ich schwöre" Ned. 37ª.

שמאלא, ימינא „bei der Rechten, bei der Linken!" Ned. 37ª.

קורי (= κύριε) „bei Gott!" Schebu. 34ᵈ, Ned. 38ª, קרי Pesikt. rabb. 113ª.

איפופי ישראל „beim Gott Israels!" Ned. 42ᶜ, vgl. griech. ὦ πόποι [1] in der von den Hellenisten angenommenen Bedeutung ὦ θεοί.

מכך וכך דלית „bei diesem und jenem (schwöre ich), dass nicht" Sot. 16ᵈ.

בבעו מינך „bitte!" Bab. b. 13ᶜ, Jer. I Gen. 19, 18, O. בְּבָעֻו; בבעו ברחמין מן קדמך; בבעו כדון Jer. I דון כדון O. Gen. 19, 2, Jer. I בְּבָעֻו כֵעֵן Jer. I Gen. 18, 3; בעו Jeb. 13ª.

במטו מנך „mit Verlaub!" Jer. I Gen. 43, 20.

חס ד (nie חם ושלום) (חם ושלום) „fern sei es, dass" Pes. 33ª, חס ד Sanh. 23ᶜ; חם לעֵבדָך O. Jer. I Gen. 44, 7; חם לִי O. Jer. I Gen. 44, 17; חם ליה ד Sanh. 23ᶜ, חם ליה Chag. 77ᵈ; חם לן Jer. II Num. 31, 50.

קושטא אינון דינך „deine Gerichte sind wahr!" O. Gen. 18, 25,[2] Jer. I חולין הוא לך „profan wäre es für dich".

§ 57. Verschiedene Redensarten.

שלם לך „Friede dir!" (Grussformel auf der Strasse) Vaj. R. 32; שלם לכון Vaj. R. 32, שֵׁלָם לְכֹון O. Jer. I Gen. 43, 23; שלמכון רבייא [3] „Friede euch, ihr Herren!" Ber. 9ª; שלמא עלך (beim Eintritt in ein Haus) Vaj. R. 5.

אתי בשלם „Komme in Frieden!" (beim Empfang der Eintretenden) Vaj. R. 5; זיל בשלם „gehe in Frieden" (beim Abschied) Koh. R. XI 1; איזיל לשלם O. Jer. I Ex. 4, 18.

מה מרי עביד „wie geht es meinem Herrn (Ihnen)?" Keth. 35ª; מה m., מה את עבידא f. Vaj. R. 5 (Antw. טב „gut"); מה את עביד אימא עבידא „wie geht es meiner Mutter?" Koh. R. XII 7.

הֲשָׁלָם אֲבוכון „steht es wohl um euren Vater" O. Gen. 43, 27. Jer. I השלם לאבוכון; השלם ליה הֲשָׁלָם O. Jer. I Gen. 29, 6 (Antw. שָׁלָם „es steht wohl").

---

[1] Das von den Griechen für יהוה gelesene IIIIII (s. *Dalman*, Der Gottesname Adonaj 36 f.) liegt schwerlich zu Grunde (gegen *Levy*).

[2] Die Targumisten vermeiden hier חם ל, das ihnen Gott gegenüber unpassend scheint.

[3] Aeg. aram. שלם רבא „salve, Domine" CIS II 152.

מה אית עלך „was fehlt dir?" Schir. R. II 16.

מן דמאן אתון „von wem stammt ihr ab?" Ber. R. 94.

כמה שעין ביממא, כמה שעין בליא „wie viel Uhr ist es?" (wie viel Stunden bei Tage, scil. bei Nacht ist es?) Ech. R. I 31, vgl. § 33.

בר כמה שנין את „wie alt bist du?" בר חמשין או שיתין „60 oder 70 Jahre" Ber. R. 38.

למה איצטער מרי להכא „warum haben Sie sich hierher bemüht?" Koh. R. XI 1.

מישגח רבן מיכול עימן פטל ציבחד יומא דין „beliebt es Ihnen, heut mit uns eine kleine Schüssel zu essen?" Taan. 66ᶜ; משגח רבי שתי גבן חד יומא דין „beliebt es Ihnen, nur heut bei uns einen Trunk zu nehmen?" Est. R. II 1; משגחין רבנן מימר מילה דאורייא „beliebt es Ihnen (den Lehrern), ein Wort Thora zu sagen?" Sanh. 23ᵈ; משגח ר' מתקבלה גבן „beliebt es Ihnen, von uns bewirtet zu werden?" Vaj. R. 9. — ומה אינון אוירא דתמן „und wie sieht es dort aus?" (was ist dort die Luft?) Ber. R. 34.

מה קלא במדינתא „was giebt's Neues in der Stadt?" Bab. m. 8ᵈ; מה קלא בעלמא Taan. 66ᵈ; מה קלא בשמייא Ber. 5c. — אזלון למחמי מה קלא במדינתא „sie gingen um zu sehen, was es Neues in der Stadt gebe" Vaj. R. 12.

מהו כן „was bedeutet das?" Dem. 26ᵇ, Koh. R. VII 2, הכין Ter. 46ᵇ.

מה [1] אכפה לה „was kümmert ihn denn?" Sot. 20ᵇ; מה אפכה לה פתילה לגבי ביצה (l. אכפה) „was hat der Docht bei dem Ei zu suchen?" Schebi. 38ᵈ; מכפלה (= מה אכפה לה) Erub. 21ᵇ, vgl. (אכפת l.) מה אפכן (אכפן l.) לה Schebi. 38ᵈ; מפכא לה Bez. 60ᵃ, להן (l. אכפת) לא איכפת לי לא ב — Sot. 18ᵇ; מה איכפת ליה Ter. 46ᵃ; מה אפכיי לא ב „ich kümmere mich weder um — noch um" Ber. R. 45; לא איכפת לך Koh. R. IX 10.

תיפח רוחיה [2] דההוא גברא „es verhauche dein Geist!" (häufige Fluchformel) Ber. 14ᵇ, Vaj. R. 27.

אדרינוס שחיק טמיא „Hadrian, dessen Gebeine zermalmt seien" (eigentl. zermalmt von Gebeinen scil. sei er) Vaj. R. 25; שחיק נבוכדנצר שחיק עצמות Ber. R. 49. טימייה דפלן Sanh. 25ᵃ, vgl. hebr. שחיק עצמות.

הדין מחיק שמא „dieser, dessen Name ausgelöscht sei", fem. הדא מחיקת שמא Ber. R. 65.

יתן מה דיתן „er gebe, was er eben hat!" Koh. R. V 12;

---

[1] Vgl. syr. ܟܦܐ „besorgt sein", nicht כפת „binden", wie *Levy* vorschlägt; das Christl. Paläst. hat dafür ܢܟܦ, vgl. איכפל b. Zeb. 15ᵃ.

[2] Über den Gebrauch von ההוא גברא als Anrede s. oben S. 78.

אמרה ‏יהוי מה דהוי‎ (דיהוי .l) „geschehe, was da will!“ Koh. R. IX 10;
שאל מה תשאל ‏מה דאמרה‎ „sie sagte etwas Gewisses“ Sanh. 23c;
„was ist gefällig?“ (Frage des Wirts an den Gast) Ber. R. 54.

מה אית לך עלי ‏הב מה דעלך‎ „bezahle, was du schuldig bist!“
„was hast du von mir zu fordern?“ ‏חד קסיט דחמר בעשרא פולרין‎
„einen Xestes Wein zu 10 Follaren“, ‏בי‎ (דקופד .l) ‏וחד ליטרא דקופר‎
‏פולרין‎ „und eine Litra Fleisch zu 10 Follaren“, ‏וחד עיגול דריפת‎
‏י פולרין‎ (דפיתא) ('Arūk) „und ein Laib Brot 10 Follare!“ Ber. R. 49.

‏הדין סנדלא זוגא בכמה הוה‎ „was kostet das Paar von diesen
Sandalen?“ Ech. R. I 13.

‏הא לך חמשה והב לי תלתא‎ „da hast du fünf, gieb mir drei!“
Sanh. 30a.

‏זכי עימי חדא תרנגולתא‎ „gieb mir eine Henne!“[1] (Bitte eines
Bettlers) Pea 21b, Schek. 49b, Vaj. R. 32; ‏זכי בי‎ Koh. R. XI 1;
Vaj. R. 34; ‏זכון בי‎ Vaj. R. 34.

§ 58. *Bezeichnungen für Wochen- und Festtage.*

d. ‏שובתא‎ „Sabbat“ Kidd. 61a, ‏שבתה‎ Ber. R. 11, vgl. S. 126.
d. ‏חולא‎ „Wochentag“ Sabb. 8a.
‏שובא‎ „Woche“ Ab. z. 39b, ‏שובה‎ (בכל .l) ‏הכל‎ „jede Woche“
Koh. R. II 17, ‏שבע יומי דשבתא‎ „die sieben Tage der Woche“
Est. I 2, 9.

d. ‏שֻׁבוּעֲתָא‎ „Woche“ O. Jer. I Lev. 23, 16, s. S. 125.
‏חד בשובא‎ [2] „Sonntag“ Ab. z. 39b, ‏חד בשבא‎ Ber. R. 11, ‏חד‎
‏בשבתא‎ Est. I 2, 9, Pesikt. rabb. 115b.

‏בתריא‎ „am Montag“ Pes. 30d, vgl. ‏תרי‎ Ber. R. 11, ‏בתרין‎
‏בשבתא‎ Est. I 2, 9.

‏תלתא‎ „Dienstag“ Ber. R. 11, ‏בתלת בשבתא‎ Est. I 2, 9.

‏ארבעתא‎ „Mittwoch“ Nidd. 48d, ‏בארבע בשבתא‎ Est. I 2, 9.

‏בחמשתא‎ „am Donnerstag“ Taan. 64c, ‏חמישתא‎ Ber. R. 11,
‏בחמש בשבתא‎ Est. I 2, 9.

‏עֲרוּבתא‎ [3] „Freitag“ Ter. 46b, Pesikt. rabb. 115b, ‏ערובת שובתא‎

---

[1] Die ursprüngliche Bedeutung „schaffe dir ein Verdienst an mir!“ ist,
wie aus der Beifügung eines Objektes zu sehen, aus dem Bewusstsein ent-
schwunden.

[2] Vgl. μία σαββάτων Matth. 28, 1, ἡ μία τῶν σαββάτων Luk. 24, 1,
πρώτη σαββάτου Mark. 16, 9.

[3] Vgl. παρασκευή Matth. 27, 62, Jos. Antt. XVI 6, 2, ἡμέρα παρασκευῆς
Luk. 23, 53, προσάββατον Mark. 15, 42, Judith 8, 6.

Kidd. 61ª, עְרוּבַת שׁוּבָא Ab. z. 44ᵈ, יוֹמָא דְעֲרוּבְתָּא Pes. 30ᵈ; בְּשִׁיתָא
בְּשַׁבְתָא Est. I 2, 9.

בְּמִיעֲלֵי שַׁבְּתָא „am Freitag" (eigentl. beim Eingang des Sabbaths)
Jer. I Num. 22, 28, vgl. מֵעֲלֵי שַׁבְתָא b. Gitt. 77ª.

כָּל פַּתֵי רַמְשָׁא שַׁבָּא „den ganzen Freitag Nachmittag" Ber.
R. 65.

בְּלֵילֵי שַׁבְּתָא „am Sabbathabend" Vaj. R. 5.

בְּמַפְּקֵי שׁוּבְתָא ¹ „beim Sabbathsausgang" Ter. 46ᵇ, בְּאַפּוֹקֵי שׁוּבְתָא
Pes. 30ᵈ, בְּפוֹקֵי שׁוּבְתָא Taan. 64ᶜ, vgl. בְּפַקֵי שְׁמִטְתָא „am Ausgang
des Erlassjahres" Bab. b. 17ª; בְּמִפְקָה דְשַׁתָּא „am Jahresausgang"
(nach Schluss des Jahres) O. Ex. 34, 22, Jer. I בְּמִיפְקָא דְשַׁתָּא.

בְּצַפְרָא דְחַד בְּשַׁבָּא ² „Sonntag früh" Ber. R. 63.

רַמְשָׁא דְעֲרוּבְתָּא „Freitag Abend" Ber. R. 63.

רֵישׁ יַרְחָא „Neumond" Ber. 7ᶜ, Jer. I Num. 29, 6, O. יַרְחָא;
רֵישֵׁי יַרְחֵיכוֹן O. Num. 28, 11, Jer. I רֵישִׁי יַרְחְכוֹן; יוֹמָא דִירְחָא
Pes. 30ᵈ.

מוֹעֵדָא „Fest" Ab. z. 39ᵇ; Pl. d. מוֹעֲדַיָּיא Keth. 30ᵈ, מוֹעֲדַיָּא O.
Jer. I Lev. 23, 4.

בְּרֵיה דְמוֹעֵדָא „der erste Tag nach dem Fest" (eigentl. „der
Sohn des Festes") Ab. z. 39ᵇ.

יוֹמָא טָבָא „Feiertag" Sukk. 54ᵇ; יוֹמָא טָבָא קַמָאה דְפִסְחָא „der
erste Passahtag" Jer. I Lev. 23, 15, O. (nur) יוֹמָא טָבָא.

עֲרוּבַת פִּיסְחָא ³ „der Tag vor Passah" Ruth R. III 1, בְּמַעֲלֵי
יוֹמָא דְפִסְחָא Jer. I Gen. 14, 13.

לֵילֵי פִּסְחָא „Passahabend" Pes. 37ᶜ, לֵיל פִּסְחָא Jer. II Ex.
12, 42.

פִּסְחָא ⁴ „Passah" Sabb. 11ª, פִּסְחָא O. Jer. I Ex. 12, 43.

אִימַר פִּיסְחָא „das Passahlamm" Meg. 74ª.

חַגָּא דְפַטִּירַיָּא „Fest der ungesäuerten Brote" O. Ex. 23, 15,
Jer. I חַגָּא דְפַטִירַיָּא.

---

¹ Damit wird immer die Zeit unmittelbar *nach Schluss* des Sabbaths
bezeichnet. Wenn ὀψὲ σαββάτων Matth. 28, 1 darauf zurückgehen sollte (so
Lightfoot, Hor. hebr. et talm.² 500), so könnte höchstens eine späte Nachtzeit
damit gemeint sein. Vom Morgengrauen ab ist die Bezeichnung unmöglich.
Eine Rechnung des Sabbaths von Sonnenaufgang bis Sonnenaufgang (so *Meyer-
Weiss* zu Matth. 28, 1) ist unerhört.

² Vgl. πρωΐ τῇ μιᾷ τῶν σαββάτων Mark. 16, 2.

³ παρασκευὴ τοῦ πάσχα Joh. 19, 14.

⁴ S. oben S. 107. פסח ist die übliche Bezeichnung für das Gesamtfest, חגא
דפטיריא haben nur die Targume.

עצרתא [1] „Pfingsten" Sabb. 11ª, Jer. I Num. 28, 26, Est. II
3, 8. vgl. hebr. עצרת Schek. III 1 und oben S. 115.

חגא דשבועייא „Wochenfest" Meg. Taan. 1, חֹנָא דִּשָׁבוֹעִיָא O.
Deut. 16, 10, Jer. I חגא דשבועייא, s. S. 125.

ריש שתא „Neujahr" Bab. b. 17ª, Est. II 3, 8.

ערובת ריש שתא „der Tag vor Neujahr" Taan. 66ª.

תקיעתה „Posaunenfest" (Neujahr) Sukk. 54ᵇ.

תעניתא „Jom Kippur" Sukk. 54ᵇ, Schebi. 33ᵇ.

צומא רבא „Jom Kippur" Mo. k. 83ª, Taan. 67ᶜ, Jom. 44ᵈ,
צומא רבא דכפורייא Pesikt. 36ª, vgl. ἡ νηστεία Apg. 27, 9.

יומא דכפורייא; Jer. I ,יוֹמָא „Jom Kippur" O. Lev. 23, 27, Jer. I דְּכִּפּוּרִיָא
יומא דכפורי Koh. R. VII 23.

ערובת צומא רבא „der Tag vor Jom Kippur" Ter. 45ᶜ, Ruth
R. III 1.

לילי צומא „der Abend von Jom Kippur" Jom. 44ᵈ.

חגא [2] „Laubhüttenfest" Sabb. 5ᵇ, 11ª, Gitt. 45ᵇ, vgl. hebr.
חג Schek. III 1. חֹנָא דִמְטַלַיָא O. Lev. 23, 34, Jer. I חגא דמטוליא.

ערבתא, auch ערובתא דיומא שביעייא „Weidenfest" (der siebente
Tag des Laubhüttenfestes), Sukk. 54ᵇ, Schebi. 33ᵇ.

יום הושענא [3], יומא דהושענא „Hosiannatag" (der siebente Tag
des Laubhüttenfestes) Vaj. R. 37, vgl. הושענא als Bezeichnung
des Feststrausses Est. II 3, 8, b. Sukk. 30ᵇ. [4]

חנוכה „Tempelweihfest" Bab. m. 10ᶜ; d. חנוכתא Sabb. 5ᵇ,
s. S. 119.

פורייא [5] „Purimfest" Meg. 70ᶜ, פוריא Bab. m. 10ᶜ.

---

[1] Zu dieser Verwendung von עצרת für Pfingsten als den Beschluss des
Passah s. *M. Grünbaum* ZDMG XLI 647.

[2] ἡ ἑορτὴ τῶν Ἰουδαίων Joh. 5, 1 SC, ἡ ἑορτὴ τῶν Ἰουδαίων ἡ σκηνοπηγία Joh. 7, 2, wobei ἡ σκηνοπηγία erklärender Zusatz, vgl. הֶחָג vom
Herbstfest 1 Kön. 8, 2, Neh. 8, 14.

[3] Vgl. ὡσαννά (= נָא הוֹשַׁע) Matth. 21, 9. Dies wäre nach *Merx*, „Die
Ideen von Staat und Staatsmann" (1892) 11, vgl. *Kautzsch*, Gramm. d. Bibl.
Aram. 173, *Winer-Schmiedel*, Gramm. d. Ntl. Spr.⁸ I p. XV, das aram. אושענא
= „serva nos". Das stimmt aber nicht zu der Beifügung von τῷ υἱῷ Δαυείδ
(Matth. 21, 9. 15), auch die jüd. Literatur verrät nirgends dies Missverständnis.
Der verkürzte hebr. Imper. הושע (Ps. 86, 2) ist vielmehr für das ursprüngliche
הושיעה (Ps. 118, 25) eingesetzt. יום הושיעה נא רבא (so *Nowack*, Hebr. Archäo-
logie II 183) kommt nicht vor.

[4] In der synagogalen Liturgie ist später הושענא beliebter Refrain für die
bei der Procession mit dem Feststrauss gesungenen Lieder; im Tempel sagte
man nach Sukk. IV 4 הושיעה נא (für אנא יהוה) אני והוא.

[5] Est. 11, 1 LXX S Φρουραία, B Φρουραί, Jos. Antt. XI 6, 13 Acc. Φρου-

II. Verbum.[1]

Verba starker Wurzeln.

§ 59. A. *Allgemeines.*

1. Die intransitiven Formen *ḳaṭil* und *ḳaṭul* sind im pal.
Talmud und Midrasch nur in wenigen Beispielen vertreten,
während die Targume dieselben häufiger und bei gewissen
Verben durchgängig aufweisen. S. die Beispiele in § 60.

2. Die Formen *jaḳtul* und *ḳĕtul* erscheinen wie die Formen
jaḳtal und *ḳĕtal* in Imperfect und Imperativ sowohl bei transitiven
als bei intransitiven Verben. U-Formen sind bei intransitiven
Verben im galil. Dialekt noch häufiger als im Onkelostargum.
Die Formen *jaḳtil* und *ḳĕtil* sind beim starken Verbum nur
einzelnen Wortstämmen eigentümlich. Im pal. Talmud und in
den Targumen werden so gebildet die Verba עבד „thun", נתן
„geben", im pal. Talmud auch בהת „sich schämen", סלק „steigen".
חרב „verwüsten", in den Targumen auch קרב „nahen" (im Imper.).

3. Von den Verbalstämmen sind im galil. Dialekt Peal, Pael,
Aphel und die Passiva Ithpeel und Ithpaal im gewöhnlichen
Gebrauch. Selten sind Ittaphal, Poel und Palel (Polel) mit
ihren Passiven, häufig dagegen Palpelbildungen. Die wenigen
vorkommenden Schaphel- und Saphelformen werden als Quadrilittera betrachtet worden sein. Die *Targume* unterscheiden sich
durch häufigere Anwendung des Ittaphal, welche sich durch die
Notwendigkeit, Aequivalente für hebr. Hophal zu schaffen, teilweise erklären wird, und durch grösseren Reichtum an Schaphel-
bildungen. Einige denominale und quadrilitterale Stämme
kommen vor.

Ittaphal. אתאפק (v. נפק) „er wurde herausgebracht" Gitt.
48ᵃ; אתתבת (v. תוב) „sie wurde widerlegt" R. h. S. 56ᶜ, vgl. in
Meg. Taan. איתוקם (v. קום) „es wurde aufgerichtet" b. Taan. 17ᵇ,
vgl. j. Meg. 70ᶜ דיתקם; איתותב „es wurde eingerichtet" b. Taan.

ρέας, andere Lesarten Φρουραίας, Φουραίους. Die Endung ist die des aram.
Plur. det., die Einschaltung des ρ nach Φ ist durch den Anklang an griech.
φρουρά veranlasst.

[1] Meine Sammlung von Beispielen für das Verbum im pal. Talmud, von
welcher die im Folgenden gegebenen Beispiele nur einen Auszug bilden, war
vollendet, als *M. Schlesinger*'s „Das aram.-Verbum im Jerus. Talmud" mir in
die Hände kam. Die Formensammlung *Schlesinger*'s wird immer noch stellenweise als Ergänzung dienen können. Abweichende Auffassung im einzelnen
kenntlich zu machen, schien mir überflüssig.

17ᵇ. *Targ. Onk.* hat Ittaphal von פרש „trennen". סהד „bezeugen",
אחרים „bannen", נפק „herausgehen"; נחת „hinabsteigen", עלל
„hineingehen", אסף „hinzufügen", יקד „brennen", הימין „glauben",
אוכח „rechtfertigen", יתב „wohnen", תוב „zurückkehren", קום „aufstehen", רוק „leer sein", אגיח „erregen", חזא „sehen", אתא „kommen"; *jer. Targ.* auch von ישט „dehnen", יתר „übrig sein", מסס
„zerfliessen", חלל „entweihen".

Poel. מסובר „tragend" Bab. b. 13ᵇ; Pass. מתרוקן „ausgeleert"
Vaj. R. 34. *Targ. Onk.* סופק „er liess überströmen" O. Jer. I
Deut. 2, 7; מְסֹובַר „tragend" O. Jer. I Deut. 1, 31; רֹוקִינוּ „sie ent-
leerten" O. Jer. I Ex. 12, 36. *Jer. Targ.* auch מסובלא „tragen"
Jer. I Gen. 4, 13; איתוקפון ¹ (v. תקף) „stärkt euch!" Jer. I Deut.
12, 23; תיתוקלון (v. תקל) „ihr strauchelt" Jer. I Deut. 12, 30.² —
Andere Beispiele s. bei den Verben ע"ע § 71.

Palel. מערבבתא (v. ערב) „die verworrene" Ech. R. Peth. 23;
Pass. מתערבבין „vermengte" Keth. 25ᶜ; משרטטין (v. שרט, viell.
hebr.) „einkratzende" (liniierende) Sabb. 10ᶜ. *Jer. Targ.* ערבב
„er verwirrte" Jer. I Gen. 11, 9. — Beispiele für Polel s. bei
den Verben ע"ו § 70.

Palpel. Nur Bildungen von פ"נ Stämmen sind hier aufzu-
führen, z. B. מתרתר (v. נתר) „werfend" Ter. 46ᵃ, מטלטל (v. נטל)
„bewegend" Jom. 40ᵇ, טלטילנון „er vertrieb sie" O. Deut. 29, 27,
Jer. I טלטילינון. Beispiele von ע"ע und ע"ו Stämmen s. §§
70. 71.

Schaphel. Im galil. Dialekt findet sich שעבד „unterwerfen",
שיזיב „erretten", שיצי „vollenden", שלהי „ermüden", im *Onkelostar-*
gum ausserdem שכליל „vollenden", שלהב „verbrennen", in den
jer. Targumen auch שחרר „freisprechen", שלחיף „vertauschen",
שעמם „verwirren", שבהר „glänzen", שרגג „verleiten". — *Saphel-*
formen ³ sind מסרהבין (v. רהב) „ungestüme" Jer. I Deut. 31, 27,
תסנוור (v. נור) „du blendest" Jer. I Num. 16, 14.

Denominalia. רוקין „ausleeren" (v. ריקן „leer") s. o.; ממשכנה
„verpfändet" Bab. m. 11ᵈ (v. משכון „Pfand"); תמשכן „du pfändest"

---

¹ תיתתקלון. איתוקפון und תיתוקלון stehen für Ithpaal איתתקפון und Ithpeel.
² אתעובדא „gethan werden" Jer. I Lev. 4, 13 ist wohl nicht Inf. Ithpeel
mit Umlaut in *u*, sondern Poel. Onk. Sab. liest hier wie Gen. 20, 9 אתְעָבְדָא,
vgl. Mas., Ausg. *Land*. 98.
³ סרגל „liniieren" wäre nach *Levy* Saphel v. רגל, aber s. syr. ܣܪܓܠ
„Lineal".

Jer. I Ex. 22, 25; יִתְמְסֹכָן „er verarmt" O. Jer. I Lev. 25, 25 (v. מסכין „arm"); אשתמודע „er erkannte" O. Jer. I Gen. 42, 8 (v. Part. מודע „bekannt machend"); מכרוז (l. מברוז) „kopulierend" Jer. I Deut. 32, 4 (v. בר זוג „Gattin" Jer. II Gen. 2, 18), Inf. מכרוגא (l. מברוגא) Jer. I Deut. 34, 6.

Quadrilittera. פרסים „er machte bekannt" Koh. R. II 16; מפרנם „ernährend" Ber. R. 17; Pass. איתבלעמון „sie werden verschlungen" Ter. 46ª. Jer. Targ. פרסימו Jer. I Num. 16, 26; מפרנסין Jer. I Gen. 46, 14; נפרכם (v. griech. φρίσσω) „wir zittern" Jer. I Gen. 22, 10; יקרסם „er frisst ab" Jer. I Deut. 28, 38. Pass. אתערטיל „er wurde entblösst" Jer. I Ex. 7, 6; מתפרנם „ernährt" Jer. I Gen. 14, 13. S. auch § 64, 6.

4. Praefixe mit ה statt א im Aphel und den passiven Conjugationen sind selten. Ein *Haphel*[1] findet sich im galil. Dialekt fast nur bei einigen Verben primae Waw oder Jod, z. B. הורי „er lehrte" Sabb. 13ᶜ (neben אורי Schebi. 36ᶜ), הודי „er bekannte" Kidd. 64ª (neben אודי Ber. 5ᶜ), הימנית „ich glaubte" Ber. 4ᶜ, מהודענא „ich kündige an" Tos. Sanh. II 5, הותיב „er antwortete" Kil. 27ᵈ, aber auch התיב Sanh. 24ᵈ. Die *jer.* Targume haben Haphelformen von אבד „umkommen", אתא „kommen", שכח „finden", נפק „hinausgehen", נזק „schädigen", עלל „hereinkommen", ידע „wissen", und הימן „glauben". Nur הודע und הימן sind auch im *Onkelostargum* vertreten. — *Hithpeel* und *Hithpaal* finden sich nur in Kontraktformularen, Megillath Taanith und den jer. Targumen. Die einzigen Beispiele sind: היתנסבא „verheiratet werden" Sanh. 19ª (Kontrakt), התענייא „fasten" Taan. 66ª (Meg. Taan.), und in den jer. Targumen Formen von שכח, z. B. השתכח „er wurde gefunden" Jer. I Deut. 33, 8, השתכחן „sie wurden gefunden" Jer. I Gen. 19, 15. — Nur orthographisch ist von את verschieden das seltene ית in יתגנבא „gestohlen werden" Jer. I Ex. 22, 11, יתרגמא „gesteinigt werden" Jer. I Ex. 21, 28.

5. Das *Taw des Praefixes der Passiva* tauscht mit einem anlautenden Zischlaute den Platz, verwandelt sich bei צ in ט, bei ז in ד und wird anlautendem ת, ט und ד stets assimiliert, — dies sowohl im galil. Dialekt wie im Onkelostargum. Im pal. Talmud und Midrasch finden sich ausserdem Fälle der Assimilation (oder Eliminierung) des Taw vor ג, מ, ב, פ, ק, י, ע, ח, in den jer. Targumen vor ב, ג, כ, ק. Beispiele: אינשם „er genas" Sabb. 14ᵈ, אימלכון „sie überlegten sich" Schek. 48ᵈ, איבאש „er wurde

---

[1] Vgl. nabat. הקים CIS II 161, הקרב CIS II 75 neben אקימו CIS II 164.

krank" Bab. b. 13ᵇ, איפסק ¹ „er wurde getrennt" Kil. 31ᶜ, אינגך „er wurde verlacht" Bab. m. 9ᵈ, איקפד „er war ärgerlich" Dem. 25ᵛ, אייקד „es wurde angezündet" Chag. 77ᶜ, איעלל „er ging hinein" Sabb. 8ᶜ. מיחתם „versiegelt" Ber. 5ᶜ; jer. Targ. מיבהית „sich schämend" Jer. I Lev. 9, 23, מיבעלה „verheiratet" Jer. I Gen. 20, 3, מנזיק „beschädigt" Jer. II Num. 12, 12, מכספא „beschämt" Jer. I Lev. 13, 14, מיקלקלא „verdorben" Jer. I Deut. 14, 21. — Vor צ ist ת assimiliert in אצרכת „hattest nötig" Ber. 11ᵇ. Zur Behandlung von anlautendem א s. § 67.

6. Von *Passivformen mit blossem vokalischem Umlaut* kommen abgesehen von den passiven Participien des Peal, Pael und Aphel mit Umlaut der Ultima im pal. Talm. nur einzelne Formen des Partic. Pael mit Umlaut der Paenultima vor, wie מכוסי „bedeckt" Keth. 35ᵃ (neben מכסי Kil. 32ᵇ). Im *Onkelostargum* bilden die Formen mit doppeltem Umlaut für das Pael (mit Ausnahme der Verba mediae Gutturalis) die Regel, in den *jer. Targumen* ist das *u* der Paenultima nicht immer vorhanden, sie haben aber Beispiele eines Partic. Hophal ² in מוזמן „bereit" Jer. I Ex. 15, 17 und מופסלין „untauglich" Jer. I Num. 8, 24. Im übrigen s. § 64. — Ein perfectisches *Peïl* ³ findet sich nur in Meg. Taan. (אחידת) „es wurde ergriffen" b. Meg. 6ᵃ, vielleicht auch בטילת „es wurde abgeschafft" b. R. h. S. 18ᵇ), vgl. דכירת „sie erinnerte sich" Targ. Thren. 1, 9. בשילת Jer. I Gen. 9, 20 ist Pael, nicht Peïl.

§ 60. B. *Das Perfect.*

1. Die Endungen. Die 3 *Pers. Sing. fem.* hat regelmässig die Endung *at* (ת). Die Beispiele mit der Endung *ā* beruhen auf babylon. Einfluss, z. B. סליקא „sie stieg hinauf", נחיתא „sie stieg hinab" Keth. 25ᶜ, איתעבידא „es wurde gemacht" Sabb. 5ᶜ. Die superlineare Vokalisation hat stets den Accent auf der Paenultima und deshalb vollen Vokal in dieser Silbe.

Die 2 *Pers. Sing. comm.* hat im galil. Dialekt seltener, in den

---

¹ Ein altes Beispiel der Assimilation des Taw vor פ ist ἐφφαθά (= אתפתח) Mark. 7, 34.

² Für das Palmyr. behauptet ein Hophal und Pual *Wright*, Comp. Gramm. 225.

³ Vgl. nabat. עבידת CIS II 196, אבני ebenda II 158, dazu *Sachau*, ZDMG XXXVII 565, *Duval*, Rev. d. Et. Juiv. VIII 57—63, *Reckendorf*, ZDMG XLII 398. — Kil. 32ᶜ liest *Levy* (Neuhebr. Wörterb. *s. v.* חללא) יהיבון „sie wurden gesetzt", Ausg. Ven. hat aber יהבון „er setzte sie".

Targumen häufiger die Endung *tā* (תא, תה) neben blossem *t* (ת).
Einziges Beispiel für eine besondere Femininform ist עבדתין „du
machtest" Sanh. 25ᵈ, vgl. im Christl. Paläst. اقدت „du sagtest"
Ev. Hier. Joh. 4, 17 und *Nöldeke, ZDMG XXII* 493.

Die 1 *Pers. Sing. comm.* endigt auf ית, was nach der superlin.
Vokalisation, welche auch hier Accent auf der Paenultima voraussetzt, als *īt* zu sprechen ist. Für die intransitiven Formen des
Peal und für das Pael wird auch im galil. Dialekt dieselbe Aussprache angenommen werden dürfen, nur bei den übrigen Formen
wäre eine dem bibl. Aramäischen folgende Aussprache mit Accent
auf der Ultima, welche als *ēt* zu sprechen, möglich.

Die 3 *Pers. Plur. masc.* hat im galil. Dialekt die — wahrscheinlich betonte — Endung *ūn* (ון). Das schliessende Nun
ist zuweilen, besonders bei betonter Paenultima, weggefallen,
z. B. יהבו „sie gaben" Ber. 11ᵇ, אסהידו „sie bezeugten" Sanh.
23ᵇ, איתרחיצו „sie trauten" Schir R. VII 2, איערכו „sie wurden
angebracht" Schebu. 37ᵃ, נפלו „sie fielen" Schebu. 37ᵃ. Alter-
tümlich sind נצחו „sie siegten", אגחו „sie rüsteten" Sot. 24ᵇ (in
einem alten Vaticinium). Babylonische Formen sind נפול „sie
fielen" Schebu. 37ᵃ; אזול „sie gingen" Dem. 22ᵃ; איתעבוד „sie
wurden gemacht" Maas. sch. 55ᵈ. *Targum Onkelos* hat stets die
Endung *ū* [1] mit Accent auf der Paenultima, ון findet sich nur
zuweilen in den *jer. Targumen*, z. B. עלון „sie traten ein" Jer. I
Gen. 6, 4; קמון „sie traten auf", אשתיירון „sie blieben übrig" Jer.
I Deut. 9, 19.

Die 3 *Pers. Plur. fem.* hat im galil. Dialekt die Endung *ān*
(ן) in רגזן „sie zitterten" Kil. 32ᵇ; פשטן „sie streckten aus" Pea
21ᵇ, אוקימן „sie stellten" Keth. 26ᶜ (b. Keth. 23ᵃ אוקמן); אינפחן
„sie wurden aufgeweicht" Maas. sch. 55ᶜ. Die Endung *ēn* (ין),
wofür das Christl. Paläst. und das Samarit. nur י, findet sich in
עלין „sie gingen hinein", אתודעין „sie wurden erkannt" Keth. 26ᶜ;
אכחשין „sie wurden schlecht" Mo. k. 80ᵃ. [2] Häufig wird die Mas-
cülinform gebraucht, z. B. אמרון Chag. 78ᵃ, סלקון, שקרון Keth. 26ᶜ,
שבתון Maas. sch. 56ᵃ, אזלון, בעיון Jeb. 6ᵇ, קמנו (l. קמון, s. Jalk.
Schim. I Salon. 1526 Anhang § 206) Jeb. 6ᵇ. — Das *Onkelostargum* hat stets die Endung *ā* (א), die *jer. Targume* auch *ān* (ן).

---

[1] Diese Endung hat auch der nabat. und palmyr. Dialekt.

[2] Für חטפיניה „sie haben ihn fortgerissen" Ber. 5ᵃ hat Ausg. Lehm.
חטפוניה und die Parallelstelle Ech. R. I 51 מעגניה. Wenn אמר Keth. 26ᶜ die
richtige Lesart, so wäre dies dieselbe Verkürzung, welche sich auch im Syr.
und Mand. findet.

Die 2 *Pers. Plur. masc. und fem.* lautet im galil. Dialekt auf *tūn* (תון) aus. Die *Targume* haben neben masc. *tūn* (תון) eine besondere Femininform auf *tīn* (תין). Nur diese Endungen haben nach der superlin. Vokalisation den Ton.

Die 1 *Pers. Plur. comm.* endet im galil. Dialekt auf *nān* (נן) oder *n* (ן), das *Onkelostargum* hat stets *nā* (נא), die *jer. Targume* auch *nān* (נן), vgl. S. 67 f. Zur Endung *ēnān* (ינן) s. § 64, 5.

2. Nach der Vokalisation im pal. Talmud und Midrasch scheint in den abgeleiteten Formen von Pael, Aphel und Ithpeel das sonst hier übliche *ē* oder *ī* meist durch *a* oder blossen Murmelvokal ersetzt worden zu sein.[1] Selbst in der Grundform des Ithpeel scheint Aussprache mit *a* vorgekommen zu sein, ohne dass Gutturalen dazu den Anlass gegeben hätten. Beispiele s. unten S. 206.

Nach der superlin. Vokalisation gilt Folgendes:

a. In der Grundform des Pael, Aphel, Schaphel und Ithpeel ist der Vokal der zweiten Stammsilbe *ē*. Ein Beispiel für ein Perfekt des Ithpeel mit *a* ist אתאשׁר „wurde ausgegossen" O. Num. 35, 33, vgl. im Targ. zu Micha (*Merx*) אתקפד „war zusammengeschrumpft" Mich. 2, 7, אתעקד „wurde gefesselt" Mich. 7, 20, אתכנשׁו „wurden gesammelt" Mich. 1, 7; Beispiele für das Imperfekt mit *a* im Onkelostargum s. § 61, 7. Von den abgeleiteten Formen regelmässiger Bildung hat die 3 Pers. Plur. stets *i*, während sonst allenthalben *ē* durchgeführt ist, obwohl der Vokal auch in der 3 Pers. Sing. fem. und 1 Pers. Sing. in offene Silbe zu stehen kommt. Ebenso wird bei dem Peal der Intransitiva auf *i* (*ē*) verfahren. Die Intransitiva auf *u* haben *u* in der 3 Pers. masc. Sing. und in der 3 Pers. masc. u. fem. Plur., scheinen aber in den anderen Formen mit *ō* ausgesprochen worden zu sein.

b. Der Satzton scheint auf das *ē* der Intransitiva, des Pael und Aphel keinen Einfluss auszuüben, s. [וֹ]סְגִיד O. Ex. 34, 8 (Silluk; Ausg. Sab. וֹסְגִיד), מְלִיל O. Gen. 21, 1 (Silluk; Mas., Ausg. *Land.* 81 מְלִיל); doch findet sich שָׁלִים O. Gen. 47, 15. 16 (Munach, Tiphcha)[2]. Dagegen Ithpeel אִצְטְלִיב O. Deut. 21, 23 mit *i* unter

---

[1] Dafür lassen sich auch anführen die Schreibungen קְבִילְהָא O. Deut. 28, 45, אָלְבִּישְׁתָּא O. Deut. 33, 8, קְדִּישְׁתוּן O. Deut. 32, 51 (sämtlich bei Merx), welche aber in Cod. Soc. 84 durch das regelrechte קְבִילְהָא, אָלְבִּישְׁתָּא, קְדִּישְׁתוּן ersetzt sind. Ebenso hat Cod. Soc. 84 O. Num. 20, 28 אַלְבֵּישׁ für אַלְבֵּשׁ (so Merx), was nur Schreibfehler sein kann.

[2] Merx liest O. Lev. 9, 15 וֹנְסִיב (Geraschajim), Cod. Soc. 84 hat וֹנְסִיב; ebenso hat Cod. Soc. 84 O. Lev. 9, 5 פָּקֵיד (Munach), nicht פָּקֵיד (so Merx).

dem Einfluss des Athnach und אָתחֹסִיל O. Gen. 21, 8 (2 mal bei
Athnach u. Merka). S. auch § 61.

c. Die Gutturalen ה, ע, ח und Resch veranlassen, wenn sie an
dritter Stelle stehen, Erhaltung des ursprünglichen Vokals *a* in
der zweiten Stammsilbe von Pael und Aphel und Ersatz von *i*
durch *a* im Ithpeel. An zweiter Stelle stehend üben dieselben
mit steter Ausnahme des Resch und gelegentlicher Ausnahme
des Ajin auf die Vokalisation keinen Einfluss aus. Auch wenn
sie verdoppelt werden sollten (im Pael und Ithpaal), bleibt der
vorhergehende Vokal kurz. Nur vor Resch wird immer, bei
Ajin (im Ithpaal) zuweilen *a* zu *ā* gedehnt.[1] Den Einfluss des
Aleph s. §§ 67. 68. 72. 74.

3. Neben dem häufigen Gebrauch des Particips mit הוה statt
des Verbum finitum finden sich im pal. Talmud und Midrasch
und in den jer. Talmud einige Beispiele eines mit הוה verbundenen
Perfekts.[2]

הוה אידמך הוה „er entschlief" Kil. 32ᶜ, vgl. Keth. 35ᵇ; הוה איעלל
„er ging hinein" Sabb. 8ᶜ; הוה איטחין „er mahlte" Pea 15ᶜ; הוה
איתטא „er versündigte sich" Taan. 64ᵃ; אילו הוות זרעתה „wenn du
gesät hättest" Bab. m. 12ᵃ; הוית עבדת „hast du gethan?" Sot.
24ᶜ (Sabb. 7ᵈ הוית עבדת); הוית ידעת „du wusstest" Vaj. R. 34;
הויתי ידעית „ich wusste" O. Gen. 28, 16 (nach Masora, Ausg.
Land. 58); הות שמעת „sie hörte" Jer. II Gen. 18, 10; הוה חמידת
„sie begehrte" Jer. I Gen. 4, 1. Zu הויתא איחרוק „du knirschtest"
Kil. 32ᶜ (vgl. Keth. 35ᵇ הוות אחרוק), אתרעי את „du hast Wohlgefallen" Jer. II Deut. 21, 14 s. § 64, 5.[3]

4. *Beispiele für das Perfekt.*

Singular.

3 Pers. m. *Peal:* לבש „legte an" Bab. k. 7ᶜ, ספר „klagte"
Mo. k. 82ᶜ, עבד „machte" Mo. k. 82ᶜ, חכם „wusste" Koh. R. XI 1,
ערק „entfloh" Naz. 54ᵇ, חשך „wurde dunkel" Ech. R. Peth. 24,

---

[1] Dasselbe geschieht bei dem Pa. זמן „bestellen", z. B. זֹמִין O. Ex. 19, 14.
יוֹרמֹנוּן O. Num. 10, 3, s. aber הַבְדֹנוּן O. Num. 34, 7, מֹזֹנִין O. Gen. 49, 19.

[2] Vgl. für das Syrische *Nöldeke*, Syr. Gramm. 182.

[3] Textverderbnis liegt wohl vor bei יהוון בהתון (für יהוון בהתי) „sie schämen
sich" Sot. 24ᶜ. — Ein Particip mit suffigiertem Personalpronomen ist anzunehmen bei הוית מיתית „du hättest gebracht" Jer. II Gen. 26, 10.

דמך „entschlief" Schek. 49ᵇ, סלק „stieg hinauf" Mo. k. 82ᶜ, שרע „stand ab" Bez. 60ᵃ. — [ו]שמע „hörte" O. Jer. I Ex. 18, 1.

Intrans.: איסליק (mit Aleph prosth.) „entfernte sich" Ab. z. 41ᵃ (vgl. איסלק Ter. 45ᶜ), איטחין „mahlte" Pea 15ᶜ, אידמיך ¹ „entschlief" Keth. 35ᵇ (vgl. Kil. 32ᶜ אידמך). — סליק O. Jer. I Gen. 19, 28, [ו]תֿקיף „war stark" O. Jer. I Gen. 30, 2, רֿגיז „war zornig" O. Jer. I Gen. 41, 10, קֿריב „nahte" O. Jer. I Gen. 12, 11, שלים „ging zu Ende" O. Jer. I Gen. 47, 15. 16.

איחרוב (mit Aleph prosth.) „wurde wüst" Ber. 5ᵃ (vgl. in der Parallelstelle Ech. R. I 51 חרב), חרוק „knirschte" Keth. 35ᵇ (vgl. Kil. 32ᶜ חריק), דמוך „entschlief" Vaj. R. 12, גחוך „lachte" Ber. R. 30 (vgl. Jalk. Schim. I 49). — [ו]דֿמֹוך O. Gen. 2, 21, 41, 5, אידמוך Jer. II Deut. 24, 13, חרוב Targ. Jes. 17, 9.

Pael: זבין „verkaufte" Bab. m. 8ᶜ, בריך „segnete" Ber. 10ʰ, הליך „ging" Sanh. 25ᵈ, פקיד „trug auf" Gitt. 49ᵃ, שלם ² „vergalt" Kidd. 61ᶜ, שימש (!) „diente" Naz. 56ᵇ, עתר (l. עתֿר) „bestimmte" Bab. b. 13ʰ. — זֿבין O. Jer. I Gen. 25, 33, דֿעיץ „steckte hinein" O. Gen. 30, 38, בֿריך O. Jer. I Gen. 24, 1, תֿבֿר „zerbrach" O. Jer. I Ex. 19, 14.

Aphel: אפקיד „deponierte" Ber. 4ᶜ, אספק ² „reichte dar" Dem. 22ᵃ, אקדם „kam zuvor" Gitt. 49ᵃ, אחשר „verdächtigte" Ber. 5ᶜ, אדכר „erwähnte" Ber. 9ᵇ, אחמר „erschwerte" Kidd. 62ᵈ, אשכח „fand" Pea 20ᵇ. — אפריש „trennte" O. Jer. I Gen. 30, 40, אשכח O. Jer. I Gen. 6, 8.

Ithpeel: איתעביד „wurde gemacht" Keth. 34ᵇ, איפסיק „w. geteilt" Ech. R. I 13, Sabb. 8ᵃ; איתבלע „w. verschlungen" R. h. S. 58ᵃ, איעתר „w. reich" Ech. R. I 17, אישתכח „w. gefunden" Schek. 50ᶜ, איתרחץ „vertraute" Sabb. 8ᵈ, אצטלב „w. gekreuzigt" Koh. R. VII 26, אתגמל „w. vergolten" Sanh. 23ᶜ, איטלק „w. geworfen" Sot. 20ʰ, איקפד „war ärgerlich" Dem. 25ᵃ, Ber. 5ᵇ. — אתכֿנש „w. versammelt" O. Jer. I Gen. 49, 33, אתֿהֿפיך „w. verwandelt" O. Jer. I Lev. 13, 25, אתֿפֿליג „sonderte sich ab" O. Num. 16, 1, אצטֿליב „w. gehenkt" O. Deut. 21, 23, אתֿחֿסיל „w. entwöhnt" O. Gen. 21. 8 (Athnach), אדֿכֿר „gedachte" O. Gen. 40, 23, Jer. I אידכֿר, אשֿתֿבֿע „schwor" O. Jer. I Lev. 5, 22, אשֿתֿמע „w. gehört" O. Jer. I Gen. 45, 16.

---

¹ Doch. s. Koh. R. XI 2 Ithpeel מידמיך.

² Ob aus Schreibungen ohne Jod auf Aussprache mit *a* geschlossen werden darf, bleibt ungewiss. Die superlin. Vokalisation kennt diese Aussprache nur bei Gutturalen, s. oben S. 205.

Ithpaal: אִיתְקַבֵּל „wurde angenommen" Schebi. 36ᵈ, אתפקד
„w. bewahrt" Keth. 30ᵈ, אשתתק „w. zum Schweigen gebracht"
Ber. 9ᶜ. — אסתלק entfernte sich" O. Jer. I Gen. 18, 33, אתקדש
„heiligte sich" O. Jer. I Num. 20, 13, אתקף „strengte sich an"
O. Ex. 7, 13, Jer. I אתקף, אתפקד „w. deponiert" O. Jer. I Lev.
5, 23, אתרעם „murrte" O. Num. 21, 5.

Ittaphal: אתסהד „wurde bezeugt" O. Ex. 21, 29, Jer. I
איתסהד.

Poel: סופיק „liess überströmen" O. Jer. I Deut. 2, 7, סובר
„trug" Jer. I Gen. 31, 17.

Schaphel: שיזיב¹ „rettete" O. Jer. I Ex. 12, 27.

Ischtaphal: אישתיזב „wurde gerettet" Jom. 45ᵇ, Koh. R. VII
26, אישתיזיב Sabb. 8ᵈ. — אשתזיב Jer. I Gen. 14, 13, אשתבהר
„w. glänzend" Jer. I Ex. 34, 30.

Quadrilittera: פרסים „machte bekannt" Koh. R. II 16. Passiv:
אתערטל „wurde entblösst" Jer. I Gen. 9, 21.

3 Pers. f. *Peal*: כתבת „schrieb" Bab. b. 16ᵇ, סלקת Keth.
33ᵈ, דמכת Ber. 6ª, חומרת „war schwer" Hor. 48ª, חזרת „kehrte
zurück" Mo. k. 81ᵈ. — [ו]גזרת „beschnitt" O. Jer. I Ex. 4, 25.
Intrans.: קריבת Bab. b. 16ᵈ (neben קרבת Jeb. 13ª), זעירת „wurde
weniger" Pes. 37ᶜ (neben זערת Pes. 37ᶜ, Sabb. 11ª), טעימת „kostete"
Dem. 21ᵈ, צריכת „war nötig" Ber. 4ᵇ (neben צרכת Bez. 60ᵇ), סליקא
Keth. 25ᶜ (neben סלקת Keth. 33ᵈ). — [ו]סליקת O. Jer. I Gen. 24, 16,
תקיפת O. Jer. I Gen. 18, 20, דליקת „verbrannte" O. Jer. I Num.
11, 3, [ו]שלימת O. Jer. I Gen. 47, 18.
שקועת „versank" Sanh. 29ª. — חשולת „wurde finster" O. Jer. I
Ex. 10, 15; שדוכת „w. ruhig" Targ. Jes. 14, 7, Jos. 14, 15, Jud.
5, 31 (hier *Merx* ושדיכת), הרובת Targ. Ez. 26, 2, Jerem. 9, 18.

Pael: זבנת Bab. b. 16ᵇ, עברת „war schwanger" Kidd. 61ᵇ,
בשלה „kochte" Dem. 26ª. — שמישת „diente" Jer. I Gen. 19, 35,
קריבת „brachte nahe" O. Ex. 4, 25.

Aphel: אפסיקת „trennte" Ber. R. 59, ארגישת „merkte" Ab. z.
41ª, אמתינת „wartete" Vaj. R. 9, אקפדת „war genau" Ber. R. 80.
— אקריבת Jer. I Ex. 4, 25, אשכחת O. Gen. 8, 9, Jer. I השכחת.

*Ithpeel*²: איתעבידת Ber. R. 59, איצטרכת „wurde ernötigt"
Schebu. 38ᶜ, איתדחלת „w. erschreckt" Vaj. R. 26, אידחילת Vaj. R. 9,

---

¹ שיזיב gehört hierher, wenn es mit *Friedr. Delitzsch* von שעוב anzu-
leiten ist.
² אתרנושת „wurde erschüttert" Targ. 2 Sam. 22, 8 Merx ist in אתרגישת
zu korrigieren.

אִישְׁתְּכַחַת „wurde gefunden" Ab. z. 44ᵈ, אִיתְעֲקַרַת „wurde ausgerissen" Mo. k. 81ᵈ, Ab. z. 42ᶜ. — אִתְפְּרִיקַת „w. gelöst" O. Lev.
19, 20, Jer. I אִיתְפְּרִיקִיאַת (!), אֶתְגְּנִיוּת „w. verwahrt" Jer. I Num.
20, 2, אוֹדְעַרַת „w. verkleinert" Jer. I Gen. 1, 16, אִתְבַּזְעַת „w. ge-
spalten" O. Jer. I Num. 16, 31, אִדְּבַרַת „w. geführt" O. Gen. 12, 15,
Jer. I אִידְבַרַת.

Ithpaal: אִיסְתַּכְּלַת „erkannte" Koh. R. I 8. — אִתְחַבְּלַת „w.
vernichtet" O. Jer. I Gen. 6, 12, אִתְחַרְרַת „w. frei gemacht" O. Lev.
19, 20, Jer. I אִתְעַבְּרַת, אִיתְחַרַת „w. schwanger" Jer. I Gen. 19, 37.

Poel: סוֹבְרַת „trug" O. Jer. I Gen. 13, 6.

Ithpoel: אַתְרוֹקִינַת „w. ausgeleert" Targ. Thren. 1, 1.

Schaphel: שַׁחְרַרַת „sprach frei" Jer. I Gen. 30, 9.

Ischtaphal: אִישְׁתֵּיזְבַת „w. befreit" Schebi. 38ᵈ. — אִשְׁתֵּיזְבַת O.
Gen. 32, 30, Jer. I אַשְׁתֵּיזְבַת.

2 Pers. c. *Peal:* קְטַלְתְּ „tötetest" Ech. R. III 4, עֲבַדְתְּ Taan.
64ᵇ, עֲרַקְתְּ Naz. 54ᵇ, Ber. R. 91, שְׁמַעְתְּ Mo. k. 82ᶜ, שְׁלַחַתְּ „sandtest"
Jeb. 3ᵃ; פְּגַעְתְּה „trafst" Kidd. 64ᵈ, מְסַרְתָּה „übergabst" Vaj. R. 9,
שְׁבַקְתָּה „verliessest" Bab. k. 3ᵇ. — עֲבַדְתְּ O. Gen. 19, 19, Jer. I
עֲבַדְתָּא, עֲבַדְתָּא O. Gen. 31, 26, Jer. I עֲבַדְתְּ, [ד]בַרְתָּא „führtest"
O. Gen. 20, 3, [ד]פְרַקְתָּא „erlöstest" O. Deut. 9, 26, Jer. I פְּרַקְתְּ.
Intrans.: סְלֵיקַת Er. 18ᵈ. — קְרֵיבְתָּא O. Jer. I Deut. 2, 37,
חֲכִימְתָּא „wusstest" Jer. I Gen. 47, 6.

Pael: חֲרֵיבְתְּ Pesikt. 74ᵇ. — קַבֵּילְתָּא „empfingst" O. Gen. 3, 17,
Jer. I קַבֵּלְתְּ, זַמֵּינְתְּ „bestimmtest" Jer. II Ex. 15, 17, דַּבַּרְתְּ „führtest"
O. Jer. I Gen. 31, 26.

Aphel: אַפְקַדְתְּ „trugst auf" Vaj. R. 6, אַשְׁכַּחַתְּ Maas. 52ᵃ, אַטְרַחַתְּ
„belastetest" Schebu. 33ᶜ. — אַתְקֵינְתָּא „richtetest ein" O. Jer. I
Ex. 15, 17, אַמְלִיכְתְּ „rietest" Jer. I Num. 31, 8, אַשְׁכַּחְתָּא O. Jer. I
Ex. 33, 17.

Ithpeel: אִתְּבַרְתְּ „wurdest zerbrochen" Sabb. 9ᶜ, אִישְׁתְּבַעַת
„schworst" Ned. 39ᵇ, אִיגְּרַבְתְּ „wurdest übervorteilt" Bab. m. 9ᵈ. —
אִתְגְּזַרְתְּ „w. beschnitten" Jer. I Gen. 22, 1, אִיטַּמַּרְתְּ „verstecktest
dich" Jer. I Gen. 31, 27.

Ithpaal: אִיסְתַּכְּלַת „erkanntest" Chag. 77ᵈ.

Schaphel: שֵׁיזֵיבְתָּא O. Ex. 5, 23, Jer. I שֵׁיזַבְתָּא, שַׁלְחֶפְתָּא „wech-
seltest" Jer. I Gen. 31, 41.

2 Pers. f. *Peal:* עֲבַדְתִּין Sanh. 25ᵈ.

1 Pers. c. *Peal:* שְׁבַקִית Ned. 40ᵃ, דְּחָלִית Ech. R. I 4, סָרְחִית
„sündigte" Sanh. 28ᵇ, עֲבַדִית Sot. 20ᶜ, עֲבָרִית „ging vorüber" Kidd.
65ᵈ, שְׁלַחִית Pea 15ᵈ, שְׁמַעִית, שְׁמַעַת Sabb. 10ᵃ, סְבַרַת „meinte" Ber.
5ᶜ. — עֲבָדִית O. Jer. I Gen. 8, 21.

Intrans.: חסילית „hörte auf" Ber. R. 80, סליקית Ber. 5^c (neben סלקית R. h. S. 58^b). — סְגִידִית[ו] „verneigte mich" O. Jer. I Gen. 24, 48, רְחִימִית[ד] „liebte" O. Jer. I Gen. 27, 4, תְּכֵילִית „wurde kinderlos" O. Gen. 43, 14, Sab. תְּכוּלִית, Jer. I אתכלית, Jer. II תכלית.

Pael: זבנית „verkaufte" Sabb. 8^c, Ech. R. I 2, Ber. R. 33, זביניה Bab. m. 8^c, פקידית Sanh. 20^d, Ech. R. I 2, חשיבית „achtete" Ech. R. I 45, קריבת Ber. R. 38. — קַטֵּילִית O. Gen. 4, 23, Jer. I קטלית, בָּרֵיכִית O. Jer. I Gen. 24, 48, סַבָּרִית „hoffte" O. Gen. 49, 18, עַתָּרִית „bereicherte" O. Jer. II Gen. 14, 23.

Aphel: אפלגית „bestritt" Sot. 20^c, אשגרית „warf" Kil. 32^b, אשכחית Bab. m. 10^b. — אַתְקֵינִית „rüstete" O. Deut. 32, 40, אַשְׁכַּחִית O. Jer. I Gen. 18, 3, אעתרית „bereicherte" Jer. I Gen. 14, 23.

Ithpeel: אידבקת „verband mich" Sabb. 8^d, אידבקית Koh. R. XI 2, אישתלחית Kil. 32^c. — איתגניבית „wurde gestohlen" Jer. I Gen. 40, 15, אתגזרית „w. beschnitten" Jer. I Gen. 22, 1, אִשְׁתַּלְּחִית Targ. Jud. 5, 7 Merx.

Ithpaal: אסתכלית Sanh. 29^c. — אִתְפַּקָּדִית O. Lev. 10, 13, Jer. I איתפקדית, אִשְׁתַּטַּחִית „streckte mich aus" O. Jer. I Deut. 9, 25, אִתָּרְכִית „w. vertrieben" Targ. Jon. 2, 5 Merx.

Plural.

3 Pers. m. *Peal:* סלקון Ber. 5^a, קטלון Keth. 35^a, זבנון Bab. m. 8^c, שבקון Pes. 31^b, צרכון Ber. 9^b, שמעון Ber. 6^a, קרעון „zerrissen" Keth. 35^a; פסקו „machten aus" Pea 15^c. — עֲבַדוּ O. Jer. I Gen. 3, 7, שְׁמַעוּ[ו] O. Jer. I Gen. 3, 8.

Intrans.: פליגון „waren geteilt" Ber. 10^b. — שְׁכִיבוּ „legten sich" O. Jer. I Gen. 19, 4, דְּחִילוּ[ו] O. Jer. I Gen. 20, 8, קְרִיבוּ[ו] O. Jer. I Gen. 19, 9.

נְגוּבוּ „wurden trocken" O. Jer. I Gen. 8, 13, חרובו „w. wüst" Targ. Jerem. 49, 4.

Pael: קבלון Schek. 48^d, שקרון „betrogen" *f.* Keth. 26^c, קלסון „rühmten" Chag. 78^d, — קַבִּילוּ O. Jer. I Gen. 37, 27, זַבִּינוּ O. Jer. I Gen. 37, 28, בָּרִיכוּ O. Jer. I Gen. 24, 60, תָּרְעוּ „zerschmetterten" O. Gen. 49, 6.

Aphel: אקדמון „kamen zuvor" R. h. S. 58^b, אדלקון „entzündeten" Ab. z. 41^a, אטענון „luden auf" Vaj. R. 37, אדכרון „erwähnten" Sot. 16^d, אכשרון „legitimierten" Gitt. 44^d, אפסקון „unterbrachen" Mo. k. 82^d, אשכחון Kil. 27^a; אסהידו „bezeugten" Sanh. 23^b. — אַתְקִיפוּ „stärkten" O. Jer. I Gen. 19, 16, אַעְבַּרוּ „liessen vorübergehen" O. Jer. I Ex. 36, 6, אַשְׁלַחוּ „zogen aus" O. Jer. I Gen. 37, 23, אַשְׁכַּחוּ

O. Num. 15, 32, Jer. I השכחו, ארשיעו „thaten übel“ Jer. I Ex. 18, 11, אֶצְנְעוּ „verwahrten“ O. Jer. I Ex. 16, 24.

Ithpeel: איתמלכון „berieten sich“ Dem. 21ᵈ, איתפלגון Pea 15ᵇ, איתעגשון „w. bestraft“ Ab. z. 39ᵇ, איתעקרון „w. ausgerissen“ Ab. z. 42ᶜ, אישתכחון Taan. 66ᵈ, איזדרעון „w. gesät“ Bab. b. 17ᵃ; איתרחיצו „vertrauten“ Schir R. VII 2. — אִתְכַּבִּישׁוּ „w. verhüllt“ O. Jer. I Gen. 4, 5, אִיטָרְדוּ „w. vertrieben“ Jer. I Gen. 28, 12, אֶסְתַכָּרוּ „w. verschlossen“ O. Gen. 8, 2, Jer. I אֶסְתַגְרוּ.

Ithpaal: אישתתקון R. h. S. 58ᵈ, איתקבלון Schebi. 37ᵃ. — אֶסְתַּלְּקוּ „erhoben sich“ O. Jer. I Num. 16, 27, אוּזְדַּמְנוּ ¹ „w. bestimmt“ O. Jer. I Num. 27, 3, אֶתְעָתַּדוּ „w. hingestellt“ O. Jer. I Deut. 31, 14, אֶתְּרְדוּ „w. vertrieben“ O. Ex. 12, 39, Jer. I Ithpe. איתריכו.

Poel: רוֹקִינוּ „entleerten“ O. Jer. I Ex. 12, 36.

Ithpoal: איתרוקנו Jer. I Ex. 4, 19.

Schaphel: שֶעְבִּידוּ „unterwarfen“ O. Gen. 12, 5.

Quadrilittera: פרסימו „machten bekannt“ Jer. I Num. 16, 26. Passiv: אתבלעסון „bekamen Ekel“ Ter. 46ᵃ. — אתפרסמו Jer. I Num. 22, 41.

3 Pers. f. *Peal*: רגזן ² „zitterten“ Kil. 32ᵇ, פשטן „streckten sich aus“ Pea 21ᵇ. — [וֹ]בְלָעָא „verschlangen“ O. Gen. 41, 24, Jer. I בלען.

Intrans.: [וֹ]שְלִימָא O. Gen. 41, 53, Jer. I שלימן, [וֹ]דְחִילָא O. Jer. I Ex. 1, 17, [וֹ]רְכִיבָא „ritten“ O. Gen. 24, 61, Jer. I רכבן, [וֹ]קְרִיבָא O. Num. 27, 1, Jer. I קריבן.

חֲרוּבָא ³ „wurden wüst“ Targ. Jud. 5, 7 Merx.

Aphel: אכחשן „wurden schlecht“ Mo. k. 80ᵃ.

Ithpeel: אתפרכן „wurden zerrieben“, אתחרשן „w. stumm“ Ber. R. 1. — אֶתְעֲבִידָא Jud. 5, 10 Merx, אִשְׁתַּכָּחָא O. Gen. 19, 15, Jer. I הישתכחן, אתפרען „rächten sich“ Jer. II Deut. 32, 27, אתמנען „w. verhindert“ Jer. I Gen. 50, 3.

Ithpaal: אשתתקן „w. stumm“ Ber. R. 1. — אִתְפַּתַּחָא (l. mit Merx אִתְפַּתְּחָא) „w. geöffnet“ O. Gen. 3, 7, אתעברן „w. schwanger“ Jer. I Gen. 19, 36.

2 Pers. m. *Peal*: עבדתון Sanh. 25ᵈ, שבקתון Pea 17ᵈ, קטלתון Maas. sch. 55ᶜ, בלעתון „verschlanget“ Ech. R. Peth. 24, שמעתון

---

¹ Zur Vokalisation mit Kamez s. S. 205, Anm. 1.

² Diese Form ist vom Plur. fem. der Participia act. nicht zu unterscheiden und deshalb keine sichere Bestimmung möglich.

³ Das Pathach ist fehlerhaft.

R. h. S. 58ᵈ. — עָבַדְתּוּן O. Jer. I Deut. 9, 16, עֲבַרְתּוּן O. Jer. I Gen. 18, 5.

Intrans.: סליקתון Schir R. VII 2. — דְּהִילְתּוּן O. Deut. 5, 5, Jer. I דחלתון, חכימתון Jer. I Ex. 23, 9.

Pael: זבנתון Ber. R. 91. — קַבִּילְתּוּן O. Gen. 42, 22, Jer. I קבלתון, שְׁלֵימְתּוּן O. Jer. I Gen. 44, 4, סָרֵיבְתּוּן „waret widerspenstig" O. Jer. I Deut. 1, 26.

Aphel: ארגישתון Pesikt. 138ᵇ. — אַשְׁלֵימְתּוּן O. Ex. 5, 14, Jer. I אשלמתון, אַתְכֵּילְתּוּן „machtet kinderlos" O. Gen. 42, 36, Jer. I אתכלתון, אַרְשֵׁעְתּוּן O. Jer. I Deut. 1, 43.

Ithpeel: אדחקתון „wurdet bedrängt" Sukk. 54ᵇ. — אִדְּבֵיקְתּוּן „schlosst euch an" O. Deut. 4, 4.

Ithpaal: אזדמנתון Jer. I Gen. 18, 5, אִתְרְעַמְתּוּן (l. אִתְרְעֵמְתּוּן) „murrtet" O. Jer. I Num. 14, 29.

2 Pers. f. *Peal:* עֲבַדְתִּין O. Jer. I Ex. 1, 18, שַׁבַקְתִּין O. Jer. I Ex 2, 20.

1 Pers. c. *Peal:* שבקן Ter. 48ᵇ, סברן Sabb. 3ᵃ, שמען Bez. 62ᵃ. — עֲבַדְנָא O. Jer. I Gen. 26, 29; הדרנן „kehrten zurück" Jer. I Deut. 32, 31, כבשנן „unterjochten" Jer. I Deut. 29, 7. Intrans.: [וֹ]סליקנא O. Jer. I Deut. 3, 1, קריבנא Jer. I Gen. 26, 29.

Pael: זבנן Ber. R. 91. — הליכנא „gingen" O. Jer. I Deut. 1, 19, קַבֵּילְנָא O. Jer. I Gen. 42, 21.

Aphel: אשכחנן Er. 18ᵈ, Pes. 28ᵃ, Jom. 43ᶜ; אשכחן Ber. 11ᵃ, Kil. 28ᵇ. — ארגיזנן „erzürnten" Jer. I Deut. 32, 31, אַשְׁכַּחְנָא O. Jer. I Gen. 26, 32.

Ithpeel: אִתְחֲשִׁיבְנָא „wurden geachtet" O. Gen. 31, 15, Jer. I אתחשבנא.

Ithpaal: אִתְעַכַּבְנָא „wurden aufgehalten" O. Gen. 43, 10, אתפקידנא (!) Targ. Ruth 1, 16.

§ 61. C. *Das Imperfect.*

1. Das Praefix der 3 *Pers. Sing. m.* und *Plur. m.* und *f.* ist im galil. und jud. Dialekt *ya* (י).

Ein einziges Beispiel des ostaramäischen Praefixes *na* (נ) findet sich neben anderen Spuren babylonischen Einflusses in דלא נשוו להו „damit man sie nicht erkläre" Schek. 46ᶜ. Nur in Sätzen, welche einen Wunsch oder eine Absicht ausdrücken, findet sich einige Mal ל, in den jer. Targumen nur bei הוה (im Onkelostargum niemals), im pal. Talmud und Midrasch auch

14*

bei anderen Verben. Sämtliche mir bekannte Beispiele sind folgende:

a. Absichtssätze, eingeleitet durch דלא „damit nicht". דלא לימית „dass er nicht sterbe" Dem. 21ᵈ, דלא ליקלקל „dass er nicht verderbe" Sanh. 23ᶜ, דלא להוי „dass er nicht sei" Ech. R. I 4, דלא ליהוון „dass sie nicht seien" Ech. R. I 29, דלא ליהויין „dass sie nicht seien" Kidd. 61ᶜ, דלא לחשדינהו „damit man sie nicht verdächtige" Schek. 46ᶜ. — ולא (דלא) ליהוי (1. „damit nicht sei" Jer. II Ex. 10, 28.

b. Finalsätze, eingeleitet durch ד. דליברך „dass er den Segen spreche", דליכול „dass er esse" Ber. 11ᵇ. — דלהוי „dass er sei" Jer. I Ex. 22, 24.

c. Wunschsätze.[1] לימא „er sage" Pea 16ᶜ, ליתני „er tradiere" Ter. 41ᵇ, לצלי „er bete" Ber. 7ᶜ Ven. (Lehm. יצלי), לא לישתב[ע] „er schwöre nicht" Ber. 3ᶜ Ven. (Lehm. לא משתבע), ליקום „er stehe ein" Ter. 45ᶜ, ליזבון „er kaufe" Maas. 51ᵇ, ליהוון „sie seien" Mo. k. 81ᵈ.

d. Möglichkeitssätze. מאן לימא „wer könnte sagen?" Schebu. 37ᵈ, לית אפשר ²דליפק „es ist unmöglich, dass er hervorgehen lasse" Pesikt. 155ᵇ (in der Parallelstelle R. h. S. 59ᵇ דהוא מפיק).

2. Die 2 *Pers. Sing. fem.* hat im pal. Talmud (da besonders in Kontrakten vorkommend) und in den Targumen die Endung *în* (ין). Dabei ist Abwerfung des *n* bei betonter Paenultima im Targum zu Ruth zu beobachten.

Das regelwidrige ῑ in der 3 Pers. Sing. fem. ³תסבי „sie nimmt" Keth. 31ᶜ (in einem Kontrakt) ist wahrscheinlich nur verschrieben für תסני.

3. Das Praefix der 1 *Pers. Sing. comm.* ist א, welches von der superlin. Vokalisation im Peal, Aphel, Ithpeel (wohl auch Ithpaal) mit Pathach, im Pael mit Schewa versehen wird.

Statt der 1 Pers. Sing. wird aber nicht selten die erste Person Pluralis gebraucht, was dann am auffallendsten ist, wenn ein singularisches Suffix im gleichen Satze auf das Subjekt des

---

[1] Für ein aus Kontraktion von לא mit dem Praefix des Imperfects entstandenes לֹי, vgl. *Nöldeke*, Mand. Gramm. 216, giebt es hier kein Beispiel.

[2] Dass das Praefix ל in diesem Falle dem Praefix des Imperfects vorangesetzt wurde, sodass *lĕ-yappēk* zu sprechen (so *Rosenberg*, Das aram. Verbum im bab. Talmud 13), ist zu bezweifeln.

[3] Vgl. indes aeg. aram. תזבני CIS II 137.

Verbs zurückweist,[1] z. B. נסבינון עמי „ich will sie mit mir nehmen"
Sot. 17ᵇ, עד דניחסל פרשתי „bis ich meinen Abschnitt beendige"
Ned. 40ᵈ, וניחות לי מן הן דסלקית (l. ניזול) ניזול „ich will gehen und
dahin hinabsteigen, von wo ich heraufgekommen bin" Ber. 5ᶜ,
ניחצי שיני „ich will meine Zähne reinigen" Chall. 60ᵇ, im Targum
ניקום כען ונלעי בליעות ידיי „ich will aufstehen und mich mühen mit
der Arbeit meiner Hände" Jer. I Gen. 3, 18, לא נבהית באנפי
אבהתי „ich werde nicht zuschanden angesichts meiner Väter"
Jer. I Gen. 38, 25. Dies ist nicht als eigene Form der 1 Pers.
Sing. zu betrachten,[2] sondern Plural der Selbstermunterung,[3]
dessen häufiger Gebrauch das Gefühl für die in ihm liegende
Mehrzahl vollständig abgestumpft hatte.[4] Auch sonst wird gern
der Plural für den Singular gebraucht, z. B. א"ר יוסה חמינן כוכב
„es sagte Rabbi Josa: Ich sah einen Stern" R. h. S. 58ᵃ, אמר
רב הונא כד סלקינן להכא — הוינן חמין „es sagte Rab Huna: Als ich
hierher heraufzog — sah ich" R. h. S. 58ᵃ.

4. Die 3 *Pers. Plur. fem.* hat allenthalben die Endung ân (ן).
Zuweilen lautet das Praefix ת statt י nach Analogie des Singulars, z. B. תינסבן „sie werden verheiratet" Keth. IV 13, תהיון (l.
תהוין) „sie sind" Vaj. R. 25, תהון Koh. R. IX 10, תתוקפון „sie
werden gestärkt" Jer. I Deut. 28, 32, תיהוויין „sie sind" Jer. I
Gen. 41, 36, תהויין Jer. I Num. 36, 6. Im *Onkelostargum* findet
sich diese Bildung nicht.

5. Eine bes. Form für die 2 *Pers. Plur. fem.* ist im galil.
Dialekt nicht nachzuweisen. Das *Onkelostargum* hat Ex. 1, 16
תקטלן „ihr tötet", Targ. Jer. I verwendet aber dafür die Masculinform תקטלון. Auch Targ. Ruth 1, 11 wird gemäss den V.
8. 9 vorangehenden Masculinformen mit weiblicher Bedeutung
für תיזלין „ihr geht" תיזלון zu lesen sein.

6. Eine — wahrscheinlich aus dem Hebr. entlehnte —
Cohortativform für die 1 *Pers. Plur.* findet sich in den jer. Targumen, und zwar auffallender Weise meist an Stellen, wo im
hebr. Text keine Cohortativform dazu den Anlass bietet, und

---

[1] Im babyl. Talmud findet sich sogar אנא נעביד לחומרא „ich will mich nach
dem Erschwerenden richten" b. Kidd. 81ᵃ.

[2] So *Schlesinger*, Das aram. Verbum im Jerus. Talmud 15 ff.

[3] Vgl. Dan. 2, 36: דנה חלמא ופשרה נאמר „das ist der Traum, und seine
Deutung will ich sagen."

[4] Sehr erklärlich wäre die Vorliebe für diese Form, wenn die dritte und
die erste Person Sing. (יקטול und אקטול) wie im Christl. Paläst. gleichlauteten,
sodass Missverständnissen vorzubeugen war, vgl. S. 62, 71.

nicht im Peal. Sämtliche mir bekannte Beispiele sind folgende: *Pael* נקרבא „lasst uns darbringen" Jer. I Ex. 8, 22, נסדרא „l. u. ordnen" Jer. I Ex. 14, 13, נשבחא „l. u. preisen" Jer. I Ex. 15, 1 (hebr. אשירה), נשבחא Jer. I Ex. 15, 21, נטייבא „l. u. wohlthun" Jer. I Ex. 9, 16; *Aphel:* נובדא „l. u. vernichten" Jer. I Num. 12, 12; *Ithpeel* דנתקטלא „damit wir getötet werden" Jer. I Gen. 4, 23; *Palel* נערבבא „l. u. verwirren" Jer. I Gen. 11, 7 (hebr. נערבבה), (נבלה Jer. I Ex. 14, 13, נרוממה „l. u. erheben" Jer. II Ex. 15, 2; *Schaphel* נשרגנא „l. u. verleiten" Jer. I. II Num. 20, 17; *Palpel* נלבלבא „l. u. beherzt sein" Jer. I Ex. 14, 13.

Ein Cohortativ der 1 *Pers. Sing.* ist אערבבה „ich könnte verwirren" Jer. II Gen. 22, 10, vgl. die einzige Pealform אפלחא „ich will dienen" Targ. Cant. 6, 3.

7. Die transitive oder intransitive Bedeutung der Verba hat auf die Form des Imperfekts keinen zwingenden Einfluss; es heisst im Onkelostargum ישכוב von שכיב, ירכוב von רכיב, in den jer. Targumen יתקוף von תקיף, יטמוע von טמע, im pal. Talmud יחכום von חכם, תיעבור von עבר.

Das U-Imperfekt des Peal hat nach der superlin. Vokalisation in der Regel ō; unter dem Einflusse des Satztones (bei Silluk, Athnach, Zakeph katon) ist häufig *u* erhalten¹, das indes auch ausserhalb des Satztones zuweilen erscheint, s. תִּשְׁבּוֹק O. Ex. 23, 5 (Tiphcha), תִּפְרוֹק O. Ex. 13, 13 (3mal bei Munach, Tiphcha u. Silluk), תֵּחֲצוֹד O. Deut. 24, 19 (Telischa ketanna).

Das I-Imperfect des Peal, sowie das Imperfect des Pael und Aphel haben stets *ē*, doch s. [וֹ]תֵּפְרִיק „du ladest ab" O. Ex. 23, 5 (Merka).² Häufig ist aber Schreibung mit *i* statt des gewöhnlichen *ē* im Ithpeel, und zwar auch ausserhalb des Satztones, s. יתרגים O. Ex. 21, 28 (Geresch) neben יתרגים O. Ex. 19, 13 (Paschta), יתקטיל O. Num. 35, 16 (Tiphcha).

Beispiele für ein Imperfect des Ithpeel auf *a* sind תתרחץ „du traust" Sabb. 5ᵇ, ניטפל „wir befassen uns" Pea 21ᵇ, נתֵּסֵּף ³ „wir willigen ein" O. Gen. 34, 23, יתאֵשֵׁד „es wird vergossen" O. Gen. 9, 6.

---

¹ Die Masora (Ausg. *Berliner* XV f., *Landauer* 93) bezeugt beide Schreibungen, ohne dass ein festes Gesetz mitgeteilt würde.

² Die von der Masora, Ausg. *Land.* 99 aufgeführten Beispiele תעביר, אעביד werden in Cod. Soc. 84 mit *ē* geschrieben. — Auch bei Silluk heisst es O. Ex. 21, 19 יֵשְׁלִים.

³ Nach Ausg. Sab. wäre es Impf. Peal נטפס.

8. *a. Die Verba primae Gutturalis.* Nach der superlinearen Vokalisation des Onkelostargums bewirken die Gutturalen ה, ח, ע niemals Auflösung des festen Silbenschlusses nach dem Praefix des Peal und Aphel. Nur bei עבד wird in den hinten nicht verlängerten Formen des Imperfects das Ajin mit Schewa versehen, sodass wohl *yéʿbēd* gelesen werden soll. Eine ähnliche Aussprache wäre nach der Masora, Ausg. *Land.* 100. 108 auch bei dem Imperfect von עבר und ערק anzuwenden, indem Lesarten wie תִּיעִיבַּר und יַעִירוֹק mitgeteilt werden. Die superlin. Vokalisation hat diese Formen aber nicht, und auch der Text des pal. Talmud und Midrasch deutet sie nirgends an.

Das Praefix wird auch vor Gutturalen meist mit Chirek versehen, Pathach erhält חסר, חנך, חוור, חבט, עצר, עשק, עבד.[1]

b. Die Verba mediae Gutturalis. Die Dehnung des der Gutturalis vorangehenden Vokals erfolgt nach der superlin. Vokalisation im Pael und Ithpaal wie im Perfect stets vor Resch, zuweilen vor Ajin, und unterbleibt sonst.

c. Die Verba tertiae Gutturalis. Die Gutturalen ה, ח, ע und das Resch verdrängen im Onkelostargum sowohl das *u* (*ō*) des Imperfects des Peal als das *i* (*ē*) des Pael und Ithpeel. Im pal. Talmud und Midrasch hat das Resch gewöhnlich und seltener Ajin im Imperfect des Peal diesen Einfluss nicht, während in den jer. Targumen neben Formen, welche der Regel des Onkelostargum entsprechen, auch Imperfecta auf *u* von Stämmen tertiae Resch, Ajin und sogar auch Cheth zu finden sind. Dagegen scheint der I-laut auch im galil. Dialekt von den Gutturalen mit Einschluss des Resch wie im Onkelostargum verdrängt, bez. nicht zugelassen worden zu sein.

9. Zur Umschreibung des Imperfects dient nicht selten עתיד mit folgendem Infinitiv, in den Targumen mit vorangehendem ל, im galil. Dialekt wohl meist ohne dasselbe, z. B. עתיד הוא משבק ליך „er wird (will) dich verlassen" Kidd. 64ᵃ; עתידין אילן עמא; משתרפה „jene Leute werden verbrannt werden" Ber. R. 38; עָתִיד לְאִתְפָּרָעָא מִנָך „es wird von dir eingezogen werden" O. Gen. 4, 6; דְעָתִידִין לְמִפָק „welche hervorgehen werden" O. Gen. 4, 10.

[1] Vgl. תֵעְשׁוּק O. Lev. 19, 13, תֵעְצֹר Targ. Mich. 6, 15 Merx, תַחְבּוֹט O. Deut. 24, 20, יְחוֹרוֹן O. Gen. 49, 12, m. S. יְחַנְבֵּיה O. Deut. 20, 5, תֵחְסֹר O. Deut. 8, 9. Das von *Merx*, Chrest. Targ. 201 für Peal gehaltene תַחְמִיר O. Ex. 20, 11 ist vielmehr Aphel.

10. Beispiele für das Imperfect.

Singular.

3 Pers. m. *Peal. a.* יזבן „kauft" Ab. z. 39ᶜ, יכתוב „schreibt"
Ned. 42ᵇ, יחכום „weiss" Chag. 78ª, יכעוס „zürnt" Schek. 49ᵇ, יכפור
„leugnet" Kidd. 64ª, יסבור „meint" Gitt. 47ª. — יגנוב „stiehlt"
O. Jer. I Ex. 21, 16, ירכוב „reitet" O. Jer. I Lev. 15, 9, יתקוף
„ist stark" Jer. I Gen. 18, 32, יפרוק „erlöst" Jer. I Ex. 21, 8,
יקטול „tötet" O. Jer. I Ex. 19, 22, ישכוב „legt sich" O. Jer. I
Ex. 22, 26 (Zakeph k.), יערוק „flieht" O. Jer. I Ex. 21, 13, Num.
35, 26, Sab. יעירוק,¹ יטמע „geht unter" Jer. I Ex. 22, 25.

b. יסכן „kommt in Gefahr" Ab. z. 40ᵈ, ישמע „hört" Ned. 40ª,
יטמע R. h. S. 58ᵇ. — יתקף O. Jer. I Ex. 22, 23, יקרב O. Jer. I
Lev. 15, 5, ידבק „haftet" O. Gen. 2, 24, יפתח „öffnet" O. Jer. I
Ex. 21, 33, יפלח „arbeitet" O. Jer. I Ex. 21, 2.

c. יעביד „macht" Dem. 24ᵈ. — יעביד O. Jer. I Ex. 21, 9,
יעבד Jer. I Lev. 5, 22.

Pael: יובין „verkauft" Mo. k. 81ᵇ, יתקן „ordnet" Dem. 24ᵈ,
יבריך „segnet" Koh. R. VII 11, ישדך „beruhigt" Ber. R. 64, יחזר
„giebt zurück" Ab. z. 29ᶜ. — יקביל „empfängt" O. Jer. I Lev.
20, 17, ישלים „vergilt" O. Ex. 21, 19, Jer. I ישלם, יקטיל „tötet"
O. Jer. I Gen. 49, 17, יעקר „lähmt" O. Jer. I Gen. 49, 17,
יערע „begegnet" O. Gen. 49, 1, [ו]ירחים „erbarmt sich" O. Num.
6, 25, [ו]ישלח „entsendet" O. Jer. I Ex. 22, 4, [ו]יכפר „versühnt"
O. Jer. I Lev. 5, 18.

Aphel: יסהד „bezeugt" R. h. S. 58ᵈ. — ידביק „lässt haften"
O. Deut. 28, 21, יסהיד Jer. I Deut. 24, 13, יפקר „macht zum
Gemeinbesitz" Jer. I Ex. 22, 4, יסחר „umringt" O. Gen. 49, 11.

*Ithpeel:*² יתעביד Sabb. 3ᵇ, ישתבוק (l. ישתביק) „wird gelassen"
Keth. 30ᵈ, לישתבע „schwört" Ber. 3ᶜ. — יתפריק „w. erlöst" O. Gen.
49, 17, יתכניש „w. gesammelt" O. Jer. I Num. 20, 24, יתגניב „w.
gestohlen" O. Ex. 22, 11, Jer. I יתגנב, יתרגים „w. gesteinigt" O.
Ex. 21, 28. 29 (Geresch, Zakeph katon) Jer. I יתרגם, יתרגים O.
Jer. II Ex. 19, 13, יתקטיל „w. getötet" O. Ex. 22, 18 (Silluk),
יתקטיל O. Num. 35, 16 (Tiphcha), Jer. I יתקטל, יתעביד O. Jer. II
Gen. 34, 31; יסתער „w. heimgesucht" O. Num. 16, 29, יתבחר „w.
erwählt" O. Gen. 49, 16, ישתבע O. Lev. 5, 24.

---

¹ Vgl. Masora, Ausg. Land. 108.
² Nabat. יתקבר CIS II 208, יתפתח ebenda 226.

Ithpaal: יִתְּקֵף „erweist sich stark" O. Num. 24, 7, יִתְרֲחֵם „er-
fährt Erbarmen" Targ. Jon. 1, 6 Merx.

Poel: ירוקן „leert aus" Jer. I Num. 24, 17.

Ittaphal: יתפרש „w. ausgeschieden" Jer. [Lev. 27, 29, O. יָתַחֲרֵם.

Schaphel: ישיזבינך „erlöst dich" Sanh. 29ᶜ.

Quadrilittera: יפרסם „macht bekannt" Koh. R. II 14. —
ימשכן „pfändet" Jer. I Deut. 24, 6.

Passiv: יִתְמַסְכַּן „verarmt" O. Jer. I Lev. 25, 25.

3 Sing. f. *Peal. a.* תילחוש „bespricht" Sot. 16ᵈ, תיקבור „be-
gräbt" Schebu. 37ᵃ, תיעבור „geht vorüber" Sabb. 14ᵈ. — תישדוך
„wird ruhig" Jer. I Gen. 27, 45, תפלוט „wirft aus" Jer. I Lev.
18, 28, תשלוף „zieht aus" Jer. I Deut. 25, 9, תחזור „kehrt zurück"
Jer. II Gen. 27, 45, תפתוח „öffnet" Jer. I Num. 16, 30.

b. תפלט Taan. 63ᵈ, תטמע „geht unter" Bab. m. 12ᵇ, תדנח „geht
auf" Bab. m. 12ᵇ. — תְּפְתַח O. Jer. I Deut. 20, 11.

c. תֶעְבִּיד O. Jer. I Deut. 20, 12.

Pael: תְקַבִּיל O. Num. 5, 31, Jer. I תקבל.

Aphel: תַּשְׁלִים „schliesst Vergleich" O. Jer. I Deut. 20, 12,
תַּתְקִיף „ergreift" O. Jer. I Deut. 25, 11, תשכח Jer. I Ex. 22, 5.

Ithpeel: תצטער „ist betrübt" Ber. R. 33, תשתמע Sanh. 29ᶜ,
תקטע „wird abgehackt" Sabb. 15ᶜ. — תִּתְעֲבִיד O. Jer. I Lev. 2, 7.

Ithpaal: תתבטל „w. aufgehoben" Koh. R. XI 1. — תִּתְקֵף O.
Gen. 49, 17, תִּתְקְרַב O. Jer. I Deut. 25, 9.

Quadrilittera. Pass.: תיתפרסם „wird bekannt" Ech. R. II 4.

2 Pers. m. *Peal. a.* תיזבון Schebi. 39ᵃ, תישבוק Koh. R. XI 1,
תיסבור Ter. 42ᵃ, תהדור „kehrst um" Keth. 25ᵇ. — תַּסְמוֹך „stützest"
O. Jer. I Num. 27, 18, תִצְלוֹב „henkst" O. Deut. 21, 22, תסגוד
„verehrst" O. Ex. 34, 14, תכנוש „sammelst" O. Jer. I Ex. 23, 10,
תגנוב „stiehlst" O. Ex. 20, 15 (Silluk), תשבוק O. Jer. I Ex. 23, 7
(Merka), תקטול O. Jer. I Ex. 23, 7 (Zakeph katon), תפרוק O.
Jer. I Ex. 13, 13 (Munach), תקטוף „pflückst" O. Lev. 25, 5 (Athnach), תעשוק „bedrückst" O. Lev. 19, 13, Deut. 24, 14, תחצוד
„erntest" O. Lev. 25, 5 (Zakeph katon), Deut. 24, 19 (Telischa
ketanna), תחבוט „schlägst ab" O. Deut. 24, 20, תמנוע „hinderst"
Jer. I Ex. 23, 5.

b. תיפתר Ber. 11ᵃ, תפגע „triffst" Kidd. 64ᶜ, תשמע Bab. k. 6ᵈ.
— תִּדְחֵל O. Jer. I Gen. 15, 1, תִמְסוֹר „übergiebst" O. Jer. I Num.
21, 2, תֵעְבֵר O. Num. 20, 20, Deut. 31, 2, Jer. I תעיבר,¹ תזרע
„säest" O. Ex. 23, 16, Jer. I תיזרע.

¹ Masora, Ausg. *Land.* 100 auch תיעיבר.

c. תִּיעֲבִיד Ned. 42ᵇ, תַּעֲבִיד Vaj. R. 22. — תֶּעְבִּיד O. Jer. I
Ex. 26, 14.

Pael: תִּיבְטִיל¹ „machst ungiltig" Ber. 7ᶜ, תְּסַכֵּן „gefährdest"
Ber. 6ᶜ, תְּהַלּוּךְ (l. תְּהַלִּיךְ) „gehst" Bab. b. 13ᶜ, תְּרַחֵם Koh. R. XI 12.
— תְּקַבֵּיל O. Ex. 23, 8, Jer. I תְּקַבֵּל, תַּקְרִיב O. Lev. 6, 14, Jer. I
תְּקָרֵב, תַּפְרִיק[וֹ] „ladest ab" O. Ex. 23, 5 (Merka).

Aphel: תַּבְהִית „beschämst" R. h. S. 58ᵃ. — תַּסְהֵיד „bezeugst"
O. Ex. 20, 16, תַּחְמֵיד „begehrst" O. Ex. 20, 17, תַּסְדֵּר „ordnest"
O. Jer. I Ex. 21, 1, תֵּשְׁלַח O. Jer. I Gen. 31, 32.

Ithpeel: תִּצְטְרִיךְ „benötigst" Taan. 66ᵈ, תִּיסְתְּמַךְ „stützest dich"
Koh. R. III 2, תִּתְרְחִיץ Sabb. 5ᵇ. — תִּתְכְּנַשׁ Jer. I Gen. 15, 15,
תִּתְמְנַע „wirst verhindert" O. Ex. 23, 5.

Ithpaal: תִּיסְתְּכַל „bemerkst" Koh. R. III 2, תִּתְרַחַם „em-
pfängst Erbarmen" Koh. R. XI 1. — תִּתְעָאַד „stellst dich" O.
Ex. 33, 21.

Ischtaphal: תִּישְׁתֵּיזִב „wirst errettet" Jer. Jos. 7, 25.

2 Pers. f. *Peal:* תֶּעְבְּדִין O. Jer. I Gen. 20, 13, תִּדְחֲלִין Jer. I
Gen. 18, 15. — תִּדְמוּכִי „schläfst" Targ. Ruth 3, 4.

Pael: תְּקַטְּלִין (l. תְּקַטְּלִין) „tötest", תְּנַגְמְרִין „vernichtest" Targ.
Mich. 4, 13 Merx, תְּסַלְּקִין „lässt aufsteigen" Targ. 2 Kön. 4, 4,
תְּקָרְבִין „bringst dar" Jer. 1 Kön. 17, 13.

Aphel: תַּזְעִירִין „machst wenig" Targ. 2 Kön. 4, 3. — תַּקְנִיטִי
„kränkest" Targ. Ruth 1, 16.

Ithpeel: תִּתְפְּרְקִין „wirst erlöst" Targ. Thren. 4, 22.

Ithpoel: תִּתְרוֹקִינִי „w. ausgeleert" Targ. Thren. 4, 21.

Quadrilittera. Pass.: תִּתְפַּרְנְסִין „w. ernährt" Targ. 2 Kön. 4, 7.
— תִּתְפַּרְסְמִי „w. bekannt" Targ. Ruth 3, 3.

1 Pers. c. *Peal. a.* אֶפְרוֹק „löse" Maas. sch. 55ᵃ, אֶשְׁבּוּק „lasse"
Ber. R. 17. — אֶשְׁכּוּב „liege" O. Jer. I Gen. 47, 30, אֶקְטוֹל „töte"
O. Jer. I Ex. 22, 23, אֶפְרוֹק O. Jer. I Ex. 13, 15 (Silluk), אֶחֱזוּר
„kehre um" Jer. II Gen. 18, 12, אֶתְבּוֹע „fordere" Jer. I Gen. 9, 5.

b. אֶחֱצַד „ernte" Tos. Bab. m. IX 13, אֶשְׁמַע „höre" Ech. R.
I 4, אֶזְרַע „säe" Tos. Bab. m. IX 13. — אֶקְבַּר „begrabe" O. Gen.
50, 5, Jer. I אִיקְבּוּר, אֶעְבַּר „gehe vorüber" O. Gen. 30, 32, Num.
20, 19, Jer. I אֶעִיבַר, אֶשְׁמַע O. Jer. I Num. 9, 8.

c. אֶעֱבִיד Ber. 13ᵇ, Bab. m. IX 3. — אֶעְבֵּיד O. Jer. I Gen.
30, 30.

Pael: אִיבְרִיךְ Koh. R. X 19, אִירְקוּד (l. אִירְקִיד) „hüpfe" Koh.
R. X 19, אִישַׁלֵּם Bab. m. IX 3, אֵימַר „spiele" Koh. R. X 19. —

---

¹ Mit Verdoppelung des Beth oder Dehnung des Schewa zu ē, s. S. 53.

אֲבֹרִיךְ O. Gen. 12, 3, Jer. I אברך, אַבְטִיל אַבְלֵּר „lasse aufhören" O. Lev. 26, 6, Jer. I איבטיל, אַבְלֵּר „versöhne" O. Ex. 32, 30, Jer. [איכפר.

Aphel: אַדְבִּיק „lasse haften" O. Ex. 15, 9, אָשְׁבֵּח O. Jer. I Gen. 18, 28.

Ithpeel: אִתְעֲבִיד Sanh. 23ᶜ. — אֶתְקֹטִיל O. Jer. I Gen. 26, 9 (Tiphcha), אֶתְפְּרֵע „räche mich" O. Jer. I Gen. 18, 21.

Schaphel: אִישֵׁיזִיב „rette" Jer. I Ex. 6, 6, אַשְׁלִחִיךְ „vertausche" Jer. I Ex. 34, 10.

Plural.

3 Pers. m. *Peal:* יִסְפְּדוּן „klagen" Keth. 31ᵇ, יֶעְבְּדוּן Keth. 31ᵇ, יִחְלְטוּן „verfallen" Pes. 31ᵇ, יֶחְכְּמוּן „wissen" Schek. 50ᶜ, יִקְבְּרוּן Keth. 31ᵇ. — יִקְטְלוּן O. Jer. I Gen. 12, 12, יֶעְבְּרוּן O. Jer. I Gen. 49, 19, Sab. יֶעִיבְּרוּן,¹ יֶעְבְּדוּן O. Jer. I Gen. 34, 21, יִשְׁמְעוּן O. Jer. I Gen. 11, 7.

Pael: יְהַלְכוּן Kil. 32ᵇ. — [וְ]יִסְפְּקוּן „haben genug" O. Jer. I Gen. 24, 19, [וְ]יִקַרְבוּן O. Jer. I Num. 5, 9.

Aphel: יְכָרְזוּן „rufen aus" Jer. I Deut. 25, 10, יַעַבְּרוּן (!) „lassen vorüberfahren" O. Jer. I Num. 8, 7 (Cod. Soc. יֶעְבְּרוּן).

Ithpeel: יִתְקַטְעוּן „werden abgeschnitten" Pea 21ᵇ. — יִשְׁתְּפְסוּן „lassen s. bestimmen" O. Gen. 34, 22, יִתְבְּחֲרוּן „w. geprüft" O. Jer. I Gen. 42, 16, יִשְׁתְּכְחוּן „w. gefunden" O. Jer. I Gen. 18, 29.

Ithpaal: יִסְתַּכְּלוּן „betrachten" Jer. I Gen. 12, 12, יִתְבָּרְכוּן „w. gesegnet" O. Jer. I Gen. 18, 18, יִשְׁתַּטְחוּן „strecken sich aus" Targ. Mich. 7, 17 Merx.

Poel: [וְ]יִסוֹבְרוּן „tragen" O. Jer. I Ex. 18, 22.

Quadrilittera. Pass.: יִשְׁתַּעְבְּדוּן „w. unterworfen" O. Jer. I Gen. 27. 29.

3 Pers. f. *Peal:* יַחְמְעָן „säuern" Pes. 30ᵃ, יִפְקְעָן „brechen auf" Mo. k. 80ᵃ, יִרְתְּחָן „werden heiss" Pes. 30ᵃ. — יֶעְבְּדָן O. Deut. 33, 7.

Pael: יְעָרְעָן „treffen" O. Jer. I Deut. 31, 21.

Ithpeel: יִתְחָרְשָׁן „w. stumm" Chag. 77ᶜ, יִתְפָּרְכָן „w. zerrieben" Chag. 77ᶜ, יִתְקַטְעָן „w. abgeschnitten" Schek. 49ᵇ. — יִשְׁתַּבְקָן „w. erlassen" Targ. Jes. 53, 4 Merx, יִתְעֲבְדָן O. Jer. I Ex. 33, 16, יִתְפְּרְעָן Jer. I Deut. 33, 7.

Ithpaal: יִשְׁתַּתְּקָן „verstummen" Chag. 77ᶜ, יִתְבְּרָן „w. zerbrochen" Pea 21ᵇ. — יִתְפָּרְשָׁן „trennen sich" O. Gen. 25, 23, Jer. I יתפרשן.

---

¹ Vgl. יִיעְבְּרוּן O. Num. 32, 19, Lesart v. Or. 1467 (Brit. Mus.) nach Proc. Soc. Bibl. Arch. XXIII 167.

Ithpoal: תתוקפון [1] „w. gestärkt" Jer. I Deut. 28, 32.

2 Pers. m. *Peal*: תעבדון Sukk. 54ᵇ, תחברון (l. תחכרון) „pachtet"
Maas. sch. 56ᵇ. — תכתובון [2] „schreibt" Jer. I Deut. 27, 8, תכנושון
„sammelt" Jer. II Deut. 28, 38, תטלומון „bedrückt" Jer. I Deut.
24, 14, תֹעְבְּדון O. Jer. I Ex. 20, 20, תעבְּרון O. Gen. 18, 5, Jer. I
תֹעַבְּרון (!) O. Jer. I Deut. 12, 10, תמנַעֹון „hindert" O.
Deut. 13, 1.

Pael: תקבלון Ber. 6ᵃ, תקטלון „mordet" Ech. R. Peth. 24,
תזחלון „lasst abfliessen" Ab. z. 44ᵃ. — תקבלון Jer. I Deut. 4, 30,
תֹבַעֲרון „brennt" O. Jer. I Ex. 35, 3, תֹרֹחֹקון „entfernt" O. Jer. I
Ex. 8, 24, תֹדֹבְחון „opfert" O. Jer. I Ex. 8, 24.

Aphel: תקדֹמון „steht früh auf" O. Jer. I Gen. 19, 2, תשכחון
Jer. I Deut. 4, 29.

Ithpeel: תתפרקון Taan. 64ᵃ. — תסֹהמרון „hütet euch" O. Jer.
I Deut. 4, 15, תתבֹחֹרון O. Jer. I Gen. 42, 15.

Ithpaal: תתעכבון „w. aufgehalten" Jer. I Ex. 3, 20.

Poel: ו[תֹרֹוקֹנֹן „entleert" O. Ex. 3, 22, Jer. I תרוקינון.

Quadrilittera: תמשכנון „pfändet" Jer. I Deut. 15, 6.

2 Pers. f. *Peal*: תקטֹלֹן O. Ex. 1, 16, Jer. I תקטלון.

Aphel: תשכחון Targ. Ruth 1, 9.

1 Pers. c. *Peal. a.* נסגוד „verehren" Ber. R. 38, נפלוג „teilen"
Bab. k. 5ᶜ, נזבון Pes. 31ᵇ, ניקרוץ „stehen früh auf" Ab. z. 44ᵈ,
נצרוך „haben nötig" Ech. R. Peth. 17, נחלוק „teilen" Schebu. 37ᵈ,
נעסוק „bemühen uns" Chag. 77ᵇ, נכפור „leugnen" Ber. R. 38. —
נקטול O. Jer. I Gen. 37, 26, נסֹגוד O. Jer. I Gen. 22, 5, נבעול
„heiraten" Jer. I Num. 20, 17, נתבוע „fordern" Jer. I Gen. 19, 18.

b. נעבד Vaj. R. 22, ניחסל „beendigen" Ned. 40ᵈ, נשבע „werden
satt" Taan. 66ᶜ. — נֹעַבֹר O. Num. 20, 17, Jer. I נעיבר, נשֹמע O.
Jer. I Gen. 24, 57.

c. נעביד Sot. 20ᶜ, נבהית (neben נבהת) „schämen uns" Keth.
35ᵃ. — נֹעֲביד O. Jer. I Gen. 11, 4, נבהית Jer. I Gen. 38, 25.

Pael: ניבריך Naz. 54ᵇ, נסדר „ordnen" Ab. z. 44ᵈ. — נשמש
„dienen" Jer. I Gen. 19, 5.

Aphel: נפסיד „haben Schaden" Jeb. 9ᵈ, נישכח [3] „finden" Sabb.
3ᶜ. — נשֹכח O. Jer. I Gen. 47, 25, Sab. נִשְׁכַּח.

---

[1] S. oben S. 200. 213.

[2] Ein mit *u* gefärbter Vokalanstoss zeigt sich in der letzten Stammsilbe,
vgl. Chr. Pal. ܠܡܐܡܪܘܢ „ihr sagt" Ev. Hieron. Luk. 12, 12, s. *Nöldeke*, ZDMG
XXII 459. Vgl. S. 65.

[3] Zum *i* des Praefixes s. S. 65.

Ithpeel: גיטפל „befassen uns" Pea 21ᵇ. — נְטֹפֵס „sind willfährig" O. Gen. 34, 23, נתחשב „w. geachtet" Jer. I Gen. 3, 18. *Ithpaal:* נתחכם „überlisten" O. Ex. 1, 10, נִזְדְּרִז „beeilen uns" O. Num. 32, 17, נתבדר „w. zerstreut" O. Jer. I Gen. 11, 4. *Palel:* נערבבא „verwirren" Jer. I Gen. 11, 7.

§ 62. Der Imperativ.

1. Die Grundform des Imperativs richtet sich (wenn auch nicht ohne Schwankungen im einzelnen) nach dem Imperfect. Die für den Vokal der Endsilbe des Imperfects gegebenen Regeln gelten also auch hier. Ithpeelformen auf *u* (s. oben S. 204. 214) scheinen vorzuliegen in איטפל „bemühe dich" Keth. 26ᶜ, אזדקפי „erhebe dich" Jer. I Gen. 21, 28, אתכבשי „unterwirf dich" Jer. I Gen. 16, 9.

2. In den abgeleiteten Formen verschwindet im galil. Dialekt öfters der Vokal nach dem zweiten Radikal. Der Vokal der dadurch entstehenden lose geschlossenen Silbe wird dann meist zu *u* verdunkelt. Der Ton ruht, ausser bei Erhaltung des Vokals der zweiten Silbe, auf der Endung, welche dann auf Nun ausgeht.

Das *Onkelostargum* behält den Ton auf der Paenultima, die den Vokal der Grundform behauptet. Das ursprüngliche *u* und *i* ist in den abgeleiteten Formen erhalten, während die Grundform Dehnung zu *ō* und *ē* eintreten lässt. Die Endungen haben vokalischen Auslaut. Die *jer.* Targume haben zuweilen betonte Ultima mit der Endung ן.

3. Für die seltene 2 *Pers. Plur. fem.* teile ich unten alle überhaupt in den Targumen von mir aufgefundenen Beispiele mit, für welche teilweise die superlinear vokalisierten Handschriften des Brit. Museums (MSS. Orient. 1471—1474, 2210—2211, 2363, 2371) durch die Güte von Herrn *R. Hoerning* befragt werden konnten. Die auf *ā* endende Form wird als die eigentlich targumische gelten müssen, die Endung *ān* [1] ist galiläisch, die Endung *na* wohl nur dem Hebräischen entlehnt. — Im pal. Talmud wird die Masculinform angewandt, s. פתחון „öffnet" Sanh. 23ᶜ.

---

[1] Die Endung *īn* (*ēn*) findet sich nur im bab. Talmud, s. קטולין „tötet" b. Sabb. 12ª MS. München.

4. Beispiele für den Imperativ.

Sing. m. *Peal. a.* דמוך „schlafe" Sukk. 53ª, שבוק „lasse" Ber. R. 17, קטול Sanh. 21ᵇ, סמוך „stütze" Mo. k. 81ª, זבון „kaufe" Mo. k. 80ᵈ, לבוש „lege an" Sanh. 20ᶜ, טחון „mahle" Pea 15ᶜ, קטור „binde" Ber. 5ª, חזור „kehre um" Sanh. 20ᶜ, עבור „gehe vorüber" Ber. 4ᵇ, תבוע „fordere" Ber. R. 45. — זֹקוף „erhebe" O. Jer. I Gen. 13, 14, צלוב „henke" Targ. II Est. 6, 2.

b. סמך Jeb. 12ᵈ, עבד Pes. 31ª, שלח Naz. 54ᵇ, פתח Jeb. 9ᵈ. — עיבד Jer. I Gen. 6, 14, קְרֹב „nahe" O. Deut. 5, 27; תֹקֹף „sei stark" O. Deut. 12, 23, פרע „bezahle" Jer. I Gen. 43, 16.

c. עביד Bab. m. 9ᵈ, סליק Vaj. R. 21, חריב „zerstöre" Ech. R. Peth. 23, זבין „kaufe" Ned. 39ᵈ. — עָבִיד O. Gen. 6, 14, Jer. I עיבד, קריב Jer. I Deut. 5, 27.

Pael: קבל Jeb. 9ᵈ, פליג „teile" Chall. 58ᶜ, שלם „bezahle" Pesikt. 123ª, ברי Ber. 10ª, קריב „nähere" Ber. R. 38. — קְבִיל O. Jer. I Ex. 23, 21.

Aphel: אכריו „verkündige" Ber. 7ᶜ, אדליק „zünde an" Ter. 43ᶜ, אשתין „pisse" Ab. z. 44ª. — אֹתקֹן „rüste" O. Jer. I Gen. 43, 16, אטעם „lass kosten" Jer. I Gen. 25, 30.

Ithpeel[1]: איטפל „bemühe dich" Keth. 26ᶜ, אימליך „berate dich" Bab. m. 9ᵈ, איזדהר „hüte dich" Ber. R. 36, אשתבע „schwöre" Vaj. R. 6, אישתבע Ech. R. II 14. — אתפרש „trenne dich" Jer. I Gen. 12, 1, איזדהר Jer. I Ex. 10, 28, אֹסתֹמֹר „hüte dich" O. Jer. I Gen. 24, 6, אֹדֹכֹר „erinnere dich" O. Deut. 32, 7.

Ithpaal: אסתכל „erkenne" Vaj. R. 34, איתרחם „erbarme dich" Koh. R. XI 1. — אֹסֹתֹכֹל O. Deut. 32, 7, אסתלק „erhebe dich" Jer. I Ex. 33, 1.

Poel: סובר „warte" Ned. 40ᵈ.

Ithpoal: איתוקף „stärke dich" Jer. I Deut. 31, 33, vgl. S. 200.

---

[1] Hierher gehört wahrscheinlich ἐφφαθά (= אֶפְתַּח) Mark. 7, 34, Hieron. *ephphetha*, nach der Übersetzung des Evangelisten διανοίχθητι, also von ihm für Singular gehalten. *Kautzsch*, Gramm. d. bibl. Aram. 10, denkt an den Plural mit Abwerfung der Endung, aber die galil. Pluralendung *ûn* zeigt, dass an ein Verschwinden der vokalischen Endung in älterer Zeit kaum zu denken ist. Doch s. Plur. חזור איזל „wohlan, gebt zurück!" Bab. m. 8ᶜ. Die Schreibung des Worts spricht für Ithpeel, nicht Ithpaal, was nach der Vokalisation der Targume später in dieser Bedeutung üblich war, vgl. אתּפֹתּחָא (von den Augen) O. Gen. 3, 7 Merx neben אתפֹתֹחָא (von den Fenstern des Himmels) O. Gen. 7, 11.

Ischtaphal: אשתיזב „werde gerettet" O. Gen. 19, 17, Jer. I אשתזיב.

Quadrilittera: פרנים „unterhalte" Targ. Mich. 7, 14 Merx.

Sing. f. Peal. *a.* זובגין „kaufe" Ber. 5ª, חוזרין „kehre zurück" Mo. k. 81ᵈ, כבשין „unterdrücke" Bez. 62ᶜ, גרפין „fege" Bez. 62ᶜ; זרוי „gürte" Schir R. II 9. — שכובי „liege" O. Gen. 19, 34, פתוכי „mische" Jer. I Gen. 18, 6.

b. עבדי „thue" Sot. 16ᵈ, שלחי „sende" Ber. R. 91. — אמרי „sage" O. Gen. 20, 13, Jer. I אימרי.

c. עיבידי Sabb. 16ᶜ, שקילי „nimm" Bab. m. 9ᶜ. — עבידי O. Jer. I Gen. 16, 6.

Pael: קבילי „nimm an" Jer. I Ex. 15, 12, שימושי (l. שמישי) „wohne bei" Jer. I Gen. 19, 34, זיבני „kaufe" Targ. 2 Kön. 4, 7.

Aphel: אתקיפי „ergreife" O. Jer. I Gen. 21, 18, ארכיני „neige" O. Gen. 24, 14, Merx ארכני (!)

Ithpeel: איתעוקרין „werde ausgerissen" Mo. k. 81ᵈ. — אזדקפי „erhebe dich" Jer. I Gen. 21, 18, אתכבשי „unterwirf dich" Jer. I Gen. 16, 9.

Ischtaphal: אשתעבידי ¹ „unterwirf dich" O. Gen. 16, 9.

Plur. m. Peal. *a.* פותחון „öffnet" Dem. 21ᵈ, כובשין (l. כובשון) „presset" Ab. z. 44ª, לבשון „legt an" Sanh. 23ᶜ. — שבוקו „lasset" O. Jer. I Gen. 42, 33, תקופו „seid stark" O. Jer. I Gen. 1, 28, [ו]קטולו „tötet" O. Jer. I Gen. 32, 27, שלוטו „herrschet" O. Jer. I Gen. 1, 28, קרובו „nahet" O. Ex. 16, 9, [ו]סעודו „stützt" O. Gen. 18, 5, סעונו „ladet auf" O. Gen. 45, 17, שמועו „höret" Jer. II Num. 9, 8.

b. עבדון „thut" Sukk. 54ᵇ, שמעון „hört" R. h. S. 59ᵇ. — תקפו O. Deut. 31, 6, שמעו O. Jer. I Gen. 37, 6, פלחו „dienet" O. Jer. I Ex. 10, 24, עיברו „ziehet durch" O. Jer. I Ex. 32, 27, O. Deut. 2, 24, Jer. I עברו.

c. עבידו Ech. R. III 6. — עבידו O. Gen. 45, 17, Jer. I עיבידו, טעינו „ladet auf" Jer. I Gen. 45, 17, קריבו „nahet" Jer. I Ex. 16, 9, סעידו „stützt" Jer. I Gen. 18, 5.

Pael: חשבון „denket" Sabb. 7ª, פקדון „tragt auf" Kidd. 61ᶜ; בריכו „segnet" Ber. R. 54. — קבילו „nehmt an" O. Gen. 49, 2, פריקו „löset" O. Jer. I Ex. 32, 2, זבונו (l. זבינו) „verkauft" Jer. I Gen. 23, 4.

Aphel: אדלקון „entzündet" Ter. 45ᵈ. — אשלימו „vollendet" O. Jer. I Ex. 5, 13, אמתינו „wartet" Jer. II Gen. 19, 7, אצנעון

---

¹ אשתעבדי wäre die normale Form.

„verwahret" Jer. II Lev. 24, 12, אַצְנְעוּ O. Ex. 16, 23, Jer. I אצנעא (!).

Ithpeel: אִסְתְּמִיכוּ „lehnt euch" O. Gen. 18, 4, אתפרעו „rächt euch" Jer. I Ex. 32, 27, אידכרו „erinnert euch" Jer. I Deut. 32, 7; אזדהרון „hütet euch" Jer. I Deut. 2, 7, אסתמרון „hütet euch" Jer. I Deut. 8, 11.

Ithpaal: אתכנשו „sammelt euch" O. Gen. 49, 1, אתעתדו „stellt euch" O. Jer. I Ex. 14, 13.

Ithpoal: איתוקפו „stärkt euch" Jer. I Deut. 31, 6; איתוקפון Jer. I Deut. 12, 23.

Plur. f. *Peal:* שְׁמַעָא „höret" O. Gen. 4, 23, Targ. Jes. 32, 9, Jerem. 9, 19, קוֹמָא „steht auf" Targ. Jes. 32, 9,[1] בְּכָאה „weinet" Targ. 2 Sam. 1, 24. — שמען O. Gen. 4, 23 Ven. 1591, קְרָן [2] „rufet" O. Ex. 2, 20, MS. Lond. קְרִין. — אמרנא Targ. Ruth. 1, 10 Ven. 1518, אזילנא „gehet" Targ. Ruth 1, 8. 12 Ven. 1518, שמענא Targ. Jes. 32, 9 Ven. 1518, Reuchl., Jerem. 9, 19 Ven. 1518, תובנא „kehrt um" Targ. Ruth 1, 12 Ven. 1518.

Pael: אֵלִיפָא „lehret" Targ. Jerem. 9, 19. — קבילן „nehmt an" Jer. I Gen. 4, 23. — אליפנא Targ. Jerem. 9, 9 Ven. 1518.

Aphel: אָצִיתָא „vernehmt" O. Gen. 4, 23. — אציתן Jer. I Gen. 4, 23, vgl. אשמען „lasst hören" b. Sabb. 12ᵃ MS. Oxford.

§ 63. E. Der Infinitiv.

1. Die Infinitive *aller* Stämme haben im galil. Dialekt das Praefix מ. Die zuweilen vorkommenden Infinitive ohne מ sind eine Folge des Einflusses der Targumsprache oder des babylon. Dialekts (dafür s. Nr. 5), einige Beispiele (in Kontrakten und alten Schriftstücken) sind als Reste älteren (judäischen) Sprach-gebrauchs zu betrachten. Das *Onkelostargum* hat dies Praefix nur im Peal, die *jer. Targume* folgen oft der galiläischen Bil-dungsweise.

2. Im *Peal* hat der Infinitiv im galil. Dialekt die Formen *maktal* und *maktul* neben einander, das *Onkelostargum* hat nur

---

[1] So MS. Orient. 2211 (Brit. Mus.); MS. Or. 1474 liest קוֹמָא.

[2] Die Endung *an* (= *ain*) ist hier wohl veranlasst durch das hebr. קראן des Textes, vgl. aber Aph. אקפין (v. קפה) „legt oben hin" b. Chag. 16ᵇ Lesart des Jalk. Schim. Salon. 1526, MS. München אקפו, 'Arūk Ausg. Pesaro 1517 אקפאי. Mit der letzten Lesart stimmt Aph. אחוי „zeiget" b. Sabb. 140ᵇ MS. München.

maktal, die *jer. Targume* auch Beispiele von *maktul*, selbst bei
Verben tertiae Gutturalis (vgl. oben S. 215). Selten sind die
Infinitive mit der Determinationsendung *ā*, welche im Onkelos-
targum beim starken Verbum [1] fehlen.

3. *Driver*, Hebrew Tenses[2] 302 Not. 3 behauptet das Vorkommen eines *Infinitiv Peal* ohne מ. Die von ihm (wohl teilweise
nach *Fürst*, Chald. Gramm. 120) mitgeteilten Beispiele beweisen
dies aber nicht. בעננותי O. Gen. 9, 14, הלוכי Jer. I Lev. 13, 7,
צליותיה Targ. Ps. 109, 23 sind Infinitive des Pael, nicht Peal;
קטול O. Gen. 49, 6 ist nicht als Infinitiv gemeint, sondern die
auch sonst übliche Nominalform קטול „Tötung". Auch טלומיהון
Ps. 105, 14 ist Nomen mit Suffix. למחי Targ. Cant. 1, 8, ליהוי
Targ. II Est. 1, 1, להוי Jer. I Ex. 10, 28 (was wohl als Imperf.
zu fassen) und (von mir hinzugefügt) ללמוטינון (l. ללוטינון?) „sie zu
verfluchen" Jer. I Num. 22, 22, אתא „kommen" Jer. III Gen. 49, 18
— werden sämtlich nur als fehlerhafte Schreibungen zu betrachten sein, welche durch den hebr. Sprachgebrauch veranlasst
wurden.

4. Die *Infinitive der übrigen Verbalstämme* haben im galil.
und targum. Dialekt als Kennzeichen unverdrängbares *ā* in der
letzten Stammsilbe mit Anhängung eines *ā* an den Stamm, welches
von *Nöldeke*[2] für eine Determinationsendung gehalten wird, den
Galiläern aber jedenfalls als Femininendung erschien, da sie in
der zuweilen vorkommenden determ. Form und vor Suffixen ein
ת einschalten. Gelegentliche Anhängung der Suffixe an die
Masculinform behauptet *Schlesinger*, Aram. Verb. 68; aber für
מפייסיה „ihn begütigen" Sabb. 3ᶜ, Ber. R. 80 wird nach Dem. 22ª
מפייסתיה zu lesen sein.

Als Verbindungsform und bei Anhängung von Suffixen dient
im *Onkelostargum* eine besondere Abstractbildung auf ות, während
im pal. Talmud und Midrasch die gewöhnliche Bildung des Infinitivs auch hier verwandt wird (s. oben). Die *jer. Targume*
haben einige Beispiele für den letzteren Sprachgebrauch, folgen
aber sonst dem Onkelostargum.

5. Babylonischer Herkunft sind die im pal. Talmud und
Midrasch wie in den Targumen im Pael, Aphel, Ithpeel, Ithpaal zu-
weilen angewandten Bildungen *ḳaṭṭōlē, 'aḳtōlē, 'ithḳĕtōlē, 'ithḳaṭṭōlē*.
Beispiele s. Nr. 7 und bei den Verben פ"נ, פ"א, פ"י, ע"ע, ל"ו und ל"י.

---

1 S. aber מֹלָאה (v. לאה) O. Ex. 18, 18 und §§ 72—74.
2 S. *Nöldeke*, Mand. Gramm. 142, vgl. *Wright*, Comp. Gramm. 202.

6. Der Gebrauch des Infinitivs als Verstärkung des Verbal-
begriffs ist in den Targumen, ohne Zweifel infolge des Einflusses
der hebräischen Vorlage, häufig, so z. B. מִדַּע תֵּדַע „wisse", O.
Gen. 15, 13, Jer. I מינדע תנדע (hebr. ידע תדע). Er findet sich
auch im babylon. Talmud [1], z. B. אתחולי בפורענותא לא מתחלינן
„mit Strafe fangen wir nicht an" b. Bab. b. 14[b]; אתי איחרך איחרוכי
„er kam ganz versengt" b. Bab. b. 74[a] MS. München; als Verstärkung eines *Infinitivs* גנבא גנובי למה לך „warum stiehlst du?"
b. Bab. b. 133[a] MS. München. Der galiläische Dialekt kennt
diesen Gebrauch nicht. קטולי לא תקטלון „tötet nicht" Ech. R.
Peth. 24 ist babylon. Einschlag.

7. *Beispiele für den Infinitiv.*

Peal. a. מידמוך „schlafen" Sanh. 23[h], מיפלוג „teilen" Bab. b.
17[a], מיקטול „töten" Kidd. 61[a], מינמול „vergelten" Pea 15[d], מיזבן
„kaufen" Kil. 31[c], מיקרוץ „früh sein" Jeb. 8[d], מיעבור „vorübergehen" R. h. S. 58[b], מינהוג „pflegen" Taan. 69[h], מיטעון „aufladen"
Chag. 77[h], מישמוע „hören" Taan. 66[d]. — מיקטול „töten" Jer. I
Gen. 4, 15, משווג „waschen" Jer. I Gen. 24, 31, מקטוע „ab-
schneiden" Jer. I Deut. 24, 8, מטמוע „untergehen" Jer. I Ex.
17, 12.

b. מיתקן „ordnen" Schek. 50[a], מיפלג Bab. b. 17[a], מיקטל Schebi.
35[a], מיזבן Kidd. 61[a], מיצלב „henken" Est. R. X 5, מיעבד Taan.
64[b], מיעבר Schek. 47[a], מטעם „kosten" Ber. 6[c], מיטען Keth. 36[a],
מישמע Bez. 62[c], מיהדר „zurückkehren" Keth. 25[h]. — מִקְטָל O. Gen.
4, 15, מִשְׁלַט „herrschen" O. Jer. I Gen. 1, 16, מֵעֲבַד O. Jer. I
Deut. 24, 8,[2] מֵעֲבַר O. Num. 20, 21, Jer. I מעיבר.

c. mit Determinationsendung: מיקטלה Ber. 5[c], מישמעא Sot.
16[d], יספדא (l. מספדא) „klagen" Taan. 69[h], מיחסדה „betteln" Vaj.
R. 5. — מטמעא Jer. II Ex. 15, 12, מחזורא „zurückbringen" Jer. II
Deut. 24, 13.

Pael. a. משזגה „waschen" Kidd. 61[h], מתקנה „ordnen" Chall.
60[a], מברכה „segnen" Ber. 10[a], מיקרבה „nähern" Ber. 13[d], מבקרא

---

[1] Denselben Gebrauch im Assyrischen s. *Delitzsch*, Assyr. Gramm. 338,
im Mandäischen s. *Nöldeke*, Mand. Gramm. 397 ff. — Für das Nabatäische läge
ein Beispiel vor in CIS II 224, wenn dort mit *Doughty* zu lesen wäre כתבא רא
התקברא יתקבר. Aber *Euting's* Lesung דא כתב או תקף די יתקבר verdient den
Vorzug.

[2] Mit Pluralendung מעברי Jer. I Gen. 18, 7.

„besuchen" Gitt. 48ʰ, משלחה „senden" Dem. 21ᵈ. — מהלכא „gehen"
Jer. I Gen. 14, 14, משקרא „betrügen" Jer. I Ex. 8, 25, מעכבא
„abhalten" Jer. I Gen. 22, 1.

b. mit Determinationsendung:¹ מתקנתא „ordnen" Dem. 26ª,
מערבתה „mischen" Kil. 32ª, מקטעתה „zerschneiden" Schebi. 38ª,
מזבנתה „verkaufen" Schebi. 38ª.

c. שמשה „dienen" Vaj. R. 26. — פֿקְדָא „auftragen" O. Jer. I
Gen. 49, 33, חְבָלָא „vertilgen" O. Jer. I Gen. 9, 15.

d. צעורי „quälen" Sanh. 18ᶜ, קטולי „morden" Ech. R. Peth. 24.
— בחוני „prüfen" Jer. I Gen. 22, 5, הלוכי „gehen" Jer. I Lev.
13, 7, זבונה² „sie verkaufen" O. Jer. I Ex. 21, 8, Merx זְבוּנָה,
קבולי „annehmen" Jer. I Deut. 31, 12.

e. Verbindungsform: קְדָמוּת „begegnen" O. Jer. I Ex. 19, 17.

Aphel: a. מחמרה „erschweren" Dem. 22ᶜ, מדכרא „erwähnen"
Ber. 11ᶜ, מחזקה „fest halten" Dem. 24ᵇ, מחזרה „zurückbringen" Bab.
m. 8ᶜ. — מפרשא „scheiden" Jer. I. II Gen. 3, 22.

b. אעברא „entfernen" Vaj. R. 5. — אשבחא O. Jer. I Gen.
27, 20, השכחא Jer. I Gen. 19, 11.

c. אנהוֹרי „erleuchten" O. Jer. I Num. 4, 9, אקסומי „zaubern"
Jer. II Deut. 18, 10.

d. Verbindungsform: אדלקות „anzünden" O. Jer. I Ex. 30, 8.

Ithpeel. a. מקטלא „getötet werden" Gitt. 48ª, מיתקטלא Sanh.
23ʰ, מיטפלא „sich befassen" Bab. m. 8ᵈ, מצטלבה „gehenkt werden"
Ber. R. 65, מתעסקא „sich beschäftigen" Ber. 2ᵈ, מתחכמה „erkannt
werden" Sot. 23ᶜ, מתחנקא „erwürgt werden" Sanh. 29ª, מתעבדה
„gemacht werden" Taan. 69ª. — מתפרעא „sich rächen" Jer. I
Deut. 19, 15.

b. איתקטלא Ber. R. 91, איעבדה Ech. R. II 4. — אתקטלא O.
Ex. 22, 18, יתגנבא³ „gestohlen werden" Jer. I Ex. 22, 11, יתרגמא³
„gesteinigt werden" Jer. I Ex. 21, 28, אתעבד O. Lev. 4, 13,
Jer. I אתעובדא⁴, אתבּרא „zerbrochen werden" O. Ex. 22, 12, Sab.
יתברא, Jer. I איתברא, אתפרדעא O. Jer. I Gen. 11, 5, הישתכחא Jer.
Jes. 1, 21.

c. אזדקוקי „sich verbinden" Keth. 26ᶜ, m. Suff. אתרגושיהון „ihr
Lärmen" Somm. Mord. (Merx).

---

¹ מנחמתה Schebu. 37ʰ hat wohl Femininsuffix.
² Zu der Verdünnung von *a* zu *i* vgl. S. 64 f.
³ Zum Praefix ית (= אֶת) s. oben S. 201.
⁴ Zu dieser Form, welche sich auch Jer. I Lev. 5, 17 und Deut. 25, 9
findet, s. S. 200, Anm. 2.

Ithpaal. a. מסתכלה „betrachten“ Kil. 32ᵇ. — מסתכלא Jer. I
Gen. 28, 12, מתרחמא „sich erbarmen“ Jer. I Ex. 33, 19, משתליחא (!)
„entsandt werden“ Jer. I Gen. 18, 2.

b. אסתּבּלא O. Jer. I Gen. 3, 6, אתעתדא „gerüstet werden“
Jer. II Gen. 15, 12.

c. אתכנושיתון „ihr sich Versammeln“ O. Gen. 49, 6.

d. Verbindungsform:¹ אתחדתות „sich erneuern“ Jer. I Num.
28, 14, O. אתחדּתותיה.

Poel. a. מסובּרא „tragen“ Jer. I Gen. 45, 1, מסובלא „tragen“
Jer. I Gen. 49, 4.

b. סובּרא O. Jer. IGen. 36, 7.

Schaphel. a. משזבא „retten“ Jer. I Gen. 18, 2, משעבדא „unterworfen“ Jer. I Gen. 15, 12. Passiv: משתעבדא Jer. I Gen. 40, 12.

b. שיזבא O. Jer. I Ex. 5, 23, שעבּדא Targ. Jes. 53, 11 Merx.
Passiv: אשתיזבא O. Gen. 19, 21, Jer. I אשתזבא.

Quadrilittera. a. ממשכנא „pfänden“ Jer. I Ex. 22, 25.

b. משכוני Jer. I Deut. 24, 10.

§ 64. F. *Das Particip.*

1. Die *act. und pass. Participia des Peal* werden ebenso gebildet wie in den verwandten Dialekten. Die Gutturalen und
Resch verwandeln auch hier ein *i* in der Schlusssilbe in *a*. Kein
Unterschied zwischen dem Sprachgebrauch des pal. Talmud
und der Targume ist wahrzunehmen. Die Vokalisation des
Onkelostargum macht indes einen Unterschied zwischen den zu
Substantiven gewordenen *kāṭil*-Formen² (s. S. 119) und den
eigentlichen Participien. Die ersteren haben in der Schlusssilbe
des Sing. masc. stets *i*, die letzteren stets *ē*, auch bei Satzton,
s. z. B. עֲבִיד O. Gen. 18, 17;³ 21, 22; Ex. 18, 17 (bei Silluk),
דְּחִיל ⁴ O. Gen. 42, 18 (Silluk).

2. Über die *passiven Participia des Pael* mit Umlaut in *u* in
der zweiten Silbe s. § 59, 6. Im pal. Talmud und Midrasch

---

¹ Palmyr. Zolltarif מתחשבו „berechnet werden“ als unverbundene Form.

² Zu dieser Klasse gehört auch דָּאִיב „der Samenflüssige“ (v. דוב) O. Lev.
15, 2. 33.

³ Hier hat Ausg. Sab. עֲבִיד, vgl. auch Mas., Ausg. *Land.* 99. — Eine Ausnahme für die superlin. Vokalisation ist עָרִיק „fliehend“ Jon. 1, 10, wenn nicht
עָרִיק als „Flüchtling“ gemeint ist, vgl. Plur. עָרִיקִין Ber. R. 31.

⁴ Ausg. Sab. דְּחִיל.

finden sich für diese Bildung beim starken Verbum nur wenig Beispiele, im Onkelostargum ist sie die Regel mit steter Ausnahme der Verba mediae Gutturalis, doch findet sich auch מֶעְתַּד „gestellt" O. Gen. 28, 13 (neben מֶעוּתַד O. Num. 22, 34), f. אׇמְשֻלְּחָא (l. מְשֻלְּחָא) „entsandt" O. Gen. 32, 18, Pl. d. מְבַדְּרַיׇּא „die Zerstreuten" Targ. Mich. 4, 6 Merx. Für das Partic. Aphel s. S. 202.

Der dem Passivum eigene A-laut der Schlusssilbe fehlt in משׁיוֹיב und משׁתייב „gerettet", s. unter Nr. 6. Vgl. auch Perf. אשׁתייב S. 207.

3. *Passive Participia mit activer Bedeutung* sind: נהיר „sich erinnernd" Meg. 74ᵇ, פּליג „anders denkend" Ber. 3ᵃ, f. עבידא „sich befindend" Vaj. R. 5, f. סבירה „meinend" Mo. k. 82ᵇ, Pl. רחיצן „hoffend" Ber. 5ᵃ Lehm., נהיג „pflegend" Ber. 3ᵈ; דכיר „sich erinnernd" Jer. I Deut. 9, 27, סביר „meinend" O. Jer. I Gen. 37, 8, דהיך „hoffend" O. Deut. 28, 52 Merx (Cod. Soc. רהיך), Jer. I רחיצן, מתין „wartend" Jer. I Num. 9, 8, זהיר „vorsichtig" Jer. I Gen. 49, 26. — Als intransitive Bildungen sind zu betrachten Pl. דמיכן „schlafend" Bez. 63ᵃ, vgl. דָּמֽוֹך Targ. Jon. 1, 6 Merx, דמוך Targ. I Sam. 26, 7, d. שכיבא „entschlafen" Jer. I Num. 19, 13, Pl. יתיבן „sitzend" Bikk. 65ᶜ. Im Onkelostargum fehlt diese Bildung, es wird stets יְתִיב und שְׁכִיב vokalisiert.

4. *Participia mit der Endung des Verbum finitum* sind: מיתזנת „sie wurde ernährt" Tos. Keth. XI 5, מתרמית „sie wurde geworfen" Jer. I Gen. 15, 12; מתהנייתי „ich wurde benutzt" Jer. I Num. 22, 30, מיטפלון „sie machten sich zu schaffen" Pea 21ᵇ, מייתון „sie starben" Sabb. 3ᵈ, מצלן „sie beteten" Ber. 7ᵇ, מודו „sie gestanden ein" Bab. m. 8ᶜ, מיתו „sie brachten" Bab. b. 16ᵇ, מתפרעון „sie rächten sich" f. Jer. I Deut. 32, 27 ¹. Bei der Unsicherheit der Texte in bezug auf die Schreibung von י und ו (s. S. 53 f.) könnte man für ון und ו überall ין und י lesen, obwohl das häufige Vorkommen grade einer Form wie מודו überrascht; bei den übrigen Formen muss aber in jedem Fall die ungewöhnliche Bildung zugestanden werden, und dann steht der Annahme der gleichen Bildung beim Plural nichts mehr entgegen.

5. *Participia ohne praefigiertes* מ sind: קיימין ² „bestätigende"

---

¹ Die von *Winer*, Chald. Gramm. § 13, *Fürst*, Lehrgebäude § 128 angeführten Beispiele sind, weil nur auf der Vokalisation beruhend, zweifelhaft. Ps. 18, 42 hat Ausg. Ven. 1518 nicht מצלו, sondern מצלן. S. aber S. 254 Anm. 2, S. 255 Anm. 1.

² Oder sollte das Peal hier die Bedeutung des Pael angenommen haben? Vgl. תיקום „du lieferst" Bab. mez. 9ᵈ und *Nöldeke*, Mand. Gramm. 215.

für מקיימין oft im pal. Talm., z. B. Pes. 34ᵈ, Jom. 44ᵈ (neben
מקיים, מקיימין in derselben Phrase Schek. 45ᶜ, Naz. 52ᵃ), אידיינין
„gerichtete" Sanh. 21ᵈ, הוות אחרוק ¹ „du knirschtest" Keth. 35ᵇ
(הוית איחרוק Kil. 32ᶜ), את אתרעי „du hast Gefallen" Jer. II Deut.
21, 14, vgl. dieselbe Bildung mit angehängtem Personalpronomen:
זיינגא „ich ernähre" Jeb. 6ᵇ, מלילגא „ich rede" O. Num. 12, 8. Dagegen werden als Perfectformen mit Einschaltung von ē zur Erleichterung der Aussprache ² zu betrachten sein: חללינן „wir
entweihen" Kil. 32ʰ, קיימינן „wir bestätigen" Dem. 24ᶜ; אקילינן „wir
verachten" Ber. R. 63, אפקינן „wir bringen hervor" Jeb. 3ᵈ,
אדבקינן „wir schliessen uns an" Jer. II Deut. 3, 29, אשכחינן „wir
finden" Targ. II Est. 3, 3; איתחשבינן „wir werden gehalten"
Jer. II Gen. 31, 15, איתמסרינן „wir werden ausgeliefert" Targ. II
Est. 1, 1; אריימיתון „ihr erhobt" Dem. 22ᵃ, אקימיתון „ihr richtetet
auf" Jer. I Deut. 1, 6.

6. *Beispiele für das Particip.*

Peal. act. *m. Sing.:* סליק „hinaufsteigend" Ber. 3ᶜ, דמיך
„schlafend" Ber. 2ᵈ, שבק „lassend" Ber. 6ᵃ, קטיל „tötend" Ber.
3ᶜ, עביד „machend" Ber. 5ᵃ, טעין „aufladend" Sot. 21ᵈ, דחיל
„fürchtend" Naz. 58ᵃ, תמיה „sich wundernd" Schebi. 35ᵈ, סבר
„meinend" Ber. 2ᶜ, מסר „überlassend" Jom. 40ᵈ, שקע „versinkend"
Ber. 2ᵈ, שלח „ausziehend" Mo. k. 82ᵈ. — רכיב „reitend" O. Jer. I
Num. 22, 22, סליק O. Jer. I Deut. 32, 50, קטיל O. Jer. I Ex.
4, 23, שכיב O. Jer. I Gen. 28, 13, רחיץ „hoffend" O. Deut. 28, 52,
עבר „vorübergehend" O. Deut. 2, 18, שמע O. Jer. I Ex. 32, 18.
m. Plur.: סלקין Ber. 2ᶜ, קטלין Keth. 35ᵃ, עבדין Vaj. R. 5,
חזרין „zurückkehrend" Chag. 77ᶜ, רחמין „liebend" Bab. m. 8ᶜ,
סברין Kil. 30ᵈ. — סלקין O. Jer. I Deut. 1, 28, d. דחליא O. Jer. I
Ex. 18, 21, שמעין O. Jer. I Deut. 4, 12.
f. Sing.: זבנה „kaufend" Ber. 5ᵃ, חזרה Mo. k. 82ᵇ, שבקא Mo.
k. 82ᵇ, שרעה „herabhängend" Ber. 9ᵃ. — עבדא O. Jer. I Deut.
20, 20.
f. Plur. עבדן Kidd. 63ᵈ, זבנן Ber. 5ᵃ, סכנן „Gefahr laufend"
Ab. z. 42ᶜ, תברן „zerbrechend" Meg. 70ᶜ, שמען Koh. R. XII 5.
— סלקן O. Jer. I Gen. 41, 2.

---

¹ אחרוק steht für איתחריק, es müsste denn eine Intransitivform auf *u* mit
Aleph prosthet. angenommen werden, vgl. S. 206.
² S. auch *Merx*, Gramm. Syr. 260.

Peal pass. [1] *m. Sing.:* כתיב „geschrieben" Ber. 9ᵈ, לביש „gekleidet" Mo. k. 82ᵈ, עביד „gemacht" Schebu. 34ᵈ, חשיד „verdächtig" Ter. 45ᶜ, שליח „ausgezogen" Mo. k. 82ᵈ, שמיע „gehört" Schebi. 35ᵇ. — גניו „verborgen" O. Jer. I Gen. 41, 36, בטיל „verdorben" O. Ex. 32, 25, שמיע O. Jer. I Num. 14, 27, פתיח „geöffnet" O. Jer. I Num. 19, 15.

m. Plur.: פליגין „streitend" Dem. 22ᶜ, חבישין „gebunden" Ech. R. I 45, עבידין Dem. 22ᵃ, עסיקין „beschäftigt" Sukk. 55ᵇ. — בריכין „gesegnet" O. Gen. 27, 29, זהירין „vorsichtig" Jer. I Deut. 8, 10, דכירין „sich erinnernd" Jer. I Deut. 24, 9.

f. Sing.: פשיטא „einfach" Naz. 52ᵇ, טעינא „beladen" Ber. R. 79, קביעא „bestimmt" Jeb. 13ᶜ. — שליפא „gezückt" O. Jer. I Num. 22, 23, רחיצא „hoffend" Jer. II Gen. 38, 25.

f. Plur.: פליגן Sukk. 54ᵃ, פשיטן Bez. 60ᵇ, טחינן „gemahlen" Ned. 40ᵛ. — שמיען O. Jer. I Ex. 16, 9.

Pael act. *m. Sing.:* משמש „dienend" Ber. 12ᵇ, מפקד „befehlend" Jom. 40ᵈ, מזבין „verkaufend" Ber. 13ᵇ, מתקן „ordnend" Dem. 21ᵈ, מערב „mischend" Er. 22ᵃ, מתבע „fordernd" Sabb. 3ᵇ, משלח Dem. 21ᵈ, משקר „betrügend" Ber. 3ᶜ. — מפקיד O. Jer. I Num. 32, 25, מרחים O. Deut. 28, 50, משלח O. Gen. 43, 5, Jer. I משדר.

m. Plur.: מתקנין Dem. 26ᵇ, מברכין Ber. 10ᵇ, משערין „beurteilend" Dem. 22ᶜ, משלחין Ber. 10ᶜ, מצערין „kränkend" R. h. S. 58ᵇ. — מפלגין „teilend" O. Jer. I. II Gen. 49, 27, מקרבין „darbringend" O. Jer. I. II ebenda.

f. Sing.: מבסרא „verachtend" Ber. 5ᶜ, מערבא Sabb. 10ᵃ, מפרכייא (l. מפרכא) „zerreibend" Sabb. 10ᵃ, מדברא „führend" Keth. 34ᵇ, מתברא „brechend" Sabb. 10ᵃ. — מחסרא „zehrend" O. Lev. 13, 51, מברלא Targ. Jud. 5, 3 Merx.

f. Plur.: משדכן „beruhigend" Ber. R. 79, מחבלן „zerstörend" Chag. 77ᵈ. — מבשרן „Heil verkündend" Jer. I Gen. 41, 27.

Pael pass. *m. Sing.* [2]*:* מעתד „bestimmt" Keth. 35ᵃ, מחלף „vertauscht" Taan. 66ᵈ, *d.* מבשלא Ter. 45ᶜ. — מבושל „gekocht" O. Ex. 12, 9, Jer. I מבשל, מקולף „abgeschält" O. Ex. 16, 14, מתוקן „geordnet" O. Ex. 33, 21, Jer. I מתקן, מפוקד „beauftragt" O. Gen. 45, 19, Jer. I מפקד, [ד]מפונק „verzärtelt" O.

---

[1] Palmyr. בריך de Vogüé 78, fem. *d.* בריכתא de Vogüé 95; aeg. aram. עביד CIS II 151; nabat. בריך *Euting*, Sin. Inschr. 394ᵃ, fem. בריכה ebenda 394, דכיר ebenda 430.

[2] Palmyr. Zolltar. מבטל.

Deut. 28, 56, Jer. II מפנק, מֹחוֹבֹר „verbunden" O. Deut. 22, 11, מֹעוֹתֹד O. Num. 22, 34, Jer. I מעתד, מֹעֲתָד O. Jer. I Gen. 28, 13, מֹעֲרֵב „gemischt" O. Jer. I Ex. 30, 35, מֹבֹרך „gesegnet" O. Jer. I Gen. 12, 2, מֹרֹחֵק „verabscheut" O. Jer. I Deut. 27, 15, [ו']מֹזֹמָן[^1] „bestimmt" Targ. Jes. 53, 3 Merx.

m. Plur.: מטלקין „geworfen" Sanh. 25ᵈ, מבזעין „zerteilt" Kil. 32ᵇ. — מפוקדין Jer. II Gen. 13, 7, *c.* מֹעֲרֵעָי „geladen" O. Jer. I Num. 16, 2, מזמנין „bereit" Jer. II Ex. 19, 15; *d.* [ז']מֹבֹדֹרֹיא „zerstreut" Targ. Mich. 4, 6 Merx.

f. Sing.: מחלפא Jeb. 9ᵃ, מתקנא „zugerichtet" Dem. 21ᵈ, מקבלא „annehmbar" Sanh. 20ᶜ. — [ז']מֹפוֹנֹקֹא „verzärtelt" O. Deut. 28, 56, Jer. II מפנקה, מֹשוֹנֹרֹא „geworfen" O. Deut. 28, 26, Jer. I משנרא, מֹשֹלֹחָא (l. מֹשֹלֹחָא) „entsandt" O. Gen. 32, 18, [ז']מֹתֹרֹבֹא „verstossen" O. Lev. 21, 7, מֹרֹחֹקֹא O. Jer. I Lev. 20, 21.

f. Plur.: מתקנן Dem. 24ᵃ, מנבלן „geknetet" Ned. 40ᵃ, מבדרן „zerstreut" Mo. k. 81ᵈ. — מֹלֹנֹבֹן „verstohlen" Targ. Jud. 5, 6 Merx.

Aphel act. *m. Sing.:* מסהיד „bezeugend" Sanh. 23ᶜ, מחליף „wechselnd" Jeb. 2ᶜ, מטעין „aufladend" Pea 21ᵃ, מחמיר „er-schwerend" Ber. 3ᵈ, מישגה[^2] „geruhend" Dem. 22ᵃ, מירתח „er-wärmend" Sabb. 6ᵈ, משכח „findend" Ber. 2ᵈ, מפסע „schreitend" Ber. 4ᶜ. — מסהיד O. Jer. I Deut. 32, 46, מֹדכֹר „gedenkend" O. Jer. I Gen. 41, 9.

m. Plur.: מרכיבין „reiten lassend" Bab. b. 16ᵇ, מרכבין Kidd. 60ᶜ, מחמרין Ber. 3ᵈ, משכחין Chag. 77ᵇ. — מֹקֹדֹמֹין „zuvorkommend" O. Gen. 49, 8, Jer. I מקדימן.

f. Sing.: מדלקה „anzündend" Bab. b. 13ᵇ, מחמרה Dem. 22ᵃ, מבעסה „erzürnend" Sanh. 28ᵇ, מצלחה „glückend" Ber. R. 37. — מֹדֹבֹקֹא „erreichend" O. Lev. 14, 21, מֹעֲבֹדֹא „hervorbringend" O. Gen. 49, 15.

Aphel pass. *m. Sing.:* מחרם[^3] „gebannt" Mo. k. 81ᵈ. — מוזמן[^4] „bereit" Jer. I Ex. 15, 17.

m. Plur.: מפקדין „deponiert" Taan. 64ᵇ, מחרמין Mo. k. 81ᵈ. — מופסלין[^4] „untauglich" Jer. I Num. 8, 24.

f. Sing.: מחלטא „verfallen" Jer. I Lev. 13, 52.

Ithpeel. *m. Sing.:*[^5] מתקטיל Kidd. 61ᵃ, מתקטל Ber. 3ᶜ, מיתפים

---

[^1] Vgl. oben S. 205 Anm. 1.
[^2] Zu der Vokalisation des Praefixes vgl. S. 64 f.
[^3] Nabat. מחרם „geweiht" CIS II 206.
[^4] Vgl. oben S. 202.
[^5] Palmyr. Zollt. משתתף „sich verbindend".

„erfasst" Sanh. 23ᵇ, מתהפך „umgekehrt" Bab. k. 4ᵃ, מיתעביד „gemacht" Sabb. 3ᵇ, מסתמיך Bez. 63ᵃ, מתחכם „erkannt" Jeb. 15ᶜ, מיחתם „untersiegelt" Ber. 5ᶜ, מתבעת „sich ängstigend" Ab. z. 44ᵈ, מבעת Jeb. 6ᵃ, מצטער „leidend" Kil. 32ᵇ, משתבע „schwörend" Keth. 36ᵃ, משתכח „gefunden" Bab. b. 16ᵇ. — מתעֲבִיד Jer. I Deut. 24, 6, Jer. I מתעבד, מתהפיך Jer. I Gen. 14, 1, מידכר „erwähnt" Jer. I Gen. 22, 14, מזדרֹע „gesät" O. Jer. I Gen. 1, 29.

m. Plur.: [1] מתחכמין Jeb. 15ᶜ, מתחמדין „begehrt" Sabb. 8ᶜ, משתבעין Sanh. 28ᵇ. — מתבלבֹמין „sich schämend" O. Gen. 2, 25, מתרחצֹין „hoffend" Targ. 2 Sam. 22, 31 Merx, מתפרקין „erlöst" Jer. I Gen. 40, 12, משתמעין „gehorchend" Jer. I Gen. 14, 1.

f. Sing.: מתעבדא Mo. k. 80ᵇ, מתחטפא „entrissen werdend" Kidd. 60ᵇ, מיבזעא Ab. z. 45ᵃ. — מתחשבֹא „geachtet" O. Jer. I Deut. 2, 20, מיכשרא „erlaubt" Jer. I Lev. 21, 14, מיבעלא „gechelicht" Jer. I Gen. 20, 3, מיטפלא „geschieden" Jer. I Lev. 21, 14.

f. Plur.: מיטענן „belastet" Bez. 62ᵇ, משתרפן „verbrannt" Bez. 62ᵈ. — מסתֹחרֹן „sich wendend" O. Gen. 37, 7, מתפרעין (!) „sich rächend" Jer. I Deut. 32, 27.

Ithpaal. *m. Sing.:* [2] מסתכל Gitt. 44ᵃ, מצטרף „verbunden" R. h. S. 59ᵈ. — מזדבֹן „verkauft" O. Jer. I Gen. 42, 2, מתלעֹב „Spott treibend" O. Gen. 27, 12.

m. Plur.: מזדבנין Schebi. 38ᵃ, מתקבלין „angenommen" Chag. 77ᶜ, מסתלקין „sich entfernend" Taan. 68ᵃ. — מתרֹעֹמין „murrend" O. Jer. I Ex. 16, 8, מזדֹברֹין „geleitet" O. Jer. I. II Deut. 33, 3.

f. Sing.: [3] מסתברא „einleuchtend" Mo. k. 80ᵃ. — מטֹרֹפֹא „zerschlagen" O. Jer. I Gen. 41, 8.

f. Plur.: מתכתשן „sich stossend" Ech. R. I 39. — מסתכלן Jer. I Gen. 22, 10.

Ittaphal. *m. Sing.:* מתֹפרֹש „abgetrennt" O. Jer. I Lev. 4, 10.

Poel act. *m. Sing.:* מסובר „tragend" Bab. b. 13ᵇ. — מֹסֹובֹר O. Jer. I Deut. 1, 31.

Palel act. *m. Sing.:* מערבב „verwirrend" Jer. I Deut. 16, 19.

Palel pass. *m. Plur.:* d. מערבביא „verworren" Vaj. R. 20.

f. Sing.: d. מערבבתא Ech. R. Peth. 23.

Ithpalal. *m. Sing.:* מתערבב Jer. I Num. 10, 10.

---

[1] Palmyr. Zolltarif מתכנשין „sich versammelnd."

[2] Ebenda מתקבל „angenommen."

[3] Ebenda מתזבנא „verkauft".

m. Plur.: מתערבבין Keth. 25ᶜ.

Schaphel act. *m. Sing.:* מֹשׁיֵזיב „rettend" Ter. 46ʰ. — מסרהב „ungestüm" Jer. III Ex. 14, 21, מֹשׁיֵזיב O. Deut. 32, 39, Jer. I. משׁזיב II.

   m. Plur.: משעבדין „unterwerfend" Bab. b. 16ʰ. — מסרהבין Jer. I Deut. 31, 27.

Schaphel pass. *m. Sing.:* משׁועבד „unterworfen" Kil. 32ª. — מֹשׁיֵזיב „gerettet" O. Deut. 3, 3, (Jer. I משׁזיב), Num. 24, 19, משׁעבד Jer. I Gen. 9, 25.

   Ischtaphal *m. Sing.:* משׁתזיב „errettet" Vaj. R. 26, משׁתעבד „unterworfen" Keth. 35ª. — משׁתעבד Jer. I Gen. 25, 23.

   m. Plur.: משׁתזבין Vaj. R. 27.

   f. Sing.: משׁתזבא Koh. R. XI 1. — מֹשׁתַלֹהֲבָא „lodernd" O. Ex. 9, 24.

   Quadrilittera act. *m. Sing.:* מפרסם „bekannt machend" Sanh. 25ᵈ, מפרנם „ernährend" Ber. R. 17, מקנתר „zankend" Kidd. 64ᵇ. — ממשכן pfändend" Jer. I Deut. 24, 6.

   m. Plur.: מפרסמין Midr. Tch. 7, 7. — מפרנסין Jer. I Gen. 46, 14.

   f. Sing.: מפרסמה Chag. 77ᵈ.

   Quadrilittera pass. *a. m. Plur.:* מֹעוֹרבֹלין „verwirrt" O. Ex. 14, 3.

   f. Sing.: ממשׁכנה „verpfändet" Bab. m. 11ᵈ, מסובלא (l. מסרבלא?) „fleischig" Maas. sch. 55ᶜ. — מסרבלא Jer. I Num. 11, 8; מפרנקא „verzärtelt" Jer. I Deut. 28, 56.

   b. m. Sing.: מתפרנם Jer. I Gen. 14, 13.

   m. Plur.: מתמשכנין Koh. R. XI 1.

§ 65. G. *Das Particip mit Personalpronomen.*

1. Durch die Verbindung des Particips mit den Personal-pronominen entstehen neue Verbformen, die indes nur in der 1. Pers. Sing. und Plur. in häufigem Gebrauche sind. Im Sing. tritt נא (statt אנא), ת (statt את) an die singul. Participialform, im Plural נן (statt אנן), תו (statt אתון) an die Pluralform nach Abwerfung des schliessenden Nun. So im galil. Dialekt. Das *Onkelostargum,* das in Cod. Soc. 84 diese Bildung meist beseitigt hat, enthält keine Beispiele für das Partic. mit dem Pronomen der 1 Pers. Plur. Der Vokal der Endsilbe bleibt vor נא und ת unverändert. Eine andere Bildung zum Zweck der Erhaltung des Vokals von את liegt vor in יָדַעַתְ O. Ex. 32, 22 Sab.; רְכִבַתְּ O.

Num. 22, 30. מִתְרָעֲמֹתוּן beweist Verkürzung des *i* des Plurals vor dem Pronomen. Dasselbe wird von dem einzigartigen שַׁלֹּמֹנוּן O. Gen. 34, 21 (Jer. 1 אינון שלמין), gelten, wofür שַׁלְּמֹנוּן gelesen werden muss. — Feminine Participien sind אָלִיפְנָא ¹ O. Num. 22, 30 Sab., מוֹדֲעִנָא Vaj. R. 27. Das von *Winer*, Chald. Gramm. § 13 mitgeteilte volle Paradigma mit besonderen Femininformen entbehrt der genügenden Begründung.

Die Bildungen mit Participien ohne praefigiertes Mem s. § 64, 5.

2. Beispiele für das Particip mit Personalpronomen.²

Singular.

1 Pers. *Peal act.:* קְטִילְנָא „töte" Ber. R. 75, חִכְּמְנָא „weiss" Schek. 47ᶜ, עֲבִידְנָא „mache" Gitt. 47ᵃ; יְכִילְנָא „kann" Ber. R. 75, יְהִיבְנָא „gebe" Ber. R. 91, אָמִנָא „sage" Koh. R. IX 10; קָאִימְנָא „stehe" Ech. R. II 4. — רָחִימְנָא „liebe" O. Jer. I Ex. 21, 5, יְכִילְנָא „kann" O. Jer. I Num. 22, 38, יָדְעְנָא „weiss" O. Num. 22, 6, Jer. I Gen. 4, 9, O. יָדְעְנָא (?); דָּאִינְנָא „richte" O. Ex. 18, 16, Jer. I דַּיְינָא, מְיַיתְנָא „sterbe" Jer. I Gen. 46, 30.

Peal pass.: גְּנִיבְנָא „bin gestohlen" O. Gen. 40, 15, [וֹ]דְכִרְנָא „erinnere mich" O. Lev. 26, 45, Jer. I דְכִירְנָא, אָלִיפְנָא „bin gelehrt" *f.* O. Num. 22, 30 Sab., Cod. Soc. אָלִיפְנָא, Merx אָלִיפְנָא.

Pael act.: מְזַבְּנָא „verkaufe" Kidd. 61ᵇ, מְנַזְדְנָא (= מְנַזְרְנָא) Naz. 51ᵇ, מְחַשְּׁבְנָא „berechne" Pes. 31ᶜ, מְפַחְזְנָא „brause auf" Naz. 51ᵃ, מְנַדְרְנָא „gelobe" Naz. 51ᵇ, מְזַיְינָא „ernähre" Jeb. 6ᵇ, מְפַיְיסְנָא „besänftige" Ech. R. Peth. 23. — מְבַשְּׂרְנָא „verkünde" Jer. I Num. 23, 10, מְלִילְנָא „rede" O. Num. 12, 8, Sab. מְמַלֵּילְנָא.

Pael pass.: מְעָרְבְנָא ³ „bürge" O. Jer. I Gen. 43, 8.

Aphel act.: מוֹדֲעִנָא „zeige an" Sanh. 18ᵈ, *f.* Vaj. R. 27, מְהוֹדֲעִנָא Tos. Sanh. II 5. — [וֹ]מְהוֹדְעִנָא O. Jer. I Ex. 18, 16.

Ithpeel: מִשְׁתַּבְעְנָא „schwöre" Jer. I Num. 31, 8.

2 Pers. *Peal act.:* יָדַעְתְּ „weisst" O. Jer. I Ex. 32, 22,⁴ רְכִיבַתְּ „reitest" O. Num. 22, 30 Merx, Sab. רְכַבְתְּ.

---

¹ S. auch Masora, Ausg. *Land.* 8.
² Auch die Beispiele aus den anderen Verbklassen mit Ausnahme der Verba ל″ו und ל″י sind hier mit aufgeführt.
³ Vgl. מְעָרֵב „bürgend" O. Jer. I Gen. 44, 32.
⁴ Vgl. Masora, Ausg. *Land.* 58. — עֲבַדְתְּ O. Num. 23, 11 Merx ist nur verschrieben oder verlesen für עֲבַדְת (so Cod. Soc. 84).

Peal pass.: נהירת „erinnerst dich" Ab. z. 45ª.

Pael act.: מזבנת „verkaufst" Ech. R. I 13. — מְבָרִיכַתּ „segnest"
O. Jer. I Num. 23, 11, Sab. מְבָרְכַתּ.

Aphel act.: משכחת „findest" Vaj. R. 26, מהימנת „glaubst"
Vaj. R. 26.

Ithpalpal: מִתְרֹרֹבַת „erhebst dich" O. Num. 16, 13, Sab.
מִתְרָבְרָבַתּ, Jer. I מתרברבת.

Plural:

1 Pers. *Peal act.:* סלקינן „steigen herauf" R. h. S. 58ª, זבנינן
„kaufen" Bab. m. 8ᶜ, נחתינן „steigen hinab" Ber. R. 91, פגעינן
„treffen" Ber. 10ᶜ, שמעינן „hören", Pes. 31ᶜ, סברינן „meinen", Naz.
54ᵇ, אמרינן „sagen" Naz. 55ᵇ, אזלינן „gehen", Ber. 10ᶜ, ¹ילפינן
„lernen" Mo. k. 82ᵈ, יהבינן „geben" Pea 20ᵇ, רבבינן „sind gross"
Mo. k. 83ᵇ, קמינן „stehen auf" Ech. R. Peth. 23. — שמעינן „hören"
Jer. II Lev. 24, 12.

Peal pass.: זקיקינן „sind verpflichtet" Ber. 3ᶜ.

Pael act.: חללינן „entweihen" Kil. 32ᵇ, Keth. 35ª. — מצלינן
„beten" Targ. II Est. 3, 8.

Aphel act.: מחלטינן „lassen verfallen" Schebu. 38ª. — מכרוזינן
„verkündigen" Jer. II Deut. 3, 29.

Ithpeel: אתחשבינן „werden geachtet" Jer. II Gen. 31, 15,
משתמענן „gehorchen" Jer. II Deut. 26, 14.

2 Pers. *Peal act.:* דמכיתון „schlaft" Ech. R. Peth. 24, עבדיתון
„macht" Pea 21ª, טעניתון „ladet auf" Ech. R. Peth. 24, אמריתון
„sagt" Ber. R. 79, יהביתון „gebt" Maas. 50ᶜ, ידעיתון „wisst" Koh.
R. XI 1. — שמעיתון Targ. II Est. 4, 1, יָדְעִיתוּן Targ. Jud. 5, 16
Merx, יָדְעִיתּוּן ² O. Ex. 23, 9 Sab.

Ithpael: מתרֹעֹמֹתוּן „murrt" O. Ex. 16, 7.

3 Pers. *Peal act.:* שלמנון (l. שָׁלְמִנוּן) „sind friedlich" O. Gen.
34, 21.

§ 66. *Verba primae Nun.*

1. Assimilation des Nun bildet im galil. Dialekt die Regel
im Imperfect und Infinitiv des Peal sowie in allen Formen des
Aphel und Ittaphal. Sie unterbleibt vor ה und ע, während sie

---

¹ Zu dem Jod s. S. 69.

² Diese Form, welche die Masora, Ausg. *Land.* 58 auch für Gen. 29, 5;
44, 15. 27 vorschreibt, ist in Cod. Soc. 84 überall beseitigt.

vor ה einzutreten pflegt. Aber auch bei Nichtgutturalen ist
zuweilen das Nun erhalten. Beispiele dafür finden sich von נבל,
גוף, נסב, נפח, נתן.
Im *Onkelostargum* ist die Assimilation nur unterlassen stets
vor ה und ע und gelegentlich vor ז und צ. Die einzigen Beispiele
hierfür sind נזק und נצה, vgl. יְנֹזִיק „er schädigt" O. Gen. 26, 11,
Ex. 11, 7 neben מִיזָף „schelten" O. Num. 12, 14, יִנּצוּן „sie zanken"
O. Ex. 21, 18 neben תִּצּוּב „du pflanzest" O. Deut. 16, 21 (Merka).
Die *jer.* *Targume* unterlassen häufig die Assimilation des
Nun. Beispiele der Verba גנף, נגש, נוף, נזק, נחת, נטר, נפל, נפק, נתן,
נתר sind dafür zu nennen. Bei נזק und נפק findet sich hier häufig
ein Aphel mit praefigiertem ה.
Abwerfung des Nun mit seinem Vokal findet im Imperativ
statt, sowohl in den Targumen wie im galil. Dialekt. Nur im
letzteren finden sich einige Ausnahmen.
2. Nach der superlin. Vokalisation wird im Imperfect und
Infinitiv des Peal vor ה der Vokal des Praefixes zu *ē* gedehnt. Im
Praefix des Aphel erscheint vor ה im Perfect Schewa, sonst aber
immer Pathach. Die Analogie der Verba media Waw und der
Verba geminata wird dabei wirksam gewesen sein. Das Nun
des Stammes bleibt vollständig unberücksichtigt.
3. Imperfect, Imperativ, Infinitiv und Particip Peal und das
ganze Aphel von סלק werden hier mit aufgeführt, weil die Verdoppelung des ersten Stammkonsonanten zum Ersatz für das
ausgefallene ל eine den Verben פ"נ analoge Form zur Folge hat.
Eine eigentümliche Verkürzung von נסב „er nahm" ist נסה
(wovon נסא Maas. sch. 55ª, m. S. נסתיה „er nahm ihn" Mo. k.
81ᶜ, נסאתיה Vaj. R. 34, נסתה Maas. sch. 55ª, נסתון Bab. m. 8ª)
und נסתון גום, s. „ihr nahmet" Bab. k. 5ᶜ, Inf. מינם „nehmen"
Maas. sch. 55ª.

4. *Beispiele für die Verba primae Nun.*

Peal.

Perfect. *Sing. m. a.* נגב „trocknete" Gitt. 49ª, נפק „ging
hinaus" Mo. k. 82ᵈ, נגד „floss" Sot. 17ᵇ, נכס „schlachtete" Pesikt.
91ᵇ, נחת „stieg hinab" Mo. k. 83ᵇ, נצח „siegte" Ech. R. I 11. —
נְפֵק[וֹ] O. Jer. I Gen. 8, 7, נְחֵת[וֹ] O. Jer. I Gen. 12, 10.

---

¹ Palmyr. נצב WZKM VIII 11.

b. נסיב „nahm" O. Jer. I Gen. 27, 36.

3 *Sing. f.* *a.* נפקת Kil. 32ᵇ, נסבת Schek. 50ᶜ, נפלת „fiel" Mo.
k. 81ᵈ, נחתת Taan. 66ᶜ. — [ונ]פֿקֿת O. Jer. I Gen. 34, 1.

b. נסיבת Keth. 34ᵇ, נפילת Sabb. 15ᵈ, נחיתא (s. S. 202) Keth.
25ᶜ. — נסֿיבֿת O. Jer. I Gen. 31, 34.

2 *Sing. c.* *a.* נסבת Schek. 50ᶜ. — נפֿקֿתֿא O. Ex. 23, 15, Jer. I
נפקת, נחתתא Jer. I Num. 31, 8.

1 *Sing. c.* *a.* נפקית Ber. R. 64, נסבית Schek. 50ᶜ, נחתית Orl.
63ᵃ. — נפֿקֿית O. Jer. I Num. 22, 32.

b. נסיבית Pea 20ᵃ. — [ד]נסֿיבֿית O. Jer. I Gen. 48, 22.

3 *Plur. m.* *a.* נפקון Pea 15ᵈ, נחתון R. h. S. 59ᵈ, נפלו Schebu.
37ᵃ, נצחו Sot. 24ᵇ, נסרו „sägten" Sanh. 28ᶜ. — [ונ]חֿתֿתו ¹ O. Jer. I
Gen. 42, 3.

b. [ונ]סֿיבֿו O. Jer. I Gen. 6, 2, נפֿישֿו „wurden viel" O. Jer. I
Ex. 1, 7.

c. גֿובֿו O. Jer. I Gen. 8, 13.

3 *Plur. f.* *a.* [ונ]פֿקֿא O. Ex. 15, 20, Jer. I נפקן.

2 *Plur. m.* *a.* נסבתון Schebu. 37ᵈ. — [ד]נסֿפֿקֿתֿון O. Jer. I
Ex. 13, 3.

1 *Plur. c.* *a.* [ונ]פֿלֿנֿא „zogen" Jer. I Deut. 2, 1, נחֿתֿנֿא O.
Gen. 43, 20, נחתנן Jer. II Gen. 44, 18.

b. נסיבנן Pesikt. 138ᵇ. — נסֿיבֿנֿא O. Jer. I Deut. 3, 4, נחיתנא
Jer. I Gen. 43, 20.

Imperfect. 3 *Sing. m.* *a.* יטול Sanh. 23ᶜ, יפוק Sabb. 9ᵇ, יסוק
„steigt herauf" Sanh. 18ᵇ, ייחות Taan. 67ᵃ. — יׄפֿוק O. Jer. I Ex.
21, 2, יׄפֿול O. Jer. I Ex. 21, 18, יׄגֿוף „plagt" O. Ex. 21, 35,
Jer. I ינגוף.

b. ייגב Gitt. 49ᵃ, יסב Bab. m. 8ᶜ, יסק Ber. R. 80. — יׄגֿח „stösst"
O. Ex. 21, 28, Jer. I ינגש, יׄאֿר „fällt ab" O. Lev. 13, 40, Jer. I
ייתר, יׄזֿר „weiht sich" O. Num. 6, 12.

c. יתן ² Kidd. 63ᵈ. — יׄתֿין O. Ex. 21, 4, Jer. I יתן.

3 *Sing. f.* *a.* תיפוק Sanh. 20ᵇ. — תֿפֿוק O. Jer. I Ex. 21, 3.

b. תיסב Keth. 31ᶜ, תיפח „verhaucht" Ber. 14ᵈ. — תֿסֿב O.
Jer. I Gen. 38, 23.

c. תתן Kidd. 63ᵈ.

2 *Sing. m.* *a.* תיסוק Chall. 57ᵈ, תיחות Taan. 68ᵃ. — תֿצֿוב

---

¹ Palm. mit Abfall des *ū* נחת de Vogüé 4, vgl. אקים ebenda und Perf. אמר
Keth. 26ᶜ, Imp. אזל Bab. m. 8ᶜ.

² Nabat. ינתן CIS II 197, aeg. aram. ינתן CIS II 145 D, יתן ebenda 149.

„pflanzest" O. Deut. 16, 21 (Merka), תכֹּוס „schlachtest" O. Deut. 17, 1, תיחות O. Jer. I Gen. 26, 2, תגמור Jer. I Gen. 32, 5.

b. תיסב Ech. R. I 7, Ber. R. 78. — תֹדֵּר „gelobest" O. Deut. 12, 17, תינתר Jer. I Ex. 18, 18.

c. תיתין Jeb. 6ᵇ, תתן Ber. R. 63. — תֹּתִין O. Gen. 30, 31, Jer. I תיתן.

2 *Sing. f. a.* תתנין, תינתנין Vaj. R. 5. — תיחתין Targ. Ruth 3, 3. 1 *Sing. c. a.* איפוק Ned. 42ᵇ, אחות Pesikt. 113ᵃ. — אֵיחֹות O. Jer. I Gen. 37, 35.

b. אֹסֵב O. Jer. I Gen. 14, 23, אֶסֹּק O. Ex. 32, 30, Jer. I איסק, אֹסֵּר O. Jer. I Gen. 30, 31.

c. אתן Schir R. VI 12. — אֹתֵין¹ O. Gen. 30, 38, Jer. I איתן.

3 *Plur. m.*² יסקון Keth. 26ᵈ, יטלון Keth. 29ᵃ, יסבון Sot. 20ᵇ, יפקון Ech. R. I 4, Vaj. R. 37, יתגון Gitt. 48ᵃ, ינסבון Vaj. R. 27, יגבלון „werden abgenützt" Kil. 32ᵃ. — יֹטֹּרון O. Jer. I Gen. 18, 19, יתנון Jer. I Ex. 20, 13.

3 *Plur. f.* יטלן Targ. Jerem. 9, 17.

2 *Plur. m.* תיסקון Ber. 7ᵇ, תיתנון Vaj. R. 25. — תֹסֹּבון O. Jer. I Gen. 34, 9, תֹסֹּרון O. Lev. 18, 26, Jer. I תיטרון, תגטרון Jer. I Deut. 24, 8.

1 *Plur. c. a.* ניסוק Schebi. 38ᶜ, ניפוק Sanh. 20ᵃ, Ech. R. I 31, ניחות Sanh. 25ᵈ. — ניֹחֹות O. Jer. I Gen. 43, 3.

b. נֹסֵב O. Gen. 34, 21, Jer. I ניסב, נֹסֵּר O. Deut. 6, 25, Jer. I נגטר.

c. נסיב Ech. R. I 7. — נחית Jer. I Gen. 11, 7, נֹתֵּין O. Gen. 34, 21, Jer. I ניתן.

Imperativ. *Sing. m. a.* פוק Mo. k. 80ᵈ, Dem. 22ᵈ, Kil. 27ᵈ, חות Bab. b. 16ᵇ, סוק Ech. R. I 17, נחות Kidd. 65ᵈ. — פֹּוק O. Jer. I Gen. 8, 16, חֹות O. Jer. I Ex. 19, 21, סוק Jer. I Gen. 35, 1, טור Jer. I Ex. 34, 11.

b. סב Kidd. 64ᵃ, נצר „zirpe" Vaj. R. 33. — שֵׁק „küsse" O. Jer. I Gen. 27, 26, סֹק O. Gen. 35, 1, טֹר O. Ex. 34, 11.

c. גכית „beisse" Pea 16ᵃ, סליק Pesikt. 72ᵇ. *Sing, f. a.* טֹולִי (!) O. Jer. I Gen. 21, 18, סוקי Jer. I Num. 21, 18.

b. סבי Targ. 2 Kön. 4, 37, סֹקִי O. Num. 21, 18.

Plur. m. a. פוקו Ber. R. 92. — פֹּוקֹו O. Jer. I Gen. 19, 14, חֹותֹו O.

Jer. I Gen. 42, 2, כּוֹסוּ O. Jer. I Ex. 12, 21, טּוֹלוּ O. Jer. I
Deut. 1, 7, פּוֹשׁוּ¹ O. Jer. I Gen. 1, 28, סוקו Jer. I Gen. 44, 17,
טורו Jer. I Deut. 6, 32, גגודו „ziehet“ Jer. I Ex. 12, 21.

b. סבון Dem. 22ª, סבו Sanh. 23ᵈ, פקון Maas. sch. 55ᵈ, נסרון
Sanh. 28ᵈ. — סֹקוּ O. Jer. I Num. 13, 18, סֹבוּ O. Jer. I Ex. 12, 21.

c. סיבו Jer. I Gen. 42, 33.

Infinitiv. *a.* מיכום Maas. sch. 56ᵈ, מיסוק Taan. 69ᶜ, מיחות
Ber. 6ᶜ, מינסוב Kidd. 64ᶜ, מינפוח Bez. 62ʰ. — מיסוק Jer. I Num.
13, 31, מנטור Jer. I Deut. 24, 8, מיחות Jer. I Gen. 24, 26, מפוק
Jer. I Num. 12, 12.

b. מיסב Dem. 22ª, מיתן Gitt. 47ª, מינם Vaj. R. 28, מינזף
Ter. 46ᶜ, מינסב Ter. 46ª. — מֹסֹק O. Num. 13, 31, Jer. I מיסק,
מיזֹף O. Num. 12, 14, Jer. I מנזף, מיחֹת O. Gen. 24, 26. — Determiniert: מפלא Jer. II Gen. 15, 12.

Partic. act. *m.* *Sing.* נפיק Ber. 8ᶜ, נבית Ber. 9ª, נחית Ber.
5ª, נגים „essend“ Vaj. R. 34. — נֹפיק O. Jer. I Ex. 4, 14.

m. *Plur.* נפקין Ber. 3ᶜ, נחתין Ber. 8ᶜ, נהגין „pflegend“ Sabb.
8ª. — נֹחתין O. Jer. I. II Gen. 28, 12.

f. *Sing.* נסבה Keth. 31ᶜ, נחתא Kil. 32ᵈ, נפקא R. h. S. 57ª,
נפלה Ned. 38ᵈ. — נפלא Jer. I Gen. 15, 12.

f. *Plur.* נהגן Taan. 64ᶜ. — נֹפקֹן O. Jer. I Gen. 24, 13.

Partic. pass. *m.* *Sing.* נהיר „sich erinnernd“ Taan. 64ª, נהיג
„pflegend“ Ber. 3ᵈ, *d.* נהירא „klar“ Jer. I Lev. 14, 57.

m. *Plur.* נהירין Naz. 54ʰ, נהינין R. h. S. 58ʰ. — [ד]נצּיבּין „gepflanzt“ O. Num. 24, 6.

f. *Sing.* נכירא „erkannt“ Ech. R. I 12.

f. *Plur.* נהינין (l. נהיגן) Pes. 30ᶜ.

Pael.

Perfect. 3 *Sing.* *m.* נֹחֵים „tröstete“ O. Jer. I Gen. 50, 21.
Imperfect. 1 *Sing.* *c.* אכניש „jäte“ Tos. Bab. m. IX 13.
3 *Plur.* *m.* ינסבון (l. ינסכון) „spenden“ Ab. z. 44ᵈ.
3 *Plur.* *f.* תנסֹבֹן O. Jer. I Ex. 30, 9.
Infinitiv. מנחמה Vaj. R. 6. — נחמא Jer. I Gen. 25, 29,
מנחמה Jer. I Gen. 37, 35.
Partic. act. *m.* *Plur.* מנסבין (l. מנסכין) Ab. z. 44ᵈ.
f. *Sing.* מנהקא „schreiend“ Dem. 21ᵈ, מנקרא „nagend“
Ter. 45ᶜ.

---

¹ Auch פָּשׁוּ nach Mas., Ausg. *Land.* 90.

Aphel.

Perfect. 3 *Sing. m.*[1] אפיק Pea 20ª, אסיב אקיז Kidd. 65ᵈ, אקיז „liess zur Ader" Ber. 5ᶜ, אתר „liess fallen" Ab. z. 41ᵈ, אנהר „liess leuchten" R. h. S. 57ᵈ. — אסיק ֶO. Jer. I Gen. 8, 20, אחית O. Jer. I Gen. 2, 5, אכר „erkannte" Jer. I Gen. 38, 26, אנפיק Jer. I Ex. 19, 17, הנפיק Jer. I Ex. 12, 17.
3 *Sing. f.* אפקת Bab. m. 8ᶜ, אנהרת Taan. 66ᵈ. — אֹפּיקֿת O. Gen. 1, 12, Jer. I הנפקת, אחיֿתֿ O. Jer. I Gen. 24, 18.
2 *Sing. c.* אֹפּיקֿתּא O. Ex. 32, 11, Jer. I הנפקת.
1 *Sing. c.* אפיקית Ber. R. 79, אפיקת Keth. 31ª. — אֹפּיקֿית O. Lev. 19, 36, Jer. I הנפקית.
3 *Plur. m.* אפקון Sabb. 9ᶜ, אסבון Jeb. 11ᵇ, Ber. R. 17, אקפון „umgaben" Dem. 22ª. — אֹסיקֿו O. Jer. I Gen. 37, 28, אֹפּיקֿו O. Jer. I Ex. 12, 39, אחיֿתֿו O. Jer. I Deut. 1, 25.
2 *Plur. m.* אפיקתון Ber. R. 60, אפקתון Vaj. R. 34. — אֹקיֿפֿתּון O. Jer. I Deut. 2, 3.
1 *Plur. c.* אֹקיֿפֿנא O. Jer. I Deut. 2, 1, אחיֿתֿנא O. Jer. I Gen. 43, 22.
Imperfect. 3 *Sing. m.*[2] יֿפּיק O. Jer. I Deut. 24, 11, יֿנזֿיק „schädigt" O. Ex. 11, 7, Jer. I יהנזיק.
3 *Sing. f.* תֿפּיק O. Gen. 1, 24, Jer. I תהנפק.
1 *Sing. c.* אֹפּיק O. Jer. I Ex. 6, 6, אנפיק Jer. I Gen. 19, 8.
3 *Plur. m.* יסבון R. h. S. 58ª, יפקון Vaj. R. 24. — יֿפּקֿון O. Jer. I Deut. 22, 15, יהנזקון Jer. I Ex. 12, 37, יֿחֿתֿון O. Gen. 44, 31.
2 *Plur. m.* תפקון Sanh. 18ᵈ. — תֿסֿקֿון O. Jer. I Gen. 50, 25, תֿחֿתֿון O. Jer. I Gen. 42, 38.
1 *Plur. c.* נֿפיק O. Num. 20, 10.
Imperativ. *Sing. m.* אקיף Ber. 14ᵇ, m. S. אחתיניה Ber. R. 56. — אֹסיק O. Jer. I Ex. 8, 1, אֹפּיק O. Gen. 19, 12, Jer. I הנפק.
Sing. f. אפקן Schebi. 39ª.
Plur. m. אסבון Bab. m. 8ᶜ. — אֹפּיקֿו O. Gen. 45, 1, Jer. I הנפיקו, אחיֿתֿו O. Jer. I Gen. 43, 7.
Infinitiv. *a.* מפקא Ber. 11ᶜ, מיפקא Gitt. 43ᵈ, מקפא Pea 20ª, מקשה „klopfen" Bez. 63ª. — מנהרא Jer. I Gen. 1, 17, מנחתא Jer. II Gen. 49, 23, מסבה Jer. II Gen. 29, 22.
b. אֹנהֿרא O. Gen. 1, 17, Jer. I Gen. 1, 3, אֹחֿתֿא O. Jer. I Gen. 37, 25, O. Deut. 28, 56, הנפקא Jer. I Num. 20, 10, הנזקא Jer. I Num. 20, 17.

---

[1] Palmyr. אסק de Vogüé 7.
[2] Nabat. ינפק CIS II 198.

c. אפוקי Sanh. 18^d, Ech. R. I 31.— אַנְהוֹרֵי O. Jer. I Num. 4, 9, אַפּוּקֵי O. Lev. 26, 5.

d. Verbindungsform: אפקות Jer. I Lev. 26, 5.

Partic. act. *m. Sing.*[1] מסיק Maas. sch. 55^c, Ber. R. 11, מחית Taan. 66^c, Schir R. V 14, מנחית Pesikt. 91^a. — מֵסִיק O. Jer. I Lev. 11, 4, מֵחִית O. Jer. I Gen. 7, 4.

m. Plur. מפקין Ech. R. II 4, מקשין Gitt. 45^b, מסקין Schebi. 37^b. — *c.* מֵסֵקֵי O. Jer. I. II Gen. 49, 15.

f. Sing. מנהרה Taan. 66^d.

f. Plur. מתרן Kil. 30^d. — מֵפַחֵן „verhauchen machend" O. Lev. 26, 16.

Partic. pass.[2] *m. Sing.* מְקָף „umgeben" O. Jer. I Num. 19, 15, מֵחֵת O. Gen. 8, 11, Jer. I מחית (!).

f. Plur. מְקָפָן O. Jer. I Deut. 3, 5.

Ithpeel.

Perfect. 3 *Sing. m.* איתנסיב Schir R. II 16, איתגחת Keth. 34^b, אינשם „athmete auf" Sabb. 14^d, אינהר Sabb. 3^a, Ab. z. 41^a. — אֶתְנְגִיד „wurde hingerafft" O. Jer. I Gen. 49, 33 (Tiphcha).

3. *Sing. f.* אינסיבת Bab. m. 11^a, אתגסבת Ber. R. 17, אינשמת Kil. 32^b, איתנשימת Ber. R. 33. — איתנסיבת Jer. I Gen. 2, 23.

2 *Sing. m.* אינשמת Kidd. 59^a.

3 *Plur. m.* איתגסבון Ech. R. I 2.

3 *Plur. f.* אינפחן Maas. sch. 55^c. — אתנהרן Jer. I Gen. 3, 7.

2 *Plur. m.* אתנהרתון Schir R. IV 4.

Imperfect. 3 *Sing. m.* יתנֹגֵיס O. Lev. 19, 6, Jer. I יתנכס.

3 *Plur. f.* תינסבן[3] Keth. IV 13.

Imperativ. *Plur. m.* אֶתנְגִידוּ O. Ex. 12, 21.

Infinitiv. *a.* מתנסבא Ber. R. 33.

b. איתנסבא Mo. k. 82^a, היתנסבא Sanh. 19^a (in einem Kontrakt).

Particip. *m. Sing.* מיתנכים Keth. 35^d, מינשים Vaj. R. 9. — מֶתְנְגֵיס O. Num. 35, 18, מנזיק Jer. II Num. 12, 12.

f. Sing. מֶתנְסְבָא O. Num. 35, 17.

Ithpaal.

Perfect. 3 *Sing. m.* איתנזק Koh. R. I 18. — אֶתנְסָך O. Num. 28, 7.

---

[1] Palmyr. Zolltarif מפפ „ausführend", *d.* אקא מפפק.
[2] Palmyr. Zolltarif מסק „aufgeführt", מאפק, מפפ „ausgeführt".
[3] Zu dem ת des Praefixes s. S. 213.

Imperfect. 3 *Sing. m.* יִתְגְּמֵל O. Num. 24, 7, Merx תְּגְּמֵל.

Infinitiv. מִתְנַחֲמָה Schek. 48ᵈ. — מִתְנַקְמָא „gerächt werden" Jer. II Ex. 21, 20.

Particip. *m. Sing.* מִתְנַטֵל Jer. I Ex. 15, 21.

Ittaphal.

Perfect. 3 *Sing. m.*[1] אִתָּאפַּק Gitt. 48ᵃ. — אָתְּחָת O. Gen. 39, 1, Jer. I אִיתְחַת.

Imperfect. 3 *Sing. m.* יִתְּחֵף O. Ex. 22, 5.

3 *Sing. f.* תִּתְּחֵף Jer. I Ex. 22, 5, תְּתְּחֵף O. Lev. 6, 15, Jer. I תִּיתְּסַק.

3 *Plur. m.* יִתְּחֲפְקוּן[2] O. Jer. I Lev. 16, 27.

Particip. *f. Sing.* מִתְּאָפְקָא O. Gen. 38, 25, Jer. I מִיתָּאפְקָא.

Palpel.

Perfect. 3 *Sing. m.* טַלְטִיל „bewegte" Jer. I Deut. 28, 15.

Partic. act. *m. Sing.* מְטַלְטֵל Jom. 40ᵇ, מְתַרְתַּר „werfend" Jer. 46ᵃ.

Partic. pass. *m. Sing.* מְטוּלְטַל O. Gen. 4, 12, Jer. I מְטַלְטֵל.

Ithpalpal.

Imperfect. 2 *Plur. m.* תִּטַלְטְלוּן O. Deut. 28, 63.

§ 67. Verba primae Aleph.

1. Im galil. Dialekt verschwindet im Imperfect und Infinitiv *Peal* das Aleph.[3] Die so entstehende offene Silbe erhält den gedehnten Vokal י (ē). Im Anlaute verschwindet das Aleph mit seinem Vokal zuweilen im Perfect, Imperativ und sogar auch im Particip, nur der Konsonant fällt einige Male aus nach den Partikeln ו und ד.[4] Selten ist Verwandelung des Aleph in Jod im Wortanlaut[5] (im Peal von אבד und אלף) und im Silbenanlaut (im Pael von אלל). Das *Onkelostargum* hat stets die regelmässige Bildung, nur in den *jer. Targumen* finden sich auch einige Formen ohne anlautendes Aleph. Nach der superlin.

---

[1] Aeg. aram. אתגפק ohne Assimilation CIS II 145 D.
[2] Das Fehlen des Schewa hier und in מתּאָפְקא ist unmotiviert.
[3] Ausnahme תֵּאמוּר Bez. 61ᵃ.
[4] Vgl. S. 68.
[5] Vgl. S. 45. 69.

Vokalisation ist der Vokal der ersten Silbe des Imperfects und Infinitivs wie des Imperativs stets $\bar{e}$, während die biblische Vokalisation für den Imperativ Chateph Segol vorschreibt. Eine Eigentümlichkeit ist die Schreibung der ersten Silbe des Imperativs von אוּל mit i statt $\bar{e}$, wohl in Folge der Rückwirkung des i ($\bar{e}$) der zweiten Silbe.

Formen von אמר mit Abwerfung des Resch im Imperfect finden sich im pal. Talmud und Midrasch, sowie in den jer. Targumen, aber nicht im Onkelostargum. Sie werden auf babylonischem Einfluss beruhen.

2. Im *Pael* wird bei אלף das Aleph nach Praefixen elidiert, während es bei anderen Verben erhalten bleibt, dies sowohl im galil. Dialekt, wie in den Targumen (doch s. Onk. תַּבְּדוּן, jer. Targ. יאלפון). Im Onkelostargum wird das Aleph im *Ithpaal* fast immer,[1] im *Ithpeel* nie elidiert, während sich im pal. Talmud und den jer. Targumen auch Beispiele für Elision im Ithpeel finden. Das Taw des Praefixes wird zur Kompensation des weggefallenen Aleph als verdoppelt zu denken sein.

3. Im *Aphel* und *Ittaphal* wird das Aleph nach Analogie der Verba פ״ו und פ״י behandelt. Im ersteren Falle entsteht in Verbindung mit dem Praefix ay, das bei אכל im pal. Talmud und in den jer. Targumen vorkommt und im Onkelostargum bei אסף und ארך zuweilen als $\bar{e}$ erscheint. Im letzteren Falle entsteht au, das stets zu $\bar{o}$ wird. Beispiele für Haphel finden sich bei אבד (und אתא) in den jer. Targumen. הימין s. unter den Verben פ״ו und פ״י § 69. Aphel אוסף gehört hierher, wenn von אסף abgeleitet. Die Verba primae Aleph et tertiae Waw s. Jod s. § 74.

4. Beispiele für die Verba primae Aleph.

Peal.

Perfect. 3 *Sing. m.* אכל „ass" Mo. k. 83ᵇ, אבד „kam um" Keth. 33ᶜ (ובד) Gitt. 44ᵈ), ילף „lernte" Sabb. 13ᶜ, אול „ging" Sanh. 29ᶜ, אמר „sagte" Keth. 33ᶜ (ומר) Ber. 3ʰ, דמר Ber. 2ᵈ), מר (nach לא) Sanh. 23ᶜ. — אֲמַר O. Jer. I Gen. 29, 21.

3 *Sing. f.*[2] אזלת Schebu. 37ᵃ, אזילא Sabb. 8ᵃ (babyl.). — אֲמַרת O. Jer. I Gen. 16, 13, אחדת „ergriff" Jer. I Ex. 15, 14.

---

[1] Eine Ausnahme bildet אתאבֵּל.

[2] Aeg. aram. אמרת CIS II 141.

2 *Sing. c.* אמרת Keth. 29ʰ, אכלת Schebi. 35ᵇ, אולת Sanh. 29ᵃ, ילפתה Ned. 42ᶜ. — אָמַרת O. Jer. I Gen. 12, 19, אָזלְתָא O. Gen. 31, 30, Jer. I אוילתא.

1 *Sing. c.* אמרית Ber. 3ᵃ, אמרת Sanh. 26ᵇ, אולית Bab. m. 8ᵈ, אכלית Schek. 49ʰ, אכילית Vaj. R. 25, אלפית Vaj. R. 27. — אָכְלית O. Jer. I Gen. 31, 38.

3 *Plur. m.* ¹ אמרון *f.* Chag. 78ᵃ, אמר ² Keth. 26ᶜ, אולון Bab. m. 8ᵈ, אסרון „verboten" Ber. 5ᵇ, אכלון Gitt. 43ᶜ, ילפון Mo. k. 81ʰ. — אָכְלו O. Jer. I Ex. 16, 35.

3 *Plur. f.* אמרן Sanh. 23ᶜ. — אָמְרא O. Jer. I Ex. 2, 19, אָזלָא O. Gen. 24, 61, אָכְלָא O. Gen. 41, 20; אמרן Jer. I Gen. 31, 14, אולן Jer. I Gen. 24, 61, אכילן Jer. I Gen. 41, 20.

2 *Plur. m.* אמרתון Ber. R. 89. — אָבַדתון O. Jer. I Num. 21, 29, Jer. II ובדתון (= ואבדתון).

1 *Plur. c.* אמרנן Mo. k. 81ᵃ, אמרן Est. R. II 1, אכילנן Ech. R. I 4. — אָמַרנָא O. Jer. I Gen. 26, 28.

Imperfect. 3 *Sing. m. a.* ייכול Ned. 41ᵇ, יכול Ab. z. 40ᵃ, ליכול Ber. 11ʰ. — יֵיכּול O. Jer. I Ex. 22, 4, יֵישׁוד „vergiesst" O. Gen. 9, 5, Jer. I ישוד, יֵיחוד „verschliesst" O. Deut. 11, 17, Jer. I יחוד.

b. יימר Keth. 35ᵃ, יימא Bab. m. 9ᵈ, ייסר Erub. 23ᶜ. — יֵימָר O. Jer. I Ex. 22, 8, ייבד O. Num. 24, 20.

c. ייזיל Jom. 43ᵈ. — יֵיזֵל O. Ex. 10, 24, Jer. I ייל.

3 *Sing. f. a.* תיכול Dem. 21ᵈ. — תֵיכּול O. Jer. I Ex. 23, 11.

b. תילף Keth. 33ᵃ. — תֵיסַר O. Jer. I Num. 30, 4.

c. תיזיל Taan. 66ᵈ.

2 *Sing. m. a.* תימור Ber. 6ᵃ, תיכול Ech. R. I 7, תאסור Bez. 61ᵃ. — תֵירוס „verlobst" O. Deut. 28, 30.

b. ³ תימר Sot. 20ᵇ, תימא Pea 16ᵇ. — תֵימַר O. Jer. I Gen. 24, 14, תימא Jer. I Gen. 33, 10.

c. תיזיל Sanh. 29ᵃ, Ech. R. I 31. — תֵיזֵל O. Jer. I Gen. 24, 4.

2 *Sing. f.* תימרין Vaj. R. 26. — תימרין Targ. Ruth 3, 4, תֵיזֵלין O. Gen. 24, 58, Jer. I תיזילין.

1 *Sing. c. a.* איכול Ber. R. 38, Ech. R. IV 3. — אֵיכּול O. Jer. I Gen. 24, 33.

b. אימר Ech. R. I 51, אימא Ber. R. 75. — אֵימַר O. Jer. I Ex. 3, 13.

c. אֵיזֵל O. Ex. 3, 11, Jer. I אזיל.

---

¹ Aeg. aram. אמרו CIS II 138.
² Vgl. S. 203 Anm. 2, 222 Anm. 1, 238 Anm. 2.
³ Aeg. aram. תאבד CIS II 145.

3 *Plur. m.* [1] יימרון Bab. k. 5ᶜ, ייולון Taan. 66ᵈ, Ech. R. I 4,
יילפון Vaj. R. 22. — יִמְרֹון O. Gen. 12, 12, Jer. I ימרון, יִבַּלֹּון O.
Jer. I Ex. 23, 11, יִלְפֹּון O. Jer. I Deut. 4, 10.

3 *Plur. f.* ייבדן Mo. k. 80ᵃ.

2 *Plur. m.* תימרון Bab. m. 8ᶜ, תילפון R. h. S. 58ᵈ. — תִּימְרֹון O.
Jer. I Lev. 25, 20, תִּיבְדֹון „kommt um" O. Deut. 4, 26, Jer. I
תובדון (!).

2 *Plur. f.* תיזלין Targ. Ruth 1, 11.

1 *Plur. c. a.* נימור Naz. 54ᵇ, ניכול Ber. R. 63, Ech. R. I 7. —
נִיכֹול O. Jer. I Lev. 25, 20.

b. נימר Sot. 19ᵃ, Ber. R. 54, נימא Ber. 5ᵇ L, Keth. 26ᵈ. — נִימָר
O. Jer. I Gen. 44, 16.

c. ניזיל Est. R. II 1, ניזול (l. ניזיל) Ber. 5ᶜ. — נִיזִיל [2] O. Jer. I
Num. 20, 17.

Imperativ. *Sing. m. a.* אמור Pes. 32ᵃ, אכול Sabb. 3ᶜ. —
אֱיחֹור O. Jer. I Ex. 4, 4.

b. איזל Keth. 33ᵈ, ומר (= ואמר) Sanh. 23ᶜ, אימא Ech. R. I 2.
— אֱימָר O. Jer. I Ex. 6, 6.

c. איזיל Sanh. 29ᵃ, וזיל (= ואזיל) Mo. k. 82ᵃ, זיל Bab. k. 5ᵇ. —
אֱיזִיל [3] O. Jer. I Gen. 22, 2, Ex. 3, 16.

Sing. f. b. אמרין Sot. 16ᵈ, אמרי Vaj. R. 9. — אֱימְרִי O. Gen.
12, 13, Jer. I אמרי.

c. איזלין Bez. 62ᶜ, זילי, איזילי Sabb. 16ᶜ, Vaj. R. 9. — אֱיזִילִי O.
Jer. I Ex. 2, 8.

Plur. m. a. אימורין (l. אימורון) Kil. 32ᶜ, אכלון Taan. 69ᵇ, Ber.
R. 63. — אכולו Jer. Jes. 21, 5.

b. אימרון Ned. 40ᵈ. — אֱילְמוּ „seid stark" O. Deut. 31, 6.

c. איזולון Jeb. 2ᵈ, אזלון Sanh. 28ᶜ, זילו Ech. R. III 6, אזל Bab.
m. 8ᶜ.[4] —. אֱיזִילוּ O. Jer. I Gen. 29, 7, זילו Jer. I Ex. 10, 24.

Plur. f. b. אמרנא Targ. Ruth 1, 10.

c. אזילנא Targ. Ruth 1, 8.

Infinitiv. *a.* מימור Chag. 76ᵈ, מיסור Schek. 50ᶜ, מיכול Sabb.
3ᶜ. — מיכול Jer. I Deut. 12, 23.

b. מימר Ber. 2ᶜ, מיזל Pes. 31ᵇ, מיכל Ber. 6ᶜ, מילף Keth. 35ᵃ.
— מֵימָר O. Gen. 9, 8, Jer. I ממר, מֵיזַל O. Jer. I Gen. 11, 31,
מֵיחַד O. Jer. I Gen. 20, 18.

---

[1] Aeg. aram. יאמרון CIS II 145D, יאכלו ebenda 137.
[2] *Merx* liest נִיזִיל, was *Landauer* fälschlich in נִיזִיל verbessert.
[3] Zu dem i der ersten Silbe s. Mas., Ausg. *Land.* 2.
[4] Vgl. oben S. 222 Anm. 1, 238 Anm. 2.

c. mit Determinativendung מיכלא Jer. II Ex. 34, 26.

Partic. act. *m. Sing.* אמר Vaj. R. 9, מר (!) Bab. m. 8ᶜ, אזיל Kidd. 64ᵃ, אכיל Ned. 40ᵇ, יילף Ech. R. I 12. — אָמֵר O. Jer. I Ex. 2, 14, אָזֵיל O. Jer. I Ex. 19, 19.

m. Plur. אמרין Ber. 10ᵃ, דמרין (= דאמרין) Ber. 7ᵈ, מרין Bab. m. 9ᶜ, אמרי Ber. 10ᵃ, אכלין Sabb. 3ᵃ, אסרין Ber. 5ᵇ, ילפין Keth. 25ᶜ. — אָזֵלין O. Gen. 37, 25.

f. Sing. אמרה Est. R. II 1, ילפא Dem. 24ᵃ, ילפה Keth. 33ᵈ, יבדא Schebi. 38ᵈ.

Partic. pass. *m. Sing.* אסיר Ned. 38ᶜ. — אָנִים „gezwungen" O. Deut. 28, 29. 31, אחיד O. Jer. I Gen. 22, 13.

m. Plur. אמירין Jer. I Num. 21, 31.

f. Sing. אמירא Ber. 12ᶜ. — אָחִידָא O. Jer. I Gen. 25, 26.

Pael.

Perfect. 3 *Sing. m.* אִיחַר „zögerte" O. Gen. 34, 19.

3 *Sing. f.* ארעת „traf" Vaj. R. 22.

1 *Sing. c.* אָלֵיפִית O. Jer. I Deut. 4, 5.

3 *Plur. m.* אלפון Ab. z. 40ᶜ. — ארעו Jer. I Ex. 5, 20.

Imperfect. [1] 3 *Sing. f.* תארע Jer. I Deut. 31, 29.

2 *Sing. m.* תְאָחֵר O. Deut. 23, 22.

1 *Sing. c.* אָלֵיף O. Jer. I Ex. 4, 15.

3 *Plur. m.* יִלְפִין O. Jer. I Deut. 24, 8, יאלפון Jer. I Deut. 4, 10, [וּ]יְאָלְלִין „kundschaften" O. Jer. I Num. 13, 1.

3 *Plur. f.* יארען Jer. I Deut. 31, 17.

2 *Plur. m.* תְאָבְדוּן O. Jer. I Deut. 12, 2, תְבְדוּן O. Num. 33, 52.

Infinitiv. *a.* מארכה „verlängern" Taan. 68ᵃ, מלפה Pea 15ᶜ, מילפה Chag. 78ᵃ. — מלפה Jer. I Ex. 3, 5.

b. אַלָּפָא O. Jer. I Lev. 10, 11, אָבְדָא O. Jer. I Deut. 12, 2.

c. m. Suff. אָלּוֹפֵהוֹן O. Jer. I Ex. 24, 12.

Partic. act. *m. Sing.* מַלֵּיף O. Jer. I Deut. 4, 1.

m. Plur. מלפין Bab. b. 13ᵇ, מיללין Taan. 68ᵈ. — מַלְּפִין (l. מְלַלְּפִין) Targ. Mich. 2, 11 Merx, *c.* מָאַלְּלֵי O. Jer. I Num. 14, 6.

f. Sing. מאחרה Ber. 2ᶜ.

Partic. pass. *f. Sing.* מְאָ[רְ]סָא „verlobt" O. Deut. 22, 23.

Aphel.

Perfect. 3 *Sing. m. a.* אייכל „speiste" Ter. 47ᵇ, אכיל [2] Ter. 46ᵃ. — אייכל Jer. I Deut. 32, 13.

---

[1] Nabat. יאגר „vermietet" CIS II 220.

[2] Wohl mit Kontraktion von *ay* in *a*, vgl. S. 66.

b. אובד „verlor" Mo. k. 82ᵃ. — אוֹרִיךְ „wartete" O. Jer. I
Gen. 8, 10, אוֹסִיף „fügte hinzu" O. Jer. I Gen. 8, 10, אוגר „ver-
mietete" Jer. I Deut. 23, 5, m. S. אוֹבִּילִינּוּ O. Deut. 32, 13.
3 *Sing. f.* אובדת Bab. m. 8ᶜ. — אוֹסִיפַת O. Jer. I Gen. 4, 2.
2 *Sing. c.* אובדת Bab. k. 6ᵈ, אובדתא Kidd. 64ᶜ, אוכלת Koh.
R. XI 1, אכילת (s. S. 247 Anm. 2) Ber. R. 48, אוסיפת Ber. R. 70.
1 *Sing.* אוֹבִּילִית O. Ex. 16, 32, Jer. I אוכלית, אוסיפית Jer. I
Ex. 31, 6.
3 *Plur. m.* אוספון Taan. 67ᶜ.
3 *Plur. f.* אוּחֹרָא (l. אוּחֹרָא) „verzogen" Targ. Jud. 5, 28 Merx.
2 *Plur. m.* אובדתון Ber. R. 89.
1 *Plur. c.* אוסיפנא Tos. Sanh. II 5.
Imperfect. 3 *Sing. m.*[1] יוֹסֵף O. Gen. 30, 24, Jer. I יוסיף.
2 *Sing. m.* תּוֹבֵיד O. Deut. 7, 24.
2 *Sing. f.* תוסיפי Targ. Ruth 1, 17.
1 *Sing. c.* אובד Bab. k. 6ᵈ, אוסיף Ber. R. 70.
3 *Plur. m.* יוספון Ber. R. 64. — יהובדון Jer. I Gen. 4, 23.
2 *Plur. m.* תוספון Jer. I Gen. 44, 23, O. תּיסְפּוּן, תובדון Jer. I
Deut. 7, 24, תורכון Jer. I Deut. 4, 26, O. תּיֹדְבֹוּן, תוחרון Jer. I Deut. 23, 22.
1 *Plur. c.* נובד Koh. R. III 16. — נובדא[2] Jer. I Num. 12, 12.
Imperativ. *Sing. m.* אוסיף Ruth R. III 1.
Sing. f. אורכין Jom. 43ᵈ.
Plur. m. אורילו O. Jer. I Gen. 22, 5.
Infinitiv. *a.* מוספה Sanh. 18ᵈ, מולפא Ber. R. 50. — מוספא
Jer. I Deut. 29, 18, מובדא Jer. I Num. 31, 8.
אוֹסֵפָּא O. Deut. 29, 18, אוֹבְדָא O. Deut. 28, 63, Jer. I הובדא,
אוכלא Targ. 2 Kön. 4, 1.
c. m. S. אוֹבֵידֵיהוּן (l. אוֹבֵידֵיהוֹן) Targ. Hab. 3, 14 Merx.
Partic. act. *m. Sing.* מייכיל Pea 15ᶜ, מייכל Meg. 72ᵇ, מאריך
Taan. 66ᵈ. — מוֹרֵיךְ Targ. Mich. 7, 18 Merx.
m. Plur. מורכין R. h. S. 57ᵃ, מובדין Chag. 77ᵇ, מוגרין „ver-
mietend" Dem. 25ᵇ. — יוֹסְפִין (!) O. Deut. 5, 25, Jer. I מוסיפין.
f. Sing. מורכה R. h. S. 57ᵃ, מובדה Ber. R. 17.

Ithpeel.

Perfect. 3 *Sing. m.* איתאמר Kidd. 64ᵃ, איתמר Jeb. 7ᵇ. —
אתביר (l. אתביד) Jer. I Ex. 22, 8, אתאשד[3] O. Num. 35, 33, Deut.
32, 14.

---

[1] Nabat. יוגר „vermietet" CIS II 197, Plur. יוגרון ebenda 212.
[2] S. oben S. 213 f.
[3] Nach Mas., Ausg. *Land.* 14 auch אתאשיד, s. aber S. 204.

Imperfect. 3 *Sing. m.* יִתְאֲמַר O. Jer. I Gen. 10, 9, יִתְאֲשֵׁד
O. Gen. 9, 6, יִתְאֲסַר „wird gebunden" O. Jer. I Gen. 42, 19,
יִתְאֲכִיל O. Ex. 21, 28 (Paschta), יִתְּשַׁר „wird vom Glück begünstigt"
Jer. I Deut. 10, 2.
3 *Sing. f.* תִּתְאֲכִיל O. Lev. 6, 16 (Silluk), Jer. I תִּתְאֲכַל.
2 *Plur. m.* תִּתְאַסְרוּן O. Gen. 42, 16, Jer. I תִּתְאַסְרוּן.
Particip. *m. Sing.* מִיתְּמַר Maas. sch. 55ᵇ, מִיתְּגַר „gewinnend"
Sot. 20ᵇ. — מִתְאֲכִיל O. Lev. 11, 34 (Rebia), Jer. I מִיתְאֲכִיל.
f. Sing. מִתְבְּדָא Jer. I Deut. 22, 3.

Ithpaal.

Perfect. 3 *Sing. m.* אִתְאֲבֵל „klagte" O. Jer. I Gen. 37, 34,
אִתְּחַד O. Num. 31, 30. 47.
3 *Sing. f.* אִתְּחָדַת (l. אִתְאֲחֲדַת) O. Jer. I Num. 5, 13.
Imperfect.[1] 2 *Sing. m.* תִּתְּגַר „verdingst dich" O. Deut. 23, 26.
Infinitiv. אִתְאֲבָלָא Jer. I Gen. 38, 4.
Particip. *m. Sing.* מִיתְּחַד Jer. I Num. 31, 47.

Ittaphal.

Imperfect. 3 *Sing. f.* תִּתּוֹסַף O. Num. 36, 3, Jer. I תִּיתּוֹסַף.
3 *Plur. m.* יִתּוֹסְפוּן O. Jer. I Ex. 1, 10.
3 *Plur. f.* יִתּוֹסְפָן O. Jer. I Gen. 49, 26.
Particip. *f. Sing.* מִיתּוֹסְפָא Jer. I Num. 28, 10.

§ 68. *Verba mediae Aleph.*

1. Nur שָׁאִל „fragen", בָּאִישׁ „übel sein", סָאִיב „unrein sein"
und שְׁאַר „übrig sein" sind im galil. Dialekt und in den Targumen in regelmässigem Gebrauch. יאשׁ s. unter den Verba ע″י
und ע″י (§ 69), גָאה und לאה unter den Verba ל″י, ל″י (§ 72). Sekundäre Bildungen sind תְּסָאבוּן „ihr werdet alt" (v. סִיב) Dem. 23ᶜ,
תָּאִיב „er kehrte zurück" (v. תוּב) Jer. I Num. 15, 30, יִרְאָם „er
wird erhaben" (v. רוּם) Targ. Jes. 52, 13 Merx, s. auch S. 263. Dem
Hebräischen ist entlehnt מָאסוּ „sie verwarfen" Jer. II Lev. 26, 43.
2. Im Plural des activ. Partic. Peal und im Pael von שָׁאִל
und שְׁאַר wird im galil. Dialekt und in den jer. Targg. Aleph
in Jod verwandelt. Im Onkelostargum bleibt das Aleph stets
erhalten. Der Vokal vor zu verdoppelndem Aleph ist bei סָאִיב

---

[1] Nabat. יתאלף „wird verfasst" CIS II 197. — Plur. יִתְאַלְפוּן „werden
gelehrt" Targ. Mich. 4, 3 Merx ist in יִתְאַלְפוּן zu korrigieren.

Kamez, bei שאיל Pathach, was vielleicht damit zusammenhängt, dass hier Aussprache des Aleph als Jod vorausgesetzt ist, sodass שָׁאיל und שייל sich nur orthographisch unterscheiden. Die Vokalisation der Infinitive סָאֳבָא und אֳסֳאֳבָא gegenüber stetem סָאֳיב wird damit zusammenhängen, dass dreimaliges ā hinter einander vermieden werden sollte. [1]

3. Beispiele für die Verba media Aleph.

Peal.

Perfect. 3 *Sing. m.* שאל Mo. k. 83ᶜ, באש Schek. 51ª, באיש Sanh. 21ᵈ. — [וְ]שאיל O. Gen. 40, 7, Jer. I שאל, [וְ]באיש O. Jer. I Gen. 21, 11, תאיב Jer. I Num. 15, 30.

2 *Sing. c.* שאלת Kidd. 64ᵇ, שאילת Ech. R. I 31. — [וְ]שאילתא O. Deut. 18, 16.

1 *Sing. c.* שאילית Ber. 5ᵇ, שאלית Dem. 22ᶜ. — [וְ]שאילית O. Jer. I Gen. 24, 47.

3 *Plur. m.* שאלון Ber. 6ˑ. — [וְ]שאילו O. Jer. I Gen. 26, 7, תאיבו Jer. I Gen. 6, 3.

2 *Plur. m.* שאלתון, שאילתון Naz. 46ª.

1 *Plur. c.* שאלנן Meg. 74ᵇ.

Imperfect. 3 *Sing. m.* ישאל O. Jer. I Ex. 22, 13, יבאש O. Gen. 21, 12, Jer. I יבאיש.

3 *Sing. f.* תבאש O. Jer. I Deut. 15, 9.

3 *Plur. m.* ישאלון O. Ex. 11, 2.

1 *Plur. c.* נשאל Schebi. 38ᶜ, נשאול R. h. S. 59ᵇ.

Imperativ. *Sing. m.* שאל Dem. 22ᵈ, Ech. R. I 31. — שאל O. Deut. 4, 32.

Sing. f. שאילי Ber. R. 79. — שאלי Targ. 2 Kön. 4, 3.

Plur. m. שאלון Maas. sch. 55ᵈ. — שאילו Jer. II Deut. 32, 7.

Infinitiv. מישאול Pea 15ª. — מישאל Jer. I Gen. 43, 7, *d.* מישאלא Jer. I Lev. 24, 12.

Partic. act. *m. Sing.*[2] שאיל Sabb. 9ᶜ. — שאל O. Jer. I Gen. 32, 29.

m. Plur. שיילין Ber. 5ᵇ L, שאילין Ech. R. I 31. — שיילין Jer. I Deut. 18, 14.

Partic. pass.[3] *f. Sing.* שאילה Taan. 64ᶜ.

---

[1] Vgl. S. 141 Anm. 5, 154 f.

[2] Ein hebr. Lehnwort ist נֹאֵל „Löser" O. Num. 35, 27.

[3] Als Intransitivbildung ist zu betrachten *f.* תָּאֳיבָא „schmachtend" O. Num. 11, 10.

Pael.

Perfect. 3 *Sing. m.* שייר „liess übrig" Bab. b. 13ᵇ, סאב
„verunreinigte" Sanh. 18ᵇ. — שייר Jer. I Ex. 10, 12, סאיב O.
Jer. I Gen. 34, 13, שָׁאֵיל „fragte" O. Gen. 43, 7.
3 *Plur. m.* שיילון Ber. 9ᵇ Ven., Vaj. R. 5. — סאיבו Jer. I
Gen. 34, 31.
2 *Plur. m.* שיילתון Jer. I Deut. 1, 1.
Imperfect. 3 *Sing. m.* וֹ]סָאיב[O. Jer. I Lev. 13, 3.
3 *Plur. m.* ישיירון Jer. I Ex. 1, 10, ישיילון Jer. I Ex. 11, 2,
יֹסָאבון O. Jer. I Num. 5, 3.
2 *Plur. m.* תשיירון Jer. I Ex. 12, 10.
Imperativ. *Sing. m.* שייל Jer. I Deut. 4, 32.
Infinitiv. *a.* שַׁאָלָא O. Gen. 43, 7, סָאבא O. Jer. I Lev. 20, 25.
b. m. S. סָאוּביהון O. Jer. I Lev. 15, 31.
Partic. pass. *m. Sing.* מֹסָאב O. Jer. I Lev. 13, 11.
f. Sing. d. מסאבתא Kil. 32ᶜ. — מֹסָאבתא O. Jer. I Lev. 5, 2.

Aphel.

Perfect. 2 *Sing. m.* אַשְׁאָר „liess übrig" O. Ex. 10, 12, אָבאיש
„that übel" O. Ex. 5, 23.
2 *Sing. c.* אָבאישתא O. Num. 11, 11, Jer. I אבאשתא.
3 *Plur. m.* אשאלון „liehen" Gitt. 45ᵃ. — אָבאישו O. Jer. I
Num. 20, 15.
2 *Plur. m.* אָבאישתון O. Jer. I Gen. 43, 6.
Imperfect.[1] 2 *Plur. m.* תבאשׁון O. Gen. 19, 7, Jer. I תבאישון
תשאׁרון O. Ex. 12, 10.
1 *Plur. c.* נבאיש O. Jer. I Gen. 19, 9.
Imperativ. *Sing. m.* אשאיל Ber. R. 79.
Partic. act. m. Plur. מבאישׁין O. Ex. 1, 11.

Ithpeel.

Perfect. 3 *Sing. m.* איבאש „wurde krank" Bab. b. 13ᵇ. —
אתבאש Targ. Mich. 4, 6 Merx, אשתאר „blieb übrig" O. Ex.
10, 15, Jer. I Gen. 19, 17.
3 *Sing. f.* אישתאלת Sabb. 13ᶜ, איתשלת (!) Sabb. 8ᵃ.
2 *Sing. c.* אבאשתא Kidd. 59ᵃ.
1 Sing. c. אשתאלית Maas. 49ᶜ, אשתאילת Kil. 28ᶜ, אישתאלת
Schebi. 39ᵃ.

---

[1] Nabat. ישאל „verleiht" CIS II 206.

3 *Plur. m.* אִשְׁתָּאָרוּ O. Gen. 14, 10, Jer. I Gen. 1, 9.

3 *Plur. f.* אִשְׁתָּאָרָא O. Gen. 30, 36, Lev. 27, 18.

Imperfect. 2 Plur. תִּשְׁתָּאָרוּן ¹ O. Deut. 4, 27; 28, 62 (auch Merx).

Infinitiv. מִשְׁתָּאלָא Jer. II Num. 24, 1.

Particip. *m. Sing.* מִישְׁתָּאִיל Mo. k. 82ᵈ, מִיבָאשׁ Bab. k. 6ᵇ.

Ithpaal.

Perfect. 3 *Sing. m.* אִשְׁתַּיִיר Jer. I Ex. 10, 15.

3 *Sing. f.* אִסְתָּאָבַת O. Jer. I Lev. 18, 25.

3 *Plur. m.* אִשְׁתַּיִירוּ Jer. I Gen. 29, 9, אִשְׁתַּיִירוּן Jer. I Deut. 9, 19.

Imperfect. 2 *Plur. m.* תִּסְתָּאָבוּן O. Jer. I Lev. 18, 30, תִּשְׁתַּיִירוּן Jer. I Deut. 28, 62.

2 *Plur. f.* תִּסְתָּאָבָן Jer. 2 Kön. 13, 21.

Infinitiv. אִסְתָּאָבָא O. Jer. I Lev. 18, 20; O. Lev. 15, 32, Jer. I אִיסְתָּאָבָא.

Ittaphal.

Perfect. 3 *Sing. m.* אִתְּבָאַשׁ ² O. Sab. Jer. I Ex. 5, 23.

§ 69. *Verba primae Jod s. Waw.*

1. Von *eigentlichen Verben primae Jod* sind sowohl im galil. Dialekt wie in den Targumen vertreten יאשׁ, יבשׁ, ילל, ימן, ינק, dagegen יטב nur in den Targumen. Im Aphel ist Waw statt Jod eingetreten bei יטב in den Targumen meist, bei ינק im Onkelostargum in eigentlichen Verbformen stets, während in dem substantivischen d. מִינִקְתָּא „Säugamme" das im pal. Talm. und jer. Targg. auch in Verbformen vorkommende Jod bewahrt ist. ילל und ימן haben Jod im Aphel, יאשׁ und יבשׁ kommen im Aphel nicht vor.

2. Bei den *Verben primae Waw* ist das ursprüngliche Waw im Aphel und Ittaphal aller Verba und im Pael und Ithpaal von ידה, ידע, יכח, יתר erhalten. Beispiele für den letztgenannten Fall finden sich für ידה in den Targumen, ידע im pal. Talmud

---

¹ Hier ist die Vokalisation des Perfects behufs Erhaltung des Aleph auf das Imperfect übertragen. תִּשְׁתָּאָרוּן wäre die regelmässige Form, vgl. Targ. 2 Sam. 22, 32 Merx יִשְׁתָּאָרוּן, wo aber das Schewa gegen die Regel.

² Die Lesart ist auch bezeugt Mas., Ausg. *Land.* 20; Cod. Soc. 84 אֲבָאִשׁ.

(die Targume behalten Jod), יכח in den jer. Targumen, יתר im
pal. Talmud u. Midrasch. In das Aphel ist Jod im pal. Talmud
eingedrungen bei יתב und יתר, vielleicht auch bei יבל (vgl. bibl.
aram. היבל), wenn nicht die vorkommenden Beispiele als Pael zu
lesen. In den Targumen finden sich Beispiele eines Aphel mit
Jod von ישט, יקד, יחה, ימה, ינה (Onkelos) und ידה (Jonathan, s. Merx,
Chrest. Targ. 208), welche kaum nur von ungenauen Copisten
herrühren. Im Imperfect und Infinitiv des Peal ist nach der
superlinearen Vokalisation das Jod elidiert und durch Verdoppelung des zweiten Stammkonsonanten ersetzt worden, der
Vokal des Praefixes ist i¹, vor dem nicht zu verdoppelnden
Resch ē. Bei ילד hat das Onkelostargum indes den Infinitiv
מילד², und in den jer. Targg. wird ebenso Lesung mit ē vorausgesetzt sein bei Formen wie תיליד, מיקד. Für die Verdoppelung
des zweiten Konsonanten tritt in den jer. Targg. häufig Einschaltung eines Nun ein bei ידע. Abgeworfen wird das Jod mit
seinem Vokal im Imperativ Peal, Ausnahmen finden sich indessen
im galil. Dialekt.

Bei יהב wird im galil. Dialekt in allen Formen des Peal
das He zuweilen elidiert, vgl. S. 69.

3. Ein I-Imperfect des Peal wird von יתב allenthalben, von
יטב und ילד in den jer. Targg., von יהב ³ zuweilen im galil. Dialekt
gebildet. Das Onkelostargum hat ein I-Imperfect von ילד und
יוף mit Dehnung des i zu ī und vollem Verschwinden des ersten
Radicals.

4. Ein Haphel findet sich im galil. Dialekt von ידע ידה, ימן
(in einem alten Schriftstück), ירה, im Onkelostargum von ידע und
ימן.⁴ Schaphel kommt vor von dem ungebräuchlichen יצא, wobei
das ursprüngliche Waw in Jod übergeht, also שיצי. Hierher
gehört auch nach seinem gegenwärtigen Lautbestande שיוב, s.
aber S. 207, Anm. 1. Ein Ischtaphal (aber kein Schaphel) bilden
die jer. Targume von יתר. Denominativ ist das targumische
Reflexivum אשתמודע „erkannte" O. Jer. I Gen. 42, 8.

---

¹ Auch bei יטב, wo das bibl. Aram. Ezr. 7, 19 יִיטַב vokalisiert. S. auch
Mas., Ausg. Land. 61 Lesart יִיטַב.

² Fehlerhaft ist מִיבֵל O. Num. 22, 38 (auch Merx) gegenüber מֵבֵל O.
Num. 13, 30.

³ Dem galil. Dialekt ist die Bildung eines Imperfects und Infinitivs von יהב
(wofür sonst נתן) eigentümlich, vgl. nabat. Impf. יהב CIS II 199.

⁴ Die jer. Targume haben ausserdem Haphel von ירה.

Die Beispiele für die Verba primae et tertiae Waw ידא,
יחא, ימא, ינא, יעא, יצא, ירא s. § 72.

5. Beispiele für die Verba primae Jod s. Waw.

Peal.

Perfect. 3 *Sing. m.*[1] *a.* יתב „setzte sich" Naz. 54ᵇ, יהב „gab"
Mo. k. 83ᵇ, Sabb. 3ᵇ, ירת „erbte" Vaj. R. 37, ינק „säugte" Ber.
R. 56, יקד „brannte" Jeb. 15ᵃ, ידע „wusste" Gitt. 46ᵇ. — יֹהֵב
O. Jer. I Gen. 25, 6, יֹדַע[2] O. Jer. I Gen. 4, 1.

b. וֹ[יִ]תִיב O. Jer. I Gen. 19, 30, וֹ[יִ]רִית O. Jer. I Num.
24, 24.

3 *Sing. f. a.* יהבת Bab. b. 13ᶜ, Gitt. 45ᶜ, יבשת „war trocken"
Taan. 66ᵈ, ילדת „gebar" Schebi. 39ᵃ, יקדת Jeb. 15ᵃ. — יֹהֲבַת O.
Jer. I Gen. 3, 12, וֹ[יִ]דְעַת O. Jer. I Gen. 3, 6, וֹ[יִ]תֹרַת „war
übrig" O. Ex. 36, 7.[3]

b. יהיבת Vaj. R. 37, ילידת Ber. R. 92. — וֹ[יִ]תִיבַת O. Jer. I
Gen. 21, 16, יֹלִידַת O. Jer. I Gen. 16, 1, יֹכִילַת „konnte" O. Ex.
2, 3, Jer. I Gen. 49, 4, יֹבִישַת O. Gen. 8, 14.

2 *Sing. c. a.* יתבת Naz. 54ᵇ, יהבת Gitt. 45ᶜ, ילדת Ber. R.
89, יקדת Schir R. III 4, יכלת Ech. R. I 11. — יֹהֲבַת O. Jer. I. II
Gen. 15, 3.

b. ילידת Ech. R. I 16. — וֹ[יִ]כִילְתָא O. Gen. 32, 28, יהיבת
Jer. II Deut. 21, 14.

1 *Sing. c. a.* יתבית Jeb. 5ᵈ, יהבית Pea 20ᵇ, יבית Taan. 64ᵇ,
ידעית Kil. 32ᵇ. — יֹהֲבִית O. Jer. I Gen. 1, 29.

b. יכילית Kidd. 61ᵇ. — יֹלִירִית O. Jer. II Gen. 21, 7, וֹ[יִ]תִיבִית
O. Deut. 9, 9.

3 *Plur. m. a.* יתבון Ber. 9ᶜ, יהבון Gitt. 47ᵇ, יבון Naz. 54ᵇ,
יהבו Ber. 11ᵇ. — יֹהֲבוּ O. Jer. I Ex. 39, 18, וֹ[יִ]דְעוּ O. Jer. I
Gen. 3, 7.

b. יחיפו „waren sohlenlos" O. Deut. 8, 4, יֹכִילוּ O. Jer. I
Gen. 13, 6, וֹ[דְ]יִתִיבוּ O. Jer. I Ex. 12, 40, וֹ[יִ]רִיתוּ O. Jer. I Num.
21, 35.

3 *Plur. f. a.* יֹקְדָא „waren schwer" O. Gen. 48, 10, Jer. I יקרן.

---

[1] Nabat. יהב CIS II 204, aeg. aram. *f.* יהבת ebenda 149.

[2] Nach Mas., Ausg. *Land.* 57 f. öfters geschrieben יִידַע oder יֵדַע, wobei
die Aussprache אִידַע vorausgesetzt ist; auch יֵהַב kommt vor, s. ebenda 59. Vgl.
oben S. 62. 71.

[3] יֹתֲרַת O. Num. 36, 8, Sab. יָרְתַת ist Particip mit Perfectendung, vgl. oben
S. 229.

b. וְיִלִידָא [וְי] O. Gen. 30, 39 Sab., O. Cod. Soc. Jer. I וִילִידָן.¹

2 *Plur. m. a.* יהבתון Pea 20ᵇ, ידעתון Pes. 31ᶜ. — יֹדְעָתוּן O. Jer. I Gen. 29, 5.

b. וְתִיבְתוּן [וֹ] O. Lev. 18, 3, Jer. I Deut. 1, 6.

2 *Plur. f. a.* יֹדְעָתִין O. Jer. I Gen. 31, 6.

1 *Plur. c. a.* יהבנן Jer. I Deut. 26, 18, יְדַעְנָא Jer. I Gen. 29, 5.

b. וְיֹתִיבְנָא [וֹ] O. Deut. 3, 29, יֹרִיתְנָא ² (l. יֹרִיתְנָא) O. Jer. I Deut. 3, 12.

Imperfect. 3 *Sing. m. a.* יִיטַב „ist gut" O. Jer. I Gen. 12, 13, O. Deut. 5, 16, יֹרַת O. Gen. 21, 10.

b. יִכּוֹל ³ O. Ex. 10, 5.

c. יתיב Sanh. 18ᶜ. — יֹתִיב O. Jer. I Lev. 13, 46, יִיטַב Jer. I Deut. 5, 26.

3 *Sing. f. c.* תֹתִיב O. Gen. 24, 55, Jer. I תיתב, תֹּלִיד O. Jer. I Gen. 17, 19, O. Ex. 21, 4, Jer. I תיליד.

2 *Sing. m. a.* תדע Sot. 22ᵃ, Ech. R. I 19, תיהב Ber. 7ᵇ, Ech. R. I 2. — תֹדַע O. Gen. 13, 13, Jer. I תידע, תגדע Jer. I Deut. 21, 13.

b. תֹכּוֹל O. Gen. 15, 5, Jer. I תיכול.

c. תהיב Ech. R. I 4. — תֹתִיב O. Gen. 27, 44, Jer. I תיתב, תוֹזִף „leihest" O. Deut. 15, 6.

2 *Sing. f. a.* תדעין Targ. Ruth 3, 4.

c. תֹלִידִין O. Gen. 3, 16, Jer. I תלדין.

1 *Sing. c. a.* אירת Kidd. 61ᵇ. — אֹדַע O. Gen. 15, 8, Jer. I אנדע.

3 *Plur. m.* ירתון Keth. IV 12, ייבון Naz. 54ᵇ, יתבון Mo. k. 82ᵃ. — יֹרְתוּן O. Num. 36, 8, יֹדְעוּן O. Jer. I Ex. 14, 18, יֹתְבוּן O. Jer. I Gen. 34, 21.

3 *Plur. f.* וְיִלִידָן [וֹ] O. Jer. I Deut. 21, 15.

2 *Plur. m.* תיתבון Bez. 60ᶜ. — תֹדְעוּן O. Ex. 10, 2, Jer. I תנדעון.

1 *Plur. c. a.* נירת Pea 15ᶜ, נדע Pesikt. 70ᵃ, m. Suff. ניהביה Koh. R. IX 18.

---

¹ Die Perfectform auf *ān* ist im Onkelostargum unerhört, es ist Verwechselung mit dem Imperfect eingetreten.

² Viell. יֹרִיתְנָא im Text. Particip und Perfect sind vermengt, s. oben S. 229 f. Oder sollte Partic. mit Personalpron. יֹרְתֹנָא gemeint sein? Der hebr. Text verlangt ein Perfect.

³ Nabat. יכל CIS II 220.

b. נְכוֹל O. Gen. 34, 14, Jer. I גִיכוֹל.

Imperativ. *Sing. m. a.* הַב Jeb. 15ª, Kidd. 64ª, יהב Taan.
67ᶜ. — הֵב O. Jer. I Gen. 30, 26, דַע O. Jer. I Gen. 20, 7.
b. תיב Ned. 42ᵇ, ייב Bez. 60ᵈ. — ׳תיב O. Jer. I Gen. 35, 1
(Makkeph), O. Gen. 20, 15 (Silluk).

Sing. f. a. הבי Schebu. 37ª. — הֵבִי O. Jer. I Gen. 30, 14.
b. תיבי O. Jer. I Gen. 38, 11.

Plur. m. a. יהבון Kil. 32ᵇ, Ber. R. 91, יבון Bab. k. 5ᶜ, הבון
Keth. 35ª, הבו Keth. 33ᶜ, Kidd. 64ᵇ. — הֵבוּ O. Jer. I Gen. 34, 8,
דְעוּ O. Jer. I Num. 32, 23.
b. יהיבו Kil. 32ª. — תיבו O. Jer. I Gen. 34, 10.

Infinitiv. *a.* מיהב Kil. 32ᵇ, מילד Jeb. 6ª, מיתב Keth. 35ᵇ,
מינק Ech. R. II 16, מידע Mo. k. 82ᵈ. — מֵבַל O. Jer. I Num.
13, 30, מיכל O. Jer. I Num. 22, 38 (s. oben S. 253), מֵדַע O. Gen.
15, 13, Jer. I מנדע, מֵתַב O. Gen. 16, 3, Jer. I מיקר, מיתב Jer. I
Gen. 11, 28, מילד O. Jer. I Gen. 4, 2, מֵרַת O. Deut. 9, 1.
b. מירות Jer. I Deut. 9, 1, מיזוף Jer. I Deut. 28, 12, מנדוע
Jer. I Gen. 19, 26.

Partic. act. [2] *m. Sing.* יתיב Ber. 9ª, יהיב Sabb. 10ª, יב Ned. 42ᶜ,
יזיף Keth. 33ᶜ, יכיל Sabb. 3ᵇ, ידע Kidd. 64ᶜ. — יכיל [3] O. Jer. I Num.
11, 14, יתיב O. Jer. I Gen. 14, 12, ידע O. Jer. I Gen. 28, 16.
m. Plur. הבין Ber. 2ᵈ, יהבין Ech. R. II 14, יתיבין [4] Bikk. 65ᵈ,
ידעין Gitt. 45ᵇ. — יתבין Jer. I Num. 13, 30, ידעין O. Gen. 29, 5.
f. Sing. יתבא Keth. IV 14, יתיבא [4] Vaj. R. 9, יכלה Bez. 62ᶜ,
ידעה Kidd. 64ª, יבשה Scheb. 37ᵇ. — יתבא O. Jer. I Lev. 15, 23.
f. Plur. יתבן Keth. IV 13, ילדן Taan. 69ª. — ילדן O. Jer. II
Ex. 1, 19.

Partic. pass. *m. Sing. d.* יקידא Taan. 69ᵇ, Ech. R. Peth. 34.
m. Plur. יהיבין O. Jer. I Num. 3, 9.
f. Plur. יקידן Sabb. 14ᵈ.

Pael.

Perfect. 1 *Sing. c.* יקרית „verstockte" O. Ex. 10, 1, Jer. I
יקירית.

---

[1] Gen. 35, 1 ist תיב durch Makkeph mit dem folgenden Wort verbunden,
Gen. 20, 15 hat es Silluk. Die Masora, Ausg. *Land.* 65 verzeichnet die Lesart
תִּיב Gen. 20, 15 wie die Imperfecta יְתִּיב, תְּתִּיב, wahrscheinlich als Pausalformen.
[2] Palm. Zollt. יהב, Plur. יהבן; äg. aram. pass. יהיב CIS II 149.
[3] Auch Gen. 45, 1, Ex. 40, 35 liest Cod. Soc. 84 auffallender Weise יכיל
als Particip. Dies wird auch sonst gern angewandt, s. Mas., Ausg. *Land.* 61.
[4] Diese intrans. Bildung ist der superlin. Vokalisation fremd.

Imperfect. 3 *Sing. m.* יְיַבֵּם „vollzieht die Schwagerehe" Jer.
I Deut. 25, 5, O. m. Suff. וְיִיבְּמִנָּה (l. וְיִבְּמִנָּה)[1].

2 *Plur. m.* תִּיבְּבוּן „lärmt" O. Jer. I Num. 10, 7.

Imperativ. *Sing. m.* ייבם Jeb. 6ᵇ. — יֵבֵם O. Gen. 38, 8,
Jer. I ייבם, יֹקֵר „ehre" O. Deut. 5, 16.

Infinitiv. *a.* מיילדה „Geburtshilfe leisten" Sabb. 16ᶜ, מיילְלָא
„wehklagen" Ber. R. 89. — מייקרא Jer. I Num. 24, 11.

b. יֹקְרָא O. Num. 24, 11.

c. יקורי Ber. R. 11.

Partic. act. *m. Sing.* מוותר „übrig lassend" Pesikt. 139ᵃ.
m. Plur. מייקרין Makk. 32ᵃ.

Partic. pass. *m. Sing.* [רֹ]מִיאֹדָר „gesondert" O. Jer. I Gen.
26, 10.

m. Plur. מיחפין „barfuss" Jer. I Deut. 8, 4.

Aphel.

Perfect. 3 *Sing. m. a.* אוביל „brachte" Ech. R. I 4, אוניק
„säugte" Pesikt. 23ᵇ. — אוליד „zeugte" O. Jer. I Gen. 5, 3,
אוטיב „that wohl" O. Gen. 12, 16, Jer. I אוטב, אֹותָר „hatte Überfluss" O. Gen. 21, 25, אוכח „wies zurecht" O. Gen. 21, 25.

b. אייתיב „setzte hin" Ter. 46ᵃ, איניק „säugte" Kil. 27ᵇ. —
איניק Jer. II Deut. 32, 13, הֵימִין[2] „glaubte" O. Jer. I Gen. 45, 26
(Tiphcha), O. Gen. 15, 6 (Tiphcha).

3 *Sing. f. a.* אוקרת „verehrte" Bab. b. 13ᶜ, אוזפת „lieh" Bab.
m. 9ᶜ. — אולידת Jer. I Gen. 5, 3, אודעת „machte kund" Jer. I
Gen. 8, 9.

2 *Sing. c. a.* אוקדת „verbranntest" Ech. R. I 31. — אולידתא
Jer. I Gen. 35, 11, הופעתה „liesst erglänzen" Jer. Jud. 5, 3.

b. הימנת Jer. I Gen. 15, 13.

1 *Sing. c. a.* אוֹקִידִית O. Jer. I Deut. 9, 21, אֹותְבִית[3] O. Lev.
23, 43, Jer. I אותיבית, הודעית O. Ex. 6, 3, Jer. II אודעית.

b. הימנית Ber. 4ᶜ.

3 *Plur. m. a.* אובילון Vaj. R. 26, אולידון Jeb. 11ᵇ, אוניקו Ber.
R. 98. — אוקידו O. Jer. I Num. 31, 10, אוטיבו Jer. I Deut. 5, 28.

b. אייתרון „liessen übrig" Pea 20ᵃ. — הֵימִינוּ O. Jer. I Ex.
14, 31.

---

[1] Diese Vokalisation ist nur als Imperf. Peal verständlich.

[2] Stets mit ī in der zweiten Silbe.

[3] Die Lesart ist fehlerhaft, Ausg. Sab. richtig אֹותִיבִית.

3 *Plur. f.* *a.* אוֹטִיבָא (1. אוֹטִיבָא) O. Deut. 29, 25, Sab. אִיטִיבָא.

2 *Plur. m.* *b.* הֵימָנְתּוּן[1] O. Jer. I Num. 20, 12, Deut. 9, 23.

Imperfect. 3 *Sing. m. a.* יוֹלִיד O. Jer. I Gen. 17, 20 (Zak. kat.).

3 *Sing. f. a.* תּוֹנִיק O. Jer. I Gen. 21, 7, Ex. 2, 7 (Merka).

2 *Sing m. a.* תּוֹתִיר Ech. R. I 7. — תּוֹשִׁב O. Gen. 4, 7, תּוֹלִיד O. Jer. I Gen. 15, 4, תּוֹשִׁיט „streckst aus" O. Jer. I Gen. 22, 12, תְּהוֹדַע[וֹ] O. Jer. I Ex. 18, 20.

b. תֵּיתַר Bab. m. 8ᵃ. — תְּהֵימִין O. Deut. 28, 67, תֵּיטִב Jer. I Gen. 4, 7.

1 *Sing. c. a.* אוֹשִׁב O. Jer. I Gen. 32, 12.

3 *Plur. m. b.* יְהֵימְנוּן O. Jer. I Ex. 4, 8, יְיַלְּלוּן „heulen" Targ. Mich. 1, 8 Merx.

2 *Plur. m. a.* תּוֹשְׁטוּן Jer. I Gen. 37, 22, תּוֹזְפוּן Jer. I Deut. 24, 10.

b. תֵּישְׁטוּן O. Gen. 37, 22, תֵּיקְדוּן O. Deut. 7, 5, Jer. I תּוֹקְדוּן.

1 *Plur. c. a.* נוֹתִיר Ech. R. I 7, נוֹדַע Vaj. R. 25. — נוֹשִׁב O. Jer. I Num. 10, 29, נוֹדַע O. Jer. I Gen. 18, 17.

Imperativ. *Sing. m.* אוֹקִיר Taan. 66ᵈ, אוֹדַע Ruth R. III 1, m. Suff. הוֹדְעֵיהּ Ned. 37ᶜ. — אוֹתֵיב O. Jer. I Gen. 47, 6.

Sing. f. אוֹבִילִי Jer. I Ex. 2, 9, m. Suff. אוֹנִיקִיהוּ (1. אוֹנִיקִיהִי) O. Ex. 2, 9.

Plur. m. אוֹבִילוּ O. Jer. I Gen. 42, 19.

Infinitiv. *a.* מוֹדְעָא R. h. S. 57ᵇ.

b. אוֹטָבָא O. Jer. I Gen. 32, 12, אִיטָבָא O. Deut. 28, 63 (auch Merx).

c. אוֹדוֹעֵי Jer. I Gen. 21, 14.

Partic. act. *m. Sing. a.* מוֹדַע Mo. k. 81ᶜ, מוֹקַר Mo. k. 81ᶜ. — מוֹקִיר O. Jer. I Lev. 16, 28.

b. מֵיתִיב Ab. z. 39ᵇ, מֵיבַל „tragend" Sot. 22ᵃ.

m. Plur. a. מוֹתְבִין Ech. R. Peth. 24. — מוֹטְבִין Targ. Mich. 7, 3 Merx. *b.* מְהֵימְנִין O. Jer. I Deut. 1, 32.

f. Sing. a. מוֹקְרָא Ber. 5ᶜ.

b. d. מֵינְקְתָא O. Ex. 2, 7, Jer. I מְנִיקְתָא, m. Suff. מֵינְקְתַהּ O. Gen. 35, 8.

Partic. pass. *m. Sing. a.* מוֹדַע Schebi. 35ᵇ, Vaj. R. 25.

b. מְהֵימַן Gitt. 47ᵃ. — מְהֵימָן[2] O. Jer. I Gen. 21, 7 (Mehuppak),

---

[1] Ausg. Sab. hat auch hier das der Regel entsprechende הֵימִינָתּוּן.

[2] Mit Kamez, ohne dass der Satzton die Veranlassung sein könnte, wahrscheinlich in Nachahmung der Nominalendung *ān*.

Num. 12, 7 (Merka), Deut. 33, 8 (Silluk). *d.* מְהֵימְנָא O. Jer. I
Deut. 7, 9.
m. Plur. b. מהמנין Vaj. R. 34.

Ithpeel.

Perfect. 3 *Sing. m.* איתתיהיב (!) Keth. 34ᵇ, אתיליד Ech. R. I 11,
אייקד Chag. 77ᶜ. — אֵתְיְהִיב O. Ex. 4, 25, אֵתְיְדַע O. Lev. 4, 23.
3 *Sing. f.* איתיהיבת Sabb. 3ᵇ. — אֵתְיְהִיבַת O. Lev. 19, 20.
אֶתְיְלִידַת O. Gen. 24, 15, Jer. I אִתְיְלִידָא.
3 *Plur. f.* אֶתְיְלִידָא O. Gen. 6, 1, Jer. I אֶתְיְלִידוּ.
Imperfect. 3 *Sing. m.* יתיהב Koh. R. XI 1. — יִתְיְלִיד O.
Deut. 15, 19.
3 *Sing. f.* תתיהב Vaj. R. 19. — תִּתְיְהִיב O. Num. 26, 54.
3 *Plur. m.* יתיהבון Schebu. 37ᵈ. — יִתְיְהֲבוּן O. Lev. 11, 38.
Infinitiv. מתיהבא Jer. I Num. 20, 21.
Particip. מתיהיב Jer. I Lev. 11, 38.

Ithpaal.

Perfect. 3 *Sing. m.* איתייאש „verzweifelte" Bab. m. 8ᶜ, אתייסר
„wurde gezüchtigt" Schir R. II 16. — אתווכח „rechtete" Jer. I
Gen. 21, 25, אתיחד „war allein" Jer. II Num. 31, 50.
3 *Sing. f.* אתבשת (v. יבש) Jer. I Gen. 8, 14.
3 *Plur. m.* אֶתְיְלִידוּ O. Lev. 25, 45.
3 *Plur. f.* איתוועין ¹ Keth. 26ᶜ. — אתווכחן Jer. I Gen. 20, 16,
אתיבשן Jer. I Gen. 26, 26, אֶתְיְחָמָא (l. אֶתְיְחַמָא) „wurden brünstig"
O. Gen. 30, 39, Jer. I אתיחמן.
Imperfect. 3 *Sing. m.* יתייאש Jer. I Deut. 29, 18.
1 *Sing. c.* אֶתְיְקַר O. Jer. I Ex. 14, 17.
3 *Plur. m.* יתותרון „werden überflüssig" Schek. 48ᵈ. — יִתְיַלְדוּן
O. Jer. I Gen. 8, 17, יִתְיְחַבוּן Targ. Mich. 7, 14 Merx.
Infinitiv. מתיבמה Jeb. 6ᵇ.
Particip. *f Plur.* מְתְיְחָמָן O. Jer. I Gen. 30, 38.

Ittaphal.

Perfect. 3 *Sing. m.* איתותב „wurde eingesetzt" Meg. Taan.
(b. Taan. 17ᵇ). — אֻתּוֹתַב „liess sich als Fremdling nieder" O.
Gen. 20, 1.
2 *Sing. c.* אֻתּוֹלַחַת „wirst gerechtfertigt" O. Gen. 20, 16.
3 *Plur. m.* אֻתּוֹתְבוּ O. Ex. 6, 4, Jer. I איתותבו.

---

¹ Zur Endung s. S. 203.

Imperfect. 3 *Sing. f.* תִּתּוֹקַד „wird verbrannt" O. Lev. 6, 23, Jer. I תיתוקד.

3 *Plur. m.* יתושטון „w. ausgedehnt" Jer. I Gen. 16, 12, יתהֵמנון ¹ O. Gen. 42, 20, Jer. I יתהימנון.

Infinitiv. *a.* מיתוקרא Jer. I Lev. 20, 2.

b. אִתּוֹתְבָא O. Gen. 19, 9, Jer. I איתותבא.

Particip. *m. Sing.* מִיתּוֹתַב Targ. Jon. 2, 9 Merx.

m. Plur. מיתוקדין Jer. 2 Kön. 19, 35.

Ischtaphal.

Imperfect. 2 *Plur. m.* תשתותרון „werdet übrig gelassen" Jer. I Deut. 4, 27.

Particip. *m. Plur.* משתותרין Jer. I Deut. 7, 20.

§ 70. Verba mediae Waw s. Jod.

1. *Verba mit konsonantischem Waw* sind זוג, חור, כון, עור, צוח, תוה, רוח. Unter den Verben tertiae Waw s. Jod ² gehören hierher שוה, רוה, לוה, טוה, חוה, הוה. Ihre Abwandelung unterscheidet sich nicht von der bei starken Verben üblichen. Auffallend ist die Vokalisation תָּבוֹנוּן O. Num. 34, 7 mit Kamez, wogegen וִיחֲזוֹרוּן O. Num. 8, 7 mit Pathach, vgl. die Participia des Pael der eigentlichen Verba mediae Waw s. Jod und S. 205 Anm. 1.

2. Bei den *eigentlichen Verben mediae Waw s. Jod* findet sich als *intransitive Form* im Perfect des *Peal* nur מית „er starb", סיב „er wurde alt".

Ein Imperfect auf *i* wird in den Targumen gebildet von בת „er übernachtete", סם „er setzte", דן „er richtete" (bei dem letzteren auch Imperf. auf *u*). Davon werden סם und דן als Verba mediae Jod zu betrachten sein, während בת vom Nomen בית abgeleitet ist. יֹזִיד O. Ex. 21, 14 (Merx) ist wohl nur Nachbildung des hebr. יָזִד.

3. Das *transit. Perfect des Peal* hat in der 3 Pers. Sing. und Plur. m. nach der superlin. Vokalisation Kamez, in allen

---

¹ Ausg. Sab. regelrecht יְתְהֵימְנֻן, die Lesung von Coc. Soc. 84 hat aus *ay* entstandenes *ā*, s. S. 66.

² Nach *Nöldeke* in *Wright,* Compar. Gramm. 243 wäre nur hier die Form mit konsonantischem Waw ursprünglich, während alle übrigen Verba dieser Art als Denominativa zu betrachten sind.

anderen Formen Pathach (während das Bibl. Aram. und das Syrische auch hier das Kamez festhalten), das *intransitive Perfect* in der 3 Pers. Sing. und Plur. m. *ī*, sonst *ē*. Bei den intransitiven Formen ist die Analogie der Intransitiva des starken Verbs (s. S. 204) von Einfluss gewesen, nur dass die 3 Pers. Sing. m. *ī* hat statt *ē*. Das Pathach der transitiven Formen ist als Analogiebildung nach den Verbis geminatis zu erklären, der nur die 3 Pers. Sing. u. Plur. m. widerstand.

Im *Imperfect* und *Infinitiv* hat das Praefix nach der superlinearen Vokalisation stets Schewa (Ausnahme יִיחוֹם O. Ex. 12, 23), während sowohl die galiläischen Texte als das Onkelostargum Ausg. Sab. und die Masora dieses Targums öfters nach der Analogie des Verba geminata [1] den ersten Stammkonsonanten verdoppeln und das Praefix mit *i* oder (bei Aufgabe der Verdoppelung) mit *ē* versehen.

Das Onkelostargum hat nur A-Infinitive (eine Bildung auf *ī* s. § 78, 2), im galil. Dialekt und in den jerus. Targumen gehen U- und A-Infinitive neben einander her, vgl. § 63, 2.

4. Die *Participia* des *Peal* haben im Onkelostargum im Sing. m. stets א am Anfang der zweiten Silbe, in den übrigen Formen stets Jod [2], während im pal. Talm. und Midr. und in den jer. Targg. auch im ersten Fall oft Jod geschrieben wird. Der Unterschied war für die spätere Zeit jedenfalls nur ein orthographischer (vgl. S. 45). Die Abkürzungen קאי, קא für קאים, תאי für תאיב (nicht im Onkelostargum) beruhen auf babyl. Einfluss. Hebraismen sind die Participia דר, דגין, זעין, צדין im pal. Talmud.

5. Im *Pael* und *Ithpaal* ist der mittlere Konsonant Jod, der als verdoppelt zu denken ist, ausgenommen im Particip des Pael, bei welchem die superlin. Vokalisation dem Jod ein Kamez vorangehen lässt (s. die Beispiele).

6. Im *Aphel* (wofür der galil. Dialekt Haphel bei תוב) hat

---

[1] Eine Neigung, die Lautfolge *ḳĕṭāl, ḳĕṭūl* in *ḳiṭṭāl, ḳiṭṭūl* zu verwandeln, ist auch sonst zu beobachten (s. *Barth*, Nominalbildung 196), vgl. ניברך „wir segnen" Naz. 54[b], מיקרבה „nahe bringen" Ber. 13[d] und oben S. 53. Blosse Dehnung eines Schewa zu einem vollen Vokal kann ausserdem Folge nachlässiger Aussprache sein, s. *Safir*, 'Eben Sappīr I 55[a].

[2] Dies Jod wird stets mit Schewa versehen und eröffnet also eine Halbsilbe, während אוֹרְיְחָא, אַרְעֵיְחָא (s. S. 56. 137. 140 f. 154) geschrieben wird und das Jod im Wortinnern kein Schewa *vor* sich haben kann, z. B. d. מָחֵיא „schlagend" O. Ex. 21, 19, s. S. 152 Anm. 5, 231.

das *Perfect* und der *Imperativ* in der Regel nach der superlin. Vokalisation als Vokal des Praefixes Schewa. Beispiele wie אֵעִיקֹן und אָצִית sind nach Analogie der Verba geminata gebildet. Der galil. Dialekt und die jer. Targume haben daneben noch ein Praefix mit ō nach Analogie der Verba primae Waw. Der Vokal der zweiten Silbe ist im Perfect in der 3 Plur. m. und f. *ī.* sonst *ē,* im Imperativ im Sing. m. *ē,* sonst *ī.* Ausnahmen sind אָגִיח „er erregte" und אָרֵח „er roch".

Im *Imperfect, Infinitiv* und *Particip* schreibt die superlineare Vokalisation das Praefix meist ebenfalls mit Schewa, selten mit Pathach (s. oben), aber auch mit Kamez,[1] und zwar dies durchgängig im Imperfect und Infinitiv des Aphel von תוּב, ebenso im Particip מֵגְּח „lassend" (so auch Imper. אֵנֹּח)[2] und in einigen anderen vereinzelten Fällen. Der Vokal der zweiten Silbe ist im Imperfect und Particip in der Regel *ī,* selten *ē.* Der pal. Talm. und Midr. und die jer. Targg. haben auch hier zuweilen Praefixe mit ō.

Das *Ittaphal,* das in der superlin. Vokalisation vom Ithpeel deutlich geschieden ist und überall da steht, wo ein Passiv vom Aphel zu erwarten ist, hat in der zweiten Silbe stets Kamez. Die jer. Targume und Meg. Taanith nach dem babyl. Talmud haben auch Formen mit ō, die auch für den galil. Dialekt vorauszusetzen wären.

7. Der galil. Dialekt und die jer. Targume haben *Ithpeel* mit *ā* und *ī* in der Stammsilbe neben einander, das Onkelostargum hat nur *ā,* für das im Perfect einige Mal Pathach gesetzt wird. Das Taw des Praefixes hat stets Schewa, was auch im pal. Talmud und Midrasch dadurch deutlich wird, dass ו, צ als erste Stammkonsonanten an ihrem Platze bleiben und ד nicht assimiliert wird (anders beim Ithpaal).

8. Ein *Polel* und *Ithpolal* findet sich öfters im pal. Talm. und Midr. und in den jer. Targg. in der im Hebräischen üblichen

---

[1] Nach *Kautzsch,* Gramm. d. Bibl. Aram. 71, wäre dies Kamez durch Vortondehnung entstanden. Aber es ist dann nicht zu verstehen, warum dieselbe nicht auch im Perfekt auftritt. Vielmehr ist aus *ya-'a* und *ma-'a* über *ya'* und *ma'* *yā* und *mā* geworden. Dann ist das Infinitivpraefix mit *ā,* das sich im bibl. Aram. nicht findet, sekundäre Bildung, und die bibl. Formen יהקים, מהקים sind nach יַהֲתִיבוּן Ezr. 6, 5, יָקֵים und מָקֵם zu lesen.

[2] Vgl. אֵנִיח „ich lasse ruhen" O. Ex. 33, 14.

Form.¹ Im Onkelostargum ist der Vokal der ersten Stammsilbe nicht ō, sondern, wie es im Aramäischen zu erwarten, ū.

9. Durch Ausstossung von ל in הלך „gehen" ist entstanden das targumische Imperfect יְהָךְ ² O. Jer. I Deut. 20, 6, Plur. וְ[יְהָכוּן O. Ex. 32, 1 mit Elision des He תְכוּן Jer. I Gen. 13, 7, Infin. לְמֵהָךְ] O. Deut. 29, 17.

Eine an das Particip sich anschliessende Bildung ist תָּאֵיבוּ Jer. I Gen. 8, 3 von תוב „zurückkehren", und יֵירֹדם O. Deut. 8, 14; 17, 20, יֵראָם Targ. Jes. 52, 13 Merx von רום „erhaben sein", vgl. § 68, 1. — Denominativ von עין „Auge" ist עַיְּינִי „beobachtete" Jer. II Deut. 32, 10, Partic. act. מְעַיְּינִי Mo. k. 81ᵈ.

9. Beispiele für
die Verba mediae Waw mit konsonantischem Waw.

Peal. Perfect. 3 Sing. m. צְוָ[וֹ] „rief" O. Jer. I Gen. 27, 34, תְוָ[וֹ] „entsetzte sich" O. Gen. 27, 33.

3 Sing. f. צוּוַת Gitt. 43ᵇ.

Imperfect. 3 Sing. m. יְצַוַּח Jer. I Ex. 22, 22.

3 Plur. f. יְחַוּוֹרָן ³ „sind weiss" O. Jer. I Gen. 49, 12.

Partic. act. m. Sing. צַוַּח Ber. R. 70. — תָוַּה O. Deut. 28, 67.

m. Plur. צַוַּחִין Taan. 68ᵃ. — צַוַּחִין Jer. I Num. 25, 8.

Pael. Perfect. 3 Sing. m. כַּוֵּין „zielte" Jer. I Num. 25, 8, חַוַּר „machte weiss" Jer. II Lev. 17, 16, שַׁוַּר „sprang" Jer. 1 Ex. 17, 8, זַוֵּיג „kopuliert" (von זוג = ζεῦγος „Paar") Jer. I Deut. 34, 6.

1 Sing. m. כַּוּנִית R. h. S. 59ᵈ.

3 Plur. m. כַּוִּנוּן Schek. 47ᵃ.

1 Plur. c. כַּוִּנָן Jer. II Deut. 2, 8.

Imperfect. 2 Sing. m. תְחַוּוֹר[וְ] O. Jer. I Lev. 13, 58.

3 Plur. m. וְ[יְחַוּוֹרוּן] O. Jer. I Num. 8, 7.

2 Plur. m. תְּכַוּנוּן O. Num. 34, 7, 8, Jer. I. II תְכַוּנוּן.

Infinitiv. a. מְכַוּוָנָה Ber. 5ᵃ. b. כַוּנִי (1. כַּוָּנֵי) Jer. I Gen. 49, 14.

---

¹ Nach *Nöldeke* (in seiner Recension von Kautzsch's Gramm. d. Bibl. Aram.) Gött. Gel. Anz. 1884, S. 1016 ist die Bildung eine echt aramäische. Im Chr: Pal. s. ﻓﺴﻤﺦ und ﺍﻟﺤﺴﺎﺏ *Schwally*, Idioticon 10. 88.

² Aeg. aram. תהך CIS II 145 B.

³ Es besteht kein Grund, die Form für Aphel zu halten (so *Merx*, Chrest. Targ. 198), vgl. oben S. 215.

Partic.- act. m. Sing. מְעַוּוֹר „blind machend" O. Ex. 23, 8.
f. Sing. מחוורא Ber. 4ᶜ, מכוונא Kil. 32ᶜ.

Aphel. *Perfect.* 3 *Sing. m.* ארווח „machte weit" Jer. I
Gen. 26, 22.

Infinitiv. מרווחה Ned. 39ʰ.

Partic. act. m. Plur. מְצוֹחִין O. Ex. 5, 8.

Partic. pass. f. Plur. מכ‾נן O. Ex. 26, 5, Jer. I מכוונן.

Ithpeel. *Perfect.* 3 *Sing. m.* אתרווח „wurde gesund" Jer. I
Gen. 25, 21, איתרוח Jer. Jos. 10, 41.

3 *Plur. m.* אתרוֹחו O. Gen. 20, 17, Jer. I אתרווחו.

Ithpaal. *Perfect.* 3 *Sing. m.* אתכוון Schebi. 35ª, איתעור „wurde
blind" Ber. R. 17.

Partic. m. Sing. מתכוון Schebi. 35ª.

m. Plur. מתכוונין Chag. 77ʰ.

f. Plur. מתכוונן Jer. I Gen. 26, 35.

10. *Beispiele für die Verba mediae Waw s. Jod mit*

vokalischem Waw oder Jod.

Peal.

Perfect. 3 *Sing. m. a.* קם „stand auf" Kidd. 64ª, נם „schlummerte" Ter. 45ᶜ, צם „fastete" Kil. 32ʰ. — קָם O. Jer. I Ex. 20, 18,
בָת „übernachtete" O. Jer. I Gen. 32, 21, תב „kehrte um" Jer. I
Gen. 4, 24, דן „richtete" Jer. I Gen. 21, 17, m. Suff. דְנַנִי O. Gen.
30, 6, עז „zitterte" Jer. I Num. 21, 35.

b. מית „starb" Gitt. 48ª. — מִית O. Jer. I Gen. 5, 20, סיב
„war alt" O. Jer. I Gen. 27, 1.

3 *Sing. f. a.* קמת Taan. 64ʰ, Ber. R. 59, תבת Ab. z. 41ª. —
חבת O. Jer. I Gen. 8, 9, קָמָת O. Jer. I Gen. 37, 7, עָקָת „war
bedrängt" O. Jer. I Gen. 32, 7, זָעָת Targ. Jud. 5, 4 Merx.

b. מיתת Kidd. 61ʰ. — מִיתָת O. Jer. I Gen. 35, 19.

2 *Sing. c. a.* קמתה Sabb. 7ᶜ. — חסתה „hattest Mitleid"
Targ. Jon. 4, 10 Merx, דרתה „wohntest" Jer. I Gen. 21, 23.

b. מיתת Ber. R. 11.

1 *Sing. c. a.* קמית Keth. 35ª, קאמית Vaj. R. 34, דנית Bab.
m. 8ᶜ. — חָבִית „verschuldete mich" O. Jer. I Num. 22, 34, תֹבִית
O. Jer. I Gen. 6, 7, עָקִית O. Gen. 27, 46.

b. סיבית O. Jer. I Gen. 27, 2.

3 *Plur. m. a.* קמון Keth. 30ᵈ, קמו Jeb. 15ª, דנון Meg. 74ª. —

קֹמוּ O. Jer. I Gen. 18, 16, קמון Jer. I Deut. 9, 19, בֹּתוּ O. Jer. I
Gen. 24, 54, תֹּבוּ O. Jer. I Ex. 14, 28, זְעוּ O. Jer. II Ex. 20, 15.
b. מיתון Ter. 45ᵈ, מיתו Ab. z. 41ᵈ. — מֹיתוּ O. Jer. I Gen.
7, 22, תאיבו Jer. I Gen. 8, 3, O. תֹּבוּ, סֹבֹבוּ O. Gen. 18, 11.

3 *Plur. f.* *a.* קמן Sanh. 28ʰ. — קֹמָא¹ O. Jer. I Num. 27, 2.

2 *Plur. m.* *a.* תֹּבתון O. Jer. I Deut. 1, 45, חֹבתון O. Jer. I
Ex. 32, 30.

1 *Plur. c.* *a.* תֹּבנא O. Jer. I Gen. 43, 10. חֹבנא O. Jer. I
Deut. 1, 41.

b. מֹיתנא O. Jer. I Num. 20, 3.

Imperfect. 3 *Sing. m.* *a.* ימות Ab. z. 40ᵈ, לֹימות Dem. 21ᵈ.
יתוב Kidd. 61ᵈ, יקום Sanh. 18ᶜ, יחוט „näht" Kil. 32ᵈ. — יְקֹום O.
Jer. I Deut. 13, 2, יֹחוב O. Jer. I Lev. 4, 22, Sab. יֹחוב, יֹמות O.
Jer. I Ex. 21, 18, Sab. יֹמות,² יֹחוב O. Jer. I Deut. 30, 9, Sab.
יֹחוס, יֹתוב O. Ex. 12, 23.

b. יֹזיר „sinnt Arges" O. Ex. 21, 14, יֹדין O. Deut. 32, 36,
יבית Jer. I Ex. 23, 18.

3 *Sing. f.* *a.* תיעוק Jer. I Deut. 4, 30.

b. תֹּבית O. Jer. I Deut. 21, 23.

2 *Sing. m.* *a.* תיקום Bab. m. 9ᵈ, תזוע „weichst" Ab. V 22. —
[וֹ]תקוץ „schneidest ab" O. Deut. 25, 12, Sab. תֹּקוץ, תֹּנוֹח O. Jer.
I Ex. 34, 21.

b. תֹּסים „setzest" O. Lev. 19, 14.

2 *Sing. f.* *a.* תמותין Keth. IV 9 (Ausg. Lowe). — תמותי Targ.
Ruth 1, 17.

b. תביתי Targ. Ruth 1, 16.

1 *Sing. c.* *a.* אקום Gitt. 46ᵈ, איקום Koh. R. X 19, אינור „mache
urbar" Tos. Bab. m. IX 13. — אֹמות O. Gen. 19, 19, Jer. I
אֹתוב O. Num. 22, 34, Jer. I איתוב, Merx אֹיתוב, אֹדון O.
Gen. 18, 21, Sab. אֹידין.

3 *Plur. m.* *a.* יקומון Bikk. 65ᶜ, Ber. R. 63. — יתובון Jer. I
Gen. 7, 4.

b. יֹביתון O. Ex. 23, 18, [וֹ]ידינון O. Ex. 18, 22, Jer. I ידונון.

3 *Plur. f.* *a.* תחומן Jer. I Deut. 25, 12, יסופן „gehen zu Ende"
Jer. I Num. 17, 25, O. [וֹ]יֹסופן.

2 *Plur. m.* *a.* תֹּמותון O. Jer. I Gen. 3, 3.

1 *Plur. c.* *a.* ניקום Pesikt. 88ᵃ. — [וֹ]נֹתוב O. Jer. I Num. 14, 4.

---

¹ Das Pathach fällt auf, ist aber sicherlich beabsichtigt, da die 3 Sing. f.
קֹמת lautet.

² Mas., Ausg. *Land.* 78 יֹמות.

b. נְבִית O. Jer. I Gen. 19, 2.

Imperativ. *Sing. m. a.* קוּם Ab. z. 39ᵇ, דוּן Schebu. 37ᵇ, זוּן „ernähre" Keth. 28ᵈ, כּוּל „miss" Sanh. 27ᵈ. — קוּם O. Jer. I Gen. 35, 1, לוּט „fluche" O. Jer. I Num. 22, 6, צוּד „jage" O. Jer. I Gen. 27, 3, זע (!) „zittere" Jer. III Ex. 14, 21, מוּת O. Deut. 32, 50.

Sing. f. קוּמִי ¹ Schir R. I 3. — קוּמִי O. Gen. 21, 18, תּוּבִי O. Jer. I Gen. 16, 9.

Plur. m. a. קוּמוּ Ber. R. 92. — תּוּבוּ O. Jer. I Gen. 43, 2, זוּרוּ O. Jer. I Num. 16, 26.

b. בִּיתוּ O. Jer. I Gen. 19, 2.

Plur. f. a. קוּמָא Targ. Jes. 32, 9 (s. oben S. 224). — תּוּבְנָא (s. S. 221) Targ. Ruth 1, 12.

Infinitiv. *a.* מִידוּן R. h. S. 58ᵈ, מִיקוּם Keth. 30ᵈ, מִיחוּט Kil. 32ᵈ, מְמוּת R. h. S. 57ᵃ, מִישׁוּע „tünchen" Ber. R. 38. — מְקוּם Jer. I Gen. 31, 35, מִיצוּד Jer. I Gen. 25, 27, מִידוּן Jer. I Ex. 18. 14, מִילוּט Jer. I Num. 23, 11.

b. מְמַת Ab. z. 40ᵈ, מִיקַם Schebi. 38ᵇ, מִיסַב „altern" Sanh. 18ᶜ. — [לְ]מִקַם O. Gen. 31, 35, O. Deut. 9, 2, Sab. מְקָם, Jer. I מִיקַם, [לְ]מִדַן O. Ex. 18, 13, Jer. I מִידַן, מְמַת O. Jer. I Gen. 3, 4. [לְ]מְנָח „ruhen" O. Jer. I Gen. 3, 8.

Partic. act. *m. Sing.* קָאִים Sanh. 28ᵇ, קִים Taan. 67ᶜ, קָאִי Vaj. R. 5, קָא (babyl. aram. Verkürzung), Ber. 13ᵇ, קָאָמְרִין „wir sagen" Schek. 50ᵇ, קָאתִינָא „ich komme" Sanh. 18ᶜ, קָתְנִי „er tradiert" Jom. 42ᶜ, דָאִיר „wohnend" Bab. m. 10ᵇ, דָר Pes. 32ᵃ, מָאִית Ber. 9ᵃ, מִיִּת R. h. S. 57ᵇ, דָאִין Bab. m. 8ᶜ, צַיִם Ned. 40ᵈ, דָּיִשׁ „tretend" Bab. b. 15ᶜ, צַיִיר „bindend" Ber. 7ᶜ, חַיִּים Bab. b. 15ᶜ, צַיִּד Ber. R. 79. — קָאִם O. Jer. I Ex. 3, 5, קָאִי Jer. I Gen. 24, 13, תָּאִיב O. Jer. I Ex. 33, 11, תָּאִי Jer. I Gen. 27, 40, לָיִט Jer. II Gen. 12, 3, מָאִית O. Gen. 50, 5, Jer. I מִיִּת, זָיִיע „weichend" Jer. I Ex. 33, 11. — דָּאִיב ² „samenflüssig" O. Jer. I Lev. 15, 2.

m. Plur. קַיִּמִין *f.* Kidd. 61ᶜ, דַּיְנִין Bab. m. 8ᶜ, דָנִין Bab. m. 8ᶜ, מַיְתִין Mo. k. 82ᵈ, מִיתוּן Sabb. 3ᵈ, מַתִין Jeb. 6ᵇ, צָדִין Ech. R. I 45, זָעִין „weichend" Ber. 4ᶜ, זָנִין „ernährend" Dem. 22ᵃ. — תּוּבִין

---

¹ Imp. fem. ist κοῦμ Mark. 5, 41 SBC (wogegen AD κουμι) „ἔγειρε". Die kurze Form kann erklärt werden durch Anwendung der Masculinform für die Femininform, aber auch durch Wegfall des schliessenden *ī* bei betonter Paenultima, vgl. אִיְילִי חֲתִיךְ „gehe schneide" *f.* Sabb. 16ᶜ, זְבִין „kaufe" *f.* Ber. 5ᵃ L. und oben S. 68. *Eusebius* sagt indes im Onom. sacr. ausdrücklich: κοῦμ πρὸς ἄνδρα, κοῦμι πρὸς γύναικα. S. auch S. 203 Anm. 2, 222 Anm. 1, 238 Anm. 1.

² Zur Vokalisation *s.* S. 228.

O. Gen. 8, 3, Jer. I תייבין, דִּיֹנִין Targ. Mich. 3, 11 Merx, קיימון Jer. I Deut. 25, 10.

f. Sing. ציימה Chag. 77ᵈ, טייסא „fliegend" Mo. k. 82ᵇ. — מֹֿתָֿא O. Jer. I Gen. 30, 1, דִּיֹבָא O. Lev. 15, 19, Jer. I דייבא.

f. Plur. קיימן Taan. 66ᶜ. — פִֿיֹגֶן „erschlaffend" O. Gen. 45, 26, חייל Jer. II Ex. 15, 20.

Partic. pass. ¹ *m. Sing.* ליט Kil. 27ᵇ, ניח Sabb. 14ᵈ. — ליש „geknetet" O. Jer. I Num. 11, 8, ליט O. Gen. 4, 11, Jer. I לייט, שיע „geglättet" Jer. I Deut. 22, 11.

m. Plur. ליטין Pesikt. 23ᵇ. — צירין „eingeengt" O. Num. 21, 29.

f. Sing. ניחא Sabb. 2ᵈ, ציירה „gemalt" Ab. z. 42ᵈ. — ליֹּא O. Jer. I Gen. 3, 17.

Pael.

Perfect. 3 *Sing. m.* גייר „machte zum Proselyten" Sanh. 29ᶜ. — זיין „bewaffnete" Jer. I Gen. 14, 14, קֹייִם „erhielt" O. Jer. I Num. 30, 15, טייל „ging" Jer. I Gen. 24, 61, פיים „besänftigte" Jer. I Gen. 19, 3.

2 *Sing. m.* קיימת Ber. R. 56, פייסתה Schek. 49ᵇ, פייסת Pea 21ᵇ. — קֹיימתָֿא O. Jer. I Num. 11, 12, חִייכת „lachtest" O. Gen. 18, 15.

1 *Sing. c.* קיימית Naz. 54ᵇ, דייגית „richtete" Ber. R. 32.

3 *Plur. m.* קֹיֹימו O. Jer. I Gen. 21, 31.

2 *Plur. m.* קיימתון Sabb. 8ᵈ.

2 *Plur. f.* קֹיֹימתין O. Jer. I Ex. 1, 18.

Imperfect. 3 *Plur. m.* יֹקֹיֹימון O. Jer. I Gen. 12, 12, [וֹיֹחִֿיֹיֹבון] „verurteilen" O. Deut. 25, 1.

Imperativ. *Sing. m.* פיים Kidd. 61ᵃ. — טייל Jer. I Gen. 13, 17.

Plur. m. קֹיֹימו O. Num. 31, 18, ציִתו „höret" Jer. I Deut. 27, 9.

Infinitiv. *a.* מקיימה Gitt. 48ᵇ. — מדיינא Jer. I Gen. 43, 17. *b.* קֹיֹימֹא O. Jer. I Gen. 6, 19, חִֿיֹבֹא O. Ex. 32, 6.

Partic. act. *m. Sing.* מתיב „beantwortend" Sabb. 5ᵃ, מסיע Pea 19ᵇ, מצייר Ber. 7ᵇ, מחיט „nähend" Schebi. 35ᵃ, מגיב „antwortend" Ber. R. 80, מפיים Keth. 35ᵈ, מישיע (s. S. 261 Anm. 1) „tünchend" Ber. R. 38. — מֿחִֿיֹך O. Gen. 21, 9; 26, 9.

---

¹ Kein eigentliches Partic. pass. ist עיר „wach", vgl. Theodor. Dan. 4, 10 εἴρ (l. îr), *Plur.* עירין Ber. 2ᵈ.

m. Plur. מקיימין Ber. 3ʰ, קיימין (s. S. 229 f.) Pes. 34ᵈ, מטיילין
Naz. 56ª, מסייעין Dem. 24ª. — מחזבין O. Ex. 32, 18.

Partic. pass. *m. Sing.* מצוייר „bemalt“ Jer. I Gen. 37, 3.
m. Plur. מזיֵרין O. Ex. 25, 33. מזֹינֹין „bewaffnet“ O. Gen.
49, 19, Jer. I מזיינין.
f. Sing. מפיסא Ab. z. 41ᵈ. — מצירא Jer. I Lev. 26, 1.

Aphel.

Perfect. ¹ 3 *Sing. m. a.* התיב „entgegnete“ Sanh. 24ᵈ, ארים
„erhob“ Schebu. 37ʰ, Vaj. R. 22, אדיק „schaute“ Kil. 32ᵇ, אניף
„schwang“ Ber. R. 59, אגיב „antwortete“ Erub. 18ᵈ. — אקים „liess
aufstehen“ O. Jer. I Gen. 35, 14, אתיב O. Jer. I Gen. 14, 16,
Num. 23, 12 (Merx אֹאֹתֵב!), אריק „goss aus“ O. Gen. 35, 14, אצית
„hörte“ O. Jer. I Deut. 1, 45, אגיֹח „erregte“ O. Ex. 17, 8, Num.
21, 26, Jer. I אגח, ארח „roch“ O. Jer. I Gen. 27, 27.
b. הותיב Kil. 27ᵈ, אודיק Bez. 63ª. — אוקים Jer. I Deut. 9, 19.
3 *Sing. f. a.* אֹתיבת O. Gen. 31, 14, Jer. I אתבת.
2 *Sing. c. a.* אטיפת „machtest schwimmen“ Ab. II 6, אקימת
Schir R. III 4. — אתיבתא Jer. I Gen. 14, 21.
1 *Sing. c. a.* אֹריֹמית O. Gen. 14, 22, Jer. I ארמית, אֹקימית O.
Gen. 9, 17.
3 *Plur. m. a.* התיבון Ber. 4ᶜ, ארימון Dem. 22ª, אגיבון Ned.
42ᵈ, אציתון Keth. 34ᵇ. — אֹתיבו O. Deut. 1, 25, Jer. I איתיבו אפיסו
„entweihten“ Jer. I Num. 16, 26, אֹעיקו „quälten“ O. Gen. 49, 23.
3 *Plur. f. b.* אוקימן Keth. 26ᶜ.
2 *Plur. m. a.* ארימיתון ² Dem. 22ª, Schek. 48ᶜ. — אתיבתון O.
Jer. I Deut. 1, 14, אקימיתון Jer. I Deut. 1, 6.
1 *Plur. c. a.* אֹתיבנא O. Jer. I Gen. 43, 21.

Imperfect. 3 *Sing. m. a.* יקים O. Jer. I Deut. 18, 15, יֹתיב
O. Jer. I Lev. 5, 23, וֹ[י]ריק O. Jer. I Lev. 2, 1, וֹ[י]עיק O. Deut.
28, 52, יֹניֹח „schafft Ruhe“ O. Jer. I Deut. 25, 19.
b. m. Suff. יוקימיניה Jer. I Lev. 27, 8.
3 *Sing. f.* תֹתיב O. Jer. I Deut. 25, 9.
2 *Sing. m.* תֹתיב O. Jer. I Gen. 24. 6, וֹ[תצית] O. Jer. I Ex.
15, 26, תֹמית „tötest“ O. Gen. 42, 37.
1 *Sing. c. m.* Suff. אתיביניך Keth. IV 10. — *a.* אֹתיב O. Jer.
I Gen. 24, 5, אֹקים O. Jer. I Gen. 17, 19, O. Gen. 9, 11, אֹקים O.

---

¹ Palmyr. אקים de Vogüé 4, *f.* אקימת ebenda 7, Plur. אקימו ebenda 5;
nabat. הקים CIS II 161, Plur. אקימו CIS II 164.
² Vgl. S. 230.

Gen. 17, 21, Dt. 18, 18, אֹנִיח O. Ex. 33, 14, Jer. I אנוח, אָעֵיק O.
Jer. I Ex. 23, 22.

b. אוביר „lasse brach liegen“, אוקים „richte auf“ Tos. Bab.
m. IX 13.

3 Plur. m. a. יֹתיבוּן O. Jer. I Deut. 1, 22, ןוחיני[ן] O. Ex.
1, 10.

2 Plur. m. a. תקימוּן Vaj. R. 25. — תֹעֵיקוּן O. Jer. I Ex. 23, 9.

1 Plur. m. a. נֹנִיח O. Jer. I Deut. 1, 41.

Imperativ. *Sing. m. a.* אקים Sanh. 28ᵈ, אריש Kidd. 61ᵇ. —
אֹתֵיב O. Jer. I Gen. 20, 7, אֹקֵים O. Jer. I Gen. 38, 8, אֹרֵים O.
Jer. I Ex. 8, 1, אֹנֵיח O. Ex. 17, 9, אֹנֵח „lass“ O. Jer. I Ex.
32, 10, אֹעֵיק O. Jer. I Num. 25, 17, אֹצֵית O. Deut. 27, 9, Merx
אֹצֵית.

Sing. f. a. אֹצֵיתי Targ. Mich. 1, 2 Merx.

Plur. m. b. אוקימו Jer. I Num. 31, 18.

Plur. f. a. אֹצֵיתא O. Gen. 4, 23, Jer. I אציתן, אֹצֵיתא Targ.
Jes. 32, 9.

Infinitiv. *a.* מיקמה Sanh. 28ᶜ, מעאקא Ber. R. 14. — אֹתבא O.
Jer. I Gen. 24, 5, אֹנחא O. Jer. I Deut. 20, 2, אֹרמא O. Jer. I
Ex. 29, 26, אֹעקא O. Lev. 18, 18, Jer. I אעקה.

b. מוקמה Kil. 32ᵃ, Ber. R. 59. — מוקמא Jer. II Gen.
42, 36.

Partic. act. *m. Sing. a.* מגיב Ter. 46ᵇ, מקים Mo. k. 82ᵃ, מתיב
Kil. 27ᵈ, מרים Vaj. R. 22. — מֹתֵיב O. Jer. I Gen. 20, 7, מֹקֵים
O. Gen. 9, 9, מֹמֵית O. Jer. I. II Deut. 32, 39, מֹרֵים O. Ex. 17, 11,
מֹנֵח „lassend“ O. Jer. I Ex. 17, 11.

b. מוקים Sanh. 28ᶜ, מותיב Sabb. 5ᵃ.

m. Plur. a. מניבין Sot. 23ᵈ, מתיבין Maas. sch. 54ᶜ, מזיעין
„schwitzend“ Ber. R. 78, מציקין Keth. 35ᵃ. — מֹעֵיקין O. Ex.
23, 22.

b. מותיבין Bab. k. 3ᶜ.

f. Sing. a. מקימה Sabb. 10ᶜ, מעיקה Keth. 34ᵇ. — מֹדֵיקא[ן]
Targ. Jud. 5, 28 Merx.

f. Plur. a. מעיקן Ber. 4ᵈ L. — מציתן Jer. II Gen. 49, 22.

Partic. pass. *f. Sing.* מפסה „entweiht“ Jer. II Lev. 11, 7.

Ithpeel.

Perfect. *3 Sing. m. a.* איתער „erwachte“ Taan. 66ᵈ, Vaj.
R. 12. — אֹתֹעַר O. Jer. I Gen. 9, 24, O. Gen. 41, 7, Jer. I איתער,

אִתְאֲשַׁע „wurde angestrichen" O. Lev. 14, 43, Jer. I איתטש, אֶתְאֲגַח „w. erregt" Targ. Jud. 5, 20 Merx.

b. איתעיר Pea 15ᶜ, איתצד „wurde gefangen" Ter. 46ᵇ, איתרים Ech. R. V 16.

1 *Sing. c. a.* איתצדית Ber. 2ᵈ. — אִתְעֲרִית O. Gen. 41, 21, Jer. I איתעֲרית, איתעקית „wurde bedrängt" Jer. I Gen. 27, 46.

3 *Plur. m. b.* איתצידון Koh. R. XI 1. **Imperfect.** 3 *Sing. m. a.* יתצד Ech. R. I 45. — יֵאֹסֵךְ „w. gesalbt" O. Ex. 30, 32, יֵאֹדֵן „w. gerichtet" O. Jer. I Ex. 21, 20, יֵאֹזֵן O. Gen. 41, 40.

b. יתרים Bab. m. 8ᶜ. — יתריק „w. ausgegossen" Jer. I Lev. 21, 10.

3 *Plur. m. a.* יֵאֹדְנוּן O. Num. 23, 9, Jer. I Gen. 6, 3. *b.* יתדינון Jer. II Gen. 6, 3, יתזינון Jer. I Gen. 41, 40. **Imperativ.** *Sing. m. a.* איתעיר Ber, 2ᵈ.

Infinitiv. מיתדנא Koh. R. XI 1, *det.* מתערתא Bez. 63ᵃ. — אִתְאֲדְנָא O. Ex. 21, 20, Jer. I יתדנא.¹

Particip. *m. Sing. a.* מיתער Sanh. 29ᵇ. *b.* מיתדין Sot. 20ᶜ. *f. Sing. a.* מתצדא Ber. R. 79, מיתזנא Keth. IV 14, מיתזנת (s. S. 229) Tos. Keth. XI 5. *f. Plur. a.* מיתזנן Keth. IV 13.

Ithpaal.

Perfect. 3 *Sing. m.* איתגייר „wurde Proselyt" Sanh. 29ᶜ. אתחייב „verschuldete sich" Vaj. R. 26, אצתייר (!) „wurde erjagt" Vaj. R. 30, איתצייד ² Koh. R. VII 26. — אידיין „rechtete" Jer. I Gen. 6, 6, Jer. II עדיין (s. S. 69).

3 *Sing. f.* איתגיירת Ab. z. 40ᵈ, איתחייבת Vaj. R. 26. 3 *Plur. m.* אֶתְחַיִּילוּ „schaarten sich" O. Num. 31, 7, Jer. I איתייחלון (!).

Imperfect. 3 *Sing. f.* תתקיים Sabb. 8ᵈ. — תֶּתְקַיַּים O. Jer. I Gen. 19, 20. 2 *Sing. f.* תִּסְתַּיִּעִין „schaarst dich" Targ. Mich. 4, 14. 3 *Plur. m.* יתקיימון Keth. 29ᵇ. — יֶתְגַּיִּירוּן O. Lev. 16, 29. **Imperativ.** *Plur. m.* איתקיימו O. Gen. 42, 18, Jer. I איתקיימו. **Infinitiv.** מידיינא Jer. I Gen. 43, 17, אתגיירא Jer. I Ex. 18, 6.

¹ S. oben S. 201.
² Vgl. nabat. Ithpa. יתזבן CIS II 208.

Particip. *m. Sing.* מִתְקַיְּים O. Deut. 8, 3.

m. Plur. מתקיימין Taan. 68ᵃ, אידיינין (s. S. 230) Sanh. 21ᵈ.

Ittaphal.

Perfect. 3 *Sing. m.* אִיתּוּקם „wurde aufgerichtet" Meg. Taan. (b. Taan. 17ᵇ; j. Meg. 70ᶜ דיתקם = דאיתקם). — אָתְקם O. Ex. 40, 17. Jer. I איתקם; אָתְּרם „w. weggehoben" O. Ex. 29, 27, Jer. I איתרם.

3 *Sing. f.* איתתבת „wurde eingewandt" Schebi. 35ᵇ. — אָתְרָמת O. Gen. 7, 17, Jer. I איתרמת.

Imperfect. 3 *Sing. m.*¹ יִתָּקם O. Lev. 16, 10, Jer. I יתוקם, יִתְּתב O. Gen. 41, 16, Jer. I יתותב, יִתְרק „w. ausgegossen" O. Lev. 21, 20, יִתְּגח „w. erregt" O. Ex. 17, 16.

Particip. *m. Sing.* מִיתְתב „Erwiederung findend" Targ. Jes. 53, 7 Merx.

Polel (Palel).

Perfect. 3 *Sing. f.* דּושִׁישׁת „zerstampfte" Targ. Jud. 5, 21 Merx.

Plur. m. חֹטֹיטו „nähten" O. Jer. I Gen. 3, 7.

Imperativ. *Plur. m.* רוממו „erhebet" Jer. I. II Ex. 14, 14.

Infinitiv. מעוררה „erregen" Ber. R. 79. — M. Suff. לטוֹטוּתָך „d. Verfluchen" O. Deut. 23, 5, למטא Jer. I Num. 23, 25.

Partic. act. *m. Sing.* מעורר Ber. 2ᵈ, Pesikt. 63ᵃ. — מעורר Jer. I Deut. 32, 11, מלטט Jer. I Gen. 12, 3.

m. Plur. משוטטין „umherschweifend" Jer. II Gen. 22, 10, d. מלטטיא O. Num. 5, 18, m. Suff. [וּ]מלטּטֹ O. Gen. 12, 3.

Partic. pass. *m. Sing.* מרֹמֹם O. Ex. 6, 6, Jer. I מרומם. *f. Sing.* מרֹמֹמא O. Jer. I Deut. 7, 19.

Ithpolal (Ithpalal).

Perfect. 3 *Sing. m.* איתבונן „merkte" Vaj. R. 19. 3 *Plur. m.* איתבוננין Ter. 46ᵃ, איתבוננו Ech. R. I 45. **Imperativ.** *Plur. m.* אתבוננו Jer. I Deut. 32, 7.

Palpel.

Perfect. 3 *Sing. m.* זעזע „erschütterte" Jer. I Gen. 32, 25. **Imperfect.** 3 *Sing. f.* m. Suff. [דּ]תזעזעיה O. Gen. 49, 9.

---

¹ יִתָּסך „wird gesalbt" O. Ex. 30, 32 ist als Ittaphal von נסך vokalisiert, richtiger liest man Ithpeel יִתְּסַך.

Ithpalpal.

Perfect. 3 *Sing. m.* אינמנם „schlummerte ein" Meg. 73ᵇ, איתחלחל „wurde erschüttert" Ab. z. 41ᵃ. — אזדעזע Jer. I Gen. 27, 33, אתחלחל Jer. I Ex. 32, 11.

Partic. *m. Sing.* מתנמנם Ter. 45ᵈ. *m. Plur.* מתנמנמין Jeb. 3ᵃ.

§ 71. *Verba geminata.*

1. Die beiden gleichlautenden Stammkonsonanten sind in der Regel erhalten im Partiç. act. und pass. Peal, im Pael, Ithpeel, Ithpaal, sie erscheinen im pal. Talmud und in den jer. Targg. zuweilen auch in den anderen Formen des Peal und (nur in den jer. Targg.) im Aphel. — Im Partic. act. des Peal ist im Plural neben der regelmässigen Form auch eine kontrahierte vorhanden, welche im Onkelostargum (Cod. Soc. 84) ausschliesslich benutzt wird, doch s. עללין O. Gen. 6, 4 Ausg. Ven. 1591.

2. Die Analogie der Verba mediae Waw veranlasst im pal. Talm. u. Midr. und in den jer. Targg. im Partic. act. des Peal und im Pael Bildungen mit Jod bez. Aleph als mittlerem Stammkonsonanten. Sie muss auch die Veranlassung sein, dass von der superlin. Vokalisation im Perfekt des Peal die 3 Sing. m. stets, die 3 Plur. m. zuweilen mit Kamez versehen wird. Ebenso sind zu erklären Formen wie אָחוּן (für אָחֹן) „ich bin gnädig", תֹּצוּר (für תָּצוּר) „du bindest zusammen", אָחִילְתָּא (für אָחֵלְתָּא) „du entweihtest".

3. Im *Aphel* wird im galil. Dialekt zuweilen das Praefix mit Jod geschrieben, was auf Verdünnung des *a* des Praefixes zu *i* und Dehnung des *i* zu *ē* nach Aufhebung der Verdoppelung der ersten Stammkonsonanten schliessen lässt, vgl. bibl. hebr. הָדֵק, הָקֵל, מֵצַל. Das Participium lautet dann nicht *mĕʾēl* (so *Schlesinger*, Das aram. Verbum 51), sondern *mĕʾal*. Während hier für den ersten Stammkonsonanten Verdoppelung vorausgesetzt ist, wird der zweite verdoppelt in den ungewöhnlichen Schreibungen מֵקְלָא „verachtend" f. Targ. Mich. 7, 6, מֵטְלָן „beschattend" f. O. Ex. 25, 20 für מֵקְלָא und מֵטְלָן. — Die jer. Targume haben bei עלל ein *Haphel* mit Ersatz der Verdoppelung des Ajin durch eingeschaltetes Nun. — Im *Ittaphal* scheint nach der superlin. Vokalisation Pathach der Vokal der zweiten Silbe zu sein. Dies Pathach ist vor Cheth erhalten, wird aber vor Ajin zu Kamez gedehnt.

4. Die Targume haben Beispiele für *Poel* und *Ithpoal*, wobei in Targum Onkelos meist, aber nicht immer, Vokalisation mit Kamez statt hat (vgl. oben S. 262 f.). *Palpel* und *Ithpalpal* ist häufig im galil. Dialekt und in den jer. Targumen, selten im Onkelostargum. Unter den hier mitgeteilten Beispielen sind auch einige nicht von Verben ע״ע abzuleitende.

5. Beispiele für die Verba geminata.

Peal.

Perfect. 3 *Sing. m.* עָאל ¹ „ging hinein" Bab. b. 15ʰ, עַל Kidd. 61ᵃ, חש „besorgte" Mo. k. 81ᵈ. — עָל ² O. Jer. I Gen. 7, 13; 24, 32, O. Num. 17, 23, Jer. I עָאל, חָן „begnadete" O. Gen. 33, 5, צָר „wickelte ein" O. Jer. I Ex. 32, 4.

3 *Sing. f.* עלת Bab. m. 8ᶜ, רקת „spie" Mo. k. 82ᵃ, רוקת Vaj. R. 9, רקקת Sot. 16ᵈ. — עָלת O. Jer. I Gen. 18, 21, זללת „war gering" Jer. I Gen. 16, 4.

2 *Sing. c.* עללתא Koh. R. VI 5, עלת Ber. R. 36, קלת „warst leicht" Naz. 52ᵃ, קולת Hor. 48ᵃ. — עלתא Jer. I Gen. 49, 4.

1 *Sing. c.* עלית R. h. S. 58ʰ, עללית Koh. R. VI 5, רקית Vaj. R. 9. — קלית O. Gen. 16, 5, עָלית O. Jer. I Ex. 5, 23.

3 *Plur. m.* עללון Ter. 46ᶜ, עלון Ber. 6ᵃ Ven. (עאלון L), חשון Mo. k. 81ᵈ, עררון ³ „wandten ein" Gitt. 46ᵈ, קצון „schnitten ab" Sabb. 8ᵈ. — עָלו O. Jer. I Gen. 7, 15, עאלו Jer. I Gen. 7, 9, עאלון Jer. I Gen. 6, 4, בֹזו „raubten" O. Num. 31, 53, Jer. I בזזו.

3 *Plur. f.* עָלא O. Jer. I Gen. 41, 21; 46, 26, עלן Jer. I Gen. 41, 21.

2 *Plur. m.* עלתון Jer. I Gen. 48, 22.

1 *Plur. c.* בֹזנא O. Jer. I Deut. 2, 35.

Imperfect. 3 *Sing. m.* a. ייעול Ber. 9ᶜ, יעול Ber. R. 64.

b. ייחם „wird warm" O. Deut. 19, 6.

3 *Sing. f.* a. תיעול Ber. R. 56. — תרוק O. Deut. 25, 9, Jer. I תירוק.

b. תצנן „wird kalt" Jeb. 6ᵃ.

2 *Sing. m.* a. תיעול Schebu. 37ʰ, Ech. R. I 13, תעול Ber. R. 36. — תיעול O. Jer. I Gen. 6, 18, תיחוג „feierst" O. Deut.

---

¹ Zu der meist angewandten Schreibung mit א s. S. 53.

² Die Masora, Ausg. *Land.* 104, konstatiert die Schreibungen עַל und עָל; das bibl. Aram. hat stets עַל, aber Plur. עַלּק, s. *Kautzsch*, Gramm. 75.

³ In der Parallelstelle Keth. 30ᵈ עירון und ארון (!).

16, 15, תְּבֹו O. Deut. 20, 14, תֵּירוג (!) „begehrst" O. Deut. 5, 21, וֹ[תַצֹור O. Deut. 14, 25.

2 *Sing. f.* תִיעֲלִין Sot. 16ᵈ. — תִיעוּלי Targ. Ruth 3, 4.

1 *Sing. c. a.* אִיעִיל (l. אִיעוּל) Ech. R. I 31. — אָחוּן O. Ex. 33, 19.

3 *Plur. m.* יֵיעֲלוּן Taan. 66ᵈ, Ech. R. I 31. — יֵּעֲלֹון O. Jer. I Gen. 6, 20.

2 *Plur. m.* תִיעֲלֹון O. Jer. I Num. 31, 24, תֵיחֲגֹון O. Ex. 12, 14, Jer. I תחגון.

1 *Plur. c. a.* נִיעֹול Ber. R. 35, Vaj. R. 5, נִיחוּשׁ Jeb. 6ᵇ.

Imperativ. *Sing. m.* עֹול Sukk. 55ᵃ, קוּץ „schneide ab" Bab. b. 13ᶜ, צוּר Schebi. 39ᵃ. — עֹול O. Jer. I Gen. 16, 2, בְרוּר „sondere aus" Jer. I Ex. 18, 21.

Sing. f. רוּקקִין Sot. 16ᵈ, רוּקי Vaj. R. 9. — עוּלי O. Jer. I Gen. 19, 34.

Plur. m. עוּלוּ R. h. S. 59ᵇ, עֲלֹון Vaj. R. 24, עוּלוּ Sanh. 23ᶜ. — עוּלוּ O. Jer. I Deut. 1, 7, חוּפֿו [1] „verhüllet" Targ. Mich. 1, 10 Merx.

Infinitiv. *a.* מֵיחוּשׁ Bez. 61ᵇ, מִיעֹול Sabb. 13ᶜ, מִיעוּר Bab. b. 16ᵇ. *b.* מֵיעַל Ech. R. II 4. — מֵיעַל O. Jer. I Lev. 25, 22, מֵיבֵזז Jer. I Gen. 15, 11, מֵיחָם O. Gen. 18, 1.

Partic. act. *m. Sing.* עָלִיל [2] Gitt. 48ᵃ, חשׁשׁ R. h. S. 58ᵇ, תשׁישׁ „schwach seiend" Ber. 4ᵇ, עֲיֵל Ber. 5ᵃ, גֵיֵיל „rollend" Sot. 22ᵃ. — עָלִיל O. Jer. I Lev. 16, 2, עָאִיל Jer. I Ex. 33, 9, רֵעַע „zerschmetternd" Jer. II Ex. 15, 6.

m. Plur. עֲלֲלִין Schek. 48ᵈ, Ech. R. I 11, עֵיֲלִין Erub. 23ᵇ, עֲלִן Sabb. 13ᶜ, עֲרֲרִין Gitt. 46ᵈ, חשׁשִׁין Sabb. 3ᵃ, חֵיישִׁון (s. S. 229) Makk. 31ᵇ, חשִׁין R. h. S. 57ᵇ, לתִין „anfeuchtend" Schebi. 36ᶜ. — עָלִין O. Deut. 4, 5, Jer. I עָאלִין עָלִיין (!) [3] Jer. I Gen. 22, 14, *d.* עֲלָא O. Gen. 7, 16, Jer. I עֲלָיִיא, *c.* עֲלִי O. Jer. I Gen. 23, 10.

f. Sing. עֲלֲלה Sot. 16ᵈ, רקה Sot. 16ᵈ.

Partic. pass. *m. Sing.* זקִיק „gebunden" Bab. m. 12ᶜ. — רֵעִיעַ „zerschmettert" O. Deut. 28, 33, חקִיק „eingegraben" Jer. I Ex. 13, 16.

m. Plur. זקוּקִין (l. זקִיקִין) Bab. m. 12ᶜ, דלִילִין „spärlich" Bab.

---

[1] Nach *Merx*, Chrest. Targ. 202 sollte hier חוּפֿו gelesen werden, aber die Schreibung mit *u* in der abgeleiteten Form gegenüber dem *ō* der Grundform entspricht dem Gebrauch bei פום (S. 161).

[2] Palmyr. Zolltarif עלל.

[3] Zu dieser Zerdehnung des *ī* zu *ai* vgl. אִילִיין statt אִילִן „diese" S. 82.

m. 12ª. — נְסִיסִין „missmutig“ O. Gen. 40, 6, צרירין Jer. I Deut. 14, 25.

Pael.

Perfect. 3 *Sing. m.* קליל „erleichterte“ Kidd. 62ª. — מַלֵּיל „redete“ O. Jer. I Num. 12, 2, חליל „entweihte“ Jer. II Lev. 24, 12.

2 *Sing. c.* עיילת „tratest ein“ Ber. R. 6. — מְלִילְתָּא O. Jer. I Gen. 18, 5.

1 *Sing. c.* מְלִילִית O. Jer. I Ex. 20, 19, עיילית Jer. II Gen. 16, 5.

3 *Plur. m.* מְלִילוּ O. Jer. I Deut. 5, 28, רציצו „zerschmetter-ten“ Jer. II Num. 21, 16.

Imperfect. 1 *Sing. c.* אֲמַלֵּיל O. Jer. I Gen. 18, 32, m. Suff. אחרינה „spreche frei“ Jer. I Gen. 16, 2, אֲקַצִּיץ „spalte“ O. Lev. 26, 30 (s. aber Po. תִּקְצַּוּן S. 277).

Imperativ. *Sing. m.* מַלֵּיל O. Jer. I Gen. 24, 33.

Sing. f. מַלִּילִי Targ. Jud. 5, 12 Merx.

Infinitiv. מַלָּלָא O. Jer. I Gen. 18, 29, גללא „wälzen“ Jer. II Gen. 28, 10.

Partic. act. *m. Sing.* מעייל Sabb. 5°, Koh. R. IX 10, מקזּן „abrechnend“ Sot. 20°, מכתת „zerstossend“ Sabb. 10ª. — מְמַלֵּיל O. Gen. 29, 9, Jer. I ממלל.

m. Plur. מעיילין Ech. R. II 4.

f. Sing. מקצצא „spaltend“ Ber. R. 6. — מרצצא „zerschmetternd“ Jer. II Ex. 15, 6.

Partic. pass. *m. Sing.* מקצץ Lev. R. 5. — [וֹ]מְרֹגֹג O. Jer. I Gen. 2, 9.

Aphel.

Perfect. 3 *Sing. m.* [1] אעיל „brachte herein“ Bab. b. 13ʳ, אקיל „verachtete“ Dem. 22ª. — אַטִּיל „deckte“ O. Ex. 40, 21, אגין „beschützte“ O. Jer. I Gen. 7, 16, אָחִיל „entweihte“ O. Lev. 19, 8, אָעֵיל O. Ex. 40, 21, Jer. I הגעל, ארתית „erschrak“ Jer. I Num. 21, 35.

2 *Sing. c.* אֲחִילְתָּא O. Gen. 49, 4.

1 *Sing. c.* אעילית Ech. R. I 22.

3 *Plur. m.* אעלון Keth. 34ᵇ, m. Suff. אקלונך Pea 21ª. —

---

[1] Palmyr. Zolltarif אשר, *f.* אשרת.

אֵעִילוּ O. Gen. 19, 10, Jer. I הַנְעִילוּ, אמררו „erbitterten“ Jer. I Ex. 1, 14.

Imperfect. 3 *Sing. m.* יקיל Kil. 28ᵈ. — יהנעל Jer. I Ex. 27, 7.

2 *Sing. m.* תֵּעִיל O. Ex. 40, 4, Jer. I תהנעל, תקיל (!) O. Ex. 22, 27 (Athnach), Merx תְּקִיל.

3 *Plur. m.* ייְקְלוֹן ¹ O. Ex. 18, 22, Jer. I יקילון, יֵעֲלוֹן O. Jer. I Lev. 14, 42.

1 *Plur. c.* ניעול (l. נִיעִיל) Chall. 57ᵇ. — M. Suff. נֵעִילְנוֹן O. Num. 32, 17, Jer. I נעילינון.

Imperativ. *Sing. m.* ² אעלליה (l. אֵעֵל לֵיה) Schebi. 38ᵃ. — אֵעִיל O. Jer. I Ex. 4, 6, הנעל Jer. I Ex. 40, 4.

Plur. m. M. Suff. אעלוניה Koh. R. XI 1.

Infinitiv. *a.* M. Suff. מעלתא Ber. R. 70.

b. M. Suff. אֵעָלוֹתָךְ O. Jer. I Ex. 23, 20, אמרדא (l. אמררא) Jer. I Gen. 26, 35.

c. אֵיעוּלִי ¹ O. Gen. 47, 24.

Partic. act. *m. Sing.* ³ מיקל Ned. 37ᶜ, מיצן „erkältend“ Sabb. 6ᵈ, מעיל Taan. 64ᵇ. — מֵעִיל O. Jer. I Lev. 18, 3, מֵבֵע „eilend“ O. Deut. 32, 35, Jer. I מבעא.

m. Plur. מקילין ⁴ Ab. z. 44ᵈ. — מֵבְעִין O. Jer. I Num. 32, 17. מֵקְרִין (l. מֵקְרִין) „abkühlend“ O. Lev. 1, 17.

f. Sing. מעלה Sabb. 6ᵈ. — מֵקְלָא Targ. Mich. 7, 6 Merx, מנגא Jer. I Deut. 28, 15.

f. Plur. מֵטְלֹן „bedeckend“ O. Ex. 25, 20, Sab. Jer. I *m.* מַטְלִין.

Partic. pass. *f. Sing.* מֵחֲלָא „entweiht“ O. Lev. 21, 7.

Ithpeel.

Perfect. 3 *Sing. m.* אִיעֲלִל (s. S. 205) „ging hinein“ Sabb. 8ᶜ, איתשיש „wurde schwach“ Koh. R. XI 2.

3 *Plur. m.* אתנסיסו „waren ärgerlich“ O. Jer. I Gen. 34, 7.

Imperfect. 3 *Sing. m.* יתבז „wird geraubt“ ⁵ Jer. I Gen. 16, 5.

3 *Sing. f.* תצטנן „wird kalt“ Nidd. 49ᵇ.

1 *Sing. c.* אִיעֲלִל Ber. R. 40.

---

¹ Mit Umlaut von *a* in *i*, woraus *ē*; Ausg. Sab. יֵקְלוֹן, אֵעוּלִי.
² אגן *Euting*, Epigr. Miscellen (Berl. Acad. 1885) 38.
³ Palmyr. Zolltar. מעל, *Plur. c.* מעלי.
⁴ Mit Erhaltung des Vokals des Sing., s. מרביבין, מקדימין S. 232.
⁵ Nach Analogie der Verba mediae Waw gebildet.

2 *Plur. m.* תִּתְגֹּסֹּון ¹ O. Jer. I Gen. 45, 5.
Infinitiv. אִיזְדְּקוֹקִי „sich verbinden" Keth. 26ᵛ. — אתבזֹּזֹא
Targ. Mich. 2, 4 Merx.

Ithpaal.

Perfect. 3 *Sing. m.* אִתְמֹּלַל „wurde geredet" O. Gen. 16, 13.
3 *Sing. f.* אִתְחָרְרַת „w. frei gesprochen" O. Lev. 19, 20, Jer. I
איתחרת.
3 *Plur. m.* אִתְמֹּרְרוֹ „stritten" O. Gen. 49, 23, Jer. I ממרירו ²
Particip. *m. Sing.* מִתְמְלִיל ³ Jer. I Gen. 16, 13.

Ittaphal.

Perfect. 3 *Sing. m.* אָתְעַל „wurde hereingebracht" O. Lev.
16, 27, Jer. I אִיתְעַל, אִיתָּחַל „wurde entweiht" Targ. Jes. 53, 5 Merx.
3 *Plur. m.* אָתְעַלּוֹ O. Gen. 43, 18, Jer. I איתעלו.
Imperfect. 3 *Sing. m.* יָּתְעַל ⁴ O. Lev. 11, 32, Jer. I יִּתְעַל.
3 *Sing. f.* תָּתָּחַל O. Lev. 21, 9.
3 *Plur. m.* יִתִּמְסוּן (s. S. 286 Anm. 5) „zerfliessen" Jer. I
Lev. 26, 39 (O. יִתְמֹסֹון).
Particip. ⁵ *m. Plur.* מָתְעַלִּין O. Jer. I Gen. 43, 17.
f. Sing. מָתָּחְלָא O. Lev. 21, 9.

Poel (Pâel).

Perfect. 3 *Sing. m.* גָּפִיף „umarmte" O. Jer. I Gen. 48, 10,
m. Suff. גַּפְּפֵיהּ O. Gen. 33, 4, לְפִיף „verknüpfte" O. Jer. I Ex.
36, 10.
Imperfect. 2 *Plur. m.* תְּעַנֵּן „treibt Wolkendeuterei" (l.
תְּעַנֵּנוּן) O. Lev. 19, 26, תְּקַצְצוּן O. Jer. I Ex. 34, 13, Deut. 7, 5.
Infinitiv. לְפַפָּא O. Jer. I Ex. 36, 18, נְבֹבָא O. Jer. I Ex. 5, 12.
Partic. act. *m. Sing.* מְעַנֵּן O. Deut. 18, 10, מְחוּפֵף „be-
deckend" Jer. I Deut. 32, 11.
Partic. pass. *m. Sing.* מְעַנֵּן „bewölkt" R. h. S. 58ᵃ. — מְלַפֵף
O. Ex. 39, 4.

---

¹ Das für das Ithpeel regelwidrige Schewa ist hier wohl nicht Zeichen
der Verdoppelung, sondern soll nur das Zusammenfliessen der beiden gleichen
Konsonanten verhindern.
² Partic. mit Verbalendung, vgl. S. 229.
³ Passives Particip mit regelwidriger Endung auf ê, vgl. S. 229.
⁴ Palmyr. Zolltar. יתאעל, יתאיעל. Die Einschaltung des Jod beweist hier
Aussprache des Ajin wie Aleph, vgl. S. 44 f. 69.
⁵ Palmyr. Zolltar. *m. Sing.* מתאעל, *Plur.* מתעלין.

Ithpoal (Ithpāal).

Perfect. 3 *Plur. m.* אִתְגּוֹלְלוּ „werden rege" O. Gen. 43, 30,
Jer. I Num. 25, 8, אִתְקוֹלְלוּ „verminderten sich" Jer. I Gen. 8, 8.
Imperfect. 3 *Sing. m.* יִתְלֹפֵף O. Jer. I Ex. 28, 7.
3 *Sing. f.* תִּשְׁתּוֹמֵם „wird verheert" Jer. I Gen. 47, 19.
2 *Plur. m.* תִּתְהֹמֵמוּן „macht Einschnitte" O. Deut. 14, 1.
Particip. *m. Sing.* מִתְחֹפֵף O. Deut. 32, 11, Merx מִתְחוֹפֵף (!).

Schaphel.

Perfect. 3 *Sing. m.* שַׁעֲמֵם „verwirrte" Jer. II Ex. 14, 24,
שַׁכְלִיל „vollendete" Jer. I Deut. 32, 6.
3 *Sing. f.* שַׁחְרְרַת „sprach frei" Jer. I Gen. 30, 9.
Imperfect. 3 *Sing. m.* יְשַׁרְגֵּג „verleitet" Jer. I Ex. 22, 15.

Ischtaphal.

Perfect. 3 *Plur. m.* אִשְׁתַּכְלְלוּ O. Gen. 2, 1.
Imperfect. 3 *Sing. f.* תִּשְׁתַּכְלֵל O. Num. 21, 27, Jer. I יִשְׁתַּכְלֵל.

Palpel.

Perfect. 3 *Sing. m.* הִרְהֵר „phantasierte" Sabb. 8ᵈ, קִלְקֵל
„verdarb" Ech. R. I 53, עִרְעֵר „erhob Einwände" Sabb. 3ᵈ. —
גִּלְגֵּיל „wälzte" Jer. I Gen. 29, 10, פִּשְׁפֵּשׁ „durchsuchte" Jer. I
Gen. 31, 34, בִּלְבִּיל „verwirrte" O. Gen. 11, 9.
3 *Sing. f.* פַּעְפַּעַת „platzte" Ter. 45ᵈ.
2 *Sing. c.* דִּקְדַּקְתָּא „warst genau" Ech. R. I 57. — פִּשְׁפַּשְׁתָּא
Jer. I Gen. 31, 37.
1 *Sing. c.* הִרְהֵרִית Ber. 5ᵃ.
3 *Plur. m.* פִּשְׁפְּשׁוּן Sabb. 8ᵈ.
Imperfect. 3 *Sing. m.* לִיקַלְקֵל Sanh. 23ᶜ.
Imperativ. *Sing. m.* דַּקְדֵּק Ech. R. I 57.
Infinitiv. מְצַמְצְמָא „zusammendrängen" Ech. R. Peth. 23,
מְגַלְגְּלָה Keth. 36ᵃ.
Partic. act. *m. Sing.* מְסַרְסֵר „als Makler dienend" Ab. z.
40ᵃ, מְדַקְדֵּק Ber. 4ᵇ, מְקַלְקֵל Maas. 49ᵈ, מְגַלְגֵּל Bab. m. 12ᵃ, מְשַׁלְשֵׁל
„herunterlassend" Sanh. 20ᵇ, מְפַרְפֵּר „hin und herwerfend" Schebu.
34ᶜ. — מַהְרָהֵיר O. Deut. 29, 17, Jer. I. II מְהַרְהֵר, [וֹ]מְקַלְקֵיל O.
Ex. 23, 8, Jer. I מְקַלְקֵל מְגַלְגֵּל „verspottend" Jer. I Gen. 34, 31,
מְזַלְזֵל „verachtend" Jer. I Deut. 27, 16.
m. Plur. מְצַפְצְפִין „pfeifend" Dem. 22ᵃ. — מְגַלְגְּלִין Jer. I
Gen. 29, 3.
f. Sing. מְבַזְבְּזָה „verschwendend" Bab. b. 27ᵈ.

Ithpalpal.

Pcrfect. 3 *Sing. f.* איתקלקלת Ab. z. 42ᵃ, איקלקלת Ter. 47ᵇ, איתגלגלת Vaj. R. 22.

Imperfect. 3 *Sing. f.* תתרב (= תתרברב¹) „thut gross" Jer. II Num. 24, 7.

3 *Plur. m.* יתערעדון (l. יתערערון) „wurden umhergeworfen" Koh. R. XI 1.

Infinitiv. אתרברבא „grossthun" O. Jer. I Num. 16, 13. **Particip.** *m. Sing.* מתפתפת „zerstückelt" Kil. 30ᵈ, משתלשל Ter. 45ᵈ.

f. Sing. מתקלקלא Jer. I Lev. 17, 13.

§ 72. Verba tertiae Waw, Jod, Aleph.

1. Unterschiede in der Behandlung der Verba tertiae Waw, Jod und Aleph sind fast nirgends wahrzunehmen. Nur in Participialformen ist gelegentlich *ursprüngliches Aleph* erhalten, z. B. קראי „rufende" Meg. 74ᵈ, סנאיהון „ihr Feind" Ber. 5ᵃ, סֹנָאִי O. Ex. 20, 5 (Athnach), Jer. I שנאי, סֹנָאך O. Jer. I Gen. 14, 20, סֹנָאנָא O. Ex. 1, 10, Jer. I סנאין. Sonst findet sich אתמלאון „sie wurden gefüllt" Koh. R. I 8. Ein hebr. Fremdwort ist *d.* סנואתא „die Gehasste" O. Gen. 29, 31.

2. Das einzige, mit Sicherheit nachzuweisende Beispiel einer *intransitiven Perfektform* im pal. Talmud ist אישתי „er trank" neben אישתה Ab. z. 40ᵈ. Das *Onkelostargum* ist reicher an intransitiven Formen, die *jer. Targume* vertauschen zuweilen die intransitive Form mit der transitiven.

3. Die Endungen des *Perfects* des Peal sind nach der superlin. Vokalisation: 3 Sing. m. *ā*, intr. *ī*; 3 Sing. f. *at*, intr. *ī'at*; 2 Sing. c. *ētā*, auch *ēt*; 1 Sing. c. *ētī* (selten *ītī*²), auch *ēt*; 3 Plur. m. *ō*, intr. *ī'ū*; 3 Plur. f. *a'ā* (intr. *ī'ā*); 2 Plur. m. *ētōn*; 2 Plur. f. *ētīn*; 1 Plur. c. *ēnā*. Die Aussprache *ētōn* (vgl. S. 56) für *ētūn* ist durch den Einfluss des *ō* der 3 Plur. m. zu erklären.

Die übrigen Verbalstämme haben im Onkelostargum die Endungen: *ī*, *ī'at*, *ītā* (*ēt*), *ītī*, *ī'ū*, *ī'ā*, *ītōn* (*ētōn*), *ītīn*. Das hier vollends unveranlasste *tōn* ist aus dem Peal herübergenommen worden. Einige Verba haben ein Ithpeel, Ithpaal oder Ittaphal

---

¹ Vgl. מתרבא O. Num. 16, 13 (S. 236).

² Vielleicht ist dies intransit. Form; aber neben mehrfachem שתית findet sich שתיתון.

auf *a* (statt *ī*), das aus *ay* entstanden ist (S. 66). Die jer. Targume haben auch ein Pael auf *ay*.

Der *galil. Dialekt*, von welchem auch hier die jer. Targume Spuren zeigen, unterscheidet sich durch die ihm eigenen Endungen der 3 Plur. m. *ōn*, 3 Plur. f. *yān*, 1 Plur. c. *ēnān* und durch das Fehlen des Jod in der 3 Plur. m. der abgeleiteten Verbstämme (also *ōn* statt *ī'ūn* oder *yūn*), dies letztere in Folge der Betonung der Ultima[1] (S. 203. 204). Für das letztere finden sich auch einige Beispiele in der 3 Sing. f. Umgekehrt wird in der 3 Sing. f., 2 u. 1 Sing. c. und 3 Plur. m. des Peal und in der 2 u. 1 Sing. c. der übrigen Verbstämme öfters ein Jod vor der Endung eingeschaltet, dies im Interesse der Wiederherstellung einer trilitteralen Wurzel.

Eigentümlich ist dem galil. Dialekt die Schreibung der 3 Sing. f. in den abgeleiteten Stämmen mit ירת statt des Targumischen ראת. Dem galil. Dialekt folgen öfters die jer. Targume, welche auch in der 3 Plur. m. zuweilen יו oder ייו für das איו des Onkelostargum haben. Der Unterschied ist wohl nur ein orthographischer (vgl. S. 45. 69). Die Endungen *yā* für *yat* (3 Sing. f.) und *ay* für *ēt* (1 Sing. c.) in אישתעיא „sie erzählte" und בעאי „ich wollte" Ber. 5ª L stammen aus dem babyl. Aramäisch. Ein Ithpeel auf *ay* ist אישתבא Keth. 26ᵈ.

4. Die Endungen des *Imperfects* aller Verbstämme sind nach der superlin. Vokalisation: 3 Sing. m. und f., 2 Sing. m., 1 Sing. und Plur. c. *ē*; 2 Sing. f. *an* (aus *ayin*); 3 und 2 Plur. m. *ōn*; 3 und 2 Plur. f. *yān*. Im Ithpaal finden sich Imperfecta auf *a* (statt *ē*).

Der galil. Dialekt hat in der 2 Sing. f. die Endung *ain* oder *ayin*, bisweilen apocopiert *ay*, die jer. Targume wohl *ēn*.

5. Der *Imperativ* endet im Onkelostargum im Sing. m. im Peal öfters auf *ē*, sonst stets auf *ī*, im Sing. f. überall auf *a* (aus *ay*), im Plur. m. auf *ō* (so auch in den abgeleiteten Stämmen, nicht *ī'ū*), im Plur. f. auf *a'ā*. Die Lesung קרן O. Ex. 2, 20 Cod. Soc. setzt *ḳĕrainā* als Grundform voraus, die Lesung קרין MS. Orient. 2363 (Brit. Mus.) ist wohl in קרין zu korrigieren, vgl. christl. pal. ܠܠܝ, ܐܠܠܝ, ܣܡܠ. Im Peal, Pael und Aphel kommen im Sing. m. apocopierte Formen vor.

[1] Für den Einfluss, den verschiedene Betonung auf die Vokalisation ausübt, s. besonders *Wetzstein*, Sprachliches aus den Zeltlagern der syr. Wüste, ZDMG XXII 177—194.

Der galil. Dialekt hat im Sing. f. die Endung *ay*, im Plur. m. *ōn*. Beispiele für den Plur. f. fehlen (s. aber S. 221). Die jer. Targume haben öfters die Endung *ōn*, ihnen wie dem galil. Dialekt fehlen die apocopierten Formen.

6. Der *Infinitiv* hat im *Peal* neben der gewöhnlichen Bildung auf *ē* eine Bildung auf *ā*, welche im galil. Dialekt willkürlich angewandt wird, im Onkelostargum nur — hier aber immer — wenn der Infinitiv zur Verstärkung des Verbalbegriffes dient.[1] Im pal. Talmud und jer. Targ. lautet die Endung einige Male *yā* statt *ā*.

In den übrigen Verbstämmen ist dem galil. Dialekt eigentümlich das praefigierte Mem und die Schreibung der Endung mit *āyā*, bez. *ōyē* statt des im Onkelostargum allein vertretenen *ā'ā* und *ō'ē*. Die jer. Targume zeigen Beispiele des galil. Sprachgebrauchs. An die babylonische Bildung auf *ōyē* schliesst sich im pal. Talmud eine determinierte Form auf *ōyā*.

7. Die *Participia* haben im Sing. m. die Endung *ē* mit Ausnahme des Partic. pass. Pael, welches im galil. Dialekt auf *ē* oder *ay*, im Onkelostargum stets auf *a* (aus *ay*) endet. Die Endung *a* findet sich hier einmal auch im Ittaphal. Der Plur. m. hat nach dem Onkelostargum die Endung *an*, nach dem galil. Dialekt *ayin* oder *ain*, woraus *ay*. Die jer. Targume haben neben *an* auch *ayin* und *ēn*. Verbale Pluralendung auf *ō* kommt im pal. Talmud einige Mal vor (vgl. S. 229).

Die Endungen des Sing. und Plur. f. lauten stets *yā* und *yān*, wobei nach der superlinearen Vokalisation nur nach zwei unmittelbar auf einander folgenden Konsonanten oder nach einem verdoppelten Konsonanten ein Schewa vorauszuschicken ist.[2] Nur mit dem Pronomen der 1 Sing. und Plur. wird das Particip im galil. Dialekt erkennbar verbunden. Das Onkelostargum hat Beispiele für die 1 Sing., welche die superlin. Vokalisation aber nicht anerkennt und nach dem Modell der 1 Plur. des Perfekts aussprechen lehrt, s. aber 2 Sing. מֹשְׁתֵית O. Deut. 11, 10.

4. *Beispiele für die Verba tertiae Waw, Jod, Aleph.*
Perfekt.

3 Sing. m. *Peal:*[3] a. שתא „trank" Mo. k. 83[b], mit Aleph prosth. (S. 67) אישתה Ab. z. 40[d], חמא „sah" Mo. k. 82[d], שרא „erlaubte"

[1] Ausnahmen sind מחמא Jer. II Gen. 6, 3, מֵיפָּא O. Jer. I Ex. 16, 23.
[2] Vgl. S. 152 Anm. 5, 261 Anm. 2.
[3] Palmyr. בנא de Vogüé 16, nabat. בנא CIS II 333, בנה ebenda 332.

Sabb. 8ª, בעא „fragte" Ber. 8ª, mit Aleph. prosth. איבעה Bab. b. 15ʰ, תנא „tradierte" Kidd. 63ᵈ, שנא „hasste" Ab. z. 41ª, צהא „dürstete" Pes. 37ʰ, mit Aleph prosth. איחטא (s. S. 205) „sündigte" Taan. 64ª. — חזא „sah" O. Jer. I Num. 22, 41, בלא „weinte" O. Jer. I Gen. 45, 14, סגא „mehrte sich" Jer. I Gen. 43, 33.

b. אישתי Ab. z. 40ᵈ. — שתי O. Ex. 34, 28, Jer. I אישתי, צהי[ו] O. Ex. 17, 3, Jer. I צחי, שדי „warf" O. Ex. 15, 4, סגי O. Jer. I Lev. 13, 39, [ו]רוי „wurde trunken" O. Jer. I Gen. 9, 21, חדי[לד] ¹ „freute sich" O. Jer. I Deut. 28, 63.

Pael: דכי „reinigte" Ber. R. 79, קשי „wendete ein" Taan. 67ᶜ, שרי „fing an" Ber. R. 33, שורי ² Chag. 77ᵈ, תני „erzählte" Meg. 75ʰ. — שוי „setzte" O. Jer. I Ex. 40, 26, נסי „versuchte" O. Jer. I Gen. 22, 1, שרי O. Jer. I Gen. 9, 20.

Aphel: אחמי Ech. R. I 2, אתני „bedang aus" Meg. 73ᵈ, אורי „lehrte" Schebi. 36ᶜ, הורי Ber. 4ʰ, אודי „bekannte" Ber. 5ᶜ, הודי Kidd. 64ª, אקשי Ber. 7ᶜ. — אסגי „machte viel" O. Jer. I Deut. 1, 10, אוחי „eilte" O. Jer. I Ex. 10, 16, אעדי „entfernte" O. Gen. 30, 35, אחוי „zeigte" Jer. I Ex. 15, 25, אחווי ³ Jer. I Deut. 34, 1.

Ithpeel: ⁴ איתברי „wurde geschaffen" Sabb. 3ʰ, אינשי „vergass" Kidd. 61ª, איתחמי „w. gesehen" Naz. 56ᶜ, איטפי „erlosch" Sabb. 8ᶜ, אישתבאי „w. gefangen" Keth. 26ᵈ (vgl. אישתבא Targ. Ps. 49, 8). — אשתלי O. Jer. I Gen. 14, 14, אתגלי „w. offenbar" Jer. I Gen. 24, 62, אתגאי „zeigte sich erhaben" O. Ex. 15, 1. 21, אתרמא „w. geworfen" O. Gen. 49, 24.

Ithpaal: אישתני „veränderte sich" Jeb. 15ᶜ, אשתעי „erzählte" Sot. 17ᵈ, איתמני „wurde bestellt" R. h. S. 58ʰ. — אשתעי O. Gen. 24, 66, Jer. I Gen. 40, 9, אתחוא „wurde berichtet" O. Jer. I Deut. 17, 4.

Ittaphal: אאתחזי „w. sichtbar" O. Lev. 14, 35, אתעדא „w. entfernt" O. Lev. 4, 31, Jer. I איתעדא.

Schaphel: שיצי „beendigte" O. Gen. 2, 2, „vertilgte" Jer. I Gen. 7, 23.

Ischtaphal: אשתיצי Jer. I Gen. 7, 23, אשתלהי „ermattete" O. Gen. 47, 13.

3 Sing. f. Pcal. ⁵ a. מטת „erreichte" Kidd. 61ʰ, געת „brüllte"

---

¹ Ohne Schewa, vgl. S. 177 Anm. 3.
² Mit Umlaut von a in u, s. S. 65.
³ Endung ay statt î, s. Ithpeel und Ithpaal.
⁴ Palmyr. Zollt. אתחוי.
⁵ Nabat. בנת CIS II 169.

Ber. 5ᵃ, בעת Ber. R. 33. — [וּ]בכת „weinte" O. Jer. I Gen. 21, 16,
[וּ]שׁרת „lagerte" O. Jer. I Num. 24, 2.
b. חמית „sah" Jeb. 15ᶜ, בעית Sot. 16ᵈ, בכית Pesikt. 93ᵇ. —
סגיאת O. Jer. I Gen. 18, 20, שׁתי[וּ]את O. Num. 20, 11, Jer. I
אשׁתיאת.

Pael: תנית „erzählte" Pea 15ᶜ, קניאת „war eifersüchtig" Sot.
24ᶜ, שׁרית „fing an" Schek. 48ᵈ, Ech. R. I 18, שׁורית Dem. 21ᵈ. —
חוֹיאת O. Gen. 29, 12, Jer. I תניאת, תנת Jer. I Gen. 24, 25, קשׁיאת
„machte schwer" O. Gen. 35, 17, Jer. I קשׁית, כסית „bedeckte"
Jer. I Gen. 38, 14.
Aphel: אנשׁית „vergass" Dem. 26ᵃ. — אוֹחיאת O. Jer. I Gen.
24, 46, אשׁקיאת „tränkte" O. Gen. 21, 19, Jer. I אשׁקית, אעדת
„entfernte" Jer. I Gen. 38, 14.
Ithpeel: איתגליית Sabb. 3ᵈ, איסתמית „erblindete" Vaj. R. 22,
איתעריית „blieb haften" Schek. 48ᵈ. — אתמליאת „w. gefüllt" O.
Gen. 6, 11, Jer. I איתמליאת, איתבריאת „w. geschaffen" Jer. I
Gen. 2, 23.
Ithpaal: אישׁתעית Sot. 17ᵈ, אישׁתעיא Ber. 4ᵈ, איתקשׁיית Sot. 22ᵈ,
אשׁתוות „w. gleich" Sanh. 23ᶜ. — אתכסיאת „bedeckte sich" O.
Gen. 24, 65, אשׁתנײת „w. verändert" Jer. I Gen. 1, 16.
Ischtaphal: אישׁתלהיאת Jer. I Gen. 21, 15.

2 Sing. c. *Peal.*[1] *a.* בעית Ech. R. II 4, בעיתה Schebi. 39ᵃ,
חמית Jom. 39ᵇ, חמיתא Ber. R. 78, אישׁתית Vaj. R. 12, זכיתה „ver-
dientest" Hor. 48ᶜ. — סטית „warst untreu" O. Jer. I Num. 5, 20,
חזיתא O. Deut. 1, 31, Jer I חמיתא, בניתא O. Deut. 6, 10.
b. חמית Ber. R. 11, גזית „schnittest" Ber. R. 33, תנית „tra-
diertest" Ter. 40ᵈ. — חטית „sündigtest" Jer. II Gen. 49, 4.
Pael: דכית Schebi. 38ᵈ, דכיתא Ber. R. 79, שׁריתה Sanh. 23ᵇ,
חמית „zeigtest" Ber. R. 40. — חזית O. Gen. 21, 26, Jer. I תנית,
חזיתא O. Gen. 31, 27, Jer. I תניתא, גריתא „reiztest" Jer. I Num.
31, 8.
Aphel: אפליתה „spottetest" Naz. 54ᵇ, אפליית Ber. R. 91,
הוריתא Koh. R. VII 23, אקשׁית Ech. R. III 1. — אסניתא O. Jer.
I Gen. 19, 19, אוֹחיתא O. Jer. I Gen. 27, 20, אהניתא „hattest
Nutzen" O. Gen. 49, 4, אוֹדיתא O. Gen. 49, 8, Jer. I אורית.
Ithpeel: אתברת (l. אתבדת) „täuschtest dich" Jeb. 9ᶜ. — אתנשׁיתא
„vergassest" O. Deut. 32, 18, אתרעית (!) „hattest Wohlgefallen"
O. Gen. 33, 10, Jer. I אתרעיתא.
Ittaphal: אתחוֹיתא O. Ex. 26, 30, Jer. I אתחמיתא.

---

[1] Aeg. aram. שׁבית CIS II 145 B.

1 Sing. c. *Peal:*[1] *a.* זכית Bez. 63ᵇ, חמית Bez. 63ᵃ, בעית Ab. z. 42ᵃ, Ech. R. II 4, בעאי Ber. 5ᵃ L, 11ᵇ L, זגית „hurte" Ech. R. I 4, חטית Sanh. 28ᵇ; קריתי Ber. 14ᵇ, חמיתי Ber. R. 33, זכיתי Vaj. R. 25. — וְ]קרית[O. Jer. I Gen. 39, 18, חטית O. Gen. 20, 9, חזיתי O. Gen. 32, 30, Jer. I חמיתי, ד]בריתי[O. Jer. I Gen. 6, 7, וְ]שתיתי[O. Jer. I Gen. 24, 46, אשתיתי Jer. I Deut. 9, 9.

b. בעית Bab. b. 14ᵇ. — קרית Jer. I Ex. 31, 2, אשתיית Jer. I Deut. 9, 18.

Pael: צליתי „betete" Sabb. 5ᵇ, צלית Ber. 8ᶜ, צליית Ber. 8ᶜ, קשיתי Ber. 2ᶜ, גלית Keth. 33ᵇ, גליית Maas. 52ᵃ. — פניתי „entfernte" O. Gen. 24, 31, Jer. I פנית, שויתי O. Deut. 10, 5, Jer. I שוויית, נסיתי[2] „versuchte" O. Gen. 30, 27.

Aphel: אפליתי Naz. 54ᵇ, אפליית Ber. R. 91, אנשית, אנשיית Ber. R. 78, הורית Pesikt. 35ᵇ. — M. Suff. אחויתך O. Deut. 34, 4 Merx, Jer. I אחמיית, אהניית Jer. I Gen. 30, 30.

Ithpeel: אתגנּיתי O. Deut. 10, 5, אתגלּיתי O. Jer. I Gen. 31, 13, אשתהיית „zögerte" Jer. I Gen. 32, 4.

Schaphel: שיציתי O. Num. 25, 11, Jer. I שיציית.

3 Plur. m. *Peal.*[3] *a.* חמון Ber. 6ᵃ, מטון „erreichten" Ber. 6ᶜ, בעון Pea 21ᵃ, שתון Pea 21ᵃ, אשתון Ab. z. 41ᵈ. — וְ]קנו[ר „erwarben" O. Jer. I Gen. 12, 5, חפו „bedeckten" O. Ex. 14, 28, Jer. I חפון, שתו Jer. I Ex. 43, 34, סגו Jer. I Ex. 1, 20.

b. בעיון Jeb. 6ᵇ. — וְ]סגיאו[O. Jer. I Gen. 47, 27, וְ]רביאו[„wuchsen auf" O. Jer. I Gen. 25, 27, וְ]שתיאו[O. Gen. 43, 34, Jer. I שתיו, וְ]לאיאו[„ermüdeten" O. Gen. 19, 11.

Pael: תנון Ter. 46ᶜ, צלון Pea 21ᵃ, צלו Ber. 8ᶜ, שורון Schebi. 35ᵇ, שרון Dem. 22ᵃ; שריי Taan. 66ᵃ (Meg. Taan.), שריו Ech. R. I 4. — שׁיאו O. Gen. 9, 23, Jer. I שויו, בסיאו O. Gen. 9, 23, Jer. I כסיו, שוון Jer. I Gen. 50, 26.

Aphel: אנשון Sabb. 16ᵈ, אלעון „ermüdeten" Ber. R. 50. — אלויאו „geleiteten" O. Jer. I Gen. 12, 20, אליוו Jer. I Gen. 24, 59, אורו Jer. I Num. 16, 2.

Ithpeel: אינכון „w. beschädigt" Ab. z. 41ᵈ, אגכון Dem. 22ᵃ, איתכפון „w. umgestürzt" Ab. z. 42ᶜ, איתבעון Pea 20ᵇ, אישתרון Ber. R. 56, אתמלאון Koh. R. I 8. — אתליאו „w. aufgeschoben" O. Gen.

---

[1] Aeg. aram. חזית CIS II 137.

[2] In diesem Worte wird in der 1 u. 2 Sing. und 2 Plur. *a* zu *i* verdünnt, vgl. S. 64 fg.; es heisst aber נסיאת O. Deut. 28, 56 und נסיאו O. Num. 14, 22.

[3] Palmyr. בנו de Vogüé 30a.

4, 24, Jer. I אתליו, אתדעיאו אתדעיאו „hatten Wohlgefallen" O. Gen. 6, 2,
Jer. I אתרעיו, אתרעון Jer. I Gen. 49, 19, אתקריון Jer. I Deut. 9, 12.
Ithpaal: אישתטון „benahmen sich thöricht" Ber. R. 50, איתמנון
„w. bestellt" Bikk. 65ᵈ. — אסתכליאו „schauten" O. Gen. 18, 16,
אישתנדיו¹ „w. geändert" O. Deut. 32, 5 (auch Merx), אתניו „w. wiederholt" Jer. I Deut. 27, 26, אישתעו Jer. II Num. 12, 1.
Ittaphal: אתחזיאו O. Gen. 8, 5, Jer. I איתחמיאו.
Schaphel: שיצון Jer. I. II Num. 21, 33.
Ischtaphal: אשתלחיו Jer. I Gen. 19, 11, אשתלהון Jer. I Gen.
47, 13.

3 Plur. f. *Peal: a.* [ו]קראה O. Jer. I Num. 25, 2, [ו]מלאה
O. Jer. I Ex. 2, 16, קריין Jer. II Num. 25, 2, עדאן „gingen weg"
Jer. Jes. 54, 10.
b. כהיא (!l. כהיא) „wurden trübe" O. Gen. 27, 1, Jer. I כהין,
בכיאן Targ. Ruth 1, 9.
Pael: שריאה O. Gen. 41, 54, Jer. I שריאן, עדיאה „wurden
schwanger" O. Gen. 19, 36.
Aphel: אשקיאה „tränkten" O. Gen. 19, 33, Jer. I אשקיאן.
Ithpeel: איתגליין Ab. z. 41ᵃ, איתמליין Ber. R. 67, אישתביין Keth.
26ᶜ, איתקרין Dem. 24ᵃ. — אתבריאה O. Ex. 34, 10 Sab., אתבריין
Jer. I Ex. 28, 30.

2 Plur. m. *Peal:* בעיתון Ber. 12ᵇ, חמיתון Taan. 68ᵈ, קריתון
Ber. R. 63, סגיתון „ginget" Ech. R. Peth. 24. — חזיתון O. Gen.
45, 13, Jer. I חמיתון, שתיתון O. Jer. I Deut. 29, 5, סגיתון O. Jer.
I Gen. 26, 27.
Pael: נסיתון (s. S. 284 Anm. 2) „versuchtet" O. Jer. I Deut. 6,16.
Aphel: אנשיתון Sabb. 16ᵈ, אקשיתון Ech. R. I 56, אתגיתון „bedanget" Keth. 30ᵈ. — אנשיתון Jer. I. II Deut. 32, 18.
Ithpeel: אתנשיתון Jer. I Deut. 32, 18.

2 Plur. f. *Aphel:* אוחיתין O. Ex. 2, 18, Jer. I אוחיתון.

1 Plur. c. *Peal: a.* חמינן Bez. 63ᵃ, זכינן Gitt. 43ᵈ, שתינן Ab.
z. 41ᵃ, חוינן Ber. 11ᵃ, תנינן Chag. 79ᶜ. — חוינא O. Gen. 42, 21,
Jer. I חמינא, מטינא Jer. I Gen. 43, 21, חטינן Jer. II Deut. 32, 31,
שרינן Jer. I Deut. 3, 29.
Pael: פנינן Ber. 13ᵃ, קשיינן Erub. 18ᵇ, צלינן R. h. S. 59ᵈ. —
חוינא O. Gen. 44, 24, Jer. I תנינא.
Aphel: אנשינן Ber. R. 77, Ber. 11ᶜ L. — אורינן Jer. I. II
Deut. 26, 3.

---

¹ Das einzige durch den Konsonantentext indes nicht geforderte Beispiel
eines Ithpaal mit *a* in einer abgeleiteten Form.

Ithpeel: אידמין Dem. 21ᵈ. — אתפנינא „wandten uns" O. Jer. I
Deut. 2, 1, אשתלינן „irrten uns" Jer. II Num. 12, 11.
Ithpaal: אשתעינא O. Jer. I Gen. 41, 12.
Ischtaphal: אשתיצין Jer. II Num. 17, 27.

Imperfect.

3 Sing. m. *Peal:* [1] ילקי „w. bestraft" Job. 4ᵃ, יסגא Sanh. 18ᵈ,
ייחמי Bikk. 65ᶜ, יסחי „badet" Ber. 5ᵇ, ישלי „zieht heraus" Ber.
R. 26. — יחדי O. Jer. I Ex. 4, 14, יעדי [2] O. Jer. I Ex. 10, 21.
Pael: [3] יצלי Taan. 67ᶜ. — יחוי O. Jer. I Lev. 5, 1, [וֹ]יוֹדִי
„bekennt" O. Lev. 5, 5.
Aphel: ייחמי Est. R. VII 1, יודי Naz. 53ᶜ. — יוֹמֵי „schwört" O.
Ex. 20, 7, יעֵדֵי „entfernt" O. Jer. I Lev. 4, 31.
Ithpeel: [4] יתברי Ber. 3ᵇ, יתבני Ber. R. 13, יתטפי Sabb. 8ᶜ. —
ישתתי O. Lev. 11, 34, Jer. I ישתיתי.[5]
Ithpaal: יתפני Taan. 64ᶜ. — יתעני „kasteit sich" O. Lev.
23, 29, יתבסא O. Gen. 18, 14, Jer. I יתכסי, יתרבא O. Num. 24, 17,
Jer. I יתרבי, יתחוא O. Jer. I Deut. 17, 4.
Ittaphal: יאחחי O. Lev. 13, 7, Jer. I יתחמי, יאחדי „w. besprengt"
(v. נדא) O. Jer. I Num. 31, 23.
Ischtaphal: ישתיצי O. Jer. I Lev. 23, 29.

3 Sing. f. *Peal:* תיצבי Keth. 31ᶜ, תיסרי „riecht" Dem. 21ᵈ,
תזכי Vaj. R. 5, תירפי „wird schwach" Ech. R. I 31. — תבכי
„weint" O. Jer. I Deut. 21, 13.
Pael: תשני Jer. I Deut. 21, 13, תעדי O. Jer. I Lev. 12, 2.
Aphel: תעדי O. Deut. 21, 13.
Ithpeel: תתברי Jer. I Gen. 2, 23.
Ithpaal: תתני (= תִּתְתַּנֵי) Jer. I Ex. 9, 16.
Ittaphal: תאחחי O. Gen. 9, 14, Jer. I תתחמי.

---

[1] Nabat. יצבא CIS II 207, aeg. aram. ימלא CIS II 145A, f. nabat. תצבא
CIS II 204.

[2] Masora, Ausg. *Land.* 101 יַעֲדִי und יְעֵדִי, Ausg. Sab. יְיעִידֵי (vgl. S. 215).
Die in solchen Fällen übliche Dagessierung des zweiten Stammkonsonanten
zeigt, dass die harte Aussprache desselben trotz der Auflösung des festen
Silbenschlusses bestehen blieb, s. z. B. Mas., Ausg. *Land.* 98 Formen wie יְעַבֵּד,
תִּיעַבֵּר.

[3] Aeg. aram. יחוה CIS II 149.

[4] Palmyr. Zollt. יתגבא, יתבעא.

[5] Mit Dehnung des Schewa zu einem vollen Vokal, vgl. ניתים „wir
werden geheilt" Pesikt. 89ᵃ, יתמסון „sie schwinden" Jer. I Lev. 26, 39.

2 Sing. m. *Peal:* תיחמי Ber. 7ᵇ, תישרי Bez. 61ᵃ, תיבזי „ver-achtest“ Chag. 77ᵈ. — תּקרי O. Jer. I Gen. 17, 19.
Pael: תצלי Taan. 64ᵇ. — תּשׁוּי O. Jer. I Gen. 6, 16.
Aphel: תימיּ¹ „schwörst“ O. Deut. 5, 11.
Ithpeel: תיתחמי R. h. S. 58ᵃ. — תתרדﬠﬞי O. Jer. I Deut. 21, 14.
Ithpaal: תשתﬠﬞי O. Ex. 10, 2, הסחכי (l. תסחכֿ) O. Gen. 19, 17.
2 Sing. f. *Peal:* תיצבין Gitt. IX 3, תיחטיﬞ Taan. 64ᵇ, תנשׁיﬞ „vergissest“ Vaj. R. 4. — תּבﬠן O. Gen. 30, 2, תּקרן O. Gen. 16, 11, Jer. I תקרין, תחרן Targ. Mich. 7, 8 Merx.
Pael: תשׁוּיאי Targ. Ruth 3, 3.
1 Sing. c. *Peal:* אחטיﬞ Ber. 5ᶜ, אחמיﬞ Ech. R. I 14, איחמיﬞ Ech. R. I 51, איקני „erwerbe“ Keth. 34ᵃ, אקנה Jeb. 14ᵈ. — אשׁתיﬞ O. Gen. 24, 14, Jer. I אישׁתי, אקרי O. Ex. 2, 7, Jer. I איקרי.
Pael: אכסי Koh. R. XI 1. — אשׁוּי O. Gen. 3, 15, Jer. I איצלי, אישׁוּ Jer. I Ex. 32, 30.
Aphel: אשׁקי O. Jer. I Gen. 24, 46, אﬠדיﬞ (l. אﬠדי) O. Jer. I Gen. 30, 32.
Ithpeel: אתגּלי O. Jer. I Gen. 18, 21.
Schaphel: אשׁיצﬞי O. Jer. I Lev. 26, 30.
3 Plur. m. *Peal:*² יתנון Mo. k. 82ᵈ, ילﬠון Schek. 49ᵇ, ייחמון Ter. 46ᶜ. — יﬠדון O. Deut. 4, 9, Jer. I יﬠידון.
Pael: יצלון Ech. R. V 5, ישׁנון Ber. R. 64, ילוּן Keth. 31ᵇ. — יו[ו]דין O. Jer. I Lev. 26, 40.
Aphel: יודון O. Gen. 49, 8, Jer. I יהודון.
Ithpeel: יתחמון Ber. 2ᵇ, לישׁתרו Schek. 50ᵇ. — יתמסון „schwin-den“ O. Lev. 26, 39.
Ittaphal: יﬞתחוון O. Ex. 34, 23, Jer. I יתחמיין.
3 Plur. f. *Peal:* ישׁתין Mo. k. 80ᵃ, יחיין Ech. R. I 31.
Pael: י]צﬞדﬞין[ו „werden wüst“ O. Jer. I Lev. 26, 22.
Aphel: יﬞטﬠﬞין O. Ex. 34, 16, יטﬠיין Jer. I Deut. 17, 17, יוחין Targ. Jerem. 9, 19.
Ithpeel: יﬞתבנין Targ. Mich. 7, 11 Merx.
Ischtaphal: ישׁתﬞיצﬞין O. Lev. 18, 29, Jer. I ישׁתיצין.
2 Plur. m. *Peal:* תחמון Sabb. 16ᵈ, תבוּן Ber. R. 63. — תחטוּן O. Gen. 42, 22, Jer. I תיחטון, תשׁתון O. Deut. 2, 6, Jer. I תישׁתון.
Pael: תפגון Vaj. R. 25, תחמון Koh. R. I 7. — תּשׁוּון O. Jer. I Gen. 32, 16, תּיגון¹ „quält“ O. Ex. 20, 20, תייחון¹ O. Gen. 45, 13, Jer. I תוחון.

---

¹ Vgl. S. 253.
² Aeg. aram. יבנון CIS II 145 A.

Ithpeel: תתנשׁוּן O. Jer. I Deut. 4, 23, תתרדוּן „w. gezüchtigt“ Jer. I Lev. 26, 23.

Ithpaal: תתגרוּן „erregt euch“ O. Deut. 2, 5, Jer. I תיתגרוּן.

Ittaphal: תּתּחזון O. Gen. 42, 1.

Ischtaphal: תשׁתּיצון O. Jer. I Deut. 4, 26.

2 Plur. f. *Peal:* תּחזן O. Ex. 1, 16.

Ithpaal: תסתכין Jer. I Ex. 1, 16.

1 Plur. c. *Peal:* ניזכי Taan. 66c, ניתגי Bez. 60h, ניקרי Ab. z. 39h, גרפי Ech. R. I 31. — נבני O. Jer. I Gen. 11, 4.

Pael: נשׁוי Taan. 65a, נדכי Schebi. 38d. — נגבּס[וּ] O. Jer. I Gen. 37, 26.

Aphel: נהגי Koh. R. X 8, Est. R. III 2. — נודי O. Jer. II Ex. 15, 1.

Ithpeel: נתגלי O. Gen. 11, 7, נזדכי Jer. I Gen. 44, 16.

Imperativ.

Sing. m. *Peal:*[1] שׁתי Ber. 6c, חמי Chag. 76a, שׁרי Mo. k. 81d, סכי „schaue“ Vaj. R. 34, בעא Jeb. 13a. — בני O. Jer. I Num. 23, 29, Merx בּני, חדי O. Deut. 33, 18, Merx חרי, [וְ]סגי O. Jer. I Gen. 35, 11, אשׁת O. Gen. 24, 14, Jer. I שׁתי, חוֹי O. Deut. 2, 31, Jer. I חמי, [וַ]מחי O. Jer. I Ex. 8, 12, בעי Jer. I Gen. 30, 2.

Pael: מלי Bez. 62h, צלי Sabb. 8c, סמי Ber. 4h, לווי Keth. 31h. — מלי O. Jer. I Gen. 44, 1, שׁרי O. Jer. I Deut. 2, 31, חוֹי Targ. Jon. 1, 8 Merx, חו O. Gen. 37, 16, Jer. I חוי, שׁו O. Gen. 44, 1, Jer. I שׁוי.

Aphel: הורי Nidd. 50h, אחמי Ech. R. I 9, ארפי Ter. 46c. — אעד O. Ex. 33, 5, Jer. I אעדי, m. Suff. אחוֹיני O. Ex. 33, 18, Jer. I אחמי, אדי[2] (v. נדא) O. Jer. I Num. 8, 7.

Ithpaal: אישׁתוי Sabb. 3h. — אסתכי O. Gen. 15, 5.

Schaphel: שׁיצי O. Deut. 33, 27.

Sing. f. *Peal:* שׁרי „löse“ Sanh. 25d. — [וְ]רמא Targ. Mich. 1, 16 Merx, חדא Targ. Zach. 2, 14, חדיאי[3] Targ. Thren. 4, 21.

Pael: פני Taan. 64b, מלוי (l. מלי) Vaj. R. 21. — חוֹא[4] O. Gen. 24, 23, Jer. I תני. — צליאי[3] Somn. Mord.

Aphel: אוחא O. Jer. I Gen. 18, 6, Sab. אוזאי, אודא Targ. Jud. 5, 12 Merx, אסגא Targ. Mich. 1, 16 Merx.

---

[1] Nabat. קרי de Vogüé (nab.) 1.
[2] Lesart v. Nehardea אדּי, v. Sura אדּי, Mas., Ausg. *Land.* 85.
[3] In diesen Formen ist das *i* der Grundform betont und deshalb erhalten.
[4] Masora, Ausg. *Land.* 48 חוא und חואי.

Ithpeel: אתגלאה Targ. Zach. 13, 7 Ausg. Ven. 1518, Cod. Reuchl. אתגלא.

Plur. m. *Peal:* ענון „antwortet" Pes. 32ᶜ, זכון Sabb. 8ᵈ, שתון Ber. R. 63, אישתון Koh. R. III 2, סכון Taan. 68ᵇ, חמון Bcz. 62ᵇ. — חזו O. Deut. 4, 5, Jer. I חמון, שרו O. Jer. I Num. 31, 19, חדון Jer. I Deut. 33, 8, שתיאו ¹ Jer. Jes. 21, 5.
Pael: צלון Sanh. 25ᵈ, צלו Sabb. 5ᵇ. — שנו O. Jer. I Gen. 35, 2, חוו O. Gen. 24, 49, Jer. I תנו.
Aphel: ארפון Vaj. R. 5, איקשון Ter. 43ᶜ. — אעדו O. Gen. 35, 2, אוחו O. Gen. 45, 9, אורו O. Ex. 15, 21.
Ithpeel: אתחמון Bab. b. 16ᵈ. — אתפנו O. Jer. I Deut. 2, 3, Jer. I אתפניאו.¹
Ithpaal: אזדבו O. Gen. 35, 2, Jer. I אידכו, אשתעו O. Jer. I Gen. 40, 8.

Plur. f. *Peal:*² בבאה Targ. 2 Sam. 1, 24, קרין O. Ex. 2, 20 MS. Orient. (Brit. Mus.) 2363, קרין Ausg. Sab., קרן MS. Soc. 84, Jer. I קרין.

Infinitiv.

Peal: *a.* משתי Ber. 6ᶜ L, מזכי Pea 21ᵃ, מיתני Sabb. 10ᶜ, מיגבי „eintreiben" Gitt. 43ᵈ, מסחי Kidd. 61ᵃ. — מחזי O. Gen. 2, 9, Jer. I מיחמי, משהי „verweilen" Jer. I Ex. 12, 39.
b. מישתייא Taan. 64ᶜ, משתי Ber. 6ᶜ Ven., מיתנא Erub. 18ᵈ, מימנא R. h. S. 58ᵃ, מיגנא, מיגבייא Midr. Teh. 26, 5. — מחזא O. Gen. 26, 28, Jer. I מיחמא, מגלא O. Ex. 3, 7, Jer. I מיגלא, מסנא O. Lev. 13, 12, Jer. I מסגיא, מלאה O. Ex. 18, 18, ממחא O. Jer. I Deut. 13, 16, מצבא O. Ex. 22, 16.

Pael: *a.* מצלייא R. h. S. 59ᵈ, מיחמייא ³ Maas. sch. 56ᵃ, מכסייא Keth. 30ᵈ, מקשייא Jeb. 4ᵈ, מיקשייה ³ Ter. 43ᶜ, מיזכיא ³ Dem. 26ᵃ, מנסייה Vaj. R. 22, מיטפייה ³ Ned. 38ᵈ, מילווייה ³ Sabb. 8ᶜ. — מתניא Jer. I Deut. 5, 5, מצלייא Jer. I Ex. 17, 11, מחויא Jer. I Gen. 46, 28, Jer. II Deut. 3, 2.

---

¹ S. Seite 288 Anm. 3.

² S. dazu S. 221.

³ Hier ist überall die Silbe des Praefixes geschärft, vgl. מיקמה „aufrichten" Sanh. 28ᶜ, מיקרבה „nähern" Ber. 13ᵈ u. S. 261. — Vielleicht hatte aber unter Aufhebung der Verdoppelung Dehnung von *i* zu *ē* stattgefunden; dann liesse sich das η im hebr. σημανει (= שְׁמָנִי, s. S. 152) in Γεθσημανεί vergleichen.

b. צלאה Ech. R. II 4, דכיה Ber. R. 79. — שׁוֹאָה O. Ex. 10, 1,
Jer. I שׁוואה, חוֹאָה O. Gen. 43, 6, Jer. I חוואה.

c. מחוי Ber. 3ᶜ, בזוי Schek. 49ᵇ. — צלוי Jer. II Ex. 17, 11.

d. בזוייה Vaj. R. 28, זכוייה Bab. m. 8ᶜ, תנוייה Bab. k. 2ᵇ.

Aphel. *a.* מורייה Sanh. 22ᵃ.

b. אָסְנֵאָה O. Gen. 3, 16, Jer. I אסנא, אשקאה O. Jer. I Gen.
2, 10.

c. אודוי Jer. I Gen. 29, 35, m. Suff. אַלוֹאִיהון „sie geleiten"
O. Gen. 18, 16, Jer. I אלוואיהון.

Ithpeel: *a.* מתחמיא Ber. 2ᵇ, משתרייא Mo. k. 81ᵈ, מיקרייה Gitt.
47ᵃ. — מיתבניא Jer. Jos. 5, 15.

b. אֶתּנְבֵּאָה „eingezogen werden" O. Ex. 21, 22, אתהניא Jer. I
Lev. 18, 23.

Ithpaal: *a.* מתמנייא Taan. 68ᵃ, מתגרייא „anfeinden" Keth. 34ᵃ,
מתעניא „fasten" Taan. 64ᵇ, מיסתמיא Ab. z. 40ᵈ. — מסתכי (!)¹ Jer. I
Ex. 3, 6.

b. איתגרייא Sabb. 8ᶜ, התענאה Meg. 70ᶜ, התעניא Taan. 66ᵃ. —
אֶתּגְלֵאָה O. Jer. I Deut. 4, 34.

c. אשתעוי Jer. I Num. 12, 8.

Ittaphal: *b.* אֶתּחוֹאָה O. Ex. 34, 24, Jer. I אתחמאה.

Schaphel: *a.* משציא Jer. I Deut. 28, 63.

b. שֵׁיצָאָה O. Deut. 9, 8, Jer. I שציא.

Ischtaphal: *a.* משתיציא Jer. I Num. 17, 28, משתיצי (!)¹ Jer. I
Gen. 6, 3.

b. אֶשְׁתֵּיצָאָה O. Deut. 4, 26.

Particip.

Peal act. *m. Sing.*:² תלי Pea 15ᶜ, בעי Keth. 35ᵇ, תאנא Schek.
47ᶜ, פרי „laufend" Mo. k. 81ᵈ. — סָנֵי O. Deut. 4, 42, Jer. I שני,
חֲדֵי O. Deut. 16, 15.

m. Plur.: *a.* בעיין Jom. 44ᵈ, בעיי Kil. 31ᵃ, שריין Nidd. 50ᵇ,
שריי Mo. k. 81ᵈ, חמיין Ber. 10ᵃ, חמיי Bez. 60ᵃ, גניי „liegend" Taan.
69ᵇ, קריין Ber. R. 63, קראיי Meg. 74ᵈ. — גליין Jer. I Gen. 28, 12,
חדיין Jer. I Deut. 16, 15.

b. בען Ab. z. 39ᵇ, Mo. k. 82ᵃ, בכן (?) Ab. z. 42ᶜ. — רָעֵן O. Jer. I
Gen. 37, 13, סָנֵן O. Jer. I Ex. 18, 21.

f. Sing.: בעייא Chall. 57ᵈ, Taan. 64ᵇ, חמייא Mo. k. 82ᶜ,

---

¹ Wie Peal gebildet.
² Palmyr. Zolltar. רמא, נבא.

כהייא „matt" Ned. 41ᵇ, כווה „brennend" Bez. 61ᶜ. — סגיא O.
Jer. I Lev. 13, 57, בעיא¹ Targ. Jon. 1, 4 Merx, שריא O. Jer. I
Num. 5, 3.

f. Plur.: חמיאן Koh. R. XII 5. — חזין O. Gen. 45, 12, לקין
„kümmerlich" O. Jer. I Gen. 41, 6, דעין¹ O. Gen. 41, 2, Jer. I.
II. רעין.

Peal pass. *m. Sing.*:² שרי „erlaubt" Mo. k. 80ᵇ, חמי „aus-
ersehen" Chall. 57ᵇ, חוי Ber. R. 39, טפי „ausgelöscht" Vaj. R. 9. —
גלי O. Jer. I Ex. 3, 7, [כד]חזי O. Num. 29, 18, חמי Jer. I Ex. 4, 13,
טוי „gebraten" O. Jer. I Ex. 12, 8, שרי(!) O. Deut. 25, 10.

m. Plur.: תלן O. Deut. 28, 67, Jer. I תלין, רמאן Jer. I Lev.
26, 30.

f. Sing.: שריא Ab. z. 42ª. — חזיא Jer. Jud. 5, 5, חמיא Jer. I
Ex. 22, 16.

f. Plur.: גלין O. Gen. 41, 45, Targ. Jud. 5, 16 Merx.

Pael act. *m. Sing.*: מצלי Ber. 7ª, מדמי Ber. 4ᵇ, מקשי Naz.
53ᶜ. — [ד]מחוי O. Gen. 41, 24, Jer. I מתני.

m. Plur.: מרציין „besänftigend" Sot. 16ᵈ, מחדיי Chag. 78ª,
מקשוי (S. 53) Pea 15ª, מדמי Bez. 60ª, מצלון (S. 229) Ber. 8ᶜ. —
מנסן O. Jer. I Ex. 17, 2, מדמין Jer. I Gen. 18, 17.

f. Sing.: מקשיא Taan. 66ª, מגפייא „siebend" Sabb. 10ª. —
מרביא O. Gen. 49, 20, Jer. I c. מרבית, מעדיא „schwanger" O. Ex.
21, 22, [ו]מעניא³ „Wechselgesang anstimmend" O. Ex. 15, 21.

f. Plur.: מצלן Jer. I Ex. 1, 19.

Pael pass. *m. Sing.*: מכסי „bedeckt" Kil. 32ᵇ, מכוסי Keth.
35ª, מגלי „geöffnet" Mo. k. 82ᵈ. — [ו]ממנא O. Jer. I Gen. 48, 19,
מפונא „geebnet" O. Gen. 14, 17, Jer. I מפנא, מכסא O. Lev. 4, 13.

m. Plur.: משני⁴ „verschieden" O. Ex. 33, 16, Jer. I משניי,
מענן „geplagt" Targ. Jes. 53, 4 Merx.

f. Sing.: מדמיא Ber. 2ᶜ. — מכסיא Jer. I Deut. 30, 11.

f. Plur.: מינליין Bab. b. 13ᶜ, מיכסין Bab. b. 13ᶜ. — מגליין Jer. I
Ex. 28, 30.

Aphel act. *m. Sing.*: מהני Pesikt. 113ª, מפלי Schebi. 38ᵈ,

---

¹ Mit Schewa gegen die Regel vielleicht in Folge des Ajin; es heisst aber
ohne Schewa הוי, אתיא.

² Palmyr. Zolltar. גבי, Plur. גבן.

³ Ohne Schewa gegen die Regel.

⁴ Verkürzt aus משניין, woraus im Onkelostargum hätte משנן werden
sollen.

מוֹדֵי Ber. 3ᵇ. — מוֹדֵי ¹ Jer I Ex. 2, 21, מהנסי (S. 201) „prüfend"
Jer. II Gen. 22, 1, מוֹזֵי O. Jer. I Gen. 41, 32.

   m. Plur. מוֹדֵיי Naz. 53ᵈ, מוֹדֵיי (S. 66) Bab. m. 9ᵇ, מודו (S. 229)
Bab. m. 8ᶜ. — מְסֹגֵן O. Ex. 36, 5, Jer. I מסגין, מודין Jer. I Deut.
8, 10, מְעֹדֵן Targ. Mich. 2, 4 Merx.

   f. Sing.: מהגיא Ber. 4ᵇ. — מוֹדִיא Targ. Jud. 5, 3 Merx.

   f. Plur.: מטעיין Jer. I Ex. 34, 16.

   Aphel pass. *m. Plur.* מוֹרשֵן (S. 202) O. Ex. 19, 13, Jer. I מרשן.

   Ithpeel. ² *m. Sing.:* מיתבעי Keth. 35ᵇ, מיבעי Bez. 62ᵃ, מיתחמי
Schek. 49ᵇ, מיטפי Sabb. 8ᶜ, מתקרי Vaj. R. 12. — מִתּזְלִי O. Num.
24, 4.

   m. Plur.: מתבעין Jeb. 15ᶜ, מתחמאין Ech. R. Peth. 23, מתקריין
Vaj. R. 12. — מתנציין Jer. I Gen. 4, 8.

   f. Sing.: מיתבניא Jer. I Gen. 23, 9.

   f. Plur.: מתגלין Jer. II Num. 24, 4.

   Ithpaal. *m. Sing.:* מתמני Taan. 68ᵃ, משתעי Sot. 16ᵈ. — מִדְּכֵי
„sich reinigend" O. Lev. 14, 7, Jer. I מידכי.

   m. Plur.: מתרבין Bez. 61ᵃ, מתקשיין Ber. R. 62, מתגנו (S. 229)
„sich schämend" Ab. z. 42ᶜ. — מִשְׁתְּעָן O. Ex. 9, 16, מִשְׁתָּעֵן Targ.
Jud. 5, 10 Merx, מתמנין Jer. I Ex. 22, 27.

   f. Sing.: מְסתּכִיא (l. מסתּכְלָא) O. Num. 21, 20.

   Ittaphal. *m. Sing.:* מִתּחֹוי O. Ex. 25, 40, Jer. I מתחמי, מִתּעֲדָא
O. Lev. 4, 35.

Particip mit Personalpronomen.

   1 Pers. Sing. m. *Peal:* צהינא „dürste" Jom. 43ᵈ, בעינא „will"
Ber. 6ᶜ, הוינא „bin" Keth. 35ᵈ. — הוינא Jer. I Ex. 3, 14, רֵעֵינָא
(l. רֵעֵינָא) „wünsche" O. Jer. I Num. 11, 29.

   Pael: מצלינא „bete" R. h. S. 59ᵈ. — מדמינא „vergleiche"
Jer. I Gen. 49, 4, מְסֵינָא (l. מְסֵינָא) „heile" O. Deut. 32, 39.

   Aphel: מייתינא „bringe" Ech. R. I 2. — מֹחֵינָא (l. מֹחֵינָא)
„mache lebendig" O. Deut. 32, 39.

   1 Pers. Sing. f. *Peal:*³ רֵעֵינא „wünsche" Mo. k. 82ᵃ, שוייהגא
„passe" Sanh. 19ᵃ, צבינא „will" Mo. k. 82ᵃ.

   2 Pers. Sing. m. *Aphel:* מַשְׁקֵית „tränkst" O. Deut. 11, 10,
Jer. I משקית.

   1 Pers. Plur. c. *Aphel:* מתנינן „tradieren" Gitt. 49ᵈ.

---

¹ Palmyr. Sing. *m.* מורא de Vogüé 82, *f.* מוריא d. V. 83, Plur. *m.* מורן d. V. 93.
² Palmyr. מתקרא de Vogüé 123ᵃ, מתקרה ebenda 34; Zolltarif מתהנבא, Plur.
מתהגבין (viell. femin.), משתדן.
³ Die Formen sind sämtlich dem Eheverweigerungsdokument (שטר מיאונין)

§ 73. *Die Verba* הוה *und* חיה.

1. Dem Verbum הוה „sein" ist im galil. Dialekt eigentümlich
die häufige Ausstossung des He und des Waw im Imperfect und
die Schreibung der Endung des Imperfects mit א statt י. Die
3 Plur. f. Imperfect hat zuweilen wie im Hebr. das Praefix ת.
Die letztgenannte Eigentümlichkeit findet sich auch in den jer.
Targumen. Diese wie das Onkelostargum stossen das He niemals,
das Waw dagegen fast durchgängig aus. Das Onkelostargum
hat die längere Form regelmässig nur in den Femininformen des
Plural, häufig in der 1 Pers. Sing. Zu beachten ist die Vokalisation der Imperativformen *m.* הוי mit Chirek, nicht Zere und
f. הואי mit Chirek für Schewa[1] und die 1 Pers. Sing. des Imperfects איהי (vgl. den Imper. der Verba primae Aleph S. 246. 297).
Von *Jastrow* s. v. הוי wird das Vorkommen eines Pael
von הוה mit der Bedeutung „hervorbringen" behauptet. Aber
זוי דהוות כרמין עבידא זייתין Taan. 66ᵈ ist zu übersetzen: „Eine Ecke,
die Weinland gewesen war, brachte Ölbäume hervor". R. h. S. 57ª
ist הוי Partic. Peal.

2. Von חיה „leben" sind nur wenige Formen belegbar. Im
Imperfect Peal wie im Aphel wird nach der superlin. Vokalisation das Jod elidiert und durch virtuelle Verdoppelung des Cheth
kompensiert. חיה wird also gemäss seiner Herkunft von חיי als
Verbum mediae geminatae behandelt. Der pal. Midrasch behält
im Aphel das Jod bei.

3. *Beispiele für die Verba* הוה *und* חיה.

Peal.[2]

Perfect. 3 *Sing. m.* הוה Mo. k. 82ª. — הֹוֹה O. Jer. I Gen.
1, 3, חֲיֵא O. Gen. 5, 3, Jer. I חיה.

---

entnommen; die beiden ersten Beispiele zeigen eine besondere Femininform,
welche im dritten und auch in den entsprechenden Formularen b. Jeb. 107ᵇ,
Machzor Vitry (Ausg. *Hurwitz*) 789 fehlt.

[1] Wahrscheinlich wurde das Aleph als silbenanlautend betrachtet, sodass
vorher eine geschlossene Silbe entstand.

[2] Die von הוה im palmyr. und nabat. Dialekt bekannten Formen seien
hier zusammengestellt. (P. Z. bezeichnet die im palmyr. Zolltarif vorkommenden). *Perf.* 3 S. m. הוא P. Z., 3 S. f. הות P. Z., 3 P. m. הוו P. Z.; *Imperf.* 3 S. m. יהוא
P. Z., nab. CIS II 224 יהוי aeg. aram. II 144, יהי P. Z., 3 S. f. תהוא P. Z., תהוה

3 *Sing. f.* הות Ber. 3ª, הוות Sabb. 8ª, הוית (l. הוות) Ned. 38ᵈ.
— הוֹת O. Jer. I Gen. 1, 2.

2 *Sing. c.* הווית Ned. 41ᶜ, הוית Kidd. 59ª, הוירא Sabb. 7ᵈ,
הויתה Schebi. 37ª, הויתה Sot. 16ᵈ. — הֲוֵיתָא O. Gen. 40, 13,
Jer. I הוית.

1 *Sing. c.* הויתי Kidd. 63ᵈ, הוית Taan. 68ª. — הֲוֵיתִי O. Jer. I
Gen. 31, 40.

3 *Plur. m.* הוון Sot. 24ᶜ, הוו Pea 21ᵇ. — הֲווֹ O. Jer. I Gen.
5, 4, הוון Jer. I Gen. 3, 7.

3 *Plur. f.* הוויין Dem. 24ª. — הֲוָאָה O. Jer. I Gen. 41, 53,
הואן Jer. I Num. 24, 25, הוון Jer. I Gen. 26, 35.

2 *Plur. m.* הויתון Ab. z. 45ª. — הֲוֵיתוּן O. Jer. I Ex. 22, 20.

1 *Plur. c.* הוינן Keth. 26ᶜ. — הֲוֵינָא O. Jer. I Ex. 16, 3, הוינן
Jer. II Num. 11, 5.

Imperfect. 3 *Sing. m.* יהוי Gitt. 49ª, להוי (s. S. 211 f.) Ech. R. I 4,
יהא Kidd. 63ᵈ, ייא Mo. k. 81ᵈ, יי Bez. 60ᵈ; יחי Ab. z. 40ᵈ. — יְהוֹי O.
Gen. 18, 18, Jer. I יהי, יהוי Jer. I Gen. 16, 12, O. יְהֹי, להוי Jer. I
Ex. 22, 24; יֵיחֹי O. Gen. 3, 22, Jer. II יחי.

3 *Sing. f.* תהוי Keth. 31ᶜ, תהא Ned. 42ᵈ. — תהוי Jer. I Gen.
21, 30, O. רְ[תהֹי].

2 *Sing. m.* תיהוי Bab. m. 12ᶜ, תהוי Schir R. II 16, תהא Vaj.
R. 25, תי Jom. 44ᵇ, תו (l. תי) Sot. 22ª. — תֹהֹי O. Jer. I Gen. 4, 12;
תֵּיחֹי O. Jer. I Gen. 20, 7, תחי Jer. I Gen. 27, 40.

2 *Sing. f.* תהויין Jeb. 14ᵈ. — תהי Targ. Nah. 3, 11.

1 *Sing. c.* אֱהֹוי O. Jer. I Ex. 29, 45, אֵיהֹי(?) O. Gen. 4, 14, Jer. I
אהי, אֵיהֹי O. Jer. I Gen. 27, 12.

3 *Plur. m.* יהוון Sot. 24ᶜ, ליהון Ech. R. I 29, יהון Keth.
IV 12, ייאון Chall. 58ª; ייחון Taan. 63ᵈ. — יהוון Jer. I Gen. 3, 15,
יְהֹון O. Jer. I Gen. 1, 14.

3 *Plur. f. a.* יהוין Sot. 24ᵇ, יהויין Gitt. 49ª, ליהויין Kidd. 61ᶜ, יהוין
Keth. IV 13, יהוון Kidd. 63ᵈ. — יְהוֹין O. Gen. 41, 27, Jer. I
יהויין; ייחין Targ. Ez. 37, 3.

b. תהיין¹ Vaj. R. 25, תהון Keth. IV 13, Koh. R. IX 10. —
תהויין Jer. I Deut. 21, 15, תיהיין Jer. I Gen. 41, 36.

2 *Plur. m.* תהוון Ab. z. 43ᵈ, תיוון Maas. 51ᶜ, תהון Ber. 12ᵇ.

P. Z., 3 P. m. יהוון aeg. aram. II 145 D, יהון P. Z., יהן P. Z.; *Imp.* S. f. הוי aeg.
aram. II 141; *Part.* m. P. הון P. Z., f. S. הויא P. Z. *D. H. Müller*, Wiener Zeitschr.
f. K. d. M. VIII 11 citiert auch den Infin. מהוה aus P. Z. II 2, 27, wo er aber
im Texte *Reckendorf's* (ZDMG XLII) nicht zu finden ist.

¹ Zu dieser Form der 3 Plur. f. mit נ s. S. 213.

— תהוון Jer. I Deut. 7, 26, תהון O. Jer. I Lev. 19, 2; תיחון O. Jer. I Deut. 4, 1.

2 *Plur. f.* תהוֹיין O. Ex. 1, 16, Jer. I תהויין.

1 *Plur. c.* נהוי Ech. R. II 3, נהוון (!) [1] Vaj. R. 34. — ניהוי Jer. II Num. 31, 50, נהוי O. Gen. 38, 23, Jer. I נהוי; ניחי O. Jer. I Gen. 42, 2.

Imperativ. *Sing. m.* הוי Schir R. II 16. — הוי O. Jer. I Ex. 23, 7.

Sing. f. הוי Kidd. 64ᶜ. — הואי O. Gen. 24, 60, Num. 5, 19, Merx הואי.

Plur. m. הוון Jom. 40ᵈ, הוו Naz. 54ᵈ. — הוו O. Jer. I Ex. 19, 15; חיון Targ. 2 Kön. 18, 32.

Infinitiv. *a.* מהוי Sabb. 8ᵃ. — מהוי O. Jer. I Gen. 10, 8.[2] *b.* מהוה O. Num. 30, 7; מיחא Targ. Ez. 18, 9.

Partic. act. *m. Sing.* הוי Taan. 64ᶜ, הווי Keth. 30ᶜ, הוי Taan. 64ᶜ. — הוי O. Jer. I Num. 30, 7, הווי Jer. I Deut. 32, 39; הי O. Jer. I Deut. 8, 3, חאי Jer. I Num. 21, 9.

m. Plur. הויין Dem. 24ᵈ, Bab. b. 16ᵇ.

f. Sing. הויה Vaj. R. 9, הוייא Ber. R. 26. — הויא O. Jer. I Ex. 9, 3.

f. Plur. הויין Bez. 62ᵈ, הויין Keth. 26ᶜ.

Pael.

Partic. act. *m. Sing.* מחיה Vaj. R. 10. — מחיי Jer. II Deut. 32, 39.

Aphel.

Perfect. 3 *Sing. m.* אחי „machte lebendig" Targ. 2 Kön. 8, 1, אחייא Jer. II Deut. 3, 1.

3 *Sing. f.* אחיית Vaj. R. 22.

Imperfect. 2 *Sing. m.* תחי O. Ex. 22, 17.

1 *Sing. c.* אחיה Vaj. R. 22.

Infinitiv. אחאה Targ. 1 Sam. 2, 6, Jer. Jud. 5, 3.

Partic. act. *m. Sing.* מחי (!) O. Jer. I Deut. 32, 39, מאחי Jer. I Ex. 20, 18.

---

[1] In der Parallelstelle Jalk. Schim. II 495 richtig נהוה.

[2] In *m.* מהוון Jer. II Lev. 24, 12, Deut. 4, 20, *f.* מיהויין Jer. II Ex. 14, 25 ist der Infinitiv wohl mit Suffixen verbunden. Oder sollte man das biblische Impf. להין, להון für Infin. gehalten und danach diese Formen gebildet haben?

§ 74. *Die Verba* אבא, אוא, אסא, אפא, אתא.

1. Das anlautende Aleph dieser Verba wird wie sonst bei den Verben primae Aleph (§ 67) behandelt. Wenn es die Silbe des Praefixes zu schliessen hat, verschwindet es im Peal,[1] wird im Aphel durch Jod ersetzt, welches mit dem Vokal des Praefixes häufig zu *ē*, bisweilen zu *ā* kontrahiert wird. Die superlin. Vokalisation hat im Aphel von אתא unkontrahierte Formen vorzugsweise im Imperfect, zur Unterscheidung desselben von dem sonst gleichlautenden Imperfect des Peal, während sonst die Kontraktion fast durchgängig angewandt wird. Kommt das Aleph hinter dem Praefix an die Spitze der Silbe zu stehen, so bleibt es im Ithpeel meist erhalten, während es im Pael und Ithpaal stets elidiert wird. Die jer. Targume haben von אתא ein Haphel.

Als Verbum tertiae Aleph hat אתא einen Imperativ auf א, was nach der superlin. Vokalisation mit Pathach zu sprechen ist. Das anlautende Aleph fällt im galil. Dialekt öfters ab, aber nicht in den Targumen.

2. *Beispiele für die Verba* אבא, אוא, אסא, אפא, אתא.

Peal.

Perfect. 3 *Sing. m.* אתא „kam" Bab. b. 13ᵇ. — אֲתָֽא O. Jer. I Gen. 19, 9, אֲפָֽא „buk" O. Gen. 19, 3, Jer. I אפה, אֲבָֽא „wollte" O. Ex. 10, 27.

3 *Sing. f.* אתת Pea 15ᶜ. — אֲתָֽת O. Jer. I Gen. 8, 11.

2 *Sing. c.* אתיתא Maas. sch. 56ᵃ, אתית Chag. 78ᵃ, אתת Bab. b. 13ᵇ. — אֲתֵֽיתָ O. Jer. I Num. 22, 37.

1 *Sing. c.* אתית Dem. 22ᵃ, אתיית Ber. R. 33. — אֲתֵֽיתִי O. Jer. I Num. 22, 38, אֲתֵֽית O. Jer. I Gen. 24, 42.

3 *Plur. m.* אתון Ber. 5ᵃ. — אֲתֹו O. Jer. I Gen. 12, 5.

3 *Plur f.* אתיון (l. אתיין) Jeb. 6ᵇ. — אֲתָֽאָה O. Jer. I Ex. 2, 18.

2 *Plur. m.* אתיתון Pes. 31ᶜ. — אֲתֵֽיתֹון O. Gen. 42, 9, Jer. I אתתון, אֲבֵֽיתֹון O. Deut. 1, 26.

1 *Plur. c.* אתינן Bez. 63ᵇ. — אֲתֵֽינָא O. Jer. I Deut. 1, 19, אתאנא Jer. I Num. 13, 28.

---

[1] Eine Ausnahme ist יֵאמְרוּן Jer. I Lev. 26, 26.

Imperfect. 3 *Sing. m.* ייתי Sanh. 26ᶜ. — ייתי O. Jer. I Gen. 32, 11, ייבי O. Deut. 29, 19.

3 *Sing. f.* תיתי Sot. 16ᵈ. — תיתי Jer. I Gen. 24, 39, תיבי O. Gen. 24, 5.

2 *Sing. m.* היפי O. Jer. I Lev. 24, 5.

2 *Sing. f.* תיתין Est. II 1, 1.

1 *Sing. c.* איתי O. Jer. I Gen. 33, 14.

3 *Plur. m.* ייתון Bab. k. 3ᶜ, Ech. R. I 4. — ייתון O. Jer. I Ex. 35, 10.

3 *Plur. f.* ייפין O. Lev. 26, 26, Jer. I יאפין, ייתין¹ O. Deut. 33, 16, Jer. II ייתין, ייתין Jer. I Gen. 49, 26.

2 *Plur. m.* היתון O. Jer. I Gen. 45, 19.

1 *Plur. c.* ניתי Est. R. II 1. — ניתי O. Jer. I Gen. 37, 10.

Imperativ. *Sing. m.* איתא (so meist) Sabb. 14ᵃ, Schebi. 38ᵈ, אתא² Sanh. 24ᵈ, Ech. R. I 4, אתי Vaj. R. 5. — איתא O. Jer. I Gen. 31, 44.

Sing. f. איתי Ber. 5ᵃ. — איתא³ O. Jer. I Gen. 19, 32, איתא Targ. Zach. 2, 11, אתיא⁴ Targ. Ez. 37, 9 Ausg. Ven. 1518, Cod. Reuchl. איתא.

Plur. m. איתון Taan. 66ᵈ, אתון Ab. z. 39ᵇ, תון Kil. 31ᶜ, ותון (= ואתון) Bab. b. 13ᶜ, תו Ech. R. I 4. — איתו O. Jer. I Gen. 45, 18, איפו O. Jer. I Ex. 16, 23.

Infinitiv. *a.* מיתי Sukk. 55ᵇ. — מייתי⁵ O. Jer. I Gen. 41, 54.

b. מיתיה Sabb. 4ᵈ, מיפה Bez. 62ᶜ. — מיתא O. Jer. I Gen. 37, 10, מיפא O. Jer. I Ex. 16, 23.

Partic. act. *m. Sing.* אתי Kil. 32ᵇ. — אתי O. Jer. I Gen. 33, 1.

m. Plur. אויין Koh. R. II 8. — אתין O. Gen. 24, 63, Jer. I אתיין.

f. Sing. אתייא Jom. 41ᶜ. — אתא O. Jer. I Gen. 37, 25.

f. Plur. אתיין Schek. 50ᵈ. — אתין O. Jer. I Gen. 41, 29.

Pael.

Perfect. 3 *Sing. m.* אסי „heilte" O. Jer. I Gen. 20, 17.

Imperfect. 1 *Sing. c. m.* Suff. אסיניה Vaj. R. 17.

---

¹ Das Schewa ist regelwidrig; *Merx* liest ייתין mit Chirek, vgl. S. 62.

² μαραναθά „unser Herr, komm!" 1 Kor. 16, 22, (vgl. oben S. 120), in μαρανα und θα zu scheiden.

³ Die Masora, Ausg. *Land.* 18 bezeugt איתא und איתא.

⁴ Ob איתא zu lesen? S. auch das Aphel.

⁵ Jer. III Gen. 49, 18 אתא (!), s. S. 225.

Imperativ. *Sing. m.* אֱסִי [1] O. Jer. I Num. 12, 13.
Partic. act. *m. Sing.* מסִי Jer. II Num. 12, 13.

Aphel.

Perfect. 3 *Sing. m.*[2] אייתי Sabb. 4ᵃ. — אֵייתִי [3] O. Jer. I
Gen. 2, 19, אֵיתִי O. Gen. 39, 14, Jer. I אייתי.
3 *Sing. f.* אתית Vaj. R. 22, אייתת Meg. 73ᵃ.
2 *Sing. c.* אייתית Ech. R. I 57, אייתית Ech. R. I 4, אייתית
Ech. R. I 46, אתית Ber. R. 11. — אֵיתִיתָא O. Gen. 39, 17, Jer. I
אייתיתא, אתיתא Jer. I Gen. 20, 9.
1 *Sing. c.* אייתית Ech. R. I 4. — אֵיתִיתִי O. Gen. 31, 39,
Jer. I אייתית, Jer. II אייתית.
3 *Plur. m.* אייתון Pea 20ᵇ, אייתיו Ech. R. III 6. — אֵיתִיאוּ O.
Gen. 37, 28, Jer. I הייתיו, אייתיו Jer. I Ex. 35, 24, הייתו Jer. I
Gen. 43, 1.
2 *Plur. m.* אייתתון Bez. 60ᵃ. — אֵתִיתוּן (l. אֵתִיתוּן?) O. Jer. I
Num. 20, 4, O. Sab. אֵיתִיתוּן.
1 *Plur. c.* אייתינן Est. II 2, 8.
Imperfect. 3 *Sing. m.* יֵיתִי O. Jer. I Gen. 18, 19, Lev. 5, 25.
3 *Sing. f.* תֵּיתִי O. Jer. I Lev. 15, 29.
2 *Sing. m.* תייתי Ech. R. I 13, תיתי Chall. 60ᵇ. — תֵּיתִי O.
Jer. I Ex. 23, 19.
1 *Sing. c.* אייתי Ech. R. I 13.—אֵיתִי(!) O. Gen. 27, 12, Jer. I אייתי.
3 *Plur. m.* יֵיתוּן O. Jer. I Lev. 4, 14.
3 *Plur. f.* יֵיתָן O. Jer. I Lev. 3, 30.
2 *Plur. m.* תֵּיתוּן O. Gen. 42, 20, Jer. I תייתון, תייתיאו (!) Jer.
III Gen. 44, 18.
1 *Plur. c.* נייתי Ber. R. 11.
Imperativ. *Sing. m.* אייתי Gitt. 49ᵃ, אייתי Ter. 45ᶜ. — אֵיתָא [4]
O. Gen. 27, 7, איתא Targ. Jes. 43, 6.
Sing. f. אתייא (l. אייתא?) Meg. 73ᵃ.
Plur. m. אייתון Keth. 31ᶜ. — אֵיתִיאוּ [5] O. Gen. 42, 34 (Jer. I
אייתיאו), O. Ex. 32, 2 (Jer. I אייתו).
Infinitiv. *a.* מייתה Pea 15ᶜ, מיתא Bab. m. 10ᵈ. — מייתיא Jer. I
Ex. 36, 5, מייתיא Jer. I Lev. 14, 32, מיתוייא (s. S. 66) Jer. I Lev. 12, 8.

---

[1] Nach Masora, Ausg. *Land.* 12 in Nehardea אס, in Sura אֵפִי.
[2] Palmyr. אתי de Vogüe 15.
[3] Masora, Ausg. *Land.* 18 auch אֵיתִי.
[4] Mit dem Imper. Peal gleichlautend.
[5] Statt des zu erwartenden אֵיתוּ absichtlich die längere Form zur Kenntlichmachung des Aphel.

b. אִיתָאָה O. Ex. 32, 29, Jer. I אִיתָאה, אִיתִיאה Jer. I Gen.
27, 5, אִיתִייא Jer. I Lev. 14, 31.
c. m. Suff. אִיתוֹאִיבוֹן O. Lev. 23, 14, Jer. I אִיתוּיִיכוֹן.
Partic. act. *m. Sing.* מֵייתִי Sot. 16ᵈ. — מֵיתִי O. Gen. 6, 17,
Jer. I מֵייתִי.
m. Plur. מֵייתוֹן¹ Pea 15ᶜ, מֵייתוּ Bab. b. 16ʰ, Sot. 23ᵈ, מֵיתִין
Ber. R. 63. — מֵיתָן O. Ex. 36, 3, Jer. I מֵייתִין.
f. Sing. מֵייתִיא Chag. 78ᵃ.
f. Plur. מֵיתִין O. Ex. 35, 25, Jer. I מתיין.

Ithpeel.
Perfect. 3 *Plur. m.* אתזון Ber. R. 63.
Imperfect. 3 *Sing. f.* תתאֵבִּי O. Jer. I Lev. 6, 10.
3 *Plur. m.* יתזון Ber. R. 63.
3 *Plur. f.* יתאֵפֵין O. Lev. 23, 17, Jer. I יתאפיין.

Ithpaal.
Perfect. 3 *Sing. m.* אִיתְסִי Vaj. R. 22, אתסי Ber. R. 33. —
אתסִי O. Lev. 14, 3, Jer. I אִיתסִי.
3 *Plur. m.* אִיתסון Koh. R. X 8.
Imperfect. 3 *Sing. m.* יאֵסֵי O. Num. 12, 12.
1 *Plur. c.* נִיתֵסִי² Pesikt. 89ᵃ, נִיתסאי Koh. R. X 8.
Infinitiv. מית אסיא (l. מיתאסיא) Koh. R. I 8. — אתְּסֵאָה O.
Deut. 28, 35, Jer. I אִיתסאה.
Particip. *m. Sing.* מִיתסִי Ab. z. 40ᵈ. — מתסי Jer. I Ex. 21, 19.

Ittaphal.
Perfect. 3 *Sing. f.* אֵתָּתִיאַת O. Gen. 33, 11, Jer. I אִיתתיא
(S. 280).
Imperfect. 3 *Sing. m.* יֵתִּי O. Jer. I Lev. 13, 2.
3 *Plur. m.* יֵתִּיתוּן O. Lev. 10, 15.

Das starke Verbum mit Pronominalsuffixen.

§ 75. A. Suffixe am Perfect.

1. Im *galil.* Dialekt haben alle Endungen des Perfects mit
einziger gelegentlicher Ausnahme der 2 Pers. Sing. konsonantischen Auslaut. An diese konsonantisch auslautende Form treten

---

¹ Zur Endung vgl. S. 229.
² Hier ist eigentlich ein Ithpeel vorausgesetzt, dessen Schewa zu Zere
gedehnt ist, s. oben S. 286 Anm. 5.

die sonst bei dem Nomen üblichen Suffixe: 1 Sing. י, 2 Sing. m. ךְ,
f. יךְ, 3 Sing. m. יה, f. ה, 1 Plur. ן, 2 Plur. m. כון, 3 Plur. m. הון, ון,
f. ין. ני für י, יגון für הון findet sich im pal. Midrasch in Folge
des Einflusses der Targumsprache. Die Endung יגהו in שאילתינהו
Ber. 7ᶜ beruht auf Textverderbnis. In שלחתיך „ich habe dich
gesandt" Ned. 37ᶜ ist das als Kennzeichen der 1 Pers. Sing.
dienende Jod vor das Suffix getreten, wofür auch in den jer.
Targg. sich Beispiele finden. In אמריתה „ich habe es gesagt"
Ber. 3ᵈ ist dagegen das Jod an seiner ursprünglichen Stelle
verblieben, während es gewöhnlich — wie im Onkelostargum —
zu verschwinden scheint. Die Beispiele für die 2 Pers. Plur.
ohne Nun beruhen auf babylonischem Einfluss.

In der 2 Pers. Sing., bei welcher hier vokalischer Auslaut vorausgesetzt ist, werden für die Suffixe der 1 Sing. und 3 Plur. m.
meist die Formen ני und יגון gewählt, während vor den Suffixen
der 3 Sing. m. und f. und der 1 Plur. ein dem Imperfect ent-
lehntes יג (in) eingeschaltet wird. In der 1 Pers. Plur., selten
bei anderen Formen, wird meist wie im Samaritanischen zwischen
Verbum und Suffix ein ת eingeschoben. Dieses Taw wird von
der Partikel ית herstammen.¹ Öfters ist aber ית selbst — vielleicht nur durch Versehen des Schreibers — an eine Verbform
angehängt worden, z. B. קטליתון (= קטל יתון) „er tötete sie" Ech.
R. Peth. 23, תפשיתון (= תפש יתון) „er ergriff sie" Sanh. 25ᵈ,
משאליתך (= משאל יתך) „dich fragen" Ber. R. 89, מיתניתיה (= מיתן יתיה)
„ihn geben" Sabb. 8ʰ, קטליתך „dich tötend" Ber. R. 36, מחיתך
(= מחי יתך) „dich schlagend" Ber. R. 36.

Über den Vokalismus der Verbformen selbst lässt sich bei
dem Fehlen einer genauen Vokalisation nichts Zuverlässiges
sagen.

2. Im *Onkelostargum* lauten die Suffixe an konsonantischer
Endung 1 Sing. *anī* (an der 3 Sing. f. *nī*), 2 Sing. m. *āk*, f. *īk*,
3 Sing. m. *ēh*, f. *ah*, 1 Plur. *anā* (an der 3 Sing. f. *nā*), 3 Plur. m.
innūn (an der 3 Sing. f. *nūn*), f. *innīn*. Die Suffixe der 2 Pers.
Plur. kommen nicht vor. An die Endung *ū* (3 Plur. m., 2 Plur.
m. für *ūn*) treten die Suffixe 1 Sing. *nī*, 2 Sing. m. *k*, 3 Sing. m.
hī, 3 Sing. f. *hā*, 1 Plur. c. *nā*, 3 Plur. m. *nūn*, f. *nīn*. Bei der
Endung *ā* (3 Plur. f., 1 Plur. c.), für welche nur wenige Beispiele

¹ S. *Nöldeke*, ZDMG XLVII 104, vgl. im Aram. von Sendschirli ויקימתה
(= ויקימו יתה) ebenda.

vorkommen, findet sich zwar *ā-k* und *ā-hī*, aber *anī* statt *ā-nī* und *ah* statt *ā-hā*. Bei der 2 Pers. Sing. wird dieselbe Regel gelten. Neben *a-nī*, *ah*, *a-nā* findet sich *ā-k*, *ā-hī* und *ānūn*, während *ā-nī* vielleicht als Pausalform gemeint ist.

Unverändert bleiben alle Verbformen vor den Suffixen der 3 Pers. Pluralis, sodass dieselben offenbar wie selbständige dem Verbum angehängte Pronomina betrachtet werden. Nur die 1 Pers. Sing. verliert das *ī* der Endung (aus *jĕhábīt* wird *jĕhabt*), sodass 1 und 2 Pers. Sing. sich nicht unterscheiden, und das Pathach der Verba tertiae Gutturalis in der 3 Pers. Sing. m. Pael und Aphel wird zu Schewa.

Vor den übrigen Suffixen verwandelt die 3 *Pers. Sing.* und *Plur. m.* und *f.* den Vokal der Paenultima in Schewa, wofür dann im Peal zwischen dem ersten und zweiten Radikal ein voller Vokal (*a*) eintritt, während im Pael und Aphel der Vokal der Antepaenultima erhalten bleibt. In der 3 Pers. Plur. f. verschwindet der Vokalbuchstab א und das *ā* der Endung wird vor den mit Pathach anlautenden Suffixen der 1 Sing. und Plur. c. und der 3˙ Sing. f. zu *a* verkürzt (s. oben). Zuweilen wird die Masculinform statt der Femininform angewandt.

Die 3 *Pers. Sing. f.* bleibt unverändert vor den (hier konsonantisch anlautenden) Suffixen נִי, נָא, נֻן, während bei den vokalisch anlautenden Suffixen, auf welche der Ton fortrückt, die beiden letzten Silben ursprünglich ihren vollen Vokal verlieren und die erste derselben mit einem Hilfsvokal (im Peal *a*, im Aphel — und wohl auch im Pael — mit *a* oder *i*) versehen wird.

Die 2 *Pers. Sing. c.* bleibt unverändert, nur dass der Vokalbuchstab א wegfällt. Die Behandlung des schliessenden *ā* s. oben.

Die 1 *Pers. Sing. c.* verliert das *ī* der Endung, sodass sie der 2 Pers. Sing. (ohne *ā*) gleichlautet.

Die 1 *Pers. Plur. c.* verliert ihr Aleph. Das schliessende *ā* wird vor den mit Pathach anlautenden Suffixen verkürzt.

Die 2 *Pers. Plur. m.* erhält die Endung *ū* statt *ūn*. Die 2 Pers. Plur. f. kommt mit Suffixen nicht vor.

3. Die *jer. Targume* folgen in der Regel dem Sprachgebrauch des Onkelostargums. Doch werden die Pronomina zuweilen vom Zeitwort gelöst und mit ית selbständig beigefügt. Eigentümlich ist ihnen die Anwendung von Suffixen der 2 Pers. Plur., wobei יְנְכוֹן neben כוֹן gebraucht wird, das Suffix *ēh* statt [*ā-]hī* bei der 2 Pers. Sing. und die gelegentliche Einschaltung eines *ī* vor den Suffixen bei der 1 Pers. Sing.

4. Mit Verbalsuffixen wird auch אית und לית (s. S. 77. 341) zuweilen verbunden, z. B. אִיתֵנִי „ich bin" O. Jer. I Gen. 48, 15, לִיתֵנִי „ich bin nicht" Jeb. 13ᵈ.

5. Beispiele für das Perfect mit Suffixen.

3 Pers. Sing. masc.

1. S. m. *Pe.* נשקי Ber. 7ᵃ; *Pa.* קפחאי¹ „schlug mich" Midr. Tehill. 26, 5; *Aph.* אסברי Erub. 26ᵃ, ארכבי Ber. R. 65, אעלי Sanh. 18ᶜ.

Pe. שְׁלַחָנִי O. Gen. 45, 5, מְנַעָנִי O. Jer. I Gen. 16, 2 נסבני Ber. R. 67; *Pa.* דַּבְּרַנִי Targ. 2 Sam. 22, 17 Merx; *Aph.* אפקני Ber. R. 45, אַפְּשָׁנִי (v. נפיש) O. Gen. 41, 52, אעלׁיני Ber. R. 67, אֶעְלְנִי O. Jer. I Deut. 9, 4; *Schaph.* שֵׁיזְבַנִי O. Jer. I Ex. 18, 4.

2 S. m. *Pe.* שלחך Ned. 37ᶜ; *Pa.* אלפך Ber. 5ᵇ Ven.; *Aph.* ארכבך Ber. R. 65, אפקך Ber. R. 45, הימנך Chag. 77ᵈ, אעלך Ber. R. 94.

Pe. וְרִיחֲמָך² O. Jer. I Deut. 15, 16; *Pa.* פַּקְדָּך O. Jer. I Deut. 5, 15; *Aph.* אוֹבְלָך O. Jer. I Deut. 8, 3.

3 S. m. *Pe.* סמכיה Bab. m. 9ᶜ, שלחיה Ned. 37ᶜ, יהביה Kil. 32ᵃ; *Pa.* סאביה Ber. 6ᵃ; *Aph.* אשכחיה Ber. 7ᵈ, אוקריה Bez. 63ᵇ, אייכליה Bab. b. 13ᶜ, אושטיה Bab. m. 8ᶜ, mit Nun אותביניה Taan. 68ᵃ.

Pe. קַטְלֵיה O. Jer. I Gen. 4, 25, שַׁלְחֵיה O. Jer. I Ex. 4, 28, לַטֵיה³ (v. לוט) O. Num. 23, 8, מֹשֵׁיה³ (v. משש) O. Gen. 27, 22; *Aph.* אַחֲלֵיה (v. חלל) O. Jer. I Deut. 20, 6.

3 S. f.⁴ *Pe.* חנקה Mo. k. 83ᵇ, נסבה Gitt. 47ᵇ, יבה (v. יהב) Gitt. 47ᵇ, mit Einschaltung von ת חספתה Bab. m. 8ᶜ; *Pa.* קיימה Kil. 28ᶜ, mit ת קיימתה Horaj. 45ᵈ, mit Nun קיימינה Ab. z. 40ᶜ.

Pe. רִיחֲמָה O. Gen. 24, 67, Jer. I ריחמא, לֵטָה⁵ O. Gen. 5, 29, Jer. I לטא, יְדַעָה O. Jer. I Gen. 24, 16; *Pa.* אַלְפָה O. Jer. I Deut. 31, 22; *Aph.* אתקנהא Jer. I Gen. 3, 24, אַפְקָה O. Ex. 4, 7, Jer. I הנפקה, אַעְלָה O. Jer. I Gen. 24, 67.

---

¹ Mit babylonischem Suffix.

² Das *i* ist lang, s. auch רִיחֲמָה O. Gen. 24, 67, Jer. I ריחמא. Sollte etwa der Vokal der Intransitivbildung auf die erste Silbe übertragen sein?

³ Pentateuch Ausg. Ven. 1591 hat לטיה und משייה mit Einschaltung von Jod in Anlehnung an die Verba ל"י (jer. Targg.).

⁴ Palmyr. עדרה de Vogüé 5.

⁵ Pentat. Ausg. Ven. 1591 mit Einschaltung von Jod לטיה.

1 P. c. *Pa.* אלפן Mo. k. 82ᵈ, אילפן (S. 64) Schebi. 36ᶜ; *Aph.* אפקן Ber. R. 34; *Palp.* ערערן Koh. R. XI 1. *Pa.* פְּקַדְנָא O. Jer. I Deut. 1, 41; *Aph.* אָפֵּקְנָא O. Jer. I Deut. 1, 27, הנפקנא Jer. I Ex. 13, 16.

2 P. m. *Pe.* פרקכון Jer. I Deut. 7, 8; *Pu.* ובריכיכון Jer. I Deut. 15, 14; *Aph.* אפּקכון Jer. I Deut. 7, 19. *Pa.* פקדינכון Jer. I Deut. 4, 23; *Aph.* אפקינכון Jer. I Deut. 4, 37, אשמעינכון Jer. I Deut. 4, 36.

3 P. m. *Pe.*² בזעון Bab. m. 8ᵈ, תברהון Ber. R. 38, נסבהון Ber. R. 17, נסבון Keth. 34ᵇ, יהבון Keth. 34ᵇ; *Pa.* צמתון Dem. 22ᵃ, קרבהון Ech. R. IV 3, חייבהון Koh. R. III 6; *Aph.* ארבעון Chag. 77ᵃ, אשכחון Sukk. 55ᵇ, אסיקון Schir R. V 14, אייכלון Ber. 6ᵃ, אניבון Taan. 64ᵇ, אקימהון Ber. R. 63, אקימון Chag. 77ᵃ.

Pe. [ו]רד'פינון O. Jer. I Gen. 14, 15, אהדנון O. Ex. 15, 15, נסיבינון Jer. I Ex. 33, 7; *Pa.* בדרנון O. Gen. 11, 9, Jer. I בדרינון, שלחנון O. Gen. 26, 31, אליפנון O. Deut. 32, 10, Jer. I אליפינון; *Aph.* ארבעינון Ber. R. 59, אשכחינון Ech. R. I 45, אפקינון Vaj. R. 34, אלבישנון O. Gen. 3, 21, Jer. I אלבישינון, אפרשינון Jer. I Gen. 21, 28, אשכחנון O. Gen. 37, 17, Jer. I אשכחינון.

3 P. f. *Pa.* עקרין Orl. 63ᵇ, קבלין Kidd. 61ᵃ. *Pe.* [ו]פרקנין O. Ex. 2, 17, Jer. I פרקינין, שקפּינין O. Num. 24, 10 Sab., Cod. Soc. [ו]שקפנון, ידעונין (s. S. 71. 254 Anm. 1) O. Gen. 19, 8; *Pa.* עריבינין O. Gen. 30, 40 Sab., Cod. Soc. עריבנון.

3 Pers. Sing. fem.

1 S. c. *Pe.* ילדתני Targ. Jerem. 20, 14; *Aph.* אקימתני Targ. 2 Sam. 22, 5 Merx.

2 S. m. *Pe.* ילדתך Targ. Jerem. 22, 26.

3 S. m. *Pe.* קטעתיה Ber. R. 36, קברתיה Schebu. 37ᵃ, טמרתיה Ab. z. 41ᵃ, ילדתיה Pea 15ᶜ, ילידתיה Kidd. 61ᵇ, כפפתיה Er. 24ᵈ; *Aph.* אמשחתיה Midr. Teh. 2, 8, אסיקתיה Vaj. R. 26. *Pe.* אהדתיה O. Jer. I Gen. 39, 12, אבלתיה³ O. Jer. I Gen. 37, 20; *Aph.* אטמרתיה O. Jer. I Ex. 2, 2, אונקתיה O. Ex. 2, 9, Jer. I אהתתיה, אוניקתיה (v. נחת) O. Gen. 39, 16.

3 S. f. *Pe.* כתבתה Sabb. 15ᶜ; *Pa.* עקרתא Jeb. 7ᵈ. *Pe.* סגפתא Jer. I Gen. 16, 6; *Pa.* חררתה Jer. I Gen. 16, 3.

---

¹ Mit Dehnung von Schewa zu ē, s. SS. 230, 261 Anm. 1, 286 Anm. 5.
² Palmyr. חסככון de Vogüé 6.
³ Nach Mas., Ausg. *Land.* 6 wäre das ת hier raphiert.

1 P. c. *Pa.* קבלתן Chag. 77^d; *Palp.* ערערתן Koh. R. XI 1.
Aph. אשכחתנא O. Jer. I Num. 20, 14.

3 P. m. *Pe.* חלטתון Schebi. 36^c, טעימתון Ber. R. 60, שאלתון
Nidd. 50^b, נסבתון Vaj. R. 6; *Aph.* אשכחתון Schebu. 37^a.

Pe. בלעתנון O. Ex. 15, 12, נסיבתנון O. Gen. 31, 32, אחדתנון
O. Ex. 15, 14; *Aph.* אשכחתנון O. Jer. I Ex. 18, 8.

2 Pers. Sing. c.[1]

1 S. c. *Pe.* חשדתני Chag. 77^d, שלחתני Vaj. R. 30, קפחתני
Vaj. R. 30, עבדתני Sanh. 18^d; *Aph.* אסמיכתני Bab. m. 9^c, אייכלתני
Meg. 72^b, אוכלתני Sanh. 29^c.

Pe. שׁבבקתני[2] O. Gen. 31, 28, שׁלחתני O. Jer. I Ex. 5, 22
(Silluk); *Pa.* פקידתני O. Jer. I Deut. 26, 14 (Athnach); *Aph.*
הודעתני O. Ex. 33, 12, Jer. I אודעתני.

3 S. m. *Pa.* חזרתיניה Bab. m. 8^c; *Aph.* אשכחתיניה Bab. m. 8^b.
Pe. בהנתהי O. Deut. 33, 8, Jer. I בדקתיה, חכימתיה Jer. I
Deut. 22, 2.

3 S. f. *Pe.* שמעתנה Orl. 60^d.
Aph. אשכחתה O. Jer. I Gen. 38, 23.

1 P. c. *Aph.* אגיבתינון (l. אגיבתינן) Taan. 64^b, איקרתנון (l.
איקרתנן) Ned. 40^a.

Pe. יהבתנא Jer. III Gen. 44, 18, דברתנא O. Jer. I Ex. 14,
11; *Pa.* קיימתנא O. Jer. I Gen. 47, 25; *Aph.* אפיקתנא O. Deut.
9, 28, Jer. I אפקתנא, אסיקתנא O. Jer. I Ex. 17, 3, אעילתנא O.
Num. 16, 14, Jer. I אעלתנא.

3 P. m. *Pe.* הנקתון Chag. 77^a, תבעתינון Bab. b. 16^b; *Pa.*
ברכתנון Sanh. 29^a, פרשתנון Dem. 22^c; *Aph.* אגיבתינון Jeb. 13^a,
אעילתינון Bab. m. 13^c.

---

1 Als eine besondere Femininform ist in Ausg. Ven. 1518 vokalisiert
ילדתני „du gebarst mich" Targ. Jerem. 15, 10, אכרעתני „du beugtest mich"
Targ. Jud. 11, 35. Aber der Konsonantentext nötigt nicht zu dieser Lesung;
doch hat Cod. Reuchl. אכרעתיני.

2 σαβαχθανεί Matth. 27, 46 SA, Mark. 15, 34 C, σαβακτανει Matth. 27,
46 B, Mark. 15, 34 S, nach Mark. ἐγκατέλιπές με. Das erste α ist Murmelvokal
(s. S. 59 f.), ει als ī zu sprechen (S. 115 Anm. 4). Die Wiedergabe von ק mit
χ ist hier durch das darauf folgende ϑ veranlasst, vor welcher nach griechischem Sprachgesetz nur die Aspirata χ stehen kann (*Kühner*, Ausf. Gramm.
d. Griech. I 260 f.). In ῥαχά Matth. 5, 22 SD und 'Ακελδαμάχ Act. 1, 19 SA
ist das χ zu erklären durch aspirierte Aussprache des Koph, durch welche es
sich der Aspirata Kaph näherte, vgl. die von *Wallin* (ZDMG IX 57) bezeugte
Aussprache des arab. ق als kh, ähnlich dem ك.

Pe. יִדְעָתְנוּן O. Deut. 13, 3, Jer. I חכימתנון; *Pa.* תִּבְרְתְנוּן O.
Ex. 15, 7.

3 P. f. *Pe.* זרעתין Koh. R. V 10.

1 *Pers. Sing. c.*

2 S. m. *Pe.* חשדתך Dem. 24ª, שלחתיך Ned. 37ᶜ, שאלתך Ber.
R. 91; *Aph.* אגיבונך (l. אניבתך) Kidd. 64ᶜ.

Pe. שֶׁבַקְתָּך O. Gen. 20, 6, Jer. I שבקתיך, שְׁלַחְתָּך O. Ex. 3, 12,
אֲגַרְתָּך O. Gen. 30, 16, Jer. I אגרתיך, דְּבַרְתָּך O. Num. 23, 11,
Jer. I דברתיך; *Pa.* שֵׁלַחְתָּך O. Gen. 31, 27, Jer. I שלחתיך, פְּקִידְתָּך
O. Jer. I Gen. 3, 11, קַיֵּמְתָּך O. Ex. 9, 16, Jer. I קימתך; *Aph.*
אַפֵּיקְתָּך O. Jer. I Gen. 15, 7.

2 S. f. *Pe.* כנסתיך Kidd. 63ª, Gitt. 49ª.
Pe. קְטַלְתִּיך O. Jer. I Num. 22, 29.

3 S. m. *Pe.* קטלתיה Taan. 69ª, חרבתיה Ech. R. I 31, יהיבתיה
Ber. R. 75; *Pa.* קיימתיה Schek. 48ᵇ, סבירתיה Ber. 6ᵉ; *Aph.* אפיקתיה
Keth. 26ᵇ.

Pe. שְׁחַלְתֵּיה O. Ex. 2, 10, Jer. I שחילתיה, יְהַבְתֵּיה O. Deut.
26, 14; *Pa.* בְּרֵיכְתֵּיה O. Jer. I Gen. 27, 33, פְּקִידְתֵּיה O. Jer. I
Deut. 18, 20.

3 S. f. *Pe.* ברקתה Ber. 8ª, אמריתה Ber. 3ᵈ, אמרתה Ber. 7ª,
ילפתה Ab. z. 42ª.

Pe. [וּ]קְבַרְתַּה O. Jer. I Gen. 48, 7, יְהַבְתַּה O. Jer. I Deut.
2, 19; *Pa.* פקידתא Jer. I Gen. 3, 22; *Aph.* אַשְׁכַּחְתַּה O. Jer. I
Gen. 38, 22.

2 P. m. *Pa.* צריפתכון Nidd. 50ᵇ.

3 P. m. *Pa.* חסרתנון Chag. 77ª.

Pe. עֲבַדְתִּינוּן O. Jer. I Gen. 6, 7, יְהַבְתִּנוּן O. Num. 18, 11,
Jer. I יהבתינון; *Pa.* פְּקִידְתִּנוּן O. Ex. 32, 8, Jer. I פקידתינון, תִּבְרְתִּנוּן
O. Deut. 9, 17.

3 P. f. *Pe.* הביתין (v. יהב) Est. R. II 1; *Pa.* תקינתי¹ Dem. 24ª.

3 *Pers. Plur. masc.*

1 S. c. *Aph.* אמליכוני Ech. R. I 31, אפקוני Ech. R. I 31.
Pa. קַדְמוּנִי¹ Targ. 2 Sam. 22, 6 Merx; *Aph.* אָקְפּוּנִי ebenda.

2 S. m. *Aph.* אקלונך Pea 21ª.

Pe. נצחוך Vaj. R. 27, גְּמָלוּך O. Gen. 50, 17, רְדָפוּך O. Deut. 30, 7;
Pa. סייעוך Koh. R. I 8; *Aph.* אָסְקוּך O. Ex. 32, 4, Jer. I הגפכוך

---

¹ Mit Umlaut von *a* in *i*, s. S. 64 f.

3 S. m. *Pe.* קברוגיה Chag. 77ᶜ, חשדוניה Dem. 26ᵇ, טעגוגיה
Ech. R. I 31, יהבוניה Ech. R. I 31; *Pa.* חזרוניה Bab. m. 8ᶜ, חייבוניה
Bab. b. 16ᵇ; *Aph.* אמליכוניה Ech. R. I 31, אלבשוגיה Schebi. 37ᵃ,
אפקוניה Vaj. R. 12, אייתיבוניה Taan. 68ᵃ, אחתוניה (v. נחת) Keth.
35ᵃ, אעלוניה Pea 21ᵃ. — *Pe.* שבקוה (S. 162) Ber. 9ᵃ.

Pe. נסבוהי O. Jer. I Gen. 37, 24, נטלוהי O. Num. 13, 23;
Pa. שעׂרוהי O. Gen. 26, 12, Jer. I שעׂרוי, זבנוהי Jer. I Gen. 37, 29;
Aph. אפֿקוהי O. Jer. I Gen. 19, 16, אחתוהי O. Jer. I Gen. 39, 1.

3 S. f. *Pe.* גנבונה Dem. 21ᵈ, אמרונה Orl. 63ᵇ, יהבינה (l.
יהבונה) Sabb. 8ᵈ; *Pa.* שערונה Kil. 32ᶜ, קיימונה Ab. z. 40ᶜ; *Aph.*
אפקונה Dem. 21ᵈ, אגיבונה Kidd. 61ᵇ, mit Einschaltung von ת
אגיבונת' Kidd. 61ᵇ. — *Pe.* עבדוה (!) Taan. 65ᵇ.

Pe. בבשׁוהא O. Num. 32, 39, Jer. I כבשוה, חפרוהא O. Num.
21, 18, Jer. I חפרוה; *Aph.* אעלוה Vaj. R. 37.

3 P. m. *Pe.* טעגונון Chag. 78ᵃ, צלבונון Chag. 78ᵃ, נסבונון
Ech. R. I 46; *Aph.* אשכחונון (l. אשכחונן) Taan. 68ᵈ.

Pe. קטלונון Jer. I Ex. 13, 17; *Pa.* תריכונון O. Jer. I Deut. 2,
12; *Aph.* אשאילונון O. Ex. 12, 36.

3 P. f. *Pe.* ידעונין O. Jer. I Deut. 29, 25, [ו]טרדונין O. Jer.
I Ex. 2, 17, טמונין (v. טמם) O. Gen. 26, 15. 18, Jer. I טמוניגון(?); *Pa.*
רדידונין O. Num. 17, 4, Jer. I רדידינון(?).

3 Pers. Plur. fem.

1 S. c. *Pa.* ערעׂני O. Deut. 31, 17, Jer. I אירעוני; *Pa.* ציירוני
Targ. Job 10, 8; *Aph.* אשכחוני Targ. Ps. 116, 3.

2 S. m. *Aph.* אסקוד O. Ex. 32, 4, Jer. I הנפקוד.

3 S. m. *Pe.* חטפיניה Ber. 5ᵃ Ven. (Lehm. richtig חטפוניה);
Aph. אתקנהי O. Ex. 15, 17.

2 Pers. Plur. masc.

1 S. c. *Pa.* שלחתוני O. Gen. 26, 27, Jer. I תרכתוני.

3 S. m. *Pe.* שבקתוניה Ech. R. I 37; *Aph.* אשמעתוניה Schir
R. V 14, אדכרתוניה Koh. R. IX 15.

3 S. f. *Pe.* מנעתונה Ber. 5ᶜ; *Pa.* ביטלתוה (S. 64) Ber. R. 62,
תקנתוה Ber. R. 60.

1 P. c. *Aph.* אסיקתונא O. Num. 21, 5, Jer. I אסקתונא.

1 Pers. Plur. c.

2 S. m. *Pa.* פייסנתך Jeb. 13ᵃ.

Pa. שלחנך O. Jer. I Gen. 26, 29; *Aph.* אנזׂיקנך O. Gen. 26, 29.

3 S. m. *Aph.* אָתֵיבִנֹהִי O. Gen. 44, 8, Jer. I אתיבניה.
3 S. f. *Pa.* קיימנתה Kil. 29ᶜ, פרשנתה Kil. 27ᵃ.
Pe. [וֹ]יֹהֹבֵנֹה O. Deut. 29, 7, Jer. I יהבנא; *Aph.* אשכחנוהא
(hebraisierend) Targ. Ps. 132, 6.

§ 76. B. *Suffixe am Imperfect.*

1. Im galiläischen Dialekt wie in den Targumen treten die
Suffixe mit wenigen Ausnahmen an die um die Endung *inna*
verlängerte Form des Imperfects. Im *pal. Talmud* werden die
Endungen mit Suffixen geschrieben: 1 Sing. c. ני oder יני (aus
יננ), an der 3 Pers. Plur. m. (im Midrasch auch sonst) גני, יננ,
2 Sing. m. ינך, f. יניך, 3 Sing. m. יניה, f. ינה, 3 Plur. m. ינון (aus ינינון).
An der 3 und 2 Pers. Plur. lautet das Suffix der 3 Plur. m. mit
Einschluss der Pluralendung nur ינון, wofür doch wohl ונון gelesen
werden muss. Besondere Femininformen für die 2 Pers. Sing.
und die 3 und 2 Pers. Plur. mit Suffixen kommen nicht vor.

2. Im *Onkelostargum* lauten die Endungen: 1 Sing. c. *innanī*,
2 Sing. m. *innāk*, (2 Sing. f. *innīk*), 3 Sing. m. *innēh*, 3 Sing. f.
innah, 1 Plur. c. *innanā*, 2 Plur. m. *inněkōn*, 3 Plur. m. *innūn*
(für *inninnūn*), 3 Plur. m. *innīn* (für *inninnīn*). Das schliessende
Nun der 3 und 2 Pers. Plur. m. wird abgeworfen und die Endung
ohne den Vokal *i* an die auf *ū* auslautende Form gehängt. In
Folge davon wird das *u*, weil in geschärfter Silbe stehend,
verkürzt.[1] Vokalisationen mit *innāk* und *innūn* statt *unnāk* und
unnūn werden als fehlerhaft gelten müssen. Öfters finden sich
aber Endungen auf *unnunnūn* ohne die sonst übliche Zusammenziehung von *inna* und *innūn*. Das mittlere *u* ist jedenfalls in
Folge des in der Umgebung herrschenden U-Lautes für *i* eingedrungen. Für die 3. Pers. Plur. f. wird von Cod. Soc. 84 die
Masculinform gebraucht, in der 2. Pers. Plur. f. fliesst die
Endung ā nach Abwerfung des Nun mit *inna* zu *inna* zusammen,
so dass sie der Form der 2 Pers. Sing. m. gleichlautet. Ausg.
Sab., welche auch eine bes. 3 Pers. Plur. f. aufweist, hält bei
beiden Formen das schliessende *a*, entweder lang oder gekürzt, fest.

Der Vokal der Endsilbe des Imperfects wird sowohl im
Peal als im Pael und Aphel zu Schewa verkürzt. Nur vor den

---

[1] Vgl. וִיסֹעֲרוּנְכֹן mit dem Verdoppelung des Nun andeutenden Schewa
und יֹשֹבֹחֹנֹנִי mit Dagesch, im bibl. Aram. וְיַטְעֲמוּנַהּ, יְבַהֲלֻנַּה.

Suffixen der 3 Pers. Plur. bleibt der Vokal der Endsilbe unverändert, ausgenommen das *a* der A-Imperfecte des Peal und der
Verba tertiae Gutturalis im Pael und Aphel.

Die *jer. Targume* zeigen keine wesentlichen Abweichungen.

3. Beispiele für das Imperfect mit Suffixen.[1]

3 Pers. Sing. masc.

1 S. c. *Pa.* יסימֵעֵני Ber. R. 59; *Aph.* יסבִּיני Kidd. 61ª.

Pe. יקִטְלִנָנִי O. Jer. I Gen. 4, 14, וּרחֲמִנֵּנִ O. Jer. I Gen.
29, 32, יְמַשְׁנִנִּי (v. משש) O. Gen. 27, 12; *Aph.* יִשַׁבַּחִנַּני O. Jer. I
Gen. 4, 14.

2 S. m. *Pe.* יפסלינך Jeb. 6ᶜ; *Pa.* יקדמִינך Ber. R. 75; *Schaph.*
ישזבינך Sanh. 29ᶜ.

Pe. יִשַׁבְּקִינֵך O. Deut. 4, 31, יִירֹתִנֵך O. Jer. I Gen. 15, 4;
Pa. יֵחַבְּלִינֵך O. Deut. 4, 31.

3 S. m. *Pe.*[2] יעבדיניה Meg. 72ᵇ, יכלוניה (l. יכלִיניה) Ber. R.
34, יזוניניה Pea 15ᵈ; *Pa.* (mit Einschaltung von Taw) יסאבתיה
Erub. 26ᵈ; *Aph.* יתביניה Sabb. 9ʰ.

Pe. יִפֹרְקִניה O. Jer. I Lev. 25, 48, יֵחַנְבְנִיה O. Deut. 20, 5;
Aph. יֵחַסְנִניה O. Deut. 1, 38, יֵהַלֹּניה (v. חלל) O. Jer. I Deut. 20, 6.

3 S. f. *Pe.* יסבינה Bab. b. 17ᵈ; *Pa.* יתברינה Sabb. 9ᶜ; *Aph.*
יתיבינא Kil. 27ᵈ; *Palpel* יטלטלינה Sanh. 23ᶜ.

Pe. יֵאֹבְנַה O. Jer. I Deut. 20, 7, יתגה(!)[3] O. Gen. 23, 9,
Jer. I יתגינה; *Aph.*[4] יֵסֹבַה(!) O. Deut. 30, 12, Jer. I יסבינה.

1 P. c. *Pa.* יֵנַחֲמִינָנָא O. Jer. I Gen. 5, 29; *Aph.* וּבִילֹלִנָּא[5]
O. Num. 11, 4, Jer. I ייכלִיננא, יִשַׁמֹעֲינָנָא O. Deut. 30, 12.

2 P. m. *Pe.* סעודינכון (l. יסעודינכון, vgl. Jalk. Schim. I 946
יסעדינכון) Taan. 69ª.

Pe. יתנינכון Jer. I Deut. 28, 1, יפליחנכון[5] (!) Jer. I Deut. 15, 12,
ישבקוכון (l. ישבקנכון) Jer. I Deut. 4, 31; *Pa.* יברכינכון Jer. I Deut.

---

[1] In den jer. Targg. wird die Endung fast immer mit dem Vokalbuchstaben Jod geschrieben. Wo nur diese Differenz zwischen Onkelos und den
jer. Targg. vorliegt, wird die Lesart der jer. Targg. hier nicht besonders aufgeführt.

[2] Aeg. aram. יתקלנחי CIS II 145.

[3] S. dazu Masora, Ausg. *Land.* 92 f., wo verwiesen auf Jüd. Literaturbl.
1881, Nr. 10, wo *S. B. Schefftel* die Stellen mitteilt, in welchen das Suffix an
das reine Imperf. tritt.

[4] Palmyr. Zollt. יכילנה.

[5] Das Zere (statt Schewa) ist regelwidrig.

7, 13, יְבָרְכֻן(!) Jer. I Deut. 15, 10, יִחַבְּלֻכוֹן(!) Jer. I Deut. 4, 31;
Aph. יַחְסְנְכֻן(!) Jer. I Deut. 19, 3.

3 P. m. Pe. יַעַבְּדֻינֻן Bab. b. 17ᵈ; Pa. יְקַבְּלִינֻן R. h. S. 57ᵈ.
Pe. יִלְבְּשֻׁנֹן ¹ O. Jer. I Ex. 29, 30, יִמְסְרֻנֹן O. Jer. I Deut.
21, 10, יָאתֻנֻנֻן O. Lev. 15, 14, Jer. I יִתְּנֻנֻן; Aph. יְעֵילֻנֹן O. Jer. I
Num. 27, 17, יַצְנְעֻון (l. יִצְנְעֻנֹן) O. Lev. 16, 23, Jer. I יַצְנִעֻינֻן.

3 Pers. Sing. fem.

1 S. c. Pa. חַעַרְעָנִי O. Gen. 19, 19, Jer. I תְּרַעֲנַנִי, ד[וֹ]תְבַרְכַנַנִי
O. Jer. I Gen. 27, 19.

2 S. m. Pa. ד[וֹ]תְבָרְכִנָּךְ O. Jer. I Gen. 27, 4.

1 P. c. Pe. תֵּיבְלֻנָּא O. Jer. I Deut. 5, 25.

2 Pers. Sing. masc.

1 S. c. Pe. תְּקַטְלִנַּנִי Ber. R. 91, תְּקַטְלִינַנִי Koh. R. VII 11;
Aph. תְּתִיבִינִי Pes. 32ᵃ.
Pe. תִּפְלְחִנַנִי O. Jer. I Gen. 29, 15; Aph. תְּפַקְּנַנִי O. Gen.
40, 14, Jer. I תְּהַנְפְּקִנַנִי.
3 S. m. Pe. תְּשַׁבְּקִנֵיהּ Ech. R. II 4, תַּעַבְּדִנֵיהּ Ber. 7ᵇ, תִּיפְתְּרִינֵיהּ
Maas. sch. 55ᵃ; Pa. תִּיקְרִינֵיהּ (v. יִקַּר) Vaj. R. 25.
Aph. תְּפַרְשִׁנֵיהּ O. Ex. 22, 29, Jer. I תַּפְרִישִׁינֵיהּ, חְתֵיבִנֵיהּ O.
Ex. 22, 25, Jer. I תְּתִיבִינֵיהּ.
3 S. f. Pe. תַּעַבְּדִינַהּ Jeb. 10ᵈ, תִּיפְתְּרִינַהּ Pes. 29ᵇ.
Pe. תֵּעַבְּדִינַהּ O. Jer. I Gen. 6, 16, תִּסְּבַהּ(!) O. Deut. 21, 11;
Pa. תֵּזַבְּנַנַּהּ O. Jer. I Deut. 21, 14; Aph. תְּחֵלְלַנַּהּ (v. חלל) O. Ex.
20, 22; Schaph. תְּשַׁכְלְלִינַּהּ O. Gen. 6, 16.

1 P. c. Aph. תְּסַקְּנַנָּא O. Ex. 33, 15, Jer I (Pa.) תְּסַלְּקִנַנָּא,
תְּחַסְּנַנַּנָּא O. Jer. I Ex. 34, 9.
3 P. m. Pe. תַּעַבְּדִינֻן Sabb. 17ᵇ, תְּשַׁבְּקִין (l. תְּשַׁבְּקִינֻן) Ech.
R. V 5.
Pe. תְּכַתּוּבֻנֹן O. Deut. 11, 20, O. Jer. I Deut. 6, 9, תֵּעַבְּדֻינֻן O.
Jer. I Ex. 4, 21, תְּרַגְּמֻנֹן O. Deut. 17, 5, תֵּירְתֻנֻן O. Deut. 19, 1,
תְּלַוֹּטֻנֹן O. Jer. I Num. 23, 25; Pa. תְּבָרֵיכֻנֹן O. Num. 23, 25,
Jer. I תְּבָרְכִינֻן; Aph. תַּלְבִּישֻׁנֹן O. Jer. I Ex. 29, 8, תְּתֵיבֻנֹן O.
Deut. 22, 1, ד[וֹ]תְהוֹדְעֻנֹן O. Deut. 4, 9, תִּשְׁמְעֻנֹן (l. תְּשַׁמְעֻנֹן) O.
Deut. 31, 11.

---

¹ Vgl. יִלְבַּשׁ O. Lev. 16, 24.

1 *Pers. Sing. c.*

2 S. m. *Pe.* אֶעְבְּדָנָך O. Jer. I Gen. 12, 2, אָהֲנָנָך O. Gen. 17, 6. Jer. I אִיתִינָך, אֲמוֹשְׁנָך O. Jer. I Gen. 27, 21; *Pa.* אֲבַדְכְנָך O. Gen. 12, 2, Jer. I אִיבְרִיכִינָך; *Aph.* אֲתִיבִנָך O. Jer. I Gen. 28, 15.

2 S. f. *Pe.* אפרקיניך Keth. IV 10; *Aph.* אהדריניך Keth. IV 10, אתיביניך Keth. IV 10.

3 S. m. *Pe.* אֶתְבְּעֵיה O. Gen. 9, 5, Jer. I ¹ואתבועיניה, אֲלוֹשֵׁיה(!) O. Num. 23, 8; *Pa.* אָהֲרֹכֵיה(!) O. Num. 23, 8; *Aph.* אֲקִימֵיה O. Jer. I Gen. 43, 9.

3 S. f. *Pe.* אֶהֲנָנָה O. Gen. 35, 12, Jer. I איתגנה; *Pa.* אחרינה Jer. I Gen. 16, 2.

2 P. m. *Pa.* אֲבֹנֵישְׁכוּן(!) Targ. Mich. 2, 12 Merx.

3 P. m. *Aph.* אוקרינון Kidd. 61ᵇ.
Pe. אֶדְחוֹקְנוּן O. Gen. 33, 13, אֶשְׁמֵעֵנוּן O. Deut. 4, 10, Jer. I אשמועינון; *Pa.* אֲבָרֵיכְנוּן O. Gen. 48, 9, Jer. I איברכנון; *Aph.* אֶעֵילְנוּן O. Deut. 31, 20, Jer. I איעלינון.

3 *Pers. Plur. masc.*

1 S. c. *Pe.* יקטלונני Ab. z. 39ʰ, יערבוני Schir R. II 16.
Pe. יִקְטֵלֻנַּנִי(!) O. Gen. 20, 11, Jer. I יקטלונני.

2 S. m. *Pa.* יחסדונך Jeb. 3ᵃ.
Pe. יִדְבְּקִינָך(!) O. Deut. 28, 45, Merx יְפַלְחוּנָך O. Deut. 15, 12, יִדְבְּקוּנָך; *Aph.* יִשְׁכְּחוּנָך (S. 64 f.) O. Deut. 4, 30.

3 S. m. *Pe.* יכלוניה Sanh. 23ᶜ.

3 S. f. *Pe.* יִרְהֲתֻנָּה O. Jer. I Deut. 1, 39.

2 P. m. *Pe.* ירדפונכון Jer. I Deut. 28, 45; *Pa.* יִסֲעֵדוּנְכוֹן[וֹ] O. Jer. I Deut. 32, 38.

3 P. m. *Pa.* יקבלינון(!) R. h. S. 57ᵈ.
Pe. יְדִינוּנוּן[וֹ] ² O. Deut. 25, 1; *Pa.* יְשַׁמְּשׁוּנוּן O. Deut. 33, 28, יְשַׁבְּחוּנוּנוּן Targ. Jud. 5, 18 Merx, Cod. Reuchl. ישבחונון; *Po.* יסובורונון Jer. I Lev. 16, 27.

3 *Pers. Plur. fem.*

1 S. c. *Pa.* יְשַׁבְּחַנַּנִי O. Gen. 30, 13 Sab., Cod. Soc. יְשַׁבְּחֻנַּנִי.

2 S. m. *Aph.* יַדְבְּקֻנָּך O. Deut. 28, 2 Sab., Cod. Soc. יִדְבְּקוּנָך.

2 P. m. *Pe.* ידבוקנכון (l. ידבקונכון) Jer. I Deut. 28, 2.

---

¹ אתבוע wird vorausgesetzt, vgl. S. 218.
² Masora, Ausg. *Land.* 29 auch יְדִינוּנוּן(!).

2 *Pers. Plur. masc.*

1 S. c. *Pe.* תקטלונני Vaj. R. 26.

3 S. m. *Pe.* תלקטוניה O. Jer. I Ex. 16, 26, תיהגוניה (v. חנג) O. Ex. 12, 14, Jer. I תחנוניה; *Aph.* תשכחוניה O. Jer. I Ex. 16, 25.

3 P. m. *Aph.* תקימינון (!) Gitt. 43ᵈ, תקמינון(!) Kidd. 64ª. *Pe.* תכתובנון Jer. I Deut. 11, 20, תיכלונונון O. Lev. 11, 42, Jer. I תיכלינון; *Pa.* תפקדונון O. Jer. I Deut. 32, 46, Merx תפקדונונון, תשלחונונון O. Num. 5, 3.

3 P. f. *Pa.* תקימונין Jer. I Num. 31, 18.

2 *Pers. Plur. fem.*

3 S. f. *Pa.* תקימַנָּה O. Ex. 1, 16 Sab., Cod. Soc. תקימנה.

1 *Pers. Plur. c.*

2 S. m. *Pa.* נשלחינך O. Gen. 26, 29 (Pentat. Ven. 1591).

3 S. m. *Pe.* ניקטליניה Sanh. 23ᵇ, נעבדיניה Ber. R. 76, ניתיניה (!) Kil. 32ʰ, ניכליניה Ber. R. 65, נשאליניה Ber. R. 62, ניהביה (!) Keth. 35ª, נישיליה (שאל .v!) Ber. R. 35.

Pe. נקטלניה O. Jer. I Gen. 37, 21, נטרדיה (!) Jer. I Gen. 3, 22; *Pa.* נזבבניה(ו)[(!) O. Jer. I Gen. 37, 27.

3 S. f. *Pe.* נישמעינה Mo. k. 83ª, נישלחינה Dem. 21ᵈ, נפתרינה Schir R. II 14, נמסרה (!) Ber. R. 60. *Pe.* נעבדנה O. Jer. I Deut. 30, 12.

3 P. m. *Pe.* ניסבינון Sot. 17ᵇ; *Aph.* נוקרינון Pea 15ᶜ (nach 'En Ja'ḳōb Ausg. Ven. 1546 איקרינהון). *Aph.* נעילנון O. Jer. I Num. 32, 17.

3 P. f. *Pe.* נפלחנין O. Deut. 13, 3.

§ 77. C. *Suffixe am Imperativ.*

Der *galil. Dialekt* bedient sich hier der Suffixe des Perfects, also 1 Sing. י (im Midrasch ני), 3 Sing. m. יה, f. ה, 1 Plur. c. ן, 3 Plur. m. ון, f. ין. איתבון „setzt mich" Keth. 31ª für איתבוני ist nur Schreibfehler. Im Midrasch finden sich einige Beispiele der Übertragung des יג des Imperfects auf den Imperativ. Der Ton rückt im Sing. auf die Suffixe, im Plur. verharrt er vor den Singularsuffixen auf der Endung.

Keine besonderen Femininformen sind vorhanden.

2. Das *Onkelostargum* behält im Imper. Sing. m. vor den Singularsuffixen den Ton auf der Endsilbe des Stammes, doch

nicht ohne Schwankungen, wenn der Vokal derselben Pathach ist, s. שְׁלַחֲנִי neben בָּזְעֵהּ. Sogar ein Zere wird verflüchtigt in אַלְפָהּ. Im Plur. rückt der Ton vor Singularsuffixen auf die Endung. Die Pluralsuffixe am Sing. haben den Ton, am Plur. kommen Pluralsuffixe nicht vor.

Die Suffixe lauten 1 Sing. c. *nī, anī*, 3 Sing. m. *hī*, f. *hā*, *ah*, 3 Plur. m. *innūn*.

Die *jer. Targg.* zeigen keine wesentlichen Abweichungen.

3. Beispiele für den Imperativ mit Suffixen.

Sing. masc.

1 S. c. *Pe.* שבקי Ber. R. 98; *Pa.* אלפני Koh. R. VII 8; *Schaph.* שיזבי Keth 35ᵃ, שיזבני Ber. R. 33.

Pe. קְטוֹלְנִי O. Jer. I Num. 11, 15; *Pa.* בָּרִיכְנִי O. Jer. I Gen. 27, 34, שְׁלַחֲנִי O. Gen. 32, 26, O. Jer. I Gen. 30, 25, Sab. שַׁלַּחְנִי; *Aph.* אַטְעֵימְנִי O. Gen. 25, 30, הוֹדְעֵנִי O. Ex. 33, 13, Jer. I אוֹדְעֵנִי, אַתִיבְנִי O. Jer. I Gen. 37, 14; *Schaph.* שֵׁיזְבִנִי O. Jer. I Gen. 32, 11.

3 S. m. *Pe.* שיבקיה Bab. m. 11ᵈ, שבקותיה (l. שבק יתיה) Ber. R. 59, נכסיה Ech. R. Peth. 24, הביה Ter. 45ᶜ; *Pa.* חזריה Bab. m. 8ᶜ, קדמיה Ber. R. 75, קפחניה(!) Ber. R. 87; *Aph.* אודעיה Ned. 37ᶜ, ארבעיניה (!) Koh. R. VII 23, אחתיניה (v. נחת) Ber. R. 56.

Pa. תְּקִיפֵהּ O. Jer. I Deut. 3, 28, אֵלִימֵהּ ebenda, קָדִישֵׁהּ O. Ex. 19, 23, Jer. I קדשהי, בָּזְעֵהּ O. Ex. 14, 16, Jer. I בזעיה; *Aph.* אָסֵיקֵהּ O. Jer. I Gen. 22, 2; *Po.* סוֹבַרְהִי O. Num. 11, 12.

3 S. f. *Pe.* שיבקה, שבקה Keth. 34ᵇ, שולקה¹ Pes. 34ᵇ, פתחונה (l. פתחינה) Ber. R. 40; *Pa.* חזרה Chag. 77ᵈ, זבנה Bab. m. 10ᶜ; *Aph.* אפקה Chag. 77ᵈ.

Pa. אלפה O. Jer. I Deut. 31, 19, Sab. אֲלֵיפַהּ.

1 P. c. *Pe.* עורבן¹ Dem. 22ᵃ; *Pa.* אלפן Pes. 32ᵃ; *Schaph.* שיזבינן, שיזבנא² Somn. Mord.

3 P. m. *Pe.* שלחון Schebi. 38ᵈ; *Pa.* פייסון Sot. 20ᵇ; *Aph.* אקימון Chag. 77ᵃ.

Pe. אסרונון O. Num. 11, 28; *Pa.* קָרִיבְנוּן O. Gen. 48, 9, Jer. I קריבינון; *Aph.* אָפֵיקְנוּן O. Gen. 19, 5, Jer. I אפקינון.

3 P. f. *Pe.* שובקין¹ Ber. 10ᶜ Ven., אוכלין¹ Bez. 63ᵇ; *Pa.* קבלין Kidd. 61ᵃ.

---

¹ Zu dem Umlaut in *u* s. SS. 65. 221.
² Mit Übertragung des Imperfectsuffixes auf den Imperativ.

Sing. fem.

3 S. m. *Pe.* שבקיה Ber. R. 33 Ausg. Ven. 1545, שבקותיה
(l. שבק יתיה) Ausg. Konst. 1512, שובקתיה (= שבק יתיה) Nidd. 50ᵇ.
אוניקיהו (l. אוניקיהי) O. Ex. 2, 9, Jer. I אוניקתיה (= אוניק יתיה). — אוניקיהו
3 P. m. אפקינון Bab. b. 13ᵛ.

Plur. masc.

1 S. c. *Pe.* זרקוני Kidd. 58ᵈ, יהבוני Kil. 32ᵇ; *Aph.* אלבשוני
Keth. 35ᵃ, אייתיבוני Kidd. 58ᵈ, אייתבון Keth. 31ᵃ.
Pa. שלחוני O. Gen. 24, 46, Jer. I שדרוני.
3 S. m. *Pe.* שבקוניה Ech. R. I 37; *Aph.* אפקוה² Ber. R. 45,
אעלוניה Koh. R. XI 1.
Pe. אכלוהי O. Jer. I Ex. 16, 25, תפסוהי Jer. Jes. 66, 1;
Aph. אחתוהי (v. נחת) O. Jer. I Gen. 44, 21, אצנעוהי Jer. I Num.
15, 34.
3 S. f. *Aph.* אפקוהא O. Gen. 38, 24, Jer. I הנפקוהא.
3 P. m. *Aph.* אטעוננון (l. אטעינונון) Chag. 77ᵃ.

§ 78. D. Suffixe am Infinitiv.

1. Im *galil.* Dialekt wird der Infinitiv Peal fast ausnahmslos
vor Suffixen mit dem imperfectischen יִ versehen. Die Endungen
lauten also wie im Imperfect 1 Sing. c. ני, 2 Sing. m. ינך, f. יניך,
3 Sing. m. יניה,³ f. ינה, 2 Plur. m. ינכון, 3 Plur. m. ינון. Der
Gleichklang dieses Infinitivs mit dem Imperfect veranlasst diese
Behandlung. Die übrigen Infinitive erhalten die gewöhnlichen
Nominalsuffixe, welche an die Femininendung ת angesetzt werden.
Das singuläre מפיסיה Ber. R. 80 (s. S. 225) wird Schreibfehler sein.
2. Das *Onkelostargum* braucht stets die Nominalsuffixe,
welche bei allen Infinitiven ausser Peal an die Endung *ût* antreten.
Eine eigene Stellung nehmen die Infinitive babylon. Bildung auf
ō-ē ein, an welche die Suffixe unmittelbar angehängt werden.⁴
Die Verba mediae Waw scheinen nach den wenigen vorhandenen

---

¹ S. oben S. 300.
² Targumische Form mit ה für הי, s. S. 162.
³ Einigemal fehlerhaft geschrieben וניה (vgl. S. 53 f.), woraus *Fürst*, Chald.
Gramm. 120 auf eine besondere Infinitivform mit der Bildungssilbe ון schliesst (!).
⁴ Vgl. *Rosenberg*, Das aram. Verb. im babyl. Talm. 57 ff., *Nöldeke*, Mand.
Gramm. 292 f. — Hierher ist vielleicht zu stellen מוקמיה Est. II 1, 1, אוברנא
Est. II 3, 8, הובדיהון Est. II 3, 9. Dann wäre überall die zweite Silbe mit ō
zu lesen.

Beispielen vor Suffixen im Peal eine besondere Form mit dem
Vokal î angenommen zu haben, s. מְקִימֵהּ‎, אַקִימָךְ.

3. Die *jer. Targume* zeigen Spuren des galiläischen Dialekts
in dem im Peal öfters angewandten Suffix der 3 Plur. m. יִנוּן für
הוּן und in der (seltenen) Verwendung der Endung *at* für *ût*. Bei
den Verben mediae Waw erscheint hier die gewöhnliche Form
des Infinitivs Peal vor Suffixen, s. מִדְנְהוֹן‎, מִקְמֵיכוֹן‎, מִיקְמֵהּ.

4. Beispiele für den Infinitiv mit Suffixen.

Peal.

1 S. c. מִטְעָיְינִי (l. מִטְעָיְינִי?) Bab. m. 12ᶜ.
מִקְטְלִי O. Jer. I Ex. 2, 14, מֶעֲבָרִי ¹ O. Deut. 4, 21.

2 S. m. מִיבְדְקִינָךְ Ned. 41ᵃ, מִישָׁאלִינָךְ Ech. R. I 18.²
מִקְטְלָךְ O. Jer. I Gen. 27, 42, מִתְבָּךְ (v. יתב) O. Deut. 11, 19,
מִיעַלָךְ (v. עלל) Jer. I Gen. 17, 22, בֹּ[מִקִימָךְ] O. Deut. 6, 7.

2 S. f. מַכְנְסִינִיךְ Kidd. 63ᵈ.

3 S. m. מִינְמְלִינֵיהּ Sanh. 23ᶜ, מִיזְקְפְנֵיהּ Ber. 6ᵇ, מִישָׁאלִינֵיהּ Schebi.
37ᶜ, מִינְגוּרִינֵיהּ Koh. R. VII 23, מִקְטְלוֹנֵיהּ Ned. 37ᵈ, מִיחַשְׁדוּנֵיהּ Bab.
k. 3ᶜ, מִישְׁבְעוּנֵיהּ Schebu. 38ᵈ, מִישְׁתְּקוּנֵיהּ Ber. 11ᶜ.
מִישְׁטְפֵיהּ Ech. R. I 49, מֶעֲבָדֵּיהּ ³ O. Jer. I Ex. 12, 48, מִיעַלֵיהּ
Jer. I Ex. 33, 8.

3 S. f. מֶעֲבָדִינָהּ Mo. k. 80ᵇ, מִשְׁמְעִינָהּ Jom. 15ᵃ, מִיפְתָּרִינָהּ Bab.
m. 8ᵇ, מִיתָנִינָהּ (v. נתן) Ter. 43ᵈ, מִבְדְקוּנָהּ Sot. 20ᵃ, מִימְרִינָהּ Hor. 48ᶜ,
מִפְתָּרִינָהּ Ech. R. I 18.
מִדְעָהּ (v. ידע) O. Gen. 38, 26, Jer. I מִידְעָהּ, מִילְדָהּ O. Jer. I
Gen. 35, 17, בֹּ[מִקִימָהּ] O. Gen. 19, 33, Jer. I מִיקְמָהּ.

1 P. c. מִיפְרְקִינָן Somn. Mord.
מִקְטְלָנָא O. Jer. I Ex. 5, 21.

2 P. m. מִישָׁאלִינְכוֹן Ned. 40ᵈ.
מֶעֲבָדְכוֹן O. Jer. I Deut. 4, 14, מִתְבִיכוֹן ⁴ (v. יתב) Jer. I Deut.
11, 19, מִקְמֵיכוֹן ⁴ (v. קום) Jer. I Deut. 6, 7.

3 P. m. מִיעַבְדִינוּן Mo. k. 80ᵃ, מִיעַבְדִינִין (l. מִיעַבְדִינוּן) Jeb. 15ᵃ,
מִיקְטְרִינוּן Kil. 32ᵈ, מִיחַדְזִינוּן Mo. k. 80ᵃ, מִיסְבִינִין (l. מִיסְבִינוּן) Kil. 32ᶜ,
מִינְסְבִינִין (l. מִינְסְבִינוּן) Keth. 35ᵇ. — מִפְרוּקִינוּן ⁵ Jer. I Gen. 15, 18, Ex.
2, 23, מוּפְטוּרִינוּן ⁵ Jer. I Ex. 12, 33, מִפְטְרִינוּן Jer. I Ex. 10, 27.

---

¹ Nach Masora, Ausg. *Land.* 100 auch מִיעְבָּרִי, vgl. oben S. 215.
² Zu מִישָׁאלִיתָךְ Ber. R. 89 s. S. 300.
³ Zu dem Pathach des Praefixes s. S. 215.
⁴ Mit Pluralsuffix am Sing. (s. SS. 162. 164).
⁵ Das ō der zweiten Silbe ist wie im Imperfect erhalten.

מֶעְבָּדְהוֹן¹ O. Jer. 1 Deut. 5, 1, מִפָּקְהוֹן O. Jer. I Ex. 5, 20,
מדנהון (v. דון) Jer. I Deut. 1, 16.

3 P. f. מתנינן (v. נתן) Sabb. 7ª (Bez. 62ᵈ מיתגנין, l. מיתגנין).

Die übrigen Verbstämme.

1 S. c. *Pa.* קְדִּשׁוּתִי O. Jer. I Num. 20, 12; *Aph.* אֶסְעָרוּתִי
O. Ex. 32, 34; *Ithpa.* אִיֹּקְרוּתִי² O. Ex. 14, 18, Jer. I אתיקרותי.
2 S. m. *Pa.* סלקותך Jer. I Ex. 33, 16; *Aph.* אֶעָלוּתָך O. Jer.
I Ex. 23, 20, הנזקותך Jer. I Deut. 2, 28.
2 S. f. •*Pa.* מקדשתיך Kidd. 64ª.
3 S. m. *Pa.* מיחזרתיה Sabb. 4ᵇ, מזבנתיה Mo. k. 81ᵇ, מבקרתיה
Bab. b. 13ᵇ, מחותנתיה (!) Ab. z. 42ᶜ, מחתגנתיה Sot. 24ᶜ, מנחמתיה Schek.
48ᵈ, מפייסתיה Dem. 22ª; *Aph.* מיעברתיה³ Ab. z. 41ª, מיפקתיה³ Sabb.
14ᵈ (מפיקתיה Schebi. 36ᵈ), מיקמתיה (v. קום) Kil. 32ᶜ, מירמיתיה (S. 286
Anm. 5 v. רום) Sanh. 29ª; *Palp.* טלטלתניה⁴ Chag. 77ᵈ.
Pa. קְדֻמוֹתִיה O. Jer. I Gen. 14, 17; *Aph.* אַטְמֹרוֹתִיה O. Ex.
2, 3, Jer. I אטמרתיה, אָתְבּוֹתִיה (v. תוב) O. Jer. I Gen. 37, 22;
Ithpa. אִשְׁתְּדֹלוֹתִיה O. Gen. 32, 25, Jer. I איתכתשותיה; *Schaph.*
שיזבותיה Jer. I Gen. 14, 13.
3 S. f. *Pa.* מחזרתה Dem. 21ᵈ, מנחמתא Schebu. 37ᵇ; *Aph.*
מרבעתה Jeb. 6ª, מיקמתה Sanh. 29ª, מעלתא (v. עלל) Ber. R. 70.
Pa. חַבָּלוּתַה O. Jer. I Gen. 19, 13; *Aph.* אַנְחוֹתַה (v. נוח) O.
Gen. 48, 17, Jer. I אנחותא.
Pa. זֻבּוּנַה³ O. Jer. I Ex. 21, 8, Merx זבּוּנַה.
1 P. c. *Pa.* קִימוֹתַנָא O. Deut. 6, 24, Jer. I קיימותנא; *Aph.*
אָפְּקוּתַנָא O. Ex. 14, 11, Jer. I הנפקותנא.
2 P. m. *Pa.* מַלָּלוּתְכוֹן O. Jer. I Deut. 5, 28; *Aph.* אוטבותכון
Jer. I Deut. 28, 63; *Ithpe.* אודהרותכון Jer. I Deut. 29, 11.
3 P. m. *Pa.* משמדתהון Sanh. 21ᵇ, משמדתון Schebi. 35ª, מבסרתהון
Sanh. 19ª, מבסרתון Ned. 40ª, מקבלתון Ber. R. 50, מעכבתון Sot. 21ᵇ;
Aph. מודעתון Ber. 7ᶜ; *Palp.* מטלטלתון Bez. 62ᵈ.
Pa. תַּרְבּוֹתְהוֹן O. Jer. I Deut. 7, 17; *Aph.* אָסְּקוּתְהוֹן (v. סלק)
O. Jer. I Ex. 3, 8, אפקתהון Jer. I Gen. 19, 17, אֹוחָרוֹתְהוֹן (v. אחר)
O. Num. 32, 15, Jer. I אוחרודיהון (l. אוחרותיהון); *Schaph.* שיזבותהון
O. Jer. I Ex. 3, 8.

---

¹ Das Schewa über dem Ajin, welches bei Singularsuffixen mit Recht
wegfällt, sollte hier stehen geblieben sein, s. מֶעְבָּדְהוֹן.
² Das Ausfallen der Taw ist hier als Schreibfehler zu betrachten.
³ Mit i für a, vgl. S. 65.
⁴ Mit Suffix wie bei Peal.

Pa. סָאיבֿיהון O. Jer. I Lev. 15, 31, אָלוּפֿהון O. Jer. I Ex.
24, 12, סייועיהון Somn. Mord.; *Aph.* אוּבֿוּדֿיהון O. Deut. 7, 10; *Ithpe.*
איתרגושׁיהון Somn. Mord.; *Ithpa.* אתבֿנושׁיהון O. Gen. 46, 6.
3 P. f. *Palp.* מטלטלתון Sabb. 7ᵃ.
Pa. יָחֲמוּתְהָין O. Gen. 30, 41 Sab., Jer. I יחמותהן, Cod. Soc.
ויֹחֹמוּתהון[1].

§ 79. E. *Suffixe am Particip.*

1. Dass substantivierte Participia mit besitzanzeigenden Suffixen verbunden werden können, versteht sich von selbst. Aber
auch Objectssuffixe treten im *galil. Dialekt* zuweilen an das
Particip. In der Regel werden hierbei — wie im Perfect —
die Nominalsuffixe verwandt, doch findet sich einige Male Einschaltung von יג wie im Imperfect und das Suffix ינון für הון.
Gelegentlich wird ein ת zwischen Particip und Suffix eingeschaltet
(s. oben S. 300).

Objectssuffixe werden wie im Mandäischen[2] auch an Participia mit suffigiertem Subjectspronomen angehängt. Nur Beispiele
der 1 Pers. Plur. sind mir bekannt.

2. Auch im *Onkelostargum* werden Objectssuffixe an das
Particip gehängt. Durchgängig dienen dafür die Nominalsuffixe,
nur die *jer. Targume* zeigen auch Verbalsuffixe, zuweilen mit
dem יג des Imperfects.

3. *Beispiele für das Particip mit Subjectssuffixen.*

1 S. c. משבקי (Part. act. Pael m.) „m. Verstosser" Keth. 34ᵇ;
משבקתי[3] (Part. pass. Pael f.) „m. Verstossene" Vaj. R. 34.
2 S. m. משבקתך Vaj. R. 34; ליטֹך „deine Verfluchten", בֿריכֿך
„deine Gesegneten" O. Gen. 27, 29.
3 S. m. משבקתיה Ber. R. 17.
2 P. m. מבדיריכון (Part. pass. Pael) „eure Zerstreuten" Jer.
I Deut. 30, 4.
3 P. m. סָמֹכֿיהון „ihre Stützen" O. Ex. 27, 17.

---

[1] Cod. Soc. 84 kennt kein besonderes Suffix der 3 Pers. Plur. f., s. S. 79.
163. 342.

[2] *Nöldeke*, Mand. Gramm. 291 f.

[3] Vgl. Jer. Num. 30, 11 ('Arūk) משבקא für hebr. גרושה.

4. *Beispiele für das Particip mit Objectssuffixen.*

1 S. c. לית לי מאן דמשמשני „ich habe keinen, der mich bedient" Sanh. 20ᶜ; מה את מקלליני „warum verfluchst du mich?" Schek. 49ᵇ; מייכלתי את מן ליותן לעלמא דאתי „speist du mich vom Livjathan im künftigen Aeon?" Meg. 72ᵇ.

2 S. m. שבקה להדא אנתיתא בישא דליתה מיקרך „entlasse dies böse Weib, denn sie ehrt dich nicht" Ber. R. 17; אין לא הוה לך מאן דמשמשך „wenn du keinen hattest, der dich bediente" Sanh. 20ᶜ; הב דעתך דאינון ¹ מחשדונך „passe auf, denn sie werden dich für verdächtig halten" Dem. 26ᵇ; מהימנתיך „er glaubt dir" Sanh. 23ᶜ. — מה דאנא מפקדך „was ich dir befehle" O. Ex. 34, 11 Ausg. Ven. 1591; הא אנא מפישינך „siehe, ich mache dich zahlreich" O. Gen. 48, 4 Ausg. Ven. 1591; ליטך ברי יהון ליטין — ומברכך יהון בריכן (!) „die dir fluchen, mein Sohn, seien verflucht — und die dich segnen, seien gesegnet" Jer. I Gen. 27, 29.

3 S. m. אין—בען לקיימותיה מקיימניה „wenn — sie ihn am Leben erhalten wollen, thun sie es" Jer. I Deut. 21, 21.

3 S. f. מן דהוה מותבה רב לשמואל „nachdem Rab es dem Samuel erwidert hat" Jeb. 6ᵇ; לא כרבי ישמעאל הוינא מקבלה עלוי (l. עלייֿ) „nicht wie Rabbi Ismael hätte ich es mir anthun lassen" Kidd. 61ᵇ; מה הנייה לך דאת מסיבנא מיניה והוא מנסבא מינך „was nützt es dir, dass du es ihm wegnimmst, wenn er es dir (wieder) wegnimmt?" Gitt. 47ᵇ; הבו לי שית דינרין ואנא מפקא לכון „gebt mir sechs Denare, so will ich es euch bestreiten" Vaj. R. 34; הן דהוינן סברין דו מקללה חמר „wo wir glaubten, dass er es erleichtern würde, erschwert er" Mo. k. 82ᵃ.

2 P. m. אנא יֿיֿ מֿקַֿדֿשֿכֿוֿן „ich bin Jhvh, der euch heiligt" O. Lev. 20, 8, Jer. I מקדישכון; ליתנא שבקינכון על דיינא חד „ich lasse euch nicht bei einem Richter" Jer. I Deut. 1, 9; כל תפקידתא דאנא מפקידכון „das ganze Gesetz, das ich euch befehle" Jer. I Deut. 8, 1.

3 P. m. אשכח חמשה עגלין מזבין והוה מוכלינון „er fand fünf Kälber und verkaufte und liess sie (den Ertrag davon) verzehren" Bab. m. 8ᶜ; רבי חנניה מייכלן דבילה „Rabbi Chananja gab ihnen gepresste Feigen zu essen" Maas. 50ᵃ. — והא אנא מֿחַֿבֿילֿלֿהֿוֿן „und siehe, ich vertilge sie" O. Gen. 6, 13, Jer. I מחבלהון; כנשרא — מֿקַֿבֿילֿהֿוֿן מֿנַֿטֿילֿהֿוֿן „wie ein Adler fängt er sie auf, hebt

---

¹ Partic. mit Perfectendung (vgl. S. 229), wenn nicht מחשדינך zu lesen.

sie empor" O. Deut. 32, 11; בחובי עממיא האלין יי מתרכהון „wegen der Sünden dieser Völker vertreibt sie Jhvh" Jer. I Deut. 9, 4; מלטטינון „die ihnen fluchenden", מברכהון „die sie segnenden" Jer. I Num. 24, 9; מפלחיהון „die sie drängenden" O. Ex. 3, 7, Jer. I משעבדיהון.

5. Beispiele für das Particip mit Personalpronomen und Objectssuffixen.

2 S. m. אי אנן עבדין עמך קרבא ונצחינך „wenn wir mit dir Krieg führen und dich besiegen" Vaj. R. 27.

3 S. m. קמינן עליה וקטלינה „wir erhoben uns wider ihn und töteten ihn" Ech. R. Peth. 23.

Die Verba tertiae Waw, Jod und Aleph mit Pronominalsuffixen.

§ 80. A. Suffixe am Perfect.

1. Die Suffixe lauten im *galil. Dialekt* wie beim starken Verbum 1 Sing. c. י, 2 Sing. m. ך, 3 Sing. m. יה, f. ה, 3 Plur. m. ון. Bei der zweiten Pers. Sing. findet sich גי, יניה, ינון neben יה und ה, im Midrasch bei der 3 Pers. Sing. einmal יניה.

Die 3 *Pers. Sing. m.* als die einzige Form ohne konsonant. Auslaut erhält meist ein ת vor Antritt der Suffixe. Die (auch im Samarit. bei diesen Verben vorkommende) Verschmelzung von ursprünglichem ית (mit Suffix) und der Verbform ist wahrscheinlich hier zuerst vorgenommen und erst von hier auf die 1 Pers. Plur. sowohl bei diesen Verben als beim starken Verbum (s. S. 300) übertragen worden. Aus *tĕnā-yātēh* wurde entweder über *tanyĕtēh tĕnītēh*, oder über *tĕnā-yĕtēh tĕnātēh*. Besonders im Midrasch finden sich aber auch Formen ohne ת, aber mit Einschaltung von Jod, wie in den Targumen (s. u.).

Bei der 3 *Pers. Sing. f.* des *Pael* und *Aphel* wird aus *tanniyat-ēh* und *'atnīyat-ēh tannītēh* und *'atnītēh*.

Die 3 *Pers. Sing. f.* des *Peal*, die 1 *und* 2 *Pers. Sing.* und die 3 *Pers. Plur. m.* aller *Stämme* bleiben vor Suffixen unverändert. Die 2 *Pers. Plur.* kommt nicht vor, die 1 *Pers. Plur. c.* verliert vor Suffixen ihr zweites Nun mit dem vorangehenden Vokal und erhält die Einschaltung von ת (s. oben).

2. Das *Onkelostargum* hat hier ebenfalls dieselben Suffixe

wie beim starken Verbum. An die 3 *Pers. Sing. m.* des Peal,
bei welcher der Vokal der zweiten Silbe erhalten bleibt, werden
die nach vokal. Endung üblichen Suffixe angehängt; doch findet
sich סֹנָה neben חֹזָאַה, בְּרָךְ neben בְּרָאךְ. Im Pael und Aphel
wird aus der vorauszusetzenden Endung *ay* vor den Suffixen
(mit Ausnahme des Suffixes der 3 Plur.) *ēy*, vor dem Suffix der
3 Plur. aus *ī i*, das mit *innūn* zusammenfliesst.

Die Endung der 3 *Pers. Sing. f.* bleibt im Peal stets, im
Pael und Aphel vor dem Suffix der 3 Plur. unverändert, lautet
im Pael und Aphel sonst *īt* (für *iyĕt* aus *īyat*). Bei der 2 *Pers.
Sing. m.* und 1 *Pers. Plur. c.* wird *ā* vor den mit Pathach anlautenden Suffixen (s. S. 301) zu *a*, bei der 1 *Pers. Sing. c.* fehlt
die Endung *ī*.

Unverändert bleibt die 3 *Pers. Plur. m.* im *Peal*, während sie
im *Pael* und *Aphel* *ī'ū* in *ĕyū* verwandelt und nur vor dem Suffix
der 3 Plur. ihre ursprüngliche Form behält. Der Vokal der
Endung der 3 Pers. Plur. m. Peal schwankt zwischen *ū* und *ō*, das
letztere wird als das richtigere gelten müssen, vgl. bibl. aram. שְׁנוֹהִי.

3. Die *jer. Targume* folgen dem Gebrauch des Onkelostargums, behandeln aber die 3 *Pers. Sing. m.* des *Peal* nach der
Analogie der anderen Stämme und lassen auch hier ein Jod vor
den singularischen Suffixen sichtbar werden. Sonst ist ihnen
eigen die Einschaltung von יְ vor dem Suffix der 2 Plur. m. und
die Abschleifung des Endvokals der 3 Pers. Sing. m. des Peal
vor dem Suffix der 3 Plur. m., ebenfalls nach der Analogie der
anderen Stämme.

4. Beispiele für das Perfect mit Suffixen.

3 Pers. Sing. masc.

1 S. c. *Pa.* שַׁוְּיָנִי[1] O. Gen. 45, 8, Jer. I שַׁוְּיָנִי; *Aph.* אַטְעָיָנִי
O. Gen. 3, 13, Jer. I אַטְעָיִינִי, אַנְשְׁיָנִי[2] O. Gen. 41, 51, Jer. I אַנְשְׁיָנִי.

2 S. m. *Pe.* בְּרָאָךְ[זְ] O. Deut. 32, 18, Merx בְּרָ[זְ]ךְ; *Pa.* שַׁוְיָךְ[3]
O. Ex. 2, 14, Deut. 10, 22, עֲנָיָךְ O. Jer. I Deut. 8, 3; *Aph.*
אַחֲזְיָיךְ O. Deut. 4, 36.

3 S. m. *Pe.* חֲמִיתֵיהּ Bab. b. 13ᶜ, חַמְתֵּיהּ Kil. 32ᵇ, חֲזִיתֵיהּ Sabb.

---

[1] Das Fehlen des Schewa ist durch das Waw veranlasst, dessen Verdoppelung zuweilen unterlassen wird, vgl. צַוְארָא S. 126, חֲבֹלוּנִין S. 263.

[2] Zu dem Chirek für Schewa s. S. 62.

[3] S. oben Anm. 1.

15ᵈ, בנתיה Bab. b. 12ᵈ, נסתיה (v. נסא = נסב¹) Mo. k. 81ᶜ; *Pa.*
(איתיתיה .l) איתותיה Jeb. 13ᵃ, איתיתיה *Aph.* ;48ᵇ .Ter מניתיה
Pea 15ᶜ.

Pe. חמינה Koh. R. XI 1; *Pa.* מניה Koh. R. VII 7; *Aph.*
אשקיה Pesikt. 35ᵇ, ,Ech. R. II 4 ²אתיה Vaj. R. 22, (חיה .v) אחייה
Koh. R. XI 1.

*Pe.*³ חפוֹי O. Num. 17, 7, Jer. I חפייה, רֹמוֹי O. Ex. 4, 3,
מֹחוֹי O. Jer. I Num. 35, 16, ברייה Jer. I Gen. 2, 8, בנייה Jer. I
Gen. 8, 20; *Pa.* נסיֵה O. Ex. 15, 25, Jer. I נסא(!), מניה Jer. I
Gen. 39, 5; *Aph.* איתֵיה O. Lev. 17, 4, Jer. I איתיה, אֹשֹרֵייה O.
Jer. I. II Gen. 2, 15, אֹנשֹׁיה O. Gen. 40, 23, Jer. I אנשייה, אֹחֹזֵייה
O. Deut. 34, 1.

3 S. f. *Pe.* תניתה Bab. m. 9ᶜ, לעיתה, לעתה Erub. 18ᵈ, חמתה
Ab. z. 40ᵈ, נסתה (v. נסא = נסב) Keth. 33ᵃ, Maas. sch. 55ᵃ; *Pa.*
(איתיתה .l) איתיתיה Kidd. 61ᵇ, *Aph.* ;64ᵇ .Kidd קשיתה
Ruth R. III 1; *Ithpe.* אינשתה⁴ Schek. 50ᶜ.

Pe. אזייה Ter. 46ᶜ, קרייה Ber. R. 75.

*Pe.*⁵ חֹזֹאֵה O. Gen. 38, 15, Jer. I חמיה, [וֹ]סֹנֹה O. Deut. 22,
16; *Pa.* עֹנֵה⁶ O. Gen. 34, 2, עֹנֵיה O. Jer. I Deut. 22, 29; *Aph.*
איתֵיה O. Gen. 2, 22, Jer. I אתיא.⁷

1 P. c. *Aph.* אֹחזֹנֹא O. Deut. 5, 24, איתֹנֹא O. Deut. 26, 10,
Merx איתֹנֹא.⁶

2 P. m. *Pa.* שוינכון Jer. I Deut. 10, 22; *Aph.* אחמינכון Jer.
I Deut. 4, 36.

3 P. m. *Pe.* חמתון Keth. 35ᵃ, Sanh. 25ᵈ, חמתהון Ber. 10ᶜ,
חמיתון Ber. 3ᵈ, חמהון⁸ Ber. R. 17, שרתון Ber. 5ᵃ Ven. (שריתון L),
נסתון (v. נסא = נסב) Bab. m. 8ᵃ, Chag. 77ᵃ; *Pa.* כסיתון Mo. k.
82ᵃ; *Aph.* אשקיתון Ber. 6ᵃ, איתיתון Ber. R. 33.

Aph. איתינון Koh. R. III 6.

Pe. חֹזֹנון O. Gen. 32, 2, Jer. I חמינון, [וֹ]מֹחֹנֹון O. Gen. 14, 15,
Jer. I מחינון, בֹרֹנֹון O. Jer. I Gen. 5, 2, [וֹ]מֹנֹון O. Jer. I Num.
1, 19, תגנון Jer. I Deut. 4, 46; *Pa.* שווינון Jer. I Gen. 30, 38;

---

¹ S. dazu S. 237.
² Zu dem ā für *ay* s. S. 66.
³ Palmyr. קריה de Vog. 103, עניה de Vog. 92.
⁴ Ob '*innĕschātah* (für '*innĕschī-yātah*) zu lesen?
⁵ Palmyr. עֹנֹה de Vogüé 105.
⁶ Zu dem Chirek s. S. 62.
⁷ Die Lesart אָתְיָה wird für das Onkelostarg. in אֹיתֹיה korrigiert Masora,
Ausg. *Land.* 18.
⁸ Wohl חמתון zu lesen.

Aph. אלויגון Jer. I Gen. 26, 31, ¹אחייהון Jer. III Ex. 13, 17; *Schaph.* שׁיצינון (l. שׁיצינון) O. Deut. 2, 21, Jer. I שׁצינון.

3 *Pers. Sing. fem.*

1 S. c. *Aph.* אייתיתני Ech. R. I 45, Est. R. Peth. 3.
Pe. חזׄתני O. Num. 22, 33, Jer. I חמתני.
3 S. m. *Pe.* מטתיה Pea 21ʰ, נסתיה (v. נסא = נסב) Er. 24ᵈ, חמתיה Sabb. 5ʰ, ²חמיתיה Schek. 47ᶜ, Vaj. R. 26; *Pa.* נסיתיה Sabb. 3ᵇ; *Aph.* אייתיתיה Ech. R. I 45.
Pe. מׄחׄתיה Targ. Jud. 5, 26; *Pa.* שׁויתיה Jer. I. II Ex. 2, 3; *Aph.* אׁשׁקיתיה O. Jer. I Gen. 24, 18, אׁיתׁיתׁיה O. Ex. 2, 10, Jer. I אייתיתיה.
3 S. f. *Pe.* הׁפׁתׁה O. Ex. 2, 3, Jer. I חפהא (!); *Pa.* עׁנׁיׁתׁה O. Gen. 16, 6, שׁוׁיׁתׁה O. Ex. 2, 3.
3 P. m. *Pa.* שׁוׁיׁאׁתׁנון O. Gen. 31, 34, Jer. I שׁותׁינון (!).

2 *Pers. Sing. masc.*

1 S. c. *Pe.* חמיתני Ber. 5ᵃ.
Pe. מׄחׁיׁתׁני O. Jer. I Num. 22, 28, Merx מׄחׁותׁני (!), דׁמׁיׁתׁני Targ. Jon. 2, 4 Merx; *Aph.* אׁסׁגׁיׁתׁני Targ. 2 Sam. 22, 36 Merx.
3 S. m. *Pe.* תניתיה Er. 18ᵈ, חמיתיה Ech. R. I 46, כפיתיניה Pea 15ᵈ; *Aph.* אנשׁיתיה Dem. 24ᵃ.
Pa. נסׄיׁתׁׄי O. Deut. 33, 8, Merx נׁסׁיׁתׁׄי, רׁבׁיׁתׁׄי Targ. Jon. 4, 10 Merx.
3 S. f. *Pe.* קריתה Taan. 68ᵃ.
3 P. m. *Pe.* חמיתינון Sabb. 5ᵇ; *Pa.* כסיתינון Mo. k. 82ᵃ.

1 *Pers. Sing. c.*

2 S. m. *Pe.* חמיתך Ned. 41ᵃ; *Pa.* מניתך Taan. 68ᵃ.
Pe. קׁרׁיׁתׁך O. Num. 24, 10; *Pa.* רׁבׁיׁתׁך O. Ex. 33, 17, מניתך Jer. I Gen. 17, 5; *Aph.* אׁחׁוׁתׁך (!) O. Deut. 34, 4, Merx אׁחׁזׁׄיׁתׁך.
2 S. f. *Aph.* אלקיתיך Targ. Jerem. 30, 14.
3 S. m. *Pa.* מניתיה Meg. 75ᵇ; *Aph.* איתיתיה Chall. 58ᶜ.
Pe. חׁוׁׄיׁתׁיה O. Gen. 44, 28, Jer. I חמיתיה, [וׁ]רׁמׁׄיׁתׁיה O. Ex. 32, 24; *Pa.* שׁוׁׄיׁתׁיה O. Gen. 27, 37, Jer. I מיניתיה (S. 64).
3 S. f. *Pe.* בעיתה Chall. 57ᵈ.
3 P. m. *Pe.* חמיתון Dem. 22ᶜ.

---

¹ Mit galil. Suffix.
² Die Form חמית ist vorausgesetzt, s. S. 283.

— 322 —

Pe. חֲזֵיתְנוֹן O. Gen. 33, 10, וְ[רַ]חֲמִיתְנוֹן] O. Deut. 9, 17, חֲמִיתִינוֹן
Jer. I Deut. 33, 9.

3 Pers. Plur. masc.

1 S. c. *Pa.* מְנוּנִי R. h. S. 58ʰ.
Aph. אֲתוּנִי Somn. Mord.
2 S. m. *Pe.* חֲמוּנָךְ Pea 21ʰ.
2 S. f. *Ithpe.* אִיתְנְשִׁיוּךְ Targ. Jerem. 30, 14.
3 S. m. *Pe.* מַחוּנִיה Ter. 46ʰ, שְׁרוֹנִיה Sanh. 23ᶜ; *Pa.* מְנוּנִיה
Kil. 32ʰ; *Aph.* אִיתוּנִיה Taan. 64ʰ, וַיְיתוּנִיה (= וְאַיְיתוּנִיה) Ech. R.
I 14, אִיתוּנִיה Naz. 56ᵃ, אִישְׁרוֹנִיה¹ Keth. 35ᵃ, אַשְׁקוֹנִיה Vaj. R. 12.
Pe. וְ[רַ]מוֹתִי] Targ. Jon. 1, 15; *Aph.* אֲשֵׁיוֹתִי O. Jer. I Gen.
19, 16, אַשְׁקוּהִי Targ. 1 Sam. 30, 11, אַיְיתוּהִי² Jer. I Gen. 37, 22.
3 S. f.³ *Pa.* מַלְאוּה Vaj. R. 37; *Aph.* אַיְיתוּה² Koh. R. VII 11.
Pe. כְּרוֹהָא O. Num. 21, 18, Merx כְּרוֹהָא, מַחוּהָא Targ. Jud. 1, 8.
1 P. c. *Pa.* עֲלוּנָא O. Deut. 26, 7.
3 P. m. *Pe.* כְּפוּנוּן Chag. 77ᵈ.
Pe. בְּגוּנוּן, בְּגִינוּן Jer. I Num. 32, 18; *Pa.* חֲמִיאוּנוּן Jer. I Num.
13, 27; *Aph.* אָחְזִיאוּנוּן O. Num. 13, 27; *Schaph.* שֵׁיצִיאוּנוּן O. Jer.
I Deut. 2, 13.
3 P. f. *Pe.* וְ[מַ]לוּנִין] O. Gen. 26, 15, Jer. I מַלוּנוּן.

1 Pers. Plur. c.

3 S. m. *Pe.* וְ[מַ]חִינָהִי] O. Deut. 3, 3, Jer. I מְחִינוּהִי.⁴
3 S. f. *Pe.* תְּגִינְתַה Jom. 42ʰ, Kidd. 58ᵈ, Bab. k. 2ʰ.
3 P. m. *Pe.* תְּגַנְתוּן⁵ Pes. 34ʰ.
Pe. וְ[מַ]חִיגְנוּן] O. Deut. 29, 6, Jer. I מַחוּגוּן (l. מַחִינוּן).

§ 81. B. *Suffixe am Imperfect.*

1. Die Endung des Imperfects fliesst im galil. Dialekt mit
der den Suffixen vorangehenden Silbe יִ zu einer Silbe zusammen.
Beispiele für die 3 und 2 Pers. Plur. mit Suffixen kommen nicht
vor. Einzigartig sind נִיתְנָיֵיה Er. 18ᵈ, נִישְׁתָּיֵיה Ter. 45ᶜ ohne Einschaltung von יִ; doch ist der Text wohl korrumpiert.
2. Nach der superlin. Vokalisation bleibt im *Onkelostargum*

---

¹ Mit *i* für *a*, s. S. 64.
² Von אַיְיתוּ für אַיְיתִיאוּ, s. S. 298.
³ Palmyr. בנוה de Vogüé 67.
⁴ Mit Verwandlung von *ā-ī* in die beliebte Lautfolge *ō-ī*, vgl. S. 66.
⁵ Für תְּגִינְתוּן.

das lange ō der Endung bei der Einschaltung von *in* erhalten,
verdrängt also den Vokal derselben, während nach Ausg. Sab.
öfters Verkürzung des Endvokals statt hat,[1] sodass dieser mit
dem Vokal der Einschaltung zusammenfliesst. Das einzige תְעֹנְנָךְ
ist wohl nur dadurch veranlasst, dass der Vokalbuchstabe Jod
fehlte. Bei der 3 und 2 Pers. Plur. bleibt das ō der Endung
nach Abwerfung des Nun ebenfalls erhalten.[2] Cod. Soc. schwankt
indes wie beim Perfect zwischen der Schreibung ō und *ū*. Der
Sprachgebrauch der *jer. Targume* unterscheidet sich nicht erkennbar.

3. Beispiele für das Imperfect mit Suffixen.

3 Pers. Sing. masc.

1 S. c. *Pe.* יְחֹוּנַנִי O. Ex. 33, 20, Jer. I יַחְמִינַנִי, יִמְחֹינַנִי O.
Jer. I Gen. 32, 11; *Aph.* יַחֹוּנַנִי(!), O. Num. 23, 3, Merx יַחֹוינַנִי(!).
2 S. m. *Pe.* יְמַחִינָךְ O. Deut. 28, 22, יִשְׁבִינָךְ O. Num. 24, 22,
יַחֹוינָךְ O. Ex. 4, 14, Jer. I יַחְמִינָךְ; *Aph.* יִסֹּינָךְ O. Jer. I Gen. 28, 3.
3 S. m. *Pa.* יִמְלִינֵיה Sot. 20ᵇ, יַמְנִינֵיה Chag. 76ᶜ, Koh. R. VII 7.
Pe. יְלַקֹינֵיה O. Jer. I Deut. 25, 3, יִמְחֹינֵיה O. Jer. I Gen.
32, 8; *Pa.* [וֹ]יִרְבִּינֵיה O. Lev. 13, 28, Jer. I יִרְכָּאִינֵיה.
3 S. f. *Pa.* יַקְשִׁינָה Bab. k. 4ᵇ.
Pe. יְחֹונָה O. Deut. 1, 36, Jer. I יַחְמִינָה, יִסֹינָה O. Jer. I
Deut. 22, 13; *Aph.* יַיְתִינָה O. Jer. I Lev. 2, 2.
1 P. c. *Pe.* יַסְפִּינָא Jer. I Num. 11, 18.
2 P. m. *Pe.* יִמְחֹינְכוֹן Jer. I Deut. 28, 27; *Aph.* יַסְגִּינְכוֹן Jer.
I Deut. 7, 13, יִגְלִינְכוֹן Jer. I Deut. 28, 68.
3 P. m. *Pe.* יִקְרִינוּן Meg. 74ᵇ, יַחְמִינוּן Ab. z. 42ᶜ.
Pa. יִשֹוינוּן O. Jer. I Deut. 7, 15.

3 Pers. Sing. fem.

2 S. m. *Pe.* תְעֹנְנָךְ O. Deut. 20, 11.

2 Pers. Sing. masc.

1 S. c. *Pa.* תְמֹנִינִי Targ. 2 Sam. 22, 44 Merx.
3 S. m. *Pe.* תֵיחְמִינֵיה Ber. 4ᵃ.

---

[1] Vgl. Mas. Ausg. *Land.* 18 die Lesarten אָיְתִינֵיה und אָיְתֵנֵיה, ebenda 79 יִמְחִנַךְ,
88 יַסְגִּינָךְ (ohne Dagesch, aber mit *i*), 101 יַעְדִינֵיה und im bibl. Aram. יְחֹונַנִי, יְחֹונָה.
[2] Masora, Ausg. *Land.* 48 wird zu יַחְזֻנֵה O. Num. 14, 23 auch Schreibung
mit Dagesch im Nun bezeugt, vgl. bibl. aram. תְּהַחֲוֻנַנִי mit Verkürzung von ō zu *u*.

Pe. תִּבְעֵינֵיה O. Jer. I Gen. 43, 9, תִּחֲזֵינֵיה O. Num. 23, 13, Jer. I תִּיחֲמֵינֵיה.

3 S. f. *Pa.* תִּדְמִינַה Jeb. 11ª, Keth. 26ᵇ.

3 P. m. *Pe.* תִּמְחֵינוּן O. Jer. I Deut. 7, 2; *Pa.* [וְ]תֻמְּתֵנּוּן O. Jer. I Gen. 47, 6, [וְ]תְּתַּבֵּינוּן[1] O. Deut. 6, 7.

1 *Pers. Sing. c.*

2 S. m. *Pa.* אֲשַׁוֵּינָךְ O. Gen. 46, 3, Jer. I אֵישַׁוֵּינָךְ; *Aph.* אֲחַוֵּינָךְ O. Jer. I Gen. 12, 1; *Schaph.* אֲשֵׁיצֵינָךְ O. Ex. 33, 3.

3 S. m. *Pa.* אֲסִינֵיה Vaj. R. 16.
Pe. אֲמָחֵינֵיה O. Jer. I Ex. 32, 33; *Pa.* אֲשַׁוֵּינֵיה O. Jer. I Gen. 21, 13; *Aph.* אֵיתֵינֵיה O. Jer. I Gen. 42, 37.

3 S. f. *Pe.* אֲחַוֵּינַה O. Gen. 9, 16, Jer. I אֲחַמִינַה; *Pa.* אֲשַׁוִּינַה Jer. 1 Sam. 11, 2.

2 P. m. *Schaph.* אֵישֵׁיצִנְכוּן Jer. I Ex. 33, 3.

3 P. m. *Pe.* אֲמַחֵינוּן O. Num. 14, 12; *Pa.* אֲשַׁוֵּינוּן O. Jer. I Ex. 15, 26, אֲמָצֵינוּן O. Deut. 1, 13, Jer. I אֵימָנִינוּן; *Aph.* אֲקַבֵּינוּן O. Jer. I Deut. 32, 21; *Schaph.* אֲשֵׁיצֵינוּן O. Num. 14, 12.

3 *Pers. Plur. masc.*

1 S. c. *Pe.* יְמַחֹונַּנִי O. Jer. I Gen. 34, 30.

3 S. f. *Pe.* יְחַזֵוּנַּה O. Num. 14, 23 Sab., Jer. I יחמונה, O. Cod. Soc. יְחֵזֵינַּה (!).

3 P. m. *Pe.* יֵיתֹנוּן O. Jer. I Lev. 17, 5.

2 *Pers. Plur. masc.*

3 S. m. *Pe.* תֵּרְמֻונֵּיה O. Ex. 1, 22, Jer. I תֵּירְמוֹנֵיה.

1 *Pers. Plur. c.*

3 S. m. *Pe.* נִישְׁתֵּייה Ter. 45ᶜ.
Pe. נְרָמֵינֵיה O. Gen. 37, 20, Jer. I גֵירְמֵינֵיה; *Aph.* נַשְׁקֵינֵיה O. Jer. I Gen. 19, 34.

3 S. f. *Pe.* נִיתְנִינַה Jeb. 2ᵈ.

3 P. m. *Aph.* נְנִגְלֵינוּן[2] Keth. 35ᵇ, Kil. 32ᶜ.

§ 82. C. *Suffixe am Imperativ.*

1. Im *galil. Dialekt* wird der Imperativ in derselben Weise wie das Perfect mit Suffixen verbunden. Im Sing. m. wird daher auch hier ת eingeschaltet. Formen ohne ת sind אֵיתֵייה und

---

[1] Zu dem ersten Dagesch s. S. 191.
[2] Zu *i* für *a* s. S. 64.

דמינה, die letztere dem Imperfect nachgebildet. Keine besonderen Femininformen sind nachzuweisen.

2. Das *Onkelostargum* hängt im Sing. die Suffixe an die unveränderte Endung des Imperativs. Bei dem Suffix der 3 Sing. m. am Imperativ Sing. m. wird aus *ē-hī* (nach Analogie des Nomen plurale mit Suffix der 3 Sing. m.) *ōhī*. Dem abweichenden Gebrauch, der sich auch bei dem starken Verbum beobachten liess (s. S. 312), entspricht שׁוֹיֽהָא, wofür שׁוֹיֽהָא erwartet werden sollte. Suffixe der 2 und 3 Plur. kommen am Imper. nicht vor.

Im Plur. sollte im Peal das *ō* der Endung erhalten geblieben sein, obwohl Targ. Jon. 1, 12 רֽמוֹנֽי vokalisiert wird; im bibl. Aram. findet sich *Aph.* הַחֲזֹֽונֽי. — In den *jer.* Targumen ist einmal im Aphel *ī-'ū* zu *ēyū* geworden.

3. Beispiele für den Imperativ mit Suffixen.

Sing. masc.

1 S. c. *Pe.* מָחֽינֽי O. Jer. I Ex. 32, 32; *Aph.* אָחֽזֽונֽי O. Ex. 33, 18.
3 S. m. *Pa.* בויתיה Pea 15ᵈ, כסיתיה Ech. R. I 19; *Aph.* אייתיתיה Naz. 54ᵇ, אייתיה Ech. R. I 31.
Pe. רֽמוֹהֽי O. Ex. 4, 3, Sab. רֽמֽיהֽי.
3 S. f. *Pa.* דמינה Sabb. 2ʰ, קשיתה Jeb. 4ᵈ, קשיתה Maas. sch. 56ª.
Pa. שׁוֹיֽהָא O. Deut. 31, 19, Jer. I שוייה, O. Sab. שַׁוֽיהָ.
1 P. c. *Aph.* אחזינא Targ. Jud. 1, 24.

Sing. fem.

3 S. m. *Aph.* אייתיתיה Ber. R. 91, אייתיתיה Ber. R. 28.
Aph אשׁקֽינֽי O. Jer. I Gen. 24, 45, aber O. Merx אֽשׁקֽנֽי (von f. אֽשׁקֽא).

Plur. masc.

1 S. c. *Pe.* [וֽ]רֽמוֹנֽי Targ. Jon. 1, 12 Merx; *Aph.* אלייוני Jer. I Gen. 24, 56.
3 S. m. *Pe.* שרוניה Sanh. 23ᶜ; *Aph.* ארפוניה Ber. 9ª, אייתוניה Ber. 6ª.
3 P. m. *Aph.* ארפונון Kil. 32ᵇ, אייתינון (l. אייתונון) Sabb. 16ᵈ.

§ 83. *D. Suffixe am Infinitiv.*

1. Der Infinitiv des Peal folgt im *galil.* Dialekt dem Imperfect mit Einschaltung von יֽ vor den Suffixen. Die Infinitive

von Pael und Aphel haben die gewöhnlichen Nominalsuffixe.
Die Endung *ā-yā* sollte vor Suffixen *ā-yĕt* lauten, scheint aber
öfters zu *āt* oder über *ayt* zu *ēt* geworden zu sein.

2. Das *Onkelostargum* hat überall Nominalsuffixe. Die
Endung *ē* im Infin. des Peal wird behandelt wie das *ē* (*ay*) des
Plurals der Nomina vor Suffixen (vgl. auch S. 164f.). Ebenso ist
die Behandlung des *ē* bei den babylon. Infinitiven auf *ō'ē*. Doch
lautet das Suffix der 1. Sing. c. nicht *ay*, sondern *a*, wie bei der
Präposition בֵּין (S. 182).[1] Bei den Infinitiven des Pael und
Aphel tritt an die Stelle der Form auf *ū-'ā* eine andere auf
āyūt, selten *ā'ūt*, an welche die Suffixe antreten.

3. Die *jer.* *Targume* haben einige abweichende Formen für
den Infin. Peal mit Suffixen. Zuweilen wird die Endung *ē* wie im
bibl. Aram. durch konsonantisches Jod vor den Suffixen vertreten, zuweilen verschwindet sie völlig, sodass die Suffixe die
am Singular übliche Form haben.

4. Beispiele für den Infinitiv mit Suffixen.

Peal.

1 S. m. מֵיתָא O. Gen. 44, 30; 48, 5.

2 S. m. מֵהוֹךְ O. Deut. 26, 19, מֵיתָךְ O. Gen. 19, 22, מֵחזָיָךְ
Jer. I Ex. 9, 16.

3 S. m. מֵיחמִינֵיה Naz. 56ᵃ, מֵימחוֹנֵיה (l. מֵימחִינֵיה) Ber. 9ᵃ,
מֵפנִינֵיה Taan. 64ᵇ.

מֵיתוֹתִי O. Jer. I Gen. 35, 9, מֵילקַייַה Jer. I Deut. 25, 3, מֵימחֵיה
Jer. I Ex. 2, 13, מֵיתֵיה Jer. I Gen. 35, 16.

3 S. f. מֵחזָה O. Deut. 28, 68 Merx (fehlt in Cod. Soc.),
מֵמחָה O. Num. 22, 25, Jer. I מֵימחֵה.

1 P. c. מֵיתָנָא O. Jer. I Ex. 10, 26.

2 P. m. מֵיתִיכוֹן O. Jer. I Deut. 1, 31, מֵיחמִיכוֹן Jer. I Deut. 1, 30.

3 P. m. מֵיתוֹתהוֹן O. Jer. I Gen. 34, 5. מֵחזַייַהוֹן O. Ex. 13, 17,
Jer. I מֵיחמִיַהוֹן, מֵהַזַייַהוֹן O. Jer. I Ex. 10, 6.

3 P. f. מַיתֵיהֵן O. Jer. I Gen. 30, 38 Sab., Cod. Soc. מֵיתֵיהוֹן.

Die übrigen Verbstämme.

2 S. m. *Aph.* אַחזָיוֹתָךְ O. Ex. 9, 16.

3 S. m. *Pa.* ממַנִיתֵיה Ned. 42ᵇ, ממַנֵייתֵיה Chag. 76ᶜ, מִשַׁרתֵיה

---

[1] S. auch S. 66.

Bab. b. 13ᵇ, מירמיתיה Ter. 45ᶜ; *Aph.* מייתיתיה Ber. 5ᶜ Ven. (מייתותי L),
מיתותיה (l. מיתיתיה) Pea 15ᶜ.
Pa. דְּכָאוֹתיה O. Jer. I Lev. 13, 59, כְּסֹיוֹתיה O. Jer. I Ex.
16, 13; *Aph.* אָשְׁקִיוֹתיה O. Gen. 24, 19, Jer. I אשקייותיה.
3 S. f. *Pa.* מטפיתה Sabb. 15ᵈ, מטפתה Jom. 45ʰ, מדמיתה
Sabb. 2ᶜ; *Aph.* מייתיתא Kidd. 61ᵇ, משהתה Schebi. 36ᵃ.
Pa. קְשֹׁיוֹתה O. Jer. I Gen. 35, 17.
1 P. c. *Schaph.* שׁיצִיוֹתַנָא O. Jer. I Deut. 1, 27.
2 P. m. *Aph* אָשְׁדֵּיוֹתְכוֹן O. Jer. I Deut. 1, 33, אטעיותכון Jer.
I. Deut. 13, 10. — איתואיכון O. Lev. 23, 14, Jer. I איתוייכון.
3 P. m. *Pa.* מפנתון Dem. 24ᵈ.
Pa. דְּכוֹאֵיהון O. Jer. I Num. 8, 7, נסוייהון Jer. I Ex. 16, 4;
Aph. אַלוֹואֵיהון O. Jer. I Gen. 18, 16; *Schaph.* שׁיצִיוֹתהון O. Deut.
2, 15, Jer. I משציהון.¹

§ 84. E. Suffixe am Particip.

1. Substantivierte Participia mit Subjectspronomen sind im
galil. Dialekt ברי „Schöpfer", אסי „Arzt", סני „Feind". Als
Objectssuffix am Particip findet sich ני und כון, das letztere mit
Einschaltung von ת (ית) zwischen Verbum und Suffix nach der
Analogie des Perfects, das erstere nach der Analogie des Im-
perfects.

Das Particip mit Personalpron. der 1 Plur. verliert vor Anfügung eines Objectssuffixes sein zweites Nun. Die Nominalsuffixe werden dabei verwandt.

2. Das *Onkelostargum* verbindet ebenfalls אסי „Arzt", סני
„Feind"² mit Suffixen, die *jer.* Targume auch ברי „Schöpfer".
Einziges Beispiel eines Objectssuffixes ist מָחוֹהִי, wobei die Endung
ē ebenso wie bei dem Infinitiv mit Suffixen behandelt ist. מחהו
im jer. Targ. ist wohl Schreibfehler für מחהי.

3. Beispiele für das Particip mit Subjectssuffixen.

1 S. c. ברי „m. Schöpfer" Est. R. II 1, Pl. שנאי Ech. R.
III 200. — *Pl.* סנאי O. Ex. 20, 5 (Athn.), Jer I שנאי.
2 S. m.ברייך Sanh. 29ᵃ, אסייך Taan. 66ᵈ. — אָסָך „d. Arzt"
O. Ex. 15, 26, Jer. I אסאך, Pl. סנאך O. Jer. I Gen. 14, 20.

---

¹ Wie Infin. Peal gebildet, vgl. S. 290.
² Vgl. SS. 120. 165, vgl. S. 290.

3 S. m. ברייה Ber. 9ᵃ. — Pl. סֹנָאֹוהִי O. Deut. 7, 10, Jer. I סנאוי.
1 P. c. בריין Ber. R. 63. — Pl. סֹנָאֹנָא O. Ex. 1, 10, Jer. I סנאינן.
2 P. m.ברייכון Taan. 69ᵃ, Pl. שנאיכון Midr. Tehill. 8, 5.
3 P. m. ברייהון Ech. R. Peth. 34, שנאיהון Chag. 77ᵈ. — ברייהון
Jer. I Lev. 23, 42.

4. Beispiele für das Particip mit Objectssuffix.

1 S. c. מהיכן את מלקיני „woher nimmst du das Recht mich
zu schlagen?" Kidd. 64ᵈ.

3 S. m. לְשֵׁיזָבָא יֵת בֵּעֲלָה מִיד מָחוֹהִי „ihren Gatten aus der
Hand dessen, der ihn schlägt, zu retten" O. Deut. 25, 11, Jer.
I מחהו.

2 P. m. לא הוינא משקתכון „ich würde euch nicht zu trinken
geben" Ab. z. 41ᵃ.

5. Beispiele für das Particip mit Personalpronomen und Objectssuffix.

3 P. m. אין מרפינון אולון סלקון (אזלין סלקין .l) אינון שבקין יתי „wenn ich[1] sie gehen und hinaufziehen lasse, verlassen sie mich"
Ab. z. 39ᵇ.

---

[1] Zur Verwendung der 1 Pers. Plur. für die 1 Pers. Sing. s. S. 212 f.

ANHANG

	Peal			Ithpeel	
	Onk.		Gal.	Onk.	Gal.
Perf. S. 3 m.	כְּתַב	סְלֵיק	כתב	אִתְכְּתֵיב	איתכתיב
f.	כְּתַבַת	סְלֵיקת	כתבת	אִתְכְּתֵיבַת	איתכתיבת
2 c. {	כְּתַבְתָּא	סְלֵיקתָא	כתבתה	אִתְכְּתֵיבְתָּא	איתכתבת
	כְּתַבְת	סְלֵיקת	כתבת	אִתְכְּתֵיבְת	—
1 c.	כְּתַבִית	סְלֵיקית	כתבית	אִתְכְּתֵיבִית	איתכתבית
P. 3 m.	כְּתַבוּ	סְלִיקוּ	כתבון	אִתְכְּתִיבוּ	איתכתבון
f.	כְּתַבָא	סְלִיקָא	כתבן	אִתְכְּתִיבָא	איתכתבן
2 m.	כְּתַבתון	סְלֵיקתון	כתבתון	אִתְכְּתֵיבתון	איתכתבתון
f.	כְּתַבתִין	סְלֵיקתִין	—	אִתְכְּתֵיבתִין	—
1 c.	כְּתַבנָא	סְלִיקנָא	כתבנן	אִתְכְּתֵיבנָא	איתכתיבנן
Impf. S. 3 m.	יִכְתּוֹב	יִתְקַף	יכתוב	יִתְכְּתֵיב	יתכתיב
f.	תִכְתּוֹב	תִתְקַף	תכתוב	תִתְכְּתֵיב	תתכתיב
2 m.	תִכְתּוֹב	תִתְקַף	תכתוב	תִתְכְּתֵיב	תתכתיב
f.	תִכְתְּבִין	תִתְקְפִין	תכתבין	תִתְכַּתְבִין	תתכתבין
1 c.	אֶכְתּוֹב	אֶתְקַף	אכתוב	אֶתְכְּתֵיב	איתכתיב
P. 3 m.	יִכְתְּבוּן	יִתְקְפוּן	יכתבון	יִתְכַּתְבוּן	יתכתבון
f.	יִכְתְּבָן	יִתְקְפָן	יכתבן	יִתְכַּתְבָן	יתכתבן
2 m.	תִכְתְּבוּן	תִתְקְפוּן	תכתבון	תִתְכַּתְבוּן	תתכתבון
f.	תִכְתְּבָן	תִתְקְפָן	—	תִתְכַּתְבָן	—
1 c.	נִכְתּוֹב	נִתְקַף	נכתוב	נִתְכַּתֵּיב	נתכתיב
Imper. S. m.	כְּתוֹב	תְּקַף	כתוב	אִתְכְּתֵיב	איתכתיב
f.	כְּתוּבִי	תְּקַפִי	כתבין	אִתְכְּתֵיבִי	איתכתבין
P. m.	כְּתוּבוּ	תְּקַפוּ	כתבון	אִתְכְּתֵיבוּ	איתכתבון
f.	כְּתוּבָא	תְּקַפָא	—	אִתְכְּתֵיבָא	—
Infin.	מִכְתַּב	מִתְקַף	מכתב, מכתוב	אִתְכְּתָבָא	מתכתבה
Part. act. S. m.	כָּתֵיב	סָלֵיק	כתיב	מִתְכְּתֵיב	מתכתיב
f.	כָּתְבָא	סָלְקָא	כתבה	מִתְכַּתְבָא	מתכתבה
Part. pass. S. m.	כְּתִיב	—	כתיב	—	—
f.	כְּתִיבָא	—	כתבה	—	—

Verbum.

	Pael.		Ithpaal.		Aphel.		Ittaphal.
	Onk.	Gal.	Onk.	Gal.	Onk.	Gal.	Onk.
	כְּתֵיב	כתיב	אִתְכְּתֵב	איתכתב	אַכְתֵּיב	אכתיב	אִתַּכְתַּב
	כְּתֵיבַת	כתבת	אִתְכַּתְּבַת	איתכתבת	אַכְתֵּיבַת	אכתיבת	אִתַּכְתְּבַת
	כְּתֵיבְתָּא	כתיבת	אִתְכַּתְּבַתָּא	איתכתבת	אַכְתֵּיבְתָּא	אכתבת	אִתַּכְתַּבְתָּא
	כְּתֵיבַת	—	אִתְכַּתְּבַת	—	אַכְתֵּיבַת	—	אִתַּכְתְּבַת
	כְּתֵיבִית	כתיבית	אִתְכַּתְּבִית	איתכתבית	אַכְתֵּיבִית	אכתבית	אִתַּכְתְּבִית
	כְּתֵיבוּ	כתבון	אִתְכַּתְּבוּ	איתכתבון	אַכְתֵּיבוּ	אכתבון	אִתַּכְתַּבוּ
	כְּתֵיבָא	כתבן	אִתְכַּתְּבָא	איתכתבן	אַכְתֵּיבָא	אכתבן	אִתַּכְתַּבָא
	כְּתֵיבְתּוּן	כתבתון	אִתְכַּתְּבְתּוּן	איתכתבתון	אַכְתֵּיבְתּוּן	אכתיבתון	אִתַּכְתַּבְתּוּן
	כְּתֵיבְתִּין	—	אִתְכַּתְּבְתִּין	—	אַכְתֵּיבְתִּין	—	אִתַּכְתַּבְתִּין
	כְּתֵיבְנָא	כתבנן	אִתְכַּתְּבְנָא	איתכתבנן	אַכְתֵּיבְנָא	אכתיבנן	אִתַּכְתַּבְנָא
	יְכַתֵּיב	יכתיב	יִתְכַּתַּב	יתכתב	יַכְתֵּיב	יכתיב	יִתַּכְתַּב
	תְּכַתֵּיב	תכתיב	תִּתְכַּתַּב	תתכתב	תַּכְתֵּיב	תכתיב	תִּתַּכְתַּב
	תְּכַתֵּיב	תכתיב	תִּתְכַּתַּב	תתכתב	תַּכְתֵּיב	תכתיב	תִּתַּכְתַּב
	תְּכַתְּבִין	תכתבין	תִּתְכַּתְּבִין	תתכתבין	תַּכְתְּבִין	תכתבין	תִּתַּכְתְּבִין
	אֲכַתֵּיב	איכתיב	אֶתְכַּתַּב	איתכתב	אֲכְתֵּיב	אכתיב	אֶתַּכְתַּב
	יְכַתְּבוּן	יכתבון	יִתְכַּתְּבוּן	יתכתבון	יַכְתְּבוּן	יכתבון	יִתַּכְתְּבוּן
	יְכַתְּבָן	יכתבן	יִתְכַּתְּבָן	יתכתבן	יַכְתְּבָן	יכתבן	יִתַּכְתְּבָן
	תְּכַתְּבוּן	תכתבון	תִּתְכַּתְּבוּן	תתכתבון	תַּכְתְּבוּן	תכתבון	תִּתַּכְתְּבוּן
	תְּכַתְּבָן	—	תִּתְכַּתְּבָן	—	תַּכְתְּבָן	—	תִּתַּכְתְּבָן
	נְכַתֵּיב	נכתיב	נִתְכַּתַּב	נתכתב	נַכְתֵּיב	נכתיב	נִתַּכְתַּב
	כַּתֵּיב	כתיב	אִתְכַּתַּב	איתכתב	אַכְתֵּיב	אכתיב	אִתַּכְתַּב
	כַּתֵּיבִי	כתבין	אִתְכַּתְּבִי	איתכתבין	אַכְתֵּיבִי	אכתבין	אִתַּכְתְּבִי
	כַּתֵּיבוּ	כתבון	אִתְכַּתְּבוּ	איתכתבון	אַכְתֵּיבוּ	אכתבון	אִתַּכְתְּבוּ
	כַּתֵּיבָא	—	אִתְכַּתְּבָא	—	אַכְתֵּיבָא	—	אִתַּכְתְּבָא
	כַּתָּבָא	מכתבה	אִתְכַּתְּבָא	מתכתבה	אַכְתְּבָא	מכתבה	אִתַּכְתְּבָא
	מְכַתֵּיב	מכתיב	מִתְכַּתַּב	מתכתב	מַכְתֵּיב	מכתיב	מְתַּכְתַּב
	מְכַתְּבָא	מכתבה	מִתְכַּתְּבָא	מתכתבה	מַכְתְּבָא	מכתבה	מְתַּכְתְּבָא
	מְכוּתַּב	מכתב	—	—	מַכְתַּב	מכתב	—
	מְכוּתְּבָא	מכתבה	—	—	מַכְתְּבָא	מכתבה	—

II. *Verba mediae Waw*

		Peal				Ithpeel	
		Onk.	Gal.	Onk.	Gal.	Onk.	Gal.
Perf.	S. 3 m.	קָם	קם	מִית	מית	אִתְעַר, אִתְקַם	איתקם
	f.	קַמַת	קמת	מַיְתַת	מיתת	—	—
	2 c.	קַמְתָּא	קמתה	—	מיתת	—	—
	1 c.	קַמִית	קמית	מַיְתִית	מיתית	אִתְעֲרִית	איתקמית
	P. 3 m.	קָמוּ	קמון	מִיתוּ	מיתון	—	—
	f.	קָמָא	קמן	(מִיתָא?)	מיתן	—	—
	2 m.	קַמְתּוּן	קמתון	—	—	—	—
	f.	קַמְתִּין	—	—	—	—	—
	1 c.	קַמְנָא	(קמנן)	מֵיתְנָא	—	—	—
Impf.	S. 3 m.	יְקוּם	יקום	יְדִין	—	יִתְקָם	יתקם
	f.	תְּקוּם	תיקום	תְּדִין	—	—	—
	2 m.	תְּקוּם	תיקום	תְּדִין	—	—	—
	f.	תְּקוּמִין	תקומין	תְּדִינִין	—	—	—
	1 c.	אִקוּם	איקום	אָדִין	—	—	—
	P. 3 m.	יְקוּמוּן	יקומון	יְדִינוּן	—	יִתְקְמוּן	יתקמון
	f.	יְקוּמָן	—	יְדִינָן	—	—	—
	2 m.	תְּקוּמוּן	תקומון	תְּדִינוּן	—	—	—
	f.	תְּקוּמָן	—	תְּדִינָן	—	—	—
	1 c.	נְקוּם	ניקום	גְדִין	—	—	—
Imper.	S. m.	קוּם	קום	—	—	אִתְקַם	—
	f.	קוּמִי	קומי	—	—	—	—
	P. m.	קוּמוּ	קומו	—	—	—	—
	f.	קוּמָא	—	—	—	—	—
Infin.		מְקָם	מיקום, מיקם	—	—	אִתְקָמָא	מתקמא
Part. act.	S. m.	קָאֵים	קיים, קאים	—	—	(מִתְקַם)	מתקם
	f.	קָיְמָא	קיימה	—	—	(מִתְקַמָא)	מתקמא
Part. pass.	S. m.	קִים	קים	—	—	—	—
	f.	קִימָא	קימה	—	—	—	—

s. Jod.			III. Verba geminata.			
	Aphel.		Peal.		Aphel.	
Gal.	Onk.	Gal.	Onk.	Gal.	Onk.	Gal.
איתציד	אָקִים	אוקים ,אקים	עַל	עָאל	אַעֵיל	אעיל
—	אָקִימַת	אקימת	עַלת	עלת	אַעֵילַת	אעילת
—	אָקִימְתָא	אקימת	עַלְתָא	עלת(א)	אַעֵילְתָא	אעילתא
—	אָקִימִית	(אקימית)	עַלית	עלית	אַעֵילית	אעילית
איתצידון	אָקִימוּ	אקימון	עֲלוֹ ,עַלוּ	עלון	אַעֵילוּ	אעלון
—	אָקִימָא	אקימן	עַלָא	עלן	אַעֵילָא	אעלן
—	אָקִימְתּוּן	אקימתון	עַלְתּוּן	עלתון	אַעֵילְתּוּן	אעילתון
—	אָקִימְתִּין	—	עַלְתִּין	—	אַעֵילְתִּין	—
—	אָקִימְנָא	(אקימנן)	עַלְנָא	עלנן	אַעֵילְנָא	אעלנן
יתציד	יָקִים ,יְקִים	יוקים ,יקים	יֵיעוֹל	ייעול	יַעֵיל	יעיל
—	תְּקִים	תקים	תֵּיעוֹל	תיעול	תַּעֵיל	תעיל
—	תְּקִים	תקים	תֵּיעוֹל	תיעול	תַּעֵיל	תעיל
—	תְּקִימִין	תקימין	תֵּיעֲלִין	תיעלין	תַּעֲלִין	תעלין
—	אָקִים	אקים	אֵיעוֹל	איעול	אַעֵיל	אעיל
יתצידון	יְקִימוּן	יקימון	יֵיעֲלוּן	ייעלון	יַעֲלוּן	יעלון
—	יְקִימָן	יקימן	יֵיעֲלָן	ייעלן	יַעֲלָן	יעלן
—	תְּקִימוּן	תקימון	תֵּיעֲלוּן	תיעלון	תַּעֲלוּן	תעלון
—	תְּקִימָן	—	תֵּיעֲלָן	—	תַּעֲלָן	—
—	נְקִים	נקים	נֵיעוֹל	ניעול	נַעֵיל	נעיל
איתציד	אָקֵים	אוקים ,אקים	עוּל	עול	אַעֵיל	אעיל
—	אָקִימִי	אקימי	עוּלִי	עולין	אַעֵילִי	אעלין
—	אָקִימוּ	אקימו	עוּלוּ	עולון	אַעֵילוּ	אעלון
—	אָקֵימָא	—	עוּלָא	—	אַעֵילָא	—
—	אָקְמָא ,אָקָמָא מוקמה,מיקמה	מיקמה,מוקמה	מֵיעַל	מיעול ,מיעַל	אַעֲלָא	מעלה
מתציד	מְקִים מוקים,מקים	מקים ,מוקים	עָלֵיל	עייל ,עליל	מַעֵיל	מעיל
מיתצידה	מְקִימָא מוקימה,מקימה	מקימה,מוקימה	עָלְלָא	עללה	מַעֲלָא	מעלה
—	—	—	עָלִיל	עליל	מַעַל	—
—	—	—	עָלִילָא	עלילה	מַעֲלָא	—

			Peal		Ithpeel	
			Onk.	Gal.	Onk.	Gal.
Perf.	S.	3 m.	חֲזָא, שְׁתִי	חמא	אִתְחֲזִי	איתחמי
		f.	חֲזָת, שְׁתִיאַת	חמת, חמית	אִתְחֲזִיאַת	איתחמית
		2 c. {	חֲזֵיתָא, (?)שְׁתִיתָא	חמיתה	אִתְחֲזֵיתָא	איתחמיתה
		{	חֲזֵית, שְׁתֵית	חֹמית	אִתְחֲזֵית	איתחמית
		1 c. {	חֲזֵיתִי, שְׁתֵיתִי	חמיתי	אִתְחֲזֵיתִי	איתחמית(י)
		{	חֲזֵית, —	חמית, חמיית	—	איתחמית
	P.	3 m.	חֲזוֹ, שְׁתִיאוּ	חמון, חמיון	אִתְחֲזִיאוּ	איתחמון
		f.	חֲזָאָה, שְׁתִיאָה	חמיין	אִתְחֲזִיאָה	איתחמיין
		2 m.	חֲזֵיתוֹן, שְׁתִיתוֹן	חמיתון	אִתְחֲזֵיתוֹן	איתחמיתון
		f.	חֲזֵיתִין, שְׁתֵיתִין	—	אִתְחֲזֵיתִין	—
		1 c.	חֲזֵינָא, שְׁתֵינָא	חמינן	אִתְחֲזֵינָא	איתחמינן
Impf.	S.	3 m.	יֶחֱזֵי	יחמי	יִתְחֲזֵי	יתחמי
		f.	תֶּחֱזֵי	תיחמי	תִּתְחֲזֵי	תתחמי
		2 m.	תֶּחֱזֵי	תיחמי	תִּתְחֲזֵי	תתחמי
		f.	תֶּחֱזָן	תיחמיין	תִּתְחַזָן	תתחמיין
		1 c.	אֶחֱזֵי	איחמי	אֶתְחֲזֵי	איתחמי
	P.	3 m.	יֶחֱזוֹן	יחמון	יִתְחֲזוֹן	יתחמון
		f.	יֶחֱזְיָן	יחמיין	יִתְחַזְיָן	יתחמיין
		2 m.	תֶּחֱזוֹן	תיחמון	תִּתְחֲזוֹן	תתחמון
		f.	תֶּחֱזְיָן	—	תִּתְחַיָן	—
		1 c.	נֶחֱזֵי	ניחמי	נִתְחֲזֵי	נתחמי
Imper.	S.	m.	חֱזִי, חֲזִי	חמי	אִתְחֲזִי	איתחמי
		f.	חֲזָא	חמיי	אִתְחֲזָא	איתחמיי
	P.	m.	חֲזוֹ	חמון	אִתְחֲזוֹ	איתחמון
		f.	(חֲזָאָה)	—	(אִתְחֲזָאָה)	—
Infin.			מֶחֱזֵי, מֶחֱזָא	מיחמא, מיחמי	אִתְחֲזָאָה	מתחמייה
Part. act.	S.	m.	חָזֵי	חמי	מִתְחֲזֵי	מתחמי
		f.	חַזְיָא	חמייא	מִתְחַזְיָא	מתחמייא
Part. pass.	S.	m.	חֲזֵי	חמי	—	—
		f.	חַזְיָא	חמייא	—	—

Pael		Ithpaal		Aphel		Ittaphal
Onk.	Gal.	Onk.	Gal.	Onk.	Gal.	Onk.
חֲזִי	חמי	אתחֲזִי	איתחמי	אַחֲזִי	אחמי	אֵתַחֲזִי
חֲזִיאַת	חמית	אתחֲזִיאַת	איתחמיית	אַחֲזִיאַת	אחמית	אֵתַחֲזִיאַת
חֲזִיתָא	חמיתה	אתחֲזִיתָא	איתחמיתה	אַחֲזִיתָא	אחמיתא	אֵתַחֲזִיתָא
חֲזֵית	חמית	אתחֲזֵית	איתחמית	—	אחמית	—
חֲזֵיתִי	חמית	(י)אֶתְחֲזֵיתִי	איתחמית	אַחֲזֵיתִי	אחמית	אֵתַחֲזֵיתִי
—	חמית	—	איתחמיית	—	אחמית	—
חֲזִיאוּ	חמון	אתחֲזִיאוּ	איתחמון	אַחֲזִיאוּ	אחמון	אֵתַחֲזִיאוּ
חֲזִיאָה	חמין	אתחֲזִיאָה	איתחמין	אַחֲזִיאָה	אחמין	אֵתַחֲזִיאָה
חֲזִיתוּן	חמיתון	אתחֲזִיתוּן	איתחמיתון	אַחֲזִיתוּן	אחמיתון	אֵתַחֲזִיתוּן
חֲזִיתִין	—	אתחֲזִיתִין	—	אַחֲזִיתִין	—	אֵתַחֲזִיתִין
חֲזִינָא	חמינן	אתחֲזִינָא	איתחמינן	אַחֲזִינָא	אחמיגן	אֵתַחֲזִינָא
יְחֲזֵי	יחמי	יִתחֲזֵי	יתחמי	יַחֲזֵי	יחמי	יִתַחֲזֵי
תְחֲזֵי	תחמי	תִתחֲזֵי	תתחמי	תַחֲזֵי	תחמי	תִתַחֲזֵי
תְחֲזֵי	תחמי	תִתחֲזֵי	תתחמי	תַחֲזֵי	תחמי	תִתַחֲזֵי
תְחֲזֵן	תחמיין	תִתחֲזֵן	תתחמיין	תַחֲזֵן	תחמיין	תִתַחֲזֵן
אֲחֲזֵי	איחמי	אֶתחֲזֵי	איתחמי	אֲחֲזֵי	אחמי	אֲתַחֲזֵי
יְחֲזוֹן	יחמון	יִתחֲזוֹן	יתחמון	יַחֲזוֹן	יחמון	יִתַחֲזוֹן
יְחֲזֵין	יחמיין	יִתחֲזֵין	יתחמיין	יַחֲזֵין	יחמיין	יִתַחֲזֵין
תְחֲזוֹן	תחמון	תִתחֲזוֹן	תתחמון	תַחֲזוֹן	תחמון	תִתַחֲזוֹן
תְחֲזֵין	—	תִתחֲזֵין	—	תַחֲזֵין	—	תִתַחֲזֵין
נְחֲזֵי	נחמי	נִתחֲזֵי	נתחמי	נַחֲזֵי	נחמי	נִתַחֲזֵי
חֲזִי	חמי	אֶתחֲזִי	איתחמי	אַחֲזִי	אחמי	אֵתַחֲזִי
חֲזָא	חמיי	אֶתחֲזָא	איתחמיי	אַחֲזָא	אחמיי	אֵתַחֲזָא
חֲזוֹ	חמון	אֶתחֲזוֹ	איתחמון	אַחֲזוֹ	אחמון	אֵתַחֲזוֹ
(חֲזָאָה)	—	(אתחֲזָאָה)	—	(אַחֲזָאָה)	—	(אֵתַחֲזָאָה)
חֲזָאָה	מחמייה	אתחֲזָאָה	מתחמייה	אַחֲזָאָה	מחמייה	אֵתַחֲזָאָה
מְחֲזֵי	מחמי	מֶתחֲזֵי	מתחמי	מַחֲזֵי	מחמי	מֶתַחֲזֵי
מְחֲזְיָא	מחמייא	מֶתחֲזְיָא	מתחמייא	מַחֲזְיָא	מחמייא	מֶתַחֲזְיָא
מחומי, מחמי מְחָזֵא	מחמיי	—	—	—	—	—
מְחֲזְיָא	מחמייא	—	—	—	—	—

V. *Starkes Verbum*

		1 Sing. c.		2 Sing. m.		3 Sing. m.	
		Onk.	Gal.	Onk.	Gal.	Onk.	Gal.
Peal.							
Perf. S. 3 m.		כַּתְבַּנִי	כתבי	כַּתְבָךְ	כתבך	כַּתְבֵיה	כתביה
f.		כְּתַבְתַּנִי	—	כְּתַבְתָּךְ	כתבתך	כְּתַבְתֵּיה	כתבתיה
2 c.		כְּתַבְתַּנִי (כְּתַבְתָּגִי)	כתבתני	—	—	כְּתַבְתֵּיה	כתבתיניה
1 c.		—	—	כְּתַבְתָּךְ	כתבתך	כְּתַבְתֵּיה	כתבתיה
P. 3 m.		כַּתְבוּנִי	כתבוני	כַּתְבוּךְ	כתבונך	כַּתְבוּהִי	כתבוניה
f.		כַּתְבַּנִי	—	כַּתְבָךְ	—	כָּתְבֵהִי	—
2 m.		כְּתַבְתּוּנִי	כתבתוני	—	—	כְּתַבְתּוּהִי	כתבתוניה
1 c.		—	—	כְּתַבְנָךְ	כתבנתך	כְּתַבְנָהִי	כתבנתיה
Impf. S. 3 m.		יִכְתְּבִנַּנִי	יכתביני	יִכְתְּבִנָּךְ	יכתבינך	יִכְתְּבֵנִיה	יכתביניה
P. 3 m.		יִכְתְּבוּנַנִי	יכתבונני	יִכְתְּבוּנָךְ	יכתבונך	יִכְתְּבוּנֵיה	יכתבוניה
Imper. S. m.		כְּתוֹבַנִי	כתבי	—	—	כְּתוֹבֵהִי	כתביה
P. m.		כְּתַבוּנִי	כתבוני	—	—	כְּתַבוּהִי	כתבוניה
Infin.		מִכְתְּבִי	מיכתבינני	מִכְתְּבָךְ	מכתבינד	מִכְתְּבֵיה	מיכתביניה
Pael.							
Perf. S. 3 m.		כַּתְבַנִי	כתבי	כַּתְבָךְ	כתבך	כַּתְבֵיה	כתביה
f.		כַּתִּיבַתְנִי	—	כַּתִּיבְתָּךְ	כתבתך	כַּתִּיבְתֵּיה	כתבתיה
2 c.		כַּתִּיבְתַּנִי (כַּתִּיבְתָּגִי)	כתבתני	—	—	כַּתִּיבְתָּהִי	כתבתיניה
1 c.		—	—	כַּתִּיבְתָּךְ	כתבתך	כַּתִּיבְתָּיה	כתבתיה
P. 3 m.		כַּתְבּוּנִי	כתבוני	כַּתְבּוּךְ	כתבונך	כַּתְבּוּהִי	כתבוניה
f.		כַּתְבַנִי	—	כַּתְבָךְ	—	כַּתְבָּהִי	—
2 m.		כַּתִּיבַתּוּנִי	כתבתוני	—	—	כַּתִּיבְתּוּהִי	כתבתוניה
1 c.		—	—	כַּתִּיבְנָךְ	כתבנתך	כַּתִּיבְנָהִי	כתבנתיה
Impf. S. 3 m.		יְכַתְבְּנַנִי	יכתביני	יְכַתְבְּנָךְ	יכתבינך	יְכַתְבְּנֵיה	יכתביניה
Imper. S. m.		כַּתֵּיבְנִי	כתבי	—	—	כַּתֵּיבְהִי	כתביה
P. m.		כַּתְבוּנִי	כתבוני	—	—	כַּתְבוּהִי	כתבוניה
Infin.		כַּתְבּוּתִי	מכתבתי	כַּתְבּוּתָךְ	מכתבתך	כַּתְבּוּתֵיה	מכתבתיה

3. Sing. f.		1 Plur. c.		2. Plur. m.		3 Plur. m.	
Onk.	Gal.	Onk.	Gal.	Onk.	Gal.	Onk.	Gal.
כתבה	כָתְבַה	כתבן	כַתְבְנָא	—	—	כתבהון,כתבון	כָתַבְנוּן
כתבתה	כְתַבְתַה	כתבתן(?)	כְתַבְתְנָא	—	—	כתבתון	כְתַבַתְנוּן
כתבתינה	כְתַבְתַה	כתבתין	כְתַבְתְנָא	—	—	כתבתינון	כְתַבְתְנוּן
כתבתה	כְתַבְתַה	—	—	—	—	כתבתנון	כְתַבַתְנוּן
כתבוגה	כַתְבוּהָא	כתבונא	כַתְבוּנָא	—	—	כתבונון	כְתַבוּנוּן
כתבה	כָתְבַה	—	כַתְבְנָא	—	—	—	כְתַבְנוּן
כתבתונה	כְתַבְתוּהָא	כתבתונא	כְתַבְתוּנָא	—	—	—	כְתַבְתוּנוּן
כתבנתה	כְתַבְנַה	—	—	—	—	—	כְתַבְנָנוּן
יכתבנה	יְכָתְבְנָה	יכתבינה	יְכָתְבְנָנָא	יכתבין	—	יכתובנון	יְכְתוֹבְנוּן
יכתבונה	יְכָתְבוּגֵה	יכתובנא	—	—	יְכְתְבוּנְכוּן	יכתבונון	יְכְתְבוּנוּן
כתבה	כְתוֹבַה	כתבן	כְתוֹבְנָא	—	—	כתבון	כָתוֹבְנוּן
כתבונה	כְתָבוּהָא	—	—	—	—	—	כתבונון
מכתבינה	מְכְתְבַה	מיכתבינה	מִכְתְבְנָא	מיכתבין	מִכְתַבְכוּן	מכתבהון	מְכְתַבְהוֹן
כתבה	כָתַבַה	כתבן	כָתִיבְנָא	—	—	כתבהון	כָתִיבְנוּן
כתבתה	כָתִיבְתַה	כתבתן	כָתִיבָתְנָא	—	—	כתבתון	כָתִיבַתְנוּן
כתבתינה	כָתִיבְתַה	כתבתין	כָתִיבְתְנָא	—	—	כתבתינון	כָתִיבְתְנוּן
כתבתה	כָתִיבְתַה	—	—	כתיבתכון	כתיבתנון	כתבתנון	כָתִיבְתְנוּן
כתבונה	כַתְבוּהָא	כתבונא	כָתְבוּנָא	—	—	כתבונון	כָתִיבוּנוּן
—	כְתָבַה	כַתְבְנָא	—	—	—	—	כָתִיבְנוּן
כתבתונה	כָתִיבְתוּהָא	כתבתונא	—	—	—	כתבתונון	כָתִיבְתוּנוּן
כתבנתה	כָתִיבְנַה	—	—	—	—	—	כָתִיבְנָנוּן
יכתבנה	יְכָתְבְנָה	יכתבינה	יְכָתְבְנָנָא	יכתבין	—	יכתבינון	יְכָתִיבְנוּן
כתבה(?)	כָתִיבָה	כתבן	כָתִיבְנָא	—	—	כתבון	כָתִיבְנוּן
כתבונה	כָתְבוּהָא	—	—	—	—	—	כתבונון
מכתבתהון	כָתָבוּתְהוֹן	מכתבתכון	כָתָבוּתְכוּן	מכתבתן	כַתָבוּתָנָא	מכתבתה	כַתָבוּתַה

VI. *Die Verba tertiae Waw,*

	1 Sing. c. Onk.	1 Sing. c. Gal.	2 Sing. m. Onk.	2 Sing. m. Gal.	3 Sing. m. Onk.	3 Sing. m. Gal.
Peal.						
Perf. S. 3 m.	חֲזַנִי	—	חֲזָךְ	—	חֲזָהִי	חמתיה חמיתיה
f.	חֲזָתְנִי	—	—	—	חֲזָתֵיה	חמתיה חמתיה
2 c.	חֲזֵיתַנִי	חמיתני	—	—	חֲזֵיתָהִי	חמיתיה
1 c.	—	—	חֲזֵיתָךְ	חמיתך	חֲזֵיתֵיה	חמיתיה
P. 3 m.	חֲזוּנִי	חמוני	—	חמונך	חֲזוּהִי	חמוניה
f.	—	—	—	—	—	—
2 m.	—	—	—	—	—	—
1 c.	—	—	חֲזֵינָךְ	—	חֲזֵינָהִי	חמינתיה
Impf. S. 3 m.	יֶחֱזֵינַנִי	יחזינני יחמיני	יֶחֱזֵינָךְ	יחזינך יחמינך	יֶחֱזֵינֵיה יחזיניה	יחמיניה
P. 3 m.	יֶחֱזוּנַנִי	—	יֶחֱזוּנָךְ	—	יֶחֱזוּנֵיה	—
Imper. S. m.	חֲזֵינִי	—	—	—	חֲזוּהִי	חמיתיה
P. m.	חֲזוּנִי	—	—	—	—	חמוניה
Infin.	מֶחֱזָא	—	מֶחֱזָךְ	—	מֶחֱזוּהִי מחזויה	מיחמיניה
Pael.						
Perf. S. 3 m.	חַזְיַנִי	—	חַזְיָךְ	—	חַזְיֵיה	חמיתיה
f.	חַזְיָאתַנִי	חמיתני	חַזְיָתָךְ	—	חַזְיָתֵיה	חמיתיה
2 c.	חַזֵיתַנִי	חמיתני	—	—	חַזֵיתָהִי	חמיתיה
1 c.	—	—	חַזֵיתָךְ	חמיתך	חַזֵיתֵיה	חמיתיה
P. 3 m.	חַזְיוּנִי	חמוני	—	חמונך	חַזְיוּהִי	חמוניה
f.	—	—	—	—	—	—
2 m.	—	—	—	—	—	—
1 c.	—	—	חַזֵינָךְ	—	חַזֵינָהִי	חמינתיה
Impf. S. 3 m.	יְחַזֵּינַנִי	יחמינני	יְחַזֵּינָךְ	יחמינך	יְחַזֵּינֵיה	יחמיניה
Imper. S. m.	חַזֵּינִי	—	—	—	—	חמיתיה
P. m.	חַזּוּנִי	חמוני	—	—	חַזּוּהִי	חמוניה
Infin.	חַזָּיוּתִי	מחמיתי	חַזָּיוּתָךְ	מחמיתך	חַזָּיוּתֵיה	מחמיתיה

Jod, Aleph mit Suffixen.

3 Sing. f.		1 Plur. c.		2 Plur. m.		3 Plur. m.	
Onk.	Gal.	Onk.	Gal.	Onk.	Gal.	Onk.	Gal.
חֲזָה,חֲזָאָה חמיתה	חמתה	חֲזַנָא	—	—	—	חֲזֻנוּן חמתון	חֲזִנּוּן
חֲזָתַה חמתה	חמיתה	חֲזָתְנָא	—	—	—	—	חֲזָתְגוּן
חֲזִיתַה	חמיתה	חֲזִיתַנָא	—	—	—	חֲזִיתְנוּן	חֲזִיתְנוּן
חֲזִיתַה	חמיתה	—	—	—	—	חֲזִיתְנוּן	חֲזִיתְנוּן
חֲזֻותָא	חמונה	חֲזֻונָא	—	—	—	חֲזֻונוּן	חֲזֻונוּן
—	—	—	—	—	—	—	—
—	—	—	—	—	—	—	—
חֲזֵינַה	חמינתה	—	—	—	—	חֲזֵינָגוּן	חֲזֵינַתוּן
יְהֲזֵינַה	יחמינה	יַחֲזֵינַנָא	—	—	—	יַחֲזֵיגוּן	יַחֲזֵינוּן
יַחֲזֻונַה	—	יַחֲזֻונַנָא	—	—	—	יַחֲזֻונוּן	—
חֲזֵה	חמיתה	—	—	—	—	—	—
—	—	—	—	—	—	—	חמוגון
מַחֲוֵה	מיחמינה	מַחֲזֻנָא	—	מַחֲזֵיכוּן	—	מְחֲזֵיהוֹן	—
חֲזֵיה	חמתה	חַזֵינָא	—	—	—	חַזֵינוּן	חמיתון
חֲזֵיתַה	חמתה חמיתה	חֲזֵיאַתְנָא	—	—	—	חַזֵיאַתגוּן	—
חֲזֵיתַה	חמתה	חֲזֵיתְנָא	—	—	—	חֲזֵיתְנוּן חמיתינון	חֲזֵיתְנוּן
חֲזֵיתַה	חמתה	—	—	—	—	חֲזֵיתְנוּן	חמיתון
חֲזֵיהָא	חמונה	חֲזֵיונָא	—	—	—	חֲזֵיאֻגוּן	חמונון
—	—	—	—	—	—	—	—
—	—	—	—	—	—	—	—
חֲזֵינַה	חמינתה	—	—	—	—	חַזֵינָגוּן	חַזֵינַתוּן
יְחַזֵינַה	יחמינה	יְחַזֵינַנָא	—	—	—	יַחֲזֵיגוּן	יְחַזֵינוּן
חַזֵיהָא	חמתה	—	—	—	—	—	—
חֲזֻוהָא	חמונה	—	—	—	—	חֲזֻונוּן	חמוגון
חֲזֵיתַה	מחמיתה חמיתה	חַזְיָותְנָא	מַחֲמִיתַן	חַזְיָותְכוּן חֲזֵיתְכוּן	מַחֲמִיתְכוּן	חֲזֵיתְנָהוֹן חַזְיָותְהוֹן	מַחֲמִיתוּן

Nachträge und Berichtigungen.

S. 3. Eine allgemeine Bezeichnung des Aram. ist auch לשון בבלי Aboth
de-Rabbi Nathan 12 (Ausg. v. *Schechter*, Wien 1887 S. 28ᵃ).

S. 5. Zu Jerem. 10, 11 s. *J. Halévy*, Le Verset araméen de Jérémie X 11,
Rev. d. Ét. Juiv. XI 69—72. Zu *E. Kautzsch*, Gramm. d. Bibl. Aram. s. *R. Duval*,
Rev. d. Ét. Juiv. IX 138—144, *Nöldeke*, Gött. Gel. Anz. 1884, 1014—1023.

S. 12, Z. 16 v. o. füge hinzu: סימפון (σύμφωνον) Kidd. 63ᵈ, 64ᵃ, Gitt. 49ᵃ,
Er. 21ᵇ. — Formulare für den Ehekontrakt s. *Merx*, Documents de Paléo-
graphie Hébraïque et Arabe (Leiden 1894) 35—43, Machzor Vitry (Ausg. *Hurwitz*) 791, für die Chaliza Machzor Vitry 788, den Miun, ebenda 789, den
Scheidebrief, ebenda 783; Z. 10 v. u. l. אריסות.

S. 16, Z. 7 v. u. Über ʿArūk-Auszüge s. *J. Perles*, Beiträge zur Gesch. d.
hebr. u. aram. Studien, München 1884. — S. 19, Z. 18 v. u. s. auch *M. Mielziner*,
Introduction to the Talmud, Cincinnati u. Chicago 1894.

S. 20. Zu den aramäischen Stücken babylonischer Herkunft gehört die
Mar Sutra-Sage in Seder Olam zota, s. *F. Lazarus*, Die Häupter der Ver-
triebenen (1890) 166—170; Z. 22 v. o. l.: gebrauchten.

S. 21. Zu den in Targ. Jer. I fehlenden Stellen füge hinzu: Gen. 6, 15;
Ex. 22, 18; 30, 20ᵇ—21ᵃ; Num. 24, 4.

S. 22, Z. 5 v. o. Über Handschriften zu Targ. Jer. II s. auch *M. Ginsburger*, Die Anthropomorphismen in den Targumim (1891) 47—52 (mit Wiedergabe von Gen. Kap. 1 nach einer pariser Handschrift).

S. 25, Z. 2 v. o. streiche: חביל על „wehe über"; Z. 11 v. o. l. § 61, 6. —
S. 27, Z. 2 v. u. l.: Pĕschīṭā.

S. 30. Den aramäischen Apokryphen füge hinzu: *Das Buch der Schöpfung*,
אבסימרו (Ἐξήμερον) oder ספרא דבריאתא, von ʿArzĕlaj bar Bargĕlaj, unter dem
Titel ברייתא דמעשי בראשית „nach einer aus Aegypten stammenden Handschrift"
herausgegeben von *Laz. Goldschmidt* (Strassburg 1894). Nach der Behauptung
des Herausgebers soll die Schrift um 200 n. Chr. in Palästina geschrieben sein.
Die Sprache derselben ist aber damit völlig unvereinbar. *A. Epstein* (Monatsschrift f. Gesch. u. Wissensch. d. Jtums XXXVIII 479 f.) erklärt die Schrift mit
Recht als eine Fälschung des Herausgebers, welcher das aethiopische Hexaë-
meron des Pseudo-Epiphanius seiner aramäischen Übertragung zu Grunde legte.

S. 35, Z. 2 v. u. streiche: להדי. — S. 37, Z. 18 v. o. l.: ā-at; Z. 11 v. u.
l.: im Peal (wie im Bibl. Aram.) nie. — S. 42, Z. 22 v. o. l.: § 21, 9. — S. 46,
Z. 3 v. u. l.: § 13, 3. S. 48. *G. A. Wallin* (ZDMG XII, 622 f.) unterscheidet für das Arabische
eine „dünne" und eine „dicke" Aussprache des ר, die erstere auf der Vorder-
zunge, die letztere auf der Hinterzunge artikuliert. Vor und nach Kesre ist
die „dünne" Aussprache üblich, welche die Beduinen aber auch sonst fast ausnahmslos anwenden. — S. 52, Z. 18 v. u. füge hinzu: s. aber SS. 53. 261.
S. 56, Z. 5 v. o. Nach ו scheint jeglicher Vokalanstoss zu verschwinden,
s. S. 191; Anm. Z. 5 v. u. l.: גיותן. — S. 58, Z. 6 v. u. vgl. 'Αββομαρῖ (= אבמרי
Dem. 22ᶜ), *Euting*, Epigr. Misc. (Berl. Acad. 1885) 72. — S. 62, Z. 11 v. o. l.:
קים; Anm. Z. 7 v. u. l.: von. — S. 64, Z. 17 v. u. l.: § 72, 3; Z. 5 v. u. füge
hinzu: s. aber Βηρέβι (= בירבי), *Euting*, Epigraph. Miscellen (Berl. Acad. 1885)
54 und רבהון O. Gen. 4, 20.
S. 67, Z. 12 v. u. l.: § 48. — S. 68, Z. 3 v. u. streiche: עבדת O. Num. 23,
11 Merx. Lies: So in Onk. Ausg. Sabbioneta. — S. 69, Z. 7 v. o. l.: § 59, 4.
S. 70, Z. 1 v. u. ק wechselt mit ע in דעדק „klein" O. Ex. 16, 14, Pl. דעדקין
Tos. Sanh. II 6, mit ר in Pl. דרדקי „klein" Jer. I Ex. 40, 8.
S. 72, Z. 11 v. o. Das Genauere s. § 66; Z. 20 v. u. תניתא ist richtiger als
Femininform zu einem ungebräuchlichen תני zu bezeichnen.
S. 73, Z. 16 v. u. Wechsel von ד und ז s. in Pl. ויבורי „Biene" Jer. I Lev.
11, 20 u. Pl. *d.* דבוריתא Jer. I Deut. 1, 44 (S. 144); Z. 15 v. u. Das Richtigere s. S.
201 f. Hier wie S. 37, Z. 11 v. u. ff. war den jer. Targg. zu viel Bedeutung für
den Onkelostext beigemessen.
S. 74, Z. 15 v. u. l.: s. §§ 33. 34. 59, 3; Z. 12 v. u. Wechsel von צ und ד
s. in ארבע „Finger" (jer. Targ.) und אצבע (Onk. u. pal. Talm.), s. S. 106.
S. 77, Z. 14 v. o. לית wird mit Objectssuffix verbunden in ליתני Jeb. 13ᵈ
(s. S. 302), mit dem Pronomen der dritten Person in ליתנון Jom. 44ᵇ, Bab. k. 6ᵈ.
S. 80, Z. 8 v. u. l.: das im pal. Talmud nicht oft (s. aber Dem. 22ᶜ, 25ᵇ)
vorkommende הא „dieses". — S. 83, Z. 2 v. u. l.: ואמרו.
S. 84, Z. 2, 3 v. o. l.: חרא. — S. 85, Z. 7 v. o. l.: נפשנא. — S. 86, Z. 2 v. o.
l.: רמליליח. — S. 93, Z. 6 v. u. l.: חמשה. — S. 96, Z. 16 v. o. l.: מתן; Z. 17 v. u.
l.: שבע[ו]; Z. 4 v. u. l.: תלתה אלפין[ו]. — S. 97, Z. 6 v. o. l.: תשעה; Z. 14 v. o. l.:
שתין; Z. 13 v. u. l.: תלת. — S. 99, Z. 6 v. u. l.: ביום; Z. 5 v. u. l.: ביום. — S. 100,
Z. 9 v. u. l.: תליתיתא; Z. 8 v. u. l.: תליתאה. — S. 102, Z. 2 v. o. l.: אמין. — S. 103,
Z. 11 v. u. l.: קדמותא. — S. 107, Z. 4 v. o. l.: צלם; Z. 1 v. u. l.: גובריא. — S. 111,
Z. 5 v. u. l.: חדוה. — S. 112, Z. 15 v. o. l.: רונזהון; Anm. Z. 9 v. u. υἱοί. —
S. 113, Z. 7 v. o. füge hinzu: חכמתי O. Gen. 41, 16. — S. 114 Z. 6 v. u. l.: *c.* זמן. —
S. 118, Z. 12 v. o. l.: חרוותא; Z. 14 v. o. l.: קשיא.
S. 121, Z. 4 v. o. füge hinzu die hebräischen Fremdwörter *d.* פרוכתא
„Vorhang" O. Lev. 16, 15, *d.* כפורתא „Sühndeckel" O. Jer. I Lev. 16, 14, *d.*
קטורתא(!) „Räuchwerk" O. Jer. I Lev. 16, 13 neben stetem קטורת (z. B. O. Lev.
16, 13); Z. 2 v. u. füge hinzu: *d.* כתישא „Zerstossenes" O. Jer. I Ex. 29, 40.
S. 124, Z. 9 v. u. l.: בישה. — S. 125, Z. 15 v. o l.: לבושין. — S. 126, Z. 6
v. o. füge hinzu: עולים O. Gen. 41. 12; Z. 10 v. u. l.: צוריה. — S. 128, Z. 1 v. o.
l.: וכי; Z. 2 v. o. l.: וכאה. — S. 129, Z. 9 v. u. l.: קריש; Z. 4. v. u. l. דקיקין. —
S. 130, Z. 1 v. o. l.: סני; Z. 9 v. u. l.: kiṭṭūl. — S. 132, Z. 9 v. o. l.: לילי; Z. 9
v. u. füge hinzu: Pl. עירבובין „Mischlinge" O. Num. 11, 4, וירקריקא[ו] „Vogelart"
O. Lev. 11, 18, Jer. I שרקרקא. — S. 133, Z. 15 v. u. l.: מקדש. — S. 134, Z. 15

v. u. l.: מְחוֹזְהִי; Z. 4 v. u. l.: מְשָׁרִיתָא. — S. 137, Z. 1 v. o. l.: תּוּקְרְבְתִי. — S. 139, Anm. Z. 6 v. u. füge hinzu: 'Ιοσῆ (Gen.), *Euting*, Epigr. Misc. 87. — S. 141, Z. 5 v. o. l.: יְהוּדְאִין. — S. 142, Anm. Z. 15 v. u. füge hinzu: Ζαγαί, *Euting*, Epigr. Misc. 89. — S. 143, Z. 5 v. o. zu אחא vgl. ῎Αα, *Euting*, Epigr. Misc. 72. — S. 144, Z. 5 v. o. l.: Jer. II רבוריתא. — S. 146, Z. 17 v. o. vgl. *P. de Lagarde*, Erklärung chaldäischer Wörter, Semitica I, 33—68; Z. 19 v. u. Ein anderes hebr. Fremdwort ist תּוֹעֵיבָא „Abscheu" O. Lev. 20, 13, Jer. I *d.* תּיעֵיבתא. — S. 147, Z. 11 v. o. l.: οὐσία; Z. 7 v. u. vgl. κατήγωρ Oftb. 12, 10 A.

S. 148, Z. 14, 15 v. o. אבטולמוס und אבטולס können ja auch für Εὐτολμος stehen (s. *Krauss*, Byzant. Zeitschr. II, 148), werden aber hier für Πτολεμαῖος gebraucht.

S. 149, Z. 1 v. o. דיוקנא ist wegen des syr. ܕܝܘܩܢܐ trotz *Krauss*, Byzant. Zeitsch. II, 503 nur die ostaram. Form von איקון (= εἴκων) und nicht von δείκανον abzuleiten. — S. 152 Z. 4 v. o. l.: Βηθφαγή.

S. 153, Z. 6, 7 v. o. l.: Participia (Adjectiva) als *ḳaṭil*-Formen *yē*, s. עֲנָיֵי O. Jer. I Lev. 19, 10, als *ḳaṭil*-Formen *ē*, s. רֵעֵי O. (Ven. 1591) Jer. I Gen. 47, 3; Z. 6 v. u. l.: *d.* בורנייתא Jer. I Gen. 36, 24. — S. 154, Z. 1 v. o. l.: רְעֵי. — S. 156, Z. 10. 17 v. u. l.: (pal. Talm., Onk., jer. Targ.). — S. 157, Z. 12 v. u. אֲבְהָתְהוֹן. — S. 158, Z. 6 v. u. l.: בַּר. — S. 159, Z. 4 v. u. l.: נְשִׁיָּא[כָ]. — S. 160, Z. 15 v. u. l.: קַרְוְיָא. — S. 161, Anm. Z. 8 v. u. l.: C Ἀκελδαμα.

S. 162, Z. 13 v. u. l.: בֵּיתְהָין, nicht in Targ. Onk. mit superlin. Vokalisation, vgl. S. 79. 163. — S. 165, Z. 1 v. o. l.: שְׁבִיכוֹן; Z. 8 v. o. l.: מִיתָךְ. — S. 171, Z. 15 v. u. l.: רָאתוּן. — S. 174, Anm. Z. 1 v. u. Sehr beachtenswert ist die Deutung von דלמא durch ὅραμα „Erzählung" *J. Perles*, Byzant. Zeitschr. II, 571.

S. 177, Anm. Z. 2 v. u. füge hinzu: aber s. לוּחְלָק (korrigiert לָחְלָק) O. Ex. 29, 26, Jer. I לחולק. — S. 179, Z. 12 v. u. l.: חֵיַת. — S. 181, Z. 17 v. u. l.: תתחוֹתְיהוֹן[דַ]. — S. 183, Z. 1 v. o. l.: בְּמצִיעוּת; Z. 10 v. u. l.: לְצַד. — S. 187, Z. 1 v. o. l.: רְגפקוּ. — S. 188, Z. 8, 9 l.: Ex. 8, 18. — S. 192, Anm. Z. 3 v. u. Zu בְּלָא, בְּלִי ist wohl eher zu vergleichen arab. وَبَل „ach!", in der syr. Wüste وَل، وَل „*wul, wul*" nach *Wetzstein*, ZDMG XXII, 151. — S. 194, Z. 11 v. o. l.: כְּין. — S. 195, Z. 5 v. o. l.: § 43; Z. 12 v. u. l.: לֹהן (1. אבְפַ) מה אפבְיי.

S. 200, Z. 9 v. o. Eine Poelform scheint zu sein מלְחַיְךְ[רַ] „leckend" O. Num. 22, 4. — S. 202 Z. 18 v. o. Ein Partic. Hophal ist Pl. מורשׁ „befugt" O. Ex. 19, 13.

S. 204, Z. 8 v. u. Das Genauere ist: in der 3 Pers. Plur. m. und f. verschwindet der Vokal der Paenultima stets vollständig; besonders in der 2 Pers. Sing. und Plur. scheint oft *a* dafür einzutreten; Z. 18 v. o. ein Ithpeel mit *a* ist אֶתְפַּשְׁנָא O. Num. 12, 11, Jer. I. אִיתְפַשְׁנָא. — S. 206, Z. 2 v. u. l.: אֶשְׁתְּמַע. — S. 207, Z. 11 v. u. l.: חְשׁוּכָא; Z. 6 v. u. l.: קְרִיבַת. — S. 208, Z. 21 v. o. l.: קְרִיבְתָא. — S. 209, Z. 1 v. u. l.: אֶשְׁכַּחוּ. — S. 211, Z. 8 v. o. l.: אֶשְׁלִימְתוּן; Z. 10 v. o. l.: אַרְשֶׁעְתוּן. — S. 215, Anm. Z. 3 v. u. תֵּעֲשׁוּק. — S. 216, Z. 12 v. o. l.: יִתְקַף. — S. 217, Z. 17 v. u. l.: תִּתְקְרַב; Z. 6 v. u. l.: תְחְבּוֹט. — S. 229, Z. 4 v. o. l.: מְשַׁלְחָא; Anm. Z. 3, 4 v. u. l: S. 254 Anm. 3, S. 255 Anm. 2. — S. 231, Z. 5 v. o. l.: פְּתִיחַ. — S. 232, Z. 8 v. o. l.: מְבָרְדַרְיָא[רַ]. — S. 238, Z. 9 v. o. l.: נְפְקִית. — S. 243, Z. 1 v. o. l.: יִתְנַטַּל. — S. 245, Z. 5 v. o. l.: אֲכָלִית; Z. 17 v. u. l.: יֵיבַד; Z. 14 v. u. l.: תַּיסַר. — S. 246, Anm. Z. 1 v. u. l.: 238 Anm. 1. — S. 247, Z. 17 v. o. l.: אֲלִיפִית; Z. 13 v. u. l.: תְּאַבְדוּן; Z. 4 v. u. l.: מְאַרְסָא[רַ]. — S. 250, Z. 11 v. u. l.: שָׁאל. — S. 252, Anm. Z. 2 v. u. l.: יִשְׁתְּאָרוּן. — S. 254, Z. 15 v. o. l.: תֵּיבַת[וּ]; Z. 4 v. u. l.: יְכִילוּ.

S. 257, Z. 2 v. o. l.: וַיָּבְמְנָה. — S. 259, Z. 16 v. u. l.: אְתִיַלְדּוּ. — S. 260, Z. 1 v. o. l.: תְּתוֹקַר.—S. 264, Z. 7 v. o. l.: מְכוֹנָן; Z. 10 v. u. l.: זַעַת; Z. 4 v. u. l.: תָּבִית. — S. 265, Z. 17 v. u. l.: תְּנוּחַ; Anm. Z. 2 v. u. l.: קְמַת. — S. 268, Z. 14 v. o. l.: אְרַח; Z. 14 v. u. l.: אֲעִיקוּ. — S. 269, Z. 16 v. o. l. (2 mal): אֲצִיתָא. — S. 270, Z. 9 v. o. l.: יִתְדָן. — S. 271, Z. 1 v. o. l.: מְתַקְיִים. — S. 272, Z. 16. 17 v. u. streiche: אַחִילְתָא (für אֲחִילְתָא) „du entweihtest".

S. 274, Z. 1 v. o. l.: תִּירוֹג. — S. 275, Z. 3 v. u. l.: אַחִילְתָא. — S. 276, Z. 2 v. o. füge hinzu: O. אֲמְרוּ. — S. 277, Z. 5 v. o. l.: אְתְמַלָּל; Z. 7 v. u. füge hinzu: 2 *Sing. m.* תְּעֲלִיל „hältst Nachlese" O. Jer. I Deut. 24, 21; Z. 2 v. u. l.: מְלָפַף. — S. 278, Z. 4 v. o. l.: יְתְלַפַּף. — S. 279, Anm., Z. 1 v. u. l.: שְׁתִיתוֹן. — S. 282, Z. 7 v. o. l.: צְהִי[וֹ]; Z. 10 v. u. l.: אְשְׁתַּעֵי. — S. 283, Z. 4 v. o. l.: סְגִיאַת; Z. 8 v. o. l.: קְשִׁיאַת. — S. 284, Z. 8 v. u. l.: שְׁוִיאוּ. — S. 285, Z. 7 v. o. l.: אְתַחְוִיאוּ. — S. 286, Z. 8 v. o. l.: Ein apokopiertes Imperfect ist יִיסַך „er schaut" O. Gen. 31, 49. — S. 287, Z. 14 v. o. l.: אָשְׁוִי. — S. 288, Z. 1 v. u. l.: אָסַנָא.

S. 289, Z. 5 v. o. l.: חְזוּ; Z. 10 v. o. l.: אוֹחוֹ. — S. 295, Z. 1 v. o. l.: תְּהוֹן; Z. 13 v. o. l.: מְהוַי. — S. 296, Z. 6 v. u. l.: אְתוּ. — S. 297, Z. 1 v. o. l.: יִיתַי. — S. 299, Z. 3 v. o. l.: אִיתוֹאֵיכוֹן; Z. 13 v. u. l.: אְתְאָה. — S. 303, Z. 14 v. u. l.: יְדַעְגִין (l. יְדַעְגִין) O. Gen. 19, 8. — S. 306, Z. 19 v. o. l.: [וֹ]טַרְדְּגוּן. — S. 310, Z. 2 v. o. l.: אְתְגַנֵּךְ; Z. 6 v. u. l.: יְשְׁבְחוּנֵנּוּן. — S. 312, Z. 9 v. u. l.: אַלְפָה. — S. 315 Anm., Z. 3 v. u. l.: des Taw. — S. 316, Z. 1 v. o. l.: סְאוּבֵיהוֹן. — S. 319, Z. 6 v. u. l.: אְסְעֵינִי. — S. 321, Z. 10 v. o. l.: אְשְׁקִיתֵיהּ; Z. 14 v. u. l.: רְבִיתְהִי. — S. 324, Z. 11 v. o. l.: אִיתִינֵיהּ; Z. 15 v. o. l.: אְשְׁוַינֻּן. — S. 327, Z. 10 v. o. l.: אִיתוֹאֵיכוֹן; Anm. Z. 1 v. u. streiche: vgl. S. 290. — S. 328, Z. 1 v. o. l.: סְנָאוּהִי.

Verzeichnis der griechischen Wörter.

Druck von W. Drugulin in Leipzig.

www.ingramcontent.com/pod-product-compliance
Lightning Source LLC
Chambersburg PA
CBHW021106270326
41929CB00009B/759